谨以此书
献给新中国千千万万的建设者们!

PANJIAZHENG ZHUAN

潘家铮传

鲁顺民　著

中国电力出版社
CHINA ELECTRIC POWER PRESS

图书在版编目（CIP）数据

潘家铮传 / 鲁顺民著. —北京：中国电力出版社，2016.8
ISBN 978-7-5123-9519-0

Ⅰ.①潘…　Ⅱ.①鲁…　Ⅲ.①潘家铮（1927-2012）—传记
Ⅳ.①K825.16

中国版本图书馆 CIP 数据核字（2016）第 152362 号

中国电力出版社出版、发行

（北京市东城区北京站西街 19 号　100005　http://www.cepp.sgcc.com.cn）
三河市万龙印装有限公司印刷
各地新华书店经售
*
2016 年 8 月第一版　　2016 年 8 月北京第一次印刷
710 毫米×980 毫米　16 开本　51.25 印张　801 千字
印数 0001—4000 册　　定价 96.00 元

Contents | 目 录

潘家铮传

第一章

少年不识愁滋味

台门里的平民人家

1927年。这一年，中国的南方发生过许多事情，有些事情将构成中国现代史叙述的重要内容。然而，这些宏大叙事影响到老百姓的日常生活，还需要非常漫长的时间加以沉淀并潜移默化。或者说，当它沉淀到民间日常生活细节中之后，将会是另外一个样子。

1927年的绍兴老城显得非常平静。这座经历过太多历史动荡的江南老城，有资格处变不惊。

这一年10月27日，也即农历丁卯年九月廿四，潘家铮出生在绍兴老城一座叫作"平家台门"的宅院里。

台门，是绍兴当地给民居宅院的命名，它有别于一般民居宅院，那些有条件聚族而居的大户人家才有资格和实力建造台门。台门建筑与街衢垂直纵向展开，由若干院落组合而成，由外而内，依次是门斗、厅堂、座楼和天井，乌瓦粉墙，石阶石门，颇富节奏感和韵律感。

最能体现绍兴江南水乡特色的，也恰恰是建在陆地上的这些台门宅院。台门的后墙往往紧临一条河，每一座临河的台门后面要设一个小码头，当地人称之为"河埠头"。

在潘家铮的记忆里，他们家后来迁居的马家台门，位于绍兴三财殿保佑桥一带，马家台门是一座很大的台门，总共四进，老祖母和他们一家住在一起。门口是一条小马路，台门后面则是一条河，有10米多宽，要出门，须在台门后的河埠头乘船，然后经过泗门出城去。

绍兴民谚云：绍兴城里五万人，十庙百庵八桥亭，台门足足三千零。绍兴地狭人稠，成年男人外出谋生，或经商，或游幕，赚了钱要回来光宗耀祖，其标志就是修筑一座台门宅院。那些博得功名的人更不例外，台门高阔轩敞，大门外还额外立一根旗杆。

台门宅院大部分冠以姓氏命名，如鲁迅在绍兴的故居叫作"周家新台门"，潘家铮日后将要就读的浙江大学，校长竺可桢家就在绍兴东关，叫作"竺家台门"。台门宅院当然更不乏功名与官职的名头，"状元台门""翰林台门"杂处其间，台门宅院鳞次栉比，每一座台门里面，都盛着绍兴这座千年老城的历史片断。

只是，1927年的平家台门，并没有显示出太多的特别之处，更不必说与日后的中国科学院、中国工程院"两院"院士、著名的水电工程师和坝工专家潘家铮有什么特别的瓜葛。

母亲后来告诉潘家铮，他出生之后，就像一个女孩子一样安静，很少哭啼，即便尿湿被褥也安静如初。母亲操持家务，忙里忙外，经常忽略这个初生的婴孩。姑姑偶尔回娘家，才大惊小怪地叫起来："阿新多么乖啊，来来来，姑姑抱抱。"也只有姑姑回娘家，他才能够获得被抱一抱哄一哄的机会。

他的小名叫作阿新。

阿新上面还有一个哥哥，小名叫作阿田，长他两岁，1925年生，肖牛。遣牛耕田，遂名阿田。

手足兄弟，年相近，性相投，兄弟俩将一起相伴度过他们的少年时光。但是，这位兄长的人生在战火中拐了一个不小的弯子，半道撒身离开了弟弟，这是后话。

其时，父亲潘之赓远在杭州的浙江省教育厅做事，家里只有祖母、母亲和两个年幼的孩子，平家台门里的日子平静而美好。

祖母不识字，但满肚子歌谣、诗词和谜语。祖母常常将潘家铮抱在怀里，摇晃着孙儿，或讲故事，或者吟唱歌谣，到他懂事之后，吟唱歌谣之外，又加上猜谜语。

多少年之后，潘家铮像记得平家台门天井上方明净的天空一样，还能清清楚楚地把祖母唱给他的歌谣与猜的谜语谜面背出来，惹得儿女们一阵奇怪：爸爸，你的记忆力真是好哩嘞！

晚年，潘家铮病卧医院，还将祖母教给他的谜语和歌谣工工整整写在纸上，拿它当教护工的识字课文。

其实，还不是记忆力超常，究竟是那段岁月澄明而清澈。

古来吟哦绍兴的诗句不知凡几，绍兴籍人士自不必说，就是客居绍兴的人，咏颂这座江南水乡的千古名城，也丝毫不吝啬笔墨。最有名的莫过于唐代元稹的《再酬复言和夸州宅》了：

会稽天下本无俦，任取苏杭作辈流。
短发仪行千古学，奔涛翻动万人忧。
石缘类鬼名罗刹，寺为因坟号虎丘。
莫著诗章远牵引，由来北郡似南州？

天下无俦，苏杭作辈，元稹倒是真舍得夸奖的。

潘家铮一生写过许多旧体诗，每有吟咏，却没有多少诗写过自己的家乡。可能情致太浓，身在此山，不能形诸言语罢。他一生诗作甚多，独喜"竹枝词"，因为此种体裁"记述时尚，描摹民俗，抒发情感，雅俗共赏"，遂陷之甚深。他很欣赏绍兴籍诗人葛圭身所写的水乡情景：

无数日船又夜航，舟人最是绍河忙。
萦回一水通三县，不绝声声叫靠塘。

趁船最好四摇头，刻板时辰不滞留。
日短也须行百里，赶程赛似火轮舟。

三人扯纤二人划，揽客乘船随处加。
老大贪多行旅苦，可怜一夜做猪犯。

……
每人每里一文钱，如此便宜合乘船。
犹有乡农嫌太贵，步行赴市赶晨前。

划船一队列城隅，镇日街头待客沽。
过午埠船开尽后，见人形似便招呼。

一种方船稻桶名，手牵绳索不须撑。
隔河当作桥梁用，野渡无人不自横。

无数青山护绿波，西兴东指到曹娥。

口音风俗般般异，单说船名已许多。[1]

一幅人间烟火气甚是充盈的江南水乡图。

平家台门，这一户绍兴平凡的平民之家，却掩藏着一段并不平凡的历史。

传说中的家世

潘家在绍兴并不算一个大家族。据说其远祖是北宋时期著名的军事将领潘美。中国不论南北，许多剧种都有"杨家戏"，说的是北宋杨家一门忠烈的故事。在戏剧中，潘美被丑化为一代奸雄，奸邪疾功，残害忠良。

戏剧演绎与历史真实相去甚远。历史上的潘美，其官职在杨业之上，功勋也在杨业之上。雁门关外一战，作为军事统帅的潘美却无权指挥战役，全由朝廷派驻的"监军"在那里指手画脚，导致杨业殒命金沙滩，责任全不在潘美身上。《宋史》中，潘美位列十七，而杨业位列三十一。

民间演绎历史自有一套方式，"说书唱戏，给人比喻"，历史真实在戏剧中倒显得不那么重要。在戏剧中，潘美被唤作潘仁美，也是民间叙述与历史真实之间的一种妥协。

潘氏既是北宋望族，靖康之难后，"衣冠南渡"，其中一支定居绍兴。这种说法并没有家乘谱牒文书证据相佐证，连潘家铮自己也认为，将潘美作为远祖，不过是"后人多喜援引名人为远祖以光门第，未足信也"。

绍兴潘氏，族氏支离。既无谱牒赓续，也无宗祠祭祖。到潘家铮这一代，凭祖父的文字记录和祖母、父亲的叙述，也只能上溯四代。

高祖，只知道牌位上写着"楚江公"。楚江，是名还是字已经不大清楚。这位楚江公在记录里是一位有着"恂恂古道"的谦谦君子，但没有多少产业，也没有盈积。到底从事何种职业，有什么产业？不得而知。潘家铮曾见过祖父书箧中留下一纸契税文书，"税契八厘，年得三十千文"，想来也不过是合股投

1　参见葛圭身《越船歌》30 首，多种选本收入。近者见《越中竹枝词选》，绍兴鲁迅博物馆编，上海文艺出版社，2011.1，第 74-77 页。潘家铮《积木山房诗话》录有此诗，个别诗句略有不同。

资小生意所得。

这位楚江公去世早，遗有三子，由长而季，分别是积庆、积荣、积广。楚江公有自己的堂号，叫作"世德堂"。潘家从楚江公才开始立谱，世系繁衍，依次为"积善之家必有余庆"，八字循回。到潘家铮这一代，是"家"字辈。

高祖楚江公去世早，高祖母含辛茹苦独撑"世德堂"，抚养三个儿子长成。潘家铮的曾祖父就是长子积庆。潘积庆自幼颖悟非常，为人忠厚，酷爱读书，少年时即入泮考中秀才。次子积荣充任县衙书吏，颇有经营本领，开办一家米行，是家里主要的经济来源。只有三儿子积广平庸一些，没有什么谋生本领，株守祖业。

鉴湖越台名士乡，山阴、会稽向称文献名邦。代有俊才，灿若群星。从隋炀帝创立科举到清末科举停废，出过2238位文武进士，28位状元。清代，浙省士子云集，仅绍兴府就出过3位状元，1000多名进士，举人数目突破2000，秀才不可胜数。[2]有这样的文化氛围，绍兴子弟通过读书进学荣身，进而出人头地、光宗耀祖并不奇怪。

潘家在曾祖积庆身上寄寓的希望不言而喻。在中国传统社会里，寡母抚孤既为朝廷表彰，亦为民间赞许，如果长子能够通过科举博取功名，云霄直上，那是多么大的荣耀。潘积庆这位饱学秀才读书读得十分辛苦，青灯黄卷，晨读夜抄，刚刚结婚生子，眼睛便近视得特别厉害。

但事与愿违，"洪杨之变"很快将潘积庆进学荣身的美梦击得粉碎。

说来惊心动魄，太平军进击绍兴的大致经过是这样的：

1851年太平天国起事，定都南京，浙江地方虽然不靖，但太平军屡进浙江，均未克。一直到十年之后，1861年3月，太平军大败于江西，才移师入浙江。1861年10月下旬，忠王李秀成部将陆顺德等率领大军由严州出发，经桐庐至富阳境，克萧山，先下绍兴，后陷杭州。

战事甚为惨烈，太平军所向披靡，绍兴知府自杀，团练大臣远遁，浙江巡抚自杀，抚督以下数十位高级官员或自杀，或战死。[3]

太平军围城之后，百姓更是惶惶不可终日。潘家铮幼年时期，绍兴还有很

2　参见《绍兴县教育志》，绍兴县教育志编纂委员会编，方志出版社，2002。

3　参见《太平天国通史（中）》，茅家琦主编，南京大学出版社，1991.8，第390-391页。

多"长毛"的传说。有人说，太平军进城之后，抢掠搜刮，无恶不作。有一次在庙里的墙上用人血作画，血不够了就杀一个人，再不够再杀一个，极是恐怖。20世纪六七十年代，研究太平天国历史的学者发现，绍兴城乡的许多庙宇墙壁上都有太平天国时期的壁画作品，甚至绍兴的台门人家外墙上也充斥着这种涂鸦绘画。

所以，有办法的人家都纷纷出逃以避兵燹。曾祖父高度近视，出逃过程中，头东找不到头西，被太平军掳去，抛下老母幼子不知所终。

而对于潘家铮而言，曾祖父却是一段事关家族荣光的传奇。小时候刚懂事，祖母抱着他，时而哼唱着绍兴民谣，时而给他讲"长毛"造反的往事和祖父千里寻父的经过。十一二岁，潘家铮随父亲到祖坟祭祖，父亲表现出罕有的耐心，盐咸醋酸，因缘结果，把曾祖父传奇一般的故事讲述给他听，对于一个正在长成的孩子而言，这样的传说应和着青春的萌动与叛逆，真是石破天惊。

要知道，关于曾祖父的故事，在很长一段时间之内，只能在家族内部口口相传，不然会惹来灭族之祸。进入民国以后，这一段隐匿在传说中的家世才慢慢清晰起来。

太平军围城之日，潘家阖家雇船出逃，待逃到郊外，为太平军所执，扬言非得交出足够的银两才可放行。交涉半天，军士命叔曾祖积荣回城筹措银两，而将一家人扣起来做了人质。外逃被扣的还不止他们一家人，这个时候，有人悄悄告诉曾祖父说，围城的是忠王李秀成的部队，李秀成治军甚严，严禁兵士骚扰百姓，如果看到岸上有军官经过，可以直接喊冤，一定能获救。没多久，见岸上有军官策马巡视，曾祖父不顾一切地呼喊起来。军官下马查巡，看到部下无端扣押百姓勒索钱财，顿时勃然，痛斥兵士，责令赶快放人。一家人悬着的心总算落了地。正准备走，那军官忽然问曾祖父是干什么的，曾祖父说自己不过是一介读书人。军官大喜，说了一通"清妖无道，残害生灵。人神共愤，天人共怒。上帝下凡，普度众生。玄天上帝，一统天下"的大道理，接着请曾祖归顺天朝，以立不世之功。曾祖父百般辩解，军官哪里肯听？强令兵士将他带走，而将一家老小释放回家。

曾祖被掳，有人说他很快得到忠王李秀成的赏识，做了忠王的随从，而且尽职尽责，为忠王起草文书，甚得王意。

潘家铮曾在祖屋旧箧中见到过曾祖父从苏州寄来的家书，隐告近况，叩请慈安，并嘱两个弟弟悉心孝敬亲慈云云。不论是主动也好，被动也好，曾祖父参加太平军并不是一段虚构出来的故事。

在绍兴，当年被太平军掳去的读书人不止潘家铮曾祖父一人，有不少读书人被"长毛"掳去做书吏，于是就有了许多"长毛举人"的传说。[4]

只是，曾祖父消息渐稀，过了不久，就再没有音信。

太平军陆建德部攻克绍兴三年之后，太平军天京告急，忠王李秀成奉命进京勤王。1863 年，天京失陷，忠王部下十余万将士悉数战死，忠王李秀成被执后遭凌迟处死。高度近视的曾祖父既为忠王亲信，且文弱无缚鸡之力，结局如何，不难猜想。

只是苦了家里人，生不见人，死未见尸，祖茔里并没有曾祖的遗骸，是一个衣冠冢。

旧箧中的祖父身影

潘家铮的祖父名潘椐，字少华。按照潘家谱序，他是"善"字辈，名叫潘继善。祖父活了 64 岁，1925 年去世。好在，祖父去世之前，还见到了刚刚出生的长孙，也就是潘家铮的哥哥阿田，不能不说是一种安慰，也算圆满。

当年，曾祖父被太平军掳去，祖父刚刚出生，尚在襁褓之中。曾祖父被掳，杳无音信，生死难期。潘家举家避兵祸逃难辗转回到绍兴，二曾叔祖积荣成了家里的顶梁柱。二曾叔祖颇有绍兴师爷抟转圆融的本领，又具经营头脑，一个"二花米房"便能够支撑一家三门共七八口人的吃穿用度。当时，潘家还住在绍兴天后宫祖宅里，一个大家族在这里勉勉强强度过了十年时光。

同治十一年（1872 年），正好是曾祖父被掳断绝音讯的第十个年头，二曾叔祖一个人撑着三门的开支用度，难免心有怨怼，于是向高祖母提出要分家，说得文雅一些，叫作"分馈"或者"分炊"。高祖母也实在没有精力去维持这一个不算大的家族。更何况，家族再大，也难免分家析产。聚是常情，散也未必不合常理。

4　参见《八十逆旅》，陈桥骄著，中华书局，2011.11，第 8 页。

分家的结果，天后宫祖宅一分为三，分由三房居住，米房既为三家共同财产，交由二房积荣经营，每年由米房贴长房钱八十千文，三房一百千文，永作薪水之用。而祖遗"税契八厘"则作为高祖父母生膳死祀的开支。

就这样，曾祖母带着十岁的儿子——潘家铮的祖父独自开伙另过了。

如果说，曾祖父聪颖而好读书，曾是家里改换门庭的希望。那么，祖父潘少华带给潘家的简直就是一个惊喜。潘少华少年失怙，和母亲靠着每年八十千文的收入，孤儿寡母，过的是清贫生活，艰难之处可想而知。潘少华和他的父亲一样，嗜书如命，而曾祖母也是一个性格刚强的人，一心让儿子继承父志，习儒读书，要为走失的丈夫和自己，为潘家争一口气。一个妇人，含辛茹苦，一面打理清贫的日月，一面督责儿子读书进学。祖父潘少华果然不辜负母亲期望，聪颖刻苦，好学少年夜读的烛火，照亮了漫长而清贫的暗夜。他专心治学，研习《十三经》尤深，但不喜欢八股应试文章，每有所作，都是具有汉唐遗风的古文笔法。同治年间，潘少华应县里的童子试，"置大案第一"。所谓大案，就是张列公布的成绩榜，潘少华以院试第一的成绩考得秀才功名。

潘家铮后来翻检祖父留下来的旧书箧，曾见过他当年应童子试的试卷印本。八股时文，无不代圣立言。那一年的试题是《论语》中太宰问子贡的一段话，"吾少也贱故多能"。潘家铮记得祖父的破题是"以少贱自明……"云云。只是，当年年幼的潘家铮并不理解其意思，待到他能诵读古籍的时候，家里数度迁徙，祖父的试卷印本却再也找不到了。

有做"长毛"的父亲，儿子却没有受到牵连，不能不说是个奇迹。

中秀才不久，祖父潘少华再被荐为"优贡"，以优贡身份破格赴京参加殿试。

优贡，乃入庠学子的另外一种身份。清初，省府学政任期期满要对辖区内学子进行一次品德和才学考察，然后取若干名送京师国子监学习，是谓"贡生"。贡生分为五种：优贡、拔贡、岁贡、恩贡、副贡。优贡每三年遴选一次，拔贡每十二年遴选一次，是"五贡"中最受器重的两种身份。到了晚清，贡生不再送往国子监，变成一种读书人品学鉴定的身份。每一省的贡生名额少之又少，选中者实在是凤毛麟角。《聊斋志异》的作者蒲松龄到八十岁才得到一个贡生的功名。

选中贡生，可以进入地方主管教育官员的候选行列，也可以直接参加科考。[5]

潘少华既已取得秀才功名，被推荐为"优贡"，就可以跳过"乡试"，不必考举人，直接参加殿试的"进士"考试。只是，这一次殿试的成绩并不理想，虽名列三甲，却只博得一个"同进士"功名。一甲三名为状元、榜眼、探花，二甲为"赐进士"，三甲为"同进士"。此"同"强调的却是"不同"，循例难以授予实职，只能做地方教谕或书吏。

当年，封疆大吏曾国藩就是同进士出身，这个身份是这位中兴老臣一辈子的心病。时人曾做过一副对联，上联为"如夫人"，下联则是"同进士"，再益字上联为"如夫人洗脚"，下联则为"同进士出身"。可见此功名的含金量实在折扣得可以。

其实，科考取试，博取功名与真实才学的关系并不成正比，其中原因非常复杂，即便是"同进士"也非轻易可以博得的功名。潘少华年纪轻轻却名声日隆。绍兴城中的名门大户人家，纷纷慕名登门，延请其到府上家塾中担任家庭教师。

清代官办书院甚是普及，往往延请鸿学硕儒为"山长"，书院之外，城镇乡村私学遍地，或由大户独辟学塾，或聚族于宗祠旁近建立塾堂，延请有功名的先生前来任教，尊称为"西宾"。这里头不乏饱学硕儒，甚至职任很高的退休或者在家"丁忧"的官员。能够在绍兴这样一个文脉深厚的城市里拥有这样的地位，其学养当然是了得的。

祖父的旧箧中，曾保存有城内大户的"关约"数通。关约，也就是聘书。执词恭敬，极是客气。约定每月束脩陆至捌元，按季奉致，逢年过节，当然少不得由主家奉致的"节敬"。教书对于祖父而言，倒是一个不错的选择。一则，一年可以得到百余元的薪俸，虽不是巨富，但养家绰绰有余；二则，得英才而教育之，教学相长，学业精进；三则，有充裕的时间可以读书治学。祖父在这样的私塾中做"西宾"做了若干年，最后一次是1904年，应城内鲍家之约，坐馆一年，但是鲍家子弟骄纵不训，遂在年底辞馆不就，再没有到私塾去教书。

这一年，距离科举废除还有一年的时光。

5　参见《清代科举考试述录及有关著作》，商衍鎏著，百花文艺出版社，2004.7，第34—40页。

潘家铮晚年着手检视祖父留下来的著作手稿。这些手稿跟随潘家铮由绍兴到杭州，由杭州到上海，再由上海到北京，几经辗转，再加上历次政治运动，大部分流佚散失，留存下来的不及十分之一。虽然保存下来的极少，但辑起来也相当可观，积有两万余字。计《二负堂随录》一卷、《附录》一卷、《论说》五篇、函札四通、为人作传记祭文两篇、祝词四篇、《地理学》手稿若干。

潘家铮临去世之前，辑录先人手泽，他发现祖父潘少华不独国学根底深厚，对经学颇多发凡申论，考据、训诂亦有非凡见解。

从宋代开始，浙省的理学甚为兴盛，大家辈出。清初，更有与顾炎武、王夫之同时代的浙省学者黄宗羲、陆陇其、毛奇龄、朱彝尊、万斯大、张履祥，后有全祖望、章学诚、邵晋涵等大家，理学与史学并进。清朝统治者大兴"文字狱"，著名的文字狱大案在浙省就有四起：庄廷鑨案、汪景祺案、查嗣庭案、吕留良案。严酷的文字狱让浙省的学术活动暂时处于低潮，到道光之后，浙省的传统学术再度勃兴，浙籍学者主案的学派共有 39 个，占到全国学案总数的22.67%。浙省名家云集，而浙东为盛。经学家章学诚就是绍兴籍的一代大儒。

在众多的浙省学者中，潘少华独独服膺吕留良。他在《二负堂随录》开篇即说：

> 吕晚邨（吕留良字晚邨。笔者注）心乎同种者，故夫人而知之。然其一生学问，扶正道，辟异端，近绍程朱之传，远接孔孟之绪，实不在胡敬斋、罗整庵、张扬园、陆稼书（均为明代学者，逝后享孔庙配祀。笔者注）之下。惜乎曾静之狱（湖南儒生，因反清而牵连到吕留良。笔者注），吕氏书一律毁版，且余藏书不多，恶能窥全豹焉？然吉光片羽，留在人间，谨以所见者缀之，以发其潜德之幽光焉。[6]

《二负堂随录》中有多篇总结吕留良的学术思想，认为他的学术思想"足垂诸天地而不朽矣"，完全有资格配享孔庙。

潘少华绝不是乡愿式的腐儒，尽管其骨子里有着传统儒学的正统观念，然而有感于国运衰颓，政治腐败，他一面痛惜三代先圣的古风不振，一面探讨救

---

6 参见潘家铮搜集祖父和父亲遗稿，所编的《积木山房丛稿·吉光片羽集》。

国拯民的良方。

而早在 19 世纪中叶，浙省的传统学术受西风东渐的影响，逐渐走出理学桎梏，主张学术当"经世致用"。鸦片战争失败，特别是甲午战争失败之后，一大批学者将目光投向遥远的西方。19 世纪中叶，浙籍近代数学家李善兰即开始译介西方数学、物理、制造方面的著作，19 世纪末期，以鲁迅为代表的外国留学生，再加上外国传教士和本土有识之士加入译介西欧科学、文化、政治著作队伍，一时蔚然成风。这些有识之士中间，不乏像潘少华这样旧学根底深厚且有功名的人士，著名的如杜亚泉、许家惺、罗振常、杜就田、张相等，除罗振常之外，其他四人都是贡生。他们或办报，或译书，或兴书馆，影响甚巨。紧接着，科举废，新学兴，各地纷纷举办新政，浙江这一个以儒学著称的传统学术老巢，进入风起云涌的学术转型期。[7]

在这种大背景之下，潘少华对他所钟情的旧学不能不有所反思。他很早就接触和研究西学，他的遗稿中，法政、地理、历史诸科都有所涉猎，有论述江河交通利弊、述说日地运行规律、解说大洋潮流的随笔性文字。论述之精，可以看出其钻研之深。而其他关于社会的文字，莫不切中时弊，他认为欲拯世危，一定要摒弃形而上的空言论道，振兴工农，创兴发明，实施民主。有些文字至今读来仍然让人悚然惕然。其中有一关于议论科技发明的文字：

朝野推重者皆优孟衣冠，如训诂，如诗赋，如经义，如八股，诗书其貌，商贾其心，自谓得形而上之道，而于实事求是形而下之艺，以为家工财者之所为。且在上者，亦无奖励，亦无专利之法，故一旦遇欧美精益加精、密益加密之艺，无以对待之，陡然一落千丈，不知其伊于胡底也。愚谓今当反秦以后之道，力从古制，以农工为性命，自立者在此，战胜他种者在此，而参用欧美之法，集一国之人，公同议立数言，垂于宪法曰：作者之谓圣，述者之谓明，圣明之人是谓合于人格，如有发明新理以成事实者，得奖励金若干，或与之以爵，并专地若干亩，专卖若干年，以偿其血本血功夫。否则，徒言迎合世界之潮流，与顽固不化之旧习惯，或出版数十报，或著书数千卷，仍为天地间一蠹虫耳。如此，则农工不重而自重矣，农工一重，加之以地大物博之区，何患不还吾天

7　参见《从传统到近代：晚清浙江学术的转型》，汪林茂著，中国社会科学出版社，2011.3。

下莫强之中华哉。[8]

这大概是晚清最早关于"专利"的论述，确实是一段极有见地的文字。

潘少华辞去私馆之职，随朋友薛朗轩到上虞任春晖学堂教席，因为学校富家子弟聚众闹事，威胁教师。他哪里能容得如此大逆不道的行为？一怒之下愤然辞职。

他在给好友薛朗轩的信中说："嗟夫，前日之所恶于官长、学生者，以其不言道德而言财利，不言学问而言征逐，且压制之势、嚣张之气盛也。今乃躬自蹈之而变本加厉，吾不能不为新政悲矣，不然将运会已改，不可尼（泥）于古法，所谓识时务之俊杰固当是欤，则向之淡泊宁静之学可以付之东海，任其滔滔去之而不顾。"[9]

一面呼吁新学，一面又维护旧规。正是这位遗老式知识分子内心的矛盾之处。

这位薛朗轩是潘少华的莫逆之交，两个人之间无话不谈，后来甚至自作主张与之结为儿女亲家，也就是说，这位薛朗轩就是日后潘家铮的外公。

潘少华在春晖学堂待了大概一个学期，转而应聘担任绍兴府中学堂地理教习。他在绍兴府中学堂待过多长时间？无考。如果不出意外，他能够在这所创办于1897年的新学堂待到1910年，他应该和那时还叫周树人的鲁迅是同事。不过，1904年，绍兴府中学堂倒是有一位声名赫赫的革命者，名叫徐锡麟，其时他在绍兴府中学堂任副办，相当于副校长，他们应该是同事。

这个不重要，重要的是，从老先生留下来的文字看，这位有着深厚经学根底的儒者，在社会思潮大变迁中，内心十分矛盾和痛苦。他一面有着寻求自己的家国走出暗夜和泥泞的热望，一面不得不品咂传统学术衰微的苦涩与失落。新学与旧学之间，实在难以达成令人满意的平衡。

他给自己的书房命名为"二负堂"。一负国，二负家。字面上是自谦，传达出的难道不是这种矛盾吗？

不管怎么说，潘家因为祖父有较为固定的薪水收入，家境总算是摆脱了窘境。当时，经营"二花米房"的二叔曾祖父积荣已经去世，米房由其子潘麒善

8，9　参见潘家铮搜集祖父和父亲遗稿，所编的《积木山房丛稿·吉光片羽集》。

接手。因为经营不善，亏赔太多以至难以为继，根本无法负担长房与三房的开支。光绪二十九年（1903 年），潘麟善邀集族长前来再次分家析产，将米店折卖，提取出 516 千 666 文，分付长房和三房，两房各得 258 千 333 文，立约为据，永绝瓜葛。祖父念及三房潘积广的儿子潘明善、潘奎善两兄弟生计困难，将自己应得的一半分出来给了三房积广一家，赢得阖族赞许。

潘家铮没有见过祖父，他只是在祖母和母亲的讲述中慢慢地刻画着祖父的形象。

母亲说，祖父平常极是古板严肃，不苟言笑，不抽烟不饮酒，对自己要求非常严格，非义之财，一文不取，生活也很节俭。母亲告诉潘家铮说，你爷爷在的时候，一颗咸鸭蛋要剖成两半，就着下两顿饭，一顿饭吃罢之后，另一半咸蛋就跟刀切过一样平整，留在下一顿饭来吃。

才四五岁的潘家铮很好奇，他试着用刀去切咸鸭蛋，可是鸭蛋在案上翻来滚去，怎么也切不平整。

听的最多，也让他最激动的，还是祖父外出寻父的故事。这个被祖母述说了许多遍的故事让童年的潘家铮如迷如痴，而且激发起他无限遐想，以至于许多年之后，他发愿要写一部关于长毛造反的小说。

祖父长大之后，听母亲诉说父亲被太平军掳去的种种情由，念及父亲的不幸，再念及母亲的不易，每每恸哭不止，饭食不思。他常常想，父亲一定还在人世，只是因为惧怕朝廷迫害，给家族带来灾难，遂远避他乡，遁入空门也未可知。成年之后，潘少华效仿古人，一蓑一笠，只身徒步前往金陵寻访父亲，他沿着父亲可能走过的踪迹，走村过舍，一路问过来，茫茫人海，竟没有得到父亲半点消息，无功而返。但又不甘心，再访，三访，踏遍绍兴至金陵之间的野庙荒村，希冀在某一个地方与父亲不期而遇。三次外出寻父，终是没有一点消息，才不得不断决寻父的念头。

收获还是有的，祖父在寻父过程中，遍游金陵太平天国遗迹，天王府、忠王府旧址，访耆老，问村夫，获得了不少关于太平天国的珍闻秘史，曾著有《天国遗事》。潘家铮在多年之后曾读到过这部书稿，可惜历年辗转搬迁，最后在"文革"中散失，不知所终。

祖父去世得很突然，仓促之间竟没有准备棺木。倒是祖母平时多病，早早预备好一副寿材，只好先用此棺木将祖父入殓。这副棺木质地尚佳，只是小了一些。

潘家铮虽然没有见过祖父的面，当他能够读懂祖父遗稿，其中一些思想对他触动很大，对日后的潘家铮将产生持久而深远的影响。

在潘家铮的印象里，他家跟其他平民人家并没有太多的区别。直到后来，别人问起他的家世，他才想起他成长的绍兴老屋跟别的人家还是有很大区别的。这就是祖父和父亲那一辈留下来的书籍。经史子集之外，还有许多近古学者的著作，加起来恐怕有上万册藏书。

这个区别真是太大了。只是当时潘家铮觉得别人家也应该是这个样子。

其实不是。

迁居杭州

平家台门和马家台门里的生活，除了在祖母怀里听到那些童谣、山歌、谜语，留在潘家铮的记忆里的印象并不多，到他能够清晰地认识眼前这个世界的时候，父亲已经开始筹划将全家搬到杭州去。

潘家铮的父亲名之赓，字胤初。父亲出生的 1900 年，大清皇帝还坐在龙椅上。为了避雍正帝讳，写这个"胤"要缺末笔，或者写作允初。

潘家到父亲这一代，已经是两代单传，父母亲对他的疼爱和期望自不待言。潘家从曾祖开始留下读书的种子，从此薪火相传，日子虽则清贫普通，却是正经书香人家。祖父母对独苗儿子寄寓多么殷切的期望不言而喻。祖父更是在他身上花费了不少心血，督责教授，莫不亲力而为，言传身教，恨不得将平生所学全部教授给儿子，父亲潘之赓因此受到非常好的旧学训练，同时，还兼修史地、数理和英语等新学科。

清末民初，科举既废，学子纷纷进入新式学堂。祖父潘少华毕生从事教育，曾任多所新学堂教习之职，父亲潘之赓小学、中学教育当不成问题。但父亲在上大学之前，曾做过至少三年的小学教师。是绍兴府中学堂还是绍兴师范毕业？潘家铮竟然一无所知。

然后，到 1920 年或者 1921 年，父亲潘之赓又以高分考入南京高等师范学校，远赴金陵就读。当时全国只有北平和南京有高等师范学校，不仅免收学费，还供应膳食，这也是一般平民子弟的最佳选择。1923 年，南京高等师范学校并入刚刚成立的国立东南大学，潘之赓也随之转入东南大学教育系，1925 年毕业，得学士学位。东南大学是中国近代唯一一所拥有校董会的国立大学，教授多是留美归国的学者，人才荟萃，群贤毕至，都是一时之选的人物。教育科主任为著名教育家陶行知。

潘家有这样一个出息的儿子，祖父的朋友薛朗轩当然也甚是高兴，在潘之赓去南京高等师范学校就读之前，便请人到潘家来说媒。既是莫逆，又要结成亲家，而且抱孙心切，况且薛家乃绍兴的大家族，潘少华哪有不同意的道理？也不管儿子的意见如何，潘家与薛家缔结了婚约，在潘之赓赴南京就学之前举行了婚礼。

大学毕业，谋份差使并不是问题。1925 年，潘之赓先后执教于杭州省立六中、省立女中，都没有待多长时间，便被荐入浙江省教育厅四科任职。他工作勤勉，绩效显著，不断被擢拔升职，从见习到助理，由助理而科员，由科员而主任科员。夫妻两地分居长达十年时光，仅在节假日才可以从杭州回到绍兴与家人团聚。

当年，不独是绍兴，在浙东诸县，男人大都在外面谋生做事，女人留守持家奉亲，到年底才得团圆。一家如此，家家如此，渐成风俗。母亲后来对潘家铮说：你父亲在南京十多年，没有缺过一天勤的。可见父亲潘之赓工作之勤勉。

1932 年，祖父过世多年，父亲潘之赓已经做到主任科员四级。教育厅做普通科员，当然不能与做大学教授相比，不过收入也已经过百，而且他还在考试院、反省院兼着职，平时撰书又有稿费，收入相对宽裕不少。单身在外做事终究不是办法，而且两地往来，开支也大，便筹划着一家人都迁往杭州团聚。

这一年，潘家铮满 5 周岁。

父亲想得很周到。举家迁往杭州之前，先在绍兴城内典得一处宅子，供日后归乡养老居住。宅子在城内三财殿前 22 号马家台门内第四进南侧，是一个独立小院，正房三楼三底，天井、后院俱全，荤素厨房各一，并有侧屋两间，是一座令人满意的宅子。马家本来是一个大官僚，民国肇造，迅速败落，台门里除由子孙分割居住外，下余部分不得不出租或出典与外姓人家。

典，在民间日常生活中算是一种常见的借贷方式，一方把土地或房屋押给另一方使用，换取一笔钱，不付利息，议定年限，到期还款，收回原物。所谓"典房"，就是有余房的"典主"，正等钱用，无房的"钱主"手头有些余钱，典主把房借典钱主，收一笔典金。如果到期典主无法付与钱主典金，房屋自然归钱主所有。这个经济往来过程的约束，不过是一纸"典约"而已。正因为如此，房子名义上属于原房主，典房的人既无权更改住房格局，也无权更改房屋名号，依然叫"马家台门"。此房典期为 18 年，典价 1200 元。加上略加修缮装饰，还有中介费用，合起来总共耗去 1800 元，这在民国初年是一笔不小的款子。

典好房屋，将平家台门旧居杂物家具悉数搬进马家台门封存起来，其余的空房子再出租给一家邱姓人家代为照拂，潘家一家就全部迁往杭州了。

第一次离开家乡，潘家的小阿新记得很清楚。那一天合家雇了一只大船，中有船楼可住人，首尾船舱则储放行装，船入绍兴通往萧山的古运河，扯帆顺风而行，直抵钱塘江畔，渡过宽阔的钱塘江，舍舟登岸，省城就在北岸的江边子上。

今天，由绍兴至杭州走陆路驱车不过 60 多公里的路程，当年则要走上足足两天。

一家人来到杭州，暂住在平海路一处平房之内，先安顿阿田入平海路小学求学。不久，再租长生路怀德里 7 号新宅。他们一家在这里一直住到抗战军兴，一住就是五年。

这所房子给潘家铮留下了深刻印象。从五六岁住进来，到十岁多一点离开，这恰恰是孩童最重要的成长时期。一生习惯、性格的养成往往就在这个年龄段，印象深刻也很自然。

怀德里 7 号，在杭州算是一座中档住宅，砖木结构两层楼，顶部覆瓦，这样的两层楼一字排开，每一门是一个独立的小院，有似于上海的石库门住宅。院子与院子二楼晒台用铁栅栏隔开来，既可分户，也可防止上面的人掉下来。其实这并不保险，潘家铮放学之后玩恶作剧，可以轻易凌空翻越这道铁栅栏，从他家进到邻家。

怀德里的宅子独门独户，进门为天井，并有小台阶一分为二，分隔开空间，可以晾晒衣服，也是供孩子们嬉戏玩耍的地方。楼下中间为客厅，客厅后面是祖母居住的地方，父母亲和两兄弟则安排在楼上。正房后面为厨房和佣人们住的地方，后门外是一条长长的里弄，里面弄堂有一个大天井。这样的单独小院聚集而成一个小社区，相当于现在开发商开发的住宅小区。房主置地开发兴建，然后分别出租给房客，分润其利。

租金并不便宜，每月要 18 元，这在 20 世纪 30 年代是一笔不小的开销，并不是平民人家能够住得起的。那个时候，一元钱可以买几百颗鸡蛋，猪肉每斤一毛多钱，一斤大米则只有几分钱，雇一个佣人，每月的工资也不过三四元钱。这样算下来，这样一个五口之家，一个月的支出有 30 多元就足够了。

父亲曾和姓叶的房主商量，希望能将高昂的租金酌减一些，但是房主却寸步不让，两个人争吵得特别厉害，以至于拍了桌子。后来，父亲将楼上一间分租给一位姓张的年轻人。这个姓张的年轻人一副好脾气，到迁走的时候，还将一只空竹赠给潘家铮留念。

他们从绍兴迁来的时候，并没有带多少家具，父亲只是简单购置了床架，其余家具都是租用教育厅的，这样，怀德里 7 号的家布置显得简朴非常。

初进省城，又是头一回见到有楼梯上下通达的宅子，小孩子当然新奇得不得了，上楼下楼不知疲倦地来回乱跑。怀德里 7 号，潘家铮童年和少年时期不多的快乐时光将在这里度过。

怀德里 7 号的"呆虫"

搬入怀德里 7 号之后，1932 年 8 月，潘家铮被父亲送往天长小学就读，开始了他的学生生涯。不久，兄长也转到这所小学，从此，兄弟两人相伴着走在上学和放学的路上。学校离家并不远，早晨出门，出长生路口，经过菩提寺路那段竹篱短墙，兄弟踩着自己的影子再折入孝女路，前面就是自己将要就读五年的天长小学。

巧的是，潘家铮兄弟俩是新来的，这座成立于 1927 年的公立小学的校舍也是新建的。天长小学原来在杭州天长寺内，故名。此前只有 3 个复式班，1931 年才迁到孝女路变为完全小学。新校舍、新气象，潘家铮就读的时候，新校舍才启用一年。直到今天，这座位于杭州上城区孝女路的小学，仍是当地颇有影响的"名校"。[10]

潘家两代单传，到第三代添了两个男丁，祖母和父母亲当然欢喜。兄弟俩在天长小学上学，中午并不回家，每天由女佣将午饭送到学校。午餐往往是丰盛的，一只洋瓷饭盒，分为三格，上两格装菜，下一格盛饭，今天荷包蛋，明天红烧肉，总有不同的菜肴，两兄弟分着吃。放学如遇雨天，女佣则早早拿一把伞等在校门口，将小的背在背上，大的则牵在手里接回去。

兄长阿田老实忠厚，刚开始难免被人欺负，动不动就被一群孩子拦在半道，有时候还挨一通拳脚。父亲非常愤怒，有一回悄悄跟在兄长身后，果然见他被人拦下，又是推又是骂，父亲突然赶了过来，撩起长衫大襟将为首的孩子头蒙住要往回拖，别的孩子一看不好，顿作鸟兽散去。被蒙头的孩子其实也并不厉害，吓得大哭，父亲这才放开他，一顿痛斥。自此之后，上学的路总算是平安了。

当然，愉快的事情还是不少。天长小学既为杭州城内为数不多的公立小学，而且跻身名校行列，就有辅导周围其他小学老师的任务。每有辅导会，学校会在前一天放学之前发一个通知，告知家长和学生次日放假。这是兄弟两个最快乐的时候，父亲上班不在家，又没有功课之累，兄弟两个可以在天井里疯玩一天。

不独如此，学校在每一学期还要组织学生远足郊游，由老师带领着，清晨列队出发，到黄昏时分回来。小学五年，几乎跑遍了杭州周边的名胜，黄龙洞、保俶塔、灵隐寺、净慈寺、九溪十八涧游了个遍。而每一次远足，两兄弟要向父母亲讨三四角钱，买足一天在外面的吃食，面包、果酱、葡萄干，母亲还额外给再带些吃的，比如牛肉干、荷兰水。

荷兰水就是汽水，传入中国不久。这种碳酸饮料潘家铮怎么也喝不惯。

郊游远足，却不是老师有什么逸兴，乃是国民政府童子军训练的内容之一。在潘家铮和乃兄进入天长小学的次年，1933 年 10 月，国民政府公布《中国童子军总章》，其中规定："凡中华民国儿童，满 12 岁，志愿接受童子军训练而得家长许可者，均得加入童子军。"12 岁以下的称为幼童军。早在 1930 年，杭州

---

10 参见彭惠秀、梁广烈撰《解放前的杭州市天长小学》，收入《杭州文史丛编 6·教育医卫社会卷》，杭州市政协文史委编，杭州出版社，2002.3，第 223 页。

作为省府所在，童子军训练就格外引人注目，而天长小学作为名校，学校的童子军在当时非常有名，不仅训练有素，更重要的是着装很讲究。男女同学都着童子军装，军绳、领巾、军刀、肩章一应俱全，还上过当年的画报。[11]不过，潘氏兄弟俩还是幼童军，不然，他们还要参加一些必要的军事训练。兄长穿上童子军服真是仪表堂堂，潘家铮跟在后面不免自惭形秽。

20 世纪 30 年代，电影刚刚走进都市生活，教育厅经常举办电影会当作酬劳职工的福利，父亲曾带他们看过好多次，当然欢声雀跃。那还是默片时代，潘家铮记得有过农业机械化之类的纪录片，还有卓别林的电影。兄弟俩在看电影中间，偷偷溜到银幕后面想一看究竟，但后面居然空无一物，怎么也想不出来银幕上的人是如何出来的，而且还活灵活现。

在家里，则是另一番快乐。玩具属于两兄弟共有，都是亲戚们所赠。有一只小藤椅，竹编，甚为精致，两兄弟爱不释手；还有一辆钢制的发条汽车，当初是糖果的包装，上足发条就可以自己行驶。除此之外，还有跳绳、飞镖、打弹子和乒乓球。玩乒乓球没有球案，拉一条线，两个人坐在地板上你来我往，聊胜于无尔；后院里挖一个小坑，父亲每每下班回来，只见兄弟俩撅着屁股在那里玩弹玻璃弹子。

十年之后，潘家铮就读浙江大学，重回怀德里。怀德里 7 号尽毁于战火，只有院里的天井还完好，其余变成一堆坍圮的瓦砾。他徘徊良久，在草丛间寻到一颗玻璃弹子，辨认良久，知是当年他和兄长的玩物，不胜感伤，写下一首七绝：

一片荒墟过夕阳，十年重到总凄凉。
草丛拾得玻璃弹，知是儿时戏耍场。

不过，那时已经是另一番心境了。

父亲下班回来，大抵才是两兄弟最为扫兴的时光。父亲跟祖父一样，刻板而严肃，不苟言笑，不用说两个孩子，就是母亲和祖母对他也有三分惧怕。每

11　参见《浙江省教育志》，余起声主编，浙江大学出版社，2004.11，第 245 页。

到周日，两兄弟被父亲关在楼上，责令复述一周功课，并出题考问。这是两兄弟最提心吊胆的时候。如果某一个问题答不上来，父亲会屈起食指在两个小脑袋上敲一顿"暴栗"。长兄性子温顺老实，越是害怕越是答不上来，挨的"暴栗"更多，汗水沿着脑后沟一个劲往下淌。潘家铮恨不得替兄长上去挨一通打。

常常是这样，每到周日，家里的午饭要额外加一道菜，一条鱼，或者下碗肉丝面，饭已经做好，偏偏兄弟俩的周课复述还没有过关。父亲呵斥之声不断，下面的饭菜热了再凉，凉了再热，全家人都为他们犯愁。直到祖母发了脾气，在楼下发了话，父亲才不情愿地将两兄弟暂时赦免。

潘家铮到晚年说起父亲，都想不通毕生都在研究教育的父亲，一个教育系出身的教育厅官员，自己也写过不少关于教育的理论文章，甚至还有关于儿童心理的研究文字，何以对待自己子女的教育却如此粗暴？有时候，与他身份极不相称的粗口都可以打发出来，父亲一不高兴就斥责潘家铮：没出息的畜生！

兄长班上有一位费姓同学，每一回考试总是考第一，父亲就责令兄长下一回考试一定超过他。但是，每一回考试兄长总是落在费姓同学之后，回家里免不得一顿责罚。为此兄长和这位费姓同学翻了脸，吵着吵着老拳就上去了。二十多年之后，潘家铮还在上海碰到过这位费姓同学，其时，他不过是一名普通的电气工程师。潘家铮很感伤，就是他这样一个并不突出，且堪称平庸的人，居然被父亲视为参照和榜样，让兄长吃尽了苦头。

父亲在长子身上似乎寄寓更多的期望。某一天，竟然买回一套《四书》，要亲自教授自己的儿子，想走老父亲当年亲育自己成才的路。潘家铮好胜，不想让兄长比自己知道得更多，贸然对父亲说：我也要学，可以吗？

父亲惊喜地看着他：当然可以！

于是兄弟俩人同时跟父亲开始读《四书》，谁知上口读来，才大呼上当，后悔不迭，只能硬着头皮似懂非懂读下去。旧时代童子读书就是这样的读法，功效如何，那就另说了。有严父的"暴栗"教学法，虽说是硬着头皮去读，七八岁年纪，正是记忆力最好的时候，理解多少倒并不重要。潘家铮的古文阅读和写作功底，也许恰恰是这个时候打下的基础。

但是，潘家铮兄弟俩实在是爱读书的，可说是嗜书如命。读什么书？不是《四书》，而是所谓"闲书"。有一位董姓亲戚在某一暑期曾带给兄弟两个一套《儿童故事丛书》，一共十八册，左不过"白兔脱险""狐狸失计""牛马渡江"一类的童话，两人在假期读得津津有味。父亲看在眼里，心中当然不满意，但这是亲戚的一片好意，又不好说什么。忽然一天，他竟然要将这套丛书当作授课教材讲给兄弟俩听，本来应是一件快乐的事情，但经父亲一讲，顿时又苦不堪言。

他们最喜欢的是大部头小说。潘家铮读到的第一本小说是《薛仁贵东征》，这样的书远比《四书》读得更有味道。可惜，这样的大部头搞来真是不容易。有一天，兄长突然抱回一大摞小说，潘家铮惊喜不已，问哥哥这是从哪里搞到的？哥哥就是不说，但是两个人很快沉浸在阅读的快乐之中。

但不久，父亲发现他放在书箧中的钱少了十元，开始以为是佣人所窃，就把佣人给打发了。后来才发现，这十元钱系自家长子偷偷拿的。十一二岁的孩子，居然敢一下子拿十元钱出去乱花！潘家铮知道之后，直佩服兄长的气魄，居然敢拿这么大数额的钱，这也许是兄长一生做过的最有气魄的一件事情。父亲大惊，继而大怒，再而大骂，问还剩多少钱？兄长嗫嗫嚅嚅把剩下的三四块钱拿出来。再问拿钱都干了些什么？却是买了书，而且都是一些没用的"闲书"，父亲怒不可遏，拿起这些书哗哗乱翻，又扯又撕，但是见其中还有一套《曾文正公八种》，这是正经书，颜色渐渐缓和了下来。

潘家铮见有《曾文正公八种》这样的书，很奇怪兄长何以买这样的书？兄长不好意思地说："我还以为是演义小说呢！"。

恰好两个姨妈良娘和芬娘暑假从绍兴来杭州，撞上父亲训斥兄长偷钱买书这件事。她们对父亲教育孩子的方式方法大为不满，回去之后，买了《三国》《水浒》《荡寇志》《西游记》这些"大部头"小说寄给两个外甥看，另外还有一封信，劝父亲尽可以放开让小孩子们阅读，不必太过严苛。但是父亲还是把这些书锁在柜子里。兄弟两个有姨妈撑腰，耍起性子，跟父亲抗议，无奈之下，父亲才拿出一本两本让他们读，但不允许影响正常功课。

眼见两个孩子已经长大，此时，潘家再添两个男丁。三弟在他们家迁往杭州当年出生，四弟则在两年之后的 1934 年出生，两个弟弟小名分别是三毛和四毛。

孩子出生满月，要告庙续谱，三弟名家铭，四弟名家铺。

这样，两代单传的潘家一下子就有了四个男丁，应该是一个非常热闹的大家族了。怀德里 7 号三代同堂的日子一派祥和，一向节俭的父亲，兴致高的时候，周日要带全家出游，或赴灵隐寺进香，或在西湖边漫步，甚至雇一条小舟游湖。1934 年，兄长满 10 岁，父母亲还特别做了一顿丰盛的宴席庆贺。1936 年，祖母七十大寿，因为祖母一生茹素，父亲特意设宴杭州功德林，以素宴祝寿。若是两个姨妈前来度假，父亲一定要盛情接待，还有带全家到杭州的六公园茶室品尝"冰忌廉"。"冰忌廉"是民国早期对冰淇淋的另一种音译，其时，这种稀罕东西刚刚传入中国不久。

父亲有一回下班回来，突然兴致很高地给两兄弟讲起新近破的一宗案子，故事甚是离奇，情节足够曲折，潘家铮听得神情俱化。事后才明白，父亲原来也是健谈的，其实是没有合适的倾听对象罢了。

然而父亲对儿子们的期望依然很高，督责课业如故。也许是期望越高，失望来得也就越大。两个大孩子沉浸在闲书里面，未来将塑造成什么样的材料，眼前是看不出一点点端倪来，父亲常常摇头叹息。

潘家铮晚年多次说起他少年时候父亲对他的失望。他回忆说，有一次，母亲给他两毛钱让他到外面买什么东西，结果到了那家店铺，人家没有货，只好返回来。过了一会儿，又去了，还是没有货，又返回来。返回来之后，再去，还是没有。如此几次三番，折腾了好几回。

还有，潘家铮总也搞不清楚火腿这样好吃的东西是用什么原料，怎么制作出来的。家里人告诉他说，那是用猪大腿腌制而成，但是吊在梁上的火腿，无论形状还是色泽，哪里还有猪大腿的样子？潘家铮固执地认为，火腿就是火腿，跟猪大腿没有任何关系。

父亲恨铁不成钢，说世界上笨人多的是，但笨到你这个程度的还真不多见，真是一个"呆虫"。

父亲哪里知道少年脑子里是怎么样一个缤纷世界呢！

避乱之痛

转眼间到了 1937 年。这一年，潘家铮满 10 岁，小学读到高小年级。

民国早期学制多变，到 1922 年终于确定下来，史称"壬戌学制"。小学分为初级小学和高级小学，初级小学 4 年，高级小学 2 年。也就是说，到 1937

年，潘家铮才是一个高小一年级学生。用今天的学制来衡量，刚刚上完五年级。

1937 年，"八·一三"事变，日军大举进犯上海，中日淞沪会战开始。8 月 14 日，驻河南周家口中国空军第四大队飞赴杭州笕桥机场，随即升空对日军轰炸机展开攻击，史称"杭州大空战"。8 月 15 日，潘之赓在仓促之间将一家老小送回老家绍兴，只身留在杭州。

这一次回乡，走的还是当年来杭时的路线，但远不如 1932 年迁往杭州那样准备充分，更谈不上从容，简直就是在逃难。一家 7 口人被塞在一辆雇来的小车里，由父亲的朋友孙寿昌护送，仓皇返里。

这场变故谈不上突如其来，即便平时不问世事的平民百姓也有预感，更何况潘之赓还是教育厅的官员。早在 1936 年"西安事变"爆发之后，全国上下抗日呼声日高，政府规定公务员一律参加军训，潘之赓也脱去灰布长衫，穿一身军服前去受训。

1937 年 8 月 15 日，全家逃难回到绍兴，潘之赓一个人留在了杭州，一方面观察局势变化情况，另一方面当然有公务在身，更重要的，还有一桩放心不下的事。

大约是在 1937 年初，形势紧迫，战云密布，连潘家铮一个小孩子都知道国难将临。每天一进校门，迎面就是一幅"国耻图"，日本侵略者被画成一条毒蚕，正在一点一点蚕食像一片荷叶一样的中国版图，报纸则每天都在送来各种各样的坏消息和好消息。华北告急，平津告急，师生们忧心如焚；百灵庙大捷，义勇军殊死抗敌，师生们则莫不欢欣鼓舞。潘家铮和兄长还响应捐款购机救国号召，把平时零零星星攒下的几块钱都捐出去，希望买多多的飞机打击侵略者。童子军课程里增加了新内容，军事救护，制造炸药，诸般如此。少年不识愁滋味，"七七"事变之后，潘家铮心里说不出的兴奋，只怕仗打不起来，只盼仗打得越大越好。[12]

这时候，父亲潘之赓已经积攒有近万元的款项。每一个老百姓都知道，一旦战火燃起，首先不值钱的恰恰是钱。父亲潘之赓动心思想通过购买不动产来保值，而且还真的通过一个名叫王雨占的中间人，花八千多元巨资买下一处产

12　参见《春梦秋云录——浮生散记》（第二版），潘家铮著，中国水利水电出版社，2000.12，第 21 页。

业，位于城站板儿巷。

杭州人习惯将火车站称为"城站"，地段当是不错，而且占很大一块地，只是这块地上面都是些破旧房舍，分租着数十家房客，每一家月租两三元不等。谁知道，这中介王雨占很不地道，他在介绍这桩生意的时候，来回哄骗，从中赚了几百块钱。潘之赓知道之后，大怒不已，但也无可奈何，只是不再与这个王雨占来往。

要知道，八千元巨款，几乎就是潘之赓18年全部积蓄的大半。"七七"事变之后，租户日渐零落，一直到他们全家往绍兴逃难，都没有任何收益。

潘之赓在杭州也无法再待下去，11月11日，上海、嘉兴相继沦陷，杭州各机关纷纷向浙东撤退，浙江省政府迁往金华、丽水一带。有那么一大家的拖累，潘之赓不能随教育厅南迁，只好办理停薪留职手续，匆匆赶回绍兴。

1937年12月23日，刚刚于是年9月26日建成通车的钱塘江大桥被炸毁，杭州失陷。钱塘江大桥系中国第一座自行设计、自行建造的现代化大桥，由公路与铁路双层通行，为现代中国桥梁建筑的开河之作。指挥装填炸药并按下爆破按钮的，正是它的总设计师茅以升。

杭州沦陷，中国军队第十集团军撤往钱塘江南岸布防，与日军隔江对峙。

早在"八·一三"淞沪抗战之际，潘家铮一家由杭州逃回绍兴的时候，绍兴城内已经是人心惶惶。中国空军除驻扎杭州笕桥机场之外，在绍兴东关也建有机场。8月15日，城内的老百姓亲眼见国军飞机追逐4架日军轰炸机掠过绍兴上空的情景。从那时候起，城内的老百姓就开始陆续逃往乡下避难。

历史地理学家陈桥驿当年正好读到初二，因为空袭不断，学校被迫停课。他这样描述当时的逃难情景：

虽然直到10月中，绍兴城内常有日机飞越但尚未遭轰炸，但由于警报频繁，城内居民开始向乡间逃难。城内河港中，来来往往的船只逐渐多起来，而随着日军在全公亭登陆和国军在大场的撤退等战场败绩，逃难船只一时增多，如同春天的上坟季节一样。[13]

13　参见《八十逆旅》，陈桥驿，中华书局，2010.11，第50页。

……我辍学的时候，绍兴城里人已经进入逃难的高峰，一艘艘的乌篷船从城里摇到城外，乡间有亲戚的，还从乡间派船到城里接，乡间的船是规格不一的，甚至完全无篷的绍兴人称为坦板船的农用船也进了城。出城的船上，开始多是人和随身细软，由于怕轰炸和火烧，后来竟连家具也装船下乡，这样的船在城内河港摇来摇去，确实弄得人心惶惶。[14]

一幅江南好山水，被战火扯了个凌乱不堪。

仓皇之间，潘之赓带全家逃到绍兴东北郊一个叫作马鞍村的地方。这里有一处房子，系外祖父薛郎轩从一家陈姓人家购得，父亲又以480元的价格从外祖父那里收为己有。他们刚从杭州回到绍兴，以为钱塘江南岸的故乡会安宁一些。哪里想到，这时候绍城里的人已经开始纷纷逃往乡下避祸。父亲想得很周全，预先已经找好避难所。全家人两度避难于此，前后住了有小半年时间。

全家人赴马鞍村避难，兄长也则刚刚从杭州逃难回来。这样，一家人在离乱之中再一次团聚在一起。

这里还有一个插曲。

1937年1月，杭州城至少在表面上还维持着正常的秩序。这一年的7月，大哥小学毕业，按照惯例，杭州最好的杭州初级中学将提前招生，父亲让长子以同等学力前往报考，但没有成功，父亲非常失望，显得很不高兴。

杭州初级中学，简称省立杭初，这是杭州城内唯一的一所省立初级中学，经费充裕，设备完善，师资优秀，收费相对低廉。但这所初中特别难考，每年招生，考生总有一千几百名，但最后只能录取200名。小学毕业能够考取杭初，那是天大的荣耀，坊间认为，考上杭初，就等于中了秀才。

"七七事变"并没有影响杭州各初级中学的招生工作，到了7月兄长小学毕业，父亲执意让兄长再报考杭初。兄长惧怕父亲，更惧怕自己考不上，所以全面开花，一口气参加了包括杭初在内七八所中学的考试，潘家铮那段日子天天陪着哥哥去参加考试，索取简章，送兄长进考场，考罢一所，再赶紧准备下一场考试。兄弟俩，一个12岁，一个10岁，一个考，一个陪，忙活了一段时

14　参见《八十逆旅》，陈桥驿，中华书局，2010.11，第51页。

间。也许是考得多，应试特别放松，8 月初放榜，兄长竟然被杭州初级中学录取，父亲当然高兴。

等到 9 月 4 日杭初开学，全家人都已经逃回绍兴，但父亲来信还是让兄长到杭州报到去。祖母、母亲和潘家铮都不愿意让大哥一个人走，毕竟战局未稳，一个 12 岁的人如何能单独应付？父命难违，母亲含泪为大哥整治北行读书的行装，将他送到杭州。

开学不到一个月，10 月 5 日，日军在乍浦全公亭登陆，杭初在唐世芳校长的主持下，雇船运载图书仪器溯钱江至桐庐，借圆通寺上课。11 月 11 日，上海、嘉兴相继沦陷，日军向杭州进犯，学校搬到淳安上课。12 月 23 日，日军侵入杭州，省教育厅命令杭初停办，只设办事处于江山清湖镇，师生不愿做亡国奴，继续南撤，流落在金华、丽水一带。[15]

学校停办，兄长只能转回到绍兴中学继续就读。而绍兴中学为防不测，将假期提前，兄长等于休了一次学。好在，次年 3 月，形势渐趋平缓，绍兴中学如期开学，一家人从马鞍村回到城内。父亲应绍中之邀请，任教于绍兴中学简师班，潘家铮和兄长分别复学。

虽然中国军队与日军隔江对峙，绍兴城暂时还没有被日军占领，但是从这一年 4 月开始，日军频繁对绍兴城发动空袭，尤其是绍兴中学，竟然成为主要的轰炸目标之一。

刚开始，敌机的轰炸目标还是绍兴城外围的飞机场、火车站，主城区还没有造成多大损失。到 1939 年之后，就一次比一次破坏严重。

国民政府浙江省防空司令部《口机空袭统计表》载，1938 年 5 月至 1940 年 10 月，日机对绍兴县空袭 101 次，出动飞机 250 架次，投弹 1085 枚，炸毁房屋 127 间，震倒房屋 1468 间，炸死 323 人，炸伤 545 人，损失财物难以计数。

破坏最严重的是 1939 年 5 月 3 日的大轰炸。据时任绍兴中学校长的沈金相回忆，1939 年 4 月下旬，日军先轰炸宁波，沈金相立即到专员公署探询情况，专员公署告知，确实已经获得日军将轰炸绍兴的情报，为全校师生安全计，嘱其应有所准备。沈金相回来之后，马上召开紧急校务会议，决定将高中部暂时

15　参见《杭州文史丛编 6·教育医卫社会卷》，杭州市政协文史委编，杭州出版社，2002.3，第 119 页。

迁至绍兴郊外名胜兰亭集训，初中部自 5 月 1 日起实行野外授课，每天早上分班由老师率领至离城十余里外的东源、禹陵、快阁等处，每天中午由校工将饭菜送到授课地点。[16]

地处浙东的绍兴，5 月已经非常炎热，学校每天疏散到郊外授课，没两天工夫师生们就不耐其烦，沈金相让大家至少坚持一周再看形势。谁知道，刚刚实行疏散授课的第三天，也即 5 月 3 日，日军飞机果然由北而南直飞绍兴而来，绍中校园连中两弹，毁教室一间，学生寝室一角，一位工友被炸死。

这一次轰炸，日机共出动 5 架飞机，瞄准的目标就是绍兴主城区，在第三区专员公署、县政府、绍兴警备司令部、绍兴中学及附小，县商会以及大街商业区、断河头、月池坊等居民住宅区和救济院等慈善机构投弹 14 枚，炸毁专员公署等机关、商会和部分商店、居民住宅房屋 128 间，炸死 12 人。[17]

回到城里的潘家铮亲历过数次轰炸。老宅马家台门离旧县政府很近，1939年 5 月 3 日大轰炸，一颗炮弹正好落在他家附近，窗棂都被震得粉碎，年迈的祖母和年幼的四弟被震得昏死过去。大轰炸过后，正在绍兴中学简师任教的父亲接到教育厅通知，要他赶往省府所在地丽水复职。住在城里刚刚一年，大轰炸再一次将一家人置于危险之中。父亲在临行前，将全家人迁到城郊一个叫作"小任家畈"的村子里避难，然后只身前往丽水。

父亲刚走一个月，家里就出了大事。小任家畈地处郊野，蚊蝇成群，一家人都染上了病，先是母亲高烧不退，潘家铮与大哥也染上疟疾，幸好三个人身体底子还好，并没有什么大碍。祖母就没那么幸运了，病情一天比一天严重，一家人手忙脚乱急忙将老人家迁回城里延医诊治，老人家年迈体虚，最终不治而殁。

父亲接到凶信从丽水赶回来，但见灵幡高挂，老母停尸灵床。

遭此变故，潘之赓彻底辞去教育厅的职务，再没有复职，开始教书谋生。

祖母对潘家铮的疼爱之状在他晚年的时候仍然历历在目。祖母是一位非常慈祥的老人，潘家铮出生，母亲忙于家务，他几乎就是偎在祖母怀里长大的。祖母识不识字他不知道，但祖母肚子里装的故事、歌谣、诗词，是他童年启蒙

16，17　参见沈金相撰《我在省立绍兴中学的十年》，收入《浙江文史集粹》第 5 辑，浙江省政协文史委编，浙江人民出版社，1996.12，第 121 页。

最好教材。他离不开祖母。从绍兴，到杭州，再从杭州逃难回故里，都偎在祖母身边，即便已经长到12岁，放学归来，都要到祖母的身边靠一靠，祖母则将他揽入怀中。

祖母一生茹素，迁往杭州之后，父亲将天后宫马家台门的租金专门留给祖母零用，所以祖母手头还是宽裕的。她没有什么嗜好，喜欢啜饮少量绍兴"震元堂养血愈风酒"，潘家铮刚刚是一个应门小童，祖母经常给他一两枚银毫前去买酒，再到保佑桥买"回淘烧饼"，祖母将酒倒在小杯里，佐以烧饼、香糕慢酌。潘家铮眼睛滴溜溜站在一旁看祖母轻酌慢饮。祖母心疼孙儿，掰一块烧饼或香糕给孙儿尝一尝，或者将购酒买饼剩下的铜圆银角让潘家铮收起来，潘家铮简直心花怒放。逃回绍兴之后，家境大不如前，战乱年月，哪里能再给祖母整治酒馔？母亲只能给老人买些"素鸡"，或制两张"霉千张""素蛏子"这样的豆制品。平日就只有豆腐和萝卜佐餐了，到了小任畈村，顿顿都是"饭捂萝卜"，花样既减，营养大不如前，祖母身体的抵抗力下降得很厉害。

从绍兴逃往小任畈村时，潘家铮曾跟祖母说起她老人家的棺材，说为什么不带着棺木一起逃走？祖父去世，用的是祖母的棺木，不久，祖母即为自己制办"家当"，质量同样很好，上了漆，乌黑锃亮，一直放在天后宫宅子后房里。潘家铮担心被人抢了去，所以好奇地提出这样一个问题。祖母笑说：不当紧的，"滑木"在我这里。所谓"滑木"，却是传统匠作的机巧，棺盖与棺体之间预留有铆榫，备有异形硬木楔，是谓"滑木"。楔子打入之后，棺盖合一，不用铁钉，而要抽出这个"滑木"则难上加难，而没有"滑木"，棺盖休想合为一体，就是一个废木匣子。所以祖母很得意，也很放心。不想，这"滑木"终究派上了用场。

祖母去世，是幼小的潘家铮第一次见到真实的死亡，对他打击非常之大。

刚刚安顿完祖母的后事，还不到一个月，紧接着年仅6岁的四弟家镛急病夭亡。

在小任家畈村，四弟也同样染上疟疾。当时一家人都在病中，谁都没有注意到这个最小的孩子，回城之后，再逢祖母新丧，一家人忙乱不堪，累日牵连，四弟的病一天重似一天，浑身烧得跟火炭一般，母亲急得大呼小叫。兵荒马乱年月，全家人都不知道该怎么办，竟然没想起来赶紧送往医院，忙乱中延请中医来诊治，结果耽误了救治的最佳时机，年仅 6 岁的弟弟最终撒手人寰。

祖母新丧，幼弟夭亡，父母亲的悲伤程度可想而知。12 岁的潘家铮甚是哀痛，他哭着要送弟弟最后一程，但父母亲将他拦了下来。弟弟夭折好长时间，潘家铮日日思念，竟然取纸描出一张弟弟的肖像。他让母亲看，母亲看看，说：有几分像的。话音未落，珠泪先垂，母子俩抱头痛哭。

1937 年 8 月 15 日，举家被父亲好友孙寿昌护送回绍兴途中，要过检查哨登记，本来车上坐着 8 个人，四毛潘家铺被母亲抱着，小身子被衣服盖起来，所以母亲报说全家共 6 个人。谁知道，一语成谶，母亲长号痛哭，痛悔当初一时口误。

流亡记学

潘家铮一家从杭州逃归故里，正在读书的潘家铮兄弟俩突然失学了。从此，兄弟俩开始了颠沛流离的求学生活，8 年之后的 1945 年，潘家铮才得以勉强读到初二肄业。如果没有日本侵华战争全面爆发，他完成这样程度的学业，只需要 3 年时间。

8 年完成 3 年的学业，殊为不易。颠三倒四，颠沛流离，在隆隆炮声与片刻宁静中寻找读书的空隙。

其时，绍兴的学子大都经历过这样的求学经历。大致情形，潘家铮在《春梦秋云录·颠沛流离读中学——抗战春秋之二》中记有一笔流水账，归纳如下：

1937 年 8 月 15 日，由杭州回绍兴，就读于绍兴第二小学，为期三个月，读"六上"年级。

1937 年 12 月 23 日，杭州沦陷，举家逃往马鞍村，避难三月。第一次失学。

1938 年 3 月 25 日，由马鞍村返绍城，重读"六上"年级，为期一年。因日军飞机不断轰炸绍城，到年底才断断续续完成"六上"年级学业。

这样，小学六年级上学期，本来半年的课程，因为战乱和轰炸，足足耗去一年半时间。

1939 年初，读"六下"年级，1939 年 5 月 3 日，日军飞机轰炸绍城市中心，举家迁往"小任家畈"村。第二次失学。

其间，家遭变故，祖母病殁，四弟早夭。虽然后来回到城里，不仅小学，就是绍兴中学也迁往市郊办学，小学校也是开开停停，这六年级下半学期，本来半年的课程，又读了整整一年。

这样，完成小学最后一年课程，用了整整两年半时间。

1940 年春，潘家铮以小学毕业学历，投考中学。还未上考场，日军度过钱塘江南犯，举家再度避难马鞍村。第三次失学。

1939 年 5 月 3 日，绍兴中学被日军轰炸，不得不迁往乡下上课，开始，初中部迁往栖凫，高中部迁往兰亭。1939 年 9 月，绍兴中学合并初中、高中两部，整体迁往诸暨县花明泉办学。1941 年 4 月 17 日，绍兴沦陷，绍兴中学本部再退往崇仁、东阳、缙云，终至解散。8 月，教育厅以临时中学一部名义在嵊县廿八都复学。

潘之赓于 1939 年 9 月受聘于绍兴中学，带着潘家铮的兄长先后执教于花明泉、廿八都。而小学毕业之后的潘家铮满 13 岁，哪里能跟着流亡学校前往就读？只能投考尚在绍城办学的中学校，他上的是一所教会中学。直到 1940 年秋天，潘家铮一直留在绍兴城读这所教会中学。前半个学期读了两个月书，日军度过富春江，并进入绍兴城三日，后撤出，学校停课。一直到第二年复学，再读三个月。1941 年 4 月 17 日，绍兴城沦陷，学校南撤，继而停办，潘家铮勉强跟跟跄跄读完初一年级。第四次失学。

1941 年 11 月 16 日，父亲带着潘家铮兄弟俩翻过会稽山，走了三天山路，到达嵊县廿八都，就读于以绍兴中学为主体的浙江临时中学一部，继续他的初二年级学业。廿八都临时中学一部的读书生活，算是相对完整和平静的。读完"初二上"，再读"初二下"。但这种平静并没有持续多长时间，前前后后也就 5 个月时间。1942 年 5 月 18 日，诸暨、嵊县沦陷，在此之前的 5 月 14 日，廿八都浙江临时中学一部奉令解散，于是就有了第五次失学。

从 1937 年底到 1942 年 5 月，不到 4 年半，凡五次失学。第五次失学之后，求学之梦就彻底破灭了。

初中一年级在绍兴的教会中学断断续续读了 5 个月，初二年级在嵊县廿八都也是读了 5 个月，初中两个学年的学业浓缩为一个学年，也就是说，战乱与流亡，用两个学期的时间让他完成两年的学业。潘家铮在零乱而残缺不全的求学过程中送走了自己的童年和少年。

这一年，潘家铮 15 周岁。

1946 年潘家铮考上浙江大学之前，最高文凭也就是初二肄业。初中毕业，他还需要再读一年，只是，从此再没有书读。多少年之后，关于自己的求学之路，潘家铮要颇费一番口舌进行解释，只是不管怎么解释，谁都不相信赫赫有名的"潘总"在读大学之前只读到初二肄业。

潘家铮每每说起自己少年时代的求学经历，莫不满含腹心酸泪。年轻学子动荡不安的流亡、求学、失学历程，是深处灾难中的国家风景之一，也是一代人成长的背景。

个人史、家族史，从来是国家史的一部分。

从另一个角度来看，流亡求学的经历，对少年潘家铮的成长和性情养成有非常大的影响。

流亡中辗转求学，其知识构成当然也不能和按部就班循序渐进的学校教育相比，但是，潘家铮在残缺不全的求学过程中还是表现出超常的学习能力。

有两件事情值得一说。1941 年 11 月流亡嵊县廿八都浙江临时中学一部，[18] 学期过去大半，功课自然落下不少。初一年级满打满算也就读了 5 个月，现在又赶在学期过半，要赶上落下的功课实非易事。然而，他不仅很快赶了上来，而且不久就考为全班第一，这让老师们颇感惊奇，一向严肃且对子女期望甚高的父亲也宽慰不少。这个"呆虫"还是有两下子的。

进入"初二下"年级，潘家铮嫌上课进度太慢，又惋惜不断逃难白白浪费掉的两年时间，约了几个同学决定学期终了之后，直接跳班投考高中。于是每夜熄灯之后，他们偷偷集中在教室角落里自修初三课程，为此买了一捆蜡烛，

18　潘家铮《春梦秋云录——浮生散记》（第二版）记嵊县廿八都为临时中学三部，有误。参见沈金相、陶永铭等人回忆：宁波、绍兴失陷后，浙江省教育厅鉴于从战区退出的学生越来越多，决定在浙东开设三所临时中学，收容从上海及宁波、绍兴等地退出的战区学生。即是临中一部（在嵊县崇仁）、临中二部（在写到平橄榄源）、临中三部（在常山绣溪乡）。1942 年夏，浙赣战役后，由于战区扩大，以上三所临中改为省立浙东第一临中（在开化化山）、省立浙东第二临中（在宣平）、省立浙东第三临中（在瑞安大岙）。抗战胜利，临中全部结束。沈金相担任临时中学一部主任，旋即转任浙江大学龙泉分校，由潘锡九继任。参见《浙江文史集粹（第 5 辑）·教育科技卷》，浙江省政协文史资料委员会编，浙江人民出版社，1996.12，第 123-124 页；《绍兴文史资料选辑》第 3 辑，绍兴县政协文史委编，1985.12，第 246 页。

还偷出一大瓶煤油,真正是点灯熬油,一直自修到夜里一两点钟才回去休息。这样坚持了好长时间,居然收获不小,初三的三角、物理还是有所长进的。不幸这样的秘密自修行动被老师查获,每一个人被记了一小过,跳班升学的计划就此告吹。在浙江临时中学一部教书的父亲给他写了一份措辞甚为严厉的字条,潘家铮记得后面有几句话是这样说的:"读书宜循序以进,大忌躐等,尔辈所为殊属非是。"

从廿八都回到沦陷区绍兴,潘家铮不愿意上日伪办的中学校,失学在家。偷偷与人开旧书店,从旧书里找到一本高中解析几何学,让潘家铮非常着迷,读得津津有味,很快就读进去了。

自修完成这门功课之后,又反复琢磨练习,他突发奇想:一点在平面上的位置可以用两个坐标来确定,可不可以增加一个坐标来确定这个点在空间里的位置?这个想法让潘家铮第一次体会到一种创造性的智力快感,兴致勃勃用铁丝扎制了一个立体模型加以推演,而且推导出一大套公式定理。

他不知道,自己自修的那门课程,叫作"平面解析几何",而自家突发奇想推导公式定理的,叫作"立体解析几何"。他还以为自己开辟了一个全新的数学领域,甚是兴奋和得意,很长时间陶醉于成为一门新兴学科"开山鼻祖"的成就感中。直到数年之后到杭州备战高考,在书店买一本立体解析几何的书,才知道这门自以为是"新兴学科"早被一名名叫笛卡尔的哲学家创立,经过几代数学家不断推演,比他的思考完备得多。遂嗒然若丧,"鼻祖"也没得做了。[19]

举这些例子,并不能够构成潘家铮日后成为一名杰出水电工程师和坝工专家的理由,但不难看出他在很早的时候就显示出的数理天分。当然更重要的,还是对读书求学的渴望。

动力何在?

我到廿八都时,学期已过去大半,拖下的功课够多了,这一点我却不在意。饱尝失学和当亡国奴的痛苦的我,能够生活在清新的空气中、坐在课堂里聆听自己的老师们的讲课,乃是一种无比的幸福,我感到无限的甜蜜。我这时

19 参见潘家铮撰《无限辛酸话科研》,收入《春梦秋云录——浮生散记》(第二版),中国水利水电出版社,2000.12,第322-323页。

才较深地理解都德的名著《最后一课》中那位法国小学生的心情了。[20]

在《春梦秋云录·颠沛流离读中学》中，潘家铮这样描述自己流亡求学的心情，倒是一段发自肺腑的告白。

潘家铮的聪颖似乎更多地体现在文史方面。具体地说，他对经史子集之外的"杂书"更感兴趣。

失学在家，或者乡间避难，父亲对他们兄弟的学业未曾有须臾放松，不能到学堂去正常上学，就在家里亲自督责儿子们的课业。父亲是一位教师，按照学校应该的课程安排他们的课业，数学、英语之外，额外安排了"四书五经"、古文经典、唐诗宋词，甚至尺牍公文写作课程。父亲受过祖父的家学严格训练，旧学底子了得，所选课文也当是经典篇什。潘家铮到晚年还记得，当年父亲携兄弟俩赴木栅祖坟扫墓，要坐航船方可抵达，在船中为他们吟诵陶渊明的《归去来辞》；避祸马鞍村，督责兄弟俩诵习李陵的《答苏武书》、白居易的《长恨歌》；而当年绍兴城内马家台门内温习《论语》《孟子》的苦况与朗读《琵琶行》的畅快依然历历在目。大致是这样，除数学之外，父亲要讲一段四书或者一篇古文，第二天就要求必须背出来。

英语教材选用的则是《纳氏文法》。这《纳氏文法》是清末至 20 世纪 40 年代最普及的英文语法教材，凡四册。但一般都选择其中第四册作为教材。当年胡适他们那一代学者的英文入门教材就是《纳氏文法》第四册。周作人在《雨天的书》里多次谈到这本书。

这部英文语法教材从问世起，多有修订，每年至少要印刷两次，可见普及之广。此书不独对近现代英语教学起过大作用，而且对中国现代汉语语法研究产生过非常大的影响。除《纳氏文法》之外，父亲还给兄弟俩讲授《Socialism》（社会主义）《Books and reading》（书籍与阅读）。

这样来设计家学课程，自然有父亲的道理，只是当年潘家铮一听到"四书""五经""子曰诗云"就苦不堪言。真正体会到父亲当年家学教育的一番苦心，还要待若干年后潘家铮能够毫不费力握管成章，进而著述等身之后。

20　参见潘家铮撰《颠沛流离读中学》，收入《春梦秋云录——浮生散记》（第二版），中国水利水电出版社，2000.12，第 31 页。

也因为有这样严格的家学训练，他在日后的治学与科学研究中，对儒学的精髓与局限有着深刻的认识。他在 2000 年写给青少年的一篇文章里说：

儒学思想有某些合理内容，在历史上也有过贡献，不应全盘否定，但许多基本精神是不利于科技发展的，必须扬弃。首先，它是一种停滞而不是动态的观念，所谓"天不变道亦不变"是也。其次，它是一种倒退而不是发展的社会观。他们认为人类社会的最高境界就是三皇五帝、尧舜之治，以后是一代不如一代。后世的任务就是争取接近（而不可能达到）那个尧舜之治。第三，儒学是鄙薄科学技术的，读书人的正道是"学而优则仕"。研究科学、发展技术，不说成歪门邪道，也是"机心"与"淫巧"，归之为星相巫卜之流。即使后来被洋枪洋炮逼上了死路，也只想"中学为体西学为用"。在这种思想体系下，科技能有正常的发展吗？[21]

这一段文字，实在与乃祖论述专利的文章遥相呼应。只是，当时他哪里能想这么深刻？还有另外一番读书的乐趣等着他。

小荒唐[22]

读经读古文，屁股坐不稳。在马鞍村避难，读着读着，潘家铮常常以到外面挖野菜、钓鱼虾贴补午餐为名暂时躲开读经背书之累。回到绍城马家台门老宅的楼上，没野菜可挖，无鱼虾可钓，有的是难言之苦，把一腔怒气发泄在集注《四书》的朱夫子身上，在纸上写就"朱熹"两个字，再用剪刀一剪一剪剪成碎片。

乐趣还在书里。应该是到廿八都临时中学一部就学之前的 1939 年夏天，应该是在马鞍村，兄长到绍兴中学读书，只潘家铮一个人被拘在楼上读书，他注意到楼上那间房子屋角堆放着的一只大木箱。好奇的潘家铮好多次爬在箱子

21　参见《来自科学殿堂的期待——院士寄语青少年》，西苑出版社，2000.3，第279-281 页。

22　参见潘家铮撰《茉莉缘——童年幻影之二》，收入《春梦秋云录——浮生散记》（第二版），中国水利水电出版社，2000.12。

上，猜想里面到底放的是什么东西。终于，他发现箱底一角受潮霉烂，可以把木板拆下来，恰好能伸进手去，往里一掏——书！

掏出一册，再掏一册，竟然是大量的诗文和小说！潘家铮狂喜不已。这些书里有木版的金圣叹批点《西厢记》，四卷扫叶山房石印的《诗韵合璧》，还有不少笔记小说和一套《芥子园画谱》。

这是何人留下来的？他倒没有想，只知道留下这些书的人真是太知道他的心意了。

在杭州读小学，对旧小说就乐此不疲，这一次简直发现了一个"宝库"，更合少年潘家铮的胃口。尤其是那一套金圣叹注的《西厢记》，早闻此书为"六才子书"之一，不读不要紧，一读简直石破天惊，正所谓"颠不刺的见了万千，似这般可喜娘的庞儿罕曾见。则着人眼花缭乱口难言，魂灵儿飞在半天。"

原来世界上除了"子曰诗云"之外，居然还有这般美妙的文字；天下除了正襟危坐的《原道》《原毁》，文章居然可以做成这个样子；"碧云天，黄花地，西风紧，北雁南飞"，吟哦一阕，满口生香，沁人心脾，他被汉语这美妙的语言节奏和韵律彻底迷住了。

这部金批《西厢记》才读了几遍，大段大段的唱词能够一字不漏全背下来。不独如此，只要一闭眼，"待月西厢下，迎风户半开。隔墙花影动，疑是玉人来"，风流倜傥的张生，美丽多情的莺莺，俏丽伶俐的红娘的影子会翩然飘过。这书，这文字，哪里是人写的？简直就是天降妙文。

避祸马鞍桥，潘家铮被允许独自居住在楼上小屋里温习功课，哪里知道这正给了他大把时间旁骛圣贤之外的"闲书"。而且正值苦夏，窗外落花如雪，知了长鸣；一边是美眷如花的《西厢记》人物，一边是佶屈聱牙的《古文辞类纂》，少年潘家铮烦躁不已。刚开始父亲并没有发现什么异常，每天布置的古文经典或《四书》章句都可以按要求背下来，但父亲很快发现了自己这个"呆虫"儿子的花花肠子。这一天，父亲手持戒尺正考前一天的功课，赫然在书桌一角发现一首诗，诗左末尾还注有"惜花主人未定草"数字。

墨迹鲜亮，了非旧迹。不是眼前这个"呆虫"所为还有哪个？

那首诗写的是：

寂寞心扉久未开，长歌当哭且徘徊。

也知春去已多日，为见花飞正作堆。

魂逐张崔临普救，梦随刘阮入天台。

奈何苦被诗书误，辜负芳华去不回。

好一个"奈何苦被诗书误"，好一个"辜负芳华去不回"，父亲的脸气得铁青，看到"惜花主人未定草"，手里的戒尺啪啪落将下来，一顿好打。

潘家铮不服软，也是挨不过，一边哭一边辩解，平生第一次与父亲发生了激烈的争执。争执的结果是父亲败下阵来。

"下流坏，这是谁教你的，写这种东西？"

"这还不是你教我的么？"

"你这个畜生，我几时教过你写这种下流东西？"

"你不是教我诗经么？关关雎鸠，在河之洲；窈窕淑女，君子好逑。我不过想找个'好逑'罢了，为什么又要打我？"

"……况且，你也没有到君子好逑之时。"

"既然我还没有到好逑之时，为什么要我读好逑之章呢？你说，关雎是得性情之正，美后妃之德，那么'静女'呢？'死麕'呢？'静女其姝，俟我于城隅''有女怀春，吉士诱之'，不是吊膀子轧姘头是什么？"

这是潘家铮在他的散文《〈西厢记〉风波——童年幻影之一》里复原的当时情景。事隔多年，且多小说笔法，但当年争执激烈是肯定的。这一年，潘家铮虚岁14，正是一个男孩子叛逆期的开端。

父亲哑口无言，不明白眼前这个儿子怎么突然间变得如此雄辩滔滔，肚子里哪里来的这番歪理？也不管三七二十一，又是一顿好打，责令这个"下流坏"跪在祖宗堂下思过，不准吃午饭。这时，楼下传来祖母的声音："教儿子也有个分寸，这么小的年纪，这样打仗的时候，天天关在楼上读古文，还想要他去考状元不成？写点诗、看点闲书有什么不好？"

祖母发话，父亲自然不好说什么。父亲气咻咻将怒火褪去，母亲随手塞给他一只烧饼。

但事情还没有完，言语上驳得父亲哑口无言，但父亲的疑心岂是能轻易消除的？何况诗里又是"崔张"，又是"普救"，劣迹昭彰，有迹可循，藏在枕头底下的"秘籍"被父亲翻拣出来。也许是抓了现形证明父亲当初戒尺责打的正确英明，也许事实胜于雄辩，一洗在儿子面前理屈词穷之耻，父亲居然面现得色。然后，擦着一根火柴把这些乌七八糟的东西按在火盆里付之一炬，潘家铮如万箭穿心，如寒风梳骨，恸哭着扑向火盆，仿佛火盆里烧的不是一卷书，而是活生生的张生、莺莺和红娘。但是，泛黄发脆的旧籍哪里敌得过回禄丙丁之劫？他用筷子拨拉来拨拉去，眼睁睁看着曾让他神魂颠倒的金批《西厢记》变成一抔轻灰。最后，他将火盆里的灰烬小心倒在白棉纸上包裹起来，装在一只小木箱里，再找几支用破的毛笔和磨剩的墨头，在后园掘了一个坑将木箱埋在里面，算是一个"文冢"了。随葬的还有他写的一首小诗，道是：

熊熊烈火送多情，顿足搔胸救未成。
无奈相思烧不尽，拨灰犹唤小莺莺。

没了书，但还有记忆，"火焚《西厢》"之后，潘家铮不甘心，好像要报复父亲焚书之举，竟然将能记得的《西厢记》段落再追写回来。

未久，潘家铮又自编自导一出才子佳人式的情景剧。这件事情，潘家铮在他的散文随笔集《春梦秋云录》中专有一篇，名叫《茉莉缘》。作为一篇忆旧散文，充满童趣。既然写出，而且发表，向为人津津乐道。其实细说起来，并不是什么大事，对潘家铮的人生而言，连个插曲都算不得，至多是叛逆期的少年的小荒唐而已。

好不容易搜罗的"枕中秘籍"被父亲付之一炬，又回到天天"子曰诗云"的枯燥无味的日子。恰好在这个时候，城里一位程姓绸布商也来马鞍村避难，还带着自己的女儿，女儿的名字叫作茉莉，跟潘家铮相差不了几岁，刚刚幼稚园读完的样子，只会"来来来，来上学"之类的幼稚园课文。

马鞍村很小，同龄的乡下男孩子精赤屁股满河汊跑，女孩子则拖着鼻涕少不更事，头发里还有白虱子爬来爬去。正在这些女孩子将潘家铮心目中古典美人形象毁得差不多的时候，出现一个茉莉。其实同样从城里来的茉莉也同村里的孩子玩不到一起，两个人很快就熟络起来。

按说，两个孩子还处在玩过家家的年龄，能有什么荒唐？但能够默写出《西厢记》大段唱词的潘家铮的玩法就不同了。怎么玩？模仿《西厢记》。他跟茉莉商量，是不是演一出"待月西厢下"的才子佳人剧？刚过十岁的茉莉当然新鲜得不得了，就同意了。如此这般交代一番，模拟《西厢记》情景，相会地点定在天井里，时间定在晚上九点左右。

　　满腹"才子佳人"的潘家铮甚是激动，从中午开始就坐卧不安，嘴里念念有词，排练即将到来的幽会台词与举止。不到九点，他就坐在天井的石凳上晃着双腿等"迎风户半天"之后的玉人来。少顷，茉莉鬼头鬼脑侧身来到天井里，悄悄递给"才子"一个物件。潘家铮一看，顿时沮丧得不得了。"佳人"递来的既非香囊，也非素笺，而是从厨房里偷出的两个冷饭团子，给"才子"一丸，"佳人"自家且留一丸，并且津津有味地吃起来，真是大煞风景。"才子"气不打一处来，将手中的饭团扔出好远。好心好意给他一个饭团，没想到这"才子"竟然这般粗野，茉莉给吓坏了，进而给吓哭了。

　　好哄歹哄，总算把"佳人"的眼泪止住，扶她坐在石凳上，渐渐入戏，尽管她还没有放弃吃那只饭团子。

　　也是小说笔法，潘家铮在这篇散文里有精彩的描述。摒去环境动作书写，对话如次：

　　"茉莉妹妹你坐好，哥哥有些心底话要和你说。"

　　"好，你说吧。"

　　"小姐请听。小生姓某名某某，会稽山阴人也。年方二七，尚未婚配。父母不生多男，只生小生一人……"

　　"二哥哥，你们不是有四兄弟吗？"

　　"这个么，凡是才子都这么说的。你别打断我，你听好……今者小生见到小姐有沉鱼落雁之容，闭月羞花之貌，此心不能自主，千里相随至此。望小姐怜我一片痴心，私订终身。如若不然，小生唯有跳河上吊，了此一笔孽债也……"

　　"我嫁给你好了，你千万别寻死，我妈妈知道要打我的。"

　　配戏配到这个份儿上，"戏"是真的难演下去了。"才子"忍不住教"佳人"如何入戏，先作害羞科，再作迟疑状，尤其不能一边演戏一边吃饭团子，还须学那苏小妹三难新郎，出题考考他，试试他，千方百计刁难他。

茉莉不堪其烦，一个拜堂成亲游戏何至搞这么复杂？最后，茉莉勉勉强强算是成全合作，给了"才子"五个铜板，让他赴京赶考，也好回来"奉旨成婚"。

情景剧草草收场。

两个人这样的情景剧还要七不搭八演上三个月，两家人哪一家都没有发现两个孩子的玩法与别家孩子有什么不同。过了三个月，绍城渐渐平静下来，程姓绸缎商扔不下城里的生意，决计回城。

两个孩子分别在即，潘家铮一下子没了主张。但是，他迅速地兴奋起来，聚散别离，这不是古诗里的好题材吗？他对茉莉说：从来天下奇缘没有一蹴而就的，一定要经过千磨百劫才成正果……天将降大任于斯人也，必先苦其心志，劳其筋骨，饿其体肤……

茉莉哪里知道他念的是什么经？一副可怜无辜的样子看着他。潘家铮迅速打住，不管她听懂听不懂，送行一定要送，灞桥柳折，兰舟催发，这是多好的情景！他丢下茉莉将自己关在屋子里，绞尽脑汁写起送行曲来。题目叫作《河梁送行曲》，端端正正抄在诗笺上。

正是这首自鸣得意的《河梁送行曲》闯了大祸。

过了几天，潘家铮正在楼上读《孟子》，哥哥慌慌张张上楼来：爸爸叫你下去呢——你又闯什么祸了？

潘家铮想想最近没闯什么祸啊！壮着胆子下楼，只见那位程姓绸布商脸气得像猪肝子一样，大指头点父亲大发其火。他一看，写给茉莉的《河梁送行曲》就放在桌上，暗暗叫苦。

也难怪人家发火，程姓绸布商一行一行指给父亲看。什么"可记得双宿双飞玳瑁梁，莫忘了花前月下诉衷肠"，什么"猛抬头惊看柳吐千条线，难比我别恨离愁万缕长"，都"双宿双飞"了，都"别恨离愁"了，这不是玷侮人家小女儿家清名吗？

父亲倒也不奇怪，尽管这些词句让他窝火，但还是一边看诗笺，一边安慰程姓绸布商。这曲《河梁送行曲》无非是东拼西凑，这里拉一句，那里仿一句，自家儿子好动笔头倒是真的，而此曲卖弄才学也是真的。

最后，程姓绸布商撂下一句话：老弟，不是我多嘴，你那位世兄也真该管教管教啦。光长坏心眼不长个子，小小年纪就动这种歪脑筋，将来大了岂不败坏你清白门风！

好容易把客人送走，父亲气得一屁股坐在椅子上，黑封了脸。有"惜花主人未定草"前车之鉴，现在又是"双宿双飞""离愁别恨"现行罪状，皮肉之苦哪里能免？潘家铮心里恐惧异常，手不由摸摸屁股。但这一次，父亲却没有动手，而是嘱咐母亲收拾东西尽快打发了这个畜生，走得越远越好。如果不走，那就打死他，顶多偿他一条命。

母亲百般回护哀求，父亲怒不可遏咆哮，祖母不动声色劝解，当然还有潘家铮的抽泣之声搅和在一起，这个滨海小村的空气在苦夏中瑟瑟发抖。最终的处理结果是，不"滚"可以，禁闭一月，每日里背诵圣贤语录。

潘家铮将这一小荒唐归咎于《西厢记》一类"闲书"，然而"闲书"不过是诱发叛逆期少年春心萌动的引子罢了。而所谓春心萌动，还不等于真的懂得什么事情，喜欢才子佳人式的情感，具体的才子佳人并不重要，真正喜欢的，正是喜欢才子佳人式情感的那种感觉。

潘家铮开始长大了。

潘家铮传

第二章

战争岁月的艰难成长

亡国奴滋味

1941 年 4 月 17 日，绍兴沦陷。

其时父亲正执教于绍兴中学，兄长也在这里就读。但那个时候绍兴中学已经迁到诸暨县花明泉村。那一天，潘家铮正在城内。

1940 年，潘家铮总是算是读完小学，考中学，但未上考场，日军的飞机光临绍兴，日军渡钱塘江南犯，举家逃往马鞍村，直到秋天才总算可以投考初中。因为他年纪小，并没有随兄长一起到花明泉绍兴中学上学，而是上了一所城内的教会学校。

绍兴沦陷之前，除省立绍兴中学之外，教学质量高的中学校尚有稽山、越光和承天中学。越光和承天中学都是教会学校，越光的校董为美国人，而承天的校董为英国人。根据潘家铮回忆的细节可知，他所读的应该是承天中学。这是一所不错的中学校，1937 改为完全中学。

承天中学在绍兴的塔山山麓一个叫做和畅堂的地方，因为附近有一座承天桥，故名。之所以选择这所中学，一来它就在绍兴城内，二来，校舍都涂有偌大的英国米字旗徽，可以避免轰炸。尽管如此，这所学校也跟绍城内其他中学一样，为躲避轰炸，师生们不得不迁到郊外去上课。[23]

绍兴沦陷来得特别突然。4 月 16 日晚，驻军八十六军所属"八六"话剧团在还在城内花巷觉民舞台公演话剧《雷雨》，前一天晚上演的是《明末遗恨》。这一天前来看戏的还有稽山中学百十名师生，因为公演的票都是硬性摊派，摊在稽山中学有 100 到 150 张票，大量的票推销给高中部的学生，而高中部本来在城外的平水村显圣寺，这样一来，高中的同学们在傍晚就陆陆续续结伴赶到城里来看话剧。

尽管这一天已经有传言，说三江外面有敌艇活动，又传来萧山的日军调动频繁，有进攻绍兴的迹象。传言变得越来越真实，话剧演到半道，有人着急地跑到台口，也不管演戏不演戏，高喊自己家里人快回家。有的人家从乡下亲戚那里获得消息，说日军已经由曹娥江口登陆。剧场一时混乱，这时候，八十六

---

23 参见《八十逆旅》，陈桥驿著，中华书局，2011.11，第 37-38 页。

军政治部长官上台安抚大家，说敌人已经撤退，平安无事，请大家不要相信谣言。《雷雨》还是演到终场，稽山中学学生由邵鸿书校长带领，平安地回到城内校舍休息。

不幸，谣言是真的。但为什么谁都不相信呢？早在这一天晚 8 时左右，日军步兵数千、骑兵 200 多人乔装中国军队第 16 师一部，着国军军服，一律佩戴"再厉"臂章，乘橡皮艇 40 余艘登陆，兵分三路向绍兴逼近，五十多里路上如入无人之境。驻守三江口的中国守军径自放行，也未报告。而海防情报早被敌便衣控制，多次以"敌军已退，沿江安靖无事"回复专署问询。

没有准确情报来源还在其次，更不幸的是专署长官误判形势。此前的 14、15 两日，日军飞机飞临绍兴侦察，16 日，日军汽艇 2 艘、橡皮艇 7 艘，由南塘头向三江城以小钢炮佯攻，随后佯退。本来城内各机关已经做好撤退准备，结果又得到敌人已经退去，江防平安的情报，大小满载物资准备撤离的船只纷纷泊港待命。

此前的 1940 年 10 月 25 日，日军曾入侵绍兴，一番烧杀抢掠。中国守军组织有效的攻击，三天之后收复绍兴，日军撤回萧山。绍兴城在此后过了 10 个月的平安日子，短暂的平静，民众普遍产生麻痹思想。绍兴城内渐渐恢复往常的热闹与繁荣，商店照常营业，戏院照常演出，从表面根本看不出战时应有的紧张气氛。不独绍兴，浙东一带城镇都过着这样天下太平的日子，有些外迁郊外山区的学校纷纷回迁平原村镇开学复课，稽山中学甚至将初中部直接迁回了城里。

这时，城里已经潜伏下一支日军间谍队伍"第五纵队"，早就做好里应外合的攻城准备。更要命的是，第三行署专员兼保安司令邢震南，与绍兴县长兼自卫总队长邓仞有隙，邓仞已经发现敌踪的情况，前来请示办法，结果被斥为"自扰"，颟顸轻敌。钱塘江守备军右地区指挥官何嵲干脆被女特务童曼卿所迷惑，拜倒在石榴裙下，言听计从，日军特务得以轻易安插进军事指挥机关，又在军、警、政收买一批人甘做汉奸。到绍兴沦陷前夕，这支特务武装便衣已经达到七八十人，是为"第五纵队"。

绍兴沦陷，只是时间问题。而此次占领绍兴，不过是大规模的"宁绍战役"的前奏，日军投入军力达 4 万多人。

1941 年 4 月 17 日凌晨 1 时许，日军完成对绍兴城的包围。不到两个小时，一颗信号弹从城内腾空而起，绍兴城完全落入敌手。

两个小时之内，绍兴城的党、政、军部门全部处于混乱与被动之中。先是准备撤离的航船仓促起锚出城，结果航道壅塞，所载物资悉数落入敌手；专员公署被团团包围，邢震南率 70 多人边打边退，最后突围，两颗"关防"印信都落在日军手中；何巍所率右地区指挥部和 16 师一部最后溃逃；避难百姓和残余军警在弹雨中仓皇奔突，暗夜许多人为流弹和日军射杀；县长邓仞经过短暂巷战，突围受阻，避于民宅易服乔装，登舟向绍兴泗门寻机出城，不想为敌兵发现，弃舟上岸，旋遭乱枪攒射，饮弹毙命。

绍兴失守之后，蒋介石大为震怒，一连给浙江省主席黄绍纮去了三封密电，怒斥邢、何二人玩忽职守，弃职潜逃，着将两人由军法处严处。最后两人被处以极刑。这是绍兴失守两个月之后的事了。

日军轻易攻占绍兴，事变短短的两个小时中间，除整装待运的钱、财、物全部落入敌手之外，人员伤亡非常惨重，县长遇难，县政府人员伤亡失散过半，1 人被俘，2 人失踪，专员卫队伤亡过半，府山哨兵 4 人、专署事务员 1 人被打死。保安第三大队第三中队一分队冲出五云桥时，全部阵亡。第一中队自龙山调回到达西郭门外，被日军合围，全部伤亡失散。绍兴县国民兵团伤亡官佐 16 人，士兵 48 人，绍兴县箔税局被杀 6 人，稽山中学学生出逃时遭日军机关枪扫射，死 4 人。此后三天，日军在绍兴城内和城郊奸淫烧杀，四处抢掠，无恶不作。18 日，一卡车抗日志士被载到府山背后，纵军犬咬死 20 余人；搜索箔庄之后，将县箔税局及无辜邻居 18 人绑至龙山枪杀，后 1 人逃脱。出逃的商人、百姓淹死的淹死，扫射枪杀的枪杀，无从统计，被奸淫的妇女不计其数。[24]

既然"饱读诗书"，又有庞杂的阅读积累，潘家铮显然不同于一般懵懂少年。日军入侵，学校停课，同胞被杀，河汉里漂浮的尸体，报纸上"皇军进驻绍兴秋毫无犯""民众夹道欢迎，渝军狼狈逃窜"的无耻谎言，直接冲击来得如此迅猛，他愤怒异常。

5 月，县维持会成立，伪县政府、伪学校旋即成立，各色汉奸粉墨登场。

24　绍兴沦陷过程，参见朱云间撰《绍兴沦陷前后》，收入《绍兴文史资料选辑》（第 3 辑），绍兴县政协文史委编，1985.12，第 235-244 页。

潘家铮感到非常羞耻，拒绝上任何一所伪中学，更拒绝读日语。

省立绍兴中学因金华、诸暨、绍兴失陷而解散。6月24日，父亲带着兄长返回绍兴暂避。一家人经历战火离乱，算是又一次团聚了，但只能在这座"雪耻之乡"的千年老城里规规矩矩做"皇军"的顺民，复又开始"子曰诗云"，督课教子。

其间，1941年10月4日，中国军队反攻绍兴，企图一举收复失地。金华、绍兴、诸暨沦陷，蒋介石震怒，邢震南、周嵓因玩忽职守被处决，顾祝同决心雪耻，命令刚刚参加完江西上高会战的49军刘多荃部收复绍兴，再收复萧山。"上高会战"是一场大快人心的硬仗，此一役，毙敌15000多人。刘多荃命令第26师王克俊部为收复绍兴之主攻部队，105师王铁汉部为助攻部队，并向警戒绍兴西北，阻击杭州、萧山增援之敌。

26师很快对绍兴发起攻击。其时是中秋节前夕的晚上，月明星稀，潘家铮突然听到密集的炮火骤然响起，震耳欲聋，城外的中国军队愈打愈近，城内的日军凭借坚固的工事、碉堡顽强抵抗。一队中国军队孤军深入突入城内，被日军发现，雪亮的探照灯很快找到他们的踪迹，集中兵力堵击中国军队。潘家铮听到中国军队喊："老百姓不要慌，中国军队回来了！"突入城内的中国军队系26师3营一个步兵连，由营长杨松林率领。但是，因为后援部队没有跟上，率队与日军一番激烈巷战之后，终因寡不敌众，被日军包围在城内，全连战士全部壮烈牺牲。逃出城的老百姓说，日军在中国军队的猛烈攻击之下，已经准备好船只装载眷属与重要物资北撤。突入城内的军队异常勇猛，那个穿黄呢子军服的军官被打了好几枪都没有倒下，依然指挥突围，最后头部中弹才倒下。

反攻绍兴因北部援敌赶到，打了整整一天，10月5日黄昏时，中国军队以伤亡200多人的代价撤出阵地。

绍兴人满怀希望，复又怀腹失望，回到"亡国奴"的状态。

亡国奴真是没有任何尊严啊！潘家铮在晚年抱病为家族留下《寒门琐记》中，叙述了八年抗战的流离之苦，做亡国奴之痛，嘱咐儿孙：后人苟忘此国难家仇与敌之残暴者，非我子孙也！

首先遇到的是粮荒。日后的研究资料表明，早在沦陷前的1940年，日本间谍就开始向南渗透，先下手的就是粮食。绍兴本地人稠地狭，粮食主要靠浙西和江西供给，日本间谍勾结奸商收买帮会与地痞，大宗走私粮食以资敌。杭州失陷之后，浙西米源断绝，江西米源则因战乱阻断无法接济，绍兴城很快陷入粮荒。1940年到1941年两年间，绍兴地区因粮荒而成饿殍者不下万人，仅东关区安仁乡宋家店一个村子饿毙者就达百人。沦陷之后，粮荒更甚，粮行一开门板，买粮的人一拥而上，瞬间哄买一空。[25]

曾经小康的潘家也不得不经常挤在这样的抢买粮食的人群中，家里的生活质量一降再降，只能以南瓜、番薯、玉米糊为日常饭食。即便这样，还常常有断炊之虞。

幸好，祖遗有二十多亩租田，都在离城十里之外的郊外乡下。兵荒马乱，也顾不得什么脸面，父亲便让潘家铮出城向佃户去借粮。因为潘家铮是个孩子，不怎么引人注目，而且毕竟比兄长要机灵一些，能够应付人际。

还好，佃户们都是老实巴交的农民，且是多年的主仆关系，看到"老爷"家要断炊，都肯匀出一些粮食来让"二少爷"拿回去。这样，每一次去，都可以借回四五十斤大米，还要帮着挑到埠船之上。

客观地讲，20世纪二三十年代，中国的乡村社会还保持着相对温情的阶级关系。"故人具鸡黍，邀我至田家。绿树村边合，青山郭外斜。开轩面场圃，把酒话桑麻。待到重阳日，还来就菊花。"如果不是战争，这种富有诗意的场景在每年秋天收获季节总会如期上演。

潘家铮每一次出去，都是硬着头皮去，硬着头皮回。倒不是佃户们为难，而是每一次出城入城，都要经过日军的岗哨盘查，都要向日军哨兵行九十度鞠躬大礼，而鬼子兵往往背朝着行礼者，单给一只屁股。若是日本人哨兵不在，需向拴在岗亭边的狼狗行礼。

奇耻大辱。潘家铮最受不了的是这个。

佃户们也都是一些穷苦农民，并不能保证每一次都能够匀出口粮接济东家，有一次，潘家铮外出借粮空手而归。回城经过岗哨，见日本兵仍然背面荷枪站在那里，本来就不想向他们鞠躬，心怀侥幸一溜烟蒙混过去，谁知道那日本兵恰好回过头来，看见这个小孩子如此大不敬，顿时杀气腾腾，目露凶光端

25　参见宋子亢撰《回忆抗日战争时期的绍兴粮荒》，收入《绍兴文史资料选辑》（第5辑），绍兴县政协文史委编，1987.3，第93页。

着枪追上来，刺刀寒光闪闪，骂声未落，刺刀已经刺到潘家铮的右脚跟。一阵疼痛，瘫软在地。

这时，一个伪军跑过来，提起地上的潘家铮就是两个耳光，打得他顿时口鼻冒血，又责令他跪在太阳底下，然后对鬼子兵一阵胁肩谄笑，说了一通讨好的话，递上一支香烟，鬼子兵不吭气了，复又回转身站在那里。

潘家铮跪在那里，不知道跪了多长时间，脚后跟流血，头上烈日曝晒，几乎快支撑不住了，心里还恨恨念着《尚书·汤誓》中的句子：时日曷丧，余与汝皆亡！

这时候，日本兵走进岗楼，那个打他的伪军低声对他说：还跪着干什么，快走！

潘家铮说：鬼子出来怎么办？

伪军说：下岗了，快走，下次小心点。不要鬼子不鬼子的。

他一把拉起潘家铮，还招呼过路的人扶一下这个孩子，送他快快回家去。这时潘家铮才恍然大悟，原来，这伪军却也是良心未泯，在暗地里保护他。

过路的乡亲扶他起来，租了一辆黄包车将他送回家。父母亲见他的样子，大吃一惊，潘家铮把这屈辱的经过说了一遍，放声号啕：

——父亲，母亲，我再也忍耐不下去了，我要出去，我不愿当亡国奴。

父亲沉默不语，转过身，一行清泪滚落双颊。母亲则只能眼泪涟涟跪在佛龛前祈祷。

潘家铮在 1940 年绍兴第一次被日军占领就见到过鬼子兵。日军进城的头一天，学校里还进行童子军操练，唱着"大刀向鬼子们的头上砍去"，过了一夜，邻里奔走相告，说鬼子进了城。家里只有他、三弟和母亲三个人，他是最大的男丁，倒也镇定，将书包、童子军装藏起来。第二天，他按捺不住好奇心，从后门溜出来想看看鬼子兵到底是什么样子，走到被炸毁的县府废墟边，终于看见了鬼子哨兵。这鬼子哨兵冷眼看着一群城市流氓和穷人随意打开商铺抢掠财物，有一个人来回抢了好多趟，抢得连这鬼子兵都不耐烦了，举手就是一枪，那人应声而倒。

鬼子兵随意杀人早就见识过，能捡一条命回来已是万幸了。潘家铮的脚伤恢复得很快，可是屈辱之痛却深深映在心里，有时候在半夜睡梦中惊呼一声：

"我不做亡国奴！"[26]

正在潘家铮不堪亡国奴生活的时候，省教育厅决定将流亡的中学校集合起来办学，于嵊县廿八都举办临时中学一部（简称临中一部），专收宁绍学生；临时中学二部在嵊县的甘霖，收容蚕丝职校学生；临时中学三部设常山，收容沪港澳各地学生；第四部设丽水，收容宁波工校学生[27]。

父亲本来就是回城里暂住，等待省立绍兴中学复学的消息。潘家铮这一出事，他也不想在沦陷区待了，给朋友四处写信谋求离开绍兴到他乡谋一教职。临中一部是以省立绍兴中学为主体的一所临时中学，老校长沈金相赴南迁的浙江大学龙泉分校履新，继任校长潘锡九聘潘之赓返校任职。

父亲决计带着两个儿子前往嵊县廿八都，离开这个鬼蜮世界。

可以再进学堂，而且是远赴他乡，潘家铮兴奋不已。因为对他而言，这一次离乡到廿八都就学，才是真正意义上的出门远行。

廿八都

他们离开沦陷的绍兴是在 1941 年 11 月 16 日。

这样，剩下三弟和母亲守在家里。三弟这时候也已经 9 岁，无法随行，正在城里上伪秋瑾小学。母亲为他们整治好行装，送父子三人出行。

从绍兴到嵊县廿八都，有 100 多公里的路程。中途要翻过莽莽会稽山，步行需要走整整上三天。

绍兴沦陷之后，其政治格局如同浙东山区的地形一样零乱而驳杂。

日军占领着绍兴城及附近五到十里的村庄，东西两条交通线也在日军的控制范围之内，其余广大乡村地区是中国军队和游击队活动范围，也就是通常所谓的"游击区"，嵊县、奉化尚为中国军队所控制。绍兴人称游击区为"阴阳带"，数股势力并存，国民党正规军、杂牌军、忠义救国军、挺进纵队，原国民党专署和县政府拥有的县保安大队、区保安大队，还有共产党领导的游击大队。原

26　参见潘家铮撰，《春梦秋云录——浮生散记》（第二版），收入《亡国奴生涯纪实——抗战春秋之一》，中国水利水电出版社，2000.12，第 21 页。

27　参见《抗战时期浙江省社会变迁研究》，张根福、岳钦韬著，上海人民出版社，2009.5，第 136-137 页。

来占山为王的小股土匪也打出抗日旗号，出没于城乡专事抢掠老百姓，当地人称之为"烧毛部队"。

由绍兴出城，要用"良民证"。维持会成立之初发的"良民证"，只有姓名，没有照片，人人都可以搞到，倒也简单。父子三人出绍兴城，将"良民证"寄放在他家的佃户那里，然后再向南，进入中国军队控制区，再换通行证，第二天就进入莽莽会稽山。山倒不高，牵牵连连望不断的山间小路，一天非得走到七八十里路，否则前不靠村后不靠店，找不到歇脚的村舍。头一天山路就让潘家铮因刚开始出门远行而生的兴奋消失大半。尽管雇了一老一少两个挑夫，不带任何行李，先是汗如雨下，气喘吁吁，接着还要爬过中途最高的一座叫作"孙家岭"的山，一径石阶，抬眼望去，哪里是通向山顶，简直是通往云彩里的，他拼出了吃奶力气一步一步往上爬，就连雇来的挑夫都每走十几米就停下来歇歇脚。

孙家岭是由绍兴前往廿八都的必经之路。当年历史地理学家陈桥驿是省立绍兴中学的学生，省立绍中由花明泉迁往廿八都，旋即停课，由廿八都回绍兴，就经过这道大岭。

从廿八都北行，道路盘旋于嵊县、绍兴两县接壤的会稽山丛山峻岭之中，这中间是一条称为孙吞岭（也称孙家岭）的深山大岭，好容易爬到岭顶，横亘着一条南北向的山脊，山脊约百余米，用卵石修建一条高一米余的避风塘，样子很像城垣，这是因为山脊风大，容易将行人或肩挑背负的物件吹下山去，所以行人要看风向而行，风从东边吹，则走避风塘以西，否则走避风塘以东。走完避风塘之后，峰回路转，显现出一大片平坦的原野，外貌很像以后我在黄土高原上所见的"塬"。田地、村舍、园林、井渠，村民往来，鸡犬相闻，高山顶上这种景观，当时还是第一次看到。[28]

陈桥驿大潘家铮5岁，读高中，已经是一个成人，对过这道岭的艰难尚有这样深刻的印象，潘家铮就更别说了。

28　参见《八十逆旅》，陈桥驿著，中华书局，2011.11，第127页。

这是平生第一次出门远行，也是第一次翻越这么高的山峰，尽管吃了许多苦头，心里还是有"会当凌绝顶，一览众山小"的畅快感觉。晚上歇脚解开草鞋脱下袜子，才发现已经全是血泡。

第三天，已经筋疲力尽，不必翻越太高的山峰，路途显得越来越遥远，走着走着就跟父亲和兄长拉开一段距离，简直就是一场毅力与体力、决心与耐心的对抗。每遇到一个老乡，他就苦着脸问：廿八都还有多远？老乡总是对这个小个子学生讲说"不远""马上就到"或者给出具体路程："还有八里。"当他走过一段低洼地再上一道坡，看见远远山峦上有一排长松，长松脚下是一座标准的江南乡村村落时，差点儿一屁股跌在地上。廿八都到了！

第四天，潘家铮就坐在临中一部初二年级的教室里，终于上了学堂，三天的苦和累被迅速抛在脑后。

嵊县廿八都，属于该县崇仁镇下辖的一个村庄，在地图上都找不到。

许多绍中学生在来廿八都之前，曾做过书面功课，浙江确有一处名胜叫廿八都，但是到了之后才知道，此廿八都非彼廿八都。那个廿八都位于浙、闽、赣三省交界处的浙江省江山市，从唐代开始就是仙霞古道上的重镇，今天则是一处著名的旅游胜地，浙江人说的"王城廿八都"指的就是这里。半年之后，潘家铮和临中一部同学流亡找教育厅，最后停下来的地方，离这个正经廿八都不太远了。而嵊县的廿八都，位于一个嵊县崇仁镇北部的一个山区小盆地间，往南则是平坦的平原，往北就是会稽山区。

这个村子四面环山，却也是一个拥有几百户人家的大村落，只是大批流亡学生到来，显得一下子小了不少。临中一部高中部、初中部和简师的学生人数加起来有700多人。人数众多，即便在战前的民国，这也算得一个规模庞大的中学校。

这个廿八都也是一个相当古老的村落，村里张姓是大户，创建于宋室南渡之初，世代繁衍，村里有许多祠堂，临时一中的校舍大部分就在这些祠堂里面。

临中一部的教师底子以原绍兴中学和附属简师的教师为主，绍兴中学停办之后，大部分绍兴和诸稽籍的教师都受聘于临中一部，此外还有省教育厅分配来的一些年青教师，多半是由上海租界内大学毕业投奔内地的大学生。另外，绍兴稽山中学师生在绍兴沦陷当天，突围出城过程中，有10名师生被俘，4名

潘家铮传
PANJIAZHENG ZHUAN

学生蒙难，校舍为日军占领，这所中学后来迁往武义县，少数绍籍教师不愿远行，也被临中一部聘任。这些教师是当地名师，大都是终身从教，是卓有成就的教育家。此前，省立绍兴中学的大量图书和设备都从花明泉移往廿八都。所以，这所战时的临时中学并不因为"临时"而稍显简陋，除了校舍均为祠堂寺庙，无论师资还是设备都维持在战前的水平上，甚至更好。[29]

更值得一提的是廿八都地方乡绅，对临时中学的开办支持颇大，因为学生都是从各地收罗来的流亡学生，是所谓"救济生"，由国家拨款负担，但是粮、油、菜等供给则全由崇仁镇当地支持。村里的所有大小祠堂庙宇无偿开放供学校教学使用。

这样的教育环境，潘家铮读初一时的教会中学是没法比的。能够坐在学堂里读书，已经很幸福了，又得名师教育，简直就是快乐。潘家铮记得，当时初二的国文老师为何植三，代数老师是一位女老师，姓徐，教英语的则是范崇照先生。

听他们讲课，真是一种享受。我常常痴痴地望着老师的脸，一动不动地听入了迷，课后也没敢浪费一分钟。这样我的成绩飞快地赶了上去，不久就爬到班上第一。老师们很看重我，教地理的孙老师尤其喜欢我，常在我爸爸面前夸我。所以我爸爸不再骂我"没出息的畜生"了。[30]

尽管在山区，消息并不闭塞。

到了这年年底，又传来大喜讯：鬼子偷袭珍珠港，悍然发动太平洋战争，中国在打了四五年仗后总算正式向鬼子宣战了。我们高兴得又蹦又跳，墙上贴满了大红捷报。我听到这个消息后长长地透了口气，非常高兴那虚无缥缈在东京的鬼子大头目们会阴魂附体似地犯下这么大决策性大失误——敢于四面树

29　参见《八十逆旅》，陈桥驿著，中华书局，2011.11，第 156 页。另参见张耀康、陈惟干、杨钟铨撰《抗战期间省立绍中流浪办学记》，收入《绍兴文史资料——抗战八年在绍兴》（第 9 辑），1995.6。

30　《春梦秋云录——浮生散记》（第二版），潘家铮著，中国水利水电出版社，2000.12，第 31-32 页。

敌，妄想一口吞下世界。过去中国是孤军奋战，今后可同强大的盟国协同战斗了。我们已无心上课，天天缠着孙老师讲时事。孙老师也很兴奋，滔滔不绝地讲解战局，发挥宏论。但后来却传来一系列的败耗，盟兵不断损兵折将，丢城失地。孙老师预言不灵，只好大讲一些我们听不懂的名词，以什么制海权、制空权、迂回战略来搪塞。但不论怎样我们心中都充满希望。[31]

潘家铮在他的散文里如是描述廿八都的教学与学习氛围。战火的阴霾在这所战时的临时中学渐渐散去，亡国奴的屈辱在琅琅书声中一点一点变成希望，这希望是国的希望，是家的希望，希望变得越来越旺盛，葳蕤，变得郁郁葱葱。

战时的日子当然比不得和平岁月，从知识的海洋游泳搏击上岸后的日子还是清苦的。学校的粮食、菜蔬尽管由崇仁地方供给，对地方而言，这样一个庞大的教育机构毕竟还是负担，饭菜的质与量就不能太过奢求。几百号半大孩子，正是长身体的时候，饭量出奇大，饭菜单调已是其次，主要是吃不饱。潘家铮记得，主食米饭，百家米还没有淘洗干净，菜，来来回回就是清水雪菜煮豆腐、烧萝卜，夏季则是千篇一律的烧茄子。同学们对这烧茄子苦不堪言，吃下去拉不出来，所谓"上茄容易下茄难"。

好在父亲是学校的教师，周末他可以到父亲那里搞一点红烧牛肉回来，也只能在早晨或晚上偷偷享用，偶尔跟几个知心朋友一起吃，这样，才有点油水补充。

学校的教室和寝室都安置在廿八都的祠堂和庙宇里，散落在村庄的各个地方，并不集中，白天还好，夜里问题就来了。一到夜晚，校工将一只尿桶放在房檐之下就不管了，这可苦了这些说大不大说小不小的学生们。一睁眼就看见牌位神塑，黑夜睡在这样的地方已经够恐惧，半夜还要出去小便。正是冬天，月白山寒，外面更是可怕至极。有一回一位同学出去小便，忽然喊叫着跑回来，说是碰到鬼了。第二天，这个同学吓得发热病倒。一时间，学校里纷纷传扬半夜闹鬼的事情，同学们到夜晚宁可憋着尿床也不敢出去了。潘家铮倒不以为意，袁枚的《子不语集》、蒲松龄的《聊斋志异》、纪晓岚的《阅微草堂笔记》这些

31　《春梦秋云录——浮生散记》(第二版)，潘家铮著，中国水利水电出版社，2000.12，第31-32页。

传统的"鬼书"早就烂熟于胸，他巴不得邂逅一位美丽的女鬼。所以，这位不怕鬼的小个子常常被同学半夜里怯怯叫起来，前去保驾小解或出恭。

其实潘家铮哪里能不怕？不怕鬼，还不怕狼？有一次，同学们跟他打赌，让他夜里到村外的坟头上走一遭，赌注是一条一位同学藏起来准备自己享用的火腿，条件是用粉笔在坟头的砖石上划一道记号。潘家铮少年气盛，还真的去了。夜闯孤坟，毕竟阴森。他是越走越怕，到了境前，才发现还需要跨过一条沟方可抵达。这时候，他是真的胆怯了。他灵机一动，拣起一块石头，用粉笔在上面划了一道，隔沟将石头扔到坟头边上，然后从容折返。

第二天，同学们验过石头，大吃一惊——这个小个子家伙竟然真的独自闯过坟地，打赌获胜。但是火腿并没有得到，这一次行动被老师发现了，罚站一小时不说，连赌注都被没收了。不过，倒赚了一个胆大的名声，连高年级的同学都知道初中部初二班有一个胆大的不怕鬼的小个子同学。

流亡地图

廿八都留给潘家铮的记忆深刻而美好，幸福，平静，兴奋，活跃。只是，这样的日子并没有持续多长时间。1942年春节过后，潘家铮升入初二年级。学校的校园生活还很丰富，5月上旬某一天，潘家铮正在邻村看学生自编自导的话剧演出，忽然台下一阵混乱，大家交头接耳，纷纷离去，他不明就里，正在发怔，一位同学对他讲：你还不回去？鬼子又打来了，学校要疏散呢！

疏散？不就是又念不成书了吗？潘家铮下意识里感到大难又来临了。他忙往回赶，路过廿八都"锦相公祠"，公祠门外挂着"陆军上将"的匾额，那是校长的办公室，里面灯火通明，人影绰绰，显然在商量对策。赶回宿舍，只见同学们纷纷在收拾行李，议论纷纷。看来真是大祸临头了。

学校已经接到省教育厅下达的文件，文件告知，日军正在集结大量兵力，将在浙东发动一次大规模的军事行动，绍兴中学（临中一部后期复称绍兴中学）应该立刻准备向后方撤退，要求学校派人到省厅领取撤退经费。学校随即在这一天停课，准备疏散撤退。

这一次进攻，远比绍兴沦陷来的规模更大，史称"浙赣会战"。

就在潘家铮津津有味看学生自编自演的话剧的时候，日军14万大军正在廿八都以北 100 多公里的杭州和绍兴，以东的奉化、溪口一带集结，准备大举南下西进，攻击和占领的重点，则是在廿八都西南的衢州、玉山、丽水机场。

高年级的同学马上意识到，眼前的危机与前月发生的事情有某种因果联系。4 月 18 日，那一天夜晚风雨交加，廿八都黑暗的上空忽然由远而近传来轰轰隆隆的飞机声音，听声音并不像往常日本轰炸机发出的轰鸣，比日本飞机要大得多。他们马上想到可能跟刚刚动员数县力量修建的衢州机场有关系。第二天，学校就传来美国轰炸机轰炸日本本土的消息，震动了整个校园，大家兴高采烈，以为日本本土遭轰炸，战争结束也为期不远了。

原来，1942 年 4 月 18 日，美军 16 架 B-25 远程轰炸机由中校詹姆士·杜立特带领，从太平洋上游弋的大黄蜂号航空母舰起飞，轰炸了日本本土东京、横滨、大孤、川崎、名古屋、横须贺、神户等城市，任务完成，按预定方案，多数飞机在浙赣两省的机场降落。正值江南梅雨季节，好多美国飞行员找不到预定的迫降机场，又与地面失去联系，飞机燃油耗尽，80 多名机组人员被迫弃机跳伞或迫降，有 50 多名飞行员降落于浙江天目山、三门、遂昌等地，全部被浙江军民救助到后方，日军搜到的只是飞机坠落烧毁的残骸。[32]

这一次重大的军事行动，美方直到前一周才通知蒋介石，中国方面准备并不充分。就连浙江省主席黄绍竑，也是在轰炸当天，美国飞行员在浙江迫降后才知道情况。

日军对中国接纳美军轰炸机降落展开了疯狂的报复。为防止美军利用浙江机场对日本本土实施轰炸，从 4 月 19 日开始的一个月内，日军飞机轰炸衢州机场 59 次，投弹 1341 枚。

空中轰炸还不解恨。4 月 25 日，日本大本营又命令"中国派遣军"迅速组织针对浙赣两省的战役，根据大本营的作战指导，"中国派遣军"调兵遣将，调集驻上海的第 13 军、驻汉口的第 11 军和海军第一遣华队约 80 个大队共 14 万人，由日军泽田茂中将率领，参加"浙赣会战"。

日军兵分两路，一路从奉化、绍兴、萧山、余杭一线攻击浙赣铁路东段，一路从南昌附近攻击浙赣铁路西段，企图东西夹击，打通浙赣铁路线，摧毁浙

32　参见《第二次世界大战史》，朱贵生等著，人民出版社，1995.6，第 386 页。

赣走廊地区的空军机场。

中国方面，第三战区辖 4 个集团军 33 个师共 30 万兵力投入会战。紧急之中，第九战区司令长官薛岳派 3 个军东进驰援，策应第三战区。

浙赣会战于 1942 年 5 月 15 日打响，到 8 月 19 日结束，经过金华、兰溪保卫战，衢州保卫战，上饶、广丰战役，浙赣西线四场大的战役，以中国军队死伤 51035 人，日军死伤 17148 人的代价结束。老百姓死伤更是无以计数，异常惨烈而悲壮。这是 1939 年以来，日军在中国战场上投入兵力最多、规模最大、持续时间最长的一场恶战。

初二学生潘家铮哪里知道他所在的嵊县廿八都，正处在日军数万人扫荡的要冲之上，只是觉得没有太平书可念。他要读书！继续读书的渴望比什么时候都来得强烈。

大战在即，临中一部停课撤退，大部分嵊县、诸暨籍学生纷纷回乡，绍兴籍学生作好回原籍的准备。无家可归的学生，则全部南撤到宣平、丽水一带找省教育厅再作安排。战事紧急，学校为了安全撤退，目标不能过大，只能分批撤出。潘家铮一想到要再回沦陷的绍兴，当然不愿意，他决意随南撤的同学一起走。

知子莫如父，父亲知道他这个二儿子年纪虽然小，却有自己的主张，尽管疑虑重重，但还是同意他的意见。临行，父亲给了他一个金戒指，还塞给他两张 50 元面额的钞票。这样，潘家铮开始了他一生中第二次出门远行，而且是一次独自一人的冒险之旅。

5 月 14 日，临中一部初中部 180 名学生由一位朱姓年轻教师带领，踏上了南撤的旅途。父亲则暂避在廿八都附近一个小山村里，等待他们的消息。

就在他们走后的第二天，日军第 70 师团由奉化向嵊县、新昌进犯，第 22 师团由绍兴东关沿曹娥江进犯，河野混成旅团从绍兴经枫桥向诸暨进犯，第 15 师团从萧山经浦阳江进犯，几路兵马，十万大军气势汹汹向金华方向压过来，浙赣会战正式打响。

16 日，嵊县失陷。17 日，诸暨失陷。20 日，东阳失陷。21 日，浦江失陷。22 日，永康、建德相继失陷。23 日，武义失陷。27 日，龙游失陷。28 日，寿昌、兰溪失陷……

日军的铁蹄撵着南撤师生的脚印步步紧逼，廿八都瞬间变成了敌后一个小村庄。据《绍兴第一中学志》载，当年，临中一部师生流亡的路线大致是由嵊县，经新昌、磐安、东阳、缙云、丽水，达于浙南宣平、瑞安大吞。这一条长达200多公里的流亡路线，时时与日军铁蹄踏过的印辙交织重合，师生们哪里是在流亡，简直是在隆隆开动的战争机器齿轮间辗转躲闪。不独潘家铮这样的初二学生，就是当年绍兴中学的高中学生说起来都胆战心惊。

……由于四处战火，这一次的流浪不能采用大部队行动的办法，只能分成小批行动，几十人十几人结成一队，路线由大家自行选择，目标是丽水一带。我们是从廿八都经过甘霖、乌岩到新昌到澄潭、镜岭，穿过磐安、东阳县境，再经壶镇、缙云到达丽水，记得过澄潭的时候已听到敌寇的机枪声，在缙云至丽水途中，我们夹在从前方撤下来的伤兵队伍中，这支部队军纪不好，沿途拉夫，所到之处，老百姓既怕敌寇追来，又怕拉夫，村庄里门户紧闭，不见行人。有一次几个散兵竟对我们也要拉夫，大家一起诉说自己是逃难的中学生，才免被拉去。但我们亲眼看到一名被拉夫的农民乘机脱逃跳入溪中游向对岸时，被枪弹击毙，一股鲜血涌出水面的惨事。在到达丽水后，满城是逃难的人群，几十辆汽车争先恐后抢渡括苍江，我们又亲眼看到满满一车逃难者，连人带车跌进波流滚滚的江里，立即没顶无影无踪，真是人间惨祸。[33]

在如此残酷的战争环境中流亡，对第一次单独出门的潘家铮而言，当然是一次不小的磨炼，更是一次不小的考验。

临行前，他将自己的行李一减再减，一些平日里十分珍爱的用具和书籍，不得不忍痛割爱丢弃，最后还是打了两个小包，用一个小扁担担了起来，试了试，也就二三十斤的样子。他信心满满地担起这个小担子，腰间还缠着两双鞋子，随撤离的师生一起上路了。大多数人都穿着草鞋。

有道是百里无轻担。走了不到一天下来，肩膀压得像钝刀砍过一样疼，脚上起了泡，脚后跟也被磨出血来，他干脆把草鞋扔掉，打赤脚走路。这一路上

33　参见张耀康、陈惟干、杨钟铨撰《抗战期间省立绍中流浪办学记》，收入《绍兴文史资料——抗战八年在绍兴》（第9辑），1995.6。第62-63页。

充满动荡，每到一个地方就有不同版本的关于战争进程的传言，180 个人刚开始还能够排成一个长队逶迤行进，走着走着就分成几段，前后能排出 10 里之遥。担担子走路累得气喘吁吁已在其次，万一掉队与日军遭遇就太不安全了。中途到达一个小村子休息，不得不再减重负轻，行李中贵重的毛毯、枕头低价出售，毛毯只卖了三两块钱，枕头却没有人要，只好丢弃在一块捣衣石上。再行一段，仍感觉不堪负重，走一路丢一路，最后丢掉的是一本英汉双解词典，潘家铮把它放在一个凉亭中，脚往前走，眼睛却是不住回头望。书对他而言，简直就是命。最后一减再减，除了两双鞋子没有丢，身上装的就只剩下一张初中肄业证明书了。

即便这样走一路扔一路轻装前行，他到达乌岩村的时候，跟前面的大部队已经相差 20 里路，还有更多的同学落在后头。不想，当天晚上，日军就进了村子，潘家铮慌里慌张把父亲给他的钱物带在身上，穿上一直舍不得穿的新鞋子随老乡们逃离村庄往山上跑。跑到山里头，才发现只有他和另外一个绍兴籍同学，还有两个来自关外的流亡学生，是两兄弟。4 个孩子怕鬼子搜山，一鼓作气再往山顶跑，谁知道，两兄弟中的弟弟不小心被竹茬扎破了脚，鲜血直流，动弹不得，疼得几乎昏死过去。三个孩子轮流背起他，但走了十来步就走不动了。那弟弟哭着让他们先逃，把自己留下。三个人把这个孩子安顿好，又爬了一夜山，到凌晨才到了一个小村子，跟村里老乡诉说一夜逃难的经历，恳求老乡下山去找那个孩子，谁知道找了一天都没有找到。除了日寇扫荡搜山，山里还遍布豺狼熊罴。那个哥哥哭着还要找，没有跟他们一起走。

陆陆续续搜罗到几个同学，他们结伴继续南逃。几天奔突逃亡，到了括苍山区接近丽水的一个村落，潘家铮实在是走不动了。岂止走不动，连爬的力气都没有。发烧，腹泻，很快病倒。同学们只好将他安顿在一位老乡家里继续赶路。

他在老乡家里待了十天左右。老乡们用土方土药慢慢调理，熬米汤喂他，渐渐恢复过来。如果不是淳朴的老乡悉心照料，他的小命怕早就丢在莽莽括苍山里了。言语不通，风俗迥异，潘家铮感恩老乡对他的照顾，临行之前把身上最值钱的那只小戒指给了老乡权作酬谢。

身体恢复得差不多了，正不知道该继续南行寻找教育厅，还是折返回乡时，忽然在村头看见临中一部的同学。原来，同学们到达丽水之后，教育厅再后撤到云和，临中一部，也即省立绍兴中学再度解散，前来投奔教育厅的同学被官员们一番搪塞之后各奔东西。大家都劝潘家铮还是放弃寻找教育厅的念头，赶快折返。

就这样，潘家铮历经千辛万苦，用瘦弱的脚杆和渴望求学的希望绘就的流亡地图，在这个小村子里断了线头。接下来的日子，就是沿着来的路，拖着虚弱的身子再将流亡地图重描一遍。

跟他结伴折返的，是一位绍兴籍同学，姓劳。返回廿八都的路，一点也不比一路逃亡而来更为轻松，将近 200 公里的返程，等到他见到还在廿八都等候他的父亲，两眼一黑，跪倒在父亲面前。而父亲看见的，哪里是自己那个不省心的二儿子，分明是一个瘦骨伶仃的叫花子。

两个孩子一路走来，丢尽钱物，只能沿路乞讨。遇雨天，还钻进古墓里住过一夜。路上艰辛种种，不能再述。多少年之后，潘家铮还记得他们两个人为乞讨方便编的那首乞讨歌：

穷学生，走天涯，逃亡失散了爸和妈；
穷苦日，过不了，流落做叫花；
没东西吃，没地方睡，满身病痛苦难活；
大娘啊，大伯啊，做做好事吧。

潘家铮编好词，把劳姓同学推到前头唱这凄婉的"讨吃调"，自己躲在身后敲只破碗，像蚊子一样低吟。可怜兮兮的两个小叫花子真还换来不少同情的叹惜。

父亲这时候也红着眼眶，慈祥叫他的小名：新儿，你能够保一条命回来就好，你还算能干的。

那个时候，"轴心国""同盟国"似乎很成功地进入了民间语言之中，尤其处于战火煎熬中的教师和学生那里，两个概念来回比较，更像是一帖祛魅禳灾的符咒。

于是，父亲这样来安慰潘家铮：我们还是回去吧，在这里没有出路。我看轴心国虽然得势，他们要同英、美、苏联、中国打，迟早要失败的，和上次大战一样的，我们就回去等着吧。

"亡国奴"的另一番滋味

父亲说，回到沦陷的绍兴"等着吧"，谁曾想，一等又是两年半的时光。

1942 年 7 月 5 日，父子三人离开廿八都，沿着来的路重回绍兴。还不能直接回城，在城外的道圩村要滞留些日子，潘家铮的姑母就在这个村子里。这时候，姑父已经做了伪镇长。姑父对他们的到来不冷不热，好像不屑于跟流浪归来的亲戚过多交流。倒不是姑父做了伪镇长趾高气昂，而实在是因为夫妻感情不怎么样。姑母受祖父影响，满腹忠孝节义，哪里容得丈夫做汉奸？

半年前偷偷出城，用的是没有照片的"良民证"。他们离开半年之后，伪政府将"良民证"改为"居住证"，上面不仅要有照片，还需要有指纹，出示验证之后方可进出城门。这样，父子三人不得不滞留在城外的道圩村，等待弄到"居住证"。托的人，当然只能是这位已经做了伪镇长的姑父。

弄张"居住证"对于姑父来说不算什么。在道圩村待了有一周多一点时间，于 7 月 14 日乘航船回到城内。一家人这样分分合合，再一次团聚在一起。然而，回城的日子并不让人舒心，时时处处都能体会到做亡国奴的屈辱。

首先还是读书问题。到 1942 年，伪绍兴政府逐渐恢复旧有的小学教育，计有元培、秋瑾、鲁迅、成章、汤公几所小学校，原省立绍兴中学被日军占领作为宪兵司令部，原有的其他中学均迁往他乡办学，伪政府恢复了县立绍兴中学，还有一个镜水中学，最奇的，是一个伪军部队头目，名叫谈绅，心血来潮在潘家铮一家曾经避难的马鞍村办起一个马鞍中学。此外，就是由日伪控制的日语师资养成所，学成之后派往各中小学教授日语。[34]

上中学，必先学日语，且日语教学是各中学的主修语。这就触到了潘家铮的痛处，半年前鬼子兵刺穿脚后跟留下的刀伤还在，现在又要到鬼子那里学什么日语，哪里能服气？父亲还没有跟他说到哪里继续读书，先让哥哥上日语学校，弟弟潘家铺前往伪县绍中上学。潘家铮大光其火，跟父亲着实吵了一架。

---

34 参见李石民撰《绍兴沦陷前前后后》，收入《绍兴文史资料——抗战八年在绍兴》（第 9 辑），1995.6。

这一架吵的结果，当然是父亲占了上风，父亲说：不上学干什么？只有伪政权伪学校，没有伪百姓伪学生。长点知识总是好的，只要"身在曹营心在汉"就可以了。

父亲知道说服不了他，就呛他：难道让你弟弟也学你游手好闲的样子吗？

他说不过父亲，但是父亲也知道潘家铮不肯轻易就范去上伪中学，于是就听之任之。但是，在家里依然由父亲督责自修功课，并且继续讲授古文。

父亲则应城内大户孙家邀请，到他们家里担任家教，单独教授其子的课业。一年之后，这个孩子的功课果然大有长进。

潘家铮好奇的眼睛是不能闲的，何况，已有些阅历的他已经懂了好多事情。他总要找书读，念古文、数理、英语功课之余，还读一些诗词歌赋，有一次，居然在市面上得到苏联时事杂志《时代》。是时，苏联与日本还未宣战，至少在表面上还保持着"友好"关系，所以在日战区苏联的书刊没有禁止。《时代》杂志刊有许多苏德战争的消息，潘家铮在廿八都临中一部学习的时候，就经常与历史老师讨论战事，《时代》杂志无疑另外开了一扇认识战事的窗户，在字里行间，总能捕捉到一鳞半爪关于战事的细节和关节点，第二次世界大战的进程在他的脑子里一点一点清晰起来。

眼睛不闲着，手也不闲着，潘家铮从《时代》杂志里得到信息，结合中国的战事，坐在那里推演战局，写出一篇关于第二次世界大战进程与结果的文章来。后来，他利用自己在舜阳中学刻写蜡版的"特权"，将这篇文章发表在学校的校刊上面，题目叫作《第二次世界大战面面观》。

这是潘家铮平生第一篇"发表"的作品，被他放在一个衣箱里，辗转跟随他走了许多地方。后来在北京搬家扫除，才赫然发现，它居然完好无损地保存在那只已经破旧的箱子里，一躺就是六十多年。它呈现出来的已经不是思想，而是老去的时间。不过，今天再读这篇文章，真是一篇潘家铮版的《论持久战》。

潘家铮闭门不出，书房外面的世界已经混乱不堪。本来，绍兴作为浙东地区重要的商贸市镇，帮会势力非常强大，帮会拜师收徒，包揽诉讼，开赌局，包戏馆，走私贩毒，甚至绑架勒索，杀人越货，国民政府几任县长曾数度打击才有所收敛。但是日军二次侵占绍兴之后，一时间沉渣泛起，这些流氓地痞或充任特务汉奸，或与日伪沆瀣一气，作恶乡里，曾经的古越名邦一时间乌烟瘴气。

父亲潘之赓曾作有《陷区社会竹枝词》，详细记录了日占时期绍兴城内的情形。

奸商营利

贩售敌货大奸商，衣马轻肥粟满仓。我有钱财通四海，任人唾骂又何妨。

汉奸发财

汉奸到处可生财，平地一声运自来，昔日街头行乞者，今朝都似坐春台。

寇盗横行

有枪阶级（指伪军及杂色军队）太猖狂，劫掠焚烧遍各乡。都道路难行不得，此间何处是康庄。

伪吏遗臭

伪官薄禄亦堪悲，刀笔生涯不可为。多少饭奸（因生活问题而作伪吏者俗曰饭奸）名姓臭，欲求一饱却难期。

......

赌博盛行

小人联合组公司（小人出资组织赌博公司），籍赌敛财乐可知。得失相争随处有，无能警察作聋痴。[35]

......

不幸，赌场就开在潘家住的马家台门里面。

潘家本来住在马家台门的第四进院子里，关起门来独门独院，与世隔绝，但就在出门的第三进院子里，住着一个暗娼，进进出出，妖里妖气，还为嫖客提供鸦片，绍兴人称之为"黑饭"。"暗门子"住进来不久，前院大厅里居然大模大样开起赌场，汽灯高悬，赌桌分列，人声鼎沸。这样的环境对于每日里在书卷里迎送晨昏的潘家铮而言，当然构成不小的诱惑。在父亲不在家里的时候，

---

35 参见潘家铮搜集祖父和父亲遗稿，所编的《积木山房丛稿·吉光片羽集》。

他总要偷偷溜出来开开眼界。

潘家铮碰见什么东西都要问个究竟，非要搞清楚不可。观察一段时间后，他就弄清楚了自家门外的一切。

场地：

大厅中央摆放一张长排八仙桌，两边是座椅，在桌子一端竖立着一个四周用席子遮住的小屋子，仿佛是交通警察用的"岗亭"。岗亭是密封的，仅在前端壁上开着一个小孔。内部有一张椅子。

赌博方式：

在赌头中选一人坐在岗亭中"做牌"。他在"天、地、人、物"四张骨牌中选取一块，放进一个小碗里，再用茶杯覆盖好；然后放在小孔边上，由坐在外面有赌头们递出放在桌子上。于是赌客们下注押打。等下注结束后，赌头们一面高声唱叫，一面掀开茶杯，报出其中牌名。于是吃的吃，找的找，赌客们有的丧魂失魄，有的欣喜欲狂。一局既终，将小碗、骨牌和盖碗再放在小孔去，由岗亭里的人再次做牌。

参赌者：

……那些赌客可以分为三类。第一类是大商高官，他们并不亲自下赌，在大厅旁有专设的雅座。他们穿着纺绸长衫，长摇折扇，品衔雪茄，躺在雅座上品茶进点，揣摸着该下哪一门注。自有走狗们为之奔跑办理，还有些妓女围着他们打情卖俏。第二类是一般赌客，他们围坐在长桌两侧，当场付钱下注。第三类则是斗升小民，包括些戴毡帽的农民，他们一般是小笔下注，没有座位，挤在两侧，提心吊胆地等候赌头唱出他们的命运来。

赌场环境：

在大厅周围和外面，直到大门以外，还有大批"服务行业"哩：挑馄饨担的、做小生意的、卖烟酒瓜子的、兜售五香茶叶蛋的，以至于当铺办事处、银楼收购点甚至代写绝卖田契的测字摊，当然还少不了涂满胭脂的妓女和满面横肉的保镖。

动态场景：

这一天酷暑难禁。赌场中的喧闹声一阵阵钻入耳鼓。我按捺不住，也挤到人群中看热闹，却见众人交头接耳，情况有些异样。原来这天那位坐在岗亭中做牌的人竟一连出了二十多次天牌，赌头们输得一败涂地。想不到下一次居然又出了天牌，全场好像开了锅的粥汤，沸腾起来。一个赌头用钥匙打开岗亭，发现里面做牌的人已经中暑死了……[36]

他倒是观察了个仔细。如果不是在描写赌博，这一段很有味道的文字简直可以作说明文的范本，恍然间让人感到是"潘总"写的某一篇小说里的场景。可惜，这是写实，实写。亡国败象，穷形尽相。

堕落的傀儡伪政府，高效地催生出一个全面堕落的社会。

不独潘家铮经不起诱惑偷偷跑出来一看究竟，他发现，少不更事的三弟家镛也天天混迹其中，满口的"六上庄、天二方"赌博术语。

这中间，发生了一件事。

父亲潘之赓在孙家做了一年左右家教，忽然被伪政府教育局局长给盯上了。这个局长姓屠，名叫屠长林，字雪岚，原是稽山中学的训育主任，到廿八都临中一部时，也是训育主任，同时担任高中部的英文教师。潘之赓跟他算是同事。该屠在做教员的时候，还是一个蛮受学生尊敬和喜爱的英文老师。谁知道，就是这样一个名师，从廿八都逃回绍城之后，竟然做起了伪政府的官员。

不过，他也知道做汉奸不光彩，担任伪职的时候，化名作"屠荙"。当时任伪职的官员，甚至包括学校的教员，都知道虽是为生计所迫，但在素有"复仇雪耻之乡"的越城做汉奸，毕竟理亏七分，好多人都改名更姓，用的是假名

36　参见《春梦秋云录——浮生散记》（第二版），潘家铮著，中国水利水电出版社，2000.12，第45页。

字。抗战胜利，绍兴复员清算汉奸，潘之赓倒同情起他们来，说他们哪里够得上汉奸？顶多是一个为稻粱谋，不得不屈身折腰的"饭奸"而已。

屠长林在伪县政府里做教育局长，还真的鞍前马后操心费神正儿八经办起了教育，也算尽心竭力。伪县立绍兴中学成立，他极力搜罗昔日省立绍中的老师来校任教，但是应者寥寥。不得已，只能退而求其次，只要是省立绍中毕业的学生，都可以到县立绍中。这样，伪县立绍中算是勉勉强强成立了起来，不过，他对自己的学生抱怨说：来县立绍中的省立绍中学生，都是过去的下等学生，不堪当任。在这种情况下，潘之赓这样的省立绍中教师自然在他的网罗范围之内。[37]

老同事，求上门来，少不得套套近乎，才寒暄几句，就碰了软钉子。潘家铮记得是这么几句：

屠：仁兄近来做何消遣呀？
潘：也没有什么事，教教小犬写诗罢了！
屠：世兄们聪明，一定有好句了。
潘：小孩子们写得出什么好诗。不过昨天他们写的咏梅诗，有一联还可读读。

潘之赓随手拿笔，写下一联：愿傲冰霜全气节，不同桃李弄轻柔。
其实这哪里是孩子们的诗？分明是潘之赓自己的句子。
该屠大窘，顿时默然，悻悻而去。

屠长林并不甘心，也许是企图借潘之赓这位前教育厅官员、省立绍中教师做幌子，不几天报纸上登出潘之赓应聘县立绍兴中学的消息。潘之赓怒不可遏，暴跳如雷，找报馆交涉理论，报馆理屈，只能再登一则启事说潘之赓县应聘县立绍中系子虚乌有。

这一下子就惹怒了昔日的同事，潘之赓不时能听到来自伪教育局传来的威胁语言。恰好这时候，游击区正筹办一所中学，也是广罗原绍兴中学的教师。

父亲有一位朋友蒋屏风，力邀潘之赓前往任教，两人书信往来都用的是暗号。为避迫害，不得已，潘之赓也是起了个假名字，更名为潘维松，号柏先，

37 屠长林事，参见《八十逆旅》，陈桥驿著，中华书局，2011.11，第185-194页。

到游击区的舜阳中学做教员去了。

父亲在身边的时候，潘家铮还管不住自己到赌场和比赌场更外面的街市上看西洋景，这一回父亲不在身边，更似那出笼的鸟儿没有了一点点管束。

不久，绍兴城里有街市上渐渐有了潘家二少爷的身影，出没于茶楼酒肆和赌场之间，俨然一副少掌柜的样子。原来，他不知道怎么发现父亲藏起来的十多两黄金，这是父亲屡屡投资失利之后剩下的唯一棺材老本，他听人怂恿，把黄金悉数偷出来，跟人合伙开了一个旧书店，广搜旧书，异想天开发大财。一介书生，涉世未深，结果可想而知，最后血本无归，赔了个精光。

这段荒唐的经历对潘家铮此后的人生影响非常之大，至少，他在搜罗旧书的过程中，约略知道了古籍版本目录的一些知识，而且还获得不少平时不可能读到的书籍。

父亲到舜阳中学教书是 1944 年 2 月的事情。过了几个月，学校暑期放假，潘之赓悄悄回到城里，看两个儿子的情形，虽然不知道他们在堕落的环境中堕落到什么地步，总是有所察觉哪里不对头。不过，父亲的心情还好，给儿子们讲地处九莲寺那边的舜阳中学环境如何如何好，学校里种种趣闻逸事，特别是那里秀丽清雅的风光，说着拿出自己写的一首诗来让潘家铮看。

七律《山居偶成一律，即呈校中同仁》

数椽僧舍白云边，曲径通幽别有天。蓬户半开迎远翠，竹楼小睡听流泉。岩间风雨来窗内，树际烟霞满眼前。更喜同心君子在，一杯相属自陶然。[38]

如此洞天福地，意境旷逸幽远，在战时环境下，哪里可以想象？潘家铮感到那个遥远的九莲寺简直就是一方净土，一处桃花源。父亲的诗让他神往，或许，还有深深的自责与自省、歉疚与愧悔。

父亲盯着他，建议潘家铮一起到九莲寺，而且，已经跟学校说好，为他谋了一份书记的差使，一来见见世面，二来也可以赚些薪水。

---

38 参见潘家铮搜集祖父和父亲遗稿，所编的《积木山房丛稿·吉光片羽集》。

原来，父亲早有预谋。原来，父亲最不放心的还是他这个不安分的儿子。

他自己不安分，但心里还想着弟弟家铭，就将家铭出入赌场的事情跟父亲说了。父亲怕两个儿子都走了邪路，决定将三弟家铭一起带到九莲寺去，让他在那里读书。

"男儿十五夺父志"，潘家铮已经 17 岁，不能待在家里无所事事吃闲饭了。他虽惧于父亲的威严，但还是愉快地跟父亲再一次离开沦陷的绍兴。

临走，他整理了一些简单行装，带走最多的，还是书。

诗韵九莲

潘家铮和他父亲潘之赓将要去的舜阳中学，位于今天的浙江省绍兴市上虞区汤浦山区山岙里的白牧村。浙闽方言里，将山间的平地称为"岙"。暑期假满，潘家铮随父亲前往这所舜阳中学。这是 1944 年 8 月到 9 月间的事情。

这一次出沦陷区，显得从容得多，倒好似到郊外游秋景。同行的都是到舜阳中学的教职工。其中就有蒋屏风先生。蒋屏风曾在承天中学任教，在战前就有小说发表，著有长篇小说《漂鸟——流浪三部曲》，在文坛小有名气，复旦大学只读了一年，口才甚好。还有一对夫妻和两位教务处与医务室的女职员。

潘家父子三人，再加上三位学校教职工，四男三女，老少不一，都是文雅的读书人，倒真像是结伴出游的旅客。从城里乘航船，半天工夫到达城外东南边的长塘镇，然后弃舟登岸，坐"兜兜轿"行三十里才能到达九莲寺。

"兜兜轿"，其实就是两根竹竿间绑一只竹椅或帆布兜，两个轿夫肩抬着走，相当简陋。即便如此，这样的旅行也轻松许多，可以欣赏沿路风光了。

江南初秋，平畴野旷，茂林修竹，茅舍人家，潘家铮坐着"兜兜轿"，三十里的路程，已经口占一首七律出来，后来收入《春梦秋云录》中。

长天欲暮霭苍苍，岭转峰回路渺茫。云锁深山芳草碧，烟迷曲径野花黄。牧童闲弄溪边笛，村女轻歌陌上桑。满眼风光如画里，每教错认到仙乡。

由长塘镇到汤浦镇，就上了山路，山路弯弯，曲径通幽，只三里地就可到达舜阳中学了。中学所在的九莲寺，因为处在一个山岙里面，四面环山，状如燕窝，外人即便在三五十米之外，也很难发现学校的存在。这倒是一个非常好的选址。

诗情画意是另外一回事，关于这所中学的兴办倒颇可一说。

1943 年的绍兴，日伪控制着绍兴 15 个乡镇，并设有据点。遭到重创的绍兴县政府仅控制着 2 个乡。这一年，郑重为被委任为绍兴县县长，此人颇有作为。刚刚将县政府由王化迁到裘村，即遭到日军重创，裘村及周边村庄的房舍全部被烧毁。郑重为率县政府再度返回裘村，搭茅舍办公。其间，得到共产党领导的抗日游击队帮助，其武装力量扩大数倍，到 1943 年 8 月，控制范围由两个乡扩展为整个绍兴塘北地区，将原塘北办事处扩大为塘北行署。与塘北政权恢复的同时，塘南山区的自卫队也在扩大，设立绍兴县塘东南办事处。

舜阳中学就在塘东南办处事的辖区之内。在抗日战争时期，也是为了适应敌后游击战的形势，无论是共产党根据地，还是国民党控制区，常常出现一县两府，甚至一县多府，或者两县一府的政权格局。这个塘东南办事处，其职权其实就是另外一种形式的县政府。[39]

塘东南办事处的主任名叫傅召沛。此公的生平在地方文献少有记载，潘家铮在《春梦秋云录》里对他的描述很有意思。

这个塘东南办事处的主任叫傅召沛，虽然也是腰挎双支左轮、拥有地方武装的军人，外表倒也儒雅，还写得一手好毛笔字。父亲告诉我，他的名字是有出典的。傅主任在塘东南一带很有些作为，得到一些士绅和文人颂扬，不乏"召伯之思""沛然而雨"一类的马屁话。

也确如潘家铮所言，此公儒雅，但绝不是表面儒雅。1949 年解放军进绍兴城，傅召沛作为开明绅士为大军进城做了好多工作，其时，他的身份是省立绍兴中学的一名教员。他担任绍兴塘东南办事处主任期间，带领自卫队与日军多次交手，很打过几场漂亮仗。

举办舜阳中学，又与另外一个人有关系。此人名叫陶茂康，时任汤浦镇镇长。绍兴二次失陷时，他曾被日军掳去，后回乡。陶茂康不仅是镇长和当地有名的士

39　参见李石民撰《绍兴县国民兵团抗日事迹述略》，收入《绍兴文史资料——抗战八年在绍兴》（第 9 辑），1995.6，第 186–197 页。

绅，他的名头在战前就很大，是一位卓有成就的民间文学研究专家，主编有刊物《民间》。周作人、顾颉刚、赵景琛、钟敬文、钱南阳、娄子匡都为这本刊物撰过稿，战前出至六期，为保存民间文学的资料做了很多工作，弥足珍贵。同时，他还是一位教育家，在家乡曾办过小学校。有感于"目击青年失学之苦况，及抢救沦陷区青年之急需"，向傅召沛建议办一所中学，收罗失学的中学生。

经过1941年的宁绍战役和1942年的浙赣会战，浙省教育事业遭到空前破坏。战前的学校纷纷南撤，学校数目锐减，学生变动非常之大。到1943年，绍兴地区的中国政权控制范围之内，竟然没有一所中学。这时候，浙江省政府颁《推进各县教育实施方案》规定，每10万人口县应设初期中学和简易师范各1所。到1944年，浙省共举办县立中学8所，初级中学31所，师范学校3所，简易师范51所。也就是在这一年，抗战进入最后阶段，浙省的教育奇异地出现了一个小高潮，仅中学毕业生的人数就超过了战前任何时期，全省由国民政府举办的初高级中学毕业生人数达到空前7347人，而1937年仅有2445人。[40]在这种情况下，郑重为、傅召沛十分支持此项动议，舜阳中学应运而生。[41]

汤浦镇渔家渡村有一个茶商董阳生，为这所敌后中学校捐出652亩良田作为办学经费，再加上预备办学的九莲寺边有一条曹娥江支流叫作小舜江，于是学校定名为"舜阳中学"，将董阳生的名字嵌入其中。办学的杂事则由陶茂康一力承担起来，校舍建设、后勤保障、延聘教师等一切杂事都得他一个人筹划办理。周边村民跑到百里之外，冒着生命危险将被日伪砍伐下来的百根圆木抢回来，制作课桌椅。大家对这所学校投入了巨大的热情，足见僻居一隅的"塘东南办事处"还是有着相当的动员能力。

1942年2月，舜阳中学在敌后静僻的九莲寺开学了。县长郑重为担任名义校长，傅召沛担任副校长，主持校务的为原绍中历史教员宋孟康，蒋屏风为教务主任，陶茂康为事务主任。[42]

潘家铮到来时，已经是第二个学期。

40 《抗战时期浙江省社会变迁研究》，张根福、岳钦韬著，上海人民出版社，2009.5，第137-138页。

41，42 参见可文撰《陶茂康事略》，收入《绍兴文史资料选辑》（第10辑），绍兴县政协文史委编，1991.1，第177-181页。

潘家铮仅仅拥有初二学历，来舜阳中学，本来可以再续完初三的学业。只是，舜阳中学刚刚开办半年，招收的学生都是初一班，还没有初二和初三。况且，潘家铮失学两年半在家自修，其水平早已经超过一般的初中毕业生了。

战时的这所中学，办学条件非常艰苦。老师办公在九莲寺的大殿里，一间寝室住20个学生，大礼堂则用毛竹和茅草搭建，学生晚上自习点一盏桐油灯。学生的生活当然也清苦，雇当地农民种几亩菜地供应日常蔬菜，条件只能比在廿八都临中一部更等而下之。有时学校经费断档，傅召沛一着急，竟然跟部下商量：舜中又没钱了，到哪里搞他一票！有一次，逮着一个牛贩子，不分青红皂白罚了人家一头牛，卖的牛价划到舜阳中学的账上。

学校的教职工加上潘家铮这一个"书记"，总共二十来个人。教员都是父辈一茬人，除了体育老师之外，都有大学文凭，水平不低，何况还有像蒋屏风、宋孟康、陶茂康这样的名家名师，青年教师里还有著名出版人、翻译家杜亚泉的两个侄子。说起来，这些教师都是三十上下的年轻人，小说家蒋屏风当年不过三十岁。教师们在这样艰苦的环境中，自发组织起一个诗社，当然诗社全不是刻意为之，课余生活单调，大家又都有旧学根底，相互唱和，交流诗作，遂成风气，"舜阳诗社"渐成规模。

潘家铮这个"书记"实际上也是学校的一个文字秘书，为学校办着一份校刊。刻写蜡版、校对、编辑文稿都是他一个人的事，那一篇《二次世界大战面面观》便是利用这个"特权"塞在校刊里的。业余时间，他又兴致勃勃地参与到诗社的活动里，帮助"诗人"们印制诗笺、誊录诗稿、检索资料、传递诗筒，充当起一个小书童的角色。

诗社成员的旧诗水平实在不低，这些诗作由"书童"潘家铮抄录之后，一直珍藏在身边。比方蒋屏风三十岁生日，颇多唱和，蒋屏风与潘之赓唱和数次。

蒋的原诗：

流浪归来忽经三载，今且三十岁矣，追昔抚今，感慨靡已，爰成述怀四律，即希粲正，并乞瑶和。

劫后残英病后身，频年离乱怨风尘。鸡声马迹愁边老，燕语花香梦里春。

抡指忽惊三载速，相亲唯觉一杯真。狂澜欲挽悲无术，且学桃源避世人。

浪迹天涯任转蓬，半生潦倒泣途穷。病多人似霜前鹤，体弱谁怜爨后桐。雁讯杳沉怀旧丽，绨袍零落感晨风。干戈扰攘浑如许，欲向沧江把钓筒。

由来傲骨冷于冰，落拓应悲运不称。半世雄心馀白眼，卅年残事有青灯。危巢乌鹊栖难定，涸辙鲋鱼活未能。历尽风霜还涉险，芒鞋破衲类游僧。

倦鸟飞还恋故林，苍凉往事泪霑巾，世无知我休弹铗，壮不如人敢碎琴。枥下空怀千里志，笼中徒有九霄心。生涯自笑飘零惯，短发萧疏百感侵。

潘的和诗：

和蒋逸之三十初度即步原韵

一幅儒巾鬓似蓬，湖山啸傲兴无穷。文词灿烂生花笔，才调清新逸响桐。客地登楼王粲感，故园垂钓子陵风。平居酬唱多名士，醉月飞觞倾碧筒。

湛然心迹玉壶冰，俊逸文章海内称。称菊栽松元亮宅，焚膏继晷退之灯。读书万卷何曾倦？下笔千言自可能。名利无情甘淡泊，却如云水一高僧。

早岁闻名翰墨林，周流群史豁胸襟。为寻乐趣常耽酒，未遇知音不鼓琴。济世安民贤士志，光风霁月达人心。闲来爱种奇花草，一径深幽返照侵。[43]

这一年，潘之赓 42 岁，整整大出蒋屏风（字逸之）一轮。两个人忘年之交，相互欣赏，心心相通，其友谊于兹可见。从留下来的唱和之作来看，两个人交往稠密，这种友谊一直保持到抗战胜利潘之赓回到杭州之后。

潘家铮这个在一旁侍候的"书童"心思却多，看别人唱和吟哦，指头开始发痒，见先生们心情还好，就递上一首诗让品鉴。一来二去，潘家铮日益沉浸其中，《诗韵合璧》《辞源》和各种诗选手不释卷，加上诗社成员指点，诗作用典开始讲究起来，对仗工整，炼字传神，日臻化境。

潘家铮在有了自己的诗美学主张之后，对唱和酬酢颇不以为然。然而引他进入诗学门径的恰恰正是唱和酬酢之作。蒋屏风先生过生日，他也献诗祝寿，

43　参见潘家铮搜集祖父和父亲遗稿，所编的《积木山房丛稿·吉光片羽集》。

比起过去那些无师自通照猫画虎的诗作简直不可同日而语。

醉中诗句客中身，白雪才华不染尘。愧立程门蒙化育，喜从绛帐沐阳春。吟风弄月修心结，种竹栽花养性真。高卧北窗松鹤伴，不妨暂作草莱人。[44]

执弟子礼，恭敬如仪，读来温暖可人。

平日里有诗作，不敢跟先生们多交流，退而求其次，只能与教务处一位没有大学文凭的同事交流，两个人相互切磋，相互唱和，连平日里说话开玩笑都用诗句来交流。潘家铮在舜阳中学待过整个秋季，悲秋、秋兴、秋感之类的习作还真写了不少。他成天思谋着作诗，灵感如同干柴上面行走的火苗，不能自已。偶得佳句，竟然跟古人意境暗合。有一次，忽然得句：梧桐影落三更月，蟋蟀声寒万里秋。兴奋得不得了，过几天，读《清诗别裁》，才发现古人早就有这样的句子，顿时灰心。

在舜阳中学半年的时光里最大的收获，就是他的诗作水平有很大提高。从此之后，诗歌成为潘家铮表达情感的主要方式，成为生活的重要组成部分，一生都没有离弃。而且，也就是从这个时候开始，他对古诗这一文体的规律有了自己的思考，进而不断探寻其美学意义，大约在 20 世纪 70 年代，他将读诗、品诗的心得辑为《积木山房诗话》。

启程来九莲寺，潘家铮的行囊减之再减，带了平日里视若珍宝的几种书，《诗韵合璧》之类当然必不可少，里面还有他在城里开旧书店淘得的数理书籍，其中是几册残缺不全的石印《数理精蕴》。

这本《数理精蕴》乃是康熙皇帝钦定编纂的一部数学著作。这部书共五十三卷[45]，潘家铮当然不可能搜罗全。但就讲述的数学内容而言，即便在潘家铮读到这本书的 20 世纪 40 年代，这本近古的数学著作所介绍的数学知识并不见得深奥，至多属于中等数学范畴，但是，它所用的数学术语，远不是受现代教育的潘家铮所能够轻易懂得的，即便有着深厚旧学根底的人，要彻底搞清楚这

44　参见《春梦秋云录——浮生散记》（第二版），潘家铮著，中国水利水电出版社，2000.12，第 63 页。

45　参见《中西文化交流史》，沈福伟著，上海人民出版社，2014.7，第 388 页。

本中国近代数学著作，也非易事。所以潘家铮感慨地说，这是一部下决心让人看不懂的书。

吸引潘家铮的是里面讲到一个"数流"的概念，这是中国近古数学对积分的一种表述。潘家铮在绍兴开阳书店淘购旧书，找到几本高中课本，平面几何、解析几何和大代数，还有关于数学史方面的书籍，从此对数学格外着迷。他知道除了几何、代数之外，还有一门叫作"微积分"的陌生概念，这引起他极大兴趣。

纵观潘家铮一生，他对未知世界和未知领域一直都保持着十分旺盛的探索兴趣，哪怕是再小的问题，都要搞搞清楚。有的问题太大，困扰心头，心无旁骛，几十年都不会放弃，一直到水落石出为止。

在绍兴，就微积分的知识，他曾请教过许多人，人家告诉他说，那门课深奥得很，一旦学会，做起加减乘除来快得很。这更让他心痒难耐，镇日萦记。来到舜阳中学，吟诗炼句之外，就是研读他的石印宝典《数理精蕴》里所谓的"数流"。

微积分被命名为"数流"不说，数学表述的公式已经全部转换为文言推演。现在看来，当年的翻译者也是煞费苦心的，而且也是真正懂得微积分是怎么一回事的，将微积分的定义与公式都讲得很到位。只是，简单的符号算式被文言文这么一搅和，本来简单明了的事情被搞得复杂无比。潘家铮也是似懂非懂，拿去请教舜阳中学的数学老师，老师简直就跟看甲骨文天书一样不知所云。

所幸，他的行囊里除了石印的《数理精蕴》之外，还有一册从旧书摊上淘来的英文原版书《Calculus for beginners》（微积分入门）。他见过那么多书，没有哪一册能比得上这本原版书印制精良的，更重要的，这是一本专讲微积分的书。古文似懂非懂，现在手头是一册英文书，难道还能比文言文写的数学书更难？潘家铮凭借英汉字典，硬将这本英文版《微积分入门》读通了，读完之后畅快不已。不仅如此，他又翻起《数理精蕴》，同《微积分入门》的公式作了一个符号对照表，下了这一番功夫，文言文的"数流"也不在话下了。[46]

诗韵出九莲，潘家铮在舜阳中学收获还远不止于诗学精进，搞清楚"数流"

46　参见《春梦秋云录——浮生散记》（第二版），潘家铮著，中国水利水电出版社，2000.12，第64-65页。

微积分，且是人生第一次与社会短兵相接，有了一些历练。只是，这样一个充满诗情画意的地方，也充满着人事倾轧。一个学期终了，包括潘之赓、蒋屏风在内的一大批教师被解聘，他这个看父亲"面子"担任的"书记"也没法再当下去。转年，父亲应聘塘北行署办的另所中学——清远中学教书。

既然在舜阳中学没办法待下去，尝到了独自谋生面对社会的滋味，潘家铮又不愿回到绍兴家里去吃闲饭，是陶茂康先生帮了他大忙，将自己的亲侄女解聘，让潘家铮到汤浦小学去教书。

他收拾行囊，与父亲作别，独自一个人到离九莲寺不远的汤浦镇，开始独自谋生了。这一年，潘家铮17岁。

在那个时代，17岁不再被人看作小孩子，而应该是沉稳持重的男人。

这个时候，他才发现，过去满脑子才子佳人、剑仙飞侠竟然是另外一个世界的事情，读书深造有所成就又没有任何指望，此刻只想着能够博得一技之长自己养活自己，有一碗饭吃。

经历过流亡之苦，经历过做亡国奴之痛，这要求来得实在是卑微，却也来得实在。

绍兴人从小便有外出谋生的习俗，安土重迁，恋土恋家这些在北方可能更浓重一些的情结，在他们那里是不灵光的。他们习惯于离乡谋生，也不在乎为谋生而离乡。

那个长留心中充满诗意的舜阳中学在抗战光复之后并入绍兴中学，作为绍中的一个分部存在了一段时间后就撤销了。而帮助过他的陶茂康先生，则在1954年被打成"反革命"抓起来，判处7年徒刑，1961年释放回家，1969年去世，终年69岁。1983年12月平反昭雪。[47]

这些，是潘家铮不知道的。

风兮云兮。

1944年9月，就在父亲带着他和三弟坐着"兜兜轿"进入九莲寺的途中，一位举世闻名的大坝专家、名叫萨凡奇的65岁的美国人，正由国民政府资源委员会水电总处处长黄育贤陪同，乘坐小木船对长江三峡进行实地考察。不久，

47 参见可文撰《陶茂康事略》，收入《绍兴文史资料选辑》(第 10 辑)，绍兴县政协文史委编，1991.1，第177-181页。

萨凡奇就给国民政府编制出一份洋洋三万言的《扬子江三峡计划初步报告》，对开发三峡的水电资源提出了非常具体的方案，这就是著名的"萨凡奇计划"。

这些，也是潘家铮不知道的。他做梦也想不到这份计划开启的三峡工程建设序幕，在几十年后，会耗费自己后半生几乎全部的精力，这座于1944年由萨凡奇构思的大工程，将交在他的手上来完成。

此刻，他心里正思谋着下一首诗将步什么韵，写什么景。

山道弯弯，前路迷茫。汤浦中学就在山路转弯处不远的地方。

潘家铮传

第三章

一个人的大学

原来"潘家铮"

潘家铮一直担心与他一起长大的兄长。兄长也同他一样，早两年就到乡下做了孩子王。

1945年新学期，潘家铮赴汤浦镇小学做教员。"家有三斗粮，不做孩子王"。在乡下，小学教员生活清贫，不被人看得起。每个月只可挣得105斤禄米，日子清苦而漫长，而前途又像大雾弥漫的山间小道一样，不辨头尾，他经常为灰色而黯淡的前途怅然长叹。

乡下的孩子虽然顽劣，但在潘家铮眼里，他们个个都是未经雕琢的璞玉，天真可爱，在与这些学生的互动中，他获得了不少乐趣，也得到不少慰藉。这一段经历是他情感世界的一个重要部分。

头一个学期不波不澜，这中间抗战胜利，举国欢庆，绍兴复员，父亲也应聘在绍兴南山师范学校任教，这是一所光复之后官绅合办的师范学校。

整整八个年头之后，终于苦撑着迎来抗战胜利，父亲兴奋心情溢于言表，言之不足，歌之咏之，这一段时间之内，潘之赓屡有诗作。诗迹即心迹，一副"漫卷诗书喜欲狂"的诗态。

重回光复的故乡，阖城欢庆，诗人喜不自禁，一连作诗五首：

（一）回里记乐

四年越邑满胡尘，一旦重光气象新。异地湖山无此好，从今长作故乡人。

（东坡谓"我本无家更安住"乃违心之论，余则实言之。）

（二）庆祝双十节

八年征战净胡尘，万众欣然复有家。令节今朝同庆祝，高歌鼓舞乐无涯。

（三）双十节晚提灯会

家家灯火闹黄昏，处处竹歌盈里门。遥想今朝双十节，狂欢气象满乡村。

（四）汉奸落网

汉奸毕竟入囚牢，妖孽清除正气高。应悔当年横暴甚，恢恢天网亦难逃。

（五）战士归田

功成身退欲归田，解甲幽居意旷然。多少沙场征战士，不留名姓在书篇。[48]

潘之赓应聘南山师范，重新燃起希望，积极投身乡梓战后教育重建。课余时间，则与同事竟日宴游，所谓"我今渐觉苦回甘，欣舞高歌酒半酣。有意何妨来共醉，陶然竟日作雄谈"。

然而，远在汤浦小学做猢狲王的潘家铮如坐针毡。当年私取父亲藏金开旧书店，本来想发大财之后悄悄补上那笔大钱，结果血本无归。事情过后，还心存侥幸，战乱频仍，一家人分散四处，父亲还暂时发现不了自己丢了棺材老本，能挨一日且是一日。谁知道战争结束，父亲长居故里，虽然成天宴乐高吟，批判的武器终究不能代替武器的批判，日子不能仅靠作诗来打发，发现他的"劣迹"不过是时间问题。若是平时，他还可以利用周末或者请假回绍城住几天，这时候，假期在即，他回还是不回？

决定不回。躲过一天是一天。

但怕什么来什么。

兄长从他教书的桑渎小学一路寻到汤浦镇，其时，潘家铮好像预感到什么，一放假就躲到汤浦镇附近的宋家店村去了。兄长经过打听，还是找到了他。

兄长是一个老实人，脸上藏不得事，潘家铮看他的脸色就知道事情不妙。兄长并不说情由，只是一个劲儿催他回去，潘家铮再三追问，兄长一脸无奈，说："我如果不如实相告，你回去定被父亲打死，如果如实相告，实在是对不起父亲。"但是，他还是如实告诉潘家铮，私取父亲金条开旧书店的事情已经让父亲发现了，父亲自然暴跳如雷。父亲多年积蓄经过八年离乱这么一折腾，只剩下这十多两金条，以备不时之需，现在让他全部败尽，岂有不怒之理？

潘家铮当然知道事情的轻重，也知道父亲的脾气，回去远不是挨一顿暴打就能躲过去的。他当然很害怕，最后只能耍赖，跟哥哥说，你先回去吧，就说没有找到我。

临行前，潘家铮把自己积攒的全部薪金拿出来让兄长带回去。兄弟俩毕竟

48　参见潘家铮搜集祖父和父亲遗稿，所编的《积木山房丛稿·吉光片羽集》。

形影相随多少年，感情非常之深，兄长哪里舍得让弟弟为难？他慨然应允，临行前一再叮嘱弟弟保重，然后一个人回绍兴复命去了。

然而，兄长的行为举止和精神状态，让潘家铮感到他比自己目前的处境更为糟糕，不由担心起来。他太了解大哥了。

果然，大哥回到绍兴两个月之后，突然精神失常。半年之后，父亲来信，潘家铮才知道这惊人的消息，甚是震惊。

1942年兄长从嵊县廿八都回到绍兴，在日语专修学校学了不到半年日语，1943年尊父命开始独自到乡下教书。1943年到1945年不到三年时间，先后在平水崇圣小学、富盛小学、绍兴东关车村小学、桑渎小学做教员。

兄长比潘家铮大两岁，但兄弟俩性格却迥乎不同。哥哥文弱、老实，甚至有些懦弱的，再加上父亲对兄弟们的学业督责甚严，哥哥受的罪更大。即便离家到乡下教书独自谋生，父亲的严厉程度一点也没有减少过。1943年暑期，已经19虚岁的兄长回家度假，父亲早就为两兄弟列好暑期功课目录，计有：《史记·项羽本纪》《孟子·万章、离娄篇》《与陈伯之书》《庄子·逍遥游》《诗经》。

除此之外，其他亦无稍减，仍有英语《Socialism》（社会主义）以及尺牍与"等因奉此"一类的公文写作。

读书自然要求能解能背，多少年来兄弟俩虽一直视为苦事，但还能坚持，况且一个假期，这些课业并不重。可是若要作"等因奉此"一类的公文，大哥是举笔股战不能成文。父亲自然是一通呵斥，越是呵斥，兄长越是不知所措，潘家铮恨不得替哥哥完成这样的"鸟文章"。

父亲也看出哥哥绝不是一块能在仕途走通的料，有一次跟母亲商量说，看阿田这样子，读书怕是读不出来，将来可怎么成家立业？不如让他习一门薄技，比如干个木匠之类，足可以养家糊口。但是，即便做木匠也需要几何知识啊。

母亲十分同意父亲的这种看法与安排。潘家铮倒不以为然，建议说：像哥哥这种情形，选择一个简单职业还行，比如做个邮差，完全可以胜任。

谁知道父亲马上迁怒于他：你有熟人任邮政局局长的吗？

其实兄长还是有些天赋的，在绍兴读日语专修学校，数月之内已经能熟练日语日常会话，能用日文写作，并且写了很多文章。兄长还写现代新诗，写得清丽可人，有一些诗投到伪《绍兴日报》副刊，竟然都发表了。只是，父亲没有注意到兄长在这方面的才情，又一味苛责，不善于引导。

这样的家庭教育与不切实际的过高要求，兄长的性格里残缺了太多的东西。

潘家铮早就注意到兄长的异常。1941 年，绍兴中学迁往诸暨华明泉办学，学校开运动会，一向没有体育特长的兄长忽然心血来潮，直接报名参加五千米长跑，莫名其妙在同学中扬言说要"欲雪此耻"。也不知道他要雪什么耻。结果跑到中途虚脱晕倒，校医赶忙急救才醒过来。

在廿八都临中一部读书时，兄长读高中部，每到周末，父亲要为兄弟烹煮牛肉，让兄弟俩补充营养。但只要是大哥去取，还没等到带回宿舍，在半道便让同学们哄抢一空，很少能进到自己肚里。

山里卫生条件差，一到冬天，同学们很多人患上疥疮，满身虱子，这要靠热水勤洗勤灭。大哥则从来不洗，好像也没有这个意识，头发里衣服里遍身都是虱子都浑然不觉，任其叮咬。潘家铮发现之后，曾多次帮他洗涮、灭虱，把内衣通通放进开水里煮一遍，这样能好上几周时间。几周之后，故态复萌。潘家铮将兄长这种情形告诉做教师的父亲，父亲吃了一惊，但能有什么办法？

这样一个连自己都照顾不了的人，又刚刚成年，到乡下做小学教员，其苦况可想而知，不然也不会在三年之内连换四所学校。

到了乡下学校，备遭同事白眼，连学生都敢欺负他，常常找一些古奥生僻的字来考先生，而且常常能把这个小先生挂在黑板前面答不上来。大哥又执拗，抱本字典专门找那些古奥生僻的字苦读死背，就是这样，也常常招架不了那些乡下孩子刁难。

直接导致兄长精神失常，大抵因为两件事。

1944 年，兄长满 20 虚岁，精神状态实际上已经很糟糕了，农历四月初八的生日过得不咸不淡，满 20 岁，弱冠之年，兄长的前程让一家都犯愁。

这时候，父亲想起杭州城站板儿巷的那一处产业，从 1937 年离开，整整 7 年没有打理，不知道现在如何。父亲决定亲自去一趟。兄长可能自以为是 20 岁的人，应该替父亲分担一些责任，自告奋勇要代父亲前去探视，父亲居然应允了。

哥哥领命前往杭州，哪里想到他前脚走，后脚就收到他在城外被扣的消息，人即将被解到日军宪兵司令部查办。一家人大惊失色，慌作一团。平民人家，哪里有应付官家的经验，更何况是日本人？

但是，他这样一个老实木讷的人怎么会被日伪盯上？这不活活急死人！

原来，兄长为了节省川资，不乘航船不雇车，竟自作主张，要沿公路步行前往百里之外的杭州城去。待走到绍兴西郭门，被岗哨拦下，从他的行李里搜出一张杭州城火车站附近的地图，马上被当作间谍扣起来。

父亲领着潘家铮四处托人求情，还亲自到哨卡去探视，好话说了一箩筐，就是不放人。几天之后，好容易托到一个有头有脸的人物，递进一个名片，哥哥这才被放了出来。虽放了出来，但受惊吓，挨苦刑，简直没了人模样。

这是一次。第二次惊吓则是交友不慎，结交了一个名叫刘剑秋的匪友，其父亲在伪侦缉队供职。有一回，刘剑秋偷出家里一些行李物品托大哥脱手售出，并且许诺事成之后给予佣金若干。也是佣金诱惑，自己的欲望就是自己的陷阱，大哥竟然稀里糊涂应承下来，而且也很快帮他找人脱手卖了。

这事究竟无法隐瞒，刘剑秋的父亲何许人也，不找儿子算账，却气势汹汹找到兄长，逼迫他把卖的东西找回来，不然，拘留法办。哥哥也不敢告诉父亲，只得求助弟弟，兄弟两个少不得四处求情。但是那位蛮横的刘某就是不松口：如果东西找不回来，人就得进监牢！如是来回折腾了两个月。木讷又懦弱的大哥无端卷进这么一场无头官司，又惊又怕，心力交瘁。最后，还是他那位朋友刘剑秋跟父亲翻了脸，父子反目，事情才渐渐平息下来。

一个季节又过去了，浙东山区的汤浦小学再一次迎来了一个寒假，窗外水瘦山寒，万木萧疏。潘家铮有家不敢回，正独自一人百无聊赖待在小学校里，忽然听到邮差的铃声，送来了父亲的信。

展读父亲手谕，潘家铮不禁泪雨滂沱，恸声大哭。字字句句，不仅是来自家的呼唤，还有父亲对儿子的一片殷殷爱意。

父亲的语气充满慈爱。

阿新吾儿……有家不归，亦无来信，拟离家自立耶？汝兄忽发狂疾，似不可治。汝蹉跎无成，前景可虞。今教厅将办陷区中等学生甄别试验，有高二学历者均可报试，及格者授以高中毕业资格……余意汝可持汝兄证件应试，望即归来。

这时候，潘家铮才知道兄长犯病了，至于病到什么程度，他不敢想，父亲只说"似不可治"，并让他拿兄长的毕业证书参加"中等学生甄别试验"，足见父亲的一番苦心，也可知兄长的病应该是很重了。

接到父亲来信，父亲言辞恳切，没有一点点追究他的意思，哪还有理由这样躲藏下去？赶紧收拾行装回到绍兴家里。

半年没有回家，家还是那个家，父亲和母亲欢喜得不得了，谁都没有提及黄金半个字，仿佛这事情从来没有发生过似的。

但是，兄长的情形让潘家铮心如针扎。他去探视哥哥，哥哥根本认不出这个曾经朝夕相伴的弟弟，他经常在庭院内徘徊，点点头，摇摇头，间或朝天大吼一声，像是一舒心中不平。平时倒还文静，不去扰人的。他这种失常状态，在乡间称为"文疯子"。

潘家铮欲哭无泪。

根据父亲的安排，他顶替兄长的名讳参加"中等学生甄别实验"。从学历上讲，潘家铮算是初二肄业，兄长也好不到哪里，从 1937 考入杭初到 1942年，随学校辗转流浪，历杭初、绍兴中学、稽山中学、临中一部 4 所中学，到 1942 年 5 月学校向南流亡，临中一部停办，兄长刚好读完高二年级，所以还算不得高中毕业。不过，加上回绍兴沦陷区就读日语专修学校，至少学历比潘家铮要高。

所谓"中等学生甄别实验"，针对的并不是所有的中学生，而是就读于伪政府办的高初中学和大专以上学校的学生。抗战胜利之后，这些学生的文凭如何认定、身份如何认定，突然成了问题。当年，潘之赓让长子去读日语专修学校，还曾强辩"只有伪政府，没有伪百姓伪学生"。抗战胜利之后的 1945 年 9月，国民政府召开教育复员会议，"伪学生"这一概念还真被人提出来。于是，国民政府于 9 月 26 日颁布《收复区中等以上学校学生甄别办法》，对日军侵华期间沦陷区公立中等以上的在校和毕业生进行甄别审查。这个工作一直持续到1946 年 6 月。[49]

所谓甄别审查，对于专科以上的在校和毕业生要复杂一些，一要甄别其身

49　参见《中华民国史档案资料汇编·第 5 辑第 3 编·教育》，江苏古籍出版社，2000.1，第 22 页。

份，是否参与汉奸活动，同时还要参加为期不短集训，相当于思想教育，毕竟他们受的是亡国奴教育，还需要将思想统一到三民主义上来的；二是考试，通过考试确定其真实学历。中学生的甄别审查的内容要简单得多，主要是考试，如果达到国民政府认同的学历，再行颁发毕业证明。

现在许多上年纪的人还保存有经过甄别审查之后颁发的毕业证明书。

比如，江苏省甄别审查后的证明，格式和内容如下：

毕 业 证 明 书

学生×××系省（市）×县（市人，现年××岁，经本省收复区中等学校学生资格甄审委员会遵照部颁修正收复区中等学校学生甄审办法审查决定该生程度相当于××××毕业合给证明书为证。

江苏省教育厅厅长兼甄审委员会主任委员×××
中华民国三十五年十一月

证明书左下角贴一寸照片，加盖椭圆形蓝色甄别审查章。

父亲叫潘家铮回来，就是参加这个甄别审查的。父亲当然清楚潘家铮的学习能力和实际水平，不够高中毕业，至少要比其他初中毕业生强出好多。对儿子的自信，不如说是对自己多年来的督课教学的自信。

潘家铮就拿着大哥的学历证明准备参加甄别考试。

这样，他的名字和大哥的名字换了一下。按照家族谱序，潘家四个孩子为"家"字辈，由长及幼分别为：铮、铨、铭、镛。潘家铮本是哥哥的名字，潘家铮原名潘家铨，这样，18岁的潘家铨更名为潘家铮，而真正的潘家铮又与弟弟换了一下，叫潘家铨。

潘家铮，这个日后中国水电发展史上有标志性意义的名字，实际上沉淀着一段不堪回首的家国苦难。

进入21世纪，潘家铮作为三峡工程的技术总负责人，经常接受媒体采访，频繁在电视上露面。有一天接到来自绍兴的电话，打来电话的人非常兴奋，说想不到咱们高中同学中竟然出了一个两院院士。潘家铮一阵苦笑，他哪里有读高中的福气？他不得不对人家说：你搞错了，你说的潘家铮，那是我的哥哥。

不免盐咸醋酸一番释解，但左说右说哪里能说清楚！

1996年，黄河小浪底工程技术委员会成立，张光斗、李鹗鼎、陈赓仪、潘家铮、罗西北五位专家被聘为顾问。在7月23日的成立大会上，年近七旬的潘家铮在参会人员名单里赫然发现，小浪底工程其中一位副总工程师，名字就叫潘家铨，跟他18岁时的名字一模一样。

而且，潘家铨在国内水电界也很有名，他是黄河小浪底工程的重要技术骨干之一，荣获"全国先进工作者""小浪底工程建设一等功臣"称号，曾担任黄河水利委员会黄河水利勘测设计院总工程师，也有许多关于坝工技术方面的著述。

全中国同名同姓的人多得是，但是另外一个人叫着同样的名字出现在水电工地，这个概率之小，微乎其微，潘家铮当然很惊诧。

潘家铨当年五十多岁，是小浪底工程工地上的"拼命三郎"，他担任小浪底工程设计总代表，在小浪底工地上住了整整4年。看着活跃在工地上的这位水电工程师，潘家铮一定恍然看到自己当年的身影。

黄河小浪底工程建设工期长达八年，八年中间，两个人在一起不知道开过多少次会议，别人好奇地问潘家铮：潘总，您和那一个潘总名字相差一个字，是一家人吗？

潘家铮顾左右而言他，不予解答。后来，别人问多了，他才说：我有一个弟弟，跟这个潘总的名字一模一样，只是他早就过世了。

老头儿一向说话直率幽默，只有对这个问题，潘家铮总是模棱两可应付应付。这种情况是很少见的。是啊，这哪里是一言半语能够说清楚的。谁能知道，潘家铮面对这些询问时心里的隐痛！

潘家铮第一次看到潘家铨的名字时，心里在那一瞬间激起过惊涛骇浪吗？

只有他自己知道。

浙大的录取通知书

父亲对潘家铮的信心有多大？这个不好说，但潘家铮却不敢掉以轻心。

初高中的国文不成问题，从七八岁就跟父亲读古文，可谓十年寒窗，功底扎实；英语已经系统读过《纳氏文法》，也不会拦路；数学虽然能读通天书一般的《数理精蕴》，自修到微积分的程度，但毕竟没有系统的高中教育训练，初、高中数学基础知识还有许多空白要填起来。正所谓"骑着骆驼赶群鸡，高的高来低的低"。

还有物理、化学两门功课，总算读到初二，刚刚接触，远未深入腠理，必须从头来过。

潘家铮 1945 年寒假回到绍兴，一头扎下去开始自修温习初、高中数学、物理和化学课程，用了整整半年时间，把这些课程都过了一遍。他后来感慨地说："这真是一场难以想象的拼搏。"认真梳理研究也好，死背硬记也好，从初三到高三，四年数理化的课程要全部过一遍，"难以想象的拼搏"当然需要非凡的毅力，而将各个知识点抽简、整理、归纳，需要的就不仅仅是毅力了，还需要非常的学习能力。

1946 年的潘家铮经过半年夜以继日的补习自修，本来个子小，人又瘦，到 6 月参加甄别考试的时候，体重整整掉了 10 斤，最终获得一个高中毕业资格。

潘家铮在文章里不止一次谈到这段经历，他用一个词来形容：侥幸。

抗战八年，算起来只完完整整读过两年书。两年之中，小学六年级断断续续读完一个学年，初一、初二的课程断断续续一个学年时间完成。而这一次，从初三到高三 4 个学年的课程仅用半年就全部完成，不是侥幸是什么？

只是这"侥幸"二字每每让人莫名酸楚。

潘家铮还没有来得及为取得高中毕业资格有太多的感慨，或者说，根本没有从这"侥幸"情绪中缓过神来，父亲给他买好了浙江大学招生简章从杭州寄回来。他简直大喜过望，取得高中毕业资格不管怎么说是喜事一桩，面对招生简章，简直是上天的额外眷顾，真是绝处逢生，人生前景仿佛被这一纸招生简章倏地点亮。

这时，父亲身在杭州，就职于国立杭州师范学校。1937 年，全家从杭州避难回绍兴，怀德里旧居的家具杂物都寄放在那里，而且还有城站路那一份房产需要整理经营。

听说父亲要回杭州，杭州方面包括浙江大学在内，有好几家学校聘请他前往任教。浙江大学还没有完全复员，父亲应杭州师范学校之聘，前往就职。

参加甄别考试，远不是父亲的初衷。其时，国立浙江大学正在从遥远的贵州遵义和地处浙江龙泉的分校陆续复员回杭州，待到 9 月才可以全部回迁。回迁还在进行，1946 级招生工作已经开始。

1946 年复员的浙江大学已经是海内名校，是一所拥有文学院、理学院、工学院、农学院和师范学院、医学院、法学院的综合性大学，竺可桢校长治校有方，浙江大学实力雄厚，名师云集，被英国著名科技史专家李约瑟称为"中国四所最好的大学之一""东方的剑桥"，潘家铮当然心向往之。他拿住报名表，没什么犹豫，直接填报报考该校文学院的中文系，然后寄回到杭州父亲处。

考期在即，他要赴阔别九年的杭州城参加考试。谁知道，父亲叫他来报考大学的第一件事情就是好一通训斥，父亲把他填写的报名单让他看："荒唐！你将来还要不要成家，要不要养儿育女？"

父亲一通无名火搞得他也糊涂了，报考大学与生儿育女之间会有什么因果联系？他不知道如何回答。他有顶撞父亲的时候，但对父亲的畏惧从来没有减轻过半分。父亲看他一副迷惑又可怜的样子，语气缓了下来：中文系是万万读不得的，读出来能有什么出路？好不过混个中学教师，清苦一辈子，老婆都养不活的……我已经吃了一辈子苦，不想让儿子也去过这种日子！

症结原来在这里。

父亲真是一个十分矛盾的人，督课两兄弟习四书五经，希望能延续从曾祖一代而下的家学，书香永继，而面临未来职业选择却又完全是另外一个样子。

那读什么好呢？父亲让他去学一门"实科"。实科也者，实用专业而已。这样，可以学些真本领，将来也好有碗饭吃。经历过八年战乱，颠沛流离，这一年父亲 46 岁，正是壮年，但已经显现出倦然老态。他辞别绍兴南山师范教职，应聘赴省立杭州师范学校任教，有诗描述此种情状：

职务调动频繁感而有作

风尘仆仆苦难描，老傍人门懒折腰。多病不堪新恨扰，一杯未把旧愁消。当年破浪心虽在，今日归耕愿岂遥。留得区区孤介性，旷然无挂伴渔樵。[50]

50　参见潘家铮搜集祖父和父亲遗稿，所编的《积木山房丛稿·吉光片羽集》。

"老傍人门懒折腰"，父亲半生奔波，真是累了，所以，难免给他现身说法。

按照父亲报考"实科"的要求，潘家铮把中文系抹去，填了"航空工程系"。也不是赌气，实在是因为航空工程是一个比较新鲜的"实科"，对素来好奇的潘家铮有挑战性。何况他长这么大还没坐过火车，更谈不上乘坐飞机，航空系那不就是造飞机吗？当然，若要说他有多么渴望，也谈不上，整个一个稀里糊涂。

父亲倒是知道他的心思：航空倒是一个新东西，就不知你能否考得上、读得进，满脑子都是才子佳人、风花雪月，不长进的东西。

随口一说，这事也就过去了。下来，就是再度迎考。

应考一点也不比此前参加甄别考试来得更轻松。潘家铮 1937 年离开杭州的时候，刚满 10 岁，9 年之后归来，已经是 19 岁的大小伙子，他对这个储存着童年美好记忆的城市充满情感。然而，大考在即，他哪里有工夫去寻踪怀旧？再一次扎倒头紧张地复习起来，到上考场的那一天，又不知道掉了几斤肉。

甄别考试已经是侥幸，这一次考试毕竟是大学招考，他心里还真是没有底。潘家铮听说，报考浙江大学的考生有 3000 多人，而 1946 级复员会第一年招生只招三四百名，录取率仅十分之一。其实，具体的情况比潘家铮听说的还要严峻得多。

当年，浙大校长竺可桢在日记里对 1946 年的招生有详细的记载：

南京 7 大学报名共 10800 人，以浙大为第一志愿者 900 人，第二志愿当在 3000 以上也。武汉 4 大学校考试，报名 6000 余人，武大最多，重大次之，浙大第三，预计此次以浙大为第一志愿者当有 5000 人，而所取名额不过 400 人，则是 12 人中取 1 人而已。[51]

潘家铮还是上了考场。当年考试的情形，他在《春梦秋云录》里有生动而详细的描述，不仅有戏剧性，而且有趣，读来惊心动魄。当然，这也是潘家铮事后的回忆。

每一个人对事关人生转折的事件都会记得非常清楚，而且会通过回忆不断渲染和强化。

51　参见《竺可桢日记》(第二册)，人民出版社，1984.1。

……入学考试除考"英、国、算"三大科外，还要考物理、化学、历史、地理。对于国文和史地，我自忖有些把握，只恨不考格律诗难展奇才罢了，对于数学就难说了。虽然我在九莲寺中已自修到微积分，但考试中不考它，也不容许用微积分解题，而我对代数、几何、三角的基础锻炼非常的差。至于对英语和物理化学就更少准备了。所以，当时的情况也是"无可奈何、姑妄考之"而已。

那第一场数学考试就把我考得晕头转向。我清楚记得，试卷上五道大题。开宗明义第一题，是在"复数平面上解一个不等式"，完全超出我准备的范围。我一时阵脚大乱，苦苦从脑海深处追索这"复数"和"不等式"间有什么他妈的关系。偷看左邻右舍，似乎都在奋笔疾书，更使我紧张万分。其实，这试卷总的难度并不高，其余四道题都在我的能解范围之内。估计命题的教授也是在和考生打心理战，先给你一闷头一棍，看你是否能挺住，稳定阵脚。有经验的学生大都先撂下此题不管，动手解答下面的题目。我因失学离群已久，孤陋寡闻，中了奸计，上了圈套，最后省悟过来，匆忙答完全卷时，试场上已没有几个人了。考完回来，愈想愈懊恼和后悔，在父亲面前一味怪试题太难……

数学考垮了要不要再考下去呢？当时我想起别人讲过的一个故事。有一次，交通大学招生时的数学试题特别难，有位考生自估只能得20分。他泄了气，也放弃了其他科目的考试。但后来听到学校招生处的人讲，今年的数学考题太难，不少人缴了白卷，最好的考生也只有20分，可惜这个人没有考完全程，也落了榜。那学生听到后"一恸几绝"。这个故事深铭于心。因此我还是考完了所有科目。我还想，反正已缴了报名费，来了杭州，见见场面、长长见识也是好的……[52]

倒是一副好心态。但究竟心里还是没有太大的把握。考完之后，少心无思回怀德里故居废墟凭吊一番，望着被毁的故园，想起当年与兄长在天井里玩耍的快乐时光，不禁黯然神伤。

暑期大考结束，潘家铮回到绍兴，他实际上已经做好了落榜的准备。证据是回到绍兴之后，很快重操旧业，托人找了一个小学教职，夹起包袱到乡下教

52　参见《春梦秋云录·浮生散记》（第二版），潘家铮著，中国水利水电出版社，2000.12，第76-77页。

书去了。

那所学校位于绍兴城西，距城十里之遥，名叫双山村。今天，双山村已经纳入绍兴城区版图，高楼大厦覆盖了当年的河汉与田畴。双山小学，将给潘家铮留下一段刻骨铭心的记忆。

1946年的秋天来了。秋天的天空里出现了从北方南归的雁阵。潘家铮一直待在学校等待考试的结果，但是，偏偏三个月一晃过去，连一点点消息都没有。难道自己的一生真的就交给乡下小学的三尺讲台了吗？他苦闷、怅然、叹息，一个人的时候会莫名其妙流下泪来。

学校离家并不远，可他不愿意回去。大哥的病让他伤心，母亲忧戚的愁容又让他无法面对。星期天也待在学校里，或发呆，或读他带去的诗词歌赋，偶尔写一点诗聊且打发时光。

他还带着一只凤凰琴。这是一种非常简易的弹拨乐器，一手按键，一手弹拨，简易的凤凰琴上飞出的是《苏武牧羊》《燕双飞》《梅花三弄》……旋律在山间伴着水牛的哞叫，连学生们都能听得出里面的惆怅与迷茫。

正待他已经完全不抱希望的时候，三弟家铭从城里转来一封信，正是国立浙江大学的录取通知！被录取在航空工程系！他的成绩并不像想象的那样坏，还被录为公费生！他开始不相信这是真的，三个月，迷惘、怀疑、失望、绝望，几乎将他的神经都磨得麻木了，简直怀疑这是一场梦。接着，就是狂喜。

人生将另翻一页了。

录取通知书为什么迟迟没有发下来呢？这与 1946 年浙江大学复员之后的困境有关系。

1946年9月，浙江大学师生全部回到杭州，复员之后的浙大校园一副劫后景象，景物荒凉，野草长得有半人高，原文理学院长期被日军当作军马圈使用，遍地粪溲，工学院学生宿舍的仁斋被毁，农学院校舍全毁，其余校舍破坏严重，破败不堪，回来的一百多学生只能搭起架子床住在一座没有毁掉的大礼堂里。[53]

当时，浙大龙泉分校总务主任陆子桐向竺可桢校长汇报筹备校舍修葺情况时，这样介绍劫后余生的浙大荒凉景象：

53　参见《怀念王国松先生文集》，浙江大学校友总会、电机工程系合编，1985，第176 页。

大学总办公厅、大礼堂、女生宿舍、物理系、图书馆及厨房、水灶等屋，搬拆全无……体育办公室、沐浴室、热水锅炉间则完全被毁……华家池农学院，昔日之辉煌大厦、暖房，全遭拆毁，连钢筋水泥底脚之建筑亦全无遗存，可见当时被毁之惨重。[54]

浙江大学东归杭州之后的第一件事情不是马上复课，而是修复教室宿舍和公用设施。学校经过两个月紧张的修复，迟至 11 月 10 日得以才正式开学。这样，就耽误了新生入学的一系列工作，新生入学定在是年的 12 月份。

父亲得知潘家铮被浙江大学录取，当然欢喜，来函催他速到学校注册。潘家铮遵父命于 1946 年 11 月 14 日到达杭州。

在双山小学教书的三个多月时间里，苦闷归苦闷，迷惘归迷惘，潘家铮还是尽职尽责做好本职工作，与学生们建立了非常深厚的友情。一边是新的人生和前程在等待他，一边则恋恋不舍这座乡村小学。此一去，山高水长，还不知道什么时候再回到这个曾给过他无限慰藉的地方。

最后我又舍不得朝夕相伴的小天使们，我实在太爱他们了。但毕竟是前程要紧，我硬着心肠辞了职。孩子们知道他们的老师要半途离去时都很伤心，临别那天还列队到河畔送行。当我站在船头挥手向他们告别时，真的忍不住流下许多泪水。[55]

《春梦秋云录》作如是描述。

梁柱摧折

他兴高采烈到达杭州，父亲却病了，让他很吃了一惊。

推开父亲的宿舍门，他简直不敢相信自己的眼睛，只见父亲卧病在床，见

54　参见《大学史记　近代中国的那些大学》，李子迟编著，济南出版社，2010.10，第 73 页。

55　参见《春梦秋云录·浮生散记》（第二版），潘家铮著，中国水利水电出版社，2000.12，第 84 页。

他来了，挣扎着欠起身子跟他说话。说话非常困难。为他准备的衣服和学费都放在桌子上，父亲指给他看。父亲真是细心，一个大男人竟然连儿子上学要穿的新衣服都置办好了。莫非是因为这个累倒的吗？

他急忙问父亲怎么一下子病成这个样子？父亲虚弱无力，但告诉他说不要紧，只是肝胃气犯了，然后絮絮地一桩一桩交代他上学需要注意的事项，嘱咐他明天到学校报到注册。

潘家铮年少，还不知壮年人突然病倒的深浅，以为不过是急症来袭，静卧将养一段时间会慢慢好起来，第二天还是赶去浙大报到注册。从浙大回来，才发现父亲的病突然加重，时昏时醒，他毫无护理病人的经验，顿时慌了手脚。一向健朗的父亲怎么会突然成了这样子？

人地两生，19岁的潘家铮不知道该怎么办好。情急之中找来杭州师范学校的校医，校师诊问一番，也说不清所以然。这样，父子俩在一起挨过一个漫漫长夜，第二天求学校派人，将父亲送到就近的一家广济医院。

这是一家英国人办的教会医院，医术尚可，只是收费高昂，一等特护竟然一天收费3块大洋，最便宜也要8角。[56]

人是住进了医院，但父亲的病来得如此急迫，医生都束手无策，施了些药物，哪里奏效？直到去世，医生也未确诊到底是什么病，只是猜测为"黄疸"。

潘家铮后来想，所谓"黄疸"只是表征，而非病因，肝炎、肝癌或者胆汁郁积也可能导致肝昏迷。病因没有搞清，当然无法找到对症之药。

父亲一下子病成这个样子，潘家铮慌乱得手足无措，看到父亲没有一点点好转的迹象，肝胆俱裂，锥心痛骨。他跪倒在父亲的病房外，悲声恸哭，愿以身相代。父亲偶尔醒过来，还能摇手示意他，不要这样子悲伤。

11月17日，父亲的病毫无起色，彻底昏迷，僵卧不醒。

11月18日夜，父亲阖然撒手，与世长辞。逝时口眼未闭。

是夜，苍天仿佛蓄足了泪水，泪扰高风，结冰凝霜，大雪从天而降，南国杭城顷刻间被洋洋洒洒的白雪覆盖。

潘家铮从绍兴赶往杭州，到父亲去世，仅仅4天时间。父亲突然暴病身亡，

56　参见《杭州文史资料（第27辑）·湖上拾遗》，宋涛主编，杭州市政协文史委编，杭州出版社，2007.4，第223页。

对一个刚刚 19 岁的孩子来说，简直就是一座大山在眼前瞬间崩塌，更何况，这一切都要他一个人面对。

医生验过父亲体征，已经气息全无。潘家铮悲痛欲绝，父亲刚进医院，还可以和医师对答，他哪里肯相信父亲会这样迅速地离开人世？医生用白布遮上父亲遗体的那一瞬间，潘家铮号啕不能自己，跪地求医生想办法救救父亲。遗体被移出病房，又被移入太平间，潘家铮一寸一寸跪地前行要陪父亲，好不容易被人拉住。

窗外大雪纷飞，潘家铮以泪洗面，神情恍惚，他是如何度过那一晚上的，怎么也想不起来。

仅仅 4 天时间，人生的大喜大悲劈头盖脸而来，由极度喜悦到极度悲伤，如此巨大的落差，潘家铮的精神几乎崩溃。三个月等待大考消息几至绝望，突然之间喜从天降；本来想上了大学对于半世奔波的父亲多少是一份安慰，谁想眼睁睁看着父亲的生命之火一点一点熄灭，19 岁的潘家铮突然之间被推到生活舞台的聚光灯下。

台上，主角只有他一个人。

毕竟，潘家铮已经有两年独立生活的经历，还能理得清事情的轻重缓急。第二天，他强忍悲痛，发电报给家里报告凶信，同时，把能够搜罗到的款项都集中到一起，买了一口比较好的棺木，准备后事。

绍兴那一头，母亲乍闻噩耗，呆若木鸡，顿时昏厥，良久才苏醒过来，唯仰天长号。奈何身体原本虚弱多病，悲伤过度，家里又要服侍疯病儿子，又要照顾上学的家铭和年幼的女儿，哪里能离开寸步？只能托付邻居干姊妹香娘赶往杭州帮助潘家铮料理丈夫的后事。

这位香娘和潘家同住周家台门里，原是周家的一个女婢，后来收为妾。跟母亲一样都是苦出身的人，两个女人同病相怜，早在潘家迁往杭州之前，两个人情同姐妹，往来稠密。香娘在日后对潘家铮的帮助非常之大。

香娘来到杭州，看到潘先生憔悴的遗容，一下子触动其身世痛楚，大放悲声，长号歌哭，撕心裂肺，闻者莫不垂泪。

杭州师范学校师生听到潘之赓先生突然去世的消息，深感震惊。入殓悼念当天，许多师生都来送行。潘先生入殓时，只着青衫一袭，没有任何陪葬，师生们低首一一鞠躬道别，泪如泉涌。

潘家铮将父亲的灵柩先寄放在杭州的绍兴会棺，托人运回绍兴暂厝于严家谭。那里还暂厝着祖父母的棺木。直到 1948 年由三弟在家乡操持，筑就坟茔，才和祖父母一起下葬，入土为安。

父亲突然暴病身故，悲痛是一方面，更多的则是愧悔。此时，他更多念及的是父亲对他的关怀与关爱。父亲为这个家，为他们兄弟几个操劳一生，在他们身上寄予太多期望，也付出巨大心血。而自己呢，则每每让父亲失望透顶。一年前，父亲发现他盗金开办旧书店的"劣迹"之后，长叹：我四个儿子，一殇，一疯，一败子，一浪子，前世作了什么孽让我到了这个地步，有何面目到地下见自己的祖先！

潘家铮常常想起父亲的喟叹，夜里惊觉，抚枕大哭。

父亲的身体其实一直不好。20 多岁在南京上高师，就得过一场重病。祖父不顾年迈，亲自到杭州探视。到达省城时，自己的独苗儿子已经住院，人事不省。又是输液，又是洗肠，病情才得以控制，渐渐康复。八年抗战，八年离乱，父亲身心俱疲，不是操心家里，就是操心事业，从来没有操心过自己的身体。到杭州不到一年时间，孤身在外，一边悉心教学，一边检点旧产，和租户商订新的租约，查寻 1937 年离杭时寄存物件的下落，又要操心孩子们的学业与前程，真是够忙乱的。阔别八年之后再返回杭州，当年风华正茂壮心不已的教育厅官员，现在已是年近半百的衰翁模样。课余再游西湖，早不是当年心境。

一别西湖竟八年，水光山色却依然。惊心烽火留残迹，歌舞楼台已不全。
……
乘兴轻舟泛碧波，垂杨两岸舞婆娑。当年鱼鸟曾相识，笑我近来发已皤。
已经烽火十年摧，昔日莺花成劫灰。惟有湖山依旧好，多情容我久徘徊。[57]

心情好不到哪里去。

忙忙乱乱几个月，身体大不如前。当年在沦陷区孙家私馆教的学生孙如岗

57　参见潘家铮搜集祖父和父亲遗稿，所编的《积木山房丛稿·吉光片羽集》。

考上大学，路过杭州前来谢师，发现老师眼呈黄疸，潘之赓告诉他说，只是有些肝胃不适。孙买了两盒"美迪肝"让老师补一补。这中间，大姨路过杭州探望父亲，她是一名医师，居然没有发现妹夫身体有什么异常。岂知，长期动荡劳累，父亲已经病入膏肓，以致突然发病而不治。

父亲去世，潘家铮才真正重新认识到父亲的另一面。他在《春梦秋云录》写到当时的心境：

父亲平素待我很严厉，我不仅怕他，有时候甚至有些怨恨，只有在他长逝后，我才如梦初醒地认识到他是如此爱我、盼我、恕我，而我又是如何地使他失望、伤心和悲痛。失去父亲后我才发觉有父亲是多么幸福，我是如何不能离开父亲。但是这一切都晚了。尽管我发狂似地跪在医师面前恳求救命，尽管我捶胸顿足哭得晕了过去，一切都无济于事，父亲口眼不闭地死在病床上了，抬到太平间去了，连清醒几分钟听我的忏悔都不可能了……[58]

浙江大学开学在即，安顿好父亲的后事，绍兴家里又乱成一锅粥。

庶舅舅是一纨绔子弟，父亲尸骨未寒，欺负母亲软弱善良，将战时父亲从外祖父那里购得的马鞍村房屋强占不说，还强夺去潘家名下的 10 亩良田。而恰在这时，屋漏偏遇连阴雨，两个姨母因家庭变故，芬娘自尽，良娘精神失常，庶舅舅将已经精神失常的良娘送到潘家，甩手不管自家的亲妹妹，强行让母亲接纳，自己扬长而去。

父亲去世，对潘家铮的打击有多大！除了顿失父爱，还从父亲那里接下一个支离破败的家——身患重病的母亲，精神失常的兄长与姨母，还有正在上学的三弟，1942 出生的小妹妹家英刚刚 6 虚岁，正读小学，老的老，小的小，病的病，弱的弱。漫说是一个还没有足够生存经验的 19 岁的年轻人，就是一个壮年人挑起这副重担需要怎样的毅力？

19 岁的潘家铮必须把这个家撑起来，没有人能替代他。

潘家铮突然觉得，他长大了。

58　参见《春梦秋云录——浮生散记》（第二版），潘家铮著，中国水利水电出版社，2000.12，第 85 页。

"实科"与"饭碗"

1946 年 12 月初，浙江大学新生报到，潘家铮进入浙江大学工学院航空工程系学习。

航空工程系，包括航空工程，对潘家铮而言，除了感到新奇之外，其实并没有太多的了解。也难怪，浙江大学航空工程专业 1944 年招收首届学生，1945年才正式成立航空工程系。

系主任范绪箕先生，1946 年也就 32 岁，1935 年毕业于东北工业大学，1936年留学美国加利福尼亚理工学院，攻读机械和航空工程，第二年获机械工程硕士学位，第三年获航空工程硕士学位。1940 年，在世界杰出科学家冯·卡门指导下获航空工程博士学位。冯·卡门后来还是钱学森的导师。[59]

毕业后，范绪箕回国。他冒着生命危险，绕道香港，历尽千辛万苦，到当时已经西迁遵义的浙江大学机械系任副教授。1942 年应聘到航空研究院任研究员。1943 年来到昆明，受聘于清华大学航空研究所任教授。1945 年，范绪箕再次应聘为浙江大学教授，创建浙江大学航空工程系，并任系主任，主持建成 3英寸低风速风洞实验室。

范绪箕是中国航空航天教育事业的奠基性人物，20 世纪 50 年代，全国院系调整，范绪箕调离浙江大学，任华东航空学院教务长、副院长，南京航空学院副院长，上海交通大学副校长、校长，直至退休。2013 年 11 月，这位航空界的老人度过他的百岁生日。

如果不出意外，在这样的老师指导之下，潘家铮或许在日后会成为一名出色的飞机设计师。因为他已经对摆放在实验室里的两个飞机头发生了浓厚的兴趣。

可惜，这中间出了一点小意外。

在航空工程系学习渐入佳境，1947 年暑期，他在《东南日报》上面读到一则小花边，称一位留学英国回来的航空博士，因回国之后就业无门，贫病交加，最后饮恨自杀。他看了之后，顿时倒吸了一口冷气。此时，他已经深深地体味

59　参见《中国科学技术专家传略·工程技术编·航空航天卷 1》，中国科学技术协会编，国防工业出版社，1999.8，第 140-141 页。

到，父亲当年阻止他报考"没用"的中文系，而让他学一门能顾及儿女家庭生计的"实科"的重要性。他就思谋，且不说以自己目前的情况，能读到博士是一件多么奢侈的事情，而人家一个留英的航空博士都没办法养活自己，何况自己是读博无望的人呢？

航空博士尚且自杀，这航空系是断断读不得的。读什么？当然不能离开"实科"，他下决心学一门饭碗有着落的专业。

当年国立浙江大学关于转院转系的规定相对要宽泛得多。

《国立浙江大学学则》第二章"转院转系"规定，本大学学生修毕第一学年后，欲转院或转系时，依下列之规定办理。

第一条规定："申请转院或转系，以一次为限，转院限于第二年级开始以前，转系限于第三年级开始以前，如已逾规定年级，而转院转系时，应分别退至二年级或三年级肄业。"

也就是说，从一个学院转到另一学院，需要修满一年课程之后，而同院转系，则可以修满一到两年，条件相对宽泛一些。

他听同学说，要转就转到土木工程系去，土木系是浙大老底子，师资雄厚。土木系创办人吴钟伟，字馥初，早年毕业于南洋大学（上海交大前身），后赴美留学，获康奈尔大学土木工程硕士学位，回国后曾任教于河海大学和中央大学，1927年浙大创建土木系即任系主任，直到1949年卸任，前后达10余年，是浙大的元老之一，颇多建筑技术与管理著述，是中国现代建筑学理论的奠基人之一。学生跟着他不会吃亏。而土木系的课程，都很实用。

浙大工学院一年级的课程都差不多，计有国文、英文、微积分、物理、物理实验、化学、化学实验、工场实习、投影几何、机械画等10门功课，共40学分。

二年级开始专业课学习，土木系二年级的课程为工程材料、机动学、平面测量、微分方程、应用力学、经济学、工程制图、材料力学、热机学、地质学、最小二乘方、水力学等12门必修课，共40学分。

三年级，大地测量、结构学、钢筋混凝土学、道理工程、电工学、水文学、材料试验、结构计划、电工实习、铁道工程、铁道测量、土石结构学、钢筋混凝土计划、暑期野外测量等14门必修课，共37学分。

四年级，结构学、杂志报告、河工学、水工设计、工程契约及规范、房屋建筑、水利工程等7门必修课，共16学分。选修课可能更对潘家铮的胃口，计有论文、铁道经济、土壤力学、高等水力学、都市给水、运河工程、海港工程、弹性力学、污水工程、河工设计、灌溉工程、高等结构、钢筋混凝土计划，钢筋混凝土拱桥计划、钢桥、铁道管理、水力机械、水工设计等18门，共48学分，每年级上、下学期选修没有一定之规，以补充必修课学分之不足。[60]

土木系所设课程，胜在与"实科"相关。只要关涉建筑的地方，都不愁找不到一碗饭吃。别人告诉潘家铮，学这一专业，最不济也可以修马桶搞排污，出路不是一般的宽泛。潘家铮怦然心动，决定转系。

这个时候，好多同学可能也是受了航空博士自杀的影响，有不少人都在动转系的心思，潘家铮索了一张转系申请单，要求转到土木工程系。

转系需要系主任签字，事到临头，潘家铮有些犹豫。一来，放在工厂里的那两个飞机头着实诱人，正待搞清究竟，二来，这么多人到系主任那里转系，对系主任范绪箕先生而言，肯定是脸上无光，自己再凑这个热闹，是不是有些不厚道？但转念一想，当初自己视为命根子的唐诗宋词尚可放弃，转个系也算不得什么。

到了范绪箕教授办公室门口，又有些忐忑，到底进还是不进？正在犹豫之际，范教授偏偏开门出来，见他站在那里，问他有什么事？潘家铮慌忙将申请表藏在身后。

范教授已经料到七分，问他：是来转系的吗？

范教授满脸不快，潘家铮鼓足勇气才低声说是。范教授倒不为难他，将他叫回办公室，他还以为会挽留他一下，谁知道范教授将申请书要过来看也不看就签了字，掷还与他。这倒让潘家铮不好意思起来，想将自己转系的原因陈述一番，但哪里还能开得了口？只得灰溜溜逃出系主任办公室回到宿舍。

浙大航空系在1946年招生算是最多的一届。1944年首届招生仅9人，1945年10人。到1947年第二学期注册报到，也就是潘家铮他们那一届学生，还剩

---

60 参见《国立浙江大学要览》，民国三十七年编。另参见《遵义浙大西迁大本营》，政协遵义市花岗区委员会编，2011.10。

15 人，到 1947 年招生人数锐减，仅剩下 8 人。[61]

转系为了将来的生计，事实上，哪一个系也不弱。此时的浙江大学已经由战前一所地方性大学化蛹成蝶，成为中国四所著名大学之一，四所大学分别是北京大学、清华大学、中央大学和浙江大学。潘家铮入学的 1946 年，是浙江大学 1949 年之前拥有学生最多的一个年份，达到 2171 名，而 1937 年因抗战爆发迁往内地时，全校学生才 512 名，是战前的将近 4 倍。

全校教授、副教授由战前的 70 名增至 217 名，其中有陈建功、苏步青、王淦昌、束星北、贝时璋、胡刚复、何增禄、谈家桢、蔡邦华、卢守耕、赵九章、吴耕民、夏鼐、吴荫麟、张其昀、谭其骧、费巩、梅光迪等在各学科享有盛誉的教授。浙江大学在抗战的隆隆炮声中没有解体和削弱，反而在艰难困苦中迅速崛起，端赖竺可桢校长全新的教育思想与办学理念，不仅是中国教育史，也是世界教育史的一个奇迹。

1946 年 9 月复员回到杭州，全校的教授名师云集。国民政府中央研究院 1948 年首批评选 81 名院士中，气象学家竺可桢、数学家苏步青、生物学家贝时璋等 4 名教授入选。而在 1955 年中国科学院第一批学部委员中，1949 年之前的浙江大学教授占到 24 名，加上 1980 年第二批中科院学部委员，1949 年之前的浙江大学教授占到 47 名。

就是 1949 年之前浙江大学毕业和肄业的学生，包括潘家铮在内，共有 41 名成为中国科学院和中国工程院院士。除此之外，还有像李政道这样早年毕业于浙江大学在海外科学家。潘家铮在 1980 年即遴选为中国科学院学部委员，1994 年被选为中国工程院首批院士并担任副院长。

星河灿烂，群贤毕至。设想一下，如果少了浙江大学，1949 年前中国科学与文化的天空是不是会塌陷很大一块？

以潘家铮的资质与好学，在这所大学里，不论读什么专业都不会差。

1948 年暑期，新一届学生毕业，航空工程系的毕业生全部进了"航空委员会"，去向都非常之好，而土木系毕业的学生倒有不少教书或者干脆回原籍去了。这让潘家铮尴尬万分，再转回去吧，不可能。一则，两个系的课程已经大不相

---

61 参见《国立浙江大学三十六年第二学期注册人数统计表》，收入《国立浙江大学要览》，民国三十七年编。

同，二则学校明文规定，如果逾期转系，需要退一级重读一年，这对于潘家铮这个穷学生而言，简直不可想象，只能死心塌地在土木系继续学下去。

功课对于他而言不成问题，早在上大学之前就已经自修到微积分的程度，而且长期养成的自学习惯，任何新知识新挑战都对他有着无穷的吸引力。

然而就在这一年，他的经济状况突然出了问题。

他在入学时，考取的是公费生。

所谓公费生，是国民政府为保证战时教育发展特别推出的一项政策。1938年2月，教育部颁布《公立专科以上学校战区学生贷金暂行办法》，规定公立专科以上学校学生家在战区，费用来源断绝，经确切证明必须救济者，得向所在学校申请贷金。起初，贷金的数额颇为可观，全额可贷8到10元，半额可贷4到5元，西南联大得到贷金的学生每星期还可以吃到鸡和鱼。这种贷金制度持续到1943年。其时物价飞涨，法币贬值，"即令偿还，等于不还"，于是将贷金制度改为公费制度。规定公费生分为两种，甲种免膳食费，并补助其他费用，乙种免膳食费。1945年公费生覆盖面已经非常之广，改订后的《战时国立中等以上学校及省立专科以上学校学生给予公费办法》，入学新生40%发给全公费，40%学生发给半公费。公费生待遇，分食米与副食两项，具体数目视各地物价而异。

到1947年是一个什么情况呢？在全国性的"反内战、反饥饿"浪潮中，教育部长朱家骅于5月18日有一个书面谈话：

……公费原为两部分，每人每月食米二斗三升，均照当地市价发给，不受涨价影响。另副食费照公教人员生活补助费七分之一计算。此次公教人员待遇调整后，如京沪区公费生，除食米二斗三升外，副食费已由每月二万四千元增为四万八千元，其他各地亦均照规定增加。[62]

公费制度本身并没有问题，问题出在法币系统全面崩溃。

为了支付内战庞大的战争开支，国民党当局疯狂滥发纸币，导致恶性通货

62　参见《反饥饿反内战运动资料汇编》，中共北京委员史研究室编，北京大学出版社，1992.4，第571页。

膨胀。1945 年抗战胜利，杭州糙米市价为每石 1700 多元，到了 1946 年 1 月，每石突破万元大关，到 1947 年 1 月，已经涨到 5 万多元，5 月初，更是连翻两番，跳涨至每石 16 万多元。用老百姓的话说，是票子"毛"得像手纸一样。对于公费大学生，食米补助尚可支撑，副食补助捉襟见肘，一个月副食补助只够买两根半油条。[63]

不管怎么说，公费补助虽然一天毛过一天，但二斗三升粮食对潘家铮的景况而言，帮助不能说小，如果没有这笔补助，潘家铮是无论如何都不敢进大学来注册的。初入大学两年，潘家铮当然省吃俭用，课余在学校的讲义股兼职刻蜡版挣一些钱，是谓"工读"。

"工读"不是随便哪一个人都可以做的，名额有限，需要学校允准。

刻写蜡版，熟门熟路，他在九莲寺的舜阳中学干的就是这个。刻写蜡版已经有相当的功夫，潘家铮到老都写一手工工整整的仿宋字，这显然来自年轻时这种训练。这样，每个月还可以攒一些钱寄回家去，供母亲平日零用，同时供弟弟和妹妹上学。

家里的情况很糟糕，母亲更辛苦，两个精神病人，两个上学的孩子，全靠母亲一个人照顾了。生计应该还不成问题，父亲在抗战时期，曾经买了几十亩"口粮田"。买房置地，是中国人千年不曾稍改的财产观念，父亲也不例外。父亲去世之后，不成器的庶舅舅强夺去 10 亩，加上祖遗的 16 亩，潘家名下还有 68 亩多"口粮田"供全家日常食用开支，若是平常，维持一个平常人家的日月也还宽裕，只是，那样一个风雨飘摇的家，又是病人的药费，又是孩子的学费，窘迫之状可想而知。

这样，潘家铮有公费生待遇，对他十分重要。

就在转系到土木系当年暑期，潘家铮的公费生资格被剥夺了。

不知道是出于同学情谊，还是自恃才高，他居然代同学补考，当场被捉。

浙江大学对考场传递答案和抢替考试处分非常严厉，要将双方作除名处理。对潘家铮处理倒还算网开一面，但处分还是相当严厉的，留校察看，剥夺

63　参见《一本书读懂民国》，朱汉国、宋亚文等著，中华书局，2011.7，第 159 页。另参见《民国浙江史研究系列·民国史论丛》（第 4 辑），袁成毅等著，中国社会科学出版社，2012.3，第 149–150 页。

公费生权利和工读权利，连刻写蜡版的差使也丢掉了。

屋漏偏遇连阴雨，这等于将潘家铮逼到了绝境。

那一个暑期是怎么样度过的？潘家铮在文字里没有留下只言片语，事实上也没有什么可说的，就是一个简单的违纪事件。自己把自己搞得狼狈不堪，心灰意冷。学校处理虽算是网开一面，就他的情况而言，没有了公费补助，又不能工读助学，这个书是没办法读下去了。他已经想好退学，回乡下重操旧业去做小学教师。

这时候，有一个人知道了他的情况，及时伸出援助之手。

这就是他的老师钱令希先生。

当时钱先生虽是教授，但是物价上升，法币系统崩溃，他的工资也没有多少。钱先生从别人那里听说潘家铮这个学生有退学回乡教书的想法，竭力劝阻，从工资里挤出一些钱来接济在绝境中的潘家铮，而且一直到毕业参加工作，钱先生还不断资助这位得意门生。

2009年，钱先生去世，潘家铮念念不忘钱先生对他的恩情。他向夫人许以民说起当年钱先生对他的帮助，感激之情溢于言表，夫人听着，不禁潸然泪下。

潘家铮说，没有钱先生，是没有我今天的。

当然，他指的远不止是生活上的资助，钱令希实际上还是潘家铮走向科学研究的重要引路人。

浙大风云中的"中正诗人"

父亲去世，潘家铮揩干眼泪进入大学。

进入大学之后，他为自己制订了一个长期的学习计划，因为他清楚地知道，自己这一个仅有初二肄业水平的学生进入大学，有太多的知识欠缺，不发愤努力不可能顺利完成大学学业。过去还有父亲关心他，爱护他，处处为他着想，现在，一切都得靠他一个人面对了。

但是，他很快便惊愕地发现，他要面对的还不仅仅是完全陌生的知识世界，还有完全陌生的环境，来自校园之外的冲击，一点也不比父亲去世给他的打击更小。

他入学的1946年12月，国共两党的内战已经全面爆发，抗战之后的国民党政权开始失去民心。较之喧闹而躁动的校园，过去清苦的小学校简直就是世外桃源。"山中方三日，世上已千年"，置身于大学校园中，他才发现自己的那份长期的学习计划来得十分幼稚，环境不允许他平静地埋头读书。他在《春梦秋云录》中谈到当时的心情：

> 走出乡村进入大学后，我才惊恐地发现自己的祖国竟然处在我难以想象悲惨境地。号称五强之一的中国，在国际地位上竟如此低下。抗战胜利被称为惨胜，而且继之而来的是全面内战。我心目中的正统政府竟和"昭和世界"一样黑暗与腐败，社会是如此的混乱、不公和贫困。这漫漫长夜何时才旦啊！我的一切美丽幻想像肥皂泡似的破灭了。我从失望到绝望，再也无法安心啃书本了。[64]

1946 年 12 月刚入学，他就赶上一场声势浩大的学潮。

1946 年 12 月 24 日，西方人过圣诞节的那一天，遥远的北平发生了震惊全国的"沈崇事件"。

这一事件迅速引发全国性的反美抗议运动，1946 年底到 1947 年初，全国规模的抗议美国暴行运动，北平、天津、上海、南京、开封、重庆、昆明、武汉、广州、杭州、苏州、台北等大、中城市先后暴发了抗议游行，参加人数达到 50 万以上。

浙江大学的抗议集会在 1947 年元旦那一天举行。当天，学生自治会在浙江大学明阳馆前集会，2000 多师生参加，群情激昂。下午三时，来自杭州数所大、中学生来到浙大，与浙大学生会合，走上街头，举行抗暴示威游行。

这时，航空工程系新生潘家铮还没有完全熟悉校园。

紧接着是全国性的"反内战、反饥饿"运动。

在浙江，从 1946 年 1 月石米突破万元大关，到 1947 年跳涨至 16 万元，本来富足的鱼米之乡，路有饿莩，野有遗骨，民间发生大规模的抢米风潮。1946 年 2 月到 1947 年 5 月，一年零三个月时间，就发生过两次，大街小巷 260 余家

64　参见《春梦秋云录——浮生散记》（第二版），潘家铮著，中国水利水电出版社，2000.12，第 86 页。

米店统统被砸。

1947 年 5 月 20 日，6000 名来自上海、苏州、浙江等地的学生代表与南京各校共 16 家大专院校的学生 6000 多人举行"挽救教育危机"的联合大游行，当局出动大批军、警、宪、特，在南京的珠江路口血洗了这次请愿活动，造成重伤学生 21 人，轻伤 97 人，逮捕 20 多人；同日，天津请愿学生亦有 50 多人受伤。是为现代学生运动著名的"五·二〇"事件。

浙江大学学生自治会于 5 月 24 日再集杭州省立医专、浙江艺专、之江大学、英士大学和杭州高中、浙大附中、杭州师范等大中专学校 3000 多人，联合举行"反饥饿、反内战、反迫害，抗议'五·二〇'事件血案大游行"。

1947 年 10 月 26 日，浙江大学学生自治会主席于子三等四人被当局逮捕，校长竺可桢多方营救未果。学生自治会决定，如果当局在 30 日仍不释放被捕学生，即举行全校罢课，但是，在 29 日，于子三被杀于浙江保安司令部监狱，时年 22 岁。

于子三，山东省牟平人，1925 年生，是比潘家铮大两岁的学长。1944 年考入浙江大学农艺系。1947 年元旦浙大"抗暴"运动中，他还是一个宣传员，他的演讲打动人心，开始引起大家的注意。"五·二〇"运动前夕，他被推举为浙大学生自治会主席，成为浙大学生领袖，也因此上了国民党特务的黑名单，进而被逮捕、杀害。

暴力和血腥就在身边，潘家铮本来想一心按照他的"长远学习计划"潜心学习，此刻如何能置身事外？不独潘家铮，就是浙大校园内平素从来不过问政治的教授也坐不住了，全体教授罢教，全体讲师助教罢教，这在浙江大学的历史上是从来没有过的。

浙大物理系教授束星北先生，向来不赞同学生爱国民主运动，对共产党也不了解。于子三死后的第二天，1947 年 10 月 30 日，他第一个站起来号召浙大全体教授罢教，以抗议国民党当局杀害学生的暴行。在场 70 多名教授附议他的号召，以浙大教授会名义作出决议，为抗议于子三被杀，全体教授罢教一天，并发表宣言，谴责政府暴行，要求保障人权。

不仅束星北教授站出来，物理系的王淦昌，外文系的张君川，农学院的蔡邦华、刘潇然，工学院的杨耀德、钱令希，法学院的严仁赓，师范学院的俞子夷，音乐教授沈思岩，体育教授舒鸿等非常有名望的教授也都站了出来。[65]

于子三之死，迅速引发了一场波及全国二十多个大中城市、十五万学生参与的"于子三运动"，前后长达四个半月时间，是国民党政权在大陆崩溃前夜持续时间最长，也是最后一次大规模学生运动。

在接二连三的学生运动的风潮中，潘家铮投身其中，并且赢得了一个"中正诗人"的名头。潘家铮平时好舞文弄墨，笔头闲不下来，他参与学生运动的方式当然也就是写东西。好在，浙江大学有一个很好的传统，那就是壁报。这个壁报可能也是全国大学里坚持最久的。潘家铮在《春梦秋云录·中正诗人的由来》中说到这个壁报：

> 浙大有个较强有力的学生自治会，负责人多数是较进步的学生，也有少许地下党员。生活壁报是自治会办的墙报，其形式和后来的大字报有些相似，你可以写任何内容，具任何笔名。与大字报不同的只有一条，即作者要负文责。稿件必须投给自治会，统一登记编号后贴出，而且必须登记真实姓名。如果稿件内容失实、污蔑中伤，经人指控作者理屈，自治会就公布其真名。这种登记贴出的壁报谁也无权撕毁。当然，你也可以自行张贴，不过这就和自治会无涉，也不在保护之列。每一期壁报出来，照例是图文并茂琳琅满目，有的谈生活小事，有的议国家大局；有的讽刺影射，有的点名痛斥。所用纸张从白报纸、红绿纸到旧报纸甚至大草纸都有。在学潮期间，双方壁垒分明，尖刀拼搏，煞是好看。[66]

其实，这个壁报在浙江大学已经存在很久了，1940年，浙江大学还在贵州遵义办学，竺可桢起用敢于仗义执言的政治学教授、无党无派的费巩教授出任训导长。在费巩的主持之下，开办"生活壁报"，这个壁报，实际上是一个学生自由表达思想的论坛。费巩主张学校是治学问、育人才的地方，应该比较自由，

65　参见《黎明前的求是儿女——解放战争时期浙江大学的学生运动和进步团体》，中国青年出版社，2008.8。

66　参见《春梦秋云录——浮生散记》（第二版），潘家铮著，中国水利水电出版社，2000.12，第86-87页。

应该允许学习各种主义，包括三民主义、天主教义，当然也应该包括资本主义、共产主义。大学的训育长，本应该是一个控制学生思想、监控学生思想动态的角色，费巩却反其道而行之。积极保护和鼓励学生的言论自由。在他的任期之内，"生活壁报"不仅合法，而且逐渐制度化，支持稿件署名的保密制度和审查制度。学生会有权审查稿件，并且由壁报编辑负责对作者姓名保密。

浙大源远流长的民主自由传统，就体现在这个"生活壁报"上面，因此，浙江大学拥有"东方剑桥"之称的同时，又被人称为"民主堡垒"。

费巩教授于 1945 年被国民党当局绑架并杀害，杀害之后，被沉入锡水池中消尸灭迹。

1948 年，浙大学生自治会为纪念费巩教授，将"生活壁报"改为"费巩壁报"，一直坚持到 1949 年。[67]

潘家铮说的，就是这个"费巩壁报"。他在上面写了好多讽刺诗。他的这些讽刺诗大都借用民间茶肆小调的风格加以发挥，幽默诙谐，活泼生动，又十分辛辣。有讽刺当局禁锢言论的，有写学生和教授不堪物价跳涨导致生活艰辛的，有嘲讽蒋经国虚张声势"打老虎"以及国民政府总统选举乱象的，内容可谓丰富。

其中有一首姑且称之《中正调》，在同学中影响甚巨。其小序云：

诸公爱唱茶馆小调，有为匪张目之嫌，常蹈法网，危险滋甚。本诗人悲天悯人，欲普求众生，是以冥思苦索，得出良计，特将调中犯忌字样，一律以中正二字易之。如是，又不致伤在地之仁而得中和之气，国泰民安，岂不懿欤！

该小调剑走偏锋，读来令人喷饭，而所讽喻的对象却是一目了然的。

晚风吹来，天气中正，
东街的茶馆好中正呵，
瓜子壳儿中中正正中中正正吐哟，杯子碟儿中中正正中中正正响哟。

67　参见《费巩传——一个爱国民主教授的生与死》，正棠、玉如著，生活·读书·新知三联书店，1981.7。

有的谈心有的笑，有的谈国事有的就发中正，

只有那，茶馆老板最中正，

走上前来，中中正正说得妙，

诸位先生，生意承中正，

国事的意见，千万多中正，

谈起了国事容易发中正，

惹起了麻烦，你我都中正，

弄不好你去学中正，

我小小的菜馆贴上中正条，

哈哈哈哈哈哈哈哈哈满座都中正，

......[68]

作者用了一个笔名，就叫"中正诗人"。每一小调下面，都有一个小注，说明每一个"中正"其实是某一个犯忌的词儿。大家都心领神会。原来，这首《中正调》出笼之前，潘家铮还写过一首小调贴在"生活壁报"上，因为用词刻薄，引起当局的很大不满。此诗是：

晚风吹来天气燥，东街的茶馆很热闹，

杯子盘儿叮当叮当叮当叮当响唷，

瓜子壳儿噼里啪啦噼里啪啦吐哟，

有的谈天有的笑，有的谈国事有的就发牢骚。

只见那，菜馆的老板胆子小，走上前来，细声细语说得妙，

诸位先生，生意承关照，

这国事的意见，千万少发表；

谈起了国事容易发牢骚，

引起了麻烦，你我都糟糕；

弄不好你要坐监牢，

68　参见《春梦秋云录——浮生散记》(第二版)，潘家铮著，中国水利水电出版社，2000.12，第87页。

我这个小小的茶馆，贴上大封条。

哈哈哈哈哈哈哈哈满座大笑，

老板说话太蹊跷，[69]

……

这样子，"中正中正"一时成为同学们中间流行的一个口头语，见面寒暄，两句过来，就是"中正中正"，大家哈哈一笑。

——老郑，上礼拜借去的钱该还我了吧？

——啊哈，小王，中正中正了吧。

蒋总统的名字顿时成了一个意义含混、不着边际的词语被大家用来用去。"中正诗人"的名头也小小红过一段时间，只是谁都不知道，这个"中正诗人"是航空系的那个小个子。潘家铮也似乎并不在意别人知道不知道。

除《中正调》，潘家铮在壁报上还写过《教授苦》《竞选歌》《抬棺请愿歌》，以及讽刺将蒋经国上海"打虎"、描摹为饥饿所困扰的大学生活的小调，在壁报上颇有影响。

潘家铮在回忆到 1947 年起源于浙江大学的"于子三运动"时说，在学校，罢课的时间比上课的时间还长。的确如此。浙江大学复员杭州，校长竺可桢尚在美国访问，1947 年 5 月 25 日，他得知浙江大学还在罢课中，写道"真使人焦急"5 字。后来，他对 1947 年 4 月到 1948 年 4 月一年间的罢课过做一个统计，"共罢课五十五天，其中例假一天。星期日六天"。一年中罢课的时间竟达到 8 个星期之多，占到学期课时数的四分之一。

他回忆起大学生活，一半是激动，一半是矛盾。

就这样，学生运动从 1946 年起一浪接一浪地延伸到杭州解放前夕，这两年半的时间也是在罢课、复课、游行、示威、抗议、写壁报之中消逝掉了。浙大当局对学生运动的态度非常尴尬，既有同情与理解的一面，更多的是力求不扩大，也免影响学生学业和招致国民党政府使用暴力。一些好心肠的老师也尽

69　参见《春梦秋云录——浮生散记》(第二版)，潘家铮著，中国水利水电出版社，2000.12，第 88 页。

力来劝阻。有的老师诚恳地对我们说：你们要罢课示威，我也理解。但长此下去，总不是办法，还要不要毕业？尤其你们一年级生，入学已经迟了半年，再动辄罢课，将来怎么工作？其实，绝大多数学生——特别像我一样渴望读书求知的人，岂愿抛弃学业，实在是被迫啊。这"罢课示威"和"读书救国"的矛盾，一直困扰和折磨着我。我后来为自己定下一些原则：凡是自治会正式决议罢课的，我坚决执行，而且和破坏罢课的斗争到底，旗帜鲜明。自治会决定复课，我就不再起哄，认真听课，并抓紧机会做测量实习、材料试验、理化试验、水力试验等，努力补回丧失的时间……在罢课期间，我也抓紧时间选择重点进行自学和钻研。我把一些 reading course 撇在一边，在以后可以补习充实的也暂时放下，集中精力攻读一些基础性和应用基础性的课程，如数学、力学、弹性力学、流体力学、结构力学等等。所以听课时间虽少，还不致一无所获。好在在浙大自学，比在乡下要强上百倍，这里有藏书十万的大图书馆，有不少志同道合的同学，还可以在夜里上老师家求教。更重要的是浙大名师成群，又有悠久的"求是"学风，即使在大风大浪中此风也不坠。[70]

所谓"志同道合的同学"，指的是在参加学生自治会组织的示威、抗议、罢课行动之外，他还积极参加的学生社团活动。

据数学家谷超豪等人回忆，1948 年下半年，由留校担任助教的谷超豪、李文铸创建了一个"求是科学社"，潘家铮即参与其中。这是一个由浙大年轻教师与学生共同参加的一个课余学术社团，刚成立的时候有五六十人，后来发展到100 多人[71]。学社持续时间并不长，到解放军进入杭州之后，同学们纷纷参加工作而停止活动，但团结了不少志趣相投又有科学热情的同学，这些同学中包括潘家铮在内，有 6 位日后成为中国科学院学部委员。

学社持续时间尽管很短，还是做了一些事情。

学社每周为杭州《当代日报》科技副刊《大众科学》提供一次科普稿件，在校内则办"求是墙报"，介绍科学家生平与事迹、科学新著评介、普及最新技

70　参见《我的大学时代——献给一亿大中学生》，福建教育出版社，2010.7，第 66-67 页。

71　参见《黎明前的求是儿女——解放战争时期浙江大学的学生运动和进步团体》，中国青年出版社，2008.8，第 221 页。

术成就知识等等。组织社员学习新科学，以兴趣小组的形式研讨，有讲雷达的，有讲导弹的，有讲原子弹的，还有讲天文的，大家热烈讨论，最后由讲解人归纳总结。发展到后来，居然正儿八经组成一个天文小组，不时集体到房顶、山上去观察星象。除此之外，"求是科学社"还组织大家参观杭州电厂和华丰造纸厂，在造纸厂，大家看到堆积如山的法币和"金圆券"等待打浆回收，非常吃惊。[72]观天象的人群里曾经有过潘家铮的身影吗？

他很快就不能待在校园里了。

恩师钱令希及其他

像潘家铮这样一个聪明而好学的学生，任何一个老师遇到他不喜欢都不可能。一个人聪明，那是上天的眷顾，再加上勤奋和好学，你如果不喜欢他，简直是与老天爷过不去。

潘家铮成为钱令希教授的得意门生。

罢课归罢课，授课归授课。从集会回到课堂，教授们复又恢复严谨的教风与学风，一副处变不乱的从容镇定。这就是大学。

钱令希被誉为中国计算结构力学的奠基人和开拓者，在专业上颇多建树，为一代大家。但他更大的成就还是一位卓有成就的教育家。从浙江大学到大连理工大学，从普通教授到大学校长，一生中培养出 6 位院士，潘家铮是其中之一。

有必要宕开笔墨来介绍这位对潘家铮影响至深的恩师。

钱令希先生 1916 年生人，比潘家铮大 11 岁。钱先生是江苏省无锡人，乃兄钱临照是著名的物理学家，兄弟两人在 1955 年双双入选中国科学院学部委员。无锡啸傲泾北岸的钱家是著名的书香人家，钱氏一族，钱伟长、钱俊瑞、钱临照、钱令希、钱易，加上国民政府中央研究院院士钱穆，这个家族总共出过六位院士。

谈起钱临照、钱令希兄弟，后人总爱用"名人之后"来形容。其父钱伯圭是无锡当地有名的教育家，早年就读于上海南洋公学，也就是后来的上海交通

---

72 参见《黎明前的求是儿女——解放战争时期浙江大学的学生运动和进步团体》，中国青年出版社，2008.8，第 221 页。

大学，后回乡办育果小学。著名学者钱穆系钱伯圭的本家，曾就读于这所小学。钱伯圭先生对钱穆先生的学术思想形成产生过很大影响。

钱令希当时是土木系最年轻的教授，1946 年 30 岁。他和潘家铮师生两个还颇有些相近之处，潘家铮是初中还没有读完直接考上大学，钱令希则是初中只读了一年，就直接跳级考上高中。12 岁即入上海中法国立工学院高中学习。1936 年以中法国立工学院土木系第一名的成绩，获公费留学比利时布鲁塞尔自由大学，1938 年获得"最优等工程师"称号。抗战军兴，22 岁的钱令希返回祖国，参加缅甸铁路建设，在茅以升麾下工作。1940 应熊庆来校长邀请，到云南大学任教，这时他已经是一位极富实践经验的铁路建筑工程师。1943 年，受浙江大学工学院王国光院长邀请，任浙江大学土木系教授。浙江大学当时内迁贵州遵义，条件极端艰苦，就是在这里，钱令希完成了平生第一篇比较有分量的论文《悬索桥的近似分析》，此文在美国的《土木工程学报》发表，在大洋彼岸引起震动，1951 年获得美国土木工程学会结构力学的莫采夫（Moiseff）奖。只是当时抗美援朝战争进行正酣，他写信拒绝了该奖。不过，30 岁的钱令希从此奠定了他在国际结构力学界的学术地位。[73]

1946 年，浙江大学复员杭州，钱令希的重要学术著作《余能原理》已经完成初稿。这是一部力学研究扛鼎之作。在力学领域，德国学者恩赛于 1889 年提出"余能原理"，很长时间没人能够证明，钱令希从中发现了奥秘，证明了余能的变分不仅可以表达结构的变形协调，并且不受胡克定律的限制。

潘家铮同班同学胡海昌得到钱令希的悉心指导，开始钻研结构力学和弹性力学。特别是提前看到《余能原理》初稿，大受启发，不久钱令希将其刻印成册，馈赠给了学生，胡海昌以能量理论为核心，专心研究弹性力学。胡海昌毕业多年之后，提出了三类变量变分原理，奠定了力学界一项很重要的基本原理，成为国际力学界举足轻重的人物。他同潘家铮同于 1980 年被遴选为中国科学院学部委员。

潘家铮与胡海昌两位得意门生，是钱令希在浙江大学除了写出《余能原理》初稿之后的另外两个重要收获。

73　参见周建新撰《大音希声——记中国科学院院士、著名力学家钱令希》，收入《科技工作者纪事》（上），中国科学技术协会调研宣传部编，中国科学技术出版社，2011.5。

当年，钱令希开设了一门选修课——《高等结构力学》，听课的学生就两个人——胡海昌和潘家铮。可这并不影响他的教学热情。遇到学生提出有意义的新见解，钱令希或是把它吸收到教材中，或是鼓励他们把见解写出来发表。与"生活壁报"一样，钱令希的教学法也有浙江大学源远流长的"民主"光辉。

潘家铮数次著文怀念钱先生当年的恩泽，他谈到钱先生独树一帜的教学方法：

印象最深的就是老师那种以启发学生思考为主的教学方式。我自童年读百家姓开始到小学、中学，无日不在"先生满堂灌输、学生死记硬背"中度过，已经把这种模式认为天经地义。听了老师的课真有耳目一新的感受。老师开的是高等结构学，他在讲了枯燥和深奥的"柱比法"（一种分析拱结构的方法）后，话题一转："外国人的钢筋混凝土拱都是整体结构，不让开裂的，而中国人在几千年前就能用一块块的石头砌成一道拱，同样能承受极大的荷载，秘密在哪里？"还指示我们想一想"中国拱"上面回填的土和石起了什么作用？甚至指出大的石拱桥拱洞两侧常镶有一副石刻对联，可能起什么作用？他提醒我们：大自然会将一条悬挂的索链形成一条"悬链线"，使之处处受拉，如果翻个身就是处处受压的拱等等。一番话引得我遐思绵绵，而且悟出一条道理：一个不连续、柔软的结构，给它一些条件，会起到和刚性结构一样的作用，甚至更好！

老师讲理论从不脱离实际，实际上他是位创新意识极强的大工程师。他在修复浙赣铁路时，由于缺乏钢材就无前例地用木材建了座铁路大桥，用"钢圈接木器"解决木结构结点不能受拉的致命伤。他要引入一种新思路时总从身边的事谈起。譬如说，六角形蜂巢的底部由三块菱形片封底，菱形都有个固定的角度，蜜蜂为什么这么做？是否想用最少的材料得到最大的空间？又指出，人和动物的骨骼是中空的，为什么？空洞和骨壁厚度应该是个什么比最合适？以此把"优化"的概念引给我们。

钱老师打破了"先生讲、学生听"的模式，他让学生们上台讲自己的读书心得和研究成果，由大家评论。我还记得第一个上台的是胡海昌，讲了他创立的分析桁架的"通路法"。浙大的考试是出名的多而严，在考结构学时，同学们深以要硬记许多公式为苦，让我设计了一张卡片，把繁复的公式和解法都录在上面，并推我们几个人去老师家串门游说，让他允许我们把卡片带去应考。这简直有些"开卷考试"的味道，我怕老师不会同意，就说卡片上只写了少数公式。老师听后欣然同意，显然他认为让学生减少些死记硬背，把精力放在思考问题上更为有益。当他看了那张卡片后不禁呵呵大笑说："你们把所有公式都写上去了嘛"。当他得知这卡片是我设计的，又意味深长地说："实际上，最得益的是潘家铮，他倒用不着带卡片了！"

那时，还缺乏中文的超静定结构教材，只有几本英文参考书。老师计划自编一本讲义，他破天荒地让胡海昌和我把那几本英文书读完后拟出讲义的初稿来。这当然不是认为我们有资格写，而是要看看学生们在学习这门课时难点是什么，想的是什么，这种做法在学校里都是少见的，对我来说真是受惠终生。从老师学，所得的不是以听了几小时的课，读了几本书所能衡量的，真是春风化雨，润物无声。遗憾的是，时间已过去近 60 年，至今许多学校里还在盛行填鸭式教育。我想，人们称钱老师为科学家、工程学家外，并称之为教育家是有深意的。[74]

钱令希的高等结构力学课，修满之后计学分 4 学分，浙江大学档案馆资料显示，潘家铮修满这门课得 90 分，计 4 学分。

1950 年，潘家铮参加工作，那时候，钱令希从浙江大学调往大连理工学院，每遇到重大技术难题，曾不止一次不远千里赶到大连，让老师帮助解决，利用大连理工学院的实验室做模拟实验。2004 年，应钱令希教授邀请，潘家铮专程赴大连理工大学做关于三峡工程的报告，老师甚是欣喜。

1951 年，钱令希先生的《超静定与静定结构学》出版。他在前言中谈道：

……假定这书尚有可取之处，那么多年来，浙大的同事们和同学们在教学中，反映和提示的意见，是最应该感谢的，尤其是有两位同学必须在这里一提，那是胡海昌君（现在科学院数学研究所工作）和潘家铮君（现在燃料工业部工作）。他们在学校的时候，对这门功课喜爱而努力，曾经常地提供很多宝贵的意

---

74 参见《力学与工程应用——庆贺钱令希院士九十寿辰》，林家浩主编，大连理工大学出版社，2006.7，第 271-272 页。

见，不论是在教材内容和教学方法上，使我更接近了读者的思想。还有乐秀文、潘家铮和葛维堡诸同学，在公余之暇非常认真地为本书作抄写和描图的工作，是一并应该致谢的。[75]

师生之谊，跃然纸上。

除了钱令希之外，潘家铮印象深刻的还有教弹性力学课的张福范教授、教水力发电的汪胡桢教授。

张福范教授 1941 年毕业于浙江大学，后至美国斯坦福大学留学，1948 年取得硕士学位，并获得工程师资格。同年回母校浙江大学任副教授。他于 20 世纪 50 年代主编完成中国第一部材料力学教科书。后长期任教于清华大学，直至 1989 年逝世。

而汪胡桢教授不仅是潘家铮的授业恩师，这位中国水电界的老前辈，1950 年之后一度曾是潘家铮的直接上级。汪胡桢 1917 年于南京河海工程专门学校毕业之后，1923 年获美国康奈尔大学土木工程硕士学位。抗战时期，他卖掉房子支付稿费和出版费用，出版由他主编的《中国工程师手册》，这是中国第一部大型土木工程工具书。1949 年之后，汪胡桢主持修建了中国第一座大型连拱坝工程——佛子岭连拱坝，解决了一系列连拱坝抗震高计算难题。接着，又主持兴建了当时世界上最高的连拱坝——梅山水库大坝，中国的连拱坝筑坝技术达到了世界先进水平。

潘家铮转入土木系之后，与汪胡桢先生的儿子是同班同学。1948 年的暑期，他们这一届学生随汪胡桢到浙江陈文港海塘工程工地去实习。这一段短暂的实习经历，在潘家铮的人生经历中可能只能占到短短的几十个字，不过，这却是他平生第一次的水利工程实践。关于水利建筑过程中的问题，从那个时候起就一个一个送到他面前，需要面对，需要搞清，需要求解。

陈文港海塘工程是一个什么样的工程呢？

今天看来，这个工程与 60 年之后潘家铮参与技术咨询建设的绍兴曹娥江大闸巨型工程相比，简直不可同日而语。可是，包括陈文港海塘工程在内的钱

75　参见《超静定与静定结构学（技术卷）》，钱令希著，科学出版社，2011.8，上卷序言。

塘江河口海塘工程困扰了沿江两岸有上千年的历史，直到汪胡桢他们这一代现代水利工程师运用现代建筑技术，情况才有所改观。

潘家铮在陈文港海塘工程注意到一个让他探索了半辈子的问题，那就是软土滑坡。软土失稳滑动在海塘建设过程中经常发生，千百年来一直没有彻底解决，是困扰水利工程的一个大问题。辛苦修建起来的斜坡塘连同其下的桩基在顷刻间滑移，变得面目全非。潘家铮当时遇到的滑坡规模想来不小，使他惊叹于自然的伟力。这样，他才开始攻读土力学和极限分析理论。

当时浙江大学副教授钱家欢也在场，在大学的时候，钱家欢与还是学生的潘家铮合译有 Paul Andersen 著《基础工程学》和美国劳斯（H.Rouse）著《初等流体力学》两本书，两册书分别于 1951 年和 1953 年由中国科学图书仪器公司出版。钱家欢在他的《土壤力学》著作中，曾将陈文港软土滑动当作典型案例来分析。

这是潘家铮头一次走出校园接触实际，他将之视为工程技术生涯的第一步。不过，校园之外还有更大的机会等着他。

正如潘家铮所言，他的大学生涯实际上并没有读多少书，没有读多少书是因为读书时间太短，除了接二连三的学潮罢课之外，就是国共两党内战接近尾声，全国形势变化之快出人意料。1949 年 5 月，解放军进入杭州城，以林乎加、林亦夫为首的军管会接管浙江大学。竺可桢校长北调另有任用，校长由马寅初先生接任。

1949 年 5 月，刚结束大三学业的潘家铮就离开校园，参加解放战争的支前工作。先参加修复宁波至穿山的公路，后再修复宁波至奉化的康岭大桥，后又参加嘉兴军用机场，任测量组组长。修复工作甚是出色，解放军甚至让潘家铮从此留下来。他谢绝了。嘉兴军用机场修复完毕，潘家铮要返校，不禁感慨，进入浙江大学报的是航空系，没想到大学生涯结束也在飞机场，这倒真是巧合。

解放军到浙江大学求援希望土木系学生帮助支前的时候，完全是自愿报名，潘家铮当时心里也很矛盾，一方面毕业仅有一年时间，他渴望在宁静的校园里完成学业，但他又迫切想走出校门，"支前"心切，最后一咬牙报了名。岂知这一脚迈出校门，前后竟长达一年时间。一年之后返回校园，已经是 1950 年的 8 月，就正式毕业了。

康岭大桥建于 1934 年，横跨剡溪，北通宁波，南达金华，为浙东重要津梁。1941 年，日军占领奉化，在桥头两侧修筑碉堡。1949 年国民党军队南撤，将该桥炸毁。康岭大桥为钢铁桁架桥，下有两座桥墩。修复过程中，潘家铮总结研发出一套桁架变位的快速数解法，并写出平生第一篇学术论文《桁架变位的几何解法》，发表于 1951 年《工程建设》第 14 期。

大桥修复之后，一直在剡溪上挺立了整整 60 年。2009 年 8 月 9 日，莫拉克台风登陆浙东沿海，这座年久失修的桁架桥被洪水冲毁。两座桥墩被洪水冲走之后，甩到岸边的钢铁桁架依然完整。

大学毕业，钱令希先生本来想推荐潘家铮和胡海昌两位得意门生北上北京，跟随本家钱伟长教授深造，从事研究工作。钱教授怎么不知道潘家铮的具体困难？一个破碎的家庭还等待着他照料，他的负担并没有因为进入新时代而稍有减轻，相反更重了，哪里能够放飞自己的梦想远走他乡？

其时，钱令希正在筹备调往刚刚组建的大连工学院，本来可以带潘家铮一起去，最后只能作罢。潘家铮甚是苦闷，曾写了一首诗：

冰川万里马蹄前，塞外风光别有天。三月桃花飞雪和，边疆春色胜江浙。嗟余空负济时才，枯守家园意欲灰。强作欢颜驱怨苦，平生抱负向谁吐。镜中形影望秋零，壮志难酬两鬓星。倚遍阑干人不语，一声叹罢泪如雨。[76]

这样，经钱教授推荐，潘家铮到了位于杭州的钱塘江水电勘测处参加工作。

离校那一天，天空下着蒙蒙细雨，潘家铮一手抱着小行李卷，一手提着破书箱，坐着三轮车离开宿舍，穿过校园，出了校门。他不由回头一望，无限留恋，眼泪流了下来。在车子上，他吟了一首诗：

弹指韶华急急流，四年幻梦记从头。棋翻楚汉沧桑变，潮卷钱塘海月秋。武岭烟云已缥纱，南湖风雨更清幽。而从只悔读书少，欲去彷徨不可留。[77]

76　参见《我的大学时代——献给一亿大中学生》，福建教育出版社，2010.7，第 70 页。

77　参见《我的大学时代——献给一亿大中学生》，福建教育出版社，2010.7，第 71 页。

潘家铮传

第四章
钱塘江水电勘测处及其训练

"公家人"

1950 年 8 月，潘家铮来到钱塘江水电勘测处报到。

说起来，这个勘测处的处长，也是浙大土木系的老学长，他的名字叫徐洽时。徐洽时于 1934 年浙江大学毕业，1937 年获得美国康奈尔大学土木工程硕士学位，回国之后，长期供职于国民政府资源委员会，是中国第一代水电专家。

他是潘家铮的第一个上级。

处里忽然来了一位年轻人，处里的几位老先生以为是军管处派来的一位年轻"积极分子"，一开始大家对他表面上客客气气，心里则怀有十二分戒心，说话处处小心，学习会上还半通不通讲一通当下流行的革命话语。后来才发现，这个新来的小个子，原来是新毕业的大学生，并不什么"积极分子"，很快就熟络起来，说话也随便得多，相处十分融洽。

进入钱塘江水电勘测处，其实还不意味着潘家铮就对水电这一行业有多少真正的了解和理解，更不用说兴趣。倒是他报到的这个单位颇具喜感，大约也因为这个，处里的老工程师们才会对他产生刚来时那样的误会。

这个单位，连管大门的以及女佣人都算上也不上二十个人。按照今天的标准，不仅够不上"地师级""县团级"，恐怕连个"连排级"也勉强。原来，在国民党政府的资源委员会下，设有一个"全国水力发电总处"，钱塘江勘测处则是"总处"下面的一个勘测单位，专门勘测钱塘江的水力资源，做点水文观测和地形测量工作。虽说"总处"仿效美国 TVA 的模式，拟有一个CVA 的计划，天晓得猴年马月能实施。因此勘测处生意清淡，门可罗雀。听说杭州解放时军管会还不知道有这么一个小单位，迟迟无人接收。大家慌了手脚，只好毛遂自荐地请求接收了。还听说来接收的军代表也弄不清这是个什么性质的机构，是否应接"俘获人员"处理？最后，总算成为隶属于燃料工业部下的一个小处，一切人员照留。[78]

---

78 参见《春梦秋云录——浮生散记》（第二版），潘家铮著，中国水利水电出版社，2000.12，第 97-98 页。

这也只能是跟单位同事熟络之后听来的事情，可说是一份充满自嘲的"民间语文"，道的却是实情。

钱塘江水电勘测处这样一个尴尬角色，实则反映着水力发电在当时中国的尴尬处境。剃头挑子一头热，里面雄心勃勃，气吞万里如虎，大门外则花开花落两由之，谁都不知道这里头是些什么人。

关于"请求接收"，当事人徐洽时先生有一个回忆，具体过程是这样的。

1949 年 5 月 3 日杭州解放。5 月 6 日，杭州市军管会副主任兼财经部长汪道涵同志即通过地下党员召见我们资源委员会在杭州办公的长兴煤矿公司总经理张耀曾、吴京，钱塘江水力发电勘测处主任徐洽时，杭州市石油公司总经理薛璋和杭州资源委员会无线电台台长张震等五人。我们五人即把各单位的人员名册和资源档案、仪器设备清册面呈，要求接管。南京解放前夕，资源委员会主任孙越崎先生就秘密开会布置所属各单位要妥善保护好人员，资料，档案，仪器设备，迎接解放，并向各单位发放了应变经费，以维持全体职工在过渡时期的生活。汪道涵主任对我们保护好各单位人员，资料、档案，仪器设备完整安全交接，勉励有加。并指示浙江的水电和煤炭开发大有可为，应继续努力工作……[79]

被接收之后没有多久，这个机构的归属最终明确下来。

同年 10 月，汪道涵同志调任华东军政委员会工业部长。由于钱塘江的开发不限于向浙江供电，关系到江浙沪三省市。钱塘江水力发电勘测处即上收由华东军政委员会工业部领导，省内亦改由省工矿厅归口管理。10 月 12 日，顾德欢同志负责工矿厅工作。他于 22 日即到钱塘江水力发电勘测处视察、指示工作。汪道涵同志调华东以后，张劲夫同志调任省财经委员会主任。后来顾德欢同志调任省财经委主任和副省长时，对钱塘江水力发电勘测处和浙江省的水力发电工程，一直都十分关心和大力支持。1950 年中央燃料工业部成立后，钱塘

---

79 参见《城市的接管与社会改造——浙江（杭州）卷》，中共浙江省委党史研究室、中共杭州党史研究室编，当代中国出版社，1996.4，第 385 页。

江水力发电勘测处又上收由中央燃料工业部领导。省内由工矿厅归口管理。[80]

潘家铮说按"俘获人员"处理云云，还不是开玩笑，是徐洽时等人要求接管之后发生的事情。不过，这个单位还真是有些来头的。证据之一，就是潘家铮发现，这个钱塘江水电勘测处的老先生们几乎都有不短的美国留学背景，或者有在美国垦务局实习的经历，是所谓"喝洋墨水"出身。

不管怎么说，潘家铮到这个新环境的时候，水电勘测处已经让军管会接收有些日子了。在这个充满喜感的地方，潘家铮，这位中国杰出的水电工程师和坝工专家将迈出他事业的第一步，同时也是坚实的第一步。

他听说，早在到来之前，他的名字已经出现在勘测处的花名册里。显然，这是钱令希老师为自己的学生考虑得周到，以免自己的学生一出校门就有生计之虞。

1948年，三弟潘家铭高中毕业。受母亲之托，潘家铮将父亲留在杭州的产业全部脱售，得了四五千元金圆券，才得以将父亲的灵柩运回绍兴与祖父母安葬。留下来的钱买了一根金条和一些小金块与首饰，剩下的钱就很快毛成一堆废纸了。

家铭高中毕业，考大学还需要潘家铮来张罗，先是考浙大，后来由潘家铮陪着到上海投考暨南大学，结果两所大学都未考上。三弟有一位同学，是一个国民党积极分子，介绍其进三青团办的青年干部补习班，潘家铮竭力劝阻，后来三弟就返回乡里靠收租来照顾那个破碎的家。1949年5月，潘家铭到杭州进入共产党办的干部学校，后来又考取浙江大学化工系，潘家铮甚为欣慰。然而，他的负担就更重了，弟弟的学费也需要他来负担。

此时，经历过鼎革巨变的潘家生计非常困难，尤其是母亲的病让潘家铮揪心。父亲去世之后，这个绍兴城里的平民之家也是风雨飘摇，全靠母亲一双柔弱的肩膀扛起来，其苦瘁非常人所能想象。恰逢江浙土改，乡下的土地全部被分掉，而绍兴城内又来了一个"房改"，马家台门又被街道办事处收走，潘家的日子是一落千丈，没有一点点进项了。

80　参见《城市的接管与社会改造——浙江（杭州）卷》，中共浙江省委党史研究室、中共杭州党史研究室编，当代中国出版社，1996.4，第385-386页。

母亲得的是淋巴结核导致的溃烂恶疾，腋下溃烂处可以伸进一只拳头，疼痛难耐，经常卧床呻吟。母亲病成那个样子，远在杭州上学的潘家铮不能躬身侍奉，也无法送母亲到医院去，竟然相信街头广告，到上海买一种很昂贵的"瘰疬丸"寄回去为母亲疗病，可是久不见效，而且是越来越严重。

母亲虽然出自绍兴薛氏望族，却是一个苦命人。

当初，祖父潘少华视外祖父薛朗轩为至交，私下里为父亲定下终身。母亲在 21 岁那一年被迎娶进潘家。但是祖父一个读书人，难免迂阔，显然对外祖父家里的情况知之甚少，甚至对外祖父这个"至交"也难说有多少了解。

外祖父一生中娶过四房太太，母亲系庶出，潘家铮到底也没有搞清楚母亲到底是外祖父家的第几个女儿，遑论外祖母的名姓，母亲的母亲在她三岁时去世。这个庶出的女儿在家里的地位简直与灶下婢奴无异。

除了那一个纨绔的"庶舅舅"之外，母亲在未嫁之前，还有一个"宜舅舅"，他倒是品行端良之辈，可惜娇生惯养，体质羸弱，不思饮食。母亲每天的任务就是侍候这位少爷进食参汤燕窝之类以进补。这哪里是一个轻松活儿？家里所买的燕窝，都是"毛燕"，满是细密的毛羽和脏物，吃一顿燕窝，需要拿出一整天时间来清理。如此，母亲为这一顿燕窝汤从早到晚没有停下手来时，稍有一点点差池，就遭到外祖父一通呵斥责骂。

在这样的封建大家庭里，重男轻女还是其次，母亲少小失去母爱，在这个家庭里又得不到半点亲情补偿。大台门里天井窄小，母亲度日如年般打发着自己灰色的童年与少女时光，经常以泪洗面，精神压抑，未嫁之前已经有癔症的端倪。

外祖父精于计算，急着要将这个不待见的姑娘早早出阁，于是就有了"莫逆缔亲"的"佳话"。只是这段"佳话"的当事人并不认可，父亲是接受"五四"思潮影响的年轻人，心里老大不痛快，只不敢违父命才走进洞房，两口子的感情淡得很。新婚未久，即赴南京就读，毕业之后在杭州就职，只在节假期才会回绍兴与家人团聚，结婚五六年之后才生下大哥。到 1932 年全家迁往杭州定居，夫妻两地分居长达 12 年之久了。

潘家铮在整理父亲遗物时发现有一个小册子上记有这样一句话：余婚后与妻感情不洽，故得子迟且愚，此余之过也！

父亲作如是想，母亲的心情能好到哪里去？在丈夫不在的日子里，上要侍奉公婆，下要照拂小姑幼子，每日里黎明即起，半夜才能安歇，一应家务让这个苦命的媳妇忙得团团转。

迁居杭州，算是有不短的五年平安融洽的岁月，接着抗战军兴，颠沛流离，先是婆婆、幼子在离乱中离世，后是长子在沦陷中精神失常。刚刚盼到抗战胜利光复，丈夫又暴病身故，遭亲弟弟夺产夺房的同时，又要收容精神失常的妹妹，这个破败的家压得她喘不过气来。

1950 年 9 月，潘家铮参加工作前夕回乡省亲，母亲卧床不起，潘家铮决定让她住院治疗。可是母亲住院，这个家怎么办？他要回杭州工作，不能总耗在家里，哥哥、弟弟和妹妹三个人，都是离不开母亲照拂的。

他遍求亲友，谁都不肯帮忙，这可愁坏了刚出校门的潘家铮。他坐在桥上愁得，跳河自尽的心都有。还是那位帮他料理父亲后事的邻家香娘，见潘家铮一个人蹲在桥塄上哭，忙问"二少爷"有什么心思。问明缘由，不胜唏嘘。

香娘再一次出手帮了他大忙，将兄长、妹妹两人接到她家里代为照顾，母亲才得以安心住院治疗。而且，兄长从此之后就住在香娘的家里，由香娘代为照料。母亲平日的善良结下的善缘，在这个时候真是有了福报。兄长在香娘家里一待直到 1956 年 31 岁时呕血去世，死后葬在香娘的坟旁。

潘家铮回到钱塘江水电勘测处上班，工资是 123 个"折实单位"。

所谓"折实单位"，是 1949 年中共在夺取城市之后实行的特殊"战时经济"政策，对政权建立之初打击投机倒把、平抑物价、保证金融稳定收到良好的效果。所谓"折实"，也就是以实物为计算标准的计算方式，它并不是一种货币形式，更接近于今天我们所说的"生活指数"。1949 年 6 月 20 日，中国人民银行杭州分行开办折实储蓄时，规定以中等白尖米 1 市升、菜油 1 市两、盐 1 市斤、12 磅龙头白细布 1 市尺等四种标准价格合并为一个折实单位储存。[81]

123 个"折实单位"，对于一个刚刚参加工作的小技术员来说，已经是不低的工资待遇了，而以"折实单位"发放工资，是结结实实的"公家人"待遇。这在他们那一届毕业的同学中间，算是最高的。

81　参见《1949 中国城市：五千年历史切面》，张鸿雁等著，东南大学出版社，2009.8，第 277 页。

潘家铮有了这份“公家人”待遇，生活有了保障。每个月，他都将工资的大部分寄回家乡，供母亲治病，同时供给香娘代为照顾兄长及弟妹的费用。潘家铮得以安心工作，并很快如鱼得水。

本来，到钱塘江水电勘测处报到，潘家铮也老大不情愿，想着先在这里混日子，挨过一段时间，再做打算的。而这个“折实单位”的俸禄倒还说得过去，总不能对不起这份报酬。

就这样，中国水电事业的大门在他的面前徐徐打开。

“水电前传”的最后一页

如果将中国水电发展史比作一本书，潘家铮就职的钱塘江水电勘测处应该算是1949年之前中国水电建设最后一个章节的最后一个段落，之后就该翻篇了。

相对于新中国百废待兴的其他工业发展，这一篇章翻得有些迟缓。

这个小小的单位，则恰恰是1949年之前中国水电建设倒叙的一个最佳切入点。

钱塘江水电勘测处，还是国民政府资源委员会（简称资委会）时期留下来的名称。1945年，国民政府资源委员会成立全国水力发电工程总处（简称水电总处），由资源委员会委员黄育贤担任主任，授少将军衔，总工程师为张光斗。

解放大军南渡，全国水力发电工程总处在南京设留守处，主任黄育贤则调任燃料工业部水电工程局局长，该局于1949年10月成立。国民政府时期留下来的水电勘测、设计、规划各机构还保存了一段时间。

潘家铮工作之后发现，钱塘江水力发电勘测处这个默默无闻的单位，竟然是旧中国非常庞大水电开发计划的一个茁壮枝杈。当年水电总处模仿美国TVA的模式，拟有一个CVA计划。1947年，水电工程处提议水电工程宜以开发中型水电站为主，于是资委会批准水电总处在全国成立包括岷江、黄河上游、资水、滃江、钱塘江、古田、华中共八个水电勘测处（队）。钱塘江水电勘测处为其中之一，负责钱塘江流域的水电工程规划、勘测、设计与开发。

TVA，为美国田纳西河流管理局的缩写。美国在经济大萧条期间，建立田纳西河流管理局，代表政府的河流管理和开发。在美国，除TVA之外，负责开发水电的机构尚有美国垦务局、美国陆军工程兵团。

CVA 计划，顾名思义，即为钱塘江开发计划。

而在 1947 年之前的一段时间之内，以开发三峡水力发电为龙头的中国水电风头甚健，先后派出 54 名工程师前往美国垦务局实习并参加三峡工程的设计工作，到 1946 年，由资源委员会组织的在美参与三峡工程工作的工程师达到 64 名。三峡工程已经箭在弦上，甚至为配合三峡工程，宜昌建市工作也紧锣密鼓地展开。只是，到 1947 年，内战爆发，初现轮廓的三峡水电开发项目戛然而止，在垦务局的中国工程师大部分回国，让中国工程师们兴奋了四年的三峡水电项目最后只能停留在图纸之上。

由此再往上溯，旧中国的水电虽非乏善可陈，然"起步晚，相对弱"却是事实。

距世界上第一座水电站——美国威斯康星水电站建成 20 年后，中国大陆第一座水电站，位于昆明滇池出口螳螂川的石龙坝水电站正式建成发电。1912 年 5 月 28 日，沿着滇池边上架设的中国第一条 23 千伏输变线路将电流源源不断输送到市区，西南边陲这座千年老城上空随暮色降临的暗夜被瞬间划破。

石龙坝水电站是个什么来头呢？

早在 1908 年，法国人以滇越铁路通车后需用电灯为由，向主管全省工商的劝业道提出要在石龙坝建设水电站，利用滇池之水发电。云南劝业道道员刘永祚拒绝了法国人的要求，倡议由云南省官商合办开发石龙坝水能资源。1909 年 10 月，刘永祚与云南省商会总理王鸿图磋商兴建石龙坝水电站。1910 年 3 月 10 日，耀龙电灯公司正式成立。经过美商慎昌洋行和德商礼和洋行竞争，礼和洋行获得承包权。根据合同，承包商负责引进从勘测、设计到建设、安装及管理等全部德国技术，并供应发送变电等所需的全部设备器材，电站及输、配、变电工程则在德国专家指导下，由中国工人自己建设。[82]

后几经扩建，到1944 年，这座号称中国第一座水电站的装机容量达到 2920 千瓦，在当时的技术与装备情况下，这样的小水电在中国大后方已经算是规模比较大的电站了。

82 参见杨承景原稿、杨树春整理《我国最早修建的水电站——石龙坝水电站》，收入《昆明文史资料集萃》第 4 卷，云南科技出版社，2009.12，第 2887 页。

石龙坝两台 240 千瓦水电机组在水流的激荡冲击之下欢唱旋转的那一天，距离武昌起义枪声响起仅 20 天。

也就是说，它落成的时间与辛亥革命同一年。

它点亮昆明城里上千盏电灯的那一天前溯半年，1912 年 1 月 1 日，清王朝最后一位皇帝在风雨飘摇中宣布逊位，孙中山在南京宣誓就任中华民国第一任临时大总统。

也就是说，它正式运营的时间与民国同年。

1925 年，中国人自行设计施工的四川泸县窝洞水电站建成发电。

1928 年，西藏拉萨市郊的夺底沟水电站建成发电。

1935 年，国民政府资源委员会成立。资委会组建水力勘测队，在浙江南部飞云江、四川岷江、青衣江、大渡河、马边河、龙溪河等地勘查水力资源，编制开发计划。1937 年 7 月，资委会成立四川龙溪河水力发电厂筹备处，随后在四川长寿县龙溪河上建立下硐水电站，自行设计建造一套 800 千瓦容量的水电机组，由政府组织的水电开发在这时才拉开序幕。

抗战军兴，西南成为大后方，为解决后方用电之需，资委会先后建成一些水力发电厂（站），均为小型水电站，规模最大的昆明发电厂也不过 6000 千瓦，这些水电站分布在四川、陕西、甘肃、青海、广西、浙江等后方根据地。

陈中熙在《资源委员会的电力事业》一文检讨总结抗战时期中国水电的情况时说："所办的电厂有 16 个单位，共计容量为 26975 千瓦。此数量不甚大，但当时范围已经遍及后方各省，比后方民营电厂的数量还多一些。并且本会 26975 千瓦中，有 24000 千瓦就是抗战时期建设的，其时民营方面，仅增 4000 千瓦，本会在万分困难中，确已尽了最大努力"[83]。

到 1949 年，加上日军侵华时修建的东北水丰、丰满和海南的东方等水电站，全国水电总装机容量也不过 16.3 万千瓦。水电占全国总发电量的 1%。

不可否认，抗战时期，资源委员会主导中国水电建设，培养和造就了一批水电专业技术专家和施工运行人员，再加上三峡计划中止，大部分工程技术人员从美国归来，他们构成日后新中国水电建设的技术班底。

83 此文收入《资源委员会公报》第 13 期第 5 卷，1947.11，第 70 页。

人才准备是一方面，前期资料收集与准备是另一方面。抗战之前，资源委员会设立的水力发电勘测总队到抗战胜利之前，先后勘测大后方 12 个省份的 65 条江河，勘测河道 90 多公里，初步确定坝址 189 处。

尽管如此，并不能改变中国水电还基本是一片空白的现实。到 1949 年，美国和欧洲许多国家已经建造百万千瓦级、200 米级高坝的水电站，建坝技术日臻完善，新技术不断涌现，中国的水电工程师徒怀一腔抱负，无论实践还是实绩，和先进发达的国家的差距何止万里。

这样，潘家铮身处钱塘江水电勘测处，其意义就绝不是 123 个"折实单位"那么简单。人生第一个上级徐洽时又是老派工程技术知识分子，对潘家铮还是不错。有钱令希的推荐，同时，这个小个子干起活来那股认真劲头很快博得徐洽时的欢心，所以，徐洽时先生对他很器重。

徐洽时，1910 年生人，大潘家铮 17 岁，1950 年正好 40 岁，正是喜欢干事同时也是喜欢干事年轻人的年纪。

潘家铮实际接触的第一个水电工程，其实也是钱塘江水电勘测处在 1949 年之后做的第一个工程，名叫湖海塘水电站。

这个水电站不说在今天，就是在当时的中国，装机容量也很难拿得出手，装机仅一台机组，不多不少 200 千瓦。

不过，这一工程虽然小，却在当时引起不小的轰动，引得当时浙江省委书记谭震林和副书记谭启龙都赶到现场参观。

徐洽时也是资委会的老资格的水电专家，1936 年赴美国康奈尔大学深造，主攻水利水电，学成归国，就职于资委会龙溪河水电工程处。抗战胜利，随资委会回迁南京，负责钱塘江水电工程处工作。至少对于浙省的水电开发而言，徐洽时确有筚路蓝缕之功。他带领钱塘江水电勘测处的人奔波于浙、皖、赣边界的崇山峻岭中，对钱塘江水力资源进行详细调查、勘测、规划。1948 年写出开发乌溪江和新安江的规划报告并上报政府。当时，江北的三大战役已经接近尾声，长江之上千帆林立，国民党政府自身难保，他的报告也如石沉大海，杳无音信。[84]

1949 年 10 月，刚刚完成"要求接管"不久，徐洽时便参加了华东工业部

84　参见《当代浙江研究》（第 3 辑），当代浙江研究所、浙江省当代史学会编，中共党史出版社，2006.7，第 354 页。

召开的华东地区工业会议。他在会上听说，国民政府资源委员会曾从美国进口若干套200千瓦水轮发电机组设备，此刻就静静地躺在华东工业部接管的仓库内，当即向当时主政华东工业的汪道涵要求调拨一套给浙江，用于金华湖海塘灌溉渠道上发电之用。经过审查，批准调拨。

利用金华县湖海塘灌溉渠道发电，还不在那个"CVA"计划里，只是顺手牵羊的一个项目。他这一建议，很快得到金华当地党委和政府的支持，进展得甚是顺利。1949年年底定下来，1950年3月就开了工。这对于处里喝过洋墨水、见识过美国胡佛大坝的专家而言，简直就是一个小得不能再小的小工段而已。

电站虽小，五脏俱全。坝高虽只有3米，老百姓一眼就能测出约一丈。坝前厂房必不可少，输水管路因为承压不高，全由木制，大家使出浑身解数精心设计，潘家铮也敲敲边鼓能描几张图。3月开工，9月就发电。200千瓦机组一开，整个金华都惊呆了。因为此前，供给金华县城的电力只有一座500千瓦的柴油发电机组，这座电站不喝油不吃煤，平白无故不到半年时间建成，多出200千瓦的电量，水还能发电？水居然能发电！[85]

在中国人的观念里，水火不能相容，是两种誓不两立的物质，现在，浪急涛涌，瞬即电光石火，的确神奇。

水电完全出乎人们的想象，于是金华轰动，浙省轰动。

电站装机容量小，宣传效果远大于其实际功用。第一个小水电站，如同一个画在画上的孩童，从图纸里跑出来，蹦蹦跳跳落到地面上，竟然引起如此巨大的震动，怕早已经出乎徐洽时的预期。而这，也恰恰是他的目的所在。

所以，刚刚参加工作的潘家铮，看到的是永远在忙碌奔波的徐老，他夹一个很大皮包，皮包里装着各个水电站的规划意见书，匆匆往来于勘测处与省工业厅之间，兜售他关于钱塘江流域水力发电开发的各种计划。潘家铮曾帮忙誊写过各种计划书，有《龙游灵山港水力发电计划书》，有《衢县黄坛口水力发电计划书》等，不一而足。计划书的笔法无一例外宗唐祖汉，读起来抑扬顿挫，结尾永远是这样的句子，"此处水力资源丰富，形势天成，不可多得，洵宜及早开发以利国计民生也"。

85　参见杨源时撰写《解放初期金华统战工作一些情况》，收入《金华文史资料》，浙江人民出版社，1990.9，第24—26页。

徐洽时争取省里立项，至少再能干一个装机 600 千瓦的灵山港电站，而像黄坛口那样装机容量 6000 千瓦、坝高 30 米的电站，不说政府主管部门，就是连他们自己也信心不足。

跑总比不跑强，徐洽时他们这新中国第一代水电专家心里怀揣了 20 多年"水电救国"理想并没有丝毫受挫，他们更相信新中国会给他们提供一展雄心的大舞台，于是才有这样的热情。

徐洽时到处游说的结果暂时还没有效果，勘测处只能帮助治淮委员会描些图纸，好歹大家手里有活。但也不能说没有结果，结果是在一段时间之内，大家开玩笑称勘测处应改名作"钱塘江水电宣传处"。

潘家铮倒不清闲，徐洽时像一位尽职的老师对待学生那样训练他，让他从水工建筑的基础做起，描图制图、水文内外业、测量内外业，直到计划书拟写、晒图和传达。这个流程，其实是一个水电技术人员必须做的基本功课。徐洽时对这位部下十分耐心要求严谨，连描图纸的裁剪布局、线条的粗细虚实都一一指导。

有一次，处里一位工程师让潘家铮晒了一张蓝图，这张图未经徐洽时许可，徐洽时发现后大为光火，狠狠将潘家铮训了一通。潘家铮知道，表面上是骂他，实际上是骂给那位工程师听的。在物资奇缺的年代，多晒一张图，意味着多大的浪费。

潘家铮一生写过上千万文字，每一篇文章，哪怕是一个会议的讲话稿，一笔一画一丝不苟，而且是标准的仿宋体。这种字体是手工描图时代的标准要求，坝工界将这种字体又称为"老技术员体"，看着就让人赏心悦目，这个本事他一辈子都没有丢，也可见年轻时下的功夫之深。

后来潘家铮担任水电部水电规划设计总院总工程师，审定勘测单位送来的蓝图，大家都非常紧张。图纸上任何一点纰漏或者错讹，潘总一眼就能看出来，只要潘总一过眼，任何毛病或者纰漏就像一个被惊醒的孩子一样哇哇大哭，想看不见都没办法。

这样的训练益处多多，只是这样的训练远不足以成为一个合格的工程师。如果说，当年放弃对文学艺术的钟爱，去报考航空系是身不由己，由航空系转为土木系又为饭碗考虑，而大学毕业从事水电建设，甚至连考虑一下的功夫都没有，只是一个职业或者行业意义上的选择而已。不过，正如当年古典诗词与小说以汉文字的韵律之美吸引潘家铮那样，在他还没有建立起对水力发电学科概念之前，横陈于前的种种挑战将生来好奇、必欲一探究竟而后快的潘家铮吸引住了。

从此，水力发电让潘家铮迷恋一生，也探索一生；困惑一生，也激动一生。

钱塘江水电勘测处这个名称存在的时间并不长，1951年，燃料工业部将之改组为浙江水力发电工程处，受中央燃料工业部和浙江省双重领导。

旧水电的这一章节翻篇了，掀动这一页翻过去的许多人中，有年轻的潘家铮。

登堂入室

潘家铮在钱塘江水电勘测处，不过是一个还处于实习期的小字辈，处里留下来的工程师中，有不少或是像徐洽时这样留过洋、经过专业学习的专家，或是国民政府资委会时期为兴建三峡工程外派赴美实习的工程师，衮衮诸公，皆非等闲之辈。1949年原资委会水电总处在南京还有一个留守处，那里留下来的专家则更多。

这个人数有多少呢？两类人加起来大约在百人之谱。

不说像徐洽时这样先期毕业于美国名校的水利水电专门人才，单是派驻美国垦务局实习的人员就不少。

资委会从1943年开始，陆续派人到美国垦务局实习水利水电工程建设。规模最大的是在1946年2月，萨凡奇第二次考察三峡之后，即着手大坝选址、大坝枢纽设计工作，资源委向美国派遣了50名工程技术人员到美国内政部垦务局，一边实习，一边参与萨凡奇的三峡工程设计。这50人中，有35人从事土木工程，15名从事机电工程；后来，参与设计的中方工程技术人员达到64人，除了1943年以来先期派出的人员之外，还有一些康奈尔大学、麻省理工学院等大学的中国留学生。

美国垦务局对中国派出的工程技术人员的培养分门别类，分工明确，很是细致，中国第一批水电人才，确实得益于美国垦务局的悉心培养。

这64名人员分别被分到垦务局下设的5个工程机构，分别是坝堰组、机械组、电机组、地质组和规划组。

坝堰组，从事混凝土坝设计、工程布置与估价、压力分析、溢道设计、防洪水库管理等实习。

机械组，从事器材运输、安装等实习。

电机组，从事船闸布置与估价、闸门设计与估价、船闸闸箱进出水、水轮设计与安装、电机布置、电厂布置、水轮布置、水库管理等实习。

地质组，从事土壤试验等化验实习。

规划组，从事水文及水库特性研究等方面的实习。[86]

美国，是世界上最早的水电开发国家之一。早在 1902 年，美国内务部就成立垦务局，美国水利水电开发进入一个高潮期，美洲大陆上自由奔腾的江河从此被赋予全新的意义。从 1902 年到第二次世界大战前的二三十年间，以巨型大坝为特征的多功能水利枢纽建设如火如荼，胡佛、邦尼维尔、沙斯塔等著名大坝横亘江河巨流之上，机声轰鸣，不独催生一个又一个美国西部大都市诞生和繁荣，而且很快化作以美国为主的盟军在二战战场上的坚甲利炮。

二战结束，美国迎来第二个建坝高潮，包括格伦峡、奥罗威尔、大古力扩建等大型项目，同时，美国的三大水力发电集团向世界各地进军，在 1949 年之前，印度、巴基斯坦，包括中国的三峡工程等许多高坝、大坝项目已经兴致勃勃地出现在美国垦务局的大幅蓝图之上。

中国派驻美国内务部垦务局的这些专家们确实是下了大工夫。在美实习期间，美国的水电开发正处于二战结束之后的全盛时期，结合工程中出现的各种情况又有许多科学研究，他们想尽办法搜集各方面的资料，他们或专攻一门，或遍学全局，最后把能够搜集到的资料全部带了回来。

潘家铮跟大家相处的过程中，有同事就告诉他，处里的老专家每一个人都藏有这样一些资料。别看都是放过洋的技术人员，器局并不大，还残存着乡间手艺人的陋习，每一个人手里的资料都视为珍宝秘籍，从不示人。尤其是每一个人实习时候的手记和心得，更是不了得的宝贝，难得一见。同事之间若要借阅参考，非得要些花招才行的，比方，请吃一顿饭，待酒酣耳热之际提出来可否借用一下资料，被请的人吃了人家自然嘴短，只能答应，不过一再嘱咐：看

---

86 参见《国民政府资源委员会研究》，薛毅著，社会科学文献出版社，2005.4，第244-245页。

是可以的，就在这里看一看，抄可别抄！

潘家铮一无留学背景，二还没有真正见识过一座像样的大坝，又是一个小字辈，连耍这样花招的机会也没有。

这是些什么资料值得大家搞得如此神秘呢？除了美国 30 多年来的水电技术的具体技术规范之外，比方水电坝工建筑相关的拱坝试载法、闸门设计、水锤计算、调压井设计、压力管道分析等等，还有就是他们带回来的美国垦务局的技术备忘录，英文称为《Technical Memorandum》，简称 TM。[87]

先说一件趣事。

潘家铮的好友，同为中国工程院院士的朱伯芳老先生，有一件事情一辈子都耿耿于怀。

朱伯芳和潘家铮一样，都是没有留洋背景的本土坝工专家。1950 年，上海交通大学还没有毕业的朱伯芳先生被调到治淮委员会参加治理淮河的工作，参与佛子岭、梅山等大坝的勘测设计工作。

那个时候，朱伯芳也知道从国外回来的专家带回许多资料，所不同的是，他是在水利部资料室里见到的。这批资料被带回来之后，大概有三四十份的样子，水利部将这些资料复制了一遍，可以供工程技术人员参考。

这是些什么资料呢？跟潘家铮听说的差不多，也都是从美国垦务局带回来的坝工资料。美国垦务局在长达 30 多年的建坝过程，每完成一项工程都有一个技术备忘录，遇到些什么问题，怎么解决的，每一处工程有什么技术难题，又如何计算，都有非常详细的记录。

"技术备忘录"是一个非正式出版物，前前后后有 600 多册，但却是公开资料。中国派驻垦务局实习的工程师根据自己从事的专业与兴趣，你带 10 册，他带 8 册，这样在水利部存有三四十份，并不全。有人告诉朱伯芳说，1946 年，萨凡奇第二次来中国勘测三峡工程，曾将垦务局的"技术备忘录"赠送中国一套，存于燃料工业部水电局。

他带着水利部的介绍信到燃料工业部去查阅这些资料，谁知道，燃料工业部的人非但不给他看，还说，那是美国的东西，有毒！还是不看了吧。

---

87 参加《春梦秋云录——浮生散记》(第二版)，潘家铮著，中国水利水电出版社，2000.12，第 105-106 页。

后来朱伯芳说，我没有看到这个东西，但是潘总看过，而且详细地看过。而且他消化得很快，编了一套《水工结构应力分析丛书》，共计 10 册。这个丛书对中国坝工建设意义，并不亚于他的重力坝设计理论，且更为适用，是大专院校坝工专业和坝工技术的重要参考书，影响更大。

"人家当时不让我看！他就是一个狭隘思想嘛，我是水电局的，你是水利部的，就不能让你看。他就是这个意思。"

朱伯芳直到晚年还愤愤然。

潘家铮当年确实看过这个备忘录，而且是无意中读到的，当初他甚至还不知道有"技术备忘录"这么个东西。

既然连耍花招一睹"秘籍"芳容的机会都不曾有，后生小子更不敢贸然启齿，徒然自讨没趣。他平常只能看到一些别人手头保密性并不强的技术资料。

机会还是有的，别人总有疏忽的时候，但就是这样的机会也极少，他也只能瞄上几眼。这个时候，小时候背着父亲偷偷摸摸看才子佳人小说的功夫派上了用场，而且更胜一筹，他能够以极快的速度披沙拣金，重点原理、准则、方法，看一眼默然记在心里，不敢记录复制，也容不得记录复制，然后自己根据基本原理再来计算数据，编制图表。

这个过程要比从描图、晒图、编制计划书开始训练来得更为扎实。就像当年在九莲寺抱一本《数理数蕴》自学微积分"数流"那样子，反反复复推演，计算，画图，在各种各样的数据、公式来回穿梭。拱坝、重力坝、土石坝、围堰、导流渠、压力管、调压井、水锤……水电大坝从坝型到布置，从应力计算到混凝土温控，大坝的五脏六腑，奇经八脉日渐清晰，这样，大坝的模样慢慢在潘家铮的脑子里矗立起来。

钱塘江水电勘测处位于杭州开元街 73 号，是一幢两层的小楼。底层打通成一个大办公室办公，白天，包括主任在内的 20 多人就挤在那里，顶层则是单身宿舍。潘家铮一下班就窝在二层楼寝室里，兴奋地根据他"瞄"到的关窍推演起来。一步一步从头来过，不仅是 know how，而且 know why！知其然，而且知其所以然。甚至发现了那些资料里的不足，甚至计算错误。那时候没有计算机，他只能查着"八位对数表"解联立方程。宵旰焦劳，自讨苦吃，那简直是海量的计算。一段时间下来，增加了 200 度的近视。

说练就也好，说激发也好，这段经历还有另外一个收获，那就是速读、速记的功夫。日后几十年，初次接触他的人几乎不相信自己的眼睛，这个老头儿简直不是在读书，而是像饕餮一样囫囵吞枣"吃书"。

1994 年 10 月，潘家铮赴南非出席国际大坝会议第 18 届大会，途经法国，顺便看望已经在法国定居的二女儿潘净，在女儿家小住。女婿何俊为帮老爷子打发白天空闲时间，特地搞来十几套金庸和梁羽生的武侠小说给他解闷。年近七旬的潘家铮那时候目力尚好，看到这些小说喜欢得不得了。哪里想到，仅仅三天时间，这十几套武侠小说已经让他全部看完了。老爷子的读书功夫把女婿何俊惊得瞠目结舌。即便是这样消遣的书，常人也得花上至少一个月时间才能读完的。何俊是怎么知道岳父把书读完了？老爷子在吃饭的时候，对着他们把十几套书的历史背景一一道来，结构如何，历史本事如何，人物如何，头头是道，侃侃而谈。

这种阅读本领还体现在他日后审查技术资料上面。

这样"瞄"而后学的日子并没有持续多长时间。朱伯芳前往燃料工业部找美国垦务局技术备忘录借阅被拒的时候，潘家铮意外发现这批技术备忘录居然在钱塘江水电勘测处有百十来份，比水利部留存得还多。

就像当年避居马鞍村时他发现楼上那一只藏有大量小说诗词的木箱子一样，其心情可想而知。

原来，萨凡奇博士来华时所赠的技术备忘录，直到 1951 年还静静躺在南京的"水电总处"留守处，钱塘江水电勘测处留存有翻制的一部分。也不知道是别人都忙没有在意这个刚参加工作的小个子在翻阅这些资料，还是他们压根不知道被自己视为"秘籍"的宝贝居然这样公开地放在身边，潘家铮顺利地读到这些资料，无须"瞄"，但还需要熬夜推演。

阅读这些备忘录，简直就是对世界上最先进最前沿的水电建设过程的检阅，潘家铮如获至宝。水电技术史上一些重大问题的解决过程和科研课题被记录得如此详细：地震时的动水压力、拱坝的试载法分析、重力坝的角端应力集中、坝内孔口的分析、混凝土的温度应力和温度控制、复杂管道中的水锤计算、差动调压井的过渡过程、连续地基上的梁和板、松散体上的极限平衡，等等，诸般如此。潘家铮如醉如痴，贪婪地一卷一卷读过，他仿佛能嗅得到混凝土在大仓中凝固时的味道，能听得到水流灌注冲刷水轮机叶片时巨大能量发出的低沉强劲的嘶吼，分明能触摸到胡佛大坝、大古力大坝、邦尼维尔大坝、沙斯塔大坝这些世界著名坝工杰作的质感，美国百十座大坝建筑的技术细节了然于胸。

日后，潘家铮在他的科普著作《千秋功罪话水坝》中由衷地盛赞当年美国的筑坝技术：

在 1931～1936 年间修建于美国科罗拉多河上的胡佛重力式拱坝，无疑在坝工史上具有里程碑意义。在此之前，百米量级的坝算是了不起的成就，而胡佛坝一举达 221 米的高度，不仅当时为世界之冠，以后二十多年中还一直保持着这个记录。胡佛坝建在科罗拉多河著名的"黑峡"处，这里峡深坡陡，基岩完整坚硬，周围荒无人烟，修坝目的是蓄水发电和灌溉，由美国内务部垦务局负责设计和建造。垦务局为了攻克这座超级水坝建设中的各项难题，组织了大批科学家和工程师进行研究；坝体应力的详细分析、试载法的提出和完善、地震时坝体及水库的反应、坝体的温度应力、柱状块分缝、接缝灌浆、水管冷却、缆机浇筑、特种水泥研制、大坝的监测和维护……，为世界混凝土坝的发展起了奠基作用，所发表和出版的大量论文、资料和著作长期成为各国坝工工程师的重要参考资料。当然，这座重力拱坝的断面今天看来是过分保守的，现在重新设计的话至少可节约一半混凝土量，但毕竟是历史上的大跨越。1955 年美国土木工程师学会评其为美国现代土木工程七大奇迹之一是不过分的。[88]

这些资料里记载的一些技术应力分析所运用的数学知识，已经远远超过他在大学里学的范围，阅读之余，按图索骥，又现蒸热卖临时恶补没有学过的数学知识，这一回倒比当年自学"数流"来得容易得多，从变分法、矩阵、偏分方程，直到复变函数和积分变换统统补习一遍。

脱离开"瞄"上几眼的情境，当然就自由得多。潘家铮将这 100 多份备忘录一一精读，边读边记，并且对每一项技术过程都做了详细的评述。同样，他也发现了许多在计算过程的错误，由此错误导致的数学力学的荒谬结论。

88　参见《千秋功罪话水坝》，潘家铮著，暨南大学出版社，2000.5，第 65-66 页。

在这个时候，潘家铮再一次显现出他超常的学习与剖析问题的能力，还有科学家所具有的敏锐眼光，他永远不是在被动吸收知识，而是带着疑问，带着问题，带着解决具体技术问题的去阅读已经成为经典的东西。

百十份资料研读下来，潘家铮的近视度再增加百十度。从此，瘦削、眯眼、戴一副瓶底子一样眼镜的小个子潘总就成了水电行业大家都熟悉的形象。

勘测处所藏的百十多份备忘录毕竟只是全部备忘录的六分之一，相当于一个残章断简，哪里能够满足得了好奇的潘家铮。况且，潘家铮已经知道萨凡奇当年赠送的是全套资料，他再一次心痒难耐。

事情来得很意外，正当潘家铮为不能窥到 TM 全豹而苦恼的时候，徐洽时主任忽然让他负责完成一件意想不到的事情。

什么事情？徐洽时要潘家铮负责将留存在南京的全部 TM 复制八份。

真是天从人意，本来想得到一间房子，没想到赢得一座宫殿。潘家铮担此重任，心中狂喜，他甚至想起家乡的一句俚语，叫做"小狗落屎坑，得其所哉"！但这无疑是一桩苦差，别人避之唯恐不及。这些技术资料，有许多计量单位还是英尺制，需要校订换算为公尺制。20 世纪 50 年代初，全部资料的复制要全靠手工，雇人用老式打印机一个字一个字敲，然后手工油印，附图则要全部描在硫酸纸上晒成若干份蓝图，与文字装订在一起。600 多册备忘录，全部复制下来，真是一项浩繁的工程。此外，仔细校订文字，审核图纸，莫不需要他亲力亲为。

这样，潘家铮就可以在上班时间，在那间二十多个工程师共用的大办公室里光明正大地一卷一卷校读这些资料。美国 600 多座已建成大坝的建筑过程，每一座大坝遇到的每一个技术问题和具体解决方法，完完整整呈现在这个幸运的小技术员面前。

潘家铮在校订的过程中，发现许多备忘录原稿中的打印讹误，而且也校正许多原来计算中的错误。重要的是，在钱塘江勘测设计处的这一系列训练与阅读，使潘家铮这一个土木系毕业的小技术员，在很短的时间之内熟悉并掌握了水电站建设关键技术和方法程序。

校订、复制这些资料，花去潘家铮整整半年时间。怕是连他自己也没有意识到，正是这半年的阅读与校订，将他送到新中国水电建设史的大门口。

刚开始，潘家铮以为，徐洽时让他赶着复制这些图纸只是一时兴起，或者是要卖给相关设计单位和大专院校的。

其实不是。让他负责复制这些早该派上用场的"备忘录"当然是有用场的。当潘家铮乐此不疲在 TM 浩瀚的各种数据间畅游的时候，新中国筹划建设的第一座中型水电站——黄坛口水电站由浙江省工业厅批准，决定正式开工建设。潘家铮用军事化的语言称之为"打响新中国水电的第一枪"。

也确实是第一枪。黄坛口水电站设计坝高为 44 米，装机容量为 9000 千瓦。

欢喜黄坛口

潘家铮想得没有错，黄坛口水电站出人意料上马，完全是徐洽时"游说"之功，而且，装机容量仅 200 千瓦的湖海塘水电站确实也起到了应有的示范作用，直接促成了黄坛口这样一个中型水电站的上马。

浙江省财委党组和工业厅分党组 1953 年在给中央的报告，如是表述黄坛口水电站上马决策的过程。

一九四九年十二月华东区第一次工业会议同意举办金华湖海塘小型水力发电（二百千瓦），这一工程于一九五零年三月兴工，同年十月开始发电，因而增加了大家对水力发电建设的热情。五零年七月全国水电会议上，"钱塘江水力发电工程处"❶曾提出了街口、七里泷、黄坛口、南田、龙游灵山江等"工程计划"作为建议。由于黄坛口的位址比较好，故曾有重点地进行了较为具体的准备工作，除水库及坝址的地形勘测量工作已于解放前做好外，于一九五零年由浙江地质调查所派人进行了二个月的水库与坝址的地质调查，并在原定坝址进行了钻探（共钻了三个眼），对乌溪江流域水力的开发方式亦作了比较研究，并进行了初步的经济调查，当时我们对于基本建设的复杂性是认识很差的，故以为根据这些资料，黄坛口建立水电厂的基本条件，是已经具备了。

湖海塘水电站于 1950 年 9 月发电，黄坛口水电站建设工程计划在 1951 年

---

❶ 此处"钱塘江水力发电工程处"指钱塘江水电勘测处。——编者注

5 月在浙江省工业会议上通过，前后相隔不到半时间，湖海塘水电站起的示范作用不言而喻。徐洽时和处里的其他专家喜不自胜，大家都是胸怀水电大梦的人啊！黄坛口水电站这样的工程，不独是浙江省最大的电站，而且是新中国建立之后建设的第一座中型水电站。

"新中国水力发电的第一枪"，名副其实。

在此之前，潘家铮只是估计，省里会修建灵山港水电站，他甚至被派往龙游县，一番测量与放样，很忙过一阵子。黄坛口水电站这样规模的水电站，在1949 年之前也已经做了一定的准备工作，但是详细的蓝图还没有晒出一张，一切还停留在计划书阶段。

早在 1930 年，衢州地方官绅就有利用水力发电的动议。抗战光复，浙省恢复经济的呼声甚大，衢县及浙江省参议会相继通过兴建黄坛口水电站议案，官方甚至将其列入"筹建计划"里面。那时候，潘家铮刚上浙江大学，《东南日报》和《浙江日报》连续发布消息和设计效果图，1947 年前后，开发黄坛口被报馆文章炒得很热，鼓噪一时。但是很快内战爆发，这个"筹建计划"终是纸上谈兵，一直到 1951 年，黄坛口坝址处还没动哪怕一锹土。

徐洽时主政的钱塘江水电勘测处，当时只有 11 名工程技术人员，这一帮工程师倒是不管政治时局如何变化、设备如何简陋、经费如何奇缺，直到 1949年仍然埋头不问世事，致力于全省水力资源普查工作，选出 5 处适合于建造水电站的坝址。其中就有黄坛口。至于详细的计划书，却是 1949 年 7 月才拟定出来，同时做了一些水文复测和淹没区域计算这样的基础性工作。

黄坛口水电站上马，若仅仅是湖海塘水电站的示范之功，说起来也有些勉强。无论是浙江省，还是中共华东局，甚至燃料工业部水电局，对黄坛口水电开发的迫切程度其实一点也不亚于徐洽时他们。

1951 年春，中央决定实行财政三级制，即将财政划分为中央财政、大区财政和省级财政，划分中央与地方财政工作管理职权，鼓励各地积极积累资金，兴办工业。浙江省根据当时中央规定的财政制度计算，在保证完成中央财委所下达的任务之外，1951 年从地方工业利润及税收分成中可以提出 2000 亿左右的资金（币制改革之后为 2000 万），这样计算，到 1953 年，全省可以有 8000亿资金投资工业。

20 世纪 50 年代初，退到台湾的国民党军队经常派飞机骚扰轰炸沿海地区，浙江省工业集中，国防要求首当其冲。浙江省财委和工业厅决定，在远离杭州、宁波、温州等沿海城市的衢县建设新的工业基地，这样，位于浙西南的衢县 15.6 公里处的黄坛口水电站建设就进入主政者的视野，黄坛口水电站工程推进的节奏显得非常之快。

1951 年 4 月，浙江省工业厅派专人赴北京请示燃料工业部水电局，水电局初步同意黄坛口水电站兴建计划；为筹建黄坛口水电站，潘家铮他们所在的钱塘江水电勘测处改组为浙江水电工程处，受燃料工业部与浙江省双重领导。

1951 年 5 月，中共华东局地方工业会议召开，通过黄坛口水电站建设工程计划，正式呈报燃料工业部水电局。

黄坛口水电站计划投资 1237 亿元，先安装 9000 千瓦发电机组，计划 1951 年开工，1954 年 6 月建成发电。

华东工业会议通过这个计划之后，1951 年 6 月 16 日，燃料工业部水电局复函浙江省，认为黄坛口"地址优越"，"如浙省财力富裕，在不妨碍钱塘江开发计划原则下，可考虑提前兴建"，同时，燃料工业部水电局可给予技术支持。水电局在复函中着重强调，这一工程的举办，能在关内对水力发电建设具有积累经验、培养干部的重要作用。

1951 年 7 月 5 日，燃料工业部水电局副局长张铁铮携南京原资委会水电总处"留守处"——此时已经更名为"燃料工业部水电局南京办事处"——的技术专家到达杭州，研究黄坛口水电站规划设计的具体问题，确定乌溪江流域二级开发规划，一级为湖南镇水电站，二级为黄坛口水电站，黄坛口第一步仍先装机 9000 千瓦，待上游湖南镇水电站大坝建成后，可增至 15000 千瓦。成立黄坛口工程设计委员会，集合浙江水电工程处、水电局南京办事处及杭州有关方面技术人员的力量做好设计工作，同时继续派浙江地质调查所主要地质人员及浙江大学地质系继续察看坝址地质，研究坝轴线位址。

1951 年 8 月 14 日，燃料工业部水电局设计处副处长胡福良来杭州指导工作。

1951 年 9 月 25 日，浙江水电工程处完成黄坛口水电站技术设计和施工计划，送中共华东局工业部审核，并拟呈送燃料工业部水电局。

1951 年 9 月 28 日，中共华东局工业部要求浙江省尽快准备施工，各项计划与设计由华东局汇总呈送燃料工业部批复。

1951 年 10 月 1 日，黄坛口工程正式开工。

1951 年 10 月、11 月，中共华东局财委、政务院燃料工业部、中共华东局工业部及燃料工业部水电局等对计划纲要、初步设计及技术设计等文件核准批复。

潘家铮和处里的工程师们获悉黄坛口水电工程上马的消息，是 1951 年的 5 月，华东局地方工业会议开会在即。得到这振奋人心的消息当天晚上，徐洽时破天荒请全处的人吃了一顿饭。

这时，黄坛口水电站工程已经是箭在弦上，由潘家铮誊写的那份早已经拟定好的《黄坛口水力发电计划书》被翻出来，还要经过大幅度的修改与润饰，以呈送会议讨论。计划书是 1949 年之前就做好的，许多数据都要进行修改。

一顿聚餐下来，处里所有的人忙得七手八脚，不亦乐乎，只有最后那一句"洵宜及早开发以利国计民生也"被保留下来，原封不动。

潘家铮在处里待了也快一年了，因为要上黄坛口工程，钱塘江水电勘测处这个名字也完成了他的历史使命，重组为"浙江水电工程处"，实习生潘家铮也被升格为设计员，有幸参与了新中国第一座中型水电站的设计工作。那个时候，怕是谁都没有注意到这个戴深度近视镜的小个子设计员，对水电工程技术熟悉到什么程度。

不过，这只是个时间问题。

改组为浙江水电工程处后，衢县县委书记石青被调到浙江水电工程处任副处长，主要负责工程施工物资、后勤、道路交通保障工作。机构也在原有基础上扩编，人数由 20 多个人，增加为 30 多个人，技术人员却没有增加多少，勘测设计尚能完成，却远不能胜任如此大规模工程的施工组织任务。

按照计划，黄坛口水电站大坝为混凝土重力坝，坝高 44 米，引水洞为直径 6.5 米，长 223 米的隧道，大坝形成一个 6.6 平方公里的人工湖。工程开挖石方 84 万立方米，填石 28 万立方米，填土 15 万立方米，浇筑混凝土 19 万立方米。如果将此工程的土石方垒成断面一平方米的墙，绵延达 1460 公里。

刚刚开始经济复苏的浙江省，一时还很难组织起如此规模的施工队伍，也是出于这样的考虑，黄坛口工程的建设施工采用公私合营的模式。

1951 年 7 月，浙江工业厅召集省内外工程界人士开了一个黄坛口工程施工座谈会，被邀请的有上海私营国华工程建设有限公司经理吴锦安。吴锦安系私方工程建设公司的老板，是一位卓有成就的爱国工程师，早年毕业于浙江大学土木系，算起来跟潘家铮也是老校友。在 1949 年之前，徐洽时与这位爱国工程师兼企业家多有合作，所以他力荐吴锦安参与此项工程。

浙江省工业厅厅长顾德欢在会议之后说服吴锦安参与黄坛口建设。

吴锦安作为一位工程师，眼前放着这么大一个工程，而且有国家如此力度的支持，他早就心动了。而浙江省工业厅之所以看上国华这家私营工程建设公司，不仅仅看中的是他们的施工力量，更重要的是他们的技术力量和施工设备、施工经验。

国华公司在吴锦安的率领下，几乎是倾巢出动，全力以赴，公司全部重要家当都从上海由铁路运达衢县，6 辆卡车，必要的小机具、手工具、生活用具，甚至还准备了一只小木船。临行的时候，大家还说他："带这么些东西，让人家以为咱们用破烂抵充投资呢。"吴锦安说："管不了那么多，带这些东西过去，马上就可以开工的。"果然，小船派上用场，他们抵达衢州之后，公路还没有通，所有的设备就是通过小船一点一点运到黄坛口工地的。1951 年 7 月，国华公司在黄坛口扎下营来。

其建设热情由此可见一斑，中共新政权的动员能力和公信力也可见一斑。私立公司尚且如此，国营企业就更不用说了，地方的积极性当然更高，当地农民主动让出房屋接待工人。这般热情好客，让大家非常感慨。

黄坛口工地在开工之日，数千名民工齐聚工地，这座新中国自己建造的中型水电站真刀真枪干起来了。

黄坛口的挫折

如同黄坛口水电站出乎处里所有人预料获准修建一样，工程建设的进展也同样异常顺利。技术员潘家铮频繁往来于杭州和黄坛口工地，在工地驻扎的时间要比在杭州本部时间长得多。不过，那个时候，还轮不到他唱主角。整个工程的技术负责人当然是徐洽时，负责设计的则是设计经验非常丰富的马君寿。

马君寿，这位年长潘家铮十多岁的工程师，在日后将与潘家铮的人生和事业中出现许多交集。除马君寿之外，还有当时还是国华公司工程师的曹秉铨、潘圭绥、王之炘等一批日后将频繁出现在中国水电建设史叙述中的顶级专家。

负责施工的机构在匆忙之中组建起来，除了原钱塘江勘测处、国华公司的工程技术人员，还从国营浙江建筑公司抽调部分干部，包括各类工程师 27 人，一般技术人员 34 人，还有 11 名党政干部。队伍的组织如同工程上马一样匆忙。即便是当年看来，管理体制也不大顺。

正如前面所述，燃料工业部水电局南京办事处的专家也参与了黄坛口工程的论证，其过程远非大事记里记得那么顺当。潘家铮《春梦秋云录》记录，原资委员南京留守处听到浙江这边要上黄坛口水电站这样大的工程，早就坐不住的专家们闻风而动，赶到杭州商谈参与设计的事情。但是他们意见是，这样的大工程，理应由他们来牵头，杭州方面派人参加就可以了，脑子里还残留着当年"水电总处"的上下级概念。杭州方面当然不干，这是浙江省的工程，凭什么你们来牵头？一时间群情激愤，对他们不理不睬。

但是，无论是浙江方面匆忙之中组织起来的机构，还是原南京留守处的专家们，他们都没有独立建造如此规模水电工程的经验，好多需要边干边学的。浙江方面不放手，已经铺开摊子，南京的专家们也无可奈何，最后两位工程师留下来参与工程设计。

工程上马也非常仓促，当时无论主政者，还是工程技术人员，对新中国第一座中型水电站建设的心情都非常急迫，还不待燃料工业部和水电局的批文下来，寂静的黄坛口已经炮声隆隆，开始施工。公路开通，工房建成，机电设备进场，建筑机械从衢县源源不断运往工地。1951 年 10 月 1 日举行开工典礼后不到一个月，10 月 29 日，右坝大坝第一只木笼围堰开始沉放到江水之中。

工程进度如此快速，为的是赶在枯水期完成截流，先在右岸半幅由围堰围起来，抽水之后，方可进行基坑开挖。这是一般江河大坝施工的第一步，是为一期工程。待右岸大坝完成之后，再行左岸施工，将水流通过右岸大坝泄洪洞疏导出去。

虽说是仓促上马的一个大工程，这座中国人自己建造的中型大坝，其施工技术不乏可圈可点之处。

以木笼围堰为例，无疑是国内大坝施工的首创。

谁都没有经验，但又得靠自己的经验进行处理。当年黄坛口水电站坝区枯水期水深约 3 到 4 米，砂砾石覆盖倒不厚，也只有 3 到 4 米，而坝基岩石则在水下 6 到 9 米，这就不是一般的深度了。木笼围堰一般在河流枯水期河道干涸或在小河流覆盖较浅的地方就地搭建，6 到 9 米，两三层楼房那么高的水头，无论国内还是国外都没有采用过，吴锦安主持的国华公司参照以往建筑海港、码头、桥梁、水闸及河道开挖工程中施工方法，老办法、新办法、土办法、洋办法一齐上，老机具、新机具、老机具、洋机具都发挥作用，经过许多次实验之后，木笼围堰施工终于取得成功。

如果细说起来，这是一个充满着热情与智慧的过程。这一技术在此后许多水电站建设中被普遍采用，而且很快在潘家铮参与主持的新安江大坝建设中发挥重要的作用。潘家铮在后来说，黄坛口木笼围堰施工法还是相当成功的。

除木笼围堰之外，黄坛口右岸施工，需大方量混凝土浇筑，国华公司技术人员自制一套一次拌和 1.5 立方米的拌和机，后来改进为八角拌和楼，国华公司的实力确实不可小觑。

这些都是可圈可点的。当年大家都心怀着建设新中国的热情，右岸大坝上升奇快，到 1952 年春天已经具备了导流条件。也就是说，这时候可以将木笼围堰拆掉转向左岸施工。

黄坛口本来是一个充满画意的地方，当年是一个什么情景呢？

风景如画，美不胜收。

这应该是潘家铮这样有一定古诗词修养的最愿意看到并最能激发诗兴的地方。

乌溪江当年的景色如何呢？是这样的。

乌溪江是一条美丽而富饶的江。两岸高山陡险，伸入云表，山坡草木茂盛，绿竹成林；每年春天时节，杜鹃花遍山开放；红绿相映，然是好看。清晨，江面上升起一层层轻纱般的雾气，到了半山间成了飘游无定的云絮；这时候，旭日东升，霞光万道，透过烟雾射入江心，江面立时金光闪烁，好似无数金光灿烂的鳞片在水面上浮动。迎着和煦的朝阳，画眉鸟在竹林里奏起黎明的赞歌，婉转动听。这时候站立江滨，凝望着美丽如画的景致，谛听那清脆悦耳的鸟鸣，不觉心旷神怡。

……[89]

这样的景色，当是很对潘家铮的胃口，但是在潘家铮众多诗文里，居然找不到乌溪江的吟诵之作。

黄坛口不独风景优美，而且还有一处名胜，叫作"烂柯山"。

烂柯山在黄坛口的西面，离黄坛口不远。郦道元《水经注》有记载，说晋代有个樵夫王质路过这里，看见两个老头子默默对弈，王质也就立在一旁观看，二老棋局未终，王质回过头来看砍柴的那把斧，斧柯（斧柄）已经烂成灰烬。王质茫然不知道所措，急急赶回家里，父老和邻友都已亡故。

当年孟郊有诗：

仙界一日内，人间千岁穷，双棋未定局，万物皆为空。樵夫返归路，斧柯烂从风。唯余石桥在，犹自凌丹虹。

这些有足够理由触动潘家铮的风景，他居然视而不见。

不是视而不见，是没得功夫来见，也没有心情来关心这些东西。

黄坛口紧锣密鼓开工，不到两个月时间，右岸大坝完成基础工作，左岸大坝地基准备开挖。开挖未久，意想不到的问题出现了。所有工程技术人员还没有从右岸大坝浮出水面的欢欣鼓舞里醒过来，左岸大坝坝肩山体的意外情况很快就搞得他们焦头烂额。

左岸刚刚开挖，发现左岸坝头山体岩石破碎零乱，而且乱石之间还有架空的孔隙，很显然，这是一个仍在滑动的滑坡区。出现这个情况，才意识到施工之前的勘探没有到位。开工之前，浙江省工业厅曾委托省地质调查所和浙江大学地质系进行钻探，但只在河床上钻了 7 个孔，没有进行左岸坝肩地质情况的探测。

据吴锦安回忆说，没有探测的原因，是因为刚刚完成河床部分的钻探，上

89　参见《第一颗夜明珠——黄坛口水电站》，李洪兴、董宝奇编著，浙江人民出版社，1959.6，第 2 页。

级调钻机到新疆搞石油钻探急用，结果半途中止。[90]

不管怎么说，仅凭几个钻孔，很难有完整的地质资料，左岸坝肩的就根本没有，原来设计的开挖线，就是一个假定线，若放在今天的大坝施工建设，绝对不可想象。尽管如此，还是不甘心，继续往里挖掘，希望能够找到新鲜完整的岩面。但是往里挖了十多米，仍然是一团糟。徐洽时意识到问题的严重性，派年轻的潘家铮带建设工人到里面再挖洞勘查，进去挖了很深也没有好转的迹象。

事情就闹大了。惊动了华东局，进而惊动了燃料工业部。燃料工业部责成南京办事处回撤的专家复莅黄坛口，燃料工业部电力局还请来已经到清华大学担任教授的前资委会水电总处总工程师张光斗和苏联专家来帮助解决问题。

有一位苏联专家叫作康士坦丁诺夫，他在考察左岸坝头时发现不远处露的比较完整的岩壁，主张建一个"弯坝"与右岩坝体相连。这样一来，擅长力学计算的潘家铮派上了用场，负责计算这个"弯坝应力"，大家赶紧手忙脚乱设计这个"弯坝"，希望能赶在1952年的枯水期实现左岸大坝坝基开挖。

幸好，很快又发现左岸"弯坝"转角一大，溢洪道前缘长度缩小，布置起来非常困难。而且"弯坝"将老滑坡区全部隔离在库区之内，一旦蓄水，老滑坡区浸水之后，受水位变动影响和浮力作用，稳定性更差，会引发再度滑动，危及大坝安全。

"弯坝"方案最终被否决。

接着，原有设计再度被修改，这是一个忙忙乱乱的冬天，一边改设计，一边施工，但是设计赶不上施工进度，工地上一片混乱。

这时候，黄坛口工地迎来了一个人，这个人在黄坛口水电工程几乎陷入绝境的时候，带来的却是中国水电开发的福音。

他就是新任燃料工业部水电局局长李锐。

当然，作为中国水电的掌门人李锐，此时还不大可能注意到潘家铮这样一

90　参见马君寿、吴锦安、张汝舫、潘家铮合著《谈第一颗夜明珠的诞生》，收入《衢州文史丛书·衢州水利》，衢州市水利局、衢州市政协文史委编，中国戏剧出版社，1999.6，第31页。

位小设计员。

李锐于 1952 年 11 月 1 日上任燃料工业部水电局局长，此前，他担任湖南省委宣传部部长一个月之后的 12 月 3 日，由水电专家陆钦侃陪同前往华东视察。在此之前，他已经知道黄坛口工程面临的问题。12 月 18 日，即乘火车抵达黄坛口工地。李锐看到的，是左岸肩头出现问题，导致工地人心涣散的施工现场，情形要比听到的汇报糟糕得多。他在第二天的日记里，记载跟技术训练班"教员"谈话时，甚至出现了"都是上海招来的，印象不好，似是阿飞式人物"的词句。[91]

词句黯恶，说明心情十分不好。

事实上，李锐当时承担着非常大的压力。本来是一个地方性工程，可是水电总局既负责全国水电建设，也只能代人受过。

但作为领导全国水电的统帅，在 12 月 19 日下午召集党政和技术干部大会讲话的时候，李锐还是对他们勖勉有加，鼓励多于批评，建议此后要注重采用先进经验，严格控制质量，加强责任心，继续发扬依靠群众方针，充分发挥潜在能力，特别注意安全；加强组织管理，合理使用人力、干部；注意节约；争取 1954 年上半年完工。[92]

李锐的到来，对整个黄坛口工程的工程技术人员是一个不小的鼓励。

1953 年 3 月燃料工业部组织由水电局副局长张铁铮带工作组和苏联专家亲临工地，讨论一番之后认为，左岸坝头地质情况复杂，应暂停施工，补做地质勘探工作。这时，恰好江西上犹江水电站开工，大部分施工队伍被调往江西上犹江水电站，一部分留下来做地质补充勘探工作。

勘探的结果实在令人沮丧，最后总算是查明了老滑坡区的边界，在预先假定线挖进 70 米的时候，才看到滑坡区的后缘。

西山坝头问题还未解决，原来预计的水文资料也出了问题。汛期将至，大家才发现，原来依据多年水文观测得出的校核洪水流量远远低于实际洪水流量。

水文资料不出问题才怪！

潘家铮刚进入钱塘江水电勘测处，有一次整理上报回来的水文资料，发现

91 参见《往事长短录》，李锐著，湖南人民出版社，1989.5，第 137 页。
92 参见《往事长短录》，李锐著，湖南人民出版社，1989.5，第 137 页。

每天的水文观测数据大起大落，居然出现了 2 月 29 日、30 日两天的记录，简直在玩"愚人节"游戏！2 月哪里来的 29、30 日？他把情况向吴元猷课长做了汇报，吴课长命他到实地看一看到底是怎么回事。他到了水文站，才发现水文站雇的测工就是本地农民，拿了钱瞎应付，所谓水文观测不过儿戏，脱岗外出是常事，所以才有如此荒唐的"鬼画符"观测记录。[93]凭借这样的水文记录怎么希望能得到准确的水文计算？

左岸西山坝头滑坡体稳定计算还是交给了潘家铮。地质情况已经探明，水文资料经过复核得以确定，原来的设计方案需要再行修改。潘家铮在《春梦秋云录》中记述了他们修改方案时的忙碌情景：

……根据专家的建议，对西山坝头进行削坡和筑土堤护脚，改善稳定性，将混凝土与护坡相接，取消坝后厂房，另建引水系统和电厂，大坝堰顶降低以宣泄大洪水。这样我们又忙于设计土坡接头，核算滑坡稳定，设计进水口、隧洞以及调压井。设计任务大大增加，少数几位专家再也包办不了，我们六个技术员成为承担设计的主力之一。[94]

关于处理黄坛口西山滑坡体问题，在 20 世纪 50 年代与潘家铮曾是同事，后来担任福建省工程咨询公司总经理兼专家委员会常务副主任的陈国海有一个回忆。他在 1954 年读大三到黄坛口水电站实习，工地的施工单位给实习生们介绍西山滑坡处理，曾经邀请不少专家研究，都感到难度很大，最后解决问题，用的是"潘家铮方案"。

陈国海谈到的这个"潘家铮方案"没有见诸任何文字记载，怕是施工工地上人们的一种民间命名。那么，最终导致黄坛口工程一波三折的这个左岸西山坝头滑坡体问题是怎么解决的呢？

后来与潘家铮共事多年的工地技术负责人马君寿先生有一个回忆，谈到西

93　参见《春梦秋云录——浮生散记》（第二版），潘家铮著，中国水利水电出版社，2000.12，第 103-104 页。

94　参见《春梦秋云录——浮生散记》（第二版），潘家铮著，中国水利水电出版社，2000.12，第 108-109 页。

山间题解决的过程，与潘家铮的记录相吻合，只是更细致一些。

> ……华东水力发电工程局按照李锐局长的指示，会同施工单位黄坛口工程处部分技术人员，共同研究处理方案。可是限于当时的技术水平和经验，提出了沿坝轴线将老滑坡区开挖出非溢流坝段的坝基，直至滑坡区后缘，使坝体左端在良好的凝灰岩地基上；同时修改了溢洪道门孔布置，采用弧形闸门，取消了门槽，减薄门墩厚度，以增加溢洪道前缘长度；降低溢流堰顶高程，增加泄洪单宽流量；利用右岸设计过木筏道的位置，增加两孔非常溢洪道等措施，提高泄洪能力以宣泄设计洪水与校核洪水。……在向燃料工业部汇报后，未被完全采纳，要求对左岸布置再做进一步研究。
>
> 当时水力发电总局有一位老苏联专家夏瓦利列赤，在上述方案的基础上，提出沿坝轴线上游的沿缘坡面上，建造土防渗斜墙，其上游端与滑坡区上游边缘的良好岩体连接，混凝土重力坝左端与土斜连接，构成一完整的挡水体系，使滑破区与库水完全隔离；同时对滑坡区上部进行开挖，减轻上部荷载以减少滑坡区的滑动力；将开挖的石料抛填在土斜墙的迎水面上作为保护层，同时也可增加抵御滑动的抗滑力，这两者结合可提高滑坡区的稳定性，防止再度发生滑动；在滑坡区内和土斜墙背水面设置完善的排水系统，以排除滑区下渗的雨水和土斜墙的渗水泄向下游。这一布置确较经济完善，也成为最后采用的方案。[95]

马君寿所说的这个"最后采用方案"，应该是 1953 年之后的事情。

新中国水电的"第一枪"给打哑了。

地方急于求成，技术力量准备不足，前期勘测不到位，原因种种，最后陷入困境。本来，从上到下，大家对水电工程还没有多少认识，黄坛口工程一时间恶名远扬，黄坛口工程被称为"荒唐口"工程，连《人民日报》都刊发文章加以批评，甚至已经牵连到中国水电发展大局。

---

95 参见马君寿、吴锦安、张汝舫、潘家铮合著《谈第一颗夜明珠的诞生》，收入《衢州文史丛书·衢州水利》，衢州市水利局、衢州市政协文史委编，中国戏剧出版社，1999.6，第13-14页。

1953 年 7 月，中央对黄坛口工程做出批示，对燃料工业部水电局和华东局工业部因黄坛口工程的失误提出严厉批评，浙江省财委党组和工业厅分党组都因此做了深刻的检讨，徐洽时将责任全部承担下来。但浙江省财委和工业厅一致要求，因为缺乏基本建设的经验，不对经办人员做出处理，并建议工程不要半途而废。华东局将浙江省意见报请中央之后，中央同意华东局意见。

老一辈水电工程专家勇于承担责任并承认失误，让潘家铮非常钦佩，多年之后谈起来都非常感慨。

中央同意了这个建议，同时决定将浙江水电工程处的设计干部全部集中到北京燃料工业部水电总局，重做黄坛口的全部技术设计。也就是说，不管这个"潘家铮方案"是怎么来的，也应该是 1953 年工程停工之后的事情，而且是在北京完成的。

黄坛口水电站真是一波三折。1953 年 7 月决定停工，1955 年才又复工，但是因为没有明确的用电单位，刚刚复工，旋又停了下来。到 1956 年 3 月，因为要兴建新安江水电站，而且有一大批工矿企业上马，浙江省面临着严重的电力短缺，黄坛口水电站再度复工，直到 1958 年才正式建成发电。不过那时候，方案几经修改，装机容量由原来的 6000 千瓦，最后建成的时候，装机容量达到 3 万千瓦，是一座名副其实的中型水电站了。

1953 年，潘家铮 26 岁，作为一个水电工程师也许年轻了点，但这样的年纪在 20 世纪 50 年代算是"大龄"青年了。就是在这一年冬天，远在绍兴的母亲得到儿子要结婚的消息，为儿子悬着的心终于落回肚里；杭州的同事们听到这个消息，先是惊讶，后是欢喜。他的爱人就是本单位的一位担任描图工作的杭州姑娘，名叫许以民。

他们不明白，潘家铮这个深度近视，每天不是捧书苦思，就是伏案写作的小个子，居然跟这位姑娘有不短的三年恋爱史。

情感世界

大学毕业的那一年，潘家铮 23 岁，回乡为母亲住院疗病，兄长和妹妹则安顿在邻家香娘家里。母亲住进医院里，一个大小伙子服侍病人毕竟不可能周全，而且他还要赶回杭州报到上班。母亲怎么办？这时候，两位姑娘听说了他家的事情，主动前来帮助服侍母亲。

两位姑娘是潘家铮在双山小学教书时的学生。

当年，在双山小学教书的情形，潘家铮在《春梦秋云录》里的散文《印在心头的乡音》中叙述得很详细。

1946 年，潘家铮赴杭州参加浙江大学招生考试之后，回乡教书等待通知。但浙江大学偏偏迟迟没有发榜，漫长的等待已经让他不抱任何希望，已经做好当一辈子"猢狲王"的思想准备。

在那些人生最灰暗的日子里，潘家铮却给乡村小学的学生们点亮了一盏希望的灯火，乡村学生纯朴而善良，也让在彷徨于人生低谷中的潘家铮得到不少慰藉与欢乐。大家都叫他"小潘先生"，小潘先生跟孩子们厮混得非常熟，在孩子们的眼里，潘家铮不仅是一位毫无学究气的老师，更像一位大哥哥，男孩子和女孩子们径直以"哥哥"来称呼他，而他也真的像一位兄长一样对待每一位学生。

之所以称他"小潘先生"，一是他的个子小，二是他的年龄小，跟大一点的学生差不了多少。学生们非常喜欢他，班上有几个女孩子简直将他当成心中的偶像。喜欢到什么程度？喜欢到一阵工夫不见到小潘老师心里就空落落的。每天早晨早早到学校来，如果这位小潘老师还没起床，几个女孩子就在宿舍外面故意大声朗读课文，非把他从梦中叫醒不可。[96]

谁知道，他正蛮有成就感准备死心塌地做一位小学教员的时候，大学通知书却来了。这让他很为难，因为他已经答应过"弟弟"和"妹妹"们，要一直教到他们考上中学，在自己的前程和诺言之前，他只得选择食言奔赴前程。

那一天，他登舟离开双山村，学生们排着队到河边送别，在众多孩子们后边，他发现其中他最喜欢的女学生一双哭红的眼睛，她走到他面前，递给他一包点心让他路上吃，并问他："老师——哥哥，你还会回来吗？"

潘家铮哽咽难言，满怀愧疚，匆忙钻入船篷，不再敢看岸上那一双双眼睛。

双桨一落，满江离愁，万缕情丝。

潘家铮真是一位诗人。如果说，当年在马鞍村避难上演那一出荒唐的"茉

96　参见林晓芙著《难忘的"双山"梦痕——记六十年前的"小潘老师"》，收入《中国大坝发展水平与工程实例》，中国水利水电出版社，2007.12，第 503–506 页。

莉情缘"是少不经事的胡闹的话，那一天离开双山村的船上，他才发现自己情
窦初开。就在回绍兴的舟船中，他连作《双山竹枝词》数十阕，其中写到他与
这位"妹妹"相别时的情景。

双双小手扯衣罗，欲语还休泪似梭。东去扁舟留不得，断肠声里唤哥哥。
……
白杨渡口送行舟，树自无言水自流。早识离情酸似此，芒鞋不踏峡山秋。
……
灞陵桥畔送归舟，万斛离情逐水流。欸乃一声双桨落，顿教撕断满江愁。
……[97]

意境缠绵而缱绻。

前来代他服侍母亲的两位学生中，其中一位就是当年送别时哭红眼睛，送
他点心的学生。四年之后，当年的小女孩已经出落一位温婉清丽的大姑娘了，
母亲很是喜欢，跟潘家铮商量说要不要遣媒说合。情感归情感，依恋归依恋，
可是面对这样一个破碎的大家庭，潘家铮哪里敢考虑这些？然而，别人问起母
亲这两位姑娘跟她的关系时，竟然说：这是我儿媳妇。他知道母亲这样子，非
常生气，让母亲断绝这个念头。

母亲很不明白，自己生的儿子莫非缺这根筋？他到底是怎么想的？不明
白。儿子的婚姻大事，哪一个为娘的能不操心？

然后，然后就是钱塘江水电勘测处。然后就是 CVA，然后又是 TM，然后
就是黄坛口。这段就像没有开头那样，也没有结尾的情感就这样过去了，如同
一叶从雾里驶来的轻舟，复又驶入人生深处，不见踪影。

1953 年 12 月，潘家铮在杭州与许以民结婚。

20 世纪 50 年代的婚礼当然与那个时代一样，简单而朴素。他们的婚房还
在当时浙江水电工程处宿舍楼上。

妻子许以民，是工程处招聘的一名非常普通的描图员。杭州姑娘，相貌清

97　参见《春梦秋云录——浮生散记》（第二版），潘家铮著，中国水利水电出版社，
2000.12，第 83 页；《双山竹枝词》全文见于潘家铮辑《积木山房诗话》。

秀，双眸顾盼和举手投足之间有一种古典风韵，潘家铮被这个姑娘深深吸引了。潘许结合也颇有意思，潘家铮晚年才对采访他的记者说，他跟妻子的结合，是"千里姻缘一线牵"。怎么"一线牵"？靠的是一根电话线。

技术员潘家铮进驻黄坛口工程工地，每有设计问题要与工程处本部联系，杭州那一头接电话的总是这位杭州姑娘。既是一个单位，知道这位姑娘的身份并不困难，很快两个人就熟悉了。谈吐幽默而富有才情的潘家铮也很快进入许以民的情感视野，而许以民身上的某种气质又吸引着潘家铮。

黄坛口工程开工上马，两个人在电话里相识；黄坛口 1953 年停工缓建，他们交往了三年之后走到一起。

后来有文章说起来，总是要渲染一番两个人如何浪漫，如何志趣相投，甚至志同道合。

其实都谈不上。

两个人走到一起，倒是有一些"同是天涯沦落人"的意味。

虽说许以民是一位普通的描图员，但是说起钱塘许家，老一代杭州人没有不知道的。先列一个名单。

许乃普（1787—1866），清嘉庆二十五年（1820 年）殿试一甲二名进士，即榜眼。嘉庆、道光、咸丰三朝三迁内阁学士，五度入直南书房，五充经筵讲官。历官贵州、江西学政，兵部、工部、刑部、吏部尚书，实录馆总裁，多次充任殿试、朝考读卷官、阅卷大臣。任内获道光御笔"迎祥"和咸丰御笔"宜尔子孙"匾额。谥文恪，谕称"许乃普学问优长，供职恪慎""屡司文柄"。

许乃济（1777—1839），清嘉庆十四年（1809 年）进士。嘉庆、道光朝历官山东道监察御史、两广盐运使兼署广东按察使、光禄寺卿、代理广东学政、太常寺少卿。道光十六年（1836 年），在禁烟讨论中，呈《鸦片烟例禁愈严流弊愈大亟请变通办理折》，以严禁烟毒引发流弊为由，主张弛禁。

许乃钊（1799—1878），清道光十年（1835 年）进士。历任国史馆总纂官，河南、广东学政，内阁学士兼礼部侍郎衔，江南大营帮办，江苏巡抚。咸丰三年（1853 年）镇压上海小刀会起义，次年以师劳无功被革职。七年，以三品顶戴帮办军务，八年，迁光禄寺卿。十年，太平天国军破江南大营，克苏州、常州，再次被革职，旋引疾乞退。

许彭寿（1821—1866），原名许寿身，许乃普之子。清道光二十七年（1847年）殿试二甲第一名进士，即传胪。官至太常寺卿、署礼部左侍郎。任内慈禧亲赐"福寿龙虎"四字。

许庚身（1825—1893），许彭寿堂弟。清同治元年（1862年）会试第一名（会元）、殿试二甲第二名进士，历官贵州乡试正考官、江西学政、军机大臣兼总理各国事务、兵部尚书兼署吏部尚书，充方略、会典、国史三馆总裁，充任殿试、朝考读卷官、阅卷大臣多达 20 次。[98]

这个名单还可以拉很长，许氏家族繁衍，人口众多，随着时代变迁，星散海内外。即便在今天，钱塘许家的后人还频频出现各领域的重要人物词典里，比如身在台湾的作家、历史学家高阳，在诸多文章里都谈到他钱塘许家的掌故。而跟许以民血缘比较近的一位堂叔许宝驹，1949 年之后任全国政协委员。京剧大师梅兰芳的秘书许姬传则是她的一位堂哥。

这就是许以民出身的钱塘许氏家族。

百年许家，人才辈出。钱塘望族，名不虚传。

今天，许家留在杭州城里的痕迹，除了"许家菜""许家豆腐"等名菜名吃之外，只剩数椽旧屋供人们凭吊怀古了。如果将许家的按族谱展开来说，那将是一部厚书。

列这份名单，全然不能说明许以民的身世怎么显赫，只能说明她此时是如何背时。这样显赫的家族，在 20 世纪 50 年代"三反""五反"以及此后接二连三的政治运动中，越来越是一个沉重的负担。

许以民这位许家的二小姐，五个子女中她最小。同潘家铮一样，经历国破家亡，颠沛流离。他们这一支，到父亲手上，除了留下一个"祖上是慈禧太后的宰相"的传说之外，已跟一般平民无异。抗战时期，许以民随父兄避祸福建，断断续续只读到初中水平，随后即工作养家，抗战复员回到故乡。1951 年，钱塘江水电勘测处更名为浙江水电工程处，负责黄坛口水电工程的建设，招兵买马，编制扩充，初中水平的许以民便应聘做了一名描图员。

其时，许以民的生活负担也特别重。1949 年 5 月，人民解放军接管杭州。

98　参见《杭州历史名人》，宋传水、袁成毅主编，杭州出版社，2004.2。

许以民的兄长是一位国民党政府文职官员，1954年肃反开始就去世了；二哥是国民党空军，1948年即带全家撤到台湾，其子后来在台湾担任蒋经国座机驾驶员；三哥有军统背景，因为要照顾母亲，不愿意离开大陆，心里想自己本本分分，新政权来了也不会将他怎么样，心存侥幸，就没到台湾。结果到了1953年，"三反""五反"，三哥就被当作历史反革命抓起来，差点被枪毙，好在没有血案在身，被发往安徽阜阳劳动改造，一辈子就待在那里，只留下妻子与四个孩子在杭州艰难度日。大姐从小娇生惯养，嫁了一位上海的银行职员，无力照顾娘家。这时候，担子就落在小女儿许以民身上。

也是家族氛围熏染，也是抗战逃亡经历的锻炼，许以民表面上是温文尔雅的江南女子，个性里却有着同龄女子所没有的镇定、干练、坚毅的特质，处事处人非常周全。

这样的经历与处境，这样的精神气质，怎么不让年轻的潘家铮心仪？

这个时候的潘家，缺乏的就是这样一个"拿主意"的干练人物。

日后的事实也证明，潘家铮的夫人在这个家庭里充当着何其重要的角色。如果没有许以民这位有着浓厚传统思想与干练作风的妻子为他操持，潘家铮能够成为潘家铮，还真是一件颇费猜测的事情。

退一步讲，做一名与江河结缘的水电工程师的妻子，本身就意味着长年累月的付出，一般女性不见得能承受得下来。

都是缘分。

1951年7月，黄坛口工程开工在即，正在读浙江大学化学系的弟弟家铭也没有跟兄长商量，自作主张报名参军。等潘家铮知道消息，学校已经把获准参军的名单贴了出来，家铭因为身体好，视力佳，名列应征空军第一。

潘家铮大吃一惊，母亲尚在医院疗疾，哥哥和妹妹都寄养在香娘家，还有一个姨母精神失常留在家里，自己的工作刚刚进入状态，本来指望这个弟弟能够在身边分担一些，现在学业未竟，居然要当兵远赴朝鲜作战。

潘家铮苦苦相劝，希望家铭能打消这个念头。但是组织决定，已然不可挽回。其实，作为兄长的潘家铮更担心弟弟的安危。兄弟四人，一早夭，一失常，身边只有这一个弟弟，他这一走，万一有个闪失，叫他怎么向母亲交代？伤心加担心，年轻的潘家铮再一次彷徨无计，不免黯然垂泪，只好向恩师钱令希讨主意。

钱令希老师又能有什么办法？只是安慰他：空军在天空作战，不与敌方短兵相接，要灵活得多，危险性实际上低于陆军，不必太过担心的。

政审的时候，家铭或许是因为家庭成分是地主，结果到了军营就被分配作空军后勤工作，别说上天作战，连做地勤都没有他的份——倒是安全了许多。

只是，潘家铮的经济负担更重了。

后来，许以民曾对长女潘敏述说父母当年：爸爸当年那个样子，简直落魄得一塌糊涂，个子矮小，衣着邋遢，很难引起人注意的。因为穷，工作之余，还为工厂设计过孩子们玩的七巧板。还有一段时间，辅导小学生做功课，就是为了赚一点小钱补贴家用。

说落魄有些不准确，生活清寒一定是真的。二十多岁的潘家铮尽管有 123 个"折实单位"的工资，但架不住如此沉重的家庭负担，清寒之下，节俭成癖，素衣简行，从来不自己花费一分一厘。即便后来担任了水电部总工程师，临出门也得夫人检点行装。

当年跟他住同一宿舍，后来担任上海市建筑科学研究院高级工程师的胡申生在回忆文章里说，他经常见潘家铮一个人补自己的衣服和袜子，他还有一套补丁理论，说对应力集中之地要加强缝补，这样不但可以延长使用寿命，同时也可以节省以后再补的时间。平常最奢侈的享受不过是在宿舍隔壁的奎元馆吃一碗一毛五分钱的"沃面"。

潘太太给女儿说父亲当年的邋遢情景，连女儿也觉得父亲也确实与干练的母亲有些不般配，就问母亲说：那你怎么能看上我爸？

这一回，倒轮到做母亲的奇怪了：他有学问，他聪明啊！

好像女儿提的是一个多么荒唐的问题。

潘家铮在与许以民确定关系之前，他倒也不是一味被动——一个从小就熟读"才子佳人"小说的人，哪里会被动？

那时候，许以民的父亲年事已高，长兄当家，她带潘家铮第一次回娘家，长兄跟潘家铮有过一次长谈。之后，长兄对妹妹说：这个人很有些才华的。长兄如父，实际上是肯定了这门婚事。

1953 年 12 月两人结婚，1954 年初，潘家铮跟黄坛口工程处的设计人员离开杭州，要在北京待上一年的时间。

潘
家
铮
传

PANJIAZHENG ZHUAN

潘家铮传

第五章

成为潘家铮

荷露尖角在京华

1954 年 1 月，潘家铮和黄坛口工程处的设计人员奉命前往北京集中办公，修改设计。

前面说过，1952 年 12 月，黄坛口工程因为西山滑坡体问题陷入困境，新任燃料工业部水电工程局局长李锐亲往黄坛口工地视察。

黄坛口工程陷入困境，而李锐带来的却是新中国水电建设的高潮。

潘家铮在《新安江上竹枝歌》说到这一段经历，无限感慨。

……黄坛口水电站的建设遭受挫折，以致中途停工，补做勘测设计。有意思的是，燃料工业部和水电总局领导不但没有因此而放缓水电建设的步伐和处分任何人，反而将浙江水电工程局扩大成为华东水电工程局，迁往上海，负责浙、闽两省的水电建设，并加紧进行新安江的规划勘测工作。今天看来，这一决策是何等英明正确，在关键时候，领导的高瞻远瞩和宏观决策是何等重要啊。[99]

潘家铮奉调北京，当时的燃料工业部水电局已经扩大成为水电总局，与燃料工业部石油、煤炭、电力三个总局并列。1954 年，中国的水电事业，就像一个沉睡在江河多年的壮汉被推醒过来。放眼望去，江河虽是涛声依旧，岸畔已然绿柳吐翠，正是舒展拳脚的好时候。

这是另外一个话题，也有着另外一番曲折。

潘家铮当然不会知道这些曲折，更不清楚这些曲折会在他的人生里构成多么重要的章节。这批从浙江水电工程处抽调工程技术人员到北京之后，他被分配到水电总局的设计处，任务是在黄坛口水文地质补充勘测完成之后，继续黄坛口水电站的设计。后来设计处与勘测处合并，成立北京水电设计局，即北京勘测设计院的前身。关于迁调北京的一些细节，他自己很少提到，在文章里、在闲谈中都很少涉及。一年多一点的时间，光阴荏苒，白驹过隙，对于一位 27

99　参见《春梦秋云录——浮生散记》（第二版），潘家铮著，中国水利水电出版社，2000.12，第 125 页。

岁的年轻人来说，真是太短暂了。何况他承担的任务还非常繁重。潘家铮第一次北上，南人北来，生活风俗迥异于钱塘江边的杭州与绍兴，应该很不适应，但没有迹象表明他怎么不适应。

后来担任过上海勘测设计研究院教授级高工徐厚德那一年正在北京水电设计局工作，他在回忆潘家铮的小文章里说到他们初次交往的情形。

水电总局专门成立了一个黄坛口设计组，潘家铮担任进水口及厂房组组长，徐德厚为该组成员之一。

徐德厚在50多年后对与潘家铮共事的那一段日子有一个评述：

……在这段时间里，潘总是我的良师益友，时间虽然不长，但受益匪浅，终生难忘。

潘家铮同志工作作风严谨，工作勤恳。在开展工作之前，他总是先订好全面、详细的计划，工作过程中，及时检查，及时发现问题，并予以纠正。他工作认真、负责。当时，我和另外一位同志，在他指导下进行黄坛口大坝应力分析计算。在工作之前，潘总和我们进行讨论，充分发扬民主，而且工作过程中，他总是及时了解，及时改进，循序渐进，直到顺利完成任务。

潘家铮同志工作认真，勤恳、一丝不苟，善于及时总结经验。一项工作完成后，即进行总结，将一项工作的开始、研究成果、结果及展望等，写成论文，留给后人参考。在我和他共事时，他不但是工作的领导者、组织者、参加者，而且事无巨细，他都认真做好，甚至设计文件、计算稿整理，他都亲自装订成册、归类入档。

潘家铮同志为人谦虚诚恳，对待朋友、同事实事求是，与人为善，对待向他请教的人，常常不厌其烦，耐心解释，循循善诱。潘家铮同志知识渊博，但从不夸夸其谈，总是十分诚恳、耐心和低调；我们交往过程中，他总是耐心帮助，是我的良师益友……[100]

这段公文式的描述，并没有提供足够的生活细节，但也不难看出当时年轻

---

100 参见《永远的潘家铮》，中国水力发电工程学会、中国水利水电出版社编，中国水利水电出版社，2013.6。

的潘家铮在同侪中的影响力和感召力，而潘家铮作为一个知识分子勤勉、细致、耐心、善良的"恂恂君子"形象，则从此定格了。

北京作为新生政权的首都对他而言，全然不是有着古都情韵的所在。这座古都的四季以不同的风貌迎接这位来自南方的普通的水电工程技术员。1954年，对于学术意义上的潘家铮而言，是一个非常重要的年头。就是在这一年，潘家铮迈开他科学人生坚实的第一步，在中国力学界和水电坝工界崭露头角。

除了此前与浙大副教授钱家欢先生合作《基础工程学》和《初等流体力学》两册译著外，还有在1949年在奉化康岭大桥实习之后的《桁架变位的几何数解法》论文，在1951年《工程建设》第14期发表，这是他平生第一篇学术论文。《工程建设》杂志，是建设工程出版社1949年创刊的一份国内工程建设权威刊物。1953年之前，潘家铮在该刊连续发表7篇有分量的论文，分别为：

《桁架变位的几何数解法》，《工程建设》第14期，1951；

《大规模水平网的调整》，《工程建设》第19期，1951；

《水库测量中视距导线网的调整》，《工程建设》第21期，1951；

《双向弯矩分配法》，《工程建设》第24期，1952；

《木笼围堰的理论与设计》，《工程建设》第25期，1952；

《连续拱之新分析法》，《工程建设》第28期，1952；

《空间刚架风力的分布理论》，《工程建设》第32期，1952。

1954年一年之中，除了在《工程建设》上再发表2篇论文之外，还分别在《土木工程学报》和《物理学报》发表4篇论文，加起来共计6篇。而这6篇论文，虽是年轻少作，但被国内外学术著作引述甚多，他的工程力学研究正向纵深深入。

1954年的北京，这座城市留给他唯一深刻的印象也是学问。学问是什么模样，这座古都就是什么模样。

这一年，他有幸成著名力学专家蔡方荫先生的助手。

蔡方荫，1901年4月27日生于江西南昌。中国力学专家、教育家，中国科学院技术科学部委员。1925年毕业于北京清华学堂，1929年获美国麻省理工学院土木工程硕士学位，并在纽约珀迪-亨德森事务所任顾问工程师。1930年归国，先后在东北大学、清华大学、西南联大、国立中正大学任教。1949年后，蔡方荫任南昌大学教授、中央重工业部顾问工程师、建筑工程部建筑科学研究院副院长兼总工程师。《土木工程学报》首任主编。

蔡先生给学生们的印象，是一位永远充溢着活力的长者，潇洒、睿智、儒雅。1954 年，中国科学院开始推选新中国成立之后第一届学部委员，蔡先生入选当之无愧。那一年，当年西南联大的学生在北京有一个报告会，蔡先生亲自前来助阵，大家一看老师到来，喜出望外，但见蔡先生竟然自己自驾着一辆小车，进退裕如，甚是熟练，洋派得很。

青年学生喜欢他，大概要归功于他关心与喜欢青年学生。

按说，潘家铮浙江大学毕业，与蔡先生这样一位已经声名卓著的力学大师并不搭界，怎么会认识呢？这就又要归功于其师钱令希先生了。其实，潘家铮的名字，得其师钱令希先生推荐，渐为国内力学界所知，钱令希在自己著作的序言中总要提到他。而潘家铮随钱令希教授一起解决的结构力学问题，在中国结构力学史上是公认的突破。

结构力学专家蔡四维在他的《结构力学基础》一书中，对中国的结构力学发展有一个简单的梳理，其中有一段：

我国在空腔桁架分析方面，取得了优异成绩已形成了一套简便而切实可行的方法：1950 年由钱令希、胡海昌提出，并由潘家铮、陈叔陶等参加推广的"调整分配法"，使每一次分配过程、弯矩和切力同时获得平衡，从而使这类复杂的刚架计算与用普通力矩分配法来分析刚性支承上连续梁一样简单。这个方法比国外发展的"无切力分配法"应用范围更为广泛。[101]

而蔡方荫先生呢？蔡四维的《结构力学基础》接下来有如下评述。

1963—1968 年蔡方荫提出变截面梁、变截面刚构的整套研究成果。他编制的变梁常数只须根据荷载和杆端约束情况，就可直接查出杆端弯矩，在电业基本建设部门有效地使用了这套表格。[102]

101　参见《结构力学基础》，蔡四维著，科学出版社，1986.1，第 6 页。
102　参见《结构力学基础》，蔡四维著，科学出版社，1986.1，第 7 页。

他们在学术上的渊源非常清楚。或者说，他们都是同道中人。

潘家铮此时的心思，其实还一直在学校时培养起来的学术兴趣上面，当初入钱塘江水电勘测处，本来就是抱着混日子的态度，仅仅是他一厢情愿的一个人生过渡。所以，以后说起他的水电生涯来，他总说是"先结婚，后恋爱"，误打误撞的事情，原来是想做一个诗人或作家。其实，诗人、作家也者，不过是方便的托词。他还是想搞学术研究，而且也有了成绩。这种学术抱负，产生在一个已经对学术产生浓烈兴趣的年轻人身上，再平常不过。

蔡先生与钱令希先生在学术上多有交流，他能够追随到蔡先生，当不奇怪。而且，1954 年，蔡先生正担任建筑工程部建筑科学研究院副院长兼总工程师，又是刚刚创刊的《土木工程学报》首任主编。写稿、投稿，单就编者与作者之间的交往来看，两人之间进行学术切磋就很正常了，因此就有这一段做蔡方荫先生助手的经历。

其时，蔡方荫先生正在修订他的《截面梁刚构分析》一书，此书 1953 年出版，1955 年、1962 年再版内容多有修订，是结构力学方面一部重要著作。

潘家铮跟随蔡先生的这一段研究当然收获颇巨，就在 1954 年当年，他的 4 篇结构力学论文在《土木工程学报》和《物理学报》上发表，分别是《土木工程学报》1954 年第 1 卷第 2 期和第 4 期发表的《一般式边框桁架的分析》《拱应力及拱常数的简捷分析法》《关于刚构常数与刚构分析讨论》，《物理学报》发表的《角变式半圆拦污结构的分析》。这些论文，都经过蔡先生的审核。同时，潘家铮本人也应聘担任这些学术刊物的编审。

从这些发表的论文来看，1954 年，他的注意力集中在结构力学的研究上面，同时，他已经开始注重学术研究与工程实践相结合，注意解决实际问题。

转眼，1955 年春季来了，另一个年份的另一个季节又是另外一番风景了。

1954 年底，黄坛口工程设计工作还没有结束，潘家铮再度南归，调回新成立的上海水电勘测设计局工作。此后不久，该局更名为上海勘测设计院。

当初潘家铮到北京，工作关系也随之到了北京水电总局。这一次南归，他是主动争取。新婚燕尔，即劳燕分飞，分居两地。这一回，也是为了夫妻团聚，能有一个安稳的家。何况，他不能离开母亲和妹妹他们太远。

他在上海勘测设计院一待就是 18 年。

1955，醒过来的中国水电

钱塘江水电勘测处，浙江水电工程局，华东水电工程局，现在又是上海水电勘测设计局。更改名为水电总局上海勘测设计院，是 1956 年的事情。

单位名称在三五年之间不断变更，传递的正是中国水电这个年轻的壮汉子一步一步走过来的足音。

再回过头来说水电总局由原来燃料工业部的部内局扩展为一个部外局的过程。

说起来，可谓五味杂陈。

1952 年 11 月 1 日，李锐刚刚担任燃料工业部水电局局长，已经感到从国家计委到燃料工业部领导对水电这一块并不重视，燃料工业部有煤炭、电力、石油三个独立总局，而水电局是部内局，说是承担全国水电规划与建设任务，其实是一个非常边缘的机构。

即便是这样一个机构，也是在 1950 年 8 月第一次全国水力发电工作会议之后，才由原来的水电工程处，升格为一个部内局。局长黄育贤，副局长张铁铮，下设规划、设计、机电、营造和秘书处，全局里的工程技术人员仅有 33 名，基本上还是国民政府资源委员会水电总处的老底子，尽管由处变局，却没有垂直管理的下属机构，工作实际上很难开展。

水电总局还说不上门庭冷落，也不是没有事做。只是，水电被视为火电的补充，甚至水电就是火电的一个填空角色。20 世纪 50 年代初拟定的第一个五年计划，相当多的水电项目不是从电力系统的发展出发和研究水电的配合加以确定，而是实在没有煤炭资源，才不得用水电补空。如赣南钨矿要用电，原打算安排火电，就是因为找不到煤，才不得不临时抓水电；云南东川、个旧都是因急于用电，火电解决不了，才再考虑上水电；那座中国第一座水电站——云南石龙坝水电站扩建工程，甫一提出即被否掉，年中用电量陡增，方又回到计划书里，仓促复工；狮子滩水电站 1954 年列入计划之后，又几乎被砍掉，后来重庆用电负荷上升，马上又要求提前一年于 1956 年发电；官厅水电站的情形也类似，开工的时候就没有布置水电，北京用电量一增，觉得水电站有上的必要了。

诸般如此。

李锐是参加过"一·二九"运动的延安老干部,他整整大出潘家铮 10 岁。此时正值壮年,精力旺盛,事业心非常之强。当初,武汉大学学机械出身的李锐从中共湖南省委宣传部长岗位上调回北京,为的就是要"干点实事"。回京之后,他到老上级,时任政务院副总理兼中央财经委员会主任的陈云那里报到,本来,陈云是想让李锐继续做他的助手,1949 年李锐随大军南下之前,在东北局一直跟着他。同时,包括中宣部等好多单位等他去,都被他谢绝了。看他真的想干点事实,陈云跟他谈话着重强调:如果搞不好,就要准备让位。[103]

中国的水电建设格局和他领导的水电局是此种情形,李锐自然忧心如焚,他深感水电上层领导机构明显与国家经济形势发展和水电建设要求不相符合,更与世界第一的水电资源大国的地位不相称,他在回忆水利和水电两家合一的文章谈到:

> 水力发电,"水还能发电?"在旧中国(东北和台湾地区在外),人们对水电是陌生的,这种情况也反映在水利系统。1952 年我一上任就遇到官厅问题。中国河流自古以来的严重问题是洪水为患,"大禹治水",家喻户晓,历代相传,"善治河即善治国"。国民党时代,长江、黄河、淮河都相沿有专门水科机构。新中国一成立,即设水利部统率其事。永定河关系北京的安危(河的名称即有来历),1949 年就修建官厅水库。水电方面曾一直以各种方式,提出同时修发电工程的意见,最后并由水利、燃料两部苏联专家向苏方总顾问写出统一的书面意见:"工程布置上同意水电方面意见——泄洪隧洞可以作发电引水隧洞之用"。理论问题虽已解决,但水利部早已动工,木已成舟(泄洪隧洞下方已不能布置厂房),无法补救。我们只得在对岸重做地质勘查,另打隧洞,修建厂房。[104]

李锐进而感慨道:"中国传统根深蒂固的单纯防治洪水的治河观念,缺乏对河流综合利用的开发思想,是何等地反映在开国之初几年的水利工作中。淮河佛子岭和梅山两水库的发电工程,都是事后做的补救,不合理之处甚多。辽

103 参见《李锐往事杂忆·转业前后日记》,李锐著,江苏人民出版社,1997.2。
104 参见《李锐往事杂忆》,李锐著,江苏人民出版社,1997.2,第 301 页。

162

河的大伙房也有类似情况。这几个工程都是'水库'和'发电'先后施工，给水电施工带来很多困难和损失"。[105]

还是李锐出马，1953年直接写信给老上级陈云汇报水电情况，同时提及水电机构问题。李锐力陈利害，陈云甚是赞同，支持水电建设总局独立运行，并将此信批转政务院领导研究。

1953年4月，中央财经委员会正式批准将水力发电工程局易名为水力发电建设总局，仍属燃料工业部，但与其他部外局并行。

总局下设计划、勘测、设计、人事、教育、秘书和行政七个处，另有研究室分管日常工作。另组建起东北、西北、华东水电工程局，中南勘测处及华北、西北水电工程筹备处等。

尽管水电局扩展为水电总局，但是人们对水电的认识仍然一时难以扭转。李锐和燃料工业部副部长刘澜波早已经熟识，1954年部里分来240多名学地质的大学生，结果到部里分配时，只给了当时急需地质勘探人才的水电总局10多个名额。

李与刘私交甚好，两个人在延安的时候就认识。为此李锐在会上据理力争，但刘并不以为意，会议还没有结束，李锐拂袖而去。

再加上黄坛口工程陷入困境，大家对水电更是不大放心。当年燃料工业部给国务院起草报告，李锐又是据理力争，好容易才加进去不到1000字的水电内容。恰恰这时，燃料工业部的苏联专家也是一片好意，忧心忡忡地向部领导提出警告：鉴于苏联的经验，中国不要搞大水电站。

其时，中国与苏联正处于"蜜月期"，尤其工程技术上的事情，苏联专家一言九鼎，在工程技术上说话算数，那基本上就是"圣旨"。

当时中国的经济建设，几乎是向苏联一边倒的，对欧美，甚至印度的水电建设成就与水电对国民经济的贡献故意看不见，一味相信"老大哥"的话。

李锐毕竟是一位有过长期行政工作经验的老革命，急迫归急迫，忧心归忧心，做工作还是有相当魄力，上任一年多，他对发展中国水电建设还是有相当的自信。

105　参见《李锐往事杂忆》，李锐著，江苏人民出版社，1997.2。

苏联专家的建议未必没有道理，因为当时苏联上的两座大型水电站——斯大林格勒水电站和古比雪夫水电站皆因投入大，周期长而难以为继，水电在苏联的名声并不太好。李锐决定让事实来说话。1954 年底，在李锐的建议之下，中国组织电力代表团赴苏联考察。

代表团在苏联考察了四个月，苏联水电的发展现状总算是弄了个一清二楚，那就是苏联的水电基础和中国完全不同。如伏尔加河是平原河流，总落差 200 多米，还不如中国黄河中游一百公里河段的落差大，跟长江流域的河川就更不能比了。所以，苏联建水电站，投资特别大，工期特别长，每年要占去全国一半以上电力投入。

代表团回来之后，李锐在部里作了一个报告，同时洋洋洒洒写了 5 万字的长文，叫作《苏联水力发电建设的基本情况和主要经验教训》发表在《水力发电》上。

这次考察，李锐有一首《取经行》，述之甚详：

取经行
（1954 年 12 月—1955 年 3 月访问苏联）

朝去暮回地下铁，巴门车站滑积雪。元老院中拜老师，问难解惑月圆缺。法规制度有由来，前车殷鉴最关怀。吃一堑方长一智，盘根不厌问九回。守口如瓶终开口，精诚所至金石开。天下扬名德聂伯，如盆水库周调节；线路当年未过关，用户遥遥空叹息。河流规划一盘棋，尤在先身经济策。地壳变化不由人，灰岩深洞乱昏昏；万事俱备开工后，方知深部有盐层；苦头大小曾尝遍，不可侥幸掉轻心；举国支援包袱沉，竣工时限必延续。水火投资太悬殊，白煤难敌乌金足。资源用户两相颠，西伯利亚无人烟。欧陆河流开发尽，水电难再着鞭先。他山之石可攻错，书之竹帛十万言。[106]

长话短说。

106　参见《龙胆紫集新编》，李锐著，广东人民出版社，1995.12，第 16—17 页。

代表团出访之前，水电总局就开始厉兵秣马，筹建全国后来的 8 大水电勘测设计院，分别是武汉水电勘测设计院、北京勘测设计院、上海勘测设计院、成都勘测设计院、长春勘测设计院、广州勘测设计院、昆明勘测设计院和兰州勘测设计院。

上海勘测设计院开始叫上海水电设计局，于 1954 年下半年成立，原华东水电工程局撤销，全国又以各水电工程局为单位，设立了 11 个工程局（处），1个水电工程公司。

其时，水利部门的黄河规划已经结束，水利部门逐渐接受了河流工程应当综合利用的理念，水利和水电不再是皮骨分离，防洪与发电不再势同水火。1953年到 1957 年第一个五年计划，全国的水电建设迎来 1949 年之后第一个建设高潮。在这 5 年之中，中国的水电装机容量由 1949 年的 16 万千瓦，增加到 1957年的 102 万千瓦，水电总装机容量占全国电力总装机容量的 9%增加到 22%，电量比重达到 25%。

1955 年，对于中国水电而言，是一个迟到了的春天，但是，尽管来得迟，仍然百花繁茂，春意盎然。

潘家铮就是在这样的背景下南归到上海勘测设计院的。

潘家铮"自修大学"

1955 年和以后数年中，中国的水电建设算是度过一段红红火火、激动人心的日子。

成立不久的上海水电勘测设计局，其实就是过去的浙江水电工程局，后来改为华东水电工程局的班底，只不过办公的地点由杭州迁到上海，徐洽时、马君寿、潘圭绥等老一辈水电工程专家都过来了。王醒任党委书记兼局长，徐洽时任总工程师。潘家铮从北京南归，由杭州而北京，由北京而上海，其实还是回了家。所以，他在谈到从北京调到上海勘测设计院这段经历时，总用一个字：回。回到上海。

1955 年，28 岁的潘家铮健朗，向上，富有朝气，青春勃发。当时的上海院接收了一批 1951 年全国大专院校院系调整之后的水电专业大学生。有一帮年轻人，显得非常有活力。刚出校门的大学生，还没有实践经验，而水电总局下达到上海院的任务又特别重，除了黄坛口工程之外，还有上犹江、古田溪、新安江等大中型电站的勘测和设计任务，正是用人之际，他们必须尽快地成熟起来，否则将无法应付日益繁重的勘测设计工作。

从北京调到上海，潘家铮仍然担任着黄坛口工程大厂房组的组长。新成立的上海设计院倒跟当初他刚刚参加工作时的钱塘江水电勘测处的情形差不多，20多个人在一个大房子里办公，白天非常忙碌。

20世纪50年代初，中国的水电技术完全依靠苏联的规范，只需要照搬过来就是。潘家铮不迷信，每一个细节他都要仔细研究，直到搞清楚那些公式定理的来龙去脉。就是在这个时候，刚刚参加工作时仔细研读过那600多份TM真正派上用场。

潘家铮利用业余时间，根据当年做的笔记，结合设计的需要，从这600多份备忘录中抽简、总结水电站坝工技术从坝工、隧洞、调压井，再到坝型、混凝土温控等等水电坝工关键技术，写成讲稿，并油印成册分发给大家，每周二、五两个晚上的时间讲给大家听。地点是在过去聚兴诚银行的地下室，那里是单位的食堂。

要知道，美国垦务局的TM仅仅是一个一个工程案例，而水利坝工枢纽本身并不能构成一个独立的学科，而是一个涉及地质、结构、材料、施工等众多学科的复杂系统，如何探究清楚这一复杂系统的每一个细部，又能运用到具体坝工设计中去，将复杂问题简单化，将抽象问题具体化，显然是需要下一番工夫的。

几乎就是一种自发行为，也是大家的一致要求，更是因为潘家铮能讲得深入浅出，实用而解决问题，潘家铮从1955年开始在上海勘测设计院的水工结构的系列讲座，成为该院一道持久的风景。老银行地下室每周两晚的灯火，和南京路、外滩的繁华相比显得黯淡了许多，却热烈、饱满，浑然不觉地下室外面的寒来暑往，有着时代赋予的精神张力。

受益者就不计其数了。

姚慰城，原上海市水利工程设计研究院院长，1955年毕业于上海交通大学，毕业之后分配至上海勘测设计院，在那里待了15年。年轻的潘家铮讲课时的风采他记得清清楚楚：

……那时我虽然没有在他直接领导下的工程设计组工作过，但是直接接受过他的课堂教育，踏上工作岗位不久就逢潘家铮开讲水工结构系列讲座。他结合当时工作所用的苏联规范，讲解水工结构的众多问题，深入浅出地传授他钻研业务工作的心得。那时潘家铮工作经历不过五六年，而他讲课的内容和表达技巧，真乃不是教授的教授，听课能自感得益匪浅，真正领悟到大学基础理论课的重要，必须复习巩固学校所学的知识，更需要补充学校未获的知识，才能胜任设计工作。[107]

姚慰城说，听潘总的讲座，不仅厘清了水工设计的许多概念，同时唤起的是对工作的巨大热情与动力，十年之后，姚慰城评为工程师。今天看来，评一个工程师是一个微不足道的事情，但在20世纪50年代却非常不容易。一支设计队伍里，若有几个称得上工程师的人在，无论是甲方还是乙方，都显得很有面子。

上海院的工程师偏多。

龚光丽，跟潘家铮共事多年，退休之前系上海市水务局副总工程师。

潘总是一位在力学理论和工程结构领域的天才，是培养了一代又一代青年技术人才的大师。新中国成立初期，我们这批刚参加水力发电工程设计工作的青年，在工程结构方面理论基础肤浅，在大型工程实践中如何将理论具体应用，更是既陌生又胆怯。本着对青年一切迫切培养的要求，单位让潘总负责组建结构工程力学学习班。他立足于工程实践，从基本理论到具体应用，从编写讲义到业余义务授课，始终以饱满的热情和清晰的条理来讲授，取得了良好的效果，获得了全体与学青年技术人员的高度评价……[108]

陈国海，原福建省工程咨询公司总经理兼专家委员会常务副主任。1956年

---

107   参见《永远的潘家铮》，中国水力发电工程学会、中国水利水电出版社编，中国水利水电出版社，2013.6，第54页、第57页、第75页。

108   参见《永远的潘家铮》，中国水力发电工程学会、中国水利水电出版社编，中国水利水电出版社，2013.6，第54页、第57页、第75页。

由古田水电工程局调入上海勘测设计院。早在大学的时候，他就听过潘家铮的名字，第一次见到这位心仪甚久的工程师，不禁惊讶：他个子不高，年龄相仿，戴着深度近视镜；其貌不扬，衣着朴素，桌子上还放着一小瓶不知道是什么药。这哪里是心目中那个潘家铮？

几年之后，陈国海也居然名声在外。他在广州水电厅业余大学教课，许多人都好像不是来听他讲课的，而是要看一看外界传说的"潘家铮高足"到底长什么样子。这让陈国海甚是惶恐，备课讲课也学潘家铮的样子，自己编印教材发给学员，不敢稍有懈怠。

怎么回事？原来，是那些油印小册子帮他走进水电的大门，除了听课，就是抱着几册潘家铮的讲义反复研读，渐得三昧。后来参加潘家铮主持的502工程组进行流溪河水电站水工设计，更能独当一面，"潘家铮高足"的名声也不胫而走。[109]

上海那座老银行地下室的讲座，实际就是一所水电自修大学，每周两个夜晚出入于地下室"自修大学"的新大学生，在不久后成为中国水电建设的技术骨干。

年轻的潘家铮和比他更年轻的同事相处甚是融洽，那真是一段愉快而充实的时光。

其间有一件趣事。同事中有一位陈益焜，江苏人，喜欢听弹词，每一次听，都要热情邀请潘家铮一同前往。听的节目是《三笑姻缘》，唐伯虎点秋香的故事被艺人演绎成一个非常漫长的故事，每一场说到"点秋"关键一节，艺人便收弦驻声，留下悬念，且听下回分解。潘家铮本来对吴侬软语不得要领，听了好几次，到"点秋"关节之处便戛然而止。最后一次去听，仍然是这样，潘家铮哭笑不得，对陈益焜说：解元再不点秋香，秋香早就老了。随口吟一首七绝，道是：

兴来夜夜听弹词，三笑姻缘惹客思。

枝指解元还不点，秋香双鬓见华丝。

109　参见《永远的潘家铮》，中国水力发电工程学会、中国水利水电出版社编，中国水利水电出版社，2013.6，第54页、第57页、第75页。

两人不禁大笑。[110]

所谓教学相长。潘家铮在整理编写讲义的同时，1955 年，连续发表了 10 篇水工结构计算论文。加上1954年在北京发表的4篇水工结构计算的论文，1957 年，受水利电力出版社之邀，这 14 篇论文结集为《水工结构计算》于次年出版，出版时题目有所改动。

《水工结构计算》是潘家铮出版的第一部水工结构计算专著。

他在这部书的序言中分别记录这批论文的诞生过程：

> 这些文章是在 1954 年到 1955 年间结合实际工作陆续写成的。例如土坝心墙、拦污结构和拱式进口段三篇文章是为了计算 402 工程的西导墙心墙，堤坝进水口和隧洞进水口而写的，《圆拱应力资料》是在 502 工程拱坝初步设计中制成的，《大孔口重力坝的计算》是应 403 工程同志们的要求写的，《厂房排架计算中杆件宽度影响》一文是为 508 工程写的，《地下水工结构的计算》也是为了应付 402 和 502 某些地下结构计算而写成。有一部分材料是作者在上海水力发电设计院水工结构学习班上准备的讲稿……最后三篇则是对各类水工结构地震应力计算的初步研究。[111]

所谓402、502、403 工程，当是出于保密之需，为每一个工程组设的编号。潘家铮负责的是 502 工程组。关于这些文章的目的，有三种：

> 一，对规范或教本中比较繁复的计算公式进行推导和演证，使设计者能明了其来源；二，提出一些特殊水工结构的计算方法，或者做了一些整理、推广和简化等工作；三，对某些专题做了点初步研究和讨论，这些课题在一般教本

110　潘家铮《积木山房诗话》卷五《趣话》：五十年代，余与陈公益焜驻沪。陈吴人，喜听弹词，每夕邀余同往。余不谙吴音，勉而从之。时艺人演说《三笑姻缘》，故弄关子，每将说到"点秋"时，谢幕收场，留悬念于翌日，如是者数矣。余苦之。是日，陈又邀余，曰：听到点秋香即止，何如？余不得已从之，而是夕仍未点也。余怒，语陈曰：解元不点，秋香老矣。口占一绝云：兴来夜夜听弹词，三笑姻缘惹客思。枝指解元还不点，秋香双鬓见华丝。陈大笑。

111　参见《水工结构计算》，潘家铮著，电力工业出版社，1958.8，序言。

中是很少见到，普通设计同志对之往往不甚熟悉……[112]

所有的文章，都是在解决具体设计中具体的结构问题。说得通俗一些，那就是实用。

在该书的序言中，作者还称，其中几篇文章实际上是集体智慧之结晶。"例如，第一篇是和北京水电设计院施德孙同志合写的；第二篇是和上海水电勘测设计院苗琴生同志合写的；第三篇得到唐敬伦、龚光丽和徐厚德许多同志的帮助；第五篇的曲线是金彬彦、张发华同志绘制，一部分公式由刘世康同志推导；第四篇的函数表由吴祖铠同志协助计算；第八篇的资料由朱象诚工程师搜集和整理"，[113]云云。谦谦君子一段告白，当是年轻的潘家铮与更年轻的技术人员之间融洽关系的写照。

年轻的潘家铮在工作之余的时候当是一位非常健谈的人，而且也是一位非常善于谈话的人，他的做派跟乃师钱令希先生一样，给大家讲解的同时，也非常善于激发每一个人的创造力。

若说潘家铮没什么业余爱好也不准确，大家有时候能听见他走在路上哼两句什么调调，大约是屡屡出现在鲁迅、周作人笔下的绍兴地方戏吧。如果不是当年的学生亲口说，谁都不会相信，潘家铮颇通音律，当年在绍兴双山小学教书的时候居然带着一把凤凰琴，他能用简陋的乐器弹奏古曲《苏武牧羊》《燕双飞》《梅花三弄》。然而这在同事们那里简直是不可想象的一件事情。也就是这把凤凰琴，将在"文革"中陪伴他度过许多艰难的日子。劳改回家，抱起凤凰琴为孩子们弹奏一曲，白天的郁闷之气仿佛在琴声中得以纾解。

1955年，潘家铮把所有的研究都放在解决具体设计的具体问题上面，拦污栅、心墙、斜心墙、调压井衬砌、拱形力学计算、大孔口重力坝力学计算、桁架刚构、法兰应力，等等等等。这一时期的讲课稿，于1958年以《水工结构应力分析丛书》的形式正式出版，前前后后凡10册。这套丛书在业界的反响是超乎寻常的，好像一条浩莽不见涯涘的大河上陡然出现的一道津梁一样让许多人喜出望外。

112，113　参见《水工结构计算》，潘家铮著，电力工业出版社，1958.8，序言。

这部丛书成为 20 世纪五六十年代水工设计的"本本"和秘籍，而大专院校师生更是将其作为重要的参考书。水电工程的基本概念、设计原理、计算分析方法、构造原则第一次在中国水电工程界完整、系统而清晰地呈现出来，尤其是丰富的工程实例与参考数据，对提高刚刚进入水电建设高潮的中国水电设计水平具有重大意义。

潘家铮的挚友，中国水利科学研究院高级工程师、中国工程院院士朱伯芳先生，两个人保持了几十年的友谊。朱对潘的这套书有一个评价，这个评价恰如其分。

他的著作的最大特点就是"实用"，讨论的问题都是水工结构设计施工中经常出现的实际问题，在总结国内外科技成果和他本人研究成果的基础上，系统地阐述了相关问题的计算和解决方法，多年来深受水利水电工程技术人员的欢迎，在实际工程中得到广泛应用，他的这一套著作可以说是我国水利水电工程技术的宝库。[114]

这一套著作在出版时，潘家铮在封面上特意加注"编著"两个字，意在说明，这套丛书的内容，是国内外已有水工结构研究成果的集合。

朱伯芳老先生在 2013 年召开的《潘家铮全集》大纲审定会上，一再强调这套丛书的价值，他说：这套丛书在某种程度上讲，要比潘总自己的许多著作价值更高，影响更深远。

为什么这么说呢？朱先生没有多讲。

倒是潘家铮当年在上海水电勘测设计院的老战友，也是当年潘家铮举办讲座的受益者刘世康对他的这套丛书有一个中肯评价。

潘总编著的《水工结构计算》丛书（应为《水工结构应力分析丛书》）……无论是水利水电部部属设计院，还是地方设计部门，在国内各种水工结构设计中，基本上都参考潘总的丛书，它比国外同类的书籍具有更高的水平和实用价

114　参见《永远的潘家铮》，中国水力发电工程学会、中国水利水电出版社编，中国水利水电出版社，2013.6。

值。这是对我国水利水电事业的极大贡献。[115]

在这个时候，潘家铮才真正进入了一个水电工程师的角色，每天的梦里都有滔滔江河流过，每一个梦里一座座大坝翩然浮现。

这一年，他的第一女儿潘敏出生。潘敏大了之后问母亲：父亲年轻的时候哪来那么多时间写出那么多书？许以民跟女儿说，你爸爸每天回来就坐在桌子边一手抱着你，另一只手在那里不停地写，不停地写，辛苦得不得了。

1956 年春，潘家铮由二级技术员晋升为工程师七级。

20 世纪 50 年代中期，工程技术单位评级定薪，原来"折实单位"本是战时经济的产物，此时作废，于是参照苏联工程技术的薪酬制度，工程技术分为工程师与技术员两种职称，技术员分为八级，工程师也分为八级。六级以上为高级工程师，七级虽是普通工程师，但在当时仍属高级知识分子之列。刚刚毕业的大学生最快需要 10 年才可以评得上工程师。

椰风海韵下岭南

1955 年，潘家铮的心情想不好都不行。

任务很快就来了，他数年间关于水电工程设计的研究储备，终于可以直接和奔腾的江河对话了。

上海水电勘测设计院原来负责浙闽两省的水电开发任务，可是，上海院接到的第一桩工程却来自广东。

进入 1955 年，中国水电建设发展之快，让人目不暇接。江西上犹江水电站、福建古田溪水电梯级开发全面落地实施，浙江的黄坛口工程经过两年多补充勘测设计，也复工在即。这时候，广东方面向水电总局求援，要上马流溪河水电站。

水电总局将任务下达到上海水电勘测设计院。这样，就有了潘家铮第一次岭南之行。上海局成立后，这是由总局下达的第一个落实项目，院里十分重视，组成一支实力颇强的设计队伍，由党委书记兼院长王醒亲自带队，富有设计经验的老专家马君寿为技术负责人，后来成立流溪河水电工程处，马君寿任总工

---

115 参见《永远的潘家铮》，中国水力发电工程学会、中国水利水电出版社编，中国水利水电出版社，2013.6。

程师，潘家铮任工程大组组长。

上海如此隆重地对待远在广东的流溪河水电工程，显然是正确的。就在他们即将赴流溪河实地勘察的时候，水电总局局长李锐也来到上海，随全体勘测设计人员前往。

广东和江浙同属南方，潘家铮仍然能感到与江浙一带迥乎不同的岭南风情。也难怪，五里不同俗，十里不同音；百里之外，形同异域。何况已经是千里之外。当年，从上海到广州，要坐两天两夜的火车。从 1955 年到 1957 年，他频繁往来于穗沪之间，舟车劳顿，语言不通，但处处都是新奇、陌生、鲜活，甚至所到之处哪怕是一个小村落的地名也是别致而诱人的。此行的心情如同南国的天空一样澄明。

当年黄坛口上优美的风景他视而不见，1954 年整整一年京华烟云没见他形诸笔端，而初到岭南，哪怕是寻常巷陌一朵盛绽的花朵，也能引起他的兴趣，简直诗情涌动，即便是到了流溪河水电站的坝址现场考察也是这样。

此地冥无人迹，无路可通，急流奔涌，岸断千尺，站在此岸就可以看到对岸林子里鸟儿羽翅的颜色，目测的距离简直可以一步跨越，可是哪里能够？这样艰苦的环境也让潘家铮流连忘返。

我不知道怎么形容这原始的流溪风光才好，只能说，我们进入了一个绿荫世界，让人俗虑全消。当然，在春末夏初季节，江南也是一片绿意，但这里的绿，是天公用最浓的颜色涂出的深绿、浓绿，是由一望无际的荔枝丛堆出来的，它们像一朵朵绿云围绕着你，真令人神迷心醉。[116]

苏东坡"日啖荔枝三百颗，不妨长做岭南人"的诗句不正在眼前吗？啖荔枝果然味美，但结果不甚美妙，几天下来，潘家铮就流开了鼻血。

潘家铮在一行工程师中间是一个年轻人，而且跟大家相处融洽，甚是相得，但不能说他耽于游山玩水的乐趣之中，况且，语言不通，一向低调处事、胆子又小的潘家铮其实很少出门。如此心情，只能说明他那个时候信心满满，轻松

116　参见《春梦秋云录——浮生散记》（第二版），潘家铮著，中国水利水电出版社，2000.12，第 111 页。

而悠然，面对诸多的工程技术问题已经应付裕如了。

他们在流溪河上考察完毕，凭着直觉，还不待进入实际论证，一座薄拱坝的构思已经在脑子里慢慢形成了。

回到上海之后，马不停蹄开始筹备流溪河工程的勘测设计工作，这时候，由潘家铮任组长的 502 组正式成立。这是一个完全由年轻工程师和技术员组成的班子，成员有龚光丽、陈顺天、刘世康、陈国海、任文杰、金彬彦、马昌仁等 20 多人。这是一个充满活力的团队，在潘家铮的带领和影响之下，团结、友爱，在技术上互相切磋，在生活中相互关心，荣辱与共，这种由事业协作而形成的友谊将保持一生。他们日后或留上海，或奔赴更广阔的天地，都成为中国水利、水电建设的骨干技术力量。

流溪河工程的设计工作甚是紧张，这中间，上海院又接到修复海南东方水电站的任务，任务直接派到潘家铮主持的 502 工程组。流溪河水电站正紧张设计，新接了这一个任务，潘家铮带着组里几位成员于 1956 年初再度南下，直奔海南，考察这座由日本侵略者修建的废弃水电站。

修复这座已经废弃的水电站，对于上海水电勘测设计院的技术力量而言并不是件大事。但是这座水电站对孤悬南海的海南岛而言，其意义却非同小可。因为，它是海南岛开发历史上第一座水电站，而且它的修建与废弃，见证着一段让人难以释怀的家国荣辱。

有必要对这座电站做一个介绍。

1939 年，12 岁的潘家铮还在没有沦陷的绍兴马鞍村避难，上演自编自导的那出荒唐的"茉莉缘"，日本侵略军的铁蹄已经踏上海南岛。随日军登岛的，还有一家日本专门进行水电开发的公司，叫作"日窒会社"，这家公司于 1940 年从军方提供的情报那里获悉，岛上的石碌地区有丰富的铁矿资源，侵略者喜出望外。为了掠夺这里的铁矿资源运回日本，这家公司制订出周密的掠夺开发规划，包括石碌采矿工程、石碌至八所滩铁路工程、八所滩筑港工程和东方水电站工程四大工程。

东方水电站位于东方县广坝村，日本人为建这座水电站还是花了大价钱，投资共计 1.36 多亿日元。这是一座引水式小型水电站，装机容量为 5600 千瓦，专门为八所港建设及碌石铁矿及附近日资企业提供动力及照明之用。但是，同其他三项工程一样，每一块石头上都浸透着劳工的斑斑血迹。

潘家铮到达东方水电站之后，曾在水电站工棚里面发现不少"绝命书"，都是当年劳工在生不如死的境遇下的控诉。

此四大掠夺性工程建设，侵略军强征、哄骗至工地的劳工，加上上千名英国、印度、加拿大战俘，最高峰时期达到 2 万多人。这些劳工来自沦陷区各地，来源驳杂，还有许多青年学生，以香港为多，其次是广州，再次是上海，还有不少来自台湾。

这些劳工们在刺刀的逼迫之下连续高强度工作，许多工人穿的是水泥袋，睡觉盖的是麻包袋，吃的是地瓜干和稀饭，饭食根本不足果腹。一天十几个小时干下来，劳工饥饿而死，被虐待而死，更可怕的是身染疠瘴、奄奄一息，被活埋而死。到八所港和东方水电站建成之日，2 万多人最后只剩下 2000 多人，而东方水电站征调的 3000 余劳工中，只有约 200 人活了下来。[117]

潘家铮在阅读技术资料，读到东方水电站这段建厂历史，仿佛听到隐藏在泛黄纸页下面那些冤魂的阵阵呼喊，不禁毛骨悚然。他掩卷长叹：小小的东方水电站竟是用中国人的头颅骨砌成的呀——中国人啊中国人，你受人宰割奴役的历史真是太长了！

潘家铮将自己正在从事的水电事业同国家的命运和民族的命运联系在一起，东方水电站无疑起到了强化的作用。或者说，潘家铮毕竟是有过亡国奴经历的人，他对眼前这座废弃的水电站所蕴含的国耻体味会更深一层。

用中国人的血肉和白骨垒砌起来的建设效率相当高，这座水电站 1941 年动工兴建，仅用两年的时候，拦河坝、引水渠、主厂房竣工，1943 年 11 月 1 日正式建成发电。但是，用掠夺欲望与刺刀逼出来的效率，其工程质量就可想而知了。何况，主持其事的只有两名日本工程师，一名搞土木，一名搞机电。建成发电之后，发电量大打折扣。

东方水电站运行 1 年零 10 个月，日本投降。1946 年 2 月，国民政府资源委员会派水电专家吴震寰南下接收该水电站，置于资源委员会水电总处管辖之下。但是，内战已起，资源委员会根本无力经营远在海南孤岛上这个烂摊子，

117　参见《走进感恩福地——东方市文物概述》，郑瑶新著，暨南大学完出版社，2012.8，第 102 页；《东方文史》（第 8 辑）、（第 9 辑），政协海南省东方黎族自治县委员会文史委编，1995.3。

经营管理极度混乱。

就在接收的第二年，输送电力的 66 千伏高压线路连续被盗，致使海南岛仅有的 80 公里输电线路全部瘫痪。1948 年下半年，该水电站遭受了台风和特大洪水的袭击，拦河坝和引水渠道部分损坏，洪水比原设计最高尾水位 70 米还高出 9 米，强台风裹挟大洪水劈头盖脸而来，从主厂房屋顶灌入厂房，发电设备全部被淹，主厂房外面的升压变电设备也被洪水冲毁，原来就半死不活的水电站，从此陷入死寂。黎族村寨藤蔓疯长，陷入淤泥和砂砾中的发电机组被藤蔓死死缠住。

据说，当年日本人建厂的时候，还留有很大的扩充余地。所以日本那位机电工程师在日本投降之后并没有离开，希望把自己亲手设计安装的电站最终发挥出最大效能来。

就广坝村的自然条件而言，水电开发甚是理想。日本人的原设计就是利用 40 米落差的瀑布引水发电，瀑布上筑坝拦水，筑 12 米坝，可获得 47 米的落差，形成 1200 万立方米库容，装机容量可达 3.8 万千瓦。但一期工程只建了一座 6 米高的溢流堰，仅抬高水位 4 米，开发的余地还很大。

这位工程师心里还装着二期、三期工程方案尚未实施，心有不甘。

一场洪水过后，冲毁了电站，也冲毁了他心里残存的那一点点工程理想，黯然离开。

潘家铮一行此番南行，事先已做好修复方案。恢复电厂容易，此时，国内已经有相当成熟的机电技术，难就难在如何抵御海南地区突如其来的大洪水。

工程虽然不大，但技术问题特别复杂，潘家铮和大家颇费了一番脑筋，最后提出三个解决方案。他最得意的是在电站的尾水渠外修一个拱坝，彻底将洪水与电站厂房分开，以绝后患。这时候，他们正在为流溪河水电站做坝型优化选择，与水电总局的苏联专家顶着牛，这个机会正好研究用特殊函数对薄拱坝进行实战演练，组里的年轻人跃跃欲试，潘家铮也说服了设计院的领导，可是水电总局的苏联专家却不同意，选择了他们最不情愿的第二方案——加固厂房，把厂房做成不透水结构。[118]

苏联专家金口玉言，潘家铮无可奈何，1956 年年初，也即农历的腊月，潘

118　参见《春梦秋云录——浮生散记》（第二版），潘家铮著，中国水利水电出版社，2000.12，第 116-117 页。

家铮带着组里骨干前往广坝村做设计。两天两夜到广州，再由广州下三埠，改乘汽车经阳江、电白抵湛江，由雷州半岛换乘轮渡越琼州海峡，到达海南秀英码头，到广坝村还得走上整整一天工夫。由上海到达目的地，已经 13 天过去了。

一登海南岛，心爱的尾拱方案被苏联专家不问青红皂白否决掉的不快一扫而空，他忽然想起当年苏东坡走的路是不是如他这般辛苦？当年苏东坡被贬之后走过的路线是不是与他重合？辽阔的大海，白浪跳珠的大江，高耸入云的五指山脉，农田阡陌，村寨古朴，关于苏东坡行进路线的猜测与眼前的风景交相变幻，到达东方县的广坝村时，那里的原始风貌着实让他吃了一惊。

他想到苏东坡也很自然，倒不全是因为潘家铮熟读古诗词的缘故。从他 5 岁居杭州算起，一直到钱塘江水电勘测处，前前后后继继续续在杭州住过十多年时光，杭州西湖之上那一道著名的苏堤他哪里会不知道？苏东坡当年筑堤疏浚西湖，也算是近古的水利工程，与他的目前的工作倒有些许瓜葛。

当时的东方县，还是一个不足 6000 人口的黎族自治县，县城所在不过是聚集着几百户人家的小镇子，而广坝村，黎族同胞还保持着几千年前的原始生活生产方活，攀树搭巢，刀耕火种。地方病流行，卫生条件极差。

但是并不影响潘家铮的好奇与愉快轻松的心情，星期天到村子里给同事们买椰子；或者一个人跑到大瀑布下，睡在一块大石头上，任凭太阳透过浓密的树叶将光斑在脸上晃来晃去，一枕黄粱，做古高士状瀑下听泉。

只是，他在那里不敢像半年前在广州那样放得开，尤其吃饭饮水都需要小心翼翼，不仅是不习惯当地的饮食，更不放心的当地医疗条件。他们有一次闲谈中说起这个事情来，发牢骚说，万一得了急性阑尾炎，得到一百多公里之外的海口开刀，等一路颠簸到了海口，人怕也没命了。谁知道，他们这番话激怒了当地卫生所的一位护士，该护士迅速把一只猴子哄骗到手术台上，不施麻药不打针，活活把它的阑尾割将下来。那只猴子原来与他们特别友善，手术之后，性命倒是无忧，只是性情大变，见了人就呲牙怒吼。得意的倒是那位卫生员，潘家铮见了这位证明自己完全可以做阑尾手术的卫生员，心里直念"阿弥陀佛"，祈祷自己千万别犯在他的手里。

大家在那里过了一个春节。春节一过，潘家铮就染上疟疾。疟疾来得非常凶险，浑身滚烫，他感到血管里奔涌的血都像沸腾了一样，大家七手八脚将他抬上一辆牛车，送到铁厂的医院才慢慢好起来。不过，潘家铮很快接到院里通知，要他火速回沪，流溪河工程开工在即，大坝的设计还待他主持，潘家铮拖着虚弱的病体回到上海，临行前还不忘给在上海的同事们带几只海南岛的椰子，回去让大家尝尝鲜。只是，回程 13 天，待回到上海招呼大家前来品尝的时候，那椰子却早变味了。

水电建设本来就是一个非常复杂的系统，离开同事之间的默契协作，断然寸步难行，修复一座技术含量并不高的小型水电站尚如此艰难，新建一座水电站就可想而知了。潘家铮从海南回来，流溪河水电站的设计头绪纷繁，他就无法分身了。上海院再从 502 组派出一支更加年轻的设计队伍前往东方水电站工地，由与潘家铮密切合作的张发华带领，在半年时间之内，将旧机器从淤泥和砂砾中吊出来，厂房加固，洪水无虞，安装上国产的 5000 千瓦发电机，正式发电，修复工作结束。

潘家铮知道同志们在那里很艰苦，利用流溪河水电站修建的间隙，两度到海南慰问。这些年轻的工程师不负众望，不过也付出了辛劳，许多同志身染疟疾，还有一位炊事员因为救治不及，在通往矿山医院的椰林小道上去世了。

战乱后的中国，满目疮痍，百废待兴。尤其是中国的水电事业，这时候，才仅仅是迈开头一步。当年的海南之行，直到晚年，潘家铮还保持着新鲜如初的情感，60 年代，他将在海南岛写的诗整理一番，认认真真写在笔记本上，是为《海南诗钞》。

31 年之后，潘家铮作为水电部总工程师再赴海南广坝村，审核已经立项的大广坝水电站工程，31 年后的大广坝水电站，装机容量 24 万千瓦，是 31 年前东方水电站装机容量的整整 48 倍。

年近花甲的潘家铮不禁感慨万端，今夕何夕！

流溪河上神来笔

潘家铮从海南一回来，他领导下的 502 工程组就没有闲暇了。

前面说过，所谓 502 组，一共有 20 多位年轻工程师和技术员，502 工程，则是流溪河水电站的代号。1957 年之后，这个工程组还另外有一项任务，被指派为成立不久的广州水电设计院培养设计力量。后来，组里几位骨干被抽调到该院，潘家铮则将和刘世康、周鹤年、马昌仁等有设计经验的工程师借到广州院，为广州水电设计院培养技术骨干开办讲习班。

1955 年 5 月到 6 月，潘家铮随李锐、王醒、马君寿赴流溪河实地勘测以收集资料，那个时候，坝址还没有选定，流溪河独特的建坝优势很让潘家铮兴奋，脑子里开始展开一座薄拱坝的构思。其时，潘家铮对试载法计算特别着迷，他多么想有一个机会运用这种算法来设计一座拱坝！一赴广东，二赴海南，来来回回，拱坝方案一直在他脑子里萦回，简直就是一个梦想。多年之后，他将这一段难忘的经历写成文章，就叫作《流溪河之梦》。

然而，刚开始的预选方案共 5 种坝型，潘家铮日思夜想的拱坝方案也在其列。其他四种是混凝土重力坝、混凝土大体积肋墩坝、堆石坝和土坝。这 5 种方案呈送水电总局审核，反复比较，觉得拱坝方案最优。

为什么呢？

流溪河水电站坝址最后选定在广东省从化县小车村，这个地方的峡谷是高耸的 V 字形河谷，而河宽仅 20 米，两岸坝头都是花岗岩，覆盖层薄而岩石强度高。若采用土坝方案，场地狭窄，施工布置不易展开，而且岭南多雨，施工期只有那么几个月，且土坝投资甚大，只得放弃；肋墩坝，体积庞大，投资与重力坝相当，而且结构复杂，防空与维护殊为不利，而且没有什么特殊的优点，只得放弃；堆石坝和拱坝、重力坝三种坝型相比，唯拱坝方案投资最小，只是重力坝或堆石坝的三分之二，且在流溪河特殊的地理条件之下，开挖、出碴和坝体应该是最小，便用机械施工展开，且能满足在 1958 年供电要求。

潘家铮显然也不是一时兴起、心血来潮、标新立异，流溪河小车村段的地形与地质条件是建造拱坝的理想坝址，502 组提供的方案是有说服力的。

但是，北京的水电总局对潘家铮的这个拱坝方案并不放心。

这又是为什么？

流溪河水电站的建设不独对广东经济发展有其意义，而且对中国水电再起步具有不可估量的示范作用与说服力。包括李锐在内，水电总局的领导和苏联专家、工程师们都明白这一点。经历过黄坛口水电工程急于求成而失利的中国水电，是再也输不起了。

流溪河水电工程来之不易。

在流溪河上筑坝拦水，早在 1950 年就开始了，刚开始，根本不考虑水电开发，只是考虑到番禺一带的农田灌溉。准确地讲，应该叫作流溪河引水灌溉工程。1951 年，番禺北部小平原遇到旱灾，传统的抗旱方式就是从井里提水缓减旱情，一时间桔槔林立，仿佛回到了《诗经》时代。结果地下水位连续下降，旱情并未稍减，流溪河引水灌溉工程显得非常急迫。

1952 年，广东地方向水利部呈请开发流溪河水利资源，筑坝提水，仍未考虑水电利用。

1953 年，广东省再向水利部呈报流溪河开发的详细报告，拟建 77.9 米混凝土大坝，预留水力发电空间。

1954 年，水利部对《广东省流溪河水利建设事业初步设计书》做出批复，水电开发被留在工程之外的遥远"将来"。

谁想到，江西赣南钨矿列入第一个五年计划，广东和赣南的用电量陡增，1955 年初，广东省和广州市联合再提出开发流溪水电资源，同时解决中、下游综合利用计划，国家计划委员会将此项工程列入第一个五年计划。[119]

这样，流溪河大坝工程的报请材料才最终出现在燃料工业部水电总局的办公桌上。

这无疑是增强水电说服力的一次机遇。1955 年 11 月，水电总局"流溪河规划初步报告"审查会议，李锐有一番讲话，他说，流溪河工程，愈快动手愈好，1956 年古田水电站的技术力量有空，而 1958 年、1959 年将有很多大工程要开工，用两年完成流溪河水电站可起宣传推动作用。[120]

话说得再直白不过了。

此项工程的重要性不言而喻。

拱坝方案被选中，潘家铮和 502 组的 20 多位年轻人都非常兴奋，他开始将心中构思的薄拱坝落在图纸上，用潘家铮自己的话说，是要"创造个一流水平，来个一鸣惊人"。其时，包括潘家铮在内，莫说设计，就是见都没有见过一

119　参见《流溪河水电站建设对广东水利事业发展的作用》，余文照，《广东水史志资料》1987 年第 2 期。

120　参见《流溪河水电站建设对广东水利事业发展的作用》，余文照，《广东水史志资料》1987 年第 2 期。

座真实的拱坝。已经被任命为坝工组副组长的陈顺天，也是刚刚由实习员转为技术员，走出校门甚至还没有画过一张图纸。潘家铮倒不急不躁，遇到什么问题学习什么问题，解决什么问题。他听说水电总局有一位刚从美国回来的工程师，叫作李功授，带回一批美国的坝工资料，可能有拱坝方面的内容，立即派陈顺天前往北京借阅。

李功授此公后来长期工作大西北，为开发西北地区的水利水电贡献了一辈子。李功授刚从国外回来，报国心切，对上海来求援的同志倾力相助，李功授交给陈顺天的是美国原版《坝论》第二册《拱坝》，潘家铮同时还派刘世康到外地工地向有留美背景的赵某工程师虚心请教。资料带回来，潘家铮如获至宝，昼夜研习。这都是英文原版资料，而且所有的数据都是英制单位，需要换算为国际标准单位，尽管如此，在潘家铮的统筹之下，大家还是从试载法计算、热传导原理开始，一点一点掌握了拱坝结构计算方法，而且针对流溪河具体的枢纽布置，找到许多新的更简捷的推演计算方法。[121]

今天用计算机 CAD 技术进行工程设计的人不可想象，在过去没有计算机的手工时代，单凭计算尺、手摇计算机和查函数表，计算量之大，完成每一个细节的应力计算，数字、公式来回变换，每一组数据都像一组活物，密密麻麻而又有秩序地不断涌现，它们仿佛有自己的走姿、形态、表情、劳作方式甚至喜怒哀乐，设计人员需要小心翼翼寻找它们行进与劳作的规律，然后将之放置在自己应该在的位置上，这些都将构成整个大坝系统之所以是那个样子的直接依据。

斗智斗勇，挑战冒险，如履薄冰。

最后，流溪河工程枢纽布置在密集的数据计算中逐渐将自己的模样呈现出来了。拦河主坝为坝顶溢流双曲拱坝，最大坝高 78 米，最大坝底宽 22 米，坝顶总弧长 122 米；出于国防考虑，设置地下厂房；还有包括进水口、压力引水隧洞、调压井、压力水道在内的复杂引水系统。同时，坝顶设公路桥，连通广州到韶关的公路主干线。

中国第一座双曲薄拱坝的细节一一呈现在图纸上面。

121　参见《中国大坝技术发展水平与工程实例》，《中国大坝技术发展水平与工程实例》编委会，中国水利水电出版社，2007.12，第 477-479 页。

它的独特性还不是体现在中国第一的薄拱坝，还有坝顶溢流。潘家铮在分析流溪河水文资料的时候就发现，流溪河本身是一条小河，而岭南地区的雨季，豪雨骤降骤退，洪水暴涨暴跌，千年校核洪水不过 1735 立方米/秒，这个流量，较之长江、珠江这样大江大河，简直就是他们洪峰通过时随手弹出的一串水珠，因此，在设计中，潘家铮决心让洪水直接从坝顶通过，也就是所谓的"坝顶溢流方案"。

　　方案一提出来，连 502 组的成员都自己把自己吓了一跳，继而雀跃，像小孩子玩一次冒险游戏一样刺激。

　　这样，除了拱坝本身的复杂结构应力计算之外，又需增加坝顶溢流消能设施。最后，拱坝背水面上出现 7 个差动式跳流槛，上 3 下 4，错落排开，就像坝体伸出七只小翅膀，洪水溢过，通过上下跳流槛的洪水水舌相互撞击，将洪水下泄时的能量全部散失，起到消能作用。是谓"挑流方案"。[122]

　　说起来轻巧无比，这又是一套相当复杂的水力学与结构力学计算。

　　1954 年 4 月，苏联专家到上海院指导工作，这一"挑流"消能方案，苏联专家很欣赏，也很肯定。尽管如此，水电总局也好，上海院也好，对这一整套独特的薄拱坝方案还是有疑虑。为了增加说服力，潘家铮派陈顺天带着"挑流消能"方案到北京委托中国水利水电科学院研究院做水工水力学模型试验，同时委托清华大学陈兴华先生做拱坝结构弹性模型试验，自己亲自到大连理工大学求助恩师钱令希先生做拱坝的抗震模型试验。

　　对大坝进行震动试验研究，在中国坝工史上也是首例。

　　试验的结果证明，坝顶"挑流消能"双曲拱坝方案是可行的、经济的、安全的。

　　只是，当北京水科院研究院的郭工程师见到潘家铮带着一帮年轻学生模样的人进来，十分惊奇，问潘家铮：设计拱坝的就是这些学生哥？

　　正是！潘家铮用绍兴官方回答。

　　郭工说：这么些人能设计拱坝？看来你们是要创造一个奇迹了。

　　122　参见《中国大坝技术发展水平与工程实例》，《中国大坝技术发展水平与工程实例》编委会，中国水利水电出版社，2007.12；《春梦秋云录——浮生散记》（第二版），潘家铮著，中国水利水电出版社，2000.12，第 121 页。

确实是一个奇迹，502 组的每位年轻技术员都被潘家铮委以重任，独当一面。刘世康、陈顺天、任文杰、谭文奎，还有后来从海南东方水电厂修复工地回到上海的金彬彦、陈国海，等等，他们是一帮二十三四岁的年轻人。

但是潘家铮花得心血更多。1956 年 12 月，陈顺天和陈国海两个人冒着寒气推开办公室门，看见潘家铮伏在办公桌上睡着，手下压的正是流溪河设计手稿，两个人怕潘组长受寒感冒，就上去推醒他。潘家铮醒过来，睡眼惺忪：啊呀！已经上班了？我这报告还没写完呢！揉揉眼睛又伏案拿起钢笔。

陈国海问他说：吃饭没有？

潘家铮从抽屉里拿药瓶，往嘴里送两颗药进嘴里，手边一杯凉水送下，笑笑摇首，像是赌气：不吃了。[123]

许多人很感动，但不要太过拔高。说起来寒酸，那时候潘家铮已经是七级工程师，工资是 130 多元，到上海之后，他的母亲和岳母跟他们住在一起，家庭负担并未稍减。一直到他调到北京，潘家铮才买了自己平生第一块手表。一个工作没日没夜辛劳的人偏偏也没有办法知道时间，这样熬夜也是常事。

他们太辛苦了。待流溪河水电站开工之日，不算最初的浩繁计算和说明，仅他们提供给施工单位的施工详图加起来就 700 多张。

穿越一个忙碌的而漫长的冬天，1957 年春天岭南桃红柳绿时节，502 组的几位年轻同事被调往新成立的广州水电设计院，潘家铮和刘世康、周鹤年、马仁昌几位作为技术支援，按照出差借调广州院半年。

此时，新安江水电站准备上马，潘家铮已经被任命为新安江水电站设计副总工程师，暂时负责流溪河水电站工作。

潘组长升格为"潘总"，也大约就是从这一年开始的。从此，潘总这个称呼，一直没有离开过潘家铮。先是上海院，后来是广州院，再后来，就是全国水电工程界了，一说潘总，就是潘家铮。

也是这一年，农历正月初三，二女儿潘净出生。潘净酷肖妻子许以民，一双大眼睛好像会说话，潘家铮欢喜无尽。

到广州院当然也不轻松，潘总再度担起给年轻工程技术人员讲课的任务，

123　参见《中国大坝技术发展水平与工程实例》，《中国大坝技术发展水平与工程实例》编委会，中国水利水电出版社，2007.12，第 477 页。

讲稿就是已经成型的《水工结构应力分析》丛书。他这一开班不要紧，前来听课的不独有年轻的工程技术人员，还有老一些的技术专家；不仅有广州水电设计院的同事，还有来自广州市水电厅、电力局，甚至社会上的土木技术人员。抛开潘家铮讲课时的深入浅出、结合实际、幽默风趣还有感染力不说，在当时的中国，还没有哪一本书，或者说，还没有哪一个人能够如此把水工结构应力分析形成一个系统的东西。讲课的轰动效应是必然的，连一些老专家都为他竖起了大拇指。

在工程建设后期，潘家铮总结流溪河拱坝设计的应力分析，主持、领导简化拱坝应力分析法研究。

不独尽是桃红柳绿，不愉快也是有的。1957年，中国的政治气候正在悄悄地发生着微妙的变化，广州院"反保守、反浪费"的运动开始，大字报贴得到处都是，进而铺天盖地。有一天，在流溪河工地担任设计代表组组长的陈顺天发现，他和潘家铮一起成为被丑化的对象。一张大大的漫画上面，陈顺天被画成一个小丑，拿着放大镜爬在地面上来回搜索，嘴里喊："一条裂缝，又一条裂缝……"潘家铮则身披大衣，站在山头上端着望远镜瞭望，一手指向天空高喊："挖、挖……"

潘家铮对此的反映怎么样不知道，但陈顺天是怎么也不明白他们怎么成了众矢之的。好在，运动没有漫延到工地上，一切还正常。

只是，刚刚成为"潘总"，一件十分窝火的事情就发生了，这件事情可能正是他们受到冲击的原因。起因，还是那个挑流消能方案，广东方面极度不放心。

1957年4月，水电总局局长李锐带着工作组，还有以列宁格勒水电设计院总工程师瓦西林柯为首的苏联专家，前来流溪河水电工程视察，视察之外还要审议具体的工程技术。潘家铮一直陪同在侧，并做汇报。

视察参观已毕，大家坐下来开会。广东代表在会上首先质疑这个挑流方案，认为在国内还从来没有这方面的先例，存在坝体振动和坝基冲刷等问题，建议增加一条泄洪隧洞以保万无一失。此建议呈请苏联专家裁定。

苏联专家的意见呢？70多岁的瓦西林柯总工说：他也没有设计过拱坝，苏联也没有建设过拱坝。但为了安全起见，增加泄洪隧洞，在地形上是允许的，也是比较稳妥的。

此时，工程设计虽然移交广州水电设计院，主持重大技术问题的还是当时的 502 组。但他们根本没有想到苏联专家会给出这样一条结论性意见，502 组的一帮年轻人连一点思想准备也没有，他们坐不住了，不服气。

潘家铮从座位上站起来，一一列举坝体动力分析的成果，并以三项试验成果为依据，认为坝顶挑流方案的可靠性是明确的、安全的，也就是说，那么一点洪水从坝顶溢过所产生的应力，并不足以撼动大坝坝体，挑流消能槛设计可以将下泄洪水的能量消弭到最低限度，不会对坝基构成威胁，完全没有必要再额外增加一条泄洪隧洞。

他有理有据一番发言，并没有任何情绪化的因素。发言刚一结束，会场上顿时炸了窝一样紧张起来，一个一个专家站起来责难质问，潘家铮应付裕如一一解答，水电总局的领导坐在那里一言不发。

在当时的政治环境下，潘家铮这样说，绝不是在阐明一个技术问题，而是向苏联专家意见挑战的问题。

争论从早上一直持续到中午 12 点多，始终不能动摇潘家铮的论证。[124]

下午，潘家铮因为有事未能与会，增加泄洪隧洞的方案在他缺席的情况下通过。潘家铮后来回忆说，可能是流溪河工程进展顺利，李锐的心情不错，待他问明增加一条隧洞要增加 200 万元投资的时候，就拍板同意了，并说：200 万块钱的责任就由我们负好了！

潘家铮同年轻人一样，在这件事上挫败感很强。要知道，增加泄洪洞之后，那七个挑流消能槛就成了摆设；反过来说，多花 200 万元增设的那条泄洪洞就是一截没有用的"盲肠"。于是愤然、慨然，但又不能把火发在总局领导身上，不敢骂李锐，把怨气全发在苏联专家身上。他说了一句："什么苏联专家，一句话就让我们浪费了两百万！"[125]

1957 年 5 月，毛泽东发表《事情正在起变化》一文，全国性的反击右派运

124　参见《中国大坝技术发展与工程实例》，《中国大坝技术发展与工程实例》编委会，中国水利水电出版社，2007.12，第 478 页。

125　参见《春梦秋云录——浮生散记》(第二版)，潘家铮著，中国水利水电出版社，2000.12，第 122 页。

动全面展开。其时，中苏关系虽然出现了一些不甚和谐的端倪，但要走向全面的破裂，还要等上些日子。所以，对苏联专家不敬，即是对苏联"老大哥"的不恭，即是对社会主义阵营的不满。

潘家铮此言一出，轻重可知。

果然，他从流溪河回到上海，人回到单位，批判会也给他准备好了。只是，上海院里并没有多少陌生面孔，故知新雨，相处融洽，还是从钱塘江水电勘测处一路走过来的旧人多，徐洽时、马君寿、潘圭绥这些老前辈还在主要领导岗位上，院领导爱才惜才，没有把潘家铮的怨愤之辞上升到右派言论的高度去处理。

而潘家铮呢，一直对多增加 200 万元投资难以释怀，在给院领导汇报的时候，一再自责没有把工作做到位，以致造成 200 万元的浪费。所以，在批判会上，大家只把他的言论当作"狂妄自大"的表现加以批判：你本事再大，过去设计过拱坝吗？怎么能说出这样的话？

以潘家铮的个性，回击这一质问当是随口就来的：那些苏联专家，包括你们膜拜的瓦西林柯也没有设计过拱坝！

已届七旬的瓦西林柯非常谦逊，确实亲口说他没有设计过拱坝。

但人家说是一回事，你说，就是另外一回事了。

1957 年 10 月 15 日，中共中央下发《划分右派分子的标准》其中"右派分子"标准的第四条即是："以反对社会主义和反对共产党为目的而分裂人民的团结。煽动群众反对共产党和人民政府；煽动工人和农民的分裂；煽动各民族之间的分裂；污蔑社会主义阵营，煽动社会主义阵营各国人民之间的分裂"。

其中"污蔑社会主义阵营，煽动社会主义阵营各国人民之间的分裂"，具体一点，就是反对苏联，对苏联专家不敬。

正在风口浪尖，再行辩驳等于自寻死路，谁不怕戴顶"右派"帽子？潘家铮连忙检讨，检讨之后被认为"认识较深刻""检查较彻底"，安然过关，躲过一劫。

作为当事人的潘家铮倒没有感觉到什么，仿佛还很轻松，说清楚就是了，检讨就是了。旁观者却看得清楚。502 组的年轻部下无不为他担心，而多少年之后，许多人回忆当年流溪河的争论，共同的话题竟然是：如果潘家铮在 1957

年划成右派……

谁都不敢再往下想。许多事情，还真的不能细想。

一个客观的情况是，潘家铮回到上海，一副很重的担子正等待他挑起来。

其时，新安江水电站已经开工兴建，设计副总工程师潘家铮随上海院领导和技术人员到达新安江工地。不久，即被任命为设计代表组组长，长年进驻新安江工地，直到 1960 年 4 月 20 日才回到上海。潘家铮在文章里开玩笑说，他一去工地就被当作"人质"了。

1959 年 6 月，那座中国第一座薄拱坝迎来诞生之后第一场洪水考验，管理部门最终还是听取了设计单位的意见，毅然开启坝顶泄洪。顿时，流溪河上七道飞瀑像白练一样相互撞击嬉戏，如幼兽相搏，欢腾，激烈，但没有任何危险，坝体固若金汤，坝脚也没有严重冲刷。而薄拱坝内的廊道竟然做到了滴水不漏。

后来有意大利专家前来参观，感到非常惊讶，赞叹不已。

流溪河双曲拱坝建成，是中国工程师自己设计建设薄拱坝的开篇之作，而流溪河拱坝独特的设计，无疑是一个经典。日后建造的大中型拱坝，如高 80 米的泉水拱坝，高 102 米的紧水滩拱坝，高 157 米的东江拱坝，高 242 米的二滩拱坝设计，都可以看到受流溪河薄拱坝设计的影响。

然后是 1961 年大洪水，然后是 1975 年大洪水，流溪河水电站屡现坝顶飞瀑奇观，七道挑流槛简直就是神来之笔。倒是那条新增的泄洪洞在施工和运行过程中出现过不少问题。[126]

流溪河拱坝果然为中国的水电建设挣足了脸面，许多国家领导人每到广州视察，流溪河水电站是必去的地方，莫不流连再三，乘兴赋诗。

这座拱坝激活了万年荒谷，变成一个有灵性的地方存在。伫立在峡谷中的那座灵巧精致的薄坝，仿佛并不是人为设计出来，构思它的恰恰是流溪河自己。

126　参见《春梦秋云录——浮生散记》(第二版)，潘家铮著，中国水利水电出版社，2000.12。

潘家铮传

第六章
新安江上

中国水电第一高坝

1957 年上半年，流溪河水电站的设计工作移交新成立的广州水电勘测设计院，潘家铮离开广东回到上海，是年 8 月，正式担任新安江水电站设计副总工程师。

"自古风光说新安，千里明江万叠滩，转眼沧桑惊巨变，且听俚曲唱悲欢。" 潘家铮有诗《竹枝歌》记录新安江。他对新安江并不陌生。

新安江又名徽港，系钱塘江正源。发源于黄山之麓的安徽省休宁县。流域面积 11850 平方公里，约占钱塘江流域面积的四分之一。江水携带着黄山的烟岚呈东北流向，流过古老的徽州，至安徽省歙县浦口转东南，进入浙江之后，过遂安、淳安两县，在今天浙江省建德市梅城镇折而向北，与兰溪会合，直抵桐庐、富阳，成为钱塘江。新安江干流全长 373 公里，沿途有长 10 公里以上的山川 80 余条汇入，与兰溪会合的时候，新安江已经是一条壮实的大江了。[127]李白有诗："清溪清我心，水色异诸水。借问新安江，见底何如此？人行明镜中，鸟度屏风里。向晚猩猩啼，空悲远游子。"

读过中学的人都知道南朝诗人吴均的《与朱元思书》，南朝的小赋，张扬但清丽，许多人都可以背出来：

风烟俱净，天山共色。从流飘荡，任意东西。自富阳至桐庐，一百许里，奇山异水，天下独绝……

没有新安江水汇入，哪里会有这样的奇山异水？但铜官峡谷距安徽屯溪，170 余公里的河道，天然落差达 100 米之巨，作为沟通浙皖两省的黄金水道，其航运条件相当恶劣，其艰难程度，怕是在浪林里讨生活的船夫与纤夫体会最深。

清代诗人黄仲则有诗云：一滩复一滩，一滩高十丈。三百六十滩，新安在天上。这首诗，毛泽东在讨论开发新安水力资源的时候曾引用过，水电总局局长李锐在谈到新安江水电站的建设必要性时也引用过，潘家铮自然也很熟

127　参见《新安江水电站志》，《新安江水电站志》编辑委员会编，浙江人民出版社，1993.12，第 27 页。

悉。只是，这首诗被许多人频繁引用之后，诗词被赋予新的意义——水力资源丰富，这才是新安江"天下独绝"之所在。

新安江水电开发计划，潘家铮在参加工作的时候就知道，那时候徐洽时安排他誊抄的 CVA 若干工程计划书里，就有一份《钱塘江街口水力发电计划概要》，也就是结尾总是"洵宜及早开发，以利国利民也"诸种计划书中之一种。

这部计划书原件现在静静地躺在浙江省档案馆"敌伪档案"中。不是什么奇文，所以不必多引述。徐洽时领导的钱塘江水力发电勘测处，从 1946 年开始就对钱塘江流域进行一次普查式勘测，选定街口七里陇、罗桐埠、灰埠、黄坛口等 6 处适宜布置水电站的河段，这份《计划概要》称：

> 上游及支流河床陡峻，水利蕴藏至丰，勘测结果，发现适宜于开发水电坝址之处颇多，源出皖境之徽港穿行丛山中，汇入钱塘，河床坡降约万分之十四，适流抵皖浙交界处之街口附近，山势约束，成为建坝发电之良好地址。坝成以后，淹水损失，至为轻微，其电力可输送至宁沪杭一带，全部由其消纳，江中常年流量为坝所调接后，每秒所可供给 100 立方米以上，对下游航运，裨益良多，水库有容纳供水作用，水害损失当可极度减少，欲求及早开发钱塘之水力，则街口计划关系至巨，洵宜首先建设也。[128]

不独是中国工程师觉得钱塘江上游的新安江"洵宜首先建设也"，1948 年，美国政府在帮助中国实施扬子江三峡开发计划的同时，也对钱塘江水力资源格外垂青，当时的国民政府已经争取到美国 1700 万美元的专项援助资金，准备大规模开发新安江水电资源，美国工程师麦克洛带着勘测队踏遍了新安江两岸的山山水水，汛期一至，豪雨如注，江水咆哮，麦克洛不顾大雨浇头，兴奋得仰天大笑。只是，国内战争的炮火让这个开发计划最终胎死腹中，只留下一纸"洵宜首先建设也"的《计划概要》，麦克洛黯然离开，临走留下一声叹息："新安江的水力太厉害了，聪明人都会去开发利用的！"[129]

上海院负责设计的新安江工程，其建设的规模已经远远超出当年钱塘江水

128, 129　参见《国家特别行动——新安江大移民》，童禅福著，人民文学出版社 2009.1，第 10-11 页，第 12 页。

电勘测处那个 CVA 计划，初步规划在新安江下游建设一座 100 米以上的高坝，形成 240 多亿立方米的巨型水库，装机 58 万千瓦，所产生的电力，将源源不断通过 220 千伏高压输电线送往宁、沪、杭三地。

全国水电总管家李锐再一次发挥了他的动员能力，上及时向中央汇报，下能够协调上海、浙江地方党政部门。1956 年 5 月 4 日，电力工业部新安江水力发电工程局（简称新安江水电工程局）正式成立，原上海勘测设计院领导王醒、徐洽时调任工程局，分别担任局长和总工程师，马君寿接任上海勘测设计院总工程师，邹思远任设计总工程师，邢观猷、潘家铮任设计副总工程师。

潘家铮在他的散文集《春梦秋云录·新安竹枝词》中这样评价新江水电站的意义所在："新安江水电站的建设，在中国水电开发史上的确是一个具有里程碑意义的工程，不仅仅因为它的规模大大超过中国自己以往已建、在建的水电站，也超过了苏联建国之后修复的第聂伯河水电站。更为重要的是，新安江水电站的建设成功之后，中国水电工程师和建设者们通过自己的摸索实践，掌握百米以上的高坝、百亿立方米以上的大库、60 万千瓦量级的水电站、7 万千瓦量级输变电线路的建设经验，还要进行 20 万人口的大迁移，按当时的水平，一步就跻身于世界水电建设之林。"

也就是说，中国人可以自主建设属于自己的"高坝大库"。

是时，水电总局筹划中有水电建设"五朵金花"，分别是新安江、刘家峡、三门峡、五强溪、紫坪铺水电工程。李锐将新安江水电站列为五大水电站建设之首，下达指示，"开发新安江，供电大上海，当务之急，势在必行"，将之定为全国的示范工程。

另一头，上到中南海，下到浙江省地方党委政府，同样被新安江蕴藏的巨大水力资源所吸引，对这一工程的期望值甚高。

据说，这一工程早在 1954 年即由领袖毛泽东点题。毛泽东在杭州主持起草新中国第一部《宪法》之后，召见时任浙江省委副书记江华。

毛泽东对江华说：听说你们在做新安江的文章？

江华向毛泽东汇报浙江省关于新安江开发的计划与实施意见，毛泽东甚是高兴。他对江华说：你这想法好，新安江上要建水力发电站，我支持。但你不能仅想着浙江，要为上海、江苏、安徽做贡献。如果新安江电站装机容量有个几十万千瓦，每年发几十亿度电，那将是对杭州、上海、南京等地的工业一个大推进。

毛泽东怎么知道浙江省做的这个新安江文章呢？

因为动静很大。

新安江水电开发计划，早在 1952 年就开始了。

当年成立的上海水电勘测设计院，与新安江水电资源开发有直接关系，或者说，上海院就是专门为新安江工程做准备的。

1954 年 5 月，水电总局将勘测的 8 个坝址的地质地形条件加以整合，向中共华东局提出新安江开发的三个方案。这三个方案分别是：

一级开发，在罗桐埠建 105 米高坝，总装机容量 66.25 万千瓦。

二级开发共 2 个方案：

方案甲：下游一级在罗桐埠建坝，坝高 36 米，装机 8 万千瓦；上游一级黄江潭建坝，坝高 55 米，装机 14 万千瓦。

方案乙：下游一级与方案甲同；上游一级在云头建坝，坝高 73 米，装机 16 万千瓦。

除此三个方案之外，还有一个三级开发方案，但发电量并没有多少增加，没有考虑。

这三个方案先呈送中共华东局审核。时任华东局财委主任的李先念签发《新安江开发意见》时，考虑的主要是库区淹没，他指出：各种开发方案中，如在罗桐埠建坝 36 米或 105 米，淹没范围在浙江境内或 95% 以上在浙江境内。如在云头建坝，淹没将由浙江及安徽分别负担，浙江要占 40%，以上意见请华东局考虑。

而从发电量考虑，一级开发方案与两个二级开发方案的优劣非常明显，后者比前者相差二分之一，而且远不能满足长江三角洲地区工农业和生活用电需求。但是，两者的移民和淹没耕地数目也非常悬殊。

到底采用哪一个方案，已经不是一个行政划分的问题了。全局利益与局部利益，长远利益与眼前利益，损失与收益，一对一对矛盾就在这三个方案的选择过程中，孰优孰劣，利弊如何均衡，作为执政者，这种选择无疑是困难的，甚至是痛苦的。

可是，经过长时间的调研，无论是浙江还是安徽，其积极性甚高，主持其事的华东局第三书记谭震林甚是兴奋，打消疑虑，最终拍板：新安江水电开发，按一级开发方案实施。

1954年6月，燃料工业部水电总局勘测设计局开始根据新安江水电一级开发编制电站技术经济调查报告，历时两月告竣。待毛泽东获悉浙江省在做新安江的文章时，国家水电总局派出的地质勘探人员正在新安江上做初步勘探。

1955年10月7日，国家建设委员会批准电站为罗桐埠一级开发。

从1954年5月24日华东局拍板新安江水电站一级开发方案，到1955年10月7日国家建设委员会批准此方案，历时16个半月。其间，浙江省天目山经济开发工作委员会组织新安江库区移民安置的前期准备工作，国家水电总局设计处编写新江安江流域规划和技术经济调查报告，并提出水电站的坝址和工程规模选择的建议方案。

国家建设委员会批准新安江电站罗桐埠一级开发方案，刚开始确定的罗桐埠坝址却发现有问题。

这要感谢当时援华的苏联专家。1952年，开发新安江的勘探人员只有5人，而且缺乏对大型水电站的勘探经验。苏联派出地质专家葛伐利列茨、水文专家鲁赤金，苏联专家前来指导，这时候罗桐埠坝址已经确定，但还是成立了踏勘队，从新安江上游，安徽境内至新安江下游建德地区，有计划、有步骤全面踏勘。此后，不断有苏联专家加入踏勘工作。在实地踏勘的基础上，为新安江水电站工程地质勘探工作提出建议就有56条之多，进而完成《新安江技术经济调查报告》。[130]

1955年11月2日，新安江水电站选址委员会经过坝址认证，确定新的坝址在新安江铜官至罗桐埠段，从工程地质上讲，铜官坝址优于罗桐埠坝址。

对于苏联专家来华援助，作为电站主要设计人员的潘家铮和同事们对此有一个客观评价。潘家铮在他的《春梦秋云录·新安江上竹枝歌》中这样说：

在这里我们还须提到苏联专家。在"一边倒"的时期里，人们对苏联专家

130　参见《国家特别行动——新安江大移民》，童禅福著，人民文学出版社，2009.1。

敬若神明，好像他们全知全能，放个屁都是香的；关系恶化后，又被丑化为无能之辈甚至是别有用心的特务。这种说法实失公允。至少，在新安江初期，主要的几位专家（特别是葛伐利列茨）作出了不可磨灭的贡献，他们对中国人民的感情也是真挚的。这种友谊将载在史册上，不会因政治气候的改变而变化的。[131]

不独潘家铮，许多当年参加新安江水电站建设的工程师还可以随口说出这些专家的名字：葛伐利列茨、鲁赤金、那廖托夫、马舒柯夫……只是，这种真挚的友谊，还是因为政治气候而发生了变化。1956年2月，中苏之间的"蜜月期"因赫鲁晓夫的秘密报告出现裂痕，苏联方面开始陆续撤走专家。

苏联专家走了，一切都得靠自己。

1956年4月19日，国家水电总局正式颁发初步设计技术任务书；同年7月，地质、水文、淹没迁移、用电远景负荷、综合利用及设备制造等设计陆续完成；经过不同方案的技术经济比较，选定坝址、坝轴线、坝型和枢纽布置。

1956年5月4日，电力工业部新安江水力发电工程局在上海四川中路嘉陵大楼成立，随后，工程局由上海迁往杭州。

1956年6月20日，国务院批复同意新安江水电工程提前列入第一个五年计划和1956年计划。

1956年12月，组建中共新安江水力发电工程委员会。中共华东局从上海市调配一批干部支援新安江水电站建设。7月下旬，中共浙江省委指示，建德、金华、宁波等地区为电站建设招收工人。8月20日，来自萧山、义乌、东阳等县农村的首批土建工人700余人抵达新安江工地；嗣后，水电总局，上海水电勘测设计院，官厅、模式口、三门峡、狮子滩、黄坛口等水电站支援新安江的技术干部、技术工人和管理人员，以及北京、长春等水电学校的毕业学生、部队转业军人和从浙江、上海招收的职工浩浩荡荡开到工地。

1957年上半年，来自丰满水电站、上犹江水电工局的职工计2200多人充实到新安江建设工地，到这一年年底，新安江工地的职工总数达到14367人。

131　参见《春梦秋云录——浮生散记》(第二版)，潘家铮著，中国水利水电出版社，2000.12，第131页。

上章 新 安 江 第六章

195

其中管理、政工、技术干部占到职工总数的 17%。

1957 年 8 月 10 日，国务院批准电站初步设计审查意见。8 月 24 日，国家建设委员会下达初步设计批准书。[132]

这还是一个非常粗陋的时间表，还可以详细再详细。

新安江水电站建设从动议到最后初步设计被国务院批准，前后长达 6 年的时间，而正式开工还需要等到 1958 年。如此长时段的准备工作，如此紧张而从容的节奏，对中国第一座高坝大库的水电建设显然非常重要，而且也显得多重视。

黄坛口水电站急于求成最后陷入困境的教训太深刻了。所以，潘家铮在结束流溪河水电站建设之后，感慨道：

> 为什么在没有经验的时候，人们能建设起第一流水平的工程，而在有了一些经验后，却一再失误、出现问题、留下隐患呢？这是一个发人深思的哲学和政治问题，而不是技术问题。[133]

涉及关乎国计民生的大工程，科学审慎的态度、科学审慎的决策有时候比技术本身更为重要。

潘家铮的此番感慨是十数年后发出的，感慨绝非泛泛而言，这般体会其实就发端于新安江水电工程的建设工地。

新制竹枝唱新安

新安江水电站工程在潘家铮由北京调到上海的那一年已经启动，作为设计单位的上海院，对新安江水电站的勘测设计也一直在进行，这是院里的头等大事。或者说，上海院的成立，其实与新安江水电开发有着直接的关系。和流溪河水电工程一样，出于保密考虑，新安江工程也有一个代号，代号为 403。

132　参见《新安江水电站志》第二章《工程建设》，《新安江水电站志》编辑委员会编，浙江人民出版社，1993.12，第 37–63 页。

133　参见《春梦秋云录——浮生散记》(第二版)，潘家铮著，中国水利水电出版社，2000.12，第 123 页。

潘家铮在负责 502 工程组的同时，也同时参与 403 工程的设计任务，1954 年，他为该组写的大孔口重力坝应力计算的方法，收在《水工结构计算》一书中。他在负责流溪河水电站的设计的同时，全程参与着新安江水电站的设计工作。

从 44 米坝高、装机 9000 千瓦的黄坛口工程，到坝高 78 米、装机 4.2 万千瓦的流溪河水电站，现在又是中国第一座百米高坝，装机 66 万千瓦的大型水电站，中国水电建设在跃进年代的跃进式发展速度，没有哪一位水电工程师不会心潮澎湃，何况刚刚进入而立之年、血气方刚的潘家铮！

其时，黄坛口水电站已经复工，准备 1958 年建成，为新安江建设工地提供电力。被称为"荒唐口"的挫折阴影还没有完全褪去。而现在又一步跨越建设 20 倍于黄坛口水电站的新安江工程，作为设计方，上海水电勘测设计院甚为审慎。

应该说，新安江水电站的勘测设计工作，同这座中国第一座高坝大库水电站的决策与组织一样，在开始的时候是非常审慎和严谨的。此种审慎与严谨，在坝址与库区的地质勘探上体现的最为充分，历时之长、勘探之细，在新中国水电建设史上从来没有过；同时还体现在设计过程中，集思广益，善于听取和吸收不同的意见，加以调整和完善。

新安江工程的设计、施工组织，统一由新安江水电工程局管理，统筹工程的设计施工组织管理。具体到设计单位上海设计院，又有相应的设计班子，总工程师邹思远，副总工程师邢观猷、潘家铮。

新安江工地热火朝天的景象感染着诗人气质很浓的潘家铮，诗情像一只轻快的鸟儿一样撩动诗人的心弦，封存数年的诗兴，被美丽的新安风光激活并释放了出来。从 1957 年开始进驻新安江工地到 1960 年新安江水电站建成发电，潘家铮在工作空隙写了许多诗，后来诗人编辑分节成为《新安江竹枝歌》，包括序歌、前期工作、开工、百工咏、人物志、跃进高潮、艰苦奋战、团结就是力量、蓄水与移民、安装送电、尾曲共 11 个部分。读这些充满激情的篇什，新安江历时 3 年的建设过程历历在目。

那确实是一个激情满怀的时代，从 1956 年底到 1957 年上半年短短半年，水电总局和浙江省即调集上万名建设者隆隆开进新安江建设工地。他在《新安竹枝词》笺注中叙述道：

（20世纪）50年代的效率是惊人的。新安江工程列入计划后，一声令下，万方云集，施工准备工作进展神速。施工的指挥部及主力军的新安江工程局，它的骨干力量是从丰满、上犹、古田、黄坛口抽调集中的。各部门各行业都大力支援，铁道兵团派来精锐部队抢修兰溪至新安江的铁路；建筑公司在渺无人烟的荒滩上建起了水电城，直达下游白沙古渡（建德县治也从古老的严州城迁到白沙），在坝下游的溪头村又建成了一座砂石之城，生产工程所需全部骨料，还远销沪杭。在争分夺秒的会战中，没有扯皮踢球，没有讨价还价，更没有雁过拔毛和敲诈勒索，有的是团结、支援、共同战斗。[134]

20世纪50年代，每一个人脸上都洋溢着充满朝气的新政权带来的蓬勃朝气，新生政权的高效而强大的动员能力在新安江上体现得淋漓尽致。

新安江水电站的初步设计于1956年7月完成，坝型选定结构简单、施工条件较好、投资较少，且具有对坝基不均匀沉陷的适应性的混凝土实体重力坝，在此基础上进行枢纽布置。

初步设计刚得国家建委批准，正送审国务院。勘探调查的地质资料显示，选定的铜官峡坝址的地质条件并不太好，岩层倒转褶皱，断裂发育，基岩风化破碎，左右两个坝肩稳定条件都很差。

这样，初步设计的坝轴线就要调整重来。工程设计组马上更改原设计，在初步选定的坝轴线基础上，将坝轴线左端一段向上游折转9度59分57秒，右端一段向上游折转2度47分35秒，这样巧妙避开开河床中地质构造复杂的深潭区和两岸不稳定坝肩。[135]

今天，如果我们站在风光秀丽的铜官峡仔细观察新安江大坝，会发现这座挺立了60年的混凝土大坝仍然筋骨强健，体格硕壮，两翼微微张开，作振翅欲飞的姿态，这正是当初修改后的折线型坝轴线的结果。

确定最终设计坝轴，牵动初步设计大部分都需要调整和更改。坝轴线一改，

134　参见《春梦秋云录——浮生散记》（第二版），潘家铮著，中国水利水电出版社，2000.12，第132页。

135　参见《新安江水电站志》，《新安江水电站志》编辑委员会编，浙江人民出版社，1993.12，第41页。

最终影响到坝型的最终选择。潘家铮根据新安江水电站地质水文特点，力主将原设计的实体重力坝改为大宽缝重力坝。

为什么要改为大宽缝重力坝？大宽缝重力坝在哪些地方优于实体重力坝？

这还得由潘家铮自己来解说。

1964年，他曾就新安江大坝的设计与建设写过一个科普性的文章。其时，他正重返新安江工地做"填平补齐"工作，谈起这座凝聚自己智慧与汗水的水电工程，一副津津有味的模样。

新安江水电站的拦河坝是一座混凝土重力坝。这是根据地形、地质和泄洪条件决定的。坝体全长405米，最大坝高105米。

这座拦河坝的最大特点，是在坝体内设有很大的"宽缝"。我们知道，几百米长的拦河坝必须分块施工，相邻的两坝块间形成一条缝，一般称为"横向伸缩缝"或"横缝"。普通的实体重力坝，相邻坝块是紧靠的，横缝只有一条约1厘米的缝（在缝间设有止水系统以防止漏水）。宽缝重力坝的相邻坝块，除上下游相靠外，在内部留出了一个空腔，这个空腔一般称为宽缝。新安江水电站拦河坝的宽缝宽度，已达坝总宽度的40%以上，所以可称为大宽缝重力坝。

为什么要在坝内设置宽缝？主要是为了改善坝体的工作条件，增加大坝安全性，减少工程量。原来，重力坝是依靠坝体自身巨大的重量来抵抗水压力而维持稳定的。但是当坝体修建并蓄水后，水的高压力下会沿着基础面渗透出来，产生一种向上浮托的力量，正像浸在水中的船只受到水的浮力一样，称为扬压力。扬压力抵消了部分坝体自重，起了很不利的作用。在坝身内设置巨大的宽缝后，渗透就会从这里排逸出来，可以集中排除；这样，扬水压力就大大减轻，工程量也大为减少。例如新安江工程宽缝重力坝的总混凝土量就比实体重力坝节约二、三十万立方米。这是宽缝的最大作用。此外，设置宽缝后对于大坝的温度控制、施工、维护、检查都造成有利条件。[136]

不必看这个设计过程中包含着至为复杂的力学计算，只体会设计过程细致

136　参见潘家铮撰《自力更生之花——新安江水电站》，收入《科学大众》1964年第11期，第415-417页。

和用心就够了，当然还有发现问题与处理问题的乐趣。当时，国内全无一点关于大宽缝重力坝的设计与建筑经验，都是在实践中探索。

潘家铮在这篇科普文章中谈到大坝宽缝排逸扬压力，被他概括为技术术语，叫做大宽缝重力坝封闭式抽排设计，是在坝工建筑史上的首创之举。这一实践与理论，对此后中国许多重力坝设计产生着深远的影响。这一成功设计最后在他的代表作《重力坝设计》《重力坝的设计和计算》《工程地质计算和基础处理》有着详细的阐述。

拦河坝设计更改在 1957 年 8 月新安江工地的技术座谈会上通过，并立即开始具体设计，到 12 月，大宽缝重力坝设计完成。

实际完成的拦河大坝共 26 个坝段，也不全是大宽缝设计，右岸 3 个坝段与左岸两个坝段为实体重力坝，利于与坝肩相接，同时，右岸 3 个坝段设有底孔导流，是为中国坝工史上第一座大底孔导流大坝。

大坝施工图于 1957 年 12 月送到工地，新安江工地已经万军齐发，机声隆隆，工程前期准备工作基本就绪，右坝坝头开挖于 1957 年 4 月就开始了。坝轴线调整，坝型设计更改，一下子将上海水电勘测设计院的设计队伍赶到了电站建设的最前沿，边设计、边施工，很快设计赶不上施工的进度。

1957 年 12 月，上海水电勘测设计院领导、专家和设计人员全部从上海赶到新安江工地现场协调会商，潘家铮当然也随行而来。协调的结果，是潘家铮被留在工地，在设计副总工程师之下再加了一个头衔——设计代表组组长。

这就是他自己说的"被当作人质"的过程。

设计代表组简称设代组，代表设计单位根据甲方要求和工程具体情况的设计变更、调整与修改，设代组组长就设计单位而言，相当于一个单位派驻工程的设计项目经理角色，责任重大。但是在 20 世纪 50 年代，工程建设在体制上虽然分工明确，仍带着明显的军事化大兵团作战的痕迹。上海设计院作为委托设计单位，设计代表组受新安江工程局党委的领导。

这就意味着，潘家铮需要长驻在工地。他是最年轻的一位设计副总，不留他，难道让比他年纪大的邹思远和邢观猷留下来吗？

好在，潘家铮领导的设计代表组，有很大一部分还是 502 工程组那一帮生龙活虎的年轻人。这批刚出校门的技术骨干，一上手就有幸真刀真枪做工程设计，修复东方水电站和设计流溪河水电站，如刃之新发，热情不减。后任上海水电勘测设计院党委书记兼院长的张发华，是 1949 年入党的"老"党员，从 1955 年东方水电站修复即与潘家铮在一起，此时，他担任设代组党支部书记。

只是，进入 1958 年，总路线，"大跃进"，"赶英超美"，伴随而来的是高指标、瞎指挥、浮夸风。水电工程完全打破常规，一批条件并不成熟的工程项目仓促上马，浙江省在很短时间之内就同时开工富春江、湖南镇、瓯江、建溪等大电站，工程技术人员严重不足，邹、邢两位前辈都调离新安江工地，连工程局的徐洽时总工也在新安江待不住，被调到更大的工程去了。这样，新安江这副担子就实实在在全部落在 31 岁的潘家铮身上。

接着，上海院的设计工作也要"大跃进"，将设计代表组改为现场设计组，潘家铮被任命为设计总工程师。这样一来，他更无可推托，虽然有机会出差回上海，但基本上都待在工地现场，与家人离多聚少，一待就是 3 年。

假设，如果……

如果新安江水电站能够像前期准备工作那样从容、审慎、稳步推进，情况会是什么样子？这个如果不是没有可能。

潘家铮明朗而清丽的竹枝词还在继续写着。潘家铮和设计组的种种构想与力学计算在这个时候似乎变成了一段纷乱背景下的技术独白，显得多少有些孤独。

关于大宽缝重力坝，仅有构想远远不够：

当然这种大宽缝式的重力坝给设计及施工上带来许多新的问题。例如设置宽缝后坝体的分析计算，我们在国外的资料中找不到任何启示，于是便自己动手研究试验。主要的工具是数学分析和光测应力试验（有时也称为偏光弹性试验）。后者是一种很有趣的试验。这是利用一些特殊的透明材料，制成建筑物模型，加上荷载后，用"偏振光"照射，再通过"偏振片"进行观测，这时在模型内会出现各种条纹。荷载和结构物型式不同，条纹图形也随之变化。拍下这种条纹的照片，再进行理论计算，就可以确定建筑物内的内应力分布。解放前我国的光测力学方面几乎是个空白，现在我们已能自制优良的光弹仪器，自制灵敏度极高的光测材料，进行像宽缝重力坝这样半立体性的复杂试验。[137]

厂房布置也显示出匠心：

新安江水电站总体布置采用"集中落差式"，就是说，用拦河坝集中水头，厂房设在坝的附近。拦河坝采用混凝土宽缝重力坝，厂房采用溢流式。换句话说，洪水通过溢流坝，经厂房顶飞跃而下。这是一种新颖大胆的设计。

为什么要在厂房顶上泄洪呢？原来坝址处的河床较狭，而新安江的洪水流量又十分巨大，即使通过水库的调节，非常洪水流量仍达 14000 立方米/秒（即每秒钟要宣泄 14000 吨水）。当地地形地质条件，又不宜采用大隧洞或在山坡上开挖泄洪道来宣泄洪水。为了在拦河坝上通过这样巨大的流量，就需要有很长一段溢流坝，基本上占据了河床宽度。那么厂房布置在哪里呢？如果把厂房放在两岸挡水坝下，就要大量挖山，不仅工程量大，工期长，而且地质上也不宜这样做。把厂房放在地下也不适宜。把厂房放在坝内是个好主意，可是施工困难，而且需要较多的钢材和水泥，不经济。因此，经过比较研究后，就把厂房放在溢流坝下，从厂房顶过水。国外虽然偶尔也有过这种布置，但其规模和流量同新安江水电站相比，都差得远。因此，新安江水电站的建成，实际上为溢流式水电站布置创造了一个纪录。

这种厂房紧接在坝下，房顶上最大洪水流量是 14000 秒立方米，最大流速约 30 米/秒。洪水通过厂房后，从厂顶末端的鼻槛上射向下游，在空中扩散，撞击水能后落入河床中。由于通过厂房的流量、流速都很大，泄洪时万马奔腾的洪水会猛烈地振动和摇撼厂房，所以流溢式厂房的设计就成了个特殊问题，必须通过详尽的试验研究来确保结构的安全。

作用在厂房顶的各种动、静荷载，可以通过流体力学计算和模型试验来研究。我国许多高等院校为新安江溢流电站做了许多新颖复杂的试验，在模型厂房上安装特制的测力盒，再用示波仪观测研究水流振动情况。通过多次试验，我们摸索到溢洪时水压力的各种特性，总结了一些规律，这是溢流厂房设计计

137 参见潘家铮撰《自力更生之花——新安江水电站》，收入《科学大众》1964 年第 11 期，第 415-417 页。

算的基本依据。

计算和试验的结果证明，尽管洪水流量和流速都很大，只要采用合适的结构形式，进行深入细致的研究、计算和设计，溢流式厂房的安全是完全有保证的。[138]

这还是 1964 年那篇关于新安江水电站的介绍文字。如果不告诉你这篇文章的写作年代和工程建设的背景，这样清晰、流畅、从容而富有诗意的表述，谁不会认为这是一篇上好的说明性散文作品？谁不会认为，新安江水电工程不是在科学精神下严谨有序的一个工程范例？或者说，谁不会认为，这个浩大工程本身，就是工程师用智慧拨弄山水琴弦演奏的天籁？

青山不墨千秋画，碧水无弦万古琴。

1958 年的先进工作者

全国都在"大跃进"，全国瞩目的新安江工地岂能落后？

1958 年，新中国第一个五年计划完成，第二个五年计划开始实施。新中国社会主义工业化正在起步，电力供求矛盾日益突出，当时，上海的全部电力加起来只有 30 万千瓦，浙江全省的电力也不过 4.1 万千瓦，新安江水电站装机达到 66 多万千瓦，每年发电 18 亿千瓦时，其对沪、杭、宁地区工业发展的战略地位马上突显出来。

1958 年，中共中央在南京召开会议，这个会上，发生了影响日后中国水电事业的一件大事,这件大事多年之后被中国水电掌门人李锐称之为"御前辩论"。

这一年的 1 月，毛泽东听取李锐和时任长江水利委员会负责人的林一山关于长江三峡开发的意见。林主上，李不主上，两厢争论，各据其理，李锐最终说服了毛泽东，长江三峡开发计划暂缓。

这场"御前辩论"还争出一个意想不到的结果，中共中央在南京会议上决定，电力建设的方针为"水主火辅"，从"一五"到"三五"，水电比重要达到 36.5%。之后，水利部与电力部合并为水利电力部。未久，李锐担任副部长。

138　参见潘家铮撰《自力更生之花——新安江水电站》，收入《科学大众》1964 年第 11 期，第 415-417 页。

这个方针意味着中央政府已经全面认可了水电在中国能源格局中的战略地位，在这个方针之下，1958年，许多水电站突飞猛进集中开工建设。

也就是在这一年的下半年，给中国经济建设带来深重灾难的"大跃进"全面发动，许多水电工程盲目冲动，不顾客观条件上马。上得快，下得也快。1958年浙江省继黄坛口、新安江水电站之后上马的数个大型水电工程在一两年之后又很快停工缓建。

具体到新安江水电站，原计划的工期为五年，1957年开工，1960年蓄水，1961年发电。制订这个施工进度，已经是参照了世界上建设同样规模水电站的最高速度。但是，"大跃进"的高指标还是让新安江水电站建设赶快提速，提速就意味要缩短工期。恰恰在同期，美国的普列斯托滩水电站也正在修建，超英赶美，普列斯托滩水电站正是绝佳的参照。工程局党委提出："苦战三年，保证一九六〇年发电"！决心要与高度机械化施工的美国普列斯托滩水电站一比高下。[139]

刚开始，潘家铮对这个跃进式口号并没有什么异议，甚至有些激动与感慨。从钱塘江水电勘测处四处游说奔波，到黄坛口、流溪河水电站的实践，中国一步跨进世界水电先进国家，设计总工程师怎么能不激动？所以，潘家铮说，他在"大跃进"一开始，还是一个积极分子呢。

他的积极是有理由的。且不说拦河大坝为大宽缝重力坝，坝前厂房顶溢流的新颖设计。1957年4月，大坝右岸坝头开挖，标志着新安江水电站准备工程全面铺开。1957年8月1日，准备工程的重点，第一期围堰工程正式动工。新安江围堰工程采用的是黄坛口水电站已经采用过的木笼围堰技术。尽管黄坛口工程成功使用了这项技术，可是新安江完全不同于黄坛口，就围堰需要的木笼而言，黄坛口围堰所用木笼最大高度为9米，新安江则要达到17米的高度，南方的城墙高度也不过6米多高，这就相当于3个城墙那么高。

潘家铮在一篇纪念文章里提到，负责围堰工程的是一位刚出校门不久的小伙子，叫作巫必灵，1956年毕业于华东水利学院，1957年就在新安江上独当一

---

139 参见《新安江水电站志》，《新安江水电站志》编辑委员会编，浙江人民出版社，1993.12，第53页;《国家特别行动——新安江大移民》，童禅福著，人民文学出版社，2009.1，第50-51页。

面。木笼围堰看似一个土里土气的土办法，但是要挡住滔滔江水，木笼的材质、结构都需要进行非常复杂的计算与试验，而这个土里土气的东西，教科书上根本找不到，国外更没有可供参考的资料。巫必灵当时还是一个实习技术员，刚上手就接下这个棘手异常的工作，潘家铮写道：

　　他孜孜不倦地调查分析过去的经验教训，广征博引能找到的一切文献，考虑得十分周到，计算得非常细致，设计得合理可靠。通过他的努力钻研，木笼围堰的设计理论发展到成熟程度。一个初出校门的人能取得这样的成就，实不多见。设计完成后，他又投身到施工实践中去，夜以继日，对质量严格把关一丝不苟。我很快发现，这位年轻人不仅理论水平高，钻研能力强，而且对工作极端认真负责，是个信得过的人，交给他办的事是完全可以放心的。[140]

　　围堰工程成功，人才脱颖而出，让潘家铮欢喜无尽。巫必灵后来担任华东水电勘测设计院副总工程师。关于木笼围堰的理论和计算，在潘家铮的督促下，他写成《新安江水电一期围堰》一文，长达 5 万多字，发表在上海水电勘测设计院办的《水力发电建设技术经验专题报导》1958 年 11 月号上。

　　木笼围堰于 1957 年 8 月 1 日开始沉放，共用木笼 93 只，然后填石加固，再在堰顶浇注混凝土盖面。一期围堰全长 695.4 米，宽 115 米，占到河宽 65%，围拦出 30000 多平方米的基坑。围堰设有注水闸，当洪水来临，开闸注水，以减轻洪水对围堰的压力。这是 20 世纪 50 年代全国最大的一个围堰工程。围堰于 1957 年 11 月 14 日全线合龙闭气，开始排水。[141]

　　潘家铮的《新安江竹枝歌》有载：

　　底事江流绕道行？木笼围作水中城。

　　140　参见《春梦秋云录——浮生散记》(第二版)，潘家铮著，中国水利水电出版社，2000.12，第 314 页。

　　141　参见《新安江水电站志》，《新安江水电站志》编辑委员会编，浙江人民出版社，1993.12，第 50 页。

不知基坑深多少，仰见半空帆影轻。[142]

　　站在基坑底部，望江水托着帆影在头顶流过，这是何其壮观的作品！潘家铮作如是笺注：在准备工程中，最宏伟的要算一期围堰工程……木笼最大高度15米以上，能挡住5000立方米每秒的洪水，设计和施工质量堪称优秀，做到稳若泰山、滴水不漏，而且提前完工。第二年（1958年）拦住超标准特大洪水。它为新安江水电站的胜利建设立下了殊勋。

　　木笼围堰合龙闭气，大宽缝重力坝设计也于1957年12月修改完成。1958年2月18日，新安江水电站正式举行开工典礼。这一天，正是农历的大年初一，中国人传统节日春节。

　　选择这一个传统节日开工，本来是为了赶在1958年枯水期浇筑大坝混凝土，"大跃进"号召之下，工期缩短，参加工程建设的全体职工真是斗志昂扬，纷纷贴出请愿书、保证书、决心书，要求"春节不回家，出满勤，出全勤"。开工典礼上，浙江省委常委、副省长陈传达，工程局党委书记王醒向第11坝段基岩浇下第一车混凝土。

　　接下来，充满了浓重"大跃进"色彩的口号不断增加，群情不断昂扬，"今年是关键年，明年是大决战，争取1960年发电"；党委要求全局干部打掉"五气"，即官气、暮气、骄气、阔气、娇气；开展"五比"，比学习、比干劲、比联系群众、比艰苦深入、比团结互助[143]。等等。诸般。

　　"大跃进"时期的文艺作品写到工地、矿山、工厂时，总用"沸腾"两个字作定语修饰，1958年的新安江工地也不例外，真是一片沸腾的景象。2月18日右岸大坝浇筑下第一车混凝土，短短半年的时间，到8月份洪水来临之前，右岸大坝即浮出水面；到10月1日，左岸二期围堰合龙闭气，右岸围堰拆除。滔滔新安江水第一次按照人的意志从右岸大坝预留的三个大底孔导流洞驯服通过。

　　142　参见《春梦秋云录——浮生散记》（第二版），潘家铮著，中国水利水电出版社，2000.12，第131页。
　　143　参见《新安江水电站志》，《新安江水电站志》编辑委员会编，浙江人民出版社，1993.12，第53页。

进入 1958 年，设计与建设进度之间的矛盾顿显，潘家铮带领现场设计组的同志尽最大可能将这个矛盾化解到最小。眼看着右岸大坝一天天初露端倪，现场设计组的同志们夜以继日在工作，复杂而海量的计算，匆忙而小心翼翼绘制现场施工图，施工图出来之后，描图忙不过来，潘家铮常常亲自上阵，充当一个描图员的角色。在那样忙乱的情况下，潘家铮哪怕是亲手描一张图，也是认真细致，工整而娟秀的仿宋体让大家赞叹不已，有潘总率先垂范，下面的同志自不在话下。

尽管如此忙碌，潘家铮还是被工地热火朝天的景象感染了。工地之上，新人新事层出不穷。坝工技术，在某种程度上还不能称为有自己严密科学体系的学科，好多事情，甚至大多地方还要靠工程师和施工人员的经验，国际上有一种通行的说法，大坝工程，与其说是一门科学，不如说是一门匠艺。施工者的建设经验起着至关重要的作用。

以新安江工程的木笼围堰为例，有一位劳动模范姚新根。姚从 1938 年即开始在上海造船厂等企业担任潜水员，曾参加过黄坛口工程的木笼围堰施工。新安江木笼围堰，无论是河道流量还是使用的木笼体量，都数倍于黄坛口，没有任何可供参考的先例，他根据自己的经验，提出分段沉放法，分段沉放之后，再行加高加宽。此法被采用，木笼沉放速度迅速提高，创造最多一天沉放 5 只到 6 只的全国纪录。如果没有姚新根建议，右岸围堰工程肯定不会进展得如此顺利。这位地地道道的草根施工技术人员，后来被任命为新安江水电工程局副局长。

还有，爆破工、架子工、灌浆工、女焊工、起重工，潘家铮用热情洋溢的诗句歌咏他们，还有，炊事员、行政员、质检员、医务员、技术员，同样激起潘家铮澎湃的诗情。他说，这些来自基层一线的工人和各色人等，是一曲八音齐奏的乐章，这是一台复杂精密的机器，任何一个音符，任何一个音乐、一颗螺丝都是不可缺少的。把一个大型水电站建设的成就归功于少数人是完全错误的。

2003 年，潘家铮在一篇《社会呼唤能工巧匠》一文中，再次提到新安江工地上的这些人物。

……这些人都身怀绝技，有极丰富的经验，一般困难都难不倒他们。他们还有朴实的作风和高尚的精神面貌。他们出现在什么地方，就会形成一支战斗的小分队，就会使人感到放心。当时号召设计人员下现场，向工人学习，做法有些过分或粗糙，但就向这些人物学习来讲，实在是受益无穷的。[144]

　　潘家铮无疑将自己定位为这个大乐章中的一个小小音符。

　　所以，潘家铮在他的诸多散文作品中，都尽量少提自己。可是，对于驻工地的现场设计组而言，他是主心骨。1958年的潘家铮内心里是快乐的，激动的，甚至是愉快的。在那个集体之中，他的幽默、博学、热情、真诚是设计团体的有力的黏合剂，尽管他那时候不是党员，他所形成的气场，要比口号来得更有感召力和号召力。

　　感召力，号召力，一切都来源于他的亲和力。这种亲和力，不独体现在技术上的交流，还体现在生活上的关怀，大家都视他作兄长。这是一位可亲可敬且可爱的兄长。

　　在那样紧张的设计间隙，他还亲自带头下到工地参加劳动，他弱不禁风的身板，躬身搬动大毛石，趔趔趄趄的样子逗得大家哄然大笑。

　　这个经过东方水电站和流溪河工程一起精诚合作的年轻团队，一直充满着友情、快乐和无穷的创造力。

　　设计蓝图完成之后，还有细致复杂的施工设计图，施工设计图在实际施工过程中又要应对层出不穷的问题，然后加以调整、修改、变更。

　　党小组长张发华对潘家铮在新安江工地的辛劳与贡献是再清楚不过了。他在回忆文章里如数家珍，细说工程施工过程中"潘总"的工作风格。

　　新安江的坝基地质结构复杂，地基处理须慎之又慎，而且工序十分烦琐。大坝上游迎水面坝基在开挖之后要进行固结灌浆，设防水帷幕、小断层开挖混凝土塞回填，这是常规性处理。在设计中，新安江大坝还设置了很深的防沉塞和防渗塞，通过防沉塞和防渗塞，相当庞大的坝体向下延伸出若干部分，牢牢地将坝体与河床连为一个整体。

144　参见《老生常谈集》，潘家铮著，黄河水利出版社，2005.7，第173页。

回填封堵的设计也很周密，施工期潘家铮要亲自去现场交底，到现场了解情况，蹲灌浆队劳动，与第一线同志共同研究处理难题。在每个坝段开挖过程中都去现场，最后确定建基面高程，验证坝基摩擦系数等重要参数，更新计算复核，调整坝体宽缝宽度，这样多少个日日夜夜细致的工作，节省下了 15 万立方米混凝土和 34 万立方米石方开挖量。

河床 9 个坝段中埋没着 9 条直径 5.2 米的引水钢管，将水引到厂房驱动水轮机发电。可是，制作钢管的钢材不能及时供应，钢管制作安装牵制了坝体的浇筑而难以很快升高，潘家铮他们将坝体纵缝改为大体沿主应力方向设置斜缝，抢浇坝体混凝土，在斜缝后坡安装钢管，再浇下游坝块混凝土。这些改动都引起了施工期坝体应力重新分布问题，设计计算需要重新来过。

再说厂房顶溢流泄洪。潘家铮那篇文章叙述得相当简捷了，这当然是一个很巧妙的构思，但是实施起来困难重重，远不像他写得那么轻描淡写。那不过是雨霁之后万里晴空的彩虹乍现。

厂房顶要宣泄每秒 14000 立方米的大洪水，通过速度每秒 30 米，大水像一群饿了一亿年的怪兽，以每小时百千米速度从百米高坝下奔腾而下。用专业术语讲，厂房泄洪，洪水挟带的离心力会产生的巨大水平推力，高速水流又是一种随机性的脉动荷载，厂房结构能不能承受如此巨大的震动？如何承受如此巨大的震动？如果主厂房内外墙和顶板没有足够的刚度，尽管和上游的坝体连接有坝体的有力支托，根本不足以减少泄洪水流推力作用下的侧向水平位移。换句话说，厂房在泄洪的时候，巨大的推力会将厂房与坝体撕扯开来，像撕一座纸做的房子那样将厂房推倒。

刚度靠什么？靠结构。

这还是小问题。水库蓄水后，厂房顶和坝体之间将又有一个相对变位，相当于给厂房顶一个侧向强迫变形。而在同样的侧向变形下，厂房构架的刚度愈大，产生的应力值也愈大，这又给结构处理带来许多困难。这样，新安江溢流式厂房设计中就出现了一个难题：厂坝连接的结构抗震性和应力的矛盾。设计紧紧抓住这个主要矛盾，经过长时间的计算研究和水力试验，最后确定了厂房顶和坝体之间用"拉板"连接的措施，即厂房和坝体起先仍分开，待水库蓄水到相当高度，厂坝之间相对变位大部分已产生的时候，然后再施工拉板连接厂房顶和坝体。这样，既可消除水库蓄水后厂房顶和坝体之间的推力，用"拉板"连接的措施，又保证厂房不致产生强烈的侧向振动，提高结构的抗震性，结构抗震性和应力的矛盾顺利解决。

新安江水电站倾注了他的心血与智慧，同时对他结构力学水平和坝工技术是一次全面的检阅。新安江大坝矗立起来的那一天，扎实的理论功底和大胆的创新精神，成就潘家铮为一名卓越的坝工工程师。[145]

1994年，云南漫湾水电站的重力坝也采用新安江坝后厂房顶溢流方案。新安江大坝之后，像新安江那样的大坝布置在国内采用甚少，源于设计人员对这一套设计的计算与结构力学分析还没有充分掌握。此时，水电厂已经发电在即，但很多人对坝后厂房顶溢流非常担心，心有余悸，专家论证也莫衷一是。时任中国水电建设总公司总经理的张基尧请潘家铮前往工地检查，潘家铮详细看了设计资料和现场施工记录，察看坝前坝后情况，非常肯定地说：不会有什么问题，如有问题我来负责。

当时张基尧也十分担心，但是多少年跟潘家铮打交道，知道凡是潘家铮肯定的事情，不会有什么问题，但内心里还是将信将疑。水电站运行二十年无恙，张基尧才放下心来[146]。这番理论功底和实践经验正是潘家铮在新安江工地获得的。

如果说水电站建设工地是一个乐章，作为设计者，根本不允许错一个音符，哪怕是关键声部一个准确传神的音符都不行，他们就是这个乐章的作曲人和配器者，每一部分的旋律都有科学的铁律要求，每一章节都需要激情、勇气、严谨与慎重，当然，还有成功的喜悦。

1958年，潘家铮被授予"上海市先进工作者"称号。

真性情

总路线，"大跃进"，人民公社，"三面红旗"猎猎飘扬。围堰在1958年的

145　参见张发华撰《潘家铮在新安江水电站》，收入《中国水利水电技术发展与成就——潘家铮院士从事科学技术工作四十七周年纪念文集》，中国电力出版社，1997.9，第270页。

146　参见张基尧著《一代宗师　风范永存》，收入《永远的潘家铮》，中国水利水电出版社，2013.6，第19页。

超标准大洪水来临时经受住了考验。五年工期，三年结束。潘家铮这个 1958
年的先进工作者渐渐感到不适应。

全国都在放"卫星"，农村稻田里的"卫星"节节攀升，亩产五千斤不过
瘾，亩产过万的"卫星"前来刷新纪录，五万斤，十万斤，最高纪录达到二十
万斤。身处新安江工地的潘家铮虽然没有亲自参加过全民大炼钢铁，但每次回
上海汇报工作，途中乡野城市的滚滚浓烟哪能视而不见？尽管他对农村生产生
活的经验甚少，但任谁都能看出其间的荒唐。

工程建设毕竟还不同，新安江电站工地暂时还没有出现过放"卫星"的提
法。可是也差不多是"卫星"天天在放，降龙伏虎，战天斗地。来自各工地的
喜报、捷报每天都送到位于紫金滩的工程局党委所在地。

激烈的战斗——围堰合龙了！

好像全工地的职工都涌到坝头来了！岸上的，水里的，都在搏斗着，要控
制住这条张牙舞爪竭力摆脱人们的羁绊的凶龙！

胜利合龙的捷报贴出来了……

1957 年超额完成的任务的捷报贴出来了……

工人们在开会：青年的，老年的，男工，女工，纷纷地，激动地挥舞着胳
膊，在辩论着，批判着保守思想……

最后是工程局党委的书记，笑容可掬地在做着总结发言。镜头拉出来，看
出他是在党委会上发言。他指着背后黑板上的大字："苦战三年，保证一九六〇
年发电！"

马上，在横跨江面的雄伟的缆索桥上，从南到北，竖起了一丈见方的一排
大红字：

"苦——战——三——年——保——证——1960——年——发——电！"

解说员："整个工地沸腾起来了，到处呈现一片热火朝天，轰轰烈烈，跃
进再跃进的气象！工人们纷纷向党委提出了保证，更拿实际行动来表达了自己
的决心。真是人人跃进，队队争先！一个接一个的定额被突破！一张接一张的
喜报送来！……"

工人们敲锣打鼓，送来了喜报……

一张一张的捷报，"这一张是混凝土一班完成七百方的捷报……这是修钎厂一班修钎五千根，突破全国纪录的捷报！……

在这些捷报上又叠印着卷扬机一上一下运送砂石的镜头，拌和机吐出混凝土的镜头，自动卸车把整车的混凝土浆倾倒下坝基的镜头，浇捣的镜头……以及穿插在这些工序里的满面红的混（浑）身是劲的工人的特写镜头……[147]

1959 年"大跃进"高潮时，有一部颇有影响的电影，叫作《新安江上》，由著名导演张骏祥导演执导。以上便是这个电影脚本的开头。电影反映新安江建设工地的新人新事。解说词充满豪情，镜头编排排山倒海，虽然经过艺术加工，但基本上是那个时代的现场写真。

捷报频传，喜报不断，是工地上"大跃进"的一道风景。潘家铮《新安江竹枝歌》有云：

金鼓齐鸣万马号，红旗翻滚浪滔滔。
动心奇景谁堪比，风卷钱塘八月潮。

跃进潮如箭脱弦，你追我赶竞争先。
墙头指标扶摇上，直欲乘风刺破天！

革命花开分外香，纷飞捷报百千强。
年终报表几番改，忙煞文书小女郎。

……

这些竹枝歌已经是删之又删，留下来的已经是不惹麻烦的歌颂之作。"箭脱弦""刺破天""几番改"，如此炼句，像芒刺在背，谁都能看得出 1958 年的

147　参见《新安江上》，福庚著、张骏祥编剧，中国电影出版社，1959.4，第 4-5 页。

上海市先进工作者潘家铮内心的焦虑与担忧，想掩都掩不住。

20世纪50年代后期，经过战后恢复，经过第一个五年计划突飞猛进的发展，又有苏联专家的帮助，中国的工业生产有了长足的进步，但是建设新安江水电站这样的大工程，对于这个刚刚结束战火的国家而言，还是有相当的难度。更何况，在"大跃进"的年代里，全国和新安江水电站建设前后开工的还有其他大型工程，浙江省又不切实际地准备开工富春江等几个大型水电站。

新安江水电站的设计中，大宽缝重力坝新颖的设计，已经节省了四分之一的工程量。而要完成全部工程建设，仍需浇筑混凝土175.5万立方米，水泥34.74万吨，钢材3.6万吨，总投资4.68亿元。[148]

在工地上的每一位设计者仅仅关心设计远远不够，每一位同志的身上还担负着设计落实之后的质量问题。

潘家铮在1958年逐渐感到自己与形势格格不入。建设工地，没有工程建设的甲方乙方，没有监理制度，施工组织管理粗陋而简单，每个人都是跃进的一员，是大兵团作战的一员，工地实行党委负责制。潘家铮不是党员，他这个设计负责人，除了组织现场设计，应付施工与设计发生冲突的时候的各种问题，直接参与重大项目的设计计算、技术攻关，还在参加工程党委的扩大会议，汇报工作。

他在回忆录中如是诉说进入"大跃进"高潮时的苦闷：

作为现场设计的负责人，我从开始时的跃进积极分子一步步走向反面。我处在两难境界中，既要跟上跃进形势，服从党委的决定，又要保证结构物起码的质量与安全度……这哪里是技术工作，简直是玩走钢索的玩艺。为此，我用尽了古书上的"三十六计"，甚至还有发明创造。有时我软磨硬顶，有时就赤膊上阵（例如抓住质量事故大做文章），有时躲在背后唆使部下出头，有时拉大旗作虎皮（把专家的建议、上级决定当挡箭牌）；有时表面佯从，背后写报告，有时负隅顽抗、死硬到底（例如坚决不肯代表设计组上台献礼表态），有时利用"统一战线"广泛出击（设计组的党小组长张发华、工程局的总工潘圭绶都是我的

148　参见《新安江水电站志》,《新安江水电站志》编辑委员会编，浙江人民出版社，1993.12，第62页。

统战对象）；必要时，借口去上海汇报工作，来一个金蝉脱壳，避几天风头。把这些记下来，倒真可写出一本古今中外未曾有过的"政治坝工学"。[149]

潘家铮显然太年轻，因而也太天真了。他的这番虚与委蛇依稀还可以看得出当年偷看演义小说时与父亲斗智斗勇的影子。只是，他现在面对的不是当年严苛的父亲，而是一个狂热的年代。

不可否认，"大跃进"确实激发出干部职工的工作和创造热情，工程局三分之一的干部都下到工地，与工人们同吃、同住、同劳动、同商量，大坝浇筑进度不断加快。但是原材料，尤其是水泥供应严重不足，工程进度已露怯相。

从1958年7月26日起，水泥供应开始出现了问题，到9月16日，仓库里再也搬不出哪怕一两水泥，大坝浇筑不得不全面停工，停工半个月之后，直到10月初才恢复水泥供应。这时候，工程局党委为了赶回耽误的工期，提出"班班不欠账，日日争超额"的口号。捷报再度频传，喜报再度不断。

11月23日开始，坝体施工采用无仓面大体积高块子浇筑，最高浇筑块为33米，最大浇筑块为26584立方米，先后浇筑高度10米以上的高块412个，占坝体、厂房浇筑块总数83.6%。

11月30日，左岸坝体开始浇筑，形成左右两岸坝体全面升高的局面。

12月7日，浇筑混凝土9425.36立方米，创全国纪录……[150]

恰恰在这时，"大跃进"时期发动的一场"双革"运动也开始进入新安江工地。

所谓"双革"，即技术革新、技术革命，实际上就是在科学技术领域大放"卫星"，实现工农业生产的自动化和半自动化。在"双革"运动中出现了千奇百怪的"发明"与"创造"，有人居然真的制造出卓别林电影《摩登时代》里出现的"吃饭机"。

在新安江工地之上，荒唐也荒唐得离谱。

149　参见《春梦秋云录——浮生散记》（第二版），潘家铮著，中国水利水电出版社，2000.12，第16页。

150　参见《新安江水电站志》，《新安江水电站志》编辑委员会编，浙江人民出版社，1993.12，第53页。

潘家铮在他的回忆文章中写到"双革"运动曾隐讳地提到几件事情，没有点名，其实指的就是新安江水电建设工地。

一件，混凝土中埋放毛石。此工艺虽然落后，但对混凝土温度控制与省水泥有很大作用，在某种程度上还可以增加混凝土强度。尝到了甜头，工地上马上提出"大埋特埋""放埋毛石卫星"的口号。埋石的百分比一路上扬，节节攀升，5%不过瘾，10%、15%、20%、50%，就像一个恶毒的人给猴子一点点加药一样，最后达到120%，混凝土变成毛石堆，基本的数学计算常识荡然无存。[151]

一件，大坝工程混凝土用量多次更改设计，已经核减到极致，最后剩下 130 万吨。可以减一，就可以减二，可以减二，难道不可以减三？能够减到三，为什么不可以减到五？党委将潘家铮叫了去："给你个任务，砍掉那 100 万，压缩到 30 万吨，怎么样？"[152]

慈祥然，殷切然，50 年代电影里首长看部下那种亲切眼神，单等一声"保证完成任务"的回答！对多元次方程，甚至百元次方程都有耐心计算的潘家铮，面对眼前这个方程高低无解。蓄水之后，上千万吨的应力要作用在坝体上，坝体是一个经过严密应力计算的结构，怎么能说减就减？而且要"砍掉"四分之三还多？潘家铮的痛苦可想而知。

一件，混凝土拌和"革"出了新方法。从 30 米高的坡上，把混凝土天女散花般倾倒进仓面。据说也有科学依据，骨料由高处落下，势能可以转化为动能，新的混凝土可以冲到下层，砂浆翻腾，互相撞击，不就增加密实度与强度了？且可免去了平仓捣振工序。多而快，好而省，多快好省。有此"科学"推理支撑，数十方、数百方的混凝土骨料从天而降，"天女散花"，大块的石料与仓面撞击，火花迸溅，乌烟瘴气，凝固的混凝土千疮百孔，像"萨其玛"一个样子。[153]

数年之后，潘家铮重返新安江水电站清理尾工项目，这些"萨其玛"坝段

151　参见《春梦秋云录——浮生散记》(第二版)，潘家铮著，中国水利水电出版社，2000.12，第 162 页。

152　参见《春梦秋云录——浮生散记》(第二版)，潘家铮著，中国水利水电出版社，2000.12，第 162 页。

153　参见《春梦秋云录——浮生散记》(第二版)，潘家铮著，中国水利水电出版社，2000.12，第 163 页。

留下的孔隙可以强填进几百吨水泥。[154]

这样筑起来的大坝就是一个先天不足的软骨病儿，哪能站得住？更何况，蓄水之后，库区里要装200多亿立方米的水，大坝将承受几十万吨的压力。而高压水看似平静，其实携带着常人难以想象的巨大能量，穿石锉钢，无孔不入，它哪会理你的豪言壮语？一旦发生溃坝，百多亿立方米的水冲下来，推倒一幢大楼比扯碎一个纸糊的房子来得还容易。下游建德、桐庐、富阳诸县将一扫而空，即便杭州也将变成一片泽国。

水泥标号不够，灰水比例失调，不独潘家铮，哪一个工程师遇到这种情况会熟视无睹？更何况他这位现场设计总工程师？

此种景况，连新安江工程局副总工程师潘圭绥都坐不住了，他声言要躺在不合格基岩上面，让将他自己和混凝土浇在一起。主管施工的工程局副局长还是将他弄走了。[155]

潘圭绥1911年生人，整整大出潘家铮15岁，两潘同是浙江大学土木系的校友。两个人惺惺相惜，可谓忘年，可谓莫逆。

潘家铮曾深情回忆这位与自己在新安江工地共事数年的老领导。因为所处地位和考虑问题角度不同，两人在一些技术问题上难免意见相左，现场设计总工与工程局总工争得面红耳赤，甚至恶语相向是常事。但在工程质量问题上两个人的意见和态度则出奇地一致。两人曾联手在工程局党委会上慷慨陈词，厉言抗辩，一唱一和，颇是默契；两个人不约而同不止一次给工程局局长王醒写信，对工程质量提出警告和建议；甚至向北京和苏联专家告状都是一前一后。这完全是潘家铮所谓的"统一战线"策略的效果。两个人的友谊是真诚的，一老一少经常到位于仓滩的水电城漫步街头，有兴致还在餐厅里喝点小酒，从时事一直谈到工程，从国家的形势谈到工程领导，评头品足，有许多共同语言的。[156]

154　参见《水利专家潘家铮》《大家》(10)，薛继军主编，商务印书馆，2010.7，第135页。

155　参见《恶水缘——水电总工程师回忆录》，翁长溥著，广西科技出版社，1997.10，第157页。

156　参见《春梦秋云录——浮生散记》(第二版)，潘家铮著，中国水利水电出版社，2000.12，第296页。

潘圭绥后来被打发到其他工地，潘家铮听说他的处境并不如意，赋诗相赠曰：

风雨仓滩喜共舟，天涯何幸识荆州。
献言敢效贾生哭，阅世长怀杞国忧。
参透炎凉冰在抱，饱尝辛苦雪盈头。
新安湖上波千顷，莫叹平生志未酬。[157]

潘圭绥作为工程局的总工，自有他总工的责任；潘家铮必须抗争，倒未必说明潘家铮就天生是一名斗士。呕心沥血设计的大坝，最后完全走了模样，作为设计总工程师心里会舒服？不说是工程师，就是一个手艺人、一个工匠看到自己设计的家具让人干走了样子，怕也看不下去。

每一次参加党委扩大会议，二潘一前一后都一再强调施工的质量问题。潘家铮带领的设计组有40多号人，这个时候真是发挥了作用，先是把好图纸这一关，施工图详之又详，每一个细节都不能出一点点纰漏，然后以设计人员的身份到现场要求施工人员严格按图施工，如有违反，潘家铮连夜写好"备忘录"，直接呈送上海水电勘测设计院和水电总局备案。

工作程序使然，谁都不能说什么。但谁都明白，这相当于告御状。

当时，苏联专家还未全部撤回，留在工地上的苏联专家也成了统战对象，他让苏联专家出来说话。事实上，"大跃进"这一套，连苏联专家都看不下去。工程局的老专家、技术处长、总工程师徐洽时，副总工程师潘圭绥、基层的技术干部，都列入他的统战范畴，他逢人就说，但收效甚微。

刚开始施工队伍对这帮设计人员还算客气，但很快就不耐烦了，恼火至极，开大会总结，说：每当群众要大跃进，形势大好的时候，设计组就跳出来搞破坏。工程局领导对潘家铮说：偶然出现的质量问题，不过是九个指头和一个指头的关系嘛。潘家铮一板一眼，针锋相对：24 个坝段施工，一个指头就相当于 2.4 个坝段，莫说 2.4 个坝段，就是一个坝段出问题，整个大坝是要"开

---

157 参见《春梦秋云录——浮生散记》(第二版)，潘家铮著，中国水利水电出版社，2000.12，第 295 页。

步走"的！

可是，这些意见，无论是基层施工单位，还是工程局党委，是怎么都听不进去。以为这就是拉"大跃进"的后腿，就是在搞破坏。按说，工程局党委成员不乏当年主持黄坛口工程的领导，有黄坛口工程的教训本不应头脑发热到如此不可理喻的地步。可惜，就是如此不可理喻。几年前黄坛口工程的教训，仿佛是乌有之乡发生过的事情，"大跃进"的豪情将记忆清洗漂白得干干净净。

这时候，潘家铮干了一件惊天动地的事情。

他苦闷，施展各种手段周旋，最终忍无可忍，这个小个子工程师站了出来，文弱、幽默、温文尔雅的潘总暴怒之后的表现让每一个人都感到震惊。潘家铮一连写了一百多张大字报，激烈批评和反对各种荒唐的创造与发明。

这数百张大字报的具体内容今天已经不得而知。以潘家铮的性情和文字功夫，其犀利与尖锐、热烈而辛辣的文风当不难想象，他摆事实讲道理，一桩一件说来给大家听，这样干到底行还是不行？其危害是什么，头头是道，条理清晰，引起的轰动效应也不难想象，现场设总此种强硬态度当然不能不当回事，他有理有据，把事情的原委、真相让大家看一看，这样干会产生什么后果。

大字报里，他直接点了工程局党委的名。这一下子捅了马蜂窝，当时，别人也贴大字报，都是不温不火，批评意见也轻描淡写，直接点名批评工程局党委的，只有潘家铮一人，而且不是一张，是一百多张。

写完大字报，潘家铮回到宿舍卷起行李，他知道这样做相当于批逆龙鳞，随时准备迎接劈头盖脸的批判。

其时，全国反右倾运动如火如荼。大鸣、大放、大字报、大辩论；先阳谋，后反击；引蛇出洞，全国数以千万计的人被划为形形色色的右倾机会主义分子。潘家铮自知跑不了，他被逼得走投无路，被逼上一条绝路。

站出来拼命，你跑不了，是因为即便不站出来拼命，也是跑不了。

一旦出事，他这个现场设计负责人，怎么能逃得脱干系？倒是别人可以有千般理由推脱：我们都是工农干部，是大老粗，不懂技术，一切还不是听你的嘛！一推六二五，干干净净。潘家铮没法推脱，没法干净，横竖是一个逃不脱。

与其如此，还不如一效荆轲唱易水，还不如像海瑞抬棺犯颜直谏，潘家铮贴出大字报之后，还真有些"风萧萧兮易水寒"的壮烈气概。[158]

编码在基因里的越人血性，在此刻爆发出来了。

关于潘家铮写大字报的各种版本流传，以至于后来传说，正是这些大字报最终引起高层注意，甚至引来了国家总理的亲临现场。其实潘家铮也知道，这些大字报根本起不到那么大作用，自己义无反顾的反抗，无异于螳臂挡车，以卵击石。

但传说还是越传越玄，传说中的潘家铮变成一个孤高性傲的怒目金刚式人物。"文革"时期，到上海出差的工程师见到正在单位受批判的潘家铮独自坐在办公室一隅埋头写写画画，不禁错愕，眼前这个瘦弱而单薄的人，怎么会是那个一口气写上百张大字报的血性莽汉？

潘家铮在晚年接受采访谈到当年"大跃进"高潮中的工程施工时说："作为一个水利工程师，一个大坝的工程师，首先想到的应该是千百万老百姓的生命财产安全，像那个干法，已经到了无法无天的地步，那真是要出事情的！"

果然出事了。

刚刚进入 1959 年，质检人员发现，使用 300 号火山灰水泥浇筑的坝体出现了混凝土质量问题，其中 16 坝段的 24 米到 27 米高程处的问题最为严重。质量事故惊动了水利电力部与建筑工程部，两部成立调查组进驻工地进行调查。最后，16 坝段的事故混凝土 3200 立方米全部凿除，重新浇筑。这一浇一挖，直接损失达 11.9 万元，影响工期 2 个月。

紧接着，1959 年 2 月，左岸坝头发生坍塌，坍塌发生过数次。等他发现的时候，为时已晚。滑坡的规模非常之大，产生的碎石和泥沙全部落入将左岸围堰填埋，坍塌的石碴方量达 2 万立方米，最后清理基坑加上岸坡开挖处理达到 45 万立方米之巨。[159]

158 参见《水利专家潘家铮》，《大家》（10），薛继军主编，商务印书馆，2010.7，第 134—137 页。

159 参见《新安江水电站志》，《新安江水电站志》编辑委员会编，浙江人民出版社，1993.12，第 54 页、第 13—14 页。

2 月，新安江上的桃花汛如期而至，洪水漫过二期围堰和左岸施工坝段，原计划在左岸坝段先行装机发电的计划彻底打乱。

2 月 27 日，拦河坝 70 米高程的施工栈桥 3 根钢梁倾覆坠落，6 人当场死亡，3 人受重伤。[160]

这里还有一个插曲，1960 年揭发李锐所谓"反党言论"中披露。李锐对新安江工程的施工质量问题大光其火，甚至骂了娘，他斥责不顾施工质量，只顾天天听喜报看捷报的工程局是"瞎指挥"，眼前的工程质量问题就是放"卫星"放坏的。

新安江工地出了这么大的工程事故，上年订下的"五一蓄水""十一发电"的目标成了空谈，可是新安江工程局党委一次一次开会做政治动员，再掀"大跃进"高潮，指标层层下压，订下的目标绝不松口。

"白帽子"

1959 年 4 月 9 日，已经担任水电部副部长的李锐陪同国务院总理周恩来到新安江水电站视察。

当时，因为工程质量和左岸坝肩塌方滑坡事故，新安江工地被一片阴云笼罩，水泥供应不上，施工机械又赶不上施工要求。据李锐回忆，当时从捷克定购的大型施工机械被调到北京参加天安门的"国庆工程"，浇筑大坝用的几台门式起重机，还是从小丰满调过来的，都是 20 世纪 30 年代的老设备，施工安全令人担忧。

年初出现的工程质量问题，果真惊动了国务院，3 月 10 日，周恩来办公室通知新安江水电工程局，要求派人赴京汇报，总工程师潘圭绥受命前往。潘在 1956 年作为全国劳动模范曾受到周恩来的接见。

周恩来了解新安江工程的情况之后，特意请来建筑工程部部长刘秀峰，亲自协调新安江工程的水泥调拨。周恩来说：大工程一定要遵守安全系数，实验室的试验要跟大批量生产分开。三种东西是有区别的：一种是礼品，一种是展品，一种是产品。他强调说：新安江是重点，以后供水泥定要保证质量。

160　参见《新安江水电站志》，《新安江水电站志》编辑委员会编，浙江人民出版社，1993.12，第 54 页、第 13-14 页。

28天之后的4月9日，周恩来由李锐陪同视察新安江水电站工地，并欣然为新安江水电站题词："为我国第一座自己设计和自制设备的大型水力发电站的胜利建设而欢呼！"[161]

潘家铮当然无缘接近总理，不过他说：周恩来的到来，如春风时雨，温暖和滋润了每个职工的心，再一次激发起奋战高潮。在战胜重重困难之后，终于在9月21日沉放下最后一扇封孔闸门，断流蓄水。

工程建设再掀高潮，工程局党委新口号让人血脉贲张，"战胜困难，多快好省，不达目的，决不罢休""与时间赛跑，和洪水做斗争"，誓言凿凿，群情激昂，工程进度迅速推进。

工程进度加快，现场设计组再度忙碌起来。左岸围堰截流之后，新安江水通过右岸大坝底部的三个大底孔导流通过。左岸大坝完成之后，要截流蓄水，需要彻底封死右岸的三个底孔。每个底孔有两个进水口，原设计考虑用钢筋混凝土叠梁封堵底孔进口蓄水，再以混凝土回填底孔。但是，现导通水情况下，困难和弊病多多，封堵效果欠佳，如果以整体钢筋混凝土闸门封孔，一次沉放到底，方便而可靠。

潘家铮带领着现场设计组成员日夜不停投入到闸门设计中，这个技术难度也非常之大。

每一扇闸门成型之后，重达321吨，要将这么个大家伙准确沉放到封堵位置，良非易事。他和设计组同志反复现场勘察，最终确定现场浇筑方案。在每个底孔进口门槽处搁置托梁，紧靠上游坝面对准门槽就地浇筑整体钢筋混凝土闸门，然后在闸门上方的坝体内预埋吊钩，作为闸门沉放的起吊支撑，待闸门凝固成型之后，再就地沉放。

这一方案简单易行，来自小丰满水电站的起重队老工人都觉这个方案真是巧妙到家了，非常赞同，甚为钦佩。9月21日，最后一道闸门顺利沉放到底，奔腾的江水被瞬间截断，亿万斯年喧嚣的铜官峡顿时寂然，一湾碧水慢慢上升，

第六章　新　安　江　上

161　参见《李锐往事杂忆》，李锐著，江苏人民出版社，1997.2，第316-317页；《国家特别行动——新安江大移民》，童禅福著，人民文学出版社，2009.1，第31-32页；《历史新篇——中国共产党在浙江（1949—1978）》，金延锋主编，浙江人民出版社，2011.6，第484页。

烟波浩渺的千岛湖初现轮廓。

水库蓄水，电站发电也为期不远。可是开关站出线架还没有动工，按照新安江工程局党委的部署，开关站建设的工期只有 3 个月时间。

刚刚完成底孔封堵设计，又转战开关站工地现场设计，潘家铮和现场设计组成员手脚并用，紧张地开始开关站出线架的设计。

开关站布置在大坝下游左岸，利用岸坡开挖二级平台，呈台阶式布置。施工期间，这两个平台原来为堆放粗细骨料场地和混凝土拌和楼所在，水库蓄水之后，拌和楼拆除，才能布置开关站。工期如此之短，还要根据现场材料供应情况考虑尽量节约钢材，潘家铮提出，可以考虑用钢筋混凝土预制构件组装出线架，以利工期与节约目标。

这个设想看似简单，实则又有许多应力计算要进行。出线架共分为 7 个区段，每一个立架高达 42 米。如此高的混凝土构架，既要承受 4 条 220 千伏出线的拉力，还要承受侧向的风荷载，设计计算需要将各种因素都考虑进去，出线立架必须是一个复杂而精确的应力结构，才能承受来自出线拉力和侧向风荷载，7 个段区立架如何布置又需要动一番脑筋。

恰好，开关站内侧上一级平台和上坝公路之间的开挖陡坡基岩甚好，可以此为基础，设置三角形支架，支撑起出现架两层节点，这样一来，出线架支撑承受的主要是轴向压力，沿出线方向在平面上构成一个不会发生侧向位移的构架，结构应力分布达到最优，这也成为新安江水电站建设的一个重大技术突破。

1960 年春天，新安江岸边的桃花绽放，出线架吊装开始，三百多根预制件仅用一个月时间吊装完毕，第一台发电机组也安装到位，静默地等待着通过输水管线将江水蓄积的能量输送下来。[162]

新安江水库下闸蓄水，水库的水在一点一点上涨，工地上的"反右倾""反保守"的批判浪潮比新安江水库的水上涨得还要快。

1959 年 9 月 21 日最后一个底孔封堵，工程局党委对潘家铮他们现场设计组的忍耐也达到了极限，仅有的一点点宽容也如同新安江水一样被截断。潘家铮首当其冲成为新安江工地上的"白旗"。

162　参见张发华撰《潘家铮在新安江水电站》，收入《中国水利水电技术发展与成就——潘家铮院士从事科学技术工作 47 周年纪念文集》，中国电力出版社，1997.9，第 269-270 页。

所谓"白旗"则是"大跃进"高潮"双革"运动的一个重要内容，全称为"插红旗、拔白旗"。

1958 年 8 月 17 日至 30 日，中共中央在北戴河召开了政治局扩大会议。这次会议是中国共产党发动、领导"大跃进"运动的一次最重要的会议。它全面制定了"大跃进"运动的各项主要计划。会议决定，要积极开展社会主义和共产主义教育运动，大搞群众运动。会议要求，为了保证各项工作的"跃进"，必须采用"拔白旗""插红旗"的工作方法。要对"右倾保守思想"进行严厉批判，要使"观潮派"和"秋后算账派"在思想上彻底破产；要把"白旗""灰旗"统统拔掉，要把"跃进红旗"普遍地插起。

此风从农村开始，迅速漫延到工厂、军队、大专院校和文化界，大专院校和文化界是"白旗"遍布的重灾区，仅北京大学一校，即拔除冯友兰等为代表的几百面"白旗"。而在实际操作中，这场运动已经不再针对划分成"右派"分子群体，而是在"右派"群体之外寻找批判和斗争对象。与天斗，与地斗，与人斗，斗哪一个都其乐无穷。有敌人要斗，没有敌人创造敌人也要斗。

新安江工地上的"拔白旗"运动来得似乎晚了一些，到 1959 年秋天，才真正掀起高潮。只是，大坝开始蓄水，电站尚未发电；磨未卸，驴不急着杀。连潘家铮也奇怪，他居然在轰轰烈烈的反右斗争中能侥幸逃脱，成了漏网之鱼，大概与整个工程都无法替换新人来接替他有很大关系。而且，他话音未落，工程就出了质量问题，让他不幸言中，划他作右派，党委脸上也没有什么光彩。

还有一个客观情况，新安江工程为党委负责制，但潘家铮的工作关系却是在上海水电勘测设计院，隔着这一层，工程局党委当然不好将他怎么样。而且，上海院的领导对新安江工程的施工质量也非常重视，在 1959 年 7 月到 8 日，由朱国华、韩寓吾（上海院院长）、马君寿（上海院总工）、潘家铮和曹政之等组成的水电部工程质量检查组进驻工地。这是一个有相当级别的专家组，工程局尽管不情愿，但不得不让三分。[163]

如果说，惊动周恩来到新安江工程与潘家铮的大字报没有关系，那么，这个严格的质量检查组进驻工地，则完全与潘家铮的呼吁有着直接关系。检查的

163　参见《水利专家潘家铮》，《大家》(10)，薛继军主编，商务印书馆，2010.7，第138 页。

结果，是每发现一个问题，检查组就马上提出改正意见。中国水电大坝质量检查制度由此创立。

这样说来，上海院的领导和潘家铮的想法非常一致，怎么会将一顶右派帽子戴在他的头上？

潘家铮在设计组的工作没有人可以替代，但是并不影响对他的批判定调子。

1959 年 8 月，在不远的江西省庐山，开国元帅彭德怀因上"万言书"直陈"大跃进"造成的严重灾害而获罪，打成"反党集团"首犯。

同月，水电总局局长李锐也被打成反党分子，在全国水电总局开始罗织一个"李锐反党集团"。

跟潘家铮一样写过大字报，对工程局党委不点名批评的人无一例外被划为"右派分子"。潘家铮躲过了划成"右派"一劫，没能躲过"插红旗、拔白旗"运动。

1959 年冬天，调离上海的原 502 组成员陈顺天携妻子赴广西工作前夕，来新安江工地向潘总辞行，他发现 32 岁的潘总长时间超负荷工作，再加上情绪低落显得老气横秋，思想负担不轻。

"师徒"二人年龄相差无几，两人沿着坝基廊道一边走一边说。

开始潘家铮还说说自己的事情，但是说到新安江大坝设计的应力结构，应对坝基地质条件缺陷的处理，兴致很高，给陈顺天详细地做讲解。因为陈顺天在新安江工地待过一段时间，接着就是工作调动。潘家铮好像是要帮陈顺天把离开新安江的日子全部填充起来一般，解说者津津有味，倾听者有味津津，离开这个群体的时间空挡在娓娓的讲述中真的被慢慢填充起来。[164]

陈顺天心里涌上来的，除了感动，更多的怕还是悲怆。

他知道潘总当时背负着多大的压力。其时，潘家铮既要应付新安江水电站蓄水发电之前复杂而繁杂的项目设计任务，又要应付凌厉的批判。潘家铮被确定为工地上必须拔除的一面白旗，其判词为："潘家铮用资产阶级的'白专道路'来与党争夺青年一代，凡是与潘家铮共同工作的年轻人，一个个都去钻研业务，不问政治了，都成了资产阶级的接班人，甚至连张发华那样建国初期的党员也

164　参见《中国大坝技术发展水平与工程实例》，《中国大坝技术发展水平与工程实例》编委会编，中国水利水电出版社，2007.12，第 479 页。

被潘总'俘虏'了"。

潘家铮，这位在新安江水电站建设倾注了全部热情与智慧的现场设计总工程师，在 1959 年下半年被彻底划为另类。陈顺天能看得出他此时内心的痛苦。

1959 年的冬天，"大跃进"的恶果初现，红红火火数月的全民食堂强撑了没多长时间，再也办不下去。紧接着，物资匮乏，饥馑遍地。临别，潘家铮在紫金滩一个饭馆里为陈顺天饯行，可是饭馆里除了炖猪蹄之外，什么肉食都没有。

潘家铮很少谈及自己在 1959 年遭到的不公正批判，倒是现场设计组党小组长张发华写到他在 1959 年"插白旗、拔白旗""大跃进"高潮中的遭遇。

那一年秋天，张发华带着妻子从上海来到新安江工地，年轻人新婚燕尔，平时离多聚少。潘家铮也长驻工地，只有在汇报工作的时候回上海才可以与家人做短暂相聚，他将妻子和小女儿潘筠也带到工地，小家伙 1958 年出生，正牙牙学语，给工地一群年轻人带来不少快乐。

张发华刚回到工地，第二天就被叫到工程局党委参加会议，会议由一位主管政工的处长主持，这位处长开口的第一句话就是"张发华你反党"! 张发华愣住了，他丝毫没有一点思想准备。被扣这么一顶天大的帽子，顿时如五雷轰顶，脑子里一片空白。

接下来整整一个星期，将他关起来，不分昼夜让老实交代问题，笔记本被没收，谈恋爱期间写下那些卿卿我我的日记也没有放过，全部收走。然后是批判会，声色俱厉，节节升级。"利用质量问题否定大跃的成就"是罪状之一条；"反对群众运动"是罪状之二条；"危言耸听，扰乱军心""攻其一点，不及其余"又是罪状之三条。左一条，右一条，明着是批判他这个党小组长，暗里无不是在敲打潘家铮和被潘家铮"资产阶级思想俘虏"的现场设计组。批判继续深入，张发华夫妻两个被迫检查，批判一直持续到电站试运行才结束，两个人瘦得皮包骨头，丈夫体重仅 90 斤，妻子只有 70 斤，最后张发华被定性为"分裂党"的"右倾反党分子"。党小组长被定性如此，作为主角的潘家铮更是罪孽深重。

张发华回忆道，他作为一个党员，当时已经被停职，这时候，新安江水电站正处于发电前夕的关键时刻，潘家铮不得不一边负责技术工作，问题千头万绪，层出不穷，一边还得挨批。应该讲，1959 年的斗争方式还不像"文革"时期那样激烈，它用了一个非常温情的词，叫作"交心"。潘家铮每天晚上都得跟大家"交心"，交心交得是心力交瘁，有时候到了走投无路的地步。潘家铮内心甚为痛苦。

所幸，潘家铮当时还不是党员，无缘前去分裂党，反而没有被定性为反党问题。没有定性，不能说明性质不恶劣，"白旗"是肯定的，"白专道路"是肯定的，但考虑到正在用人之际，工程局允许把潘家铮的问题留在运动后期处理。[165]

潘家铮是经过生活艰难历练的人，又手不释卷有可观文史阅读量，应付人事可能不是长项，但洞悉人情当不在话下。对待政治运动，痛苦则痛苦，潘家铮居然有一套应付之道。

如果说到我的方针，老实说，我有一个"六字真言"作为"因应之道"。原来我曾研究过这种脱离现实的运动，总结出"一轰、二松、三空"的发展规律。一轰者，运动之来也大轰大嗡，一哄而上，大有顺我者昌逆我者亡之势。二松者，行之既久，一无所得，或得小于失，民心渐散，声势渐息，自然进入松的阶段。最后则是偃旗息鼓，或以声称"运动已取得伟大成果"而结束，或者索性无疾而终。摸出这条规律，我就不难制定对策了，那就是"一叫、二泡、三跑"。一叫者，针对一轰而发，即运动压顶而来时，你得卖力叫好，积极表态，尽管你实际上完全不想投入。切不可采取"呆子不怕鬼"的僵硬形式抵制，自取灭亡。二泡者，针对二松而言也。你既松，我就泡，表面上忙忙碌碌实际磨磨蹭蹭，泡上一天是一天。三跑者，运动既空，我亦拔足溜走，此时绝没有人说你破坏运动。此所谓针锋相对，明哲保身。[166]

如此应对，也不失为良策。这种应对方式在被社会学家命名为"日常的反抗"，面对强权，被压制者的反抗往往表现为日常生活中的假装顺从、假装不知

165　参见《中国大坝技术发展水平与工程实例》，《中国大坝技术发展水平与工程实例》编委会编，中国水利水电出版社，2007.12，第485-486页。

166　参见《春梦秋云录——浮生散记》（第二版），潘家铮著，中国水利水电出版社，2000.12，第155-156页。

道、装糊涂、王顾左右而言他，最后以柔克刚应付过去。可是，谁都能看出来，潘家铮这番言说不过是无奈的调侃，在"大跃进"那样的极端年代，尤其是到"文化大革命"十年浩劫中，这样来应对汹涌而来的运动浪潮，显然不大灵光。

不过，1959年，他的这套方法还真起作用。潘家铮说，好在那时候还没有发明喷气式，依靠"沉痛检查"和"深入挖根"，他总算是蒙混过了关。

潘家铮他们完成开关站的安装调试，新安江水电站进入试运行阶段。潘家铮当然很激动，《竹枝歌》唱道：

试运行
百米钢龙伸颈斜，鲸舌骇流吐银蛇。
雷霆余怒犹难息，尾水波翻十丈花。

送电
开关站上闪金光，锣鼓如潮热泪狂。
机器轰鸣洪水息，千秋万载永流芳。

电到农村
电流飞舞到农庄，水满荒畴谷满仓。
唤雨呼风等闲事，从今不再拜龙王。[167]

难得潘公！

他知道水轮机一转起来，一场更大规模的清算与批判在等着他，他的诗作却一如他眼前这座自己设计的大坝一样，如此工稳，合辙押韵，检查做罢赋竹枝，一派从容。只是《送电》和《电到农村》已经是想象中的情景，他无缘目睹。

在发电的前两天，潘家铮被请出工地，回沪接受批判，竟然不允许他看到这座倾注了自己智慧和心血设计的大坝发电的那一天。

167　参见《春梦秋云录——浮生散记》(第二版)，潘家铮著，中国水利水电出版社，2000.12，第141-142页。

那一天潘家铮记得清楚，他离开新安江工地是 1960 年 4 月 20 日。[168]他踏上归途的第三天，1960 年 4 月 22 日 0 时 20 分，水电站第 4 号机组安装调试完毕，正式投入运行，并网发电，比原计划提前了整整 20 个月。[169]

假想敌，美国的普利斯托滩水电站，被远远地甩在身后。

新安江水电站的厂房里机器轰鸣，新安江水电站的灯光在潘家铮的身后唰地亮起来。

身经"小风暴"

1960 年，潘家铮回到上海。这一年，正是三年困难时期最难熬的一个年份，反右倾，划右派也告一段落。

和流溪河水电站工程结束一样，单位对待潘家铮的态度倒不像工地上那么剑拔弩张，在对待新安江工程施工质量的问题上，上海院是支持潘家铮的。何况潘家铮是上海院不可多得的技术尖子。

1958 年到 1960 年新安江工程建设这几年时光里，年过而立的潘家铮，这个小个子"潘总"，在水电工程技术理论研究方面同新安江大坝一样，已经是中国水电领域一个无法忽视的伟岸的身影。

1958 年，他的两部重要著作《水工结构计算》和《重力坝弹性理论分析》分别由电力工业出版社和水利电力出版社正式出版。

由他编著的《水工结构应力分析丛书》计 10 册，分别由科学技术出版社、科技卫生出版社、上海科学技术出版社正式出版。

另外，在此期间，还有数篇论文发表在全国重要的学术期刊上。

到 1960 年，33 岁的潘家铮共发表论文 33 篇，出版专著 2 部，编著学术著作 10 部。诚然，这些科研成果，集中了潘家铮数十年艰苦钻研之功，但从 1958 年开始，他不再仅仅是上海水电勘测设计院的技术理论尖子，其名声早已飞出上海院的围墙，成为全国水电领域的潘家铮。

168　参见《春梦秋云录——浮生散记》(第二版)，潘家铮著，中国水利水电出版社，2000.12，第 143 页。

169　参见《新安江水电站志》，《新安江水电站志》编辑委员会编，浙江人民出版社，1993.12，第 14 页。

潘家铮在人生的初夏时节，盛开着自己事业的花朵。

难怪人家要拔他的"白旗"，这里头怕还是有些极其微妙的心理在作祟。

回到上海院，虽然对他还算客气，但是党委还是连续召开了数次扩大会议，专门讨论"潘家铮道路"。是应付形势，还是呼应新安江工程局党委对潘家铮"运动后期处理"的决定？不得而知，倒是在新安江工地已经被定性为"右倾反党分子"张发华被通知参加讨论。大家讨论得很热烈，潘家铮关于坝工技术的理论研究成果明摆着放在那里，"专"是没问题，问题这个专是"红专"还是"白专"？此专非凡专，它对于中国水电建设的贡献不言而喻，说红不对，说"白"也难以成立，党委扩大会讨论的结果，认定潘家铮是"只专不红"。

张发华最终没有明白讨论"专"与"红"的目的何在，讨论来讨论去，也未做出结论。他曾问过一位党委领导干部，此公好像对潘家铮满腹怨气，倒是坦率地告诉他说："因为李锐看重他。而且这个人非常傲慢，我亲自找他谈过两次话，我问他《矛盾论》你看过没有？他说20分钟就看完了。我又问他《实践论》看过没有？他还说20分钟看完，《为人民服务》只要5分钟，他是'白专道路'。"

张发华心里叫苦，他也听过潘家铮类似的话，可是被党委断章取义到这个地步。潘有原话是："《为人民服务》只要5分钟就可以读完，但是真正做到则需要一辈子努力。"

而且他也知道，潘家铮说20分钟、5分钟读完"老三篇"，潘家铮真是能做得到的，他从小就练就的一目十行的阅读本领，上海院哪一个人不知道？哪里能跟"傲慢"挂上钩？[170]

看来，问题还是出在"李锐看重他"上面。据说，李锐曾跟上海院的领导说过尽快发展潘家铮入党。潘家铮也听说过别人说起过有过这么回事，但他只能摇头苦笑。虽然跟李锐有过几次交往，但那么大的首长，一个普通工程师怎么能跟他搭上什么关系？

1959年，李锐被打成反党分子，挖出一个"李锐反党集团"。李锐既然关

170　参见《中国大坝技术发展水平与工程实例》，《中国大坝技术发展水平与工程实例》编委会编，中国水利水电出版社，2007.12，第486页。

心过潘家铮，那么他肯定与李锐有扯不清的关系，不是李锐的走卒，也应该是他的社会基础。如若在这个问题上面有所突破，那远比拔一个"白旗"更有成就感。张发华回忆中那位党委领导干部说起潘家铮一脸怒气，并不因为他说几分钟可以读完毛著之类，却是与此有关。潘家铮后来回忆说，当时人们就让他交代同李锐的关系，要他揭发批判。

他回答说："我和李锐距离太远了，连想拍马屁的机会都没有。"[171]

潘家铮平时说话幽默风趣，是一个非常平和的人，他说这样的话突然之间让人感到一种凛然之气，悚然惕然，党委负责人心里有怒又不好发作。

潘家铮"灰溜溜"地离开新安江工程工地回到上海院的第二天，1960年4月21日晚八点半，远在北京的李锐被撤职，被开除党籍，登上开往北大荒的列车，被发配到北大荒一个农场接受劳动改造。其情景甚是凄凉，令人唏嘘，他在日记中写道：

> 夜八点半自家起身，三轮两辆至北京站。妻立大门，幺幺（小女儿）哭。手提书二袋及衣物包，上车甚累。正点开车，约两点入睡。[172]

而潘家铮返回上海院的前两个月，1960年2月，水电部统一布置对"李锐反党集团"的揭发与批判，上到水电部，下到各设计院、工程局等14个单位50多名代表会聚到北京开批判会。原水电总局的领导张铁铮、季诚龙、陈牧天、常流被定为"反党集团"的骨干分子，北京水电勘测设计院徐祖德、中南水电勘测设计院李善民、章冲被定为"反党集团"的一般成员或李锐的"亲信"，而上海院时任院长韩寓吾则受到点名批判。[173]潘家铮回上海院的第二个月，受到批判的韩寓吾被调离。

韩寓吾犯了什么错？是帮助李锐打击老干部、工农干部，重用知识分子。

171　参见《春梦秋云录——浮生散记》（第二版），潘家铮著，中国水利水电出版社，2000.12，第387页。

172　参见《李锐其人》，宋晓梦著，河南人民出版社，1999.6，第69页。

173　参见《纸上苍凉》，李辉著，复旦大学出版社2010.8，第265-266页；《李锐其人》，宋晓梦著，河南人民出版社，1999.6，第52页。

《批判斗争李锐反党集团发言选编》（简称《选编》）有上海院代表的揭发与批判发言记录：

> 早在一九五六年，李锐、季诚龙即攻击我院党委书记Q同志，说他是大老粗，水平太低，干不了党委书记，不称职。并指使韩寓吾（院长）"动员"Q同志脱产学文化。韩寓吾捏造说："Q虚荣，爱面子，脱产文化，不积极"。李锐说："这个人就是放不下架子。"去年，李锐的亲信季诚龙又和韩寓吾谈要调Q去工地工作的，诬蔑说："Q很粗，也很空，不适宜做知识分子工作，该到施工工地去锻炼。"在李锐、季诚龙的支持下，两三年来，我院以韩寓吾为首的一小撮"反党分子"，经常谩骂党委书记Q同志"狭隘虚荣""不懂装懂""放牛出身"，严重损害了党在群众中的威信。

> 李锐坚持资产阶级干部路线。一九五六年我院分配到一批转业军人干部，李锐批评说："你们尽找些麻烦，乱七八糟收进来"，相反，他很器重资产阶级知识分子。李锐亲自指示韩寓吾要重用既是资本家又是工程师的吴锦安，说："吴搞过国华公司，有组织能力，白手起家不容易，国华公司的一帮人，要好好安排。"[174]

该《选编》洋洋十五六万字，14个参会单位，12个人作批判发言。李锐在任期间，黄坛口、新安江等重点工程都在华东地区，到华东地区视察、开会相对要多一些，所以上海院对他的揭发批判也特别多，揭发的问题当然也就更致命。形势如此，党委负责人找潘家铮谈话的寓意不言自明。而潘家铮冷冷一句话让这位负责人瞠目结舌，进而恼怒异常当不奇怪。在那种氛围之下，尽管李锐跟自己没有什么瓜葛，随大溜揭发一个已经开除党籍的"反党分子"，并不会伤着自己哪一根筋，哪怕随口说两句心中的不满是十分容易的事情。何况，流溪河水电站听苏联专家的建议，多花200多万元增加一条泄洪洞，潘家铮对最后拍板定案的李锐也不是没有意见。

---

174 参见《李锐其人》，宋晓梦著，河南人民出版社，1999.6，第59-60页。

潘家铮却说："我跟李锐距离太远，连想拍马屁的机会都没有。"

他说的是实话。但就是这样一句大实话，在一窝蜂的批判声音里不能说是空谷足音，亦属难能可贵。

1960 年，潘家铮 33 岁。

潘家铮晚年对自己一生的性格有一个认识，他认为自己的性格里有懦弱的一面，但是也有刚烈的一面。晚年他在谈到包括"文革"在内的逆境的经历时，他说：一个人要讲真话，并不容易。我并不是非常坦率，什么话都能讲的。但是如果有些话不好讲，我不开口就是了……我想不说假话是做人的道德底线。

此时若对李锐说三道四，已经无关道德底线，而是落井下石。33 岁的潘家铮在风雨飘摇之中显露出的，是自己的人格操守。

他想说的真话未必全说出来，但说出来，没有假话。

懦弱也好，刚烈也好，道德底线也好，说到底，少年时期即熟读经史子集，惯看春风秋月，他骨子里其实还有着旧式文人的执着，甚至执拗。他的懦弱不妨解释为善良，不妨解释为儒学训练下仁者之风。

儒家所标榜的"仁者无敌"，不是仁者打遍天下无敌手，而是在仁者眼里，是没有敌人的。

最终，上海院也没有做什么结论。毕竟，他尽管是技术尖子，但在当时的上海院党政格局里毕竟还算不上一个大人物。只是新安江工地给潘家铮的定性还挂在那里。直到 1962 年，潘家铮重返工地参加验收、审查、汇报和处理遗留问题，工程局才对 1959 年批判他的一系列反党罪行予以甄别。[175]一方面，他在新安江水电站的填平补齐中将起大作用，另一方面，中共中央在这时下发文件，要求各地加速对在"插红旗，拔白旗"运动中受伤害的干部进行甄别。

也许是潘家铮发明那个应付运动的"六字真言"真起了作用，在此后到"文革"全面爆发的数年间，潘家铮数次被评为先进工作者，甚至还领回一个"学毛著积极分子"的奖状。

175　参见《春梦秋云录——浮生散记》(第二版)，潘家铮著，中国水利水电出版社，2000.12，第 143 页。

心里的疙瘩解开了，潘家铮并不感到轻松。

不全因为个人遭遇的不公正待遇，他牵念的还是新安江工程。

填平补齐

潘家铮回到上海院的 1960 年到 1964 年，前前后后参加过许多工程的设计工作，不停被派驻工地担任设计代表组组长，计有长江北口潮汐电站、黄浦江拦江大匣、飞云江珊溪、九溪梯级电站、钱塘江潮汐电站、富春江七里泷水电站、乌溪江南镇水电站，等等。

从"大跃进"年代的狂热，到"双革"运动的荒唐，中国水电经历了昙花一现的"水主火辅"之后大起大落，许多在建工程停工的停工，缓建的缓建。潘家铮后来参与设计的这些水电工程虽然是中国水电建设高潮的标志，但无不带有"大跃进"急躁冒进的痕迹。且正值"双革"运动漫延到水电设计院内部，千奇百怪的"创造"和"发明"让潘家铮哭笑不得，厌恶至极。

他曾在《春梦秋云录》中专门写到从设计院设计室到水电站工程工地的各种"双革成就"，一哄而上，一哄而下。将计算尺扔掉，发明电模拟机，计算结果匪夷所思。模拟果然止步于模拟，全不在于精确，2 乘以 2，通过电流脉冲最后显示在屏幕上的结果居然是 3.92 和 3.93！

院领导再突发奇想，要在设计工作中搞"大兵团作战"，本来需要花一年半载甚至更长时间的水电站初步设计，居然用 3 个小时 40 分钟就大功告成，潘家铮称之为"堕入魔道"之举，看都不想看。

回上海院的一年多时间里，他一面应付批判，一面还要与这些狂悖轻率的"双革"运动虚与委蛇，颇有岁月蹉跎之感。"双革"之外，潘家铮被派往各种工地担任设计代表组组长或者负责人。

此时，国民经济的困难时期还未度过，人祸天灾交相煎逼，乡村城市饿殍遍野。包括湖南镇水电工程，各工地碰到的第一个严峻问题已经不是原料短缺、勘测技术资料不足，而是肚皮问题。[176]

1961 年冬天，潘家铮被派往地处八衢峡的湖南镇水电工程工地，这个水电

---

176 参见《春梦秋云录——浮生散记》(第二版)，潘家铮著，中国水利水电出版社，2000.12，第 158-161 页。

站是乌溪江上游一级开发电站，距离黄坛口水电站仅 20 多公里。设计为 128 米高的支墩混凝土坝，装机容量 17 万千瓦。[177]潘家铮冒着严寒到达工地的时候，该工程面临停工下马，数千名职工的肚皮都填不饱，豪言壮语怎么也敌不过来自胃的教育。肝炎在工地上传染开来，一批又一批职工被送往医院救治。

潘家铮率领设计代表组成员来到湖南镇水电工地，伙食根本不敢奢望有什么营养配比，单是填饱肚子都成了问题，随他来的同事又都是一水的年轻人，十多天下来，个个都饿得头晕眼花，吃饭成了工地上的头等大事，粮食成为眼前最大的问题。工地上的工人肚子里仿佛住了一窝饿狼，定量供应的伙食仅够半个月吃的，下半月吃光之后只得集体躺到食堂门口等待救济。

这让潘家铮非常感慨。

想想还是在三年前的 1958 年，农村的"卫星"直放到粮食亩产二十万斤，一头猪据说可以养成大象，六亿人口顿时为如此巨量的粮食该怎么消化犯了大愁，各种天真烂漫的建议纷至沓来，登报章，刊杂志，不一而足。有的说，今后只需三分之一的耕地用作种植，其余三分之二辟为草坪与苗圃；有的道，将剩余的食粮无偿送给穷朋友，让他们自己来背，想背多少背多少。意见种种，九九归一，全国城乡，大办食堂，全面免费就餐。新安江工地也跟风创办新式食堂，职工都来食堂就餐，八人一席，自由组合。与其他地方不同的是，新安江工地的食堂需要报明粮食定量，还需缴一点点钱，便可以顿顿五菜一汤。米饭管饱。工程师看事物，眼睛里长着一把尺子的，潘家铮在多年之后还记得，刚开张那一天的红烧肉炖出来足有 5 厘米见方。

但是好景不长，5 厘米见方的红烧肉体积递减，3 厘米，1 厘米，肉丁，肉沫，最后全无。五菜一汤也难以为继，也依次递减，直至下滑到三菜一汤，米饭不收钱，量却很少了，去得迟了只能刮桶壁吃些残渣剩饭。最后不得不恢复交票排队打饭。进入 1959 年，工地上已经现出大饥荒的端倪，食堂打饭如同战场一般混乱和激烈。[178]

177 　参见《江河纪事——中国水电建设百年实录》，杨永年编著，四川科学技术出版社，2013.12，第 143 页。

178 　参见《春梦秋云录——浮生散记》（第二版），潘家铮著，中国水利水电出版社，2000.12，第 148-152 页。

从"大跃进"全民免费就餐，到食堂门口的饿殍横陈，前后还不到三年时间。

早知如此，何必当初。

潘家铮不得不暂时将复杂的工程设计计算放在一边，运用他精到的数学知识，推演如何合理分配每月定量的口粮，如何合理地管理食堂伙食。岂知食堂伙食管理远比一座大型水电站的布置来得更加复杂和多变，潘家铮最后狼狈告饶。

发展到最后，食堂只好把米定量发给个人，放米加水蒸饭。但这样一来，好多人早晨把饭盒放进笼屉里，中午取饭的时候，连盒带米早就被人偷走了。潘家铮不甘心，挖空心思发明了一款带链条的饭盒，蒸米的时候，将饭盒与笼屉锁在一起。此款别出心裁的发明刚刚制作到半道，湖南镇水电站暂停缓建，现场设计代表组撤出，再赴其他工地去了。[179]

辗辗转转几个工地下来，潘家铮于1964年回到了新安江工地。

他带着403组40多位年轻工程技术人员仍然驻扎紫金滩，望一眼自己亲手设计的大坝，蓦然之间，他才强烈地感受到他对新安江水电站难以割舍的情感，更强烈地感受到大坝在他生命中的重要意义。或者说，大坝是他生命中的重要组成部分，或者说，他自己就是大坝的一个有机构成。

离开工地短短三个年头，他的双脚再一次踩在新安江水电城紫金滩的石径上，一颗心仿佛落了地。回到上海这些年，新安江大坝的身姿不知道多少回出现在梦里，连颊边吹过一阵爽风，他都情愿带着的是来自千岛湖的几分湿润。

三年困难，三年蹉跎。潘家铮虽然不断赴工地做设计代表组组长、设计总工，可是没有哪一次像新安江水电站那样完完整整参加下来。在繁重的工作间隙，组织403工程组的同事们汇集新安江水电站设计的全部资料，重温每一个设计细节，将之编辑成为《新安江水电站设计》，凡100万字。该书既是新安江工程设计过程的全程记录，亦是中国第一座大型水电站建设过程经验与教训的总结。

工程建设之后的总结，当是国际水电建设的一个通例。潘家铮此举显然是

179　参见《春梦秋云录——浮生散记》（第二版），潘家铮著，中国水利水电出版社，2000.12，第148-152页。

受到十年前阅读美国垦务局备忘录的影响。

潘家铮虽然没有留洋实习的经历，可以在很短的时间之内就跃身为中国水电行业设计顶级人才，跟他早年废寝忘食遨游于美国 TM 技术资料的经历大有关系，所以，他这个设计总工程师比当年放洋留学的专家更具洋派，更具洋派工程师的品格。

检阅潘家铮一生的水电生涯，至少有两个习惯雷打不动。一是每到一个工程工地，开班设坛讲课，一是写工程总结。

不仅自己讲，还让别人讲；不仅自己写，还督促别人写。

这是闲话。

也是后话。

做起来都是大文章。

这部百万字的巨著不仅仅是一个工程设计和解决实际问题的简单记录与档案留存，对建立中国自己的水电科学的意义自不待言。

倒不是潘家铮一开始就有这样庞大的想法，实在是因为新安江水电站在中国水电建设中是一个里程碑意义的工程。有了新安江工程，和没有新安江工程，中国在世界水电格局中的地位显然是不一样的。

只可惜，潘家铮他们这部呕心沥血、心愿宏大的巨著的意义并不是所有人能够意识到，在潘家铮回到新安江工地之前，这部书最终胎死腹中，未能面世。[180]

据说，这部中国坝工史上第一部技术"备忘录"还静静地躺在上海水电勘测设计院的档案柜里。

潘家铮对新安江水电站的感情当然不言而喻。早在水电站并网发电之初，潘家铮即随上海院的专家数度莅临工地进行"填平补齐"的验收、审查，尽管工程局负责技术的干部和上海院现场设计组严格控制施工质量，"大跃进"时期野蛮施工的恶果还是暴露了出来，清理出来的"尾工"项目达到几百项。每一项"尾工"都关乎大坝安全和电站正常运行，所谓"填平补齐"的技术难度并不比当初的建设来得更小，相反更加棘手，业界称之为"疑难杂症"。在某种程

180　参见《春梦秋云录——浮生散记》（第二版），潘家铮著，中国水利水电出版社，2000.12，第152页。

度上讲，解决这些疑难杂症是对工程师解决实际问题能力的巨大考验，需要有起死回生的本领与智慧。

新安江水电站的"尾工"清理，在发电之后即已经开始，可是，这些"尾工"清不胜清，越来越突出，仅混凝土和石方开挖就有十多万方的工程量，最后，动用三四千个劳动力挖了整整 6 年才完成。其他还有右岸坝头的稳定、大坝纵缝灌浆、厂房溢流面处理、紫金滩护坡、副厂房和 11 万千伏开关站改扩建。一堆问题，问题一堆。老问题，大问题，难问题，老大难问题。到 1964 年，潘家铮不得不再带着 403 工程组 40 多位年轻技术骨干再赴新安江工地，亲自主持"尾工"清理工作。

到 1965 年 4 月，潘家铮他们处理完最后一批"尾工"，此项工作竟然费时长达 5 年，比水电站建设工期还要长。潘家铮感慨：这条尾巴真是够长的。

这一次前往工地，是潘家铮主动请缨。上海院的总工马君寿非常担心厂房溢流面出事，他担心泄洪的水舌打坏尾水平台，如果溢流面现出问题，对新安江水电站而言，那将是灾难性的。潘家铮当年是现场设计总工，对现场设计和施工的每一个细节熟稔于胸，这样，他主动承担起清理"尾工"重任，二赴新安江，一待又是一年。

几年之间，潘家铮待在上海的时间和待在工地的时间平分秋色，从富春江，再到乌溪江，再到钱塘江出海口，这一次再回到新安江畔。江河泽畔，搭帐安家，他已经习惯甚至迷恋上了这种生活。

潘家铮到达工地之后，当年的设计水电站的热情仿佛又回到了身上，很快投入工作，组织 403 工程组的同志深入到工地实地调查，补充搜集资料，反反复复论证，写出几百份设计专题报告，提出施工详图和施工技术要求，工作量非常之大。

其时，水电站已经蓄水发电，无论是变电站改扩建还是大坝纵缝灌浆，施工条件比当初建设的时候更加苛刻，有的项目还是在带电工作。潘家铮总揽工程全局，有条不紊，403 工程组下设三个设计组各司其职，对每一个设计组提出设计思路和设计要求，"尾工"清理工程干得非常漂亮。

多年之后，时任 403 工程组大坝组组长黄松柏对"尾工"清理工程还记得清楚，其中几项具有技术创新意义的项目那更是忘不了。

右岸坝段坝肩处理中，潘家铮卓有远见的人才培养和储备发挥出作用。早在 1955 年开始主持 502 工程组的时候，他就意识到水工建筑物对地基要求有特殊性，在整理世界各国的大坝技术资料时发现，对于高大建筑物来讲，由于其本身强度不足而失事的例子很少，大部分失事原因往往是因为地基没有处理好。地基处理设计，要求工程师不独要具备相当的水工力学素养，而且要有地质、水文专业的相关训练，所以，他派组里四名年轻人到大专院校里专门进修水文和地质。新安江尾工工程处理中，这几名着意培养的水工和地质复合型人才派上了大用场，右坝头坝肩稳定设计和施工得以顺利完成。

大坝廊道内的纵缝灌浆，工程局总工潘圭绥汲取当年大坝施工时的经验教训，建议潘家铮派相应设计人员最好下到廊道跟班劳动，一来可以协调施工单位与设计部门之间的关系，二来可以及时了解施工过程中出现的问题，有针对性解决问题。潘家铮欣然接受。本来，新安江大宽缝重力坝就是潘家铮力主更改过来的坝型，他对大宽缝廊道内部的结构非常熟悉，潘家铮在修复尾工项目过程中，重新将原设计找出来，重新整理计算数据，再结合现场设计人员提供的新情况，改进灌浆工艺、材料和施工方法，大坝纵缝灌浆之后，廊道之内滴水不漏。

上海院总工马君寿最担心的厂房泄洪流溢面的安全。新安江水库属于一个多年调节水库，泄洪机会很少，厂房也没有经过溢流考验，即便溢流泄洪，当初已经做过精确的计算和实验，不进行"补强"也没有什么问题。然而，为了安全起见，403 组还是将厂房溢流面"补强"处置当作尾工的重中之重处理。早在 1960 年潘家铮回到上海之后，潘家铮就开始注意到这一问题，他在考虑用环氧树脂和化学材料处理流溢面，而且在上海院科研所做过许多实验。流溢面强补作业之后，万无一失。将化学材料运用到水工建筑物现场施工，这是全国水电建设的一个首创。

接下来，紫金滩护坡工程、上游坝面水下勘探、凿取混凝土试块、水下电视拍摄，都有潘家铮活跃、新鲜、慎重的技术思维在里面起作用。一帮年轻工程师再一次体会到跟着"潘总"做设计的智力挑战与智力快感。[181]

也就是在潘家铮再赴新安江工地的当月，他的母亲去世了。那是 1964 年

181　参见《永远的潘家铮》，中国水力发电工程学会、中国水利水电出版社编，中国水利水电出版社，2013.6。

的 5 月他刚到工地不久的事情。

母丧之痛

1955 年，潘家铮在上海安家，就将母亲和岳母同时接到家里跟他们同住。母亲病疴缠身，1960 年，潘家铮从新安江工地返回上海，母亲的身体已经非常虚弱。妻子告诉他说，母亲怕是得的肺结核病。那时候，家里添丁进口，潘家铮已经有三女一男 4 个孩子，肺结核在当时的医疗条件下是非常严重的传染病，母亲怕给孙子们传染，单独开灶另住。

岂知，潘家铮陪母亲到医院检查诊治，医生悄悄告诉他说，母亲得的并不是结核病，而是肺癌，已经到晚期，不能做手术了。他顿时呆若木鸡，到处求医问药，根本没有效果，病入膏肓，日重一日。潘家铮又很少能够有整段时间陪在母亲身边，经常奔波于单位与建设工地之间，每一次出门，母亲总要叮嘱他在外头注意身体，或者，竟然拄着拐杖到街上买一些糕点，或者羹汤犒劳一下自己的儿子，不错眼珠要看他吃下去才放心。此时，上海弄堂间的一对母子，恍然回到绍兴平家台门里的安详岁月。

他从工地回到上海，经常在单位加班，回到家里已经深夜，母亲还在灯下缝缝缀缀。原来，那是为他缝补从工地上带回来的衣服，有时候补丁不够大，母亲竟然将自己不穿的衣服撕开，剪剪拼拼为儿子补上去。

可是老人的病没有丝毫好转的迹象，疼得半夜睡不着，呻吟呼喊，潘家铮心如刀割。到 1964 年，母亲实在不能料理自己的生活，妻子又要上班，又要带 4 个孩子，奉汤侍药，一个人哪里能忙得过来？潘家铮又成天在外头出差，没有办法，只好雇了一个保姆来服侍母亲。

到新安江工地前夕，潘家铮来到母亲的病榻边来辞行，母亲的情况很不好，脸色发灰，暗无血色，但还清醒，正在那里赶缝鞋子和袜子。母亲拿给他看，说：这是我自己纳的鞋子，死了之后，我就穿它入棺材。

潘家铮强忍悲痛安慰母亲。母亲再问他：你这一趟出去什么时候能回来？如果走得久了，怕是咱母子难再见面了。

母亲病弱无力，说得非常平静。离开这个让她苦难一生的人世，对母亲而言，似乎是干另外一桩早已预备好的活儿，所以平静无比。况且，老人虽是一个家庭妇女，她哪里不知道儿子干的是公家的事情，是为国家在做事情？当年，潘家铮调京工作，弟弟潘家铭参军赴朝，而家乡土改房改，遇到这些事关国家的事情，母亲这一个目不识丁的家庭妇女体现出了传统中国女人的深明大义，没说一句拉后腿的话，相反勖勉有加，多加鼓励。

一头，公务在身，一头，慈母卧榻。也是心怀侥幸，母亲卧病在床也非一日两日，看情况至少在数月之内不会有大问题。谁知道，这一年的 4 月刚刚到达工地，5 月 5 日，突然接到家里的电报让他快速返沪。接到电报，他就有一种不祥的预感，匆匆交代工作，赶快踏上归途。一路舟车飞奔，还是没有赶得上。他推开家门，母亲溘然长逝，只有妻子和妹妹家英侍在一旁。

潘家铮强忍悲痛，将母亲归葬故里。

这一年，潘家铮已经是 37 岁的壮年人，但是母亲去世，对他的打击还是非常大的。中国人说人可怜，最可怜的莫过"没娘的孩子"。不管是垂髫孩童，还是花甲暮年，"没娘的孩子"内心的痛创想来没有什么区别。但潘家铮对母亲的去世有着更为刻骨的伤痛，潘家铮在他的《积木山房诗话》中，曾对中国妇女有过这样的评说：

呜呼，神州女子之磨难何其酷也。神权、君权、族权之外复有夫权。三从罩顶，四德缚身，人权之不存遑论其余！

他说的是自古以来中国的女诗人命运。话里话外，哪一句没有母亲苦难的身影？

"犹忆月初堂前别，也知亲老行不得。国事在肩未敢忘，可怜一步一哽咽。舟中车次泪潸潸，身在异乡梦常还。月照思亲九曲肠，魂绕故园万重关。惊心蓦地来急电，手足振栗神色变。跟跄深夜飞回家，只期一叩萱堂面。"前月里母子相别，母亲一语成谶，潘家铮没有能够见到母亲最一面。母亲盼儿归，归天眼未闭。

一头是"国事在肩"，一头是子欲养而亲不待。潘家铮在新安江工地修复"尾工"的那些日子里，心情当非常沉郁，也因此而少言寡语。他回到新安江工地，有诗云：

葬母归来泪迹深，愁山恨谷怕登临。

新安江里滔滔水，难洗孤哀痛楚心。

母亲身染沉疴，最后不治，他锥心痛骨，无能为力。他可以和同事们在大坝工地清理出数百项尾工，能够最终起死回生，可是唯有一项"尾工"，任是几百元次方程都无法求解，感到万箭穿心，他这个工程师同样无能为力。

那就是新安江库区的移民问题。

移民之忧

到 1964 年，新安江库区因移民问题而产生的矛盾达到最激烈的高潮，也成为"大跃进"年代留给新安江工程最大的"尾工"项目，直到 2007 年温家宝总理过问，国务院再出台相关政策，问题才得到初步解决。从新安江库区第一批移民迁出库区，到问题得到初步解决，整整用了 50 年时间。

水电站从来不是一个单纯的工业建筑物，大的方面，它包括枢纽工程、输变电工程、移民工程三大项。新安江如此，中外皆然。水电建设从一开始就不单纯是一个工业问题，而是一个非常复杂的社会问题。

作为设计单位，移民安置概算支出是水电站设计中一个重要项目，这一项目的重要性一点也不比大坝枢纽设计来得简单，相反，它是一项更加费心的设计，变数之大，远非潘家铮熟稔的结构力学和高等数学知识所能解决的。

话说从头。

当时，从中央到地方政府，从负责施工的工程局到负责设计的上海水电勘测设计院，在移民问题上的考虑不可谓不慎重，不可谓不周全。浙江、安徽两省在新安江水电站建设前期，已经为移民工程做了充分的准备工作，早在 1954 年 8 月，两省即抽调力量成立浙江省人民政府天目山区经济开发工作委员会，由浙江省领导对新安江水库移民进行调查与移民方案编制。

1956 年 5 月，上海院按淹没区地方政府和华东局、浙江省领导的意见，进行大量的实地勘测与调查之后，对天目山区经济开发委员会提出的《新安江水电站淹没区移民方案》进行修正后，提出《新安江水电站水库移民第二方案》。

对比两套方案，一些很微妙的东西可以意会出来。第二方案有苏联专家的参与，对移民安置做了详细的规划，移民的人数将达到 25 万人之谱；而关于移民费用，第一方案建议完全出迁他地安置的移民，每人 629 元，就地后靠迁移的每人 557 元。参照国内已有的移民资料与建设材料成本价格，这个指标明显偏高，上海院更详细概算，提出房屋复建费用可以从第一方案的 402 元降到 335 元，人均投入可以从 629 元降为 507 元，再加上 10% 有备用费，每人也有 558 元。

浙江省委、省人委于 1956 年综合两套方案的意见，最后做出一个折中的决定，报请国务院和电力工业部。

国务院和电力工业部原则同意这个"折中决定"。

"决定"最后认定的数据为：水库正常水位 110 米时需要迁移 23 万多人，另有洪水时期临时影响人口 5 万多人及逐年增加之人口没有计算在内；淹没耕地 33.3 万亩；省内移民人口 20 多万人，在本省境内可全部安置；移民安置投资平均每人 558 元，包括生产恢复及补助费、迁移费、房屋建筑费及移民管理费等。

移民投资虽然有所下降，但还符合实际情况。人均 558 元移民投资，按当时的物价水平，应该是一笔巨款。根据上海水电勘测设计院报请国务院批的这套《第二方案》，1957 年 6 月，浙江省委党委会通过《关于新安江水库移民安置工作的初步方案》正式颁发。

《初步方案》计划从 1957 年启动，包括 1956 年已经迁移后靠的移民，用 5 年时间完成 18 万移民任务，涉及的移民县份为浙江金华、嘉兴、建德 4 个地区的 29 个县，移民安置之后，保证每人能保持一亩以上的耕地。《初步方案》规划移民以分散插队为主，继续从事农业生产为主，转入工业、手工业、交通运输业为辅，并照顾原有职业、生产习惯。诸般如此，考虑得不可谓不周全。

这个计划本来也没有什么问题。关键在于用好每位移民 558 元的安置费，执行好这个《初步方案》，新安江水库移民并没有什么问题，没有什么悬念的话，这个移民计划将和新安江水电站一样，将成为新中国一个水电建设移民工程第一个经典案例。

历史并不像人们事先安排得那么美好。

《初步方案》刚刚发布，而且已经完成 1956 年和 1957 年近两万水库移民出迁库区，国务院下发《关于新安江水电站移民投资指标问题的批复》，这个"批复"将原来人均 558 元的移民经费下调为 478 元。移民人口包括安徽省在内共 23 万多人，移民总费用由原来的 1.3 亿降低为 1.13 亿。

"批复"的依据不是没有道理。

"批复"中，房屋复建费以每人 15 平方米计算，造价按每平方米 18 元计算，每人平均 270 元；迁移费每人平均按 50 元计算；土地补偿费 50%按三年产量计算，其余 50%按产量计算，移民土地补偿指标每人应控制在 96 元，行政管理每人 8 元，得人均 478 元。[182]

即便如此，478 元也不算低，抵得上潘家铮这样的七级工程师小半年的薪水。当然不能跟潘家铮比，当时刚刚参加工作的学徒，月薪不过 20 元，一担稻谷也就七八元的样子。如果真正将这笔钱用到移民身上，仍然差强人意。

但问题很快出来了。

问题出在"大跃进"。

"大跃进"一开始，水电站建设提速，移民作为水电建设不可分割的一部分，自然不能按原来的计划有序进行，也必须提速。也就是说，移民也需"大跃进"。

原来有计划有步骤的移民计划在 1958 年 3 月"大跃进"高潮中突然发生了变化。

这一年 3 月，建德地委召开地委常委会，专题研究新安江水库移民调整方案，刚刚由国务院下发的《批复》意见在几个小时之内被推翻。

为什么？因为要"大跃进"。"大跃进"又与移民有什么关系？关系太大了。

"大跃进"热潮，亩产要翻上几番，原来定数个专区 29 县来参与移民安置，太过保守。粮食翻番之后，仅建德一个专区淳安、开化、桐庐、建德四县就可以悉数接纳 20 多万移民，而且在"翻番卫星"照耀之下，移民的收入要比以前预计得多得多。

浙江省人民委员会及时对此次会议做出批复，同意建德地委的《关于新安江水库移民安置意见的报告》，建德地委的这个《报告》完全是以农业放"卫星"

---

182 参见《迟到五十年的报告·国家特别行动——新安江大移民》，童禅福著，人民文学出版社，2009.1。

的假设为基础的，其不切实际与荒唐程度可想而知。

为了保证移民放"卫星"，淹没区遂安、淳安两县纷纷成立人民公社，接着，在这一年的 10 月，两县合并，合并之后的淳安县诞生了 31 个人民公社，全县 28.8 万人实现全民"食堂化"，全县总人口的 87% 的人吃饭不花钱。农业集体化，吃饭食堂化，行动军事化，劳动统一化，移民工作迅速纳入"大跃进"轨道。

一切都水到渠成。水到渠成的结果，是新安江移民的安置经费由原定的人均 478 元，降到 150 元。

潘家铮在《千秋功罪话水坝》中说到一个细节：

我清楚记得一位副省长躺在沙发上，翘起二郎腿对人们进行开导——也是下命令：

"……要跟上形势、大跃进嘛……创造奇迹，西方世界 20 年办不到的事情，东方的中国能在一天内办好！……要多快好省嘛，要用修一个电站的钱修四个工程，要相信人民对社会主义事情的热情和创造力，不要做拦路石……"[183]

移民经费还是一波三折。中共浙江省委很快发现，150 元的经费直接导致移民房屋建筑质量异常低劣，在 1959 年 6 月，新安江水库蓄水前夕，报请国务院批准，确定将移民作小幅提高，提高到人均 226 元。

即便是这点钱，还要用在新建的城市和公共设施上面，一挤再挤，到了移民手中，多少不一，最少的 50 元，有的甚至到 20 世纪 70 年代都没有见到一分钱的补助。[184]

新安江水电站移民工作在"大跃进"的风潮之下，已经将 20 多万移民推上了一条混乱不堪的苦难迁徙之路。以县为单位，以公社为单位，以生产队为单位的"移民大行军"开始了，昔日富庶新安江两岸每天都有成千上万的移民等待迁移，他们按照上级要求，以生产大队为单位，只能带少量生产工具和家

183　参见《千秋功罪话水坝》，潘家铮著，暨南大学出版社，2000.5，第 192 页。
184　参见《迟到五十年的报告·国家特别行动——新安江大移民》，童禅福著，人民文学出版社，2009.1。

具，他们的口号"多带好思想，少带旧家具""洗脚上船""无产移民"。

1959 年 9 月，在新安江水库蓄水前夕，潘家铮曾经到即将淹没的淳安城去察看。

淳安和遂安，是浙西两座非常有名的城池，这一次，两座千年老城要整体沉入库区。

潘家铮当然心里十分清楚这两座老城的历史。

两座老城紧邻古徽州，徽州建筑风格随新安江顺流而下，淳安、遂安两座县城的建筑只比徽州更加讲究，粉墙高耸，黛瓦覆顶，秀水明山，安居乐业。南宋时期，都城南迁临安，大批工匠在参加都城建设之后返回淳安、遂安故里，两座老城再度被兴建，其建筑风格既有徽州建筑的典雅，又有都城建筑的繁复和奢华。而且，两座深处浙西山区、新安江畔的老城，少受战火侵扰。即便在抗战时期，日军从未踏进一步。加上地处沟通浙皖两省的黄金水道之上，经济十分繁荣。潘家铮早就知道，著名的海瑞曾任过淳安县令。

1959 年 9 月，潘家铮看到的是什么？

……移民经费被砍到不到 1/4 的程度，就是这点少得可怜的钱也用来修建楼堂馆所了。老百姓怎么办？学长征！编成营、连、排，实行大行军，千家万户挑上一副扁担，步行到千里外的江西去垦荒，反正水库的水一涨上来不走也得走。在水库蓄水前夕，我曾去过库区，那简直就像面临大瘟疫或大战役的前夕，遍地狼藉，一片混乱和凄凉。只要你扛得动，绝对可以花几块钱买一口大棺材，背回来享用。这惨况像利刃刺入我的胸膛，永难遗忘，而且我确认这不是解决问题的办法。[185]

水库蓄水在即，淳安县每天都有上千人口迁出去，上级给他们的承诺非常美好，迁移地也实行公社化，也是吃饭食堂化，接收地早就给移民们准备好了一切。事实也是如此，接收地的"老社员"为即将到来的"新社员"腾出了房屋，划拨出土地，到处都充溢着共产主义的热情。

185　参见《千秋功罪话水坝》，潘家铮著，暨南大学出版社，2000.5，第 192 页。

在中国人的传统观念中，安土重迁已经是十分顽固的文化心理，背井离乡实在是无奈的选择。全国都在"大跃进"，淳朴的淳安老百姓还是以国家大义为重，一步一回头离开了祖祖辈辈生活了上千年的村镇和田畴。报告文学家童禅福在他的《新安江大移民》长篇报告文学中，记述自己一家出迁的过程。出迁前夜，昔日祥和的村庄陷入死寂，灯火俱黑，第二天，老祖母在父亲将灶堂的大灶拔起的那一瞬间，长啸一声昏死过去。

正像潘家铮看到的，新安江畔各码头通往每一个即将废弃的村庄道路两旁，岂止是上好的棺材，还有传了数辈的明式清式家具，那些家具在今天的拍卖市场上动辄要拍出上千万上亿元，当年却被随意丢弃在路边，一张"千工"雕花红木床卖三块钱都没有人要。码头之上，锣鼓喧天，高音喇叭持续播放着欢送移民的文章，标语处处，红旗猎猎。然而，这一切哪里能掩得住移民内心里撕心裂肺般的痛楚？

"乌托邦"幻象并没有持续太久的时间。新老"社员"矛盾，出迁地与接收地生活习俗的不同，土地分配带来的利益之争，还有接收地四处肆虐的血吸虫病……到 1959 年底，"无产移民"很快导致了移民工作陷入无序和混乱状态。汹涌的"倒流潮"、盲目的"自流潮"和顽固的"滞流潮"三股大潮从移民工作开始的第一天就没有停止过。倒流回多少？自流又是多少？滞流下来"靠后"安置的人到底有多少？直到今天仍然是一笔糊涂账。仅自发出迁到江西各地的新安江移民至少有 10 万人。而回流故园的人，只能随着水库水位不断上涨向山区后靠，本来贫瘠的山区，地亩不多，一下子涌进四五千人口，新的矛盾再度产生。1962 年底，当地政府曾做过一个统计，在新江水库边上搭棚度日的回流移民达到 6000 人以上。[186]

这还是其次，"三年困难"随"大跃进"的狂热如期而至，新安江移民的生活顿时雪上加霜，饿死、病死的人何虑万千！好多人死不瞑目，眼瞳里闪耀着新安江水粼粼波光。故乡永沉水底，故园深藏心间。

到 1964 年，新安江移民矛盾到了白热化的程度，上到中央国务院，下到省委地委，每天都要接待数以千计的新安江移民上访者和上访信。

186　参见《迟到五十年的报告·国家特别行动——新安江大移民》，童禅福著，人民文学出版社，2009.1。

潘家铮回到新安江水电站主持"尾工"的某一天，突然接到工程局通知，让 403 组的全体设计人员上山躲避。403 组 40 多位工作人员很清楚这又是移民来工地抗议。回流和滞流的移民被日益上涨的江水驱赶着，后撤再后撤，生存的空间日益缩小，几年来不停地被迁出，迁回，重迁，再返回来，无房，无地，只能在山间搭窝棚度日。年轻的移民一腔怒气没地方宣泄，就将气撒在这些"画图的"身上。若不是他们成天描描画画，这座大坝怎么会凭空立起来？若不是他们设计得好，这座钢筋水泥大家伙怎么就不被洪水冲垮？这一次，移民扬言要"扒掉大坝""抓画图纸的"。

明知不是东风吹，不怨东风又怨谁？

潘家铮他们在山上躲了好几天。

包括潘家铮，403 组的工程师们当然十分委屈，可是，心里更多的还是如针扎一样的疼痛。

……在那些日子里，我曾悄悄避到山上，看到那些衣衫褴褛、妻啼子号的移民惨状，心里有说不出的难受。再要写诗，就只能写出"三吏""三别"一类的东西。万恶的"左"倾路线和"五风"给人民、给党的事业、给党和人民间的关系，带来多么巨大的灾难和损失！[187]

新安江大坝下闸蓄水，达到 108 米的蓄水高程之后，形成 580 平方公里、178 亿立方米的新安江千岛湖。烟波浩淼的水面之下，除淹没淳安、遂安两座千年古城之外，还有县属古镇 3 座，农贸集市 5 处，农业自然村 1377 个，农业耕地 307838 亩；铁、煤、锑矿 5 座，公路 137 公里，电信电线设施 505 公里；淹没和损失的文物古迹不计其数，春秋战国时期的古迹遗址 6 处，古墓葬 768 处，古牌坊 265 座，古塔 1 座。

与移民损失形成反差的是这座中国第一座水电示范工程的效益。发电效益首当其冲，年均发电 18.6 亿千瓦时，承担浙江及上海、江苏、安徽、江西等省市电网的供电任务，1966 年至 1988 年累计发电 411.14 亿千瓦时，创造直接经

187　参见《千秋功罪话水坝》，潘家铮著，暨南大学出版社，2000.5，第 192–193 页。

济效益近 30 亿元，综合经济效益 1000 多亿元，其发电成本仅为火电站成本的六分之一，节约煤炭 2000 万吨。除此之外，新安江一泓碧水，水质优良。潘家铮不止一次自豪地说，那就是一库矿泉水。库区之内，是浙西地区著名的旅游胜地，同时也是著名的水产基地。还有，新安江水库还有重要的水利枢纽，其综合调节水资源的巨大作用有目共睹，新安江流域 30 多万亩农田再无旱涝之虞，使淳安、建德、桐庐、富阳诸县形成独特而怡人的小气候。

凡此种种，新安江水电站对中国水电发展的意义，其成功的示范性不言而喻，其划时代的意义也不言而喻。

这个公道话要说，而且怎么说都不过分。

但是其收益与分配在移民身上的费用何其不相匹配！新安江移民为新安江水电站建设付出了太多的代价。由移民问题引发的各种问题直到 20 世纪 70 年代才渐渐平复，而彻底解决这问题，要等到 50 多年之后的 2007 年。

这一年，新安江移民都繁衍出了第三代、第四代，不论身处江西，还是安徽，甚至远在新疆，他们一代一代口口相传着自己曾经的故园。

慈母新丧，移民之痛，在 1964 年簇拥到潘家铮身边。作为儿子，他将母亲凄凉苦难的一生归结为"三从罩顶，四德缚身"，归结于神权、君权、族权、夫权的压迫与戕害；作为一名水电工程师，亲手参与设计出中国第一座大型水电站，然而水电站建设本身重工程轻移民，再加上政治运动的影响，在移民问题上留下如此严重而惨痛的教训，引发的思考当是非常深刻的。

新安江水电站建设的移民问题，直到 1991 年才第一次有人将之公之于世，引起世人广泛关注。这个人不是别人，正是潘家铮自己。

痛之切，源自于爱之深。

1965 年 4 月 15 日，潘家铮正在工地清理最后一批"尾工"项目，上海院打来电话，要他火速回上海，然后赴四川，参加四川锦屏水电站勘测工作。给他打电话的，是时任上海院党委书记的钦乙俊。这个决定来得很快，连工程局的同志都感到突然。单位电话里催得紧，潘家铮只有两天移交工作的时间。潘家铮的工作向来井井有条，不拖泥带水，两天，足够了。

他在新安江前前后后待了整整 8 年，工程局的同志们前来送别。

眼见潘总从一个 31 岁的小伙子变成 38 岁的中年人，脸上已经有了沧桑。

这 8 年中间,潘家铮操一口铿铿锵锵的绍兴官话与他们吵过多少架?数不清了。但是,他们又从潘家铮那里学到过多少东西?却是数得过来的。大家依依惜别。

潘家铮离开新安江回上海的日子,是 1965 年的 4 月 17 日,正是傍晚时分,空气里弥漫着春天的花香。此时,太阳刚刚在西边落下去,西方那边只隐约有晚霞的影子,新安江上夜色开始降临了。他踏上车子离开工地,当车子驶到大坝下游紫金滩工程局总部,不由回头一望。这一望不要紧,惊鸿一瞥,百感交集,一行热泪滚落了下来。身后边,新安江水电站大坝完完整整地伫立在那里。灯炬齐明,江水低吟,机声轰鸣。

潘家铮知道,这一别,不知道什么时候还会回来再看上一眼。

他春节回家探亲,就知道上海院按照水电部的统一安排,参加西南地区"大三线"建设。老领导邹思远已经带领几十号人马先期开赴四川了。

那里,有一个构思宏大的水电开发计划等着他。

潘家铮传

第七章

梦酣雅砻江

织梦锦屏

潘家铮于 1965 年 4 月离开新安江工地，这个调令来得匆忙而又突然，其实他是有思想准备的。

1964 年，出于战备考虑，中共中央和国务院在编制第三个五年计划，开始布置"大三线"建设。

何谓"大三线"建设？

"大三线"实则是战略意义上的大后方。20 世纪 60 年代，全世界进入"冷战"时期，中国面临的国际形势甚为严峻。中苏交恶，苏联沿中国东北、中蒙边境、新疆边境陈兵百万，蒙古境内的苏军距离北京只数百公里；抗美援朝结束，美国从韩国、日本、中国台湾地区到越南，构成一道遏制我国的包围圈。一旦爆发战争，华北、华东、华南马上成为战争前线，是谓一线；中部诸省为二线，而大后方则为西南诸省，是为三线。三线又有大小之分，西南、西北为"大三线"，中部及沿海省区之腹地为"小三线"。编制第三个五年计划，其重点就是基于战备考虑的工业重心转移。[188]

计划在 1966 年到 1978 年，在中国中西部的 13 个省市、自治区进行以战备为指导思想的大规模国防、科技、工业和交通基本设施建设。这一计划，堪称新中国建设史上重要的一个战略部署，对此后的国民经济结构和布局产生深远的影响。成昆铁路、龙羊峡水电站、中国第二汽车制造厂、攀枝花钢铁厂、西昌卫星发射中心等一大批重点工程就是在这一时期建成。

大背景不必多说。

要说，"大三线"建设的准备工作实际于 1964 年已经开始在基层动员。当时，中国 70%的工业集中在东部沿海地区，上海又占有非常大的比重。"大三线"建设，上海义不容辞。甚至可以说，"大三线"建设，要特别倚重上海来完成。

1964 年，上海市的日常生活里出现了一个重要词汇，叫作"内迁"。这个词汇让许多人跃跃欲试，生怕自己不在其列，也让许多人忧心忡忡，生怕跟这

188　参见《中华人民共和国史长编》（第 2 卷），刘国新等编著，天津人民出版社，2010.2，第 279-280 页。

个词沾上边。

内迁干什么？就是要离开繁华的大上海，迁往人地两生的云、贵、川，迁到"大三线"。

潘家铮带着上海设计院 403 组还在新安江"填平补齐"，上海市支援"大三线"建设计划已经开始实施。按照中央的安排，计划从上海搬迁军工、科技、基础工业企业和短线产品达 342 个项目，共涉及 458 家企业。涉及的企业如此众多，不说搬迁的机器设备，仅工程技术人员和职工人数就要达到 24 万之巨。当然，并不是涉及的企业和部门原封不动全部内迁，而是被要求一面内迁部分人员、设备，一面积极保留原厂的生产能力，承担生产任务。这样，"内迁"在社会上的反响与影响就可想而知了。"内迁"已经不是一地一厂的区域性行为，而是一个有着崇高意义的国家行动，其政治动员的力度非常之强，也非常富有感召力。

1964 年到 1965 年两年间，上海在短短两年之内即完成"内迁" 304 个项目，涉及机电一局、二局、仪表局、化工局、纺织局共 17 个局，411 个工厂，9.2 万名干部职工和 2.6 万台机器设备。其中，迁往四川的有 99 个项目，130 家工厂，2.4 万名职工；迁往贵州的有 50 个项目，89 家工厂，1.9 万名职工；迁往江西的 41 个项目，53 家工厂，2.4 万名职工；迁往湖北的有 22 个项目，20 家工厂，近 7000 名职工。此外，还有部分迁往福建、广西、甘肃、青海、云南、宁夏等省、自治区。内迁工作迟至 1979 年十一届三中全会之后才结束。

如此众多企业内迁西南，电力供应和交通运输必须先行。继抗战时期国民党政府资源委员会大力开发西南水电之后，云、贵、川丰富而巨量的水力资源再度成为水电部门关注的焦点，水电部将雅砻江水电开发提上议事日程。[189]

这是大上海继 1937 年抗战军兴工业大规模"内迁"之后，第二次大规模工业向西南地区转移，都是"国家行动"。

这对潘家铮的吸引力太大了。

新安江工程局的同志感觉到急令潘家铮入川的调令非常突然，在潘家铮内心来说，却求之不得。

189　参见《经济历史成长》，张忠民著，上海社会科学出版社，1999.9，第 388 页。

他在离别新安江，将赴西南之前，在杭州作短暂停留，写过一首《别江南》：乙己四月，余衔命西行，远辞江南，十年内不作归计，涂此志别。

欲别江南未忍辞，街头巷尾立迟迟。思亲泪与离乡味，凝作临歧一阕诗。

十年内不作归计。是什么事物让潘家铮下了这样大的决心？又是什么样的事物有这样大的吸引力让潘家铮下了这样大的决心？

潘家铮的祖父潘少华当年倡导新学，有数篇地理学文章，对中国江河利弊陈述甚详。受此熏染，潘家铮在少年时即有阅读地图的习惯，不然在九莲的舜阳中学也做不出那一篇甚是自得的潘氏《论持久战》来。况且是水电工程师，读图乃基本功之一。潘家铮读图当然就有另外一番趣味，了解祖国地理是一方面，更多的还可以藉地图展开遐想，想象异域殊方的风土民情——对雅砻江的了解，就是读图收获之一。

奇异的藏域风情，雪峰高耸、江流汹涌、人迹罕至，潘家铮早对那里心生好奇，他甚至在地图上注意到，这条长江的大支流，从雪山一路奔流三千里之后，与主流汇合却不同于其他支江的汇合。嘉陵江入长江得重庆，沱江汇入主流得泸州，岷江与长江合江之处则是宜宾，独独雅砻江这条在西南版图上蚰蜒曲折的天蓝色线条与长江会合之处，是一个名不见经传的小村落，他对照各种不同版本的地图才搞清楚，那个荒野小村，有一个非常奇怪的名字，叫作倮傈。

谁都无法想象，在短短几年之后，这个倮傈竟然成为雄立鄂西北的工业重镇——攀枝花市。当然，这是后话了。

最吸引他的还是这条大江蕴藏的水电资源。

我从文献中知道，她的流域内也有许多宝藏。全河水急滩多，蕴藏的水电资源达2700万千瓦……而最使我着迷的还是她奇特的流向。雅砻江从巴颜喀喇山出来，气势磅礴地向南奔泻千里，到达洼里附近，不知受到什么神奇力量的阻挡，突然向北流去，流了百多里后又突然转了180度的急弯重新南下，直到奔入金沙江。这从南转北又从北转南的两大转折，便形成两个奇妙的河湾，特别是后面那个大河湾，中间夹着一座高耸入云的锦屏山，河湾最窄处仅十七八公里，两边落差可达三百数十米，只要打通锦屏山，将上游的水引到下游发电，就可得到几百万千瓦的电力，大自然的手笔是何等奇妙呀！[190]

就是这个锦屏山的大河湾，吸引着潘家铮下定了"十年不作归计"的决心。

今天，我们打开地图，可以在四川凉山彝族自治州冕宁县的地图上清晰地看到这个由南而北，再由北而南的大河湾。雅砻江干流在理塘河口至巴折之间，河流由南向北再折回由北向南。大河湾长达 154 公里，东西相隔 17 公里到 22 公里，西高东低，两厢河面天然落差 360 多米，如果从大河湾最窄处洞穿引水，将有 300 多米的高水头压力，这就构成"裁弯取直"引水发电的理想条件。

这个构想的落地就是 2015 年建成的锦屏二级水电工程。在今天也是一个气势磅礴的巨型工程，莫说当年了。

潘家铮所说的"打通锦屏山"，实际就是将锦屏山大河湾东侧上游之水穿过长隧洞引到下游来发电。上游的坝址大致确定在大河湾上游折转的洼里村，而下游的厂房大致确定在下游冕宁县的里庄乡。

潘家铮对这一带的水资源情况有大致的了解，心仪甚久。

早在 1960 年到 1962 年，中国科学院和成都勘测设计院就组织队伍，对雅砻江主要干流和支流的水能资源有过全面普查，提出四川境内 1357 公里的雅砻江河段上选出 49 个可能开发的水电站坝址，汇编为《雅砻江流域水力资源及其利用》。[191]1964 年 5 月到 6 月，中共中央在北京召开的工作会议上，做出建设"大三线"的决定，水电部即将建设锦屏水电站作为西南"三线"建设的首选。副部长张彬、水电部水利水电建设总局副总工程师李鹗鼎、成都院书记郭显辉，分别先后率勘测组对锦屏山雅砻江大河湾河段进行重点重新勘测，锦屏山水电

190　参见《春梦秋云录——浮生散记》（第二版），潘家铮著，中国水利水电出版社，2000.12，第 185 页。

191　参见《奔流的大河——中国水电顾问集团成都勘测设计研究院建院五十周年纪念文集》，四川文艺出版社，2005.10，第 275-276 页；《长江志·大事记》，中国大百科全书出版社，2006.4，第 221 页。

站的建设规划意向就此形成。

四川省是中国水电资源大省、富省，是水电建设重要基地，成都勘测设计院的任务非常之繁重。这样，1964年12月，水电部责成上海院和成都院共同负责锦屏水电工程的勘测设计任务。消息传到上海院，全院人都骚动不安。跟全上海对"内迁"话题同样敏感一样，有的热血沸腾，主动请缨前往，有的则瞻前顾后，怕此一去就再难东归故里。

提到四川的冕宁可能大家不大知道，但说起当年红军长征，刘伯承与彝族首领小叶丹结盟的故事谁都知道。当年的故事就发生在冕宁县。

那一段时间，潘家铮正好从新安江工地回上海出差，就主动报了名。跟潘家铮一样报名的人很多，有的负责施工的同志没有被批准，竟然显现出痛不欲生的样子。总之是，"热血沸腾"的人多，瞻前顾后的人少。潘家铮多年之后回忆，那个时候，大家报名参与"大三线建设"的劲头，跟今天年轻人蜂涌出国的劲头差不多。

都是处在事业黄金期的水电工程师，西南那边兴建的是装机容量超过百万千瓦的大型水电站，不血脉贲张也难。

上海院先后派出三批工程技术人员前往雅砻江上的锦屏山水电工程。

第一批，1964年12月8日，副总工程师邹思远率12名技术骨干到达成都，与成都院、黄河水利委员会派出的4名工程技术人员会合，从盐源进入大河湾上游的洼里乡，然后再沿兰坝乡、解放沟、翻鸡纳店，顺模萨沟到达大河湾东侧。就是沿着潘家铮在地图上所看那道由南而北，再由北而南的大转折巨弯转了一圈。当然，潘家铮当时还不可能体会到这一圈转下来的艰难程度。邹思远他们费时一月，对锦屏水电工程的坝区、隧洞沿线及厂房范围内的地形地质、施工条件的全面复勘，1965年1月，查勘组才回到成都，提出《雅砻江锦屏（金矿）水电站复勘报告》。括号里的"金矿"，当时是一个县名，县治即设在雅砻江大拐弯的上游起点洼里。

第二批，1965年3月，在上海院派遣部分地质测量人员进驻冕宁的李庄的基础上，再派出规划室主任蒋毓龙、勘测队长李希纯带领的18人取道成都进入里庄，开始做锦屏水电站勘测设计的准备工作。

第三批，轮到了潘家铮。潘家铮于1965年4月中旬回到上海，在家里休整了还不到半个月，即赶赴成都，前往雅砻江。这一次带队的，是上海水测设计院的党委书记钦乙俊。[192]

到 1965 年 5 月，上海院的技术专家马力、李汉法、张廷华、卞敬之、邹思远、潘家铮、曹政云和上海院技术人员 400 多人都来到锦屏水电工地。[193]一年多时间里，上海院派往锦屏工程的工程技术人员最高时达到 600 人之谱，占到上海院职工人数的三分之一。

至此，潘家铮才亲眼见到他心仪已久的雅砻江。

只是，眼前的情景，与他面对地图展开的想象完全是两回事。

在 40 多年后，锦屏水电工程工地上曾有过这样一句话，说是"第一代人爬进来，第二代人走进来，第三代人坐车来"。说的正是当年进入锦屏水电工程基地里庄、麻哈渡、磨房沟的艰难程度。

此时，宝成铁路已经修通，从上海到四川，须先由上海乘火车前往西安，再从西安换乘火车到达成都。由成都换车转道西昌，从西昌再坐整整一天的汽车到达冕宁；到达冕宁之后便再无车可乘，只能步行。步行尚是小事，脚下所谓路，小道羊肠，宽度仅容一人通过，一人宽的小路沿着咆哮的江水向前延伸，看不到头。抬头是 V 字形的巨大山谷，潘家铮在进山实地勘测时才知道，这些大山动辄 2000 米、3000 米高，重峦叠嶂，蛮烟瘴雨，野兽的叫声在山谷间回荡。要看清大山的模样，非得仰起头看半天才行。抬头望去，峰峦阻隔，看不见一块囫囵天。

固然，"爬进来"说得有些夸张，可是从冕宁进入锦屏山还是不容易。潘家铮因为身体弱一些，"年纪大"，还有一匹马骑，年轻人则只能步行，行李则靠马驮，而马又不能驮太多，一次只能驮 120 斤，一边 60 斤。沿江的山路不足半米，如果马垛子太宽，马就可能掉到江里去。一边 60 斤，正好。一般年轻人要走上整整 12 个小时，而潘家铮他们因为还带着仪器设备，走了整整两天才到达锦屏工程指挥部里庄驻地。

192 参见《中国水力发电史（1904—2000）》第三册（第一稿），中国电力出版社，2007.5，第 486–487 页。

193 参见《雅砻江上的艰苦创业——锦屏电站查勘及磨房沟电站建设工作的追忆》，钦乙俊，《冕宁文史资料选辑》（第 1 辑），1988.6，第 96 页。

锦屏工程指挥部驻地设在里庄，已经有 700 多名工程技术人员聚集到这里。同时，还有数千名来自刘家峡水电工程局和四川水电工程局的工人，他们已经开始锦屏发电工程施工的准备工作。同来的，还有刚刚参加工作的数百名大学生。披荆斩棘，几乎是在原始的生活环境下开展工作，条件艰苦可想而知了。

长江水利委员会锦屏工程监理部的高工郭耕耘女士就是第一批进入锦屏山的大学生。1965 年她大学一毕业被分配到上海勘测设计院，而且让她直接到驻在冕宁县里庄的锦屏工程指挥部报到。在里庄，她和同事们在半山坡挖坑埋下树桩搭起板房，再用铁丝围成墙。然后再将圆木锯成铺板支起床，铺上带来的铺盖就成为家。转移地点时，把行李一捆，放在马背上就走，四肢并用着爬山是经常的事。有一次，她和同事们放行李的小木船在雅砻江上翻了，行李全部掉到江里，漂了一天才被下游的彝族老乡捞起来送还给她们。[194]

外出是苦事，辎重设备进山常常遇到意想不到的情况。有进山的队伍居然经常遭到猴子的袭击，高踞山上的野猴看见成群结队的人类进入，站在山顶往下扔石头；还有山峰之上风化的碎石，大风一起，要落石，雨住天晴也要落石。进山出山，都要冒着危险，用"历尽艰辛"来形容一点都不过分。

这时候，水电部锦屏工程指挥部还在筹备中，要等到 7 月份才正式批复。潘家铮到达里庄，指挥部的领导班子已经定下来并且开展工作。钦乙俊任指挥长，马力为副指挥长，邹思远为总工程师。潘家铮当时的职务为勘测设计办公室副主任，后任设计总工程师。

上海院第三批人马到达里庄后，已经是一个规模很大的勘测设计队伍，潘家铮他们休整了两天之后，即开始对锦屏水电站拟定的坝址和隧洞沿线做初步考察。

从他在进入锦屏山途中的《西行诗草》记录了这种心情。"十年内不作归计"的壮心仍在；壮岁为诗，壮心烈烈，读来让人击节，心情当然不坏：

194　参见《情撼锦屏》，刘凯南著，北方文艺出版社，2009。

潘家铮传
PANJIAZHENG ZHUAN

过西安故都

雁塔题名事已空，乐游原上晚霞红。

唐宫汉阙知何处，都在斜阳落照中。

过大相岭遥望贡嘎雪峰集主席词一律

离天三尺白云浓，无限风光在险峰。兀兀千寻山露锷，沉沉一线路盘龙。
烟迷雾锁晴如雨，雪舞冰封夏亦冬。素裹红装描不尽，从头整顿待英雄。

五月十一日抵木里庄口占

白云深处见仙乡，碧树参差掩粉墙。沉睡山河谁唤醒，从今长作好家乡。
万里西行到此停，喜看水碧又山青。余年心血飞何处？洒向鸦砻与锦屏。[195]

"素裹红装描不尽，从头整顿待英雄"。到底是诗人的诗情，还是山河本身
的韵致，哪里能够分得清爽？"余年心血飞何处？洒向鸦砻与锦屏"。诗人与锦
屏山定下了的是一个海枯石烂的誓言。

巍巍锦屏山下，一个超大型水电站的梦想在潘家铮壮岁人生区间一点一点
展开。十年不归计！潘家铮感到面前真的是铺开一个水电事业的大摊子，怕是
他一辈子都干不完的。

《西行诗草》索隐

诗，不啻为现实生活在精神世界里的影射，从精神层面解读现实，现实中
的事物经诗句一番梳洗打扮，顿时富有神采。反过来，诗歌生发于诗人内心，
诗情犹如乌云乍裂阳光乍现，琐碎的日常会呈现出别的模样。秩序，层次，律
动，等等。所以，通过诗词的句子来探寻诗歌所吟咏的本事，反倒成为一门学

---

195 文中所引诗词见于作者自辑《西行诗草》，部分收入《春梦秋云录——浮生散记》
（第二版），中国水利水电出版社，2000.12。

问，是谓"索隐"。

潘家铮衔命西行，正值壮岁，精力充沛，诗情涌动，每有佳作。后来，这些诗章被潘家铮辑为《西行诗草》保留下来。这些诗章倒不至于禅玄隐晦，都是直抒胸臆、直陈其事之作，并无复杂的修辞和用典。考据，倒大可不必。可是，这些诗章恰恰记录着潘家铮在锦屏水电工程工地活动的踪迹。所经所历，事事有载；前因后果，如若不下些探索工夫，还真是没办法串联起来。

效潘家铮《春梦秋云录·新安江上竹枝歌》笺注，对《西行诗草》做一番索隐与钩沉，连缀起来，即可复原潘家铮1965年到1966年潘家铮在锦屏山的活动踪迹，而且，随着他活动的足迹，将缓缓展开一幅雅砻江水电初期开发的画卷。

初登锦屏山即景

断崖绝谷路初通，轻挽丝缰走玉骢。
野涧鸣声清洗耳，雪山寒气冷穿胸。
溶岩重叠真如画，古木盘旋欲化龙。
不负壮游千万里，尽搜奇景入诗中。

走，奔跑；玉骢，即骏马，毛色青白相间。雪山，即锦屏山。潘家铮平生第一次骑马，也是平生第一次见到如此高峻的大山，所以他赋予跨下坐骑一个雅致的称呼。差拟骑士骋郊原，仿佛将士巡边关。只不过，潘家铮胯下坐骑，是一匹乌亮的大黑马，兴奋之态跃然纸上。四川冕宁县境内雅砻江大河湾环绕的锦屏山，最高海拔4309米，山顶常年积雪，植被由上而下，呈寒带、寒温带、温带、亚热带垂直分布，山高水急，风光秀丽。

1964年12月，由四川省水力发电工程局第一工程队约2000人、刘家峡水力发电工程局盐锅峡分局500人和新招青年工人1500人组成施工队伍，开始锦屏水电站施工准备。人员、物资、机械、设备进入施工地点小金河与雅砻江交汇处的麻哈渡，唯一的交通工具就是马。冕宁县调集300匹马用来驮用物资和后勤给养。[196]

潘家铮进入锦屏水电工程指挥部驻地，马上进入角色，第一个任务，是随钦乙俊带领 30 多名技术人员，由 10 多名老乡带路，考察初步拟定的锦屏水电站厂址、隧洞路线、坝址。沿雅砻江逆流而上，山路崎岖，有的地方岸断千尺，根本无路可走，他们只能翻越锦屏山前往上游。锦屏山最窄处 17 公里，但是翻越这一座大山，需要整整两天时间才能再次看到上游蚰蜒游动般的雅砻江身影。[197]

这里头还有一个插曲甚有意思。

潘家铮他们由上海公干到四川，坐的是飞机。在西昌下飞机，一干人等从上海带过来的东西真是不少，都是锦屏山区难得一见上海货，吃的用的玩的一应俱全。临走的时候总嫌带得少，下飞机的时候才发现这些宝贝成了累赘。唯独潘总悠然自得。怎么回事？大家赫然发现潘总随身带着一根小扁担，担起行李来显得格外轻松。原来，潘家铮考虑到在锦屏山经常外出查勘，每一个人都要带很多设备仪器，就买了一根小扁担。原以为坐火车，没想到是坐飞机，于是就出现了上飞机时滑稽的一幕。

这件事情让潘家铮很不好意思，叫苦不迭。倒不是他能够想出这样一个出人意料的主意，而是因为此举被当作"知识分子改造成果"的典型，被指挥部政治处抓住了，不断拔高，宣传了好一阵子。

此后每一次外出勘查，哪里有闲暇流连美景，就是潘家铮也要带着几十斤的钻机部件。所以这个小扁担还真派上了大用场。

初过麻哈渡（题目为笔者代拟）

荒岗野渡不知名，千里狂流到此平。
波映一船人马影，风吹万壑虎猿声。
峰如斧劈江边立，路似绳盘洞里行。
处处青山可埋骨，何须回首望归程。

196，197 《雅砻江上的艰苦创业——锦屏电站查堪及磨房沟电站建设工作的追忆》，钦乙俊；《冕宁文史资料选辑》（第 1 辑），1988.6，第 96 页。

这麻哈渡，将是中国西南水电开发史上一个重要地标。它就是未来雅砻江下游磨房沟水电站的厂址，它也将成为潘家铮一生中一个非常重要的转折点。

但是，在未开发之前，雅砻江下游的这个麻哈渡，却凶险异常。所谓"走遍天涯路，难过麻哈渡"。除麻哈渡之外，雅砻江上还有两大渡口，分别是皮罗渡、巴折渡，都是十分古怪的名字。翻越锦屏山，需先过麻哈渡到雅砻江右岸。此番初渡，潘家铮看到，"从北奔泻而来的雅砻江，到了这里，由于受到一个跌水控制，显得波平流静，景色如画"，跟船工闲聊，他赞不绝口，夸奖此处风景宜人，发愿将来老了，能在这里做一个船夫当是十分惬意的事情。谁知道，得到的却是彝族老船工的一番哂笑。接着给他讲了这个渡口一旦到了汛期的凶险，掌故多多。

他还不大相信，他和"玉骢"一起上船，他就站在那匹大黑马旁边，也没有感到这里行船有多危险。满怀诗情，满目美景。耳边几声猿啼在山谷间回荡。

寒坡岭上口占

西来游兴者番多，强半生涯马背过。
山里人家无甲子，洞中景物有烟萝。
寒坡岭上云铺地，飞雪滩头水滚波。
今夜月明何处宿，挥鞭遥指大金河。

锦屏水电站在初步规划时，雅砻江大河湾上游洼里为坝址之一。大队人马于 1965 年 5 月 20 日考察完洼里坝址之后，钦乙俊命潘家铮和规划室主任蒋毓龙、施工室主任周德宝、地质队副队长王烷 3 位工程师、2 位向导和 2 名民兵，乘 8 匹大马深入雅砻江大河湾大金河上游考察，考察更佳的坝址。[198]

雅砻江大河湾之形成，是因为南北走向的锦屏山阻隔所至。锦屏山属横断山脉的北缘，南北走向的雅砻江被锦屏大山突然阻断，一路北上，沿锦屏山麓奔涌而来，再南折缓行。锦屏山麓东侧的雅砻江被称为"一道金河"，西侧则称

198　参见潘家铮撰《麻哈渡纪事》,《中国水利》1988 年第 5 期，后收入《春梦秋云录》。

为"二道金河"。一道金河亦称"大金河",为大拐弯的上游,二道金河亦称"小金河",为大拐弯下游。截弯取直发电,须在一道金河筑坝。

他们与大队人马在寒坡岭分别,沿大金河一路向西深入。遂有"今夜月明何处宿,挥鞭遥指大金河"之句。

"者番多",这么多。强半,差不多一半。那一年潘家铮38岁,年近不惑,故云。

甲子,指代天干地支纪年法。潘家铮十一二岁即读《西游记》,《西游记》第一回有句:"山中无甲子,寒尽不知年。"此句谓山中人家日出而作,日落而息,对山外世界变化浑然不知,有陶潜"不知有汉,无论魏晋"的桃花源意境。烟萝,树木茂密,烟聚萝缠之貌。唐代诗人李端 《寄庐山真上人》诗:"更说谢公南座好,烟萝到地几重阴。"南唐李煜 《破阵子》词有句:"凤阁龙楼连霄汉,玉树璃枝作烟萝,几曾识干戈。"

潘家铮初入锦屏,有一个前来参加勘测的小伙子对他讲,眼前的锦屏山风物好像在哪里见过。潘家铮很奇怪,这小伙子跟他一样,也是初次入川,他怎么会对见过眼前的锦屏山?原来,锦屏山顶白雪皑皑,鸟迹罕至,山下则重峦垒嶂,云封雾锁,古树长藤,幽泉曲洞,既引人遐想无尽,又使人恐怖无边。

小伙子想半天,恍然:这不是电影《西游记》西天取经路上的奇山怪水是什么?[199]

夜宿岩洞戏成一律

今夕居然宿洞房,行踪真个似狐狼。
落霞灿映万年雪,宵露寒凝六月霜。
岂惧猿啼与虎啸,爱它水急又滩狂。
残阳如血山如海,正是男儿锻炼场。

以上海院为主承担的锦屏水电工程,初步设计为引水式发电站,即便用大

199　参见《春梦秋云录——浮生散记》(第二版),潘家铮著,中国水利水电出版社,2000.12,第189页。

河湾东西两侧的河道自然落差，将雅砻江西侧之水通过隧道引水至东侧，取得高水头发电。要在海拔 4000 多米的大山底下打隧道，必须彻底搞清楚锦屏山的地质情况。

上海院派来的 400 多工程技术人员，在 1965 年一年中间，几乎都是在野外工作，来回翻越锦屏山，往来于上游洼里坝址和里庄驻地。厂坝之间直线距离不过 20 公里，但是要翻过去须爬四十四道弯八十八道拐，再好的身手也需要两天时间。所以诗中所云夜宿山洞是常有的事。

外出勘测对于设计程序而言，称为"外业"。锦屏山上的"外业"实则很辛苦的，巍巍锦屏山，对来自江南水乡的上海勘测人员而言，简直是另外一个世界。潘家铮来的前一个月，有三位同志在一个叫作手爬梁子的选点勘测，此山海拔高程达到 4100 多米。他们完成航设点之后，天近黄昏，怎么也找不见回去路，迷失方向下不了山，结果在山上困了三天两夜，带的粮食吃完不说，连饮水都成了问题。最后把小便攒起来，才撑到后方人员找到他们。[200]

勘测辛苦倒是其次，还需要克服困难种种。从事水电建设勘测工作固然艰苦，但是上海院来的一帮年轻人毕竟在富庶的江南生活惯了，一下子来到原始的雅砻江山区还是不大适应，工地上的年轻人自己编了一段顺口溜：一怕麻风二怕狼，三怕横渡雅砻江，四怕洼里路茫茫，五怕坏人放黑枪，六怕劳动七怕伤，八怕地震倒了房，九怕生病见阎王，十怕难回江南好故乡。

风俗迥异，水土不服，有一位小伙子看完电影想起家乡，在半夜竟然引发癔症。[201]

尽管条件近于原始，上海院来的工程技术人员还是克服困难，顽强地生存下来。辟荒开路，架桥通车，搭建工棚，自制桌椅。靠肩扛马驮，几百吨的勘探器材、图书仪表、粮食给养运进深山里，他们甚至做了一只木质水轮机，利用山泉径流发电，修成一座 400 千瓦的小水电站供驻地使用。这个小水电站神奇地一直运行到 20 世纪 70 年代磨房沟水电站发电为止，经历了武斗、

200　参见《雅砻江上的艰苦创业——锦屏电站查勘及磨房沟电站建设工作的追忆》，钦乙俊；《冕宁文史资料选辑》（第 1 辑），1988.6，第 102 页。

201　参见《春梦秋云录——浮生散记》（第二版），潘家铮著，中国水利水电出版社，2000.12，第 189 页。

磨房沟水电站停工、复工、洪水洗礼，倒比人的经历还要丰富。

他看到有些年轻人的思想波动，曾劝慰："我们水电工程师，就像一个给别人做衣服的裁缝，别人穿在身上合不合身，好看不好看，全看你裁缝的手艺，而且别人也会问说这个衣服是谁做的。何况，锦屏工程，是我们自己给自己做衣服的，有什么苦吃不下去的？"

潘家铮带领的四人大金河查勘组，翻山越岭之苦已是其次，出行一次，没有十天半月下不来，天气好的时候，他们可以在傍晚找个地方就是扎帐篷就地宿营，如果遇到雨天，就只能钻山洞了。而锦屏山区，有云便有雨，成云即落雨，能有山洞可钻还是幸事一桩。风餐露宿绝不是典型材料式的套话，而是勘测人员的日常生活。

正是男儿锻炼场！

谁说不是？

查勘生涯（一）

> 烟岚万叠锁鸿蒙，深闭仙源路未通。
> 不下龙潭非好汉，直探虎穴见英雄。
> 牺牲志要危中炼，革命心须苦后红。
> 识得人生真意义，粉身碎骨亦从容。
>
> 十五青春正少年，爬山胜似地行仙。
> 天真吐属浑无忌，纯朴心肠最惹怜。
> 向我细谈新岁月，与君同赏好山川。
> 赠刀留订他年约，重聚汉蒙兄弟缘。

"识得人生真意义，粉身碎骨亦从容"。一点都不是虚写，实有其事。不仅为诗，更写成文章，就是《春梦秋云录·不下龙潭非好汉》。潘家铮行文幽默从容，把一件事情说得起伏跌宕，乐趣无穷，笔法又轻描淡写。但是，他的此段"不下龙潭非好汉，直探虎穴见英雄"的经历让上到钦乙俊、邹思远一干领导，下到张克强、张发华一干中层都吓得不轻。因为潘家铮个子不高，体格又弱，加上高度近视，万一有个什么闪失，他们怎么交待？莫说潘夫人那里不好说，就是对整个水电行业也不好说，上海院、成都院，乃至水电总局哪个不知道这个其貌不扬的小个子是一块宝贝疙瘩？

事情是这样的。

也是缘分。

1965 年 5 月 28 日，潘家铮一行八人查勘大金河小分队来到雅砻江边一个叫毕基的蒙古族村落。潘家铮一直没有搞清楚，在藏、彝杂居的凉山州怎么会有一个蒙古族村落？还不待他搞清楚村落来由，其他人已经与村干部联络，去查勘此处一个较好坝址——石泷峡。

这石泷峡将是未来锦屏一级水电站的坝址，50 年后，这里将矗立起 305 米高的世界第一双曲高拱坝。这不是缘分是什么？

这一坝址较调查的其他坝址，无论地形还是地质条件都是建高坝的理想坝址，可以扩大调节库容，将原来拟定的引水隧洞缩短 3 公里。

毕基村位于石泷峡左岸顶端，他们跟着村里安排的一位少年向导前去考察坝址，到达峡谷边缘。潘家铮一行站在峡谷山顶边缘，不由惊叹。此峡谷山势峻伟，基岩坚硬，经过江水亿万斯年的切割，峡谷陡峭，深近千米。他们在悬崖边上听得见脚下江水轰鸣，大地仿佛为之撼动，但就是看不到江流的影子。峡谷之内，烟云弥漫，深不见底。

那蒙古少年倒见惯不惊，吹着口哨蹦蹦跳跳向前而行，如此高峻的险崖对他根本构不成威胁。潘家铮不由想到佛典中长寿仙——"地行仙"。十五青春正少年，爬山胜似地行仙。说的正是这位蒙古少年。

苏轼《乐全先生生日以铁拄杖为寿》诗之一："先生真是地行仙，住世因循五百年。"辛弃疾《水调歌头·寿南涧》词："上界足官府，公是地行仙。"

潘家铮他们跟着"地行仙"一直走啊走啊，最后，随行的几位工程师和向导、民兵都吓得不敢走了，只剩下潘家铮和少年两个人。下行根本没有路，甚至找一块蹲下来方便的平台都没有，怎么走？但少年并不畏惧，一直领潘家铮攀下绝壁，到达 800 米之下的江边。潘家铮忙着测高程，画草图，做测绘。而少年人则仿佛怕外人来此地盗宝一般在一旁盯着他。

做完必要的测绘作业，回程的凶险才出乎潘家铮的预料。身贴绝壁，手抓草根，一寸一寸向上挪动，爬到半道，潘家铮的脚没有踏到位，手抓住一块石头动弹不得。向下一望，心寒胆战，只要方寸一乱，必死无疑。还是蒙古少年返回来让潘家铮抓住他的一只脚才脱离险境，回到崖顶。

人过三十无少年，38 岁的潘家铮饶是精壮，上下攀爬 800 多米，那也是玩命的。800 多米，相当于 260 层楼房那么高。何况他还瘦弱又高度近视？难怪张克强他们担心。

少年显然为这位比自己大得多的中年人的勇气所感染，不禁问长问短，潘家铮赠了少年一把类似今天瑞士军刀那样的六用小刀，还给了少年五毛钱作为酬劳。但是少年却不敢接钱，潘家铮说：别人问起，你就说是中央水电部的人给的。

并且向少年保证，一定会回来，到时候水电站一开工，就介绍他到水电站工作。

少年天真地问：那时候你还记得我吗？

潘家铮说：怎么不会？我化成灰也忘记不了你。到时候，你就带这把刀来找我。

山顶的同事们很担心两个人的安危，纷纷从山顶下来找他们。看两个人全须全尾毫发无伤，大喜过望，胜利会师。[202]

那个蒙古族孩子的名字，到潘家铮晚年的时候还记得清清楚楚。

他的名字叫做少青。

前诗记事，后诗写人。专门写给少青的。

当年的少青到今天也应该是年过花甲的老人了，他可曾读过潘总专门写给他的这首诗吗？

查勘生涯（二）

折得桃枝作马鞭，川康胜景恣流连。

喜看有水皆飞瀑，始信无峰不插天。

202　参见潘家铮撰《不下龙潭非好汉》，《中国水利》1989 年 3 期，收入《春梦秋云录》。

夜拥寒衾听急雨，朝燃新竹试春泉。

彝歌一曲入云去，如此生涯也若仙。

踏遍奇峰与大川，始知天外有青天。

黎元未化忧难忘，民息犹艰乐敢先。

穴底孽龙何日缚，峡中神女几时迁。

江山万里皆空白，难赋渊明归去篇。

踏勘途中所作。

孽龙，指雅砻江。神女，当指雅砻江云锁雾罩的原始风貌。

上海勘测设计院来到锦屏之前，水电部和四川水电勘测设计院已经对雅砻江大拐弯处做初步踏勘，经过调查，此地由上游而下游，蕴藏水电资源 800 万千瓦。上海院负责的锦屏水电工程，地质情况异常复杂，需做大量的地质勘探和勘测工作。

潘家铮在查勘过程中，虽未发现大河湾前人记述的那条规模空前的锦屏大断裂，将锦屏山一劈为二，但地质问题仍然十分突出。最突出的问题是喀斯特。有一点地理地质知识的人都知道，喀斯特地质地貌，其特点是岩溶发育，水蚀严重。锦屏山由碳酸盐类岩石构成，属岩溶发育地区，到处都是泉眼，或泉瀑高挂，或脚下冒水，清冽的泉水汇成小溪，小溪再聚成巨川，雅砻江支流不知凡几，都是由这样一些泉水汇集而成。

其中最大的当数磨房沟泉，潘家铮将它视作天下第一泉，流量可达到每秒 20 到 30 立方米，也就是说，每秒会从山中泄出 20 吨到 30 吨的泉水。泉水喷涌而出，或如白练，或似大瀑，直下 800 米，投入雅砻江母河。

喀斯特地貌如此发育，山体内部的孔隙之多可以想见，可以用"玲珑剔透"四字来形容。

而要开发大河湾，必先打通锦屏山，在大河湾最窄处打数条 20 公里左右的长隧洞，将大河湾上游西侧之水引到下游东侧来发电。隧洞长度本身不是问题，难就难在要在如此庞大的山体下穿洞，没办法打支洞，只能两端掘进，然后会合。而掘进过程中预计将遇到强烈的岩爆、高温、毒气以及突水、透水问题。设计勘测的主要工作就是要查清并克服这些意想不到的问题。

当时初步设计的锦屏水电站是引水式水电站，潘家铮在海南主持过东方水电站的修复，那也是一座引水式水电站，但是无论装机容量还是复杂的地质条件，它至多是锦屏水电站的一个微缩模型。所以，锦屏水电站需慎之再慎。慎之再慎，若再假以时日，做深入规划和勘测设计、科研攻关，锦屏水电站这样超大型水电站还是可以建成的。

潘家铮有信心。

"江山万里皆空白，难赋渊明归去篇。"

不能无功而返。

《西行诗草》索隐续（一）

山行杂诗

谁言江浙胜川滇，无限风光满眼前。
最是令人心醉处，鹧鸪声里雨如烟。

本事无考，但诗意明了。

一鞭残照宿荒村，水抱山封自在春。
彝女藏童围壁看，浪猜客是北京人。

本事见后文"天真最是小藏童"。

万壑千岩不记名，马蹄踏遍蜀山青。
愧侬未有生花笔，难写仙乡锦绣屏。

本事无考。

风卷寒云逐马蹄，万山丛中夕阳低。

抬头忽见银丝乱，知到仙乡白腊溪。

本事无考，所云当不是一景。潘家铮诗的背后常常有一个牵动人心的故事或者经历，定有一番曲折和趣味的。

明月如霜梦不成，又听细雨洒三更。
深山日日风光好，莫问来朝阴与晴（深山晴雨瞬变未定）。

本事亦无考。

叠叠霞岚曲曲湾，清幽浑不似尘寰。
莺飞蝶舞无人管，野草闲花开满山。

本事无考。

明眸柔发见天真，越野攀山倍有神。
不识仙桃源外事，明朝都是接班人。

本事：潘家铮带领三位工程师前往大金河查勘，于 1965 年 5 月 22 日过白腊沟，到茶地沟，前往查勘一个叫做大匡的坝址。

茶地沟村只有一户彝族人家。他们在村子旁边扎好帐篷，按老乡指点，到一处泉眼提水准备洗澡。这时，看到一个放羊小孩子，潘家铮跟那小孩聊起来，知道他叫"安安"。潘家铮吃惊地发现，深居锦屏大山的安安居然不知道"香皂"是什么东西。潘家铮看到他浑身都是乌泥，就动心思给这个孩子用香皂洗澡。潘家铮不仅给他洗了，还给他扑了香粉。安安满心欢喜而去。潘家铮不禁感慨，这里的孩子虽然不识字，但他也许是第一代彝族电站运行人员哩。遂有此诗。

谁知第二天，那安安居然叫来他姐姐，他姐姐十五六岁。这小姐姐倒毫不避人，当着他们的面就脱光衣服，把个潘家铮吓坏了，丢下半块从上海带来的力士牌香皂落荒而走。诗兴顿无。

天真最是小藏童，围坐谈话话半通。

青草坪头歌一曲，深山重听学雷锋。

这是 1965 年 5 月 24 日的事情了。傍晚，查勘小分队赶路到大堡子村，正在路边休息，看见四个藏族小孩子放学回家。潘家铮听到他们边走边唱，唱的是《学习雷锋好榜样》。这歌在上海不知道听过多少遍，几近麻木，但在这里听到，心里却有一种莫名的激动，遂与四个孩子攀谈起来。他诚心诚意摸出牛肉干、花生米和上海奶糖来招待这四个不期而遇的客人。他记住了他们的汉名儿：康边马、杨列马、王林狗，女孩子叫徐次丽。

这些孩子们你一言我一语，很快跟潘家铮他们熟络起来。

老师告诉他们，今天有"北京人"进山来了，听到马铃叮当，就知道你们一定是给我们送来幸福的北京人。

山里都传着"北京人"将给深处大山的彝藏同胞送来"幸福"的消息，潘家铮心里的感受就不必说了。

遍身绣服与华裾，仿古衣冠画不如。

我自看她她看我，此情仿佛武陵渔。

诗写于 1965 年 5 月 25 日。为一位布朗族姑娘的"写真"。

那一天，查勘小分队宿营在一个与世隔绝的荒村——墙墙村。村里来了生客，是一件天大的事情，大人小孩都来看稀罕。几位胆大的女孩子居然向他们讨香烟，拿在手里又不会抽，仔细当宝贝一样藏起来。其中一位穿着华丽的女孩子看中了潘铮手里的手电筒，她想不到世界上还有这样一件东西，按来按去，照来照去。潘家铮心里暗暗叫苦，莫不是姑娘看上了这个手电筒？

果然是看上了，不仅看上了，而且执意向他讨要。手电倒不是什么事情，问题是野外离不开这玩意儿。潘家铮答应从上游回来之后一定相赠。

女孩子误会了，以为潘家铮不肯给她，把头上戴得沉重银饰摘下来要与他交换。潘家铮心里更是叫苦不迭，头上的银饰都是货真价实的银子，缀满了银元。他怎么能跟人做这样的交易？但又不忍心拂了姑娘的心，他偷偷把手电筒的保险关上，假装失手掉在地上，捡起来无论如何都按不着。再假装哭丧个脸，说把电筒跌"死"了，再也求不活了。

姑娘接过来按了几次，确信这玩意儿真的会"死"，而且真的"死"了，不得不放弃跟他交换。[203]

再过麻哈渡（笔者代拟）

雅砻江水自天翻，万马奔腾气撼山。
灵鹫难飞麻哈渡，破船敢闯鬼门关。
怒号舟子声将绝，屏息行人胆尽寒。
任尔狂涛浪千尺，行看豪杰缚龙还。

潘家铮带着大金河查勘小分队结束工作是半个月之后，鞭马策行回到麻哈渡，已经是 6 月。

6 月，雅砻江的汛期如期而至。他们早就估计到当天不可能过河，就在山间扎帐篷准备就地宿营，反正工作已经结束，指挥部营地就在对岸，明天回去也行。

这里需要说明的是，锦屏山区葆有原始风貌，麻哈渡，包括上游预备筑坝的里洼，其实并不荒凉。

潘家铮小时候读《千字文》，里面有一句"金生丽水，玉出昆岗"。

丽水指的是哪条河？指的是金沙江，而眼前的这条雅砻江，又有小金沙江之称。

雅砻江出产天然金粒，久负盛名。丽水之金又产在哪里？就在潘家铮脚下的麻哈渡。冕宁县包括麻哈渡、洼里在内，金矿点多达 17 处，开发历史非常之长。所以英法殖民者在清代进入冕宁地区之后，不由惊叹说，冕宁是"东方的旧金山"。清代，朝廷曾在麻哈渡设"麻哈金矿局"。民国初年，冕宁县金矿开采达到极盛，年产黄金达到 4000 两到 5000 两之巨。麻哈渡在极盛时期，人口

203　以上事见潘家铮撰《大金河畔的诗篇》，《中国水利》1988 年第 7 期，后收入《春梦秋云录》。

达到万人，渡口的饭店有百家之多。

潘家铮知道这一带的掌故，在来锦屏之前，他还知道，这一带曾发现过世界上最大的天然狗头金。岂止，据说，麻哈渡金矿还发现过一根重达八九十斤的天然金棒子。[204]

所以，麻哈渡的一些基础设施还不像人们想象的那么坏。

查勘半个多月的潘家铮怕已经不在意这些掌故，他所有的注意力只在开发锦屏山让人惊叹的水电资源上面。

还不到半个月，磨房沟水电站前期准备工作已经开始了。半月前还宁静的麻哈渡口机声隆隆，炮声阵阵，钻机哒哒哒哒的震颤之声响彻山谷。

磨房沟水电站的坝址就在麻哈渡边上，在潘家铮他们到来之前，已经决定上马的磨房沟水电站，其时已经进入施工准备。大部分准备工程集中到雅砻江的左岸，也就是在锦屏山一侧，潘家铮他们看到，工地之上，红旗插遍。磨房沟水电站开工的动静让潘家铮很惊奇，这速度与效率也太高了。

锦屏水电工程怎么又冒出一个磨房沟水电站？容后边再谈。

只是，眼下雅砻江让潘家铮这位见识过许多大江大河的水电工程师惊得目瞪口呆。

他从来没有见过一条如此凶恶的大河。

巨水奔流，大江怒吼，雅砻江像一条白色的恶龙从天而降。麻哈渡口高达七八米的跌水岩石，更是雪浪滔滔，吼声震天，大地被浪涛激荡，微微颤动。

因为要修建磨房沟水电站，所有的物资和粮食都集中到西岸，汛期一到，又必须把这些物资再抢运回东岸那一头。数百人聚集在渡口之上抢运物资。大水很快涨到渡船停泊的地方。潘家铮不是头一回见识到抢险阵仗，但麻哈渡上抢运物资的情景还是让他嚓口难言。只见他们一趟趟往来于两岸之间，一趟趟在白色的雾浪间穿行，水性好的那些年轻人身绑救生包和船夫一起与恶浪搏斗。这些年轻人里，有的是刚刚毕业分配来的大学生。

后期，水涨浪大，船夫立即停渡。这样，他们只能在西岸等待，待了整整

204　参见《凉山文史资料选辑》(第 15 辑)，政协凉山州委员会文史资料编辑委员会编，1997.3，第 278-279 页；《中国近代工业史资料》(第 2 辑)，汪敬虞编，科学出版社，1957.4，第 518-519 页。

四天。到第五天，船工还没有开船摆渡的意思。因为要赶回里庄驻地整理查勘资料，只能好言相求。20世纪60年代，废除奴隶制之后的彝族老乡对共产党对政府的感情非常纯朴，看到这些上海客如此着急，想必也是真有急事。于是答应开船摆渡。

《再过麻哈渡》说的就是这一次强渡雅砻江。

灵鹫都难越的麻哈渡，"破船"居然敢闯！

破船，实指。半月前初渡雅砻，潘家铮就见识过那只简陋而破旧的渡船。绍兴出生的潘家铮，对舟船不能说不熟悉，它几乎是少年和青春记忆连缀之物，但他哪里见过这种过渡的方式？哪里见过这样凶恶的水面？渡船是几块旧木板，用扒钉钉铆连缀，船在江中，船底还不断往进渗水。潘家铮饶是动用他精湛的结构力学知识，无论如何都无法判断此种船形的应力分布与变形规律，安全度更无从谈起。他蹲在船中，只有往外不停舀水的份。岂知，此种简陋的船形正是适应雅砻江暴怒无常的性格，从力学角度讲，则为不均匀弹性结构，以应对江中不均匀的水流应力，如果搞成刚性应力结构，必然整体散架。

舟子，船夫。《诗·邶风·匏有苦叶》："招招舟子，人涉卬否。" 毛亨传："舟子，舟人，主济渡者"。 晋郭璞 《江赋》："舟子於是搦棹，涉人於是檥榜。""舟子"仗义，潘家铮也不示弱，没脱衣服鞋袜，更拒绝绑上救生包，一副生死与共模样。只是，他仍蹲在舱中司舀水之责。

船行大江，如闯进水刀浪刃的森林里，脚踏阴阳两界。雅砻江行船，更凶险十分，船夫需要撑起长篙，篙头的铁钩，一篙一篙勾住岸上绝壁事先凿好的凹槽，船儿顶着浪头一点点拉到上游，然后篙头一点，渡船脱岸，直刺江心。三位船工齐吼号子，大桨与浪涛搏击，船在江心里简直就像随浪沉浮的树叶一般渺小。船头激起水雾，水花溅进船舱，如雨如瀑。大浪更是与木船相互挤轧，拍、劈、盖、托，无所不用其极。潘家铮感到，他的心都停止了跳动。船行如箭，瞬间就被漂出上游很远，眼看接近七八米深的大跌水，渡船即将被推拥到跌水边缘，艄公长篙一勾，勾住东岸崖壁上最后一个凹槽，精准异常，恰到好处，船只安全靠岸。

前后也就短短十几分钟的光景，潘家铮像耗尽半生的力气一样疲惫不堪，面色惨白，满脸淌水。潘家铮相信，脸上的水不仅仅是溅起的江水，也不仅仅是累疲的汗水，还有靠岸之后由衷涌出的泪水啊！[205]

潘家铮带领的这支大金河考察小分队在野外考察了 76 天，完成锦屏水电工程调节水库库区的查勘任务。

《西行诗草》索隐续（二）

哭英烈三首（题目为笔者代拟）

慷慨捐躯岂等闲，英名千古照人寰。
献身革命坚如铁，殉职牺牲重比山。
以苦为荣何惧苦，知难而进更无难。
灵前好把雄心立，不斩鸦江誓不还。

抚坟痛泪落潸潸，雨洗花环湿未干。
浩气直吞雅砻水，忠魂永息锦屏山。
青春一掷谈何易，荒舍长留亦大难。
有我继来同志在，踏君血迹不回还。

矮子滩头烟雾溟，临江挥泪哭英灵。
满怀热血离乡里，一颗丹心照锦屏。
高举红旗形不灭，未酬壮志目难瞑。
英雄烈绩千秋式，蜀水长流山永青。

英雄烈迹千秋式，式：范式，典范之意。

显然，这是三首悼亡诗。

前一首，是为金树培烈士写的悼亡诗。

金树培烈士，上海水电勘测设计院地质勘测工程师，有着丰富的勘测测量

205　事见潘家铮撰《麻哈渡纪事》，《中国水利》1988 年第 5 期，后收入《春梦秋云录》。

经验。在锦屏水电工程，他负责工程区控制测量任务。他带有 5 名同志，其中大部分是测量合同工，还没有什么测量经验，所以在选点、造标、刻石、观测这些业务上都需他手把来教的。5 个观测点，分布在工程区边缘的高山之上，最低海拔 3700 米，最高海拔达到 4200 多米。

潘家铮还记得金树培牺牲那座山，位于磨房沟一级电站的后背，叫作马脖子山。已经在夏季的五六月份，山上有时候积雪盈尺，有时候雨后湿滑，山上天气阴晴无定，测量人员要背负几十斤重的设备每天在这样的山路上来回穿行，真是险象环生。

事情发生在 1965 年 6 月 19 日。这一天，趁着天气好，金树培赶着观测了几个点的数据，正在返回途中，还一边给合同工们讲测量技术，还招呼大家注意安全。还说着话，脚下已经踏空，随行的同志听到他呼喊了一半声，大家眼睁睁看见他从身边滚落下去，人在半空中又被突出的岩石拦截反弹抛向高空，最后消失得无影无踪。待找到遗体的时候，整个人被岩石和与岩石产生的巨大摩擦力撕得没有人形。

金树培牺牲，震动了整个锦屏工程工地，甚至震动了水电部。指挥部为他开了一个简单的追悼会，指挥长钦乙俊放声大恸，同志们无不垂首默哀。金树培的遗体被葬在当时的金矿县烈士陵园里。[206]

锦屏山区的风光如仙境一般，也潜伏如此危机。金树培牺牲前，还有一位随队查勘的女护士失足滚下山崖。

大家都知道野外勘测条件艰苦，也知道野外勘测要处处小心，但在潘家铮十多年水电工程施工经验里，还从来没有发生过这样惨烈的事故。

第二首，甚是痛切。潘家铮在 1965 年 5 月首次翻越锦屏山查勘，就在当时金矿县县城洼里水文站宿营。这个水文站，是因为要修建锦屏工程才新设立的，以收集水文资料供后期设计使用，特别是汛期的水文资料。水文测量工作人员都住在临时搭建的工棚中，吃的也不能讲究，甚是粗粝。潘家铮每一次到洼里坝址勘查，都是这几位同志陪同，接待热情。

他太知道水文站同志的辛苦了。

206　参见《我和我的师友们》，钱正英著，中国水利电力出版社，1993.9，第 151-152 页。

生活艰苦，任务繁重，水文站的同志还得面对野兽的袭击。因为野兽经常要到江边来饮水，小型动物还好说，举把火或者敲击锐器就可以吓走，怕的是大体形的家伙。1965年夏天，那是一个早晨，一只大黑熊到江边饮水。一般情况是只要不惊扰，人熊之间尚能相安无事，但那天那家伙饮完水毫无预兆突然向水文站冲过来，站上正在作业的同志慌乱之中丢下手头的活儿，拿起钢钎、木棒准备应付，幸好站上还雇有当地的一个猎手，及时向黑熊射击，这个家伙身负重伤仓皇而逃。不然就出了大事。[207]

都是来自上海，潘家铮既是领导，同时也是很有名气的工程师，大家对他很热情，他对大家的工作也多所勖勉。

水文站测量水文，必须到达江心最佳测量位置，一般水文站都是在两岸游拉一根钢索，测量船则系在钢索之上，利用水流的作用自由往来两岸。这个简易水文站也一样。

1965年下半年，雅砻江汛期间，有一天他们驾测量船做日常观测，谁想船到江心，受大浪来回摆动，测量船与钢索连接部位突然断裂，测量船像一柄落叶一样被激流席卷而去。等到同志们在下游找到他们，已是船毁人亡。三名测量员遇难，雅砻江畔再添新坟。

潘家铮是在事故发生后数天才得悉洼里水文站发生的这起严重事故。简易的工棚还在，平常招待他的那方小桌还在，几天前大家在一起说说笑笑的情景还在，只是，人没了。潘家铮心如刀割，不胜悲戚，冒雨来到三位测量员的坟前祭拜，伫立良久。

他在日记里记下这三位同志的姓名：刘华玉、冯正权、黄肇林。

其三，潘家铮哭悼的是一位叫伍本波的同事。

伍本波，湖南省石门县人，1964年以上尉军衔转业至上海水电勘测设计院，任第二勘探队政治指导员兼团支部书记。1964年即舍下新婚妻子从上海来到锦屏水电工地。

事故仍然发生在洼里基地。那是一个星期天，他约几个民工到对岸要为基地砍一些柴火，同时背一些土砖回来。谁知道，船到江心，忽然风起浪作，小

207　参见刘善兴撰《民族团结结硕果　凉山明珠照四方》，收入《冕宁文史资料选辑》（第6辑），政协冕宁县委员会文史资料委员会编，1992.11，第14页。

船很快失去了控制向下游险滩随大水向箭一样飞去。因为他们上船的时候，有一位小合同工也蹦跳着上了船，船上备用的救生衣刚好少一件，伍本波让民工和其他人都穿上，没给自己留一份。结果，小船最终卷入洼里下游的矮个子沟深渊之中。穿上救生衣的那位小民工奇迹般生还，伍本波和其他三名民工遇难。

伍本波年迈的父亲和新婚妻子从上海赶了过来。白发人送黑发人，新婚燕尔逢此噩耗。多愁善感的潘家铮虽然经过多次亲人的生死离别，见到这样的场面还是心如刀绞，目不忍视。潘家铮在伍本波牺牲后三日，到洼里基地临江祭悼，遂有此诗。

同船牺牲的还有合同工汪厚明、江志华、张家顺。

在潘家铮 1965 年年底离开锦屏工地时，锦屏水电工程计有十多位同志为工程建设付出生命代价。[208]

李庄去大渡河作

欲去还停又转眸，此身虽去此心留。

满园桃李长相忆，一载经营未忍丢。

战友多情手频握，鸦砻无语水低流。

也知四海皆兄弟，难遣离怀与别愁。

鸦砻，雅砻江古称。前面索隐中已经说过，雅砻江大拐弯处的水电资源丰富，但是它的地质情况又非常复杂，施工难度巨大。

潘家铮认为，诸多的困难并不是不可以逾越，只是有一点是肯定的，要征服眼前这条恶龙，需要做长期而艰苦的细致工作，查明有关问题，做好一切准备才可动手，不是光凭干劲可以一蹴而就。指望三四年内见效，不大可能。但是，他对锦屏水电工程的信心一点都没有减少。

1965 年 8 月，国家科技发展委员会在西昌召开锦屏（金矿）水电站科研协

208　锦屏工程烈士事迹，见潘家铮撰《锦山雅水悼英雄》，收入《春梦秋云录——浮生散记》（第二版），中国水利水电出版社，2000.12，第 184-198 页；另见钦乙俊撰《雅砻江上的艰苦创业》。

调组大会议，组织包括水文、水工、机电、施工等各专业，分 29 个课题 5 个方面，共 78 项关键技术课题，调集 38 个科研单位对锦屏水电工程科研攻关。

科研攻关是一回事，准备工作却不能停下来。准备工作首当其冲的就是磨房沟水电站的兴建。这个水电站就是为解决未来的锦屏水电工程建设供电之需。

这样，锦屏水电工程的规划、初设勘察设计工作与磨房沟水电站的施工同步进行。

这就该说一说磨房沟水电站。

磨房沟水电站，就位于让潘家铮惊魂未定的麻哈渡口西岸。早在潘家铮来锦屏之前，上海院就做出了磨房沟水电站的初步设计。按照设计，这是一座为锦屏工程提供电源的水电站，为一引水式水电站。其水源点，就是那座每秒钟出水量在 20 吨到 30 吨、被潘家铮视为"天下第一泉"的麻哈渡突涌泉水。所谓"喜看有水皆飞瀑，始信无峰不插天"。起初潘家铮很奇怪，这眼大泉直径有 1 米多，终年不歇，即便是将泉眼之上全部降水量加起来都不会涌出这么多水流的。

勘探之后才发现，这条雅砻江的支流，系溶洞裂隙泉水，发源于锦屏山的手爬梁等山峰，溶洞口高程 2174 米，溶洞口以下河道长 7.3 公里，沿山坡而下，汇入雅砻江，有天然落差 825 米。沟口以上集水面积 68.2 平方公里，溶洞多年平均流量为 8.5 立方米每秒，水能蕴藏量为 7 万千瓦。

这样，就编制出磨房沟电站两级开发的方案。

拟建的两座高水头引水式电站，落差共 802 米，装机容量 6.75 万千瓦。其中一级电站安装 0.75 万千瓦机组 2 台，二级电站初设安装 1.25 万千瓦机组 4 台。1966 年 3 月，水利电力部水电建设总局在成都组织有关部门审定该设计规划，决定缓建一级电站，先建二级电站，将装机改为 3 台，单机容量不变。

工程建设准备工作从 1964 年 12 月即开始，潘家铮在麻哈渡已经看到为工程准备工作开进的施工队伍。他们分别来自四川省水力发电工程局第一工程队，约 2000 人；刘家峡水力发电工程局盐锅峡分局，500 人；还有新招青年工人 1500人，共计 4000 余人。[209]

到 1966 年初潘家铮离开锦屏，全部准备工作基本就绪。麻哈渡上的钢索

209　参见《中国水力发电史（1904—2000）》第三册（第一稿），中国电力出版社，2007.5，第 489-490 页。

大桥施工接近尾声，冕宁通往里庄的简易公路路面铺设完成。[210]

但不管怎么样，锦屏水电站的勘测设计工作一直是上海院的重点。磨房沟两级水电站的建设，对于上海院的技术力量而言，并不在话下。后来，上海院设计人员甚至将磨房沟一级水电站设计为无人值守水电站。用潘家铮的话讲，几个"虾兵蟹将"就足以承担全部设计任务。这都是后话。

而开发锦屏山的水电资源对潘家铮而言太具有吸引力了。为培养足够的技术力量，潘家铮在锦屏工程工地再次开设讲习班，复制上海院和新安江培养技术人员的模式。在里庄还好一些，有那一台 20 千瓦的木制叶轮发电机提供电力，而在磨房沟和洼里基地就不行了，当时那些地方还没有通电，到晚上讲课都是点着煤油灯进行的。所以有"满园桃李长相忆，一载经营未忍丢"之句。

潘家铮一心扑在了锦屏电站的勘测设计上。只是，上马锦屏水电站还是遇到了问题。

1965 年 9 月，上海院党委书记钦乙俊带队，率上海院锦屏工程指挥部一行人乘飞机前往北京，参加水电部和国家建设委员会组织召开的西南电力建设座谈会。邹思远、潘家铮作为设计代表在参会之列。

潘家铮的工作笔记详细记录着此行的全过程。

飞机由成都起飞，越秦岭，再由西安转机到山西太原，从太原机场再飞北京。他们乘坐的是老式的苏制飞机，遇到气流蹿上跳下，一行人都吐得翻江倒海，乘务员忙罢这个忙那个。潘家铮还好，但也好不到哪里去。他不知道，北京的座谈会，是一次决定锦屏水电站的命运的会议。不仅锦屏，还有锦屏之外的七个水电站项目。由国家建委牵头召开的这个座谈会，实际上是为编制下一个五年计划，能否列入五年计划，就意味着能否顺利动工上马。所以，会议的争论远远超出了潘家铮他们的预想。

会议于 1965 年 9 月 7 日召开，先是听取乌江渡、天生桥、普定三大水电站的设计勘测汇报，然后就轮到了锦屏的汇报。潘家铮作为锦屏工程代表汇报发言。忙着准备发言稿，没有参加此前的会议，但听参加会议回来的邹思远总工对他讲，会议交锋甚剧，简直是一出大战乌江渡的大戏。为什么呢？

210　参见钦乙俊撰《雅砻江上的艰苦创业——锦屏电站查堪及磨房沟电站建设工作追忆》，《冕宁文史资料》（第 1 辑），政协冕宁县委员会文史委编，1988.6。

会上，乌江渡工程上马呼声很高，其他工程都将矛头对准了乌江渡。

潘家铮隐隐感到一些压力。

9月9日上午，是锦屏的汇报和讨论。潘家铮一上台就有些发慌，下面是由国家建委主任谷牧为首的建委、计委领导，水电部钱正英、张彬等三位副部长，还有水电总局的领导以及水电总局的总工，还有国务院长委办公室（简称长办）的林一山主任。

潘家铮还没有见过这样高规格的汇报场面，怎么能不慌？可很快就什么都不顾了。邹思远总工给他讲了前两天会上激烈的交锋，他知道这一个汇报对锦屏工程意味着什么，上海院几乎把骨干技术力量都派到了雅砻江边，吃了那么多苦，还有好多同志献出了生命。他的身后有 700 多位身居锦屏大山的江南游子！

连他都感到吃惊，他一口气讲了三个小时，中场没有休息，没有喝一口水。他在日记中写道："讲到后来有些激动，仿佛不是我一个人在讲，而是有一千个同志通过我的口在讲。"越语铿锵，五音俱全，抑扬顿挫，他的讲演水平发挥到了极致。

谷牧听完汇报，起身来跟他握手，拍着他的肩膀说："你很会做宣传鼓动工作啊，把这个讲坛利用得很充分咧。"

当然，交锋的火药味在当场也散发出来。有的人讲：讲得很好，但是如果能够把 19 公里讲成 9 公里就好了。他指的是锦屏水电站由上游到下游的 19 公里引水隧洞。长办的领导心里装着长江三峡的宏大开发计划，对他这一番富有感染力的讲演搞得很不好受，当场就侧过头去，显然不服气。

接着，是其他工程的汇报。真正的交锋最后集中 9月13日，讨论的焦点都集中到锦屏水电站上面，所有的工程都在与之进行利弊难易对比，比选的最后是先上虎跳峡还是先上锦屏。交锋激烈，相持不下。发言的除了长办和其他工程的同志之外，还颇有重量级人物，一言九鼎：锦屏的排队往后靠！

潘家铮不慌不忙，认真听取来自各方面的意见和质疑，当场写了一篇长达七千多字的《关于锦屏电站一些问题的答复发言》，从西南水电开发到水电建设的投入产出，从屏锦电站勘测设计到施工，一一做答。翌日，邹思远总工再进行补充发言。

到了 14 日，邹思远和潘家铮都憋着一肚子气，两个人商议之后，再起草更有说服力的发言。15 日，潘家铮再作发言，为锦屏水电站做最后的努力。

讨论来讨论去，无论是锦屏还是虎跳峡都不上马。钱正英在讲话中说，上不上马都已经做了很多工作，都是成绩。不上马是否无效？不是，做出设计，是供国家挑选，一定有一些工程暂不上马。就像乒乓球赛，总要有人走在世界冠军前面。她指示，乌江渡组织现场审查，虎跳峡和锦屏，什么时候拿出初步设计，什么时候审查，都要经过审查后再来研究怎么列入计划。

钱正英这一表态，实际上代表着国务院和国家建委的意见。这就意味着，锦屏工程暂时不上马。何时上马？遥遥无期。

会议于 9 月 16 日结束，潘家铮说他像瘫痪一样疲惫不堪。之后，组织与会人员赴河南参观三门峡水电站，他哪里能看在心上？

从北京汇报回来，他跟同事们说起北京之行的前前后后，眼泪在眼眶里打转。

几乎动员了上海院全部技术骨干投入的锦屏水电工程，是这么个结果！为锦屏水电工程做了大量前期工作，快要瓜熟蒂落，这怎么能让人心甘？为锦屏工程的勘测设计付出了十几条人命，付出那么大牺牲，如何向那些死去的烈士交代？

坝工组组长张克强常常发现潘家铮唉声叹气，他知道潘总这位事业心很强的人心里的痛苦。张克强他们在那一段时间跟潘家铮说话都很小心，只要一提起来，潘总会暗自垂泪。

潘家铮对他讲：条件这么好的工程，水力资源这么大的水电站，结果不能上马，我死不瞑目！

大渡河上的另一座水电站给潘家铮提供了用武之地。

1966 年 2 月，时任水电部水电总局副局长的老专家崔宗培想到潘家铮。正在开发建设的有贵州乌江渡水电站和岷江龚嘴水电站遇到一系列技术难题，需要潘家铮前去解决。

于是潘家铮恋恋不舍离开锦屏水电工程指挥部。

战友多情手频握，鸦眷无语水低流。

也知四海皆兄弟，难遣离怀与别愁。

这正是当时心情的真实写照。

龚嘴记事

会战西南竞夺先，五湖四海聚英贤。
红心颗颗迎朝日，铁手双双缚巨川。
大渡河边怀往事，峨眉山下换新天。
百花齐放东风劲，还我青春二十年。

龚嘴水电站位于四川省岷江的支流大渡河上。

1965 年 9 月，国家建委和水利电力部在北京召开了西南地区水电建设选点座谈会，由长江流域规划办公室和成都勘测设计院分别推荐虎跳峡、锦屏、偏窗子、乌江渡、天生桥和龚嘴等 6 个项目。

龚嘴水电站工程地质条件简单，水量丰沛平稳，水库淹没少，距负荷中心较近，对外交通方便，建设条件较好，大家一致认为，这个水电站应是大渡河16 个梯级开发中条件最好的一个，因而被选为首先开发项目。当时，要求在三个月内提出选坝报告，确定工程建设方案，申请立项，列入国家"四五"计划，早日着手工程建设，作为备战备荒重点工程的重点。

主持其事的，是水电部西南电力工业建设指挥部，水电部水电建设总局副局长崔宗培。

崔宗培这位老专家，大出潘家铮整整 20 岁。此老于 1926 年考入清华大学工程系，同年加入中国共产党，曾任党支部书记。1929 年转入交通大学唐山土木工程学院，1930 年毕业。1934 年赴美，入艾奥瓦大学研究生院水利工程系学习，获得硕士、博士学位。1937 年回国。回国之后，与晏阳初先生合作，在四川创办乡村建设学院，任水利系主任。后任东北水利工程总局总工程师、华北水利工程总局工务处处长。1949 年后，任华北水利工程总局副总工程师，兼任北洋大学（今天津大学）教授。后任北京勘测设计院副总工程师，1960 年任水电部水利水电建设总局副局长。

龚嘴水电站的建设要复杂一些。

原来规划中的龚嘴水电站，正常蓄水位为 590 米（海拔），电站装机容量为 210 万千瓦，是大渡河上第一座大型水电站。可是，水电站建设与正在施工的成昆铁路建设发生了矛盾。如果按照原来的规划设计施工，成昆铁路必须改线，但是成昆铁路的战略意义不允许拖延工期，必须按原计划投入运行。水电部与铁道部经过了好长一段时间的协商与协调，最后水电站让步，将原设计改为"高坝设计，低坝施工"方案，即先采用近期修建低坝，将来再行加高，分期来进行，既能照顾到成昆铁路按时运行的时间，又同时不影响龚嘴水电站的建设。将来大坝加高时，成昆铁路再行改线 60 公里。这样一来，龚嘴水电站就不能按照原定的装机容量建设，由 210 万千瓦降到 70 万千瓦，与新安江水电站的装机容量相当。[211]

这个方案确定下来之后，施工准备工作立即进行。但在电站的工程布置上产生了一系列问题。有意见从国防角度考虑，建议以"靠山、隐蔽、进洞"为原则，将 8 台机组全进地下厂房；有人则认为规模很大的地下厂房缺乏经验，风险很大，主张全部为坝后厂房。

大渡河虽然没有航运条件，但要承担上游林业部门漂木任务，水电站大坝必须留出足够的漂木通道。这样一来，一个水电站要牵涉到三个部门，除了水电、铁路之外，还要加上一个林业。

崔宗培将潘家铮从锦屏工地调到成都，为的就是解决龚嘴水电站的厂房布置难题。同时请来的还有陈椿庭、朱宝复、陈德基、汪雍熙、曹楚生、原盛锡、林录文等 20 名专家，是当时中国水利水电在水力消能、坝工、抗震、地质、电力等方面颇有建树的一时之选人物。把这么多专家召集在一起，可谓是举全国水电之力了。用当时的主流话语讲，叫作"集中兵力打歼灭战"。他们来了之后，有一个名堂，叫作"水电总局工作组"，潘家铮算是组员之一。[212]

经过反复研究，多数专家认为 8 台机组全部进窑洞式地下厂房，施工十分

211　参见《崔宗培纪念文集》，中国水利学会编，中国水利水电出版社，2007.10，第 73 页。

212　参见《崔宗培纪念文集》，中国水利学会编，中国水利水电出版社，2007.10，第 7 页。

复杂；而龚嘴坝址河谷狭窄，大坝在留出溢洪道和过水坝段后，坝后也不可能安排全部机组。专家组最后提出 4 台坝后、4 台进洞的工程布局方案。

经过国家建委审定，1966 年 3 月，这座大渡河上第一个水电站开始施工建设，从工程立项到开工，前后还不到半年时间。锦屏水电站"一定拿下"，但暂缓建设，让潘家铮着实失落了一阵子，但 70 万千瓦级的龚嘴水电站算是给了他些许安慰，而且龚嘴水电站又很快进入实施阶段，潘家铮兴奋地往来于成都和龚嘴工地，与成都勘测设计院的一帮子年轻人结下了深厚友谊。1966 年上半年那一段时间，是潘家铮这些年来少有的快乐时光。所以有"还我青春二十年"之句。

龚嘴水电站低坝方案的正常蓄水位 528 米，为混凝土重力坝，最大坝高 85 米。7 台水轮机分别调好于左岸地下厂房（3 台）和右岸坝后式地面厂房（4 台）内。工程于 1966 年 3 月开工，1971 年底第一台机组投入试运行，1972 年 2 月发电。[213]

鹊桥仙（入川一周年作）

大川萦绕，名山攒聚，水电明珠无数。芒鞋踏遍好山河，又岂惧八千里路。凯歌齐奏，红旗高举，捷报佳音飞舞。神州一望尽朝霞，笑看它西风日暮。

此词作于 1966 年 5 月中旬。潘家铮离开地处江浙腹地的新安江，来到蛮荒西南的锦屏山和大渡河畔整整一年时光。这首词写的还不仅仅是心情，还有对中国水电事业的信心与前景展望。

只不过，也是在这一个月，"文化大革命"已经明朗化。潘家铮身在龚嘴水电站，为解决层出不穷问题而绞尽脑汁，其实已经意识到形势发生的微妙变化。

1965 年年底，他到北京汇报工作，虽然待了不长的时间，但已经感到气氛有些不对劲。这一年的 11 月，姚文元在《文汇报》发表《评新编历史剧〈海瑞

---

213 参见《中国水力发电史（1904—2000）》第一册（第 1 稿），中国电力出版社，2005.1，第 177 页。

罢官〉》，潘家铮从这篇充满火药味的文章里嗅到一种不寻常的气息。

工程技术人员，都在为具体技术问题操心，谁都不会注意到报纸上这篇貌似学术的文章传达出什么东西。经过反右，经过"插红旗、拔白旗"，潘家铮对政治不能说有多么敏感，但多多少少还是有些认识的，尽管这种认识来得并不清晰。他认为，经过 60 年代之后若干年调整，国家度过了经济难关，再下来该是清理清理思想了，至少会达到 50 年代批判《武训传》那种程度。

他给上海院的朋友，要他们将平时留给他们的诗稿和信统统撕掉，以免运动一来让人抓住把柄。因为诗稿与信里难免发两句牢骚，与当前的形势不大合拍。

接着，1966 年 5 月 16 日，"五·一六"通知下发，"文化大革命"在全国全面展开，潘家铮无论如何没有预料到，这场运动将会持续漫长的十年，会给民族带来一场浩劫，将国家拖入深重的灾难之中。

1966 年 6 月，他还在成都院科研所解决龚嘴水电站的技术问题，就接到上海院革命群众的通知，要他回上海接受批斗和审查。

不管词里充盈着怎样的乐观情绪，但这种乐观显得很勉强。甚至苍白。

潘家铮传

第八章
"文革"噩梦

第一个 "反动学术权威"

潘家铮接到上海院来的通知，想来并不感到意外。感到意外的，是他回到上海之后。

回到上海，他才知道，他是上海院在 "文化大革命" 当中被第一个揪出来的 "反动学术权威"！

离开成都他真是恋恋不舍。龚嘴水电站刚刚开工，正在攻坚克难阶段，他真是舍不得离开。何况是以这样一种方式离开！

老前辈崔宗培也没有办法，看他满眼含泪，能体会到潘家铮内心的愤懑、委屈与难以割舍，劝他说：回去吧！反正每一个人都得接受这场考验。

这位早在 1926 年就加入共产党的老前辈，对政治运动的理解可能比别人更深一层。这一年潘家铮 39 岁，而崔宗培是 59 岁，算是上一代人了。潘家铮回到上海，崔宗培即被停职，随后即回北京接受无休止的批斗和审查，1969 年干脆被发往宁夏的青铜峡五七干校扫马厩去了。待到八年过去，重新出来工作，崔宗培已经是 67 岁的老者。人有多少好年华可供这样糟践啊！

再说回来。上海院为什么第一个把潘家铮揪出来呢？

原来，"文革" 开始之后，上海院还跟全国一样，先批邓拓、吴晗、廖沫沙的 "三家村"，逐渐运动转段，转到内部批判。指示一下来，院党委连夜开紧急会议，研究把什么人抛出来以应付形势。形势很清楚，如果不能把别人抛出来，你这个党委自己就先垮台，向造反派交代不了。

但是抛谁呢？上海院当时已经是一个有 2000 多名职工的大单位，知识分子成堆，选来选去，大家觉得抛出潘家铮最合适。

首先他是学术权威。这个没有问题。

且不说潘家铮主持的新安江水电站是全国的示范工程，也不说他是锦屏水电工程的技术骨干，也不说崔宗培器重潘家铮，将他从锦屏急调成都参加水电总局的工作组，单是他的学术成就就足以构成一个学术权威了。

1965 年 6 月，他的坝工学术代表作《重力坝的设计和计算》一书由中国工业出版社出版。这部著作应该是潘家铮 38 岁之前全部学术成果的一个结集。这部专著在此后三十多年不断被修订，一版再版，在业内的影响力甚大，至今仍然是水利水电专业大学生必读的坝工技术经典。即便在"文化大革命"中，也没有影响这部书在私下里流传阅读。这部书的意义不仅仅停留在坝工理论层面，更是一部不可多得的工具书。

在该书的扉页上，潘家铮开宗明义，讲他写作此书的目的：

本书是一本专门介绍混凝土重力坝的设计和计算的书。在设计方面依次叙述了重力坝的布置、断面设计、水力计算及消能设计、混凝土设计、廊道系统、观测监视系统、基础处理及温度控制等方面的内容；在计算方面，论述了稳定计算、应力计算、孔口廊道计算和温度控制计算等。对我国近年来采用较多的宽缝重力坝，专列一章加以介绍。

本书可供水利水电工程设计人员及高等院校有关专业师生参考。[214]

就是这样一本书。

这部书真是一部"巨著"，拿在手里有一些分量。全书正文共 698 页，计60 多万字。

《重力坝设计和计算》这部皇皇巨著，再加上此前出版发行的《水工结构计算》《重力坝的弹性理论分析》《水工结构应力分析丛书》，合起来共计 200余万字。这时候的潘家铮，正处于他科研和设计工作的黄金时期。除此之外，还有论文。

不算写给报刊的科普类文章，截至 1963 年，潘家铮共有 38 篇科技论文在国家权威学术期刊发表。其中有两篇用英文写成的论文发表在国外权威学术期刊。

不到 40 岁年纪就在学术上搞得这样风生水起，而且"权威"如此，堪为"第一"。尤其是在上海水电勘测设计院这样一个技术部门，许多颇有造诣的工程师在应付繁杂的具体事务之外，根本无暇去做像潘家铮这样的系统总结和深入研究的。许多人在具体实践过程有丰富经验，但一到把具体的经验总结出来并做深入分析，写一篇论文都犯憷，遑论著书立说写出 200 多万字的专著？业务性质决定了行业特点，行业特点显示出潘家铮的难能可贵。而且，他还担任

214　参见《重力坝的设计和计算》，潘家铮著，中国工业出版社，1965.6，前言页。

全国数家专业期刊的编审，非"权威"哪堪担当此责？所以这个时候的潘家铮不能说在上海院属于凤毛麟角，至少也是鹤立鸡群。他不权威谁能权威？

至于"反动"，则信手拈来。出身地主家庭，且有 1959 年"白旗"前科，又有"与无产阶级争夺青年一代"罪名——"反动"再合适不过。

大家异口同声，把潘家铮抛出来最合适。

于是，上海水电勘测设计院"文化大革命"中第一个被揪出来的"反动学术权威"，在那一个紧急召开的党委会被定了下来。

上海院的第一个"反动学术权威"定了下来，来自组织的运动程序早就成熟了。从"一打三反"，再到"反右"斗争，再到"插红旗、拔白旗"，再到"四清"，怎么搞运动几乎可以写成一部《政治运动技术规范》。先是发动积极分子进行批斗准备，然后由人事部门抛出材料，潘家铮在什么场合说过什么话，在此前运动中做过什么结论，档案室里早有白纸黑字记录在案。再加上群众揭发，材料有的是。群众的眼睛是雪亮的，人可以优秀，但怎么可以这样优秀？看不惯他的人不愁找出一两个。[215]

第二天，就开群众动员大会，全院的人都来参加，头天晚上动员起来的积极分子胳膊弯里夹着早已写好的大字报，墨迹未干。院长李果站在台上做动员报告。可怜李果院长，这位抗战时期纵横海陆丰地区、令敌寇闻风丧胆的东江纵队领导人，[216]运动来得这样突然，他自己都对运动的精神不甚了了，上了台说了三句话，头一句："把我院所有的牛鬼蛇神通通揪出来。"接下来第二句："把我院所有的牛鬼蛇神通通揪出来。"第三句，亦复如是。一句话重复了三次。三句话。

李果院长在抗战前一直在海外上学，港派十足，善于和知识分子打交道，在上海院同仁印象里是一位颇有风度的老革命，在这个时候也乱了方寸。几个月之后的 1967 年 11 月，李果院长不堪肉体和精神折磨，自杀身亡。[217]

动员大会仅开了十几分钟之后，积极分子就开始张贴大字报，全是批判揭

215　参见中央电视台《大家·水利专家潘家铮》，采访稿收入《大家》（10），薛继军主编，商务印书馆，2010.7，第 140-142 页。

216，217　参见《中国电力人物志》，水利电力出版社，1992.8，第 175 页；周权撰《风范长存励后人——回忆中共海陆丰中心县委书记李果同志》，载《海丰文史》（第 6 辑），1988.6，第 39-46 页。

露"反动学术权威"潘家铮罪行的。因为事先组织得非常充分，大字报从办公室贴起，一直贴到餐厅，然后贴出单位大门外，从南京路一直贴到九江路，合起来大约有一千多张。

这时候，单位还没有让潘家铮回来的意思。

上海那边盛况空前批判他这个"反动学术权威"，他还正在为龚嘴水电站解决溢洪道与抽排通道的技术问题。单位刚刚毕业参加工作的年轻人，还没有见过这个传说中的"潘总"，没想到他是这样一个反动透顶的家伙，犯下如此滔天罪行，隐藏得这样深。于是群情激愤，强烈要求单位将潘家铮揪回来批斗。这样，党委才给远在成都的水电总局工作组发电报，将潘家铮"揪回来"。

潘家铮从四川回上海，毕竟是经历过一些政治风雨的人，思想上也有一些准备。1959 年前后，强加在他身上的一些罪名尽管让他感到荒唐与屈辱，毕竟还有挪转的余地，顶一顶也就过去了，他那一套对付运动的"六字真言"还蛮灵光的。或者说，他还心存一丝侥幸。从新安江"填平补齐"工地，到"大三线"水电工程，他一直是单位树的模范、先进工作者、学毛著积极分子，还是改造好的知识分子优秀代表，好事都跟他沾着边，即便回来是"接受批判审查"，情形又能坏到什么地步？

一切都出乎他的想象。

毕竟事先的经验与预想，乃是一个人想象。而每一次群众运动则是发挥着千万人的想象力之集合。捧也如此，批也如此，结果都在当事人的想象力之外。或者说，一个人的想象力在运动浪潮之中显得渺小而可怜。

一回到上海，就感到气氛不对。他自信一向人缘尚好，但现在奇异地发现自己一下子变得神憎鬼厌，往常非常熟络的人远远看见他，借故躲得远远的。

他到单位报到之后，首先让他看大字报。

不看不要紧，一看吓一跳。

先看大字报集中的大礼堂，然后再一张一张看过去，脸色渐渐不好看了。大字报给他罗列的罪名和揭发的问题，简直是罄竹难书，罪恶足够滔天，就是拉出去枪毙十回都够。往日的先进工作者、学毛著积极分子，一下子变成反动学术权威还是其次，还"穷凶极恶的三反分子"（反党、反社会主义、反毛泽东思想），还"社会主义最危险的阶级敌人"，还"地主阶级的孝子贤孙""国民党的残渣余孽"等等。潘家铮看得自己都有些头晕目眩，幸好心脏还好，否则会猝死当场。

从满怀激情的锦屏山和信心百倍的龚嘴水电站忐忐忑忑回到娘家，潘家铮有一种从天上掉到地下的感觉。这哪里是那个熟悉而温暖的娘家？简直就是鬼蜮！

"文革"刚开始的 1966 年，设计院的业务工作暂时还没有受到太大的影响，潘家铮很快被勒令交代问题，业务上"靠边站"，但还给他安排了一些技术任务，让他解决上海院负责的永安水电厂的技术问题。看大字报吃惊是一回事，但回到技术问题上，他那认真钻研的劲头似乎没怎么受影响，提出用"弹性力学问题的交互分析法"来解决大孔口坝段的应力分析。

上海院在"文革"初期还承担着为越南培养水电技术人才的任务。1966 年 9 月，后来潘家铮的挚友，中国工程院院士、抗震专家陈厚群当时还是中国水利水电科学院的工程师，奉命前往上海为越南技术人员讲课。

他一进设计院大楼的电梯间，迎面就看到铺天盖地的大字报，全是批判揭发潘家铮的。陈厚群心里一动，不由问陪同人员潘家铮的情况。陪同接待人员指着坐在远处一角一个小书桌边的人说：那就是潘家铮。

1958 年，陈厚群刚从苏联留学回来，分配到中国水利水电科学研究院，先到刚开工的东北桓仁水电工地劳动锻炼，不想中途受工伤回京住院，治疗后返回中国水科院，被分配在结构材料研究所坝工结构组。跟所有刚参加工作的工程技术人员一样，陈厚群也苦恼于如何将学校所学运用到工程实践。正好，潘家铮编著的《水工结构应力分析丛书》在 1959 年出齐 10 册，这套书帮了陈厚群的大忙。因为这套丛书既深入浅出又十分系统地讲清原理，并详尽推导出各类水工结构应力计算公式的来龙去脉和求解方法。

陈厚群在书店里看到这套丛书，真是如获至宝，喜出望外。是这套丛书一步步引导着他进入具体工程实际中，从此，他就记住了"潘家铮"这个名字。因为专业关系，还陆续读到他更多的论文和著作。这时候，陈厚群当然已经知道潘家铮的身份，他很惊奇潘家铮这个人怎么在那么繁重的工作之余还能写出那么多文章。他早就想见一见潘家铮。

然而，他想不到是以这样一种方式谋面，而当时铺天盖地的大字报，篇篇都批潘家铮，字字尖锐如毒箭，陈厚群只能远远望他一眼。

1966 年刚被揪回来的潘家铮的境遇似乎还好一些。负责监督看管他的是顾鹏飞，还有许百立，这些人都是在新安江工地的同事，当然知道潘家铮是什么人。潘家铮被勒令扫马路，两个人向造反派据理力争，才给潘家铮在设计院的三楼那间曾属 403 组的大办公室一隅搞了一张桌子，让潘家铮坐在那里"靠边站"，也不必去干体力活儿。

倒是潘家铮会用时间，正如陈厚群远远看见，潘家铮安静地坐在那里看他的书，做他的事情。顾鹏飞回忆说，潘家铮坐在那里专心地用"文克尔理论"推导地下结构计算公式。据顾鹏飞说，这些推演公式至今还保存着。

这样的情形并没有持续多久，到 1966 年底，他的处境就越来越差劲了。一来，负责监管他的同事们也自身难保，很快被划入"牛鬼蛇神"之列；二来，上海院这个知识分子成堆的地方，"牛鬼蛇神"怎么会少？一挖一大批，一揪一大把，抓出来的这些人，罪名是五花八门，让人眼花缭乱。潘家铮是第一个揪出来的不假，可他绝不会是唯一一个，也绝不可以是唯一一个；仅斗一个人，仅给一个人贴大字报，远达不到群众运动所需要的那种剧场效果。1966 年年底，潘家铮一干牛鬼蛇神被关进了"牛棚"，集中交代问题，然后逐一"定性"。

所谓"牛棚"，就是单位的地下室。而这个地方，恰恰是 1955 年潘家铮利用夜晚时间给大家开办讲习班的老聚丰银行地下室。众多的"牛鬼蛇神"在地下室责令交代问题，要遭受怎么样的摧残与折磨。

批斗是免不了的。所谓"小会天天有，大会三六九"，作为第一个被揪出来的"反动学术权威"，针对潘家铮的专题批斗会当然激烈非常。

潘家铮之前经历过的运动，还仅仅是从思想上上纲上线，限于"精神迫害"层面，没有经历过肉体上的折磨。"文化大革命"这场运动不同，精神迫害再加上肉体摧残，吊大牌、"喷气式"、扇耳光、跪玻璃碴、低头认罪，无所不用其极。有一次，造反派竟然用一根拳头粗的大杠子兜头而下，潘家铮头上顿时起了一个拳头大的肿包。上海话称那根棒子，有"钵头"那么粗。

最严重的一次挨打，是在上海著名的嘉陵大楼的礼堂开专门为他开的批斗大会上。潘家铮被责令跪在一片碎玻璃上面，双臂反剪，低头认罪。"积极分子"一个一个上台前来揭发，个个慷慨激昂，义愤填膺。最后上来的是一位工人，面对眼前跪着的潘家铮，怒目喷火，仇恨刻骨，迎头给了潘家铮一拳，眼镜被打飞，镜片竟然卡在眼眶里，顿时鲜血直流。连台下的人都看不过去，几个人默然抗议，提前离场。

打量潘家铮晚年眯眼微笑的照片，还依稀能看见当年那一记老拳将镜片卡在眼眶里落下的伤疤。位置稍偏一两毫米，那一只眼睛就完了。岂止完了，眼珠子当下就能够被抠出来。

一个不堪回首的年代！

无法无天，无理可讲。

从"文革"开始，一直到 70 年代初，全国水电行业数度有潘家铮已经死亡的传言，有一段时间说他跳楼自杀，有一段时间又说他上吊在厕所里，还有的说他在批斗场上心肌梗塞而亡。传得有鼻子有眼，许多朋友都信以为真。上门慰问者有之，发唁电悼念者有之。

1966 年到 1967 年，上海院里不时有人自杀，上到老革命李果院长、设计院的副总工程师，下到出身不好的小组长、技术员，甚至出身贫农的电工，有七八位之多。服毒、跳楼、坠塔、投海、投缳……其中一位是过去跟潘家铮一起参加 502 和 403 组的年轻人，叫王张根，1956 年毕业的大学生，一向老实本分，造反派从这个老实本分的年轻人口中套不出什么"反革命集团"材料，就将他关进了牛棚。某一天夜里，这个出身苦寒而且很上进的年轻人用蚊帐杆和蚊帐布上吊自杀。[218]

潘家铮幽默风趣但多愁善感，书生气十足，他怎么可能逃过一劫？他何尝没有想到过死？士可杀不可辱！遭受如此奇耻大辱，潘家铮数度徘徊于黄浦江边，想跳江一死了之。

别人的罪名似乎单一，简单明了。走资派就是走资派，伪保长就是伪保长，现行反革命就是现行反革命，而潘家铮的罪名就像一座在建的大坝一样问题层出不穷，而且非常复杂，每一次批斗会，都会涌现出一些意想不到、让人心惊肉跳、胆战心惊的问题来。也如同化解一座在建大坝那些意想不到的问题一样，充满悬念和风险。老百姓说，"文化大革命"，那是针关里过命。

218　参见《永远的潘家铮》，中国水利水电出版社，2013.6，第 60 页。

潘家铮竟然活了过来。

"文革"中的潘家铮似乎只有一个信念，那就是"活着"。

别人有千般理由置他于死地，他有千般理由活下去！

他在回忆"文革"的文章里说：

第一，我自问无应死之罪，那就要活下去。第二，我活着虽然要吃掉那宝贵的粮食，但也可以做些事，收支相抵，似略有余，中国社会上多我一个吃饭并不亏本。第三，我有妻儿，我爱他们，他们也爱我，我不能为了自求解脱而给他们带来不可想象的苦难。[219]

理由有三，已经足够。此时，他不再是一个工程师，不再是一个著述甚丰的大专家，不再是一个满腹经纶的才子。他只是一个人，一个年近不惑的男人。人的尊严与人的责任担当也必须让他活下去。

潘家铮关于"文革"时期的回忆录中写到一个细节：参加批斗会不久，他开始练躬身弯腰的功夫，身体躬下去，再躬下去，弯成一个锐角，练到最后，在那里支持两三个小时都没有问题。

许多人都为这个细节所震撼！腰是弯下去了，可站立起来的是人的尊严。谁不会认为这是对这场近于疯狂的群众运动绝大的蔑视？

1967 年至 1970 年，潘家铮在"牛棚"里不断被审查、批斗，参加繁重的体力劳动，中间还被发配到杭州一家工厂里劳动改造。

"毛诗"公案

如果将以"文革"为代表的群众运动作为一个标本和模型去分析，一定不比一座大坝内部结构的应力分析来得更复杂，只需要简单的函数关系就可以表达清楚。

以潘家铮为例，"学术权威"是常量，那么"反动"则是一个变量；如果"反动"是一个常量，那么"反动"到什么程度则又是常量中一个变量，求解过

219　参见《春梦秋云录——浮生散记》(第二版)，中国水利水电出版社，2000.12，第 238 页。

程，不过是一个多元方程。但是，索取和捕捉诸多的"变量"，则非一般工程技术人员所能为者，而且常常让潘家铮这位结构力学专家都感到措手不及。看似简单的"运动函数"表达常常云遮雾罩，复杂异常，惊心动魄，意外丛生，悬念迭起。你要找出它的运算错误，还需要动一番脑筋，因为你面对的不是勘测数据和公式推导，而是邪恶、是愚蠢。

求解潘家铮这个"反动学术权威"，对于造反派和积极分子而言，那是一个玲珑剔透的玩物，是一个充满智力快乐与智力挑战的过程，因此，他们对潘家铮好像格外感兴趣。

最能挑起他们兴趣的，怕是那些让潘家铮感到手忙脚乱、措手不及的东西，可这样的东西哪那么容易找来？有些"变量"罪证找得连他们自己都觉得没意思，潘家铮呢，根本不愿意辩白，或者干脆辩白两句，草草承认画押签字。

比如，他在新安江工作时所写科技论文里的这样的话："在内水压力下坝内钢管和混凝土联合受力。"被解读为此乃影射人民公社和合作化是在压力之下形成的；比如，论文里有"近来在结构设计上曲梁有取代直梁之趋势"，被解读为修正主义将有取代马克思主义的趋势；还有，潘家铮在论文里有"沸腾钢""镇静钢"的概念，这不是暗指出身的不好的人和根正苗红的人吗？他的论文里头随处可见这样"不怀好意""含沙射影"的表述与命名。

刚参加工作的年轻人，不明就里，以为设计院果然有一个比邓拓、吴晗更加善于隐藏自己的"反动分子"，而有一些人生阅历的人谁都能看出来，这是那些为形势所迫不得不写大字报的人虚与委蛇的应付之作，应付应付也就过去，这能有多少说服力？最后，是连造反派和"积极分子"们自己都说服不了自己。

让潘家铮难以招架的是他那些诗。

运动前夕，他曾写信给设计院的好朋友和同事，让他把留给他们的赠答之作赶快毁掉。他回到上海院之后，才发现这些信件成了他企图毁灭罪证的重要证据被揭发出来。能怎么办？只能对昔日曾视为知己的某人长叹一声。

孩子不学好，神鬼也没着。

于是，造反派们认为，潘家铮最心虚的就是这些诗，诗里一定有文章！

果然。

比方他赴锦屏路经西安的那首诗。其时，正是全国开展活学活用毛泽东思想的高潮，他却写什么"诏宫汉阙知何处，都在斜阳落照中"。潘家铮清楚地记得批斗大会对这首诗的判词：被推翻的反动阶级分子怀着对社会主义的刻骨仇恨，借古讽今含沙射影，咒骂社会主义事业将在残照落日中消失，化成一片废墟。

这样的解释对诗人而言是很致命的。古来诗人最怕别人作笺注。所谓诗无达诂，释得确，滋味全无；释之不确，乐得偷笑，别人没看明白；像这样一种释法，怕是连诗人自己都会跳起来——此注家比自家高明！

还比方，也是新安江完善"尾工"项目工地的哭母辞，"新安江里滔滔水，难洗孤哀痛楚心"。批斗会上，声嘶力竭，指着潘家铮的鼻子：革命群众请看，这新安江水库中 178 亿立方米的水竟然洗不掉一个地主分子对他失去的天堂和对社会主义制度的痛苦、仇恨心理，这不是活生生的阶级斗争吗？接着，批斗者要他交代其中"愁山恨谷"的恨，到底恨什么？恨哪一个？开始他还辩解两句，后来腰疼欲折，只好承认是恨新社会，方得解脱，被责令写出书面交代。

潘家铮心里有底，类似这样的诗，左不过就是个含沙射影，上纲上线也上不到哪里去。写给自己亲人的悼亡诗，又不是写给领袖的万言书。这里头有本质的区别。

怕的是……怕的是那些自己想想都心虚的诗章被抛出来。毕竟写给朋友的诗里，若细梳理一番，牢骚之语和格调灰暗的诗还真不少，自己写的东西自己哪里能不清楚？

下来，就有上海院轰动一时的潘家铮"毛诗"公案。

已经是 1967 年底了，这中间的形势有过一段小回转。"文革"从始到 1967 年，造反派纷纷建立组织，组织与组织之间常常又不一样，各自有各自的主张。一时间派系林立，你骂我是假革命，我骂你是保皇派。上海作为"文化大革命"的重要策源地，其混乱程度怕是居全国之冠。设计院里的造反派当然也分成势不两立的两派甚至三派，派与派之间互相斗争，争着扩大势力，一批刚开始被打倒的老干部纷纷翻案被进入所谓的"三结合"班子。这个小回转促使一批被打倒的"牛鬼蛇神"提前获得解放，也引发了一个"牛鬼蛇神"翻案的小风潮，是为"翻案风"。

潘家铮不敢有被"结合"的奢望，在"翻案风"中，潘家铮也写过一封申诉材料，无非是否认一些莫名其妙的罪名，澄清一些事实。很快潘家铮就后悔了，因为眼见那些被"结合"出去的"棚友"又一个个被撵回"牛棚"之中，批斗得更加厉害，潘家铮反而少受了不少罪。只是他担心会被清算。

担心什么来什么。对他的"翻案"的清算只是时间问题。

批斗罢别人，专门为他召开的批斗会如期举行。批斗会开始，左不过呼口号，痛斥罪行，然后就有新内容抛出。这一回抛出的新内容将潘家铮吓得不轻。

又是一首诗。

还是一首新作。

1966 年，他离开锦屏水电工程前往龚嘴水电站工地，有一位跟他一起勘查的年轻人可能常在他面前念叨找对象成家的事情，让潘家铮很是挂记，于是就给他写了一封信。这个年轻人仅有高中文化程度，作为一个过来人，潘家铮就劝他将眼光放远一些，暂时不要考虑谈恋爱，先争取考大学完成学业。要干水电这一行，没有足够的专业科班训练真的不会有什么前途。

劝人上进，关心年轻人成长，即便是罪，也没有什么。潘家铮在 1959 年就背过"用资产阶级思想与党争夺年轻人"的黑锅，再背一口也无妨。

问题哪有那么简单？问题是潘家铮的信不是苦口婆心的劝说与告诫，而是一首诗。

花开四载未嫌迟，况是含苞欲放时。多少华章尽堪读……

这封信就在造反派的手里拿着，人家念到这里停下来问潘家铮：接下来是什么？

潘家铮听到这里傻眼了。这个不能承认啊！但那确实是他写的。一番穷追猛打，还是承认是自己写的。第四句，第四句是：劝君暂勿诵毛诗。

潘家铮这一承认，会场上顿时一阵骚乱。惊讶、愤怒，好奇，交头接耳，所有的目光像射灯一样照过来。他的许多好朋友头发都竖起来，这也太明目张胆了。"劝君暂勿读毛诗"——中国之大，除了此毛还有彼毛？这不是"恶攻"又是什么？

潘家铮传
PANJIAZHENG ZHUAN

潘家铮心里明白，其他诗可以大而无当自我认罪，这个绝不能承认。

他死不承认。

待会场之上稍安定一些，潘家铮自我辩解说：这个"毛诗"不是指毛主席的诗，而是《诗经》。秦始皇焚书坑儒，《诗经》失传，到了汉朝，是由儒生们凭记忆追述流传下来。所以出现了齐诗、韩诗、鲁诗、毛诗。毛诗是毛亨所传，后来三家均废，毛诗独存。

潘家铮进而解释说，这毛诗开卷是国风，国风一直作为"好色"的代称，暂勿读毛诗，不过是让他暂时不要"好色"罢了。

潘家铮一口绍兴官话，娓娓道来。谁知道，他这一番关于古籍版本流传的知识，对台下技术人员和工程师而言，远比他讲的那些结构力学来得更加深奥，大多数人疑疑惑惑，真是这么回事吗？潘家铮善于讲故事是出名的，这是编的还是真的？接着造反派让他交待"华章"指的是什么。他说就是指那些数理化书本，修正主义货色嘛。

主持会议的造反派见他死不承认，就逼他说这个毛亨的籍贯、祖宗三代、家庭成分、本人出身、政治背景。手头没有《辞源》，这个他哪里说得上来？

这样，关于"毛诗"的批斗会并未让潘家铮过关，有这么好的一个罪证，若要坐实，那是什么战果？造反派自不肯罢休。接着就是接二连三的审问、批斗，追查之后交代，交代之后追查，几乎要弄到成立专案组的地步。

好在证据不难找。他小时候就读过许多稀奇古怪的志怪小说，搜罗一下仓储记忆，找到"毛诗"指代"好色"的证据并不是什么难事，他终于想起一部清人的笔记小说《夜谭随录》中有一个志异故事，人物对话间正好有那么一句。他把那篇笔记小说原原本本复述给审问的人听，审问者听得是津津有味，最后虚张声势训斥半天，让他写成交代材料送上去。

轰动一时的"毛诗"公案不了了之。

此公案绝不算虚惊一场，简直就是死里逃生。如果，潘家铮口稍松一下，或者从记忆储存里找不到《夜谭随录》里那一则故事，连他自己都明白那是什么样的后果。

事情过去好多年，包括他的好朋友，依然固执地认为潘家铮那首诗不过是耍小聪明自圆其说罢了。倒是给这些老友怎么也解释不清楚，把潘家铮气得不轻。

世界之大，知音难觅。

好多老朋友都规劝他，让他以后不要动不动平平仄仄卖弄风雅给年轻人写诗：你那样说，也要人家听得懂才行！毛诗来毛诗去，不对牛弹琴嘛？

潘家铮恍然！认错连连。[220]

"文革"中的潘家

1966 年，39 岁的潘家铮已经是一位 6 个孩子的父亲了。4 女 2 男。最大的女儿潘敏 1955 年出生，"文革"时 11 岁，最小的儿子潘自来，1963 年出生，才刚刚 3 岁。

"文革"以前，这是一个热热闹闹的大家庭。

在孩子们童年的记忆里，父亲是一个只有在冬天才会出现在家里的男人。每年冬天，水电工地停工，他会在家里停留比较长的时间，平时，则来去匆匆，永远是在出差。孩子们都是跟着母亲长大，对父亲就疏远一些。他大包小包带着一股寒气进门，孩子们都会惊奇地看他，然后惊恐地躲开。

1962 年，潘家铮从复工的富春江水电工地回上海开会，在家里停留了几天之后又收拾行囊准备回工地。最小的那个女儿潘定才两三岁，拉着妈妈的后襟提醒：妈妈，这个人在咱们家吃了几天饭，还没付粮票呢！

妻子马上呵责：傻丫头，"他"！他是谁，他是你爸爸呀，你还要他付粮票？

潘家铮是又无奈，又心疼，在外头买了好些糖果玩具前来笼络感情。

大概因为做过小学教员，潘家铮身上有一种说不清的童稚之气，或者说童心很重，对小猫小狗都怜爱有加，更别说小孩子。就是在"文革"那样严酷的环境之下，他见到小孩子都会露出天真的笑容。小儿子潘自来回忆说，在印象里，爸爸像书里的东郭先生一样，无论别人对他怎么狠，他都好像不怎么在意，始终善良宽容。

诗人，天生的童年期特别长。

潘家铮冬天回来的时候，总要买一大堆东西，吃的玩的，或者土特产，给

220　此节本事参见《春梦秋云录——浮生散记》（第二版），第 199-212 页。

孩子们买东西他从来舍得的。即便如此，每一次回来，需要预热一段时间才能跟这些"小冤家"们熟络起来。熟络也是有技巧的，靠什么？靠记忆里储存的无穷无尽的故事。

这一着挺灵，女孩子男孩子很快就被父亲的讲述吸引住了。妻子见他一通款款叙述居然能很快将生疏感消除得一干二净，在一旁笑道：编，你这个人真是会编故事。其实哪里是会编？是读得多。长大之后，兄弟姐妹在一起说起来，大家赫然发现，小时候爸爸给他们讲好多的故事，居然是《基督山恩仇记》《福尔摩斯探案》《鲁宾逊漂流记》《天方夜谭》这样一些名著。只不过爸爸讲给他们的时候，将时间改为当下，地点都挪到了中国，名字也换成好记的中国人名字了。不仅是外国名著，还是满肚子的志异闲本，《西游记》《聊斋志异》《封神榜》都可以是故事生成的原本，信手拈来，改编发挥。如果是夏天，潘家铮出差回来，晚上往小阳台上一坐，几个孩子马上围过去，"潘氏故事会"按时开讲，那是上海院一道持久的风景，让别人家羡慕不已。

这样一种教育氛围，与潘家铮父亲刻板的教育方式形成明显的对照。

许多同事还记得他每次回来，都要到幼儿园里看孩子、领孩子。大孩子领几个小孩子，一群孩子似的。这些，后来都被他写成文章立此存照。

他爱人许以民也一样，特别喜欢孩子，怀里不抱一个小孩子似乎就不像个女人似的，不然不会不到八年之中生出六个孩子。许以民在设计院家属里也是一个很爽朗的人，尤其跟潘家铮的同事很熟络。见她怀里总是孩子不断，免不了开开玩笑。

许以民说，一个男孩子太少，两个正好的。

到1966年，这个热热闹闹的大家庭深陷风暴之中。

而在这个时候，妻子许以民性格里的刚强、坚韧体现得淋漓尽致，她像一座山一样站在落难中的潘家铮背后。

其实，这么多年来，全靠了许以民的支撑。许以民在结婚之前，知道潘家铮的家境不好，可是结婚之后发现他的家境岂止是不好，简直是糟透了。但她还是默默承受下来。

她的家境也不好。许以民的长兄早亡，二兄1949年逃亡台湾，三兄被劳改。潘敏小时候住在姥姥家，她记得杭州姥姥家偌大的院子里，假山奇石，藤架林荫，后来被市里园林管理局收走，然后辟为公园，只给他们留下一处小小院落。百年旧家，至此彻底衰落，甚至是倾家荡产。

1955年，潘家定居上海。次年，潘家铮将母亲和岳母分别从绍兴和杭州接到上海跟他们一起生活。潘母多病，不能视事；正好岳母还强壮，家务一切就由岳母来操持，两口子能够放心上班。

潘家铮又是做科研，又是出差，这个家就全部托付给了妻子许以民了。这就等于潘家和许家两家的担子全放在妻子身上。

杭州许家那一头，三兄劳改，家里还有妻子和四个孩子，没有一点收入，需要每一个月接济20元，供日常开支；每年暑假，都会把侄儿侄女从杭州接到上海住上一阵子；绍兴这一头，弟弟潘家铭参军，妹妹要上学，又要支付兄长去世前的医药费用。筹划经营这样一个七拼八凑的大家族何其难也。潘家铮对妻子操持的能力是放心的，都由妻子来当家。

潘家铮天性中有一种善良，这种善良从小就体现出来。当年，他在乡下教书，看到一个面黄肌瘦的女孩子，因为不是亲生，上学不给学费，回到家里还要做许许多多家务，备受虐待。潘家铮实在看不下去，为这个女学生垫付了学费，还央求母亲收养她。母亲答应了，但当他再回到学校上课，这个女孩子却被狠心的家长暴打死去。这个孩子的遭遇让他记了一辈子。所以，妻子每月按时资助自家兄嫂，他从来没有说过一句微词。

1967年至1970年，潘家铮在"牛棚"里不断被审查、批斗，参加繁重的体力劳动，中间还被发配到杭州一家机械厂里劳动改造。妻子许以民的三哥早在肃反运动期间被发配到安徽阜阳劳动改造，家里只有三嫂和四个孩子，三嫂在街道拉人力车挣钱抚养孩子。许以民的三嫂知道妹夫在杭州机械厂被监督劳动，她把全家每个月5块钱的生活费里拿出1块钱去菜市场买了点五花肉，炖了一碗香喷喷的红烧肉，顶着烈日，徒步穿过整个杭州城，找到那家机械厂。她在厂门口从白天等到天黑，终于看到潘家铮穿着破烂的工服从里面出来。她不敢大声呼喊，只能隔着马路小声呼妹夫。这时完全处于人生最低谷的潘家铮怎么也没有想到会在那里见到三嫂。当他看到三嫂手里那碗香气四溢的红烧肉，眼泪像决了堤的洪水流了下来。三嫂怕被人家发现，让他赶快吃掉。他怕连累了三嫂，让她以后再也别去看他。

妻子晚年跟女儿说起来都非常感慨，你爸爸这个人就是同情弱者，看不得别人可怜的。

回过头来再说许以民。不当家不知柴米贵，撑起这样一个家不仅需要精打细算的筹划，还要有度量才行的。这个家庭主妇当得不容易。后来，孩子接二连三出生，弟弟家铭转业参加工作，妹妹家英考上同济大学。潘家铮七级工程师，每月 130 多元工资，在当时已经算是高工资，妻子每月四五十元的样子，要养活老少 10 口之家，虽然妹妹上大学的学费由弟弟家铭大包大揽承担下来，家庭负担还是蛮重的。

弟弟家铭转业之后到福建三明化工厂做技术员。他在浙江大学学的就是化工专业。假期回上海，就等于是回家探亲，看望母亲和兄嫂、妹妹，还有侄儿侄女们。家铭是兄弟几个里面个子最高的，当过兵，性格也好，许以民待他就像亲弟弟一样。但是由于在三弟的婚姻上意见相左，很长时间都没有往来。

"文革"一开始，三弟家铭因年轻时参加过三青团，受到冲击、批斗，被打入牛棚。一天，潘家铮夫妇突然收到福建三明化工厂造反派发来的一封信，说三弟潘家铭失踪了。这个消息让潘家铮吓出一身冷汗，实在六神无主，不知如何是好。到了晚上，许以民和潘家铮带着大女儿径直去了女方家里，在弟媳家找到了三弟。

小小的潘敏在这个时候才知道母亲其实是一直关心着三叔的，不然妈妈不会那么具体地知道三伯伯在上海住的地方，只是恨铁不成钢而已。

妹妹家英"文革"前毕业于同济大学，甚是敬重兄嫂，凡事都征求兄嫂的意见。细琐家事，且按下不表。

1963 年，婆婆身体每况愈下，不巧自己的母亲也突然生病，危在旦夕。许以民只能将母亲先送回杭州由三嫂暂时照顾，以便伺候婆婆。就在那年的年底，自己的母亲在杭州病故。

妻子许以民是家里的主心骨。

但是若说夫妻两个永远举案齐眉，相敬如宾也不真实。贫贱夫妻，柴米油盐，平常偶有龃龉也属正常。

"文革"中，潘家铮真正感受到妻子的刚强、毅力与睿智，若不是她，潘家铮的家就会被"文革"的浪涛彻底摧毁。

许以民经历过抗战烽火离乱的岁月，她似乎对新的政治运动的来临有所预感。就在 1966 年的 5 月，潘敏记得那一天很热，傍晚时分，许以民让 11 岁的女儿帮她把放在一摞箱子顶端一只樟木箱搬了下来。里面全是过去留下来的金器和银器。她用衣服将各种器物一件一件地包裹好。第二天带着女儿去银行卖掉，换成现钞。然后把这些现钞缝在贴身的内裤里面。

潘敏当时也不明白母亲何以有此举动，到 1966 年 8 月，潘家铮被从四川揪回来，红卫兵开始抄家，把没来得及变卖的手镯、金银首饰全抄走了，潘家铮的工资冻结，每月只给 15 元生活费，合家的生计眼看要陷入困境，潘敏才明白母亲的一番用意。

抄家的过程中，红卫兵抄来抄去，结果在潘家铮母亲的遗物发现了东西，母亲留下的一双鞋里子赫然有一张地契。就是这张地契为潘家铮增添了一项罪名——"地主阶级的孝子贤孙"，还藏有变天账。

潘家铮被设计院当做第一个抛出来的"反动学术权威"斗争的那段日子，潘家一下子陷入漩涡之中。设计院没有自己的家属楼，由单位出面租的一栋四层楼房，潘家铮他们家住在三楼。

丈夫莫名其妙被当作"反动学术权威"抛出来批斗，作为妻子，心里痛苦至极。可是，反动不反动，许以民不管那么多，她一向以丈夫为"权威"而自豪。家里她只能跟 11 岁的大女儿说话：你爸爸就是权威，别人嫉妒，所以要打倒他。

1966 年 8 月的夏天，红卫兵把潘家抄得底朝天，临离开之前，在潘家住的楼门口贴满大字报。这对许以民来说，是一种奇耻大辱。她跟大女儿说：今天晚上可能会下雷雨，如果不下雨的话，就悄悄把那些大字报撕了。女儿对母亲的话心领神会，一夜未合眼。果然，半夜雷雨大作，电闪雷鸣。雨后的城市一片静寂，清晨四点，大女儿悄悄到了楼下屋外，把被雨水浇湿透了的大字报撕得一干二净。

暴雨帮了大忙，但保不住造反派再来张贴。怎么办？许以民怕大字报贴到弄堂里头，从外面买回一大叠红纸，连夜抄录毛主席语录，然后把这些语录贴得满楼道都是。她做过描图员，字写得很漂亮。语录刷出去，任是谁都没这个胆子将之覆盖或者撕掉。那些针对潘家铮的大字报总算没有被贴进弄堂和楼内。

那段时日，许以民脸上根本现不出任何异样，像往常一样平静自如，处之泰然，令人敬畏。

潘家铮从四川回来，就不断接受批斗、审查、交代，虽是住在牛棚里，但晚上还允许他回家。让家人最担心的是1967年到1968年"文革"达到高潮的那一段时间，整个世界好像疯了一样，文斗之后武斗，学校停课闹"革命"，整个社会都乱了套。大女儿无学可上，在家里带弟弟和妹妹。到晚上，这个十二三岁的长女要和母亲一起安抚弟弟妹妹先睡下，然后就趴在窗前待父亲回来。往往是晚上八九点钟，听到楼下父亲那辆破自行车骑过来的声音，心才能放下来，赶快去给父亲准备晚饭。

在那些被批斗的日子里，每天晚上看到潘家铮拖着疲惫的身躯回到破烂不堪的家中是许以民最大的欣慰。这时候她会端出已经做好的一碗热腾腾的青菜或者萝卜给丈夫吃，有时候还会把不舍得给孩子们吃的荷包蛋留给丈夫。造反派勒令潘家铮必须在群众的监督下周日清扫住家楼的所有公共场所，许以民深知这是对潘家铮的极大侮辱。为了减轻丈夫的心理压力，她让三个年幼的女儿一起和爸爸清扫楼道，把每周日在众目睽睽下的监督劳动演变成父女之间的快乐事情。

在那个腥风血雨的年代，如果哪一天，潘家铮破旧的自行车没有按时在家门口响起，许以民和女儿会如坐针毡，坐立不安。因为每天都有自缢、跳楼的消息传来。而不幸的是，真的有一天，大女儿久久趴在窗台上等候，却不见爸爸归来。到了晚上九点多种，许以民再也坐不住了，带着大女儿，拿了一件潘家铮的棉衣，一路徒步走到黄埔江边的嘉陵大楼，上海勘测设计院。那时候已经夜里十一点多钟。许以民对看门的造反派说，我要看我的丈夫潘家铮，他在哪里？造反派死活不让她进门，许以民说我丈夫为国家工作，他没有罪，只要让我看到他，我就回去。夜里冷，他没有穿厚衣服，我要把这件棉衣给他。在她的苦苦哀求下，造反派不得不让她去见了被关在地下室的潘家铮。

潘家铮那一次在批斗会上被一拳打碎眼镜，满脸血污，一瘸一拐回到家，妻子和孩子望着默然的潘家铮害怕至极，提心吊胆。虽然不知道他前一刻还在黄埔江边徘徊过，但看得出潘家铮心里的绝望。

许以民劝潘家铮：你一定要想开，我们不止是只有两个人，咱们还有那么多孩子。这个运动也不是针对我们来的，你看国家主席刘少奇都被打倒了，我们算什么？我们不过是个小拨拉子，要是现在想不开，死了比鸿毛还轻，总有一天会要变的。

她几乎天天跟潘家铮讲这个，就怕潘家铮一时想不开出问题。潘敏还记得妈妈这样劝爸爸：我们把孩子生出来总是要负责任的吧？他们不可以没有爸没有妈，要不当初结什么婚生什么孩子？你吃一块豆腐，我们在一起，我们吃一碟咸菜，也在一起，你去讨饭，我在后边跟着。

潘家铮看到运动没完没了，还真的怕连累家人。每一次受了侮辱，回到家里，夫妻相对垂泪，向隅而泣。

潘家铮能够逃过文革一劫，留下小命一条是老天有眼，苍天要他留在人间。大女儿至今记忆犹新那一次可怕的遭遇。潘家铮在各种批斗会之间都要参加劳动改造。当时他的任务是清扫嘉陵大楼的所有楼道，直至到顶层露台。那一天，潘家铮回到家里，浑身瘫软，一下子倒在椅子上，半天说不出话来。许久他才对妻子说，今天我这条命是捡来的，是老天给我的。原来，那天他在打扫顶层露台的时候，一脚踩在一块木板上。哪知道这块木板下面是一个直通楼底的通风通道。潘家铮与这块木板一起摔入到这个十几层楼深的通道里。就在这瞬间，折断的木板被卡在通道的中间，挡住了将被摔入井底的潘家铮。他花了吃奶的力气从木板上爬出通道，在地上躺着，久久起不来。如果不是这块木板，潘家铮的失踪将永远成为一个谜，他的一家老小将蒙受何等的灾难和痛苦。我们也将不会有今天的这本《潘家铮传》了。

有一次他跟妻子商量是不是来个假离婚，让妻子和孩子们出去好做人。

谁知道话一出口，许以民把桌子一拍，说：不行。好跟你在一起，坏也跟你在一起，活在一起，死也在一起。

潘家铮说：你没见前些年被划成右派的那些人吗？我要被定成右派怎么办？

许以民说：那我就当右派家属。你没偷没抢，没犯法没腐化，有什么见不得人？右派，右派就右派，有什么不了得的？人家说了，有本事的人才会被打成右派的。

妻子这样一种认识，不说潘家铮，许多人当是怪讶多于感动，被打倒，进而被批斗，倒是坐实了丈夫的"权威"是真权威。许以民从小耳濡目染"三从四德"那一套根深蒂固的观念，此种观念在封建大家族中其实是常识。莫说是许以民这样出身不同的人，就是寻常老百姓的日常生活里，都有他自己一套是非成败的判断标准，有一套对历史的解说方式。政治观念要强行介入生活日常，常常败得一塌糊涂。在右派和有本事之间，有本事更让她骄傲；在反动和学术权威之间，她更认同学术权威。

贫贱夫妻之所以能够相濡以沫，一生不离不弃，其秘诀怕就在这里。

"文革"运动一起，夫妻反目仳离者不知凡几。潘家铮满腹佳辞丽句，可曾找到贴切表达自己夫妻间情感的句子吗？

就在"文革"开始不久前，潘家铮还写诗给妻子：

答内

萍踪莫问几时还，巨任加肩岂等闲。壮士耻谈儿女事，英雄定破利名关。休嫌地窄容膝难，要使襟宽可纳山。志在边疆坚不易，愿将心血洒斑斑。

萍踪莫问几时还，今日已还，何时再行？"文革"倒是有机会让一家人团聚了，在一起完完整整度过了四年多时光。没想到是以这样的方式聚在一起。

痛失爱女

潘家铮在回忆自己在"文革"时期的遭遇，文章里记载有许多有趣的事件。潘氏为文，多幽默风趣。也许那些不堪回首的往事果然有喜剧的成分，诗人的思绪常常会从现实中飘飞而出，到另外一个自由王国里去，以另外一种眼光打量现实，残忍和残酷顿时会消解为一场愚蠢的狂欢。

所以，潘家铮在六十岁左右写的关于"文革"中的遭遇文字，常常会让读者会心一笑。含泪的微笑，比悲剧本身更让人感到悲怆。

批斗，交代，劳改，受辱，来来回回，无休无止，复制着当时全中国罪名繁多的"分子"们都经历着的经历。大概除了下大狱，潘家铮是一样都没有落下。

若说有不同，那就是潘家铮的检讨非常之多。一来，潘家铮一生勤奋，笔不离手，手不释卷，离开书和笔就不知道该干什么。二来，检讨书起承转合那一套八股模式，做起来权当练字。三来呢，快速而沉痛，深挖且空洞的那些检讨书很容易让造反派产生对手已被征服的快感，容易过关，换取片刻安宁。

他将这一套虚应故事的把戏玩到炉火纯青。有一回，外调人员找到潘家铮，要他证明某人参加某个"反动组织"，潘家铮唯唯，答应立等。不多时，洋洋洒洒满满10页的证明材料就呈送上来。外调人员看罢，气得是七窍生烟，大骂潘家铮是一只老狐狸。原来，那份材料先是关于"文革"的历史意义之论述，后是关于"文革"伟大的颂歌，最后主题仅一小段话："根据当时形势情况分析，不能排除某人参加之可能，革命群众对之怀疑是理所当然的，但我也想不起任何证据，可以证实。根据毛主席实事求是的教导，我相信只要把调查工作继续深入做下去，事情必有水落石出之一天也。"

等于没说。

官样文章，其诀窍就是云山雾罩，起承转合，下笔千言，最后信息量等于零。

事实上，潘家铮在"文革"受批斗中间也没有间断关于大坝技术的研究，他还有许多事情要做。

他还有一个避难方法，叫作"唾面自干"。

唾面自干，典出《新唐书·娄师德传》。娄师德，唐高宗、武则天时期著名将领。这个典故在司马光的《资治通鉴》里演说得更为丰富而生动。娄师德的弟弟授任代州（治雁门，今山西代县）刺史，将要赴任时，娄师德问他："吾备位宰相，汝复为州牧，荣宠过盛，人所疾也，将何以自免？"其弟跪下说："自今虽有人唾某面，某拭之而已，庶不为兄忧。"娄师德神色忧虑地说："此所以为吾忧也！人唾汝面，怒汝也；汝拭之，乃逆其意，所以重其怒。夫唾，不拭自干，当笑而受之。"

潘家铮还在禅宗佛典《寒山拾得问对录》还找到一番理论根据，总结为"忍让由避耐敬不理"八字真言。昔寒山问拾得曰："世人谤我、欺我、辱我、笑我、轻我、贱我、恶我、陷我，如何处置乎？"拾得答："只得忍他、让他、由他、避他、耐他、敬他、不要理他，再待几年你且看他。"

有人说这是阿Q精神，其实中国人几千年来面对强权，反抗的形式有多种，沉默而隐忍的日常反抗当最常见，远非"精神胜利法"的阿Q精神所能概括者。

这是另外一话题，不议。中国人将忍耐能够发挥到极致，老舍的长篇小说《四世同堂》，里面有一句话，读来让人怦然、惕然：日本人厉害吧？架不住咱能忍！

如果不是这番忍的功夫，唾面自干的大度，怕是早就出事了。有一次，潘家铮差一点动念将一个作恶多端的家伙从屋顶推下去。但他强忍住了。如果不是这一忍，他肯定会作为刑事犯被处决掉。

终于，有忍不下来的时候。

1969 年 8 月，他 6 岁的幺女潘定因白血病不治而夭折，把潘家铮几乎逼到精神崩溃的边缘。

批斗会场上，任是精神和肉体上怎样的凌辱、栽赃、陷害，潘家铮总有办法应付过去；牛棚里，筋骨劳顿，落难的"棚友"之间不妨苦中作乐，现编现讲志怪小说打发时光；遇到刁难，逆来顺受，下笔万言做大而空的检讨书，虚与委蛇也可以应付一阵子。可这一次不一样，是孩子病了。噩运的魔爪向无辜的孩子伸将过来。

潘定 1962 年出生，正是正史上所谓的"三年自然灾害"和"三年困难时期"，中国人因饥饿而非正常死亡的数目字触目惊心。潘定在这样的年月怎么可能有良好的营养？家里孩子多，又需要照顾两位老人，许以民实在没办法招呼这么多孩子，从小就将她寄养到杭州三嫂家。"文化大革命"抄家，把个聪明伶俐的小姑娘给吓坏了。在 1967 年春天，她就显得萎靡不振，瘦骨伶仃。到 1968 年 5 月，孩子动不动就发低烧，面色苍白，小胳膊小腿出现淤血肿块。潘家铮白天要参加繁重的劳动改造，很晚才能回来，根本没有注意到孩子身体状况正在发生变化。到了 6 月 10 日，他发现孩子悄悄坐在一个角落里，血面发青，十分恐怖，夫妻两个才着了急。连夜抱孩子前往瑞金医院，第二天诊断结果出来：急性粒细胞白血病。

这是一种来势汹汹的血液病，当年日本广岛原子弹爆炸，许多平民受核辐射多感染此病。即便到 20 世纪 60 年代，这也是不可救药的绝症。医生劝潘家铮说，反正孩子还小，你们就给她弄点吃的玩的，不必治疗了，免得到头来"人财两空"。潘家铮看到诊断结果，做父母的怎么也不相信这是真的。但是既然是真的，哪怕有万分之一的希望也不能放弃。

当时对付这种白血病的唯一方法就是输血，每周输 100cc，100 元整，治疗的费用相当昂贵。

1968 年的潘家铮恰恰断绝了经济来源，工资停发，每月只给 15 元生活费。这一笔庞大费用到哪里找？幸好许以民在运动初期就在身上随身藏了几张活期和定期的存单，潘家铮在当天晚上回来急匆匆赶往储蓄所取款。前脚将款取回来，后脚造反派气势汹汹地也赶到了，强行将潘家铮揪到单位，要他将取出的钱悉数上交。原来有人发现潘家铮匆匆到储蓄所取款，很快告密到造反派那里。潘家铮几乎要给他们跪下，哀求说这是女儿的救命钱，可是，一位父亲的苦苦哀求，换回的却是一顿暴打。

取回来的钱全部被抄走，造反派扬长而去。

暗夜里人性深处那无边的黑暗与残忍，像魔鬼巨大的身影笼罩了这个深陷绝望中的家庭。

潘家铮后来感慨，在知识分子成堆的地方，运动一起，知识分子整起知识分子来，其手段出奇的毒辣和直击要害。

潘家铮和妻子要不惜一切代价挽救女儿的生命。

潘定是家里最小的女儿，上面还有三个姐姐和一个哥哥，下面还有一个弟弟，孩子无辜的眼神望得大家，潘家铮悲从中来。

潘家六个孩子的个性各不相同。潘敏是长女，小小年纪，俨然已经是个小管家，管教弟妹、安排家务井井有条。潘净是老二，一个天生的小老师。学校归来，现学现卖，开办"家庭小学堂"。三女潘筠从小能歌善舞，美如小天使的幼女定定只能跟在姐姐们后面取乐。两个儿子一直是潘家铮夫妇的骄傲，大儿子潘自力秉承了潘家忠厚善良的本性，温文尔雅，小儿子潘自来综合了父母的特点，有着父亲的幽默和母亲爽朗的性格。他们给潘家铮带来了无穷的欢乐，是他能够在逆境中生存下去的精神支柱，是潘家铮一生中最大的财富。

有一天潘家铮正好回家，看到"老师"突然袭击提问潘定："潘定，8+4 等于几？"

四五岁的孩子，数目字超过 10 对她来说那是多大一道坎。小女儿连忙掰手指头计算，十个小指头怎么能算得过来？小潘定灵机一动，把小脚指头也用上，八加四，加上两个小脚趾，得 12！

"老师"很满意，公布分数，发奖。

潘家铮看到，回头大笑不止，填了一首"江城子"：

家庭小学正开场，小娘行，面容庄，摆尾摇头一股老师腔。见说今朝教数学，看仔细，看端详。忽然呼喝考姑娘，未曾防，忐匆忙。手指盘完幸有脚成双。答出难题奖些啥？三粒豆，一包糖。

小娘行，"行"，作辈解。此辈游戏，天伦之音。

万幸，运动一开始，许以民还偷偷存有一些钱缝在内裤里，救人，治病，这些钱真正派上了用场，但又能有多少钱？学校停课闹革命，老大潘敏失学在家，她每周背着妹妹到瑞金医院去，早上去，晚上再背回来。姐姐一边走，一边给妹妹唱歌，仿佛什么事都没有发生过。

这一年，潘敏不过 12 岁的年纪，她已经懂得很多。1939 年，四弟家镛罹病，潘家铮也正好是 12 岁。

当年是一对小兄弟生离死，今天又是一对小姐妹相依为命！

1939 年，国难当头，他 6 岁的弟弟家镛染病夭亡；30 年之后的 1968 年，国家遭遇空前的"文革"浩劫，潘家又一 6 岁孩童徘徊于死亡边缘。家运与国运，在冥冥之中怎么有这样巧的安排？

许以民偷偷藏下来的钱也一点一点用完了。远在北京的妹妹家英听到侄女的消息，把参加工作后的所有积蓄都寄给了哥嫂，这在当时已经是颇为可观的数字了。但是还是不够用，钱很快花光了。许以民没有办法，让潘家铮跟单位的造反派求情，将工资支出一点以救急。造反派冷眼观瞧，漠然不允。没有办法，借。能借的人，能借的地方都借到了，连牛棚里的难友都愿意偷偷到医院去献血。

最后，真是连一点点钱都拿不出来。怎么办？怎么办？开始卖家具，家里哪怕是一点值钱的东西都送到寄卖行，最后只有四壁图书，那是潘家铮的命根子。没办法，一狠心，卖。

星期天，夫妻俩把书一本一本从书架上取下来，捆成捆，再用自行车带着一趟一趟卖到废品站去。近万册图书，就这样一趟一趟卖空了。"文革"时期的文化荒漠，图书论斤不论册，一斤只能卖到一毛钱。

家里的藏书，那是潘家有形的家史。从曾祖父就开始经营，经祖父、父亲和他自己整整四代人。

"文革"祸起，先破"四旧"。家里大量线装书无疑是祸端，先将线装书悉数清理出来卖掉，全部送到废品收购站。那时候，上海院第一个反动学学权威潘家铮天天挨斗，等他到家里，这些辗转流传四代的图书化为乌有，其中有祖父留下来的一部记录太平天国轶事的手稿，还有元代大书法家大画家赵孟頫真迹册页一卷。

接下来，《燕山夜话》已经毒草，顺带着，家里凡是带"话"的许多诗话、词话、杂钞类书籍再成扫荡对象，这些都是潘家铮最喜读的杂书。杂书过眼，心旷神怡。自己将这些书一本一本装进麻袋，如同狠心将一个一个知心朋友从家里赶出去一样矛盾和难受。

这是第三次书劫。来自绍兴台门的书香门第，突然没有了一点书香之气。

妻子则四处奔走，求医问药，西医中药，西药中药，问了无数的人，求了许多的药，小女儿居然有一小段时间好转的迹象。全家人跟死神殊死相搏，可是，在 1969 年 8 月 17 日，她还是没有能够躲过死神的魔爪，在父亲的怀里结束了不到 7 年的短暂生命。临死的时候，女儿睁开一双大大的眼睛，问：爸爸，我为什么会生这样的病？

为什么？潘家铮怎么回答？父亲的心此刻正被五方杂鬼拖拽出来，被剁，被剐，被油炸，被盐渍。心撕肺裂，肝肠寸断。潘家铮的心在淌血，几乎要发疯。

小女儿去世料理后事，潘家铮也只能得到造反派恩准的一天假期。

接下来，还得接受遥遥无期的批判、审查、交代、斗争和劳改。潘家铮真想找一个地方号啕大哭一场，让郁积心中的苦痛随眼泪流走。只是，哪里有这样的清静所在，又哪有这样痛哭的机会？

耳边厢充斥的永远是呵斥之声，永远是高音喇叭播放着亢奋而激昂的语录歌曲。

潘家铮只能将一腔悲情以诗赋之。

想一想，真是对不起这个可爱的小女儿，在她生病治疗的日子里，他白天要参加批斗或劳动改造，只能晚上回来看一眼无助的女儿。女儿走得如此迅忽，迅忽如划过天际的一颗流星。小女儿哪怕再活三天，只三天，让他抱一抱，让他向女儿说说心里的愧和悔也行啊。

深夜孤灯坐小楼，八年幻梦眼前浮。
算来欢笑无多日，赚我伤心到白头。

不见娇儿入梦来，深宵无寐倚窗台。
风吹帘影参差动，疑是殇魂夜半回。

小阳台上画栏边，歌似春莺舞似仙。
此景至今常入梦，哪堪醒后泪如泉。

不尽伤心不了愁，肝摧肠裂度春秋，
待将儿女债缘了，归卧深山土一丘。

思见亡儿渴念深，纵然是梦也甘心。
何时重起黄粱炊，只恨仙翁无处寻。

昨宵仿佛梦儿容，一唱金鸡事又空。
拭泪聊寻儿立处，翻添新恨万千重。
……

1968 年下半年到 1969 年，潘家铮睁眼闭眼仰俯之间绕世界都是小女儿的影子。他痛，他悔，他思念，他哀伤。就是气温哪怕有纤微的升降，都会搅动起心中的波澜。看见遗影、遗物，他悲不自禁，他自问"何缘而聚何由散？万恨摧心叩彼苍"；窗外大雨滂沱，"眼前似现惊鸿影，耳畔犹存雏燕声"；雁阵飞过，天气转凉，"百结愁肠和泪断，千秋痛思逐云飞"……

读着这些篇什，不由让人想起当年身处逆境痛失幼子的苏东坡，潘家铮早年赴海南修复东方水电站，一路上想的就是苏东坡，他对这位诗人非常熟悉。

苏东坡有《悼儿诗》："我泪犹可拭，日远当日忘。母哭不可闻，欲与汝俱亡。故衣尚悬架，涨乳已流床。感此欲忘生，一卧终日僵。中年忝闻道，梦幻说已详……"

悲情和着诗情，诗情吟诵悲情。夜半人静，和泪作诗，潘家铮写了撕，撕罢再写，最后辑为《秋魂集》。这些涌动着思念和回忆、悲伤与怀想的诗什，构成潘家铮作为诗人一生诗作的力作和精品。凡是读过这些诗的读者，莫不唏嘘。他关于"文革"的回忆文字甚多，唯"秋魂"一集，是对那一场将一个民族拖入灾难深渊的大浩劫最有力的控诉！

潘家铮编辑这册《秋魂集》，像一位工程师最后做工程总结那样严谨和认真，将小女儿的生平和从得病到去世之后的细节都做了详细的记录，并将用过的药方和各种单据收录其中。

只是这《秋魂集》并没有存在多长时间。诗作除了哀婉凄恻，还有无遮无拦难以抑制的愤怒与怀疑。因为写诗，招致的祸端还少吗？如若这些东西让造反派发现，查抄了去还有命吗？许以民担心这些东西再招来什么麻烦，就把它烧掉了。

但是，诗却刻在潘家铮脑子里。1970 年重返锦屏工地，在那座堆满木头桩子的小工棚中，再一点一点回忆起来，重新整理，所得不及十一。

诗是一个奇妙无比的东西，它让潘家铮的精神最终超越困境，硬是挺了过来。

潘家铮传

第九章

"解　放"

磨房小试屠龙技

潘家铮在设计院做"牛鬼蛇神"的处境在 1970 年初突然有所改善。改善得让潘家铮有些不大适应，真像是春天冰解的河，河面上的冰一点点消融，一点点移动，最后哗地冰解，一河黑水。

1970 年 1 月 9 日，潘家铮来到批斗会场，他面前放着一条板凳，主持会议的人居然允许他坐下来。

1970 年 2 月 4 日，又是一次批斗会。当然又是坐着参加批斗。会毕，造反派责令潘家铮"回组继续接受审查"。

回组，就是回到设计院的工程组，这实际是宣布其"牛棚"生活结束。他可以正常回家，正常上班。果然，回到单位，工程组很快交给他一批工程计算任务。

1970 年 3 月 13 日，他到出纳那里领工资，不再是每月 15 元的生活费，而是全额工资。

前前后后两个月内发生了如此巨大的变化，就像一个在牢城里关了许多年的囚徒，一朝释放，眼前的阳光刺得眼睛都睁不开，不敢相信这是真的。

可是，这却是真的。

潘家铮拿到四年多后第一次全额工资，上街特意买了一只白切鸡，回家庆贺一番。

而家里头似乎比他感觉来得更敏感一些。某一天，潘家铮忽然被通知参加单位的义务献血活动。要知道，"牛鬼蛇神"们是没有资格献血的。潘家铮倒没有在意，妻子许以民却感到这是个好兆头。献血当日，特意买了一点肉回来。

随后，他被"结合"进了班子。这个"班子"的名头，是上海院锦屏工程"抓革命，促生产"工作小组。这个小组当然跟五年前出征锦屏工程一样，是一个领导班子，共十多个人，潘家铮被排在最后一名。

长达四年多的批斗、审查、交代、劳改就这么不声不响地结束了？没有什么结论，至少应该有一个说法。什么也没有。

1966 年之前，上海院对锦屏水电工程进行了大量细致的勘查工作，"外业"基本结束，大量工作是"内业"。所以，他们这个"抓革命、促生产"工作组迟至 1970 年 6 月底才成行。

所以时间还充裕。被"结合"之后的潘家铮跟家人照了一张全家福。潘家铮神情严肃。全家人都显得惊魂未定，即使有些笑意，也实在勉强。妻子许以民稍有笑意，现出十分自信，"被打倒的都是有本事的人"，她内心固执的认识，今番得到证实。身边的夫君就是个有本事的人。

五年前"作十年不归计"，潘家铮全家也有一张全家福，但神情很不一样。而且，今番这张全家福，少了那位可爱的小女儿，残缺一角。历尽劫波的潘家没有散掉，再一次聚在镜头之下，是对那个残酷年代的无声回答。

那是 6 月 22 日，正值盛夏，气氛也甚是热烈。上海院革命群众为重返"三线"建设工地的成员在上海西站举行隆重的欢送仪式，敲锣打鼓，好不热闹。披红挂绿登上北上的列车那一瞬间，潘家铮偷偷往人群中瞥一眼，妻子、三个女儿、两个儿子都在人群里面。他们都哭了。他们的泪水含义丰富。离别，欣慰，还有担心。

还是那条进入锦屏山的路，还是骑着马，当年驭"玉骢"入川时脸上洋溢的青春气息被满脸沧桑所替代。江水空流，山河依旧。潘家铮到达磨房沟水电站厂址，心潮起伏，一行热泪顺面颊流下来。翻身下马，望一眼咆哮的雅砻江水，玉珠飞溅，锦屏山上依然雾锁云遮，猿声不断。他不禁长跪在地下，热泪纵横，深深吻向锦屏山麓的土地——这山这水，还在等着他这个工程师的到来。

此刻，他才清清楚楚地体会到锦屏山在他心目中的地位。是什么地位？潘家铮后来用三个字来形容：命根子。历尽磨难能够活下来，当然有许多原因，众多的原因里面，还有这座巍峨的锦屏大山啊！

重返"大三线"，两样事情让他深感意外。

一是对他的结论。在上海不声不响将他"结合"进班子，算是"解放"了，结论却没有。不是没有。结论一直到锦屏工程工地才宣布。宣布他的问题属于"人民内部矛盾"，但留有余地，他一系列反动言论，属于政治错误，应当严肃批判。潘家铮心里当然憋屈。虽说解放，仍是戴罪之身；过去批你批得在理，现在结合也在理。这是什么话？

这条"尾巴"一直要背到"文革"结束之后的 1979 年。"文革"10 年，这个尾巴却背了 13 年。

二是，原以为重返三线为的是开发锦屏水电站，没想到回到里庄，锦屏水电站八字还没有一撇，对他的任命，是磨房沟水电站现场设代组的成员。当然是一般技术人员。

眼前的磨房沟水电站情景让潘家铮感到实在意外，意外之后深为痛心。

潘家铮 1966 年由四川回上海之前，磨房沟水电站建设已经开工。像这样几万千瓦级的水电站，以上海院雄厚的技术力量，根本不是什么问题。按照常规，至多一年就可以建成发电。但是没想到，就是这样一个小型水电站，工期拖了整整四年。眼前的工地简直乱到再不能乱的地步。

还得从 1966 年"文化大革命"说起。

1966 年 8 月，磨房沟水电站开工，进入工地的有来自全国各水电工地的工人，最高峰时达到 4250 多人，加上修建公路和麻哈渡铁索大桥，以及行政服务人员，总数超过 2 万[221]。如此规模的建设大军齐聚麻哈渡口，工期根本用不着一年，至多几个月就可以建成运行发电。

只是，很快就是"文革"。

以西昌为中心的锦屏山区诸县，在"文革"时期是重灾区。所谓"天下未乱蜀先乱，天下已治蜀未安"。"文革"武斗期间，造反派甚至敢闯进军营抢夺枪支弹药。参加锦屏水电工程的施工建设单位又来自全国各地，"文革"造反伊始，各种各样的造反组织纷纷成立，单位与单位之间自然是两派三派，单位内部也有势不两立的两派或几派，武斗之烈，震惊全川乃至全国。

潘家铮重返磨房沟工地才听说，电站工地的造反组织甚至拥有迫击炮和自制土坦克，是凉山州数得上的"革命"组织，装备精良，实力强大，一度甚至攻进西昌城去夺权造反。而在工地上，两派打得昏天黑地，每天枪炮声震耳。潘家铮 1970 年回到磨房沟看到了两派革命组织以革命的名义互相杀伐征讨的结果，在半山坡上，设有一处"烈士陵园"，十数位"英烈"长眠锦屏。

磨房沟水电站刚开工不久即因"文革"武斗停建。

半年之后，天灾紧随人祸接踵而至。

1967 年 6 月 8 日，位于雅砻江大河湾上游的唐古栋发生山体滑坡，巨大的

---

221 参见《中国水力发电史（1904—2000）》第三册（第一稿），中国电力出版社，2007.5，第 490 页。

山体在短短 5 分钟之内高速下滑，跃进雅砻江，直接冲向对岸，形成一道巨大的堰塞坝。事后经过地质勘查，此次滑坡，发生在海拔 3450 米的高山峡谷间，山体滑动位置位于海拔 2480 米处，当时雅砻江河床初始标高为 2370 米，沿滑动方向之最大水平滑距约 1.4 公里，垂直落差 930 米，滑坡方量达到 9500 万立方米。

如此巨量的山体滑进大江之后粉身碎骨，堆积而起的塌方体体量就可想而知了。一座高达 225 米到 270 米，长达 300 米的巨型堰塞体在 5 分钟之内横截江流，奔腾的江水如同野马回缰，咆哮着刹住脚步。库区回水 53 公里，直到雅江县城 30 公里的洛昔镇才收魂驻魄，停住脚步。5 天之后，堰塞湖内蓄水达到 6.8 亿立方米。而下游流量则显著减少，甚至出现断流，200 到 300 公里之内均出现全年最低水位。

5 天之后的 6 月 13 日，库水翻坝溢出，再 4 日，堰塞体溃决，山川失色，6 亿多立方米的大洪水顷刻之间倾泻而下，坝下游 10 公里处水位陡涨 48 米，大河湾上游拐角洼里水文站水位涨 30 米，下游泸宁水文站上升 20.4 米。雅砻江水暴涨，祸延金沙江和长江干流，距滑坡下游 1700 多公里处的重庆寸滩仍涨 1.54 米。包括洼里水文站在内的数个水文站被冲毁。[222]

这次地质灾害史上重大的滑坡堵江和溃堰案例让整个锦屏水电开发方寸大乱，这也是磨房沟水电站不得不停工的一个重要原因。

磨房沟的武斗的激烈程度一点不比唐古栋大滑坡来得更轻。乱到什么程度？磨房沟是西昌地区武斗的重灾区，西昌军分区 6 次派军代表进山实行军管，6 次被荷枪实弹的造反组织礼送出境。潘家铮他们一次回到磨房沟，领导整个工程建设的已经是第七届军管会了。

第七届军管会由西昌军分区副司令员王庆寅直接坐镇，担任军管会主任。[223] 王副司令原籍河北省正定县，当是 1949 年随军入川的南下干部。当年随军入川南下干部，大多是抗战时期参加八路军的学生兵，王庆寅虽是军旅出身，

222　参见《中国典型灾难性滑坡》，黄润秋、许强编著，科学出版社，2008.7，第 182–185 页；第 190 页。

223　参见《凉山彝族自治州军事志》，四川人民出版社，2003.4。王庆寅 1969～1978 年担任军分区副司令员。

身上倒不乏书生之气。他很快平息了工地上的武斗，并且将磨房沟水电站复工作为主要军管的内容。其上任之初，即急电上海院，要求尽快派设计人员重返工地，完成磨房沟的设计建设任务。

潘家铮他们重返磨房沟之前，工地的武斗消息在上海院单位传得很玄。所以大家在临行之前，对自己的安全不能说没有担心，尤其是家属们，总也放不下心来。可是回到磨房沟工地，蛮不是那么回事。一来，他们与造反派没有业务上的瓜葛，两个单位两张皮，谁都不会注意从上海来的这些文质彬彬的书生们。或者说，谁都不会想到在这种大形势下，上海院会派一些有问题的人来。二来，这位王副司令的心全部操在工程上，其他事情并不在意，或者说，身经百战从战火里滚出来的人，对政治运动那一套的首首尾尾看得比别人更清楚，这倒让成为惊弓之鸟的潘家铮松了一口气。

有一次开会，潘家铮下意识地拿出《毛主席语录》小红本，准备会前学习"最高指示"。谁想，倒是王副司令很奇怪地看一眼潘家铮："收起语录本，我们这里不来这一套。"此王如此说话，潘家铮很吃了一惊。

还有一次，因为施工上的一些问题，潘家铮故态复萌，跟施工单位和工人们争执起来，面红耳赤。最后，"官司"自然打到王副司令那里。王副司令的一番话又让潘家铮吃了一惊。王副司令听双方陈述之后，撂下一句话："听来听去，无非是要我决定。是听工人的还是听工程师的？我看这种事，就应听工程师的！"

一语定乾坤。

这种话不要说是在磨房沟的"文革"时代，就是在新安江上的"大跃进"时代和流溪河中国水电起步的时代都是空谷足音。这是很长科学技术志气的一句话，足让潘家铮记一辈子。

有这样一位领导坐镇，潘家铮他们当然一副士为知己者死的劲头，全身心扑在工作上面。潘家铮属戴罪之身，由新安江工程的设计副总工程师兼设代组组长，降为设代组的一般设计人员，干的都是一般技术人员的活儿，计算、绘图、描图，但他乐此不疲。何况，王副司令还经常到设代组跟年轻人一起打扑克，摆龙门阵，一点点架子都没有，对他们很是信任，而且好像还很知道潘家铮的来头，特别嘱咐部下一定不能怠慢。

磨房沟的小气候让潘家铮安心不少，至少不必操心山外的"红色浪潮"席卷，可以一心一意做些事情。上海院来的这十多位现场设代组成员，都称之为"福地"。

前面已经说过磨房沟水电站的情况。1965年初入川，潘家铮作为锦屏工程技术负责人之一，负责锦屏工程的勘查任务，磨房沟水电站的具体事情过问不多。而且，这样量级的水电站对于上海院而言并不存在技术上的难题。

这一次重返磨房沟，潘家铮倒是全过程参与了这座水电站的复工过程。重新拿起三角板和计算尺，从最基本的设计、计算到制图描图，他发现这些最基本的工作里，仍然有自己过去不曾发现的不足与乐趣。就像翻捡少年时期的诗作，每有炼句不工，意境欠佳之处。

后来担任中国水电顾问集团公司华东勘测设计院教授级高工邱永葆，当年跟潘家铮一起工作，还清楚地记得潘家铮在磨房沟水电站的情景。

水电站一公里多的引水隧洞半途而废，几年都没有人理会，洞内既无衬砌，也无支护，塌方多处，进去十分危险的。修复隧洞，设计人员必须现场勘查地质情况，分析稳定情况之后才能做出相应的处理方案。潘家铮一手拿手电，一手拿笔记本进入隧洞，一边查勘，一边小心记录。他对待具体问题向来认真，而且认真如此。

他们在设计拦河坝时发现，坝址布置在几十米深的深覆盖层上面，坝虽然不高，但必须处理这几十米深的覆盖层，否则会发生渗漏。原设计的处理方法，采用垂直帷幕灌浆，也即从坝踵处垂直下钻，打透覆盖层，直达基岩，于坝下做帷幕防渗。这也是国际坝工通行的做法。可磨房沟坝址处坡陡山高，大型机械根本无法施展拳脚，灌浆帷幕施工颇有难度。潘家铮建议改为坝前黏土铺盖防渗，工程量既小，而且切实可行。通过黏土层铺盖，坝下基础部位有少量渗水，再在坝下筑池集水，然后抽回水库。

磨房沟水电站属于无压式引水发电站，是利用拦河坝形成的上下游高差通过隧洞自流引进调节池，在调节池那里连接压力钢管形成较高水头压力发电。所以这个调节池，水电工程上称为"前池"，显得至关重要。在修复的过程中，调节池后边坡出现一处土体滑坡。这个滑坡体愁坏了现场设计人员，不像黄坛口、新安江工程，还有美国的备忘录和苏联专家的指导做参考，现在手头根本没有什么资料。处理滑坡问题在世界水电工地实际上也没有现成的计算公式。

这时候，对滑坡早有思考和研究的潘家铮倒不急不慌，现场查勘之后，比较最古老的瑞典条分法计算方式，然后推导公式，这个规模并不算大的滑坡最终得到妥善处置，被服服帖帖固定下来。

有潘家铮这样一位经验丰富的"设计人员"，现场设代组在技术上就有了主心骨。

王副司令坐镇，工程技术人员尽心效力，工人们重拾精神，即将散伙的建设工地重新热闹起来，电站终于起死回生。

水电站拦河坝为砌石坝，高 11.5 米，坝顶长 52 米，形成 4 万立方米库容的日调节池。引水道由两条隧洞和一段明渠组成，一号隧洞长 1640 米，二号隧洞长 584 米，隧洞宽 2.4 米，高 2.5 米到 3.67 米，明渠宽 3.4 米，长 102.1 米。在引水道中部建有溢洪道，末端有前池。高压管为明管，直径 1.4 米到 1.6 米，长 999.6 米。地面厂房内装有 3 台 1.25 万千瓦冲击式水轮发电机组，总装机容量 3.75 万千瓦，保证出力 1.05 万千瓦，年发电量 2.34 亿千瓦时。

电站虽小，五脏俱全。虽然是一个小水电站，它水轮发电机组却是当时中国制造的水头最高的冲击式水轮发电机组。设计水头 458 米，最大水头 462 米。[224]

磨房沟水电站复工半年之后的 1971 年 12 月 30 日，1 号机组并网发电，2、3 号机组分别于 1973 年 10、12 月份开始投运。建设总工期历时 89 个月，扫尾工程直到 1977 年才基本结束。

其难产如此，可是它的战略意义不可小视。它是雅砻江下游建设的第一座发电厂，是一次实地实验，让建设者积累建设经验；它又是一个深入雅砻江腹地的观察哨，可以为进一步开发雅砻江提供水文地质、气象等宝贵资料；它还是一个紧靠西昌卫星基地的电源点，为发展中国航天事业做出了贡献；它还将为兴建锦屏等大型水电站提供施工电力，进一步开发雅砻江成为可能。

重返锦屏，锦屏何时实现开发？遥遥无期。身居磨房沟，背负罪名，何时可以一洗清白？也是遥遥无期。有水皆飞瀑，无峰不插天。潘家铮苦闷，有时候甚是无聊，呆坐在麻哈渡边一坐就是一天。

当然不能说。一年前他还在拉板车、烧锅炉，从事着繁重的体力劳动，现

224　参见《四川省水利志（第三卷　建设篇）》，四川省水利电力厅，1983.3，第357 页。

在终于可以拿起三角板和计算尺做设计，磨房沟水电站虽小，还多少能体现他这一个水电工程师的价值。而且同志们待他还不错。但从另一个角度讲，潘家铮还是要幸运一些。

他离开上海院半年之后，包括上海勘测设计院在内，当年全国水电开发的八大主力水电勘测设计院有六所被撤销，只有东北院和成都院坚决抵制拼死相抗才勉强保留建制，昆明院则下放省电力局领导，即便建制保留，规模大为缩减。勘测设计院被撤销，所有水电科研院所也被撤销，水电院校撤的撤、迁的迁、并的并，中国的水电事业在"文革"后期遭到重创，几乎全军覆没。各设计院精心培养起来的专家和工程师被悉数疏散下放，星散各地。上海院2000多职工被下放至浙江、福建、安徽、江苏、江西五省。

潘家铮的工作关系被转到第十二工程局下属一个小设计院。

当潘家铮苦闷地坐在麻哈渡边回想往事的时候，原上海院总工程师马君寿则被下放到江西赣州地区水利局，老专家德高望重，在新安江、富春江、瓯江水电工程万人工地上都是一言九鼎，但到了江西那个地市级水利局却被当作一个不合时宜的老学究，搁置一边。他对地方水利工程粗放而野蛮的施工方式甚为愤慨，善意提出意见，人家就是不听，从民国走过来的这位老工程师顶着烈日，自己接根水管子给刚刚浇筑的拦河坝降温保养。[225]

这一年，潘家铮正值壮年，43岁，马君寿比潘家铮大11岁，54岁。

都是壮年，"将栏杆拍遍，无人会，登临意"，都有那番壮志难酬的苦闷。

两人在1973年同时被北京想起来，同时借调回水利部对外司。

积木山房那些日子

客有叩余者曰："君尝言爱读诗话甚于读诗，有诸？"应曰："是诚有之。且不仅诗词也。余喜读红楼，而尤喜读红楼论文。不仅文学也，余喜数学，尤喜读数学史，毕此属也。"客曰："得毋有重椟轻珠之嫌耶？"余曰："唯唯，余有佳茗相款，愿子少待，得毕吾辞。世间学问之道众且奥矣，余均未登堂，遑论入室。以诗词为例，余读昔贤佳构，如乡人之游长安大都，览故宫三海，徒

225　参见《高坝下的"基石"——记水利水电规划总院原总工程师马君寿》，《科技群英谱》，中华人民共和国能源部编，辽宁大学出版社，1992.2，第295页。

叹宫殿之宏伟与园林之秀丽，不知有它，得于心者，浮光泡影耳。必焉有白头宫监在侧，为说当年情事：道金殿听政之威，午门颁诏之仪，崇祯殉国于煤山，光绪泣血于瀛台，乃至名园浩劫，深宫沉冤……絮絮道来，且览且听，此得于心者岂往日可比耶？余读诗仅知其妙，限不知妙在何处，必得有诗话在焉，捃摭抉剔，窥微探奥，阐述诗人处境心情，穷究其志趣宗旨，品题风格门户，评点高下得失，道作者之不能道，庶可识其言外深意，明其雕琢辛苦，与原诗相互发明。岂是仅增领悟，直可与故人为知己矣，则读诗可无诗话也耶？忆余少时，酷喜红楼，曾曰：宜择落花如雨之天，觅芳草似茵之地，挟《石头记》一卷，枕流而读，当属人间至乐矣。及长也，渐悟《石头记》外，尚需挟红楼论文若干（所见捍格抵牾者尤妙），对照而读，掩卷而思，始为至乐也。此余一得之愚，愿与子共享之，何如。"

客喜而笑，举茗以尽，不知宵寒漏深也。

潘家铮这篇中规中矩的"答客问"，写于 2012 年，是作者去世前为自己多年前陆续写就的《积木山房诗话》做的序文。问，乃中国传统散文的一种文体格式。屈原有《天问》，柳宗元有《晋问》，都是千古名篇。"问"深受汉赋影响，铺陈其事，极尽夸张能事，不妨子虚乌有。而潘氏此《问》，则轻巧玲珑，雅致可人。可以看出，此问乃虚拟场景，客也未尝实有其人。潘家铮以读《红楼梦》为例，阐明的是一种读书方法。

满腹诗词歌赋，历史掌故，经常吟诗填词，这在设计院和机器轰鸣的工地已经是一个异数，更让人不解的是，潘家铮还不是粗粗涉猎，他是真懂、真通、真的掌握。这当然令许多人很惊奇。设计院毕竟年轻人多，他们大多是 1952 年院系调整之后毕业的大学生，专的教育是真专，"红"的教育也是真"红"，几乎与文史绝缘，他们就更不理解潘家铮这番修养的来头了。这篇"答客问"，当是对自己读史读诗的辩白与解说。

诗，从来没有离开过潘家铮半步，放飞诗情，潘家铮拥有一片属于自己的无际天穹。

"文革"乍起，因诗得祸。即便在批斗最激烈、内心最痛苦的时期，由汉文字构成的诗句，如同精灵的小指头经常撩拨着他，周遭的环境像囚笼一样囚禁着的这个小精灵，闹着要冲出来。

潘家铮在他的回忆录里曾说，运动到后期，他逐渐地看到这场波及全党全军全国各族人民的大浩劫的本质：

> ……他们的内心竟是如此的卑鄙和肮脏。他们所宣扬的高而又高纯之又纯的理想、境界，只是一种迷魂药，一种使你无从反对和反抗的枷锁，实质上是他们手中打人的皮鞭、杀人的屠刀，他们自己也从来不相信更不要说去做了。我终于发现整个中国成为一个假面国，人人戴着假面具，说假话，办假事。中国现在最大的危险不是什么走资派篡权当道，而是共产党要把流血数十年牺牲几百万得来的江山拱手让给一批骗子、流氓、奸贼和屠夫。[226]

那一段黑暗的日子里，潘家铮觉得自己已经变成一具行尸走肉，检查越写越长，越写越多，越挖越深，只有一个念头：活下去！像行尸走肉那样活下去。违心认罪，违心服罪，违心发誓接受改造重新做人，内心里一片悲凉与虚空。这个国家怎么到了这种地步？这个国家会不会倒退回某氏王朝？

国家不幸诗家幸，赋到沧桑句便工。

家国杞忧苦彷徨，解愁要靠老药方：吟诗作词，嬉笑怒骂，畅写杞忧。口不能谤，难道还拦得住腹诽吗？

刚开始，他只能用腹稿方式吟咏辞章，偶有佳句，偷偷写下来欣赏一番，然后很快毁弃。办法总是有的，某一天，他突然想起读侦探小说里的情节，罪犯们经常用密码通信，难道不可以试一下？好在，住牛棚写检讨交代罪行之余，造反派还允许潘家铮练习仿宋字，以备"改造"之后做描图员。于是打好腹稿的那些诗行，被打乱原来顺序出现在一张一张仿宋字练习稿纸里面。

例如先在某一格中写下第一个字，然后空几格再写第二个字，以此类推，周而复始，直到填满全纸。但是这也有问题，因为这样的方式必须规定好前后字间的空格数，很容易被人识破，最好的方法是用一组自己能记住的随机数。他想到圆周率，3.14159265358979……，潘家铮至少可以准确背到小数点后五

---

226 参见《春梦秋云录——浮生散记》（第二版），潘家铮著，中国水利水电出版社，2000.12，第277页。

十位。

这个对潘家铮很容易，无非拼的是识记功力。重返磨房沟水电站，有一次邱永葆跟他出差赴云南绿水河水电厂做技术咨询，路访昆明大观楼，大观楼长达180字的长联名动天下。回到磨房沟，两个人又说起这副长联，潘家铮竟然能背出来，只几个字有误。

于是圆周率填词法成潘诗布置法之一。诗句头一字填好，再隔三，再隔一，再隔四，再隔一，如是下推。

除此之外，还有映射函数布置法。映射函数乃是复变函数之一种，利用一个映射函数即可将一个图形映射成面目全非的另一个图形，甚至一个点可以变成"无限大域"。图形可以映射，文字当然也可变形。他将诗句逐字按其反义词写出，比如"红"写作"黑"，"入"写作"去"，"愁"书作"乐"，诸如此类；一些汉语虚词无法找到其反义词，即按照《新华字典》检字表，将原字以相反的字替代。这样，呈现在稿纸上的汉字，像随手撒在地上的一把豆子，七不搭八，毫无关联，不知所云，谁都会以为那就是工程师练习描图用的仿宋字。潘家铮很自信，他相信，就是克格勃或者中情局FBI也无法破译他这一套"潘氏密码"。他曾成功破译过佶屈聱牙的《四库全书·数理精蕴》，也曾为设计院的年轻技术人员编写过《水电工程技术术语英汉对照词典》，如此潘氏诗句布置法实在算不得什么了不得的发明。

这样，潘家铮在"文革"时期写的一些诗竟然能够奇迹般保存下来。今天来看当年留下来的那些诗作，读之者莫不为他捏一把汗。

逆境为诗，唯欠砍头。写罢深刻的检讨书，暗里腹诽口谤，一副豁出去的样子。

且看一组《感时吟》：

分明歧路已亡羊，沧海横流倒八荒。
南国优伶重露角，北邙狐鬼正登场。
更无袍泽周旋谊，独有天魔救世方。
为恐独醒聊共醉，化成蝴蝶学蒙庄。

蜩螗鼎沸遍干戈，举世昏昏梦里过。
筹国总看奇计左，立论难免罪言多。
麻姑沧海惊三变，屈子牢骚托九歌。
太息中原豪杰尽，苍生消息近如何？

迷离时局路三叉，举世横飞射影沙。
名士都为偃风草，元勋尽作背时花。
十分装点新人物，绝少前途旧九爷。
日暮归程何处是，唾壶击碎漫咨嗟。

未题诗句泪先流，羹沸蜩螗遍九州。
日落昏昏人尽醉，书空咄咄我何求。
抚躬届有乘桴愿，鼓胆谁能借箸筹。
大地苍茫谁为主，任他狐揣又狐谋。

再看他被迫写完交代后填的一首《鹧鸪天》：

深锁心扉懒上楼，断肠春色又盈眸。病是永日长如岁，劫里情怀冷似秋。
魂早碎，梦难留，可怜壮士死前休，降书罪状安排了，打叠新愁换旧愁。

1970 年，半人半鬼，重返锦屏。潘家铮在磨房沟水电站一待就是两年多。从 1964 年下半年，到 1966 年上半年，再从 1970 年下半年，一直到 1973 年年初，"四川省凉山州西昌市冕宁县磨房沟设代组"，他的孩子不知道这个地方到底有多远，只知道每一周写的家书，会准确地到达父亲的手里。鸿书往来，将那些庸常的日子一天一天连缀起来。但是这样的日子何时是个头？孩子们和家里自然无法知道，潘家铮自然也无法知道。

蜀山未改旧时青，添得吴霜两鬓星。
不信生民当未造，信言世道尽离经。

请缨愿绝归盘谷，抱杞忧深望帝庭。
国事蜩螗竟如此，林泉老死目难瞑。

心情坏到这种地步。

童心壮志两销磨，百感填膺涕泪多。
儿女温情蚕作茧，英雄事业蚁缘柯。
今宵聊起黄粱炊，来日愁听薤露歌。
知道此身归甚处？樽前镜里浪蹉跎。

诗兴全为抒忧，格调自然灰暗。这时候的潘家铮心灰意懒，他心中缚龙锁蛟的水电大梦居然就定格在这小小的磨房沟水电站，被困，被锁，于是：

班笔终缨事已休，人间也算一番游。
十年锋镝惊羁魄，万里星霜恋故丘。
老泪都因哭儿尽，病躯未解为谁留。
已阑花事将醒梦，推却残枰局懒收。

自感穷途历到头，未完孽债强勾留。
是非无准从何辩，宠辱如烟一笑休。
莫望青天能补恨，只馀黄土可埋忧。
红尘太觉伤心甚，推却残枰局懒收。

以上是一组《残枰》诗的两首。自比一局残棋，总归是"局懒收"。活局还是死局，已经顾不得那么多了。这些充满苦闷和忧愤的诗句，藏匿于潘家铮自己设计好的那些密码数字和函数曲线里面，秘不示人。而且这一时期的诗作，用典甚多，不经过专门注释真还不大好理解。频繁用典，佶屈聱牙，多是文字狱盛行时代，诗人出于自我保护想出的策略。

这样的诗，还要做一段时间。

在磨房沟水电站，他跟地质工程师邱永葆同宿一室。这些诗邱永葆自然无法见到，倒是两个人很能说得来。他们的宿舍其实就是一座简易的木质工棚，工棚里面还堆放着许多原木。潘家铮饶有兴味，将他们的宿舍命名为"积木山房"。积木倒是写实，却也极富象征。晚年，他将"文革"前后写就的诗文、诗话种种"私密"文字辑为《积木山房丛稿》，凡六册。那篇玲珑的《答客问》就是丛稿之一《积木山房诗话》的序言。

《积木山房诗话》既多，显然并不全是在"积木山房"完成。这座雅砻江边的工棚小屋和盛放在那里面那段蹉跎岁月，对潘家铮就有别样的意味了。

跟邱永葆工程师还算是说得来的朋友，邱永葆的家就在西昌，他知道潘家铮喜欢读一些文史杂书，恰好邻居有一位下放来的理论家，家里还留着许多文史杂书，他就帮潘家铮借来。潘家铮简直像见了多年失散的孩子一样喜不自胜，读完一册，恳求邱永葆再借，一册一册，孜孜不倦。磨房沟的造反派倒比上海院那些知识分子造反派来得宽容，一旦发现，也仅仅是训斥一通了事。有一次，邱永葆借来两册《古文观止》，潘家铮喜欢得不得了。邱永葆就说，如果你实在喜欢，我可以撒谎说你弄丢了，留下来你好好读。潘家铮真个动了心，但转念一想，君子岂能夺人之爱？做人不能不地道。《古文观止》在身边留了一个月，还是恋恋不舍璧还主人。

在磨房沟，文史料书籍甚少，技术资料绝无。生活清苦倒可以克服，没有书读，潘家铮又嗜书如命，哪里能忍受得了？"文革"开始之初，潘家铮还没有关"牛棚"，看罢大字报，参加完批斗会，他都要跑到上海的旧书店淘一些技术图书回来的。磨房沟设代组有一位年轻设计员，姓陈，在磨房沟喜结良缘。有一回回上海，听说新华书店卖一本叫做《陈书》的书，队排得老长老长。他以为是一本什么了不得的奇书，也跟风排队买到一套。结果打开一看，哪里是什么奇书，既不是用得着的技术资料，也不是什么可供娱乐打发时光的闲书，根本既无用处，也看不懂。原来，20世纪70年代初，毛泽东指示中华书局点校再版廿四史，《陈书》当然在其列。领袖发话，群众响应，懂与不懂，买回家里等于忠于领袖，遂有排队争购《陈书》的奇观。小陈回到磨房沟，小两口因为这本书花了2元钱生了气。这倒便宜了潘家铮，借回《陈书》，很消磨了一段时光，同时还补上了此段历史之缺。

与邱永葆两人同处一室，无话不谈。大到事业，小到家事，两人当交流不少。1972 年，潘家铮被十二工程局一纸电报催回浙江，参加瓯江、飞云江水电查勘，他给邱永葆遥寄诗笺，题曰"仲夏泛舟春江，怅然有怀"：

锦山万里隔云烟，犹忆寒宵对榻眠。
肝胆交原淡如水，尘寰事且听之天。
共怜妻女娇难养，深愧心肠炼未坚。
何日遂谐归隐愿，扁舟客与富春川。

共怜妻女娇难养，说的是家事。1972 年，大女儿潘敏中学毕业。"文革"开始的 1966 年，潘敏刚好上三年级，之后就是停课闹革命。再之后，"学制要缩短，教育要革命"，小学由 6 年缩短为 5 年，初、高中由 6 年缩短为 4 年，其中两年学工，两年学农。这个教育简直比潘家铮在抗战期间颠沛流离四处逃亡求学还来得糟糕。初中高中，就是半工半读，根本学不到什么东西。也就是说，他们那些所谓高中生，知识结构远不能与"文革"之前相比，糟糕至极。"文革"祸起，大学停止招生，后来，想上大学又须"推荐"，"反动学术权威"的子女，哪里能获得推荐？出路倒是有的，要么上班，要么下乡。她们那一茬同学都被发往安徽插队，潘敏作为长女，可以留在上海，被安排到菜市场。这么小就到菜场卖菜，那不就是个小童工吗？潘家铮和妻子商量半天，觉得无论如何不能上这个班。女儿心气又高，想学医当医生，更不愿意到菜市场卖菜，怎么办？潘家铮远在四川，上海单位又撤销解散，只能在四川想办法，给女儿找个出路。

还好，因为跟西昌地区水电部门打交道比较多，也很有一些朋友。西昌卫生学校倒是愿意接收潘敏继续读书。潘敏也对做一名医生或者护士颇有兴趣，很满意这个安排，而且可以来四川待在爸爸身边。潘家铮思前想后，不行。他给女儿写信说我不可能在这里待一辈子，把你一个放在四川那怎么行？此议否决。

接着，因为业务关系，青海一家水泥厂厂长很愿意帮忙，答应将潘敏招工到青海。潘家铮对朋友这番美意深表谢意，且不说 16 岁的孩子只身前往西北已是畏途，女儿从小就不吃牛羊肉，到青海岂不饿肚子？此议亦否决。

卫校不能上，水泥厂又太远。没办法，潘敏只能待在家里。家里的实际情况也不允许潘敏这个长女离开。弟弟妹妹岁数相差不多，全靠这个年长一些的姐姐来带。潘家铮后来感慨，五个子女在"文革"期间没有学坏，全凭家里这位"小娘行"管束有方。到 1974 年，潘敏没有办法，只好到菜市场做一名售货员。而那一年，二女儿潘净也高中毕业，被分配到江苏大丰农场。

儿女们一天天长大，潘家铮这个当父亲则无奈而无助。

在磨房沟，天天待得无聊，潘家铮倒不闲着。邱永葆看到，潘家铮除了在傍晚跟一帮同事摆摆龙门阵，道古说今讲些文史掌故打发寂寞时光，就是伏案写作。那时候，他正在写作一本弹性力学的专著，积木山房的成稿一天厚似一天，到 1973 年初潘家铮离开磨房沟，书稿已经有几大册。

山里的生活甚是艰苦，副食蔬菜奇缺，他们不得不自己动手解决。潘家铮、巫必灵、张克强十多个来自上海院的工程师，从 1964 年算起，到 1972 年，在磨房沟这个山沟里前前后后待了有 7 年时光，潘家铮从 38 岁的年轻人，变成 45 岁的中年人。时光荏苒，岁月催人。

潘家铮有诗：

七易星霜志未酬，雅江南去泪长流；
磨房销尽英雄气，遥望锦屏空白头。

张克强一干同事看诗之后，觉得这诗也太悲观了。于是潘家铮将末两句改为"磨房小试屠龙技，立马西南万里秋"。诗境顿变，由婉约沉郁，一变而为关西大汉，铁板红牙。但是搞了七年的锦屏水电工程究竟是没有打下一个桩子呀！磨房沟水电站第一台机组已然发电，潘家铮建议趁热打铁，利用磨房沟全部的水力资源，开发磨房沟一级水电站。二级开发已经完成，一级开发对于这个设代组而言，实在是举手之劳。

可是，大家听到他这个动议，马上不愿意了。蔬菜奇缺，猪肉带毛，清汤寡水，更重要的就是在造反派的监视之下做些小零小碎的活儿，这样清苦而漫长的日子何时是个头！几个人闯到潘家铮的房间里：你要干你留下，我们不再奉陪。当年你们搞什么锦屏开发，把我们拖在这荒山沟里，六七个年头了，你还要害我们到哪一天？

潘家铮也明白，大家的怨怼之言并非对准他。潘家铮嗒然若丧。

也就是在 1972 年，山高皇帝远的磨房沟才传来林彪折戟沉沙、陈伯达被打倒的消息。刚开始他怎么也不相信，到正式文件传达当天，潘家铮惊得几乎坐在地上。

许多中国人明白，"9·13"事件之后一系列的政治变化，标志着"文革"神话轰然倒塌。潘家铮隐隐约约感觉到，起伏变化的形势会给他眼下的处境带来某种变化。至于变化到何种程度，他还不确定。

蹉跎中的等待

磨房沟水电站第一台机组于 1971 年 12 月底并网发电，成为西昌地区的主力发电站。下来的日子就是"磨房消尽英雄气"的岁月蹉跎。

山里的风景倒也不坏，尤其是磨房沟电站厂区。潘家铮有描写：

麻哈渡畔奇峰矗立，铁索横空；进入山来，到处是悬崖峭壁、奇花异草（有的崖顶上还长着千年灵芝呢），一道清泉，从一个神穴中喷出，直坠入百米，泻入雅砻江。在天然仙景中，又点缀上一些人工建筑：娇小玲珑的坝，两条长引水洞，洞后接以一泓清池，池畔立着一座小平台。平台下接有几百米长的压力钢管沿陡坡而下，将水引入山麓的厂房发电……[227]

兴之所至，潘家铮还"手订"磨房胜景，道是：铁索横空、麻哈夜月、雅砻秋涛、厂房晨曦、松坪夜市、太岳插云、前池挹翠、悬崖卧龙、翠岗长渠、碧潭澄影、神穴灵泉。数了数，不对，十一景。从来八景十景，十一景显然不合胜迹命名规范。有一天，他从工地回到驻地，遥见设代组的小草房顶升起一缕青烟，遂添"设代晚烟"，凑足十二之数。

阅读潘家铮这一段描写，其心情显然不能跟 1964 年在大金河上"轻挽丝缰走玉骢"相比，读出来的是满纸无聊与无奈，寂寞与落寞。因为不久，已经

---

227 参见《春梦秋云录——浮生散记》（第二版），潘家铮著，中国水利水电出版社，2000.12，第 243-244 页。

降格拿起计算尺和描图笔做设计员的潘家铮,除了设计他擅长的大坝布置之外,还需要设计电厂外围附属建筑,甚至去设计一座厕所。这倒应了当初浙江大学放弃航空系改学土木系时大家的传言:最不济,也可以修修马桶的。这位大坝专家设计的附属展览楼奇丑无比,再去设计厕所,真的是一个不小的挑战。

麻哈渡高峰耸峙,秋来冬往。"肝胆交原淡如水,尘寰事且听之天"。六年前胸怀"十年不归"大志从繁华的上海来到人迹罕至的蛮荒大山,历"文革",历批斗,历小女夭亡,历半人半鬼重新工作,故地重游有时候等于苦痛重温。潘家铮经常自问:难道真的会在这山沟里了此一生了吗?

这倒是他低估了自己的价值和影响力。

磨房沟水电站并网发电,上海设代组功不可没,受惠的当地水电部门当然知道这位小个子原本就是一位有大本事的专家,往来请教也难免,请工程组前去帮助搞一些工程咨询。

还有那一次路访昆明大观楼,能够过目不忘背出 180 字长联,是前往云南绿水河发电站帮助解决技术问题时的经历。他听说绿水河发电站在建设过程中输水钢管被压扁了,主动要求前去帮助解决问题。这个电站位于个旧市和蒙自县境内的绿水河上,绿水河为红河北岸一级支流,全长 33.7 公里,最后汇入红河。这个电站的规模与磨房沟水电站规模相当,也是一个利用河水落差开发的引水式发电站。这个地方水电工程的经历却要比磨房沟水电站曲折得多,从 1958 年开始建设,直到 1973 年才并网发电。

除水电工程之外,还有与水电不搭界的工程也在寻找潘家铮。远在宝鸡的中国第一次地下核试验部队多方打听,终于在西南大山里的磨房沟找到潘家铮。找他的原因,是要用他在工程结构力学方面的长项。解放军有事情找来,军代表当然乐意。潘家铮和张克强他们连夜赶到宝鸡。原来,核爆所使用的地下工程施工遇到了难题,首先是设计计算稿无法归零。他们来的第一件事就是面对两堆用模拟计算机穿孔计算的计算稿。潘家铮连夜复核算稿,直到黎明才从两大堆计算稿中抬起头来,计算错误终于找到。之后,有关地下工程结构的设计与计算又多赖潘家铮出谋划策,解决了重大的技术难题。在这个过程中,潘家铮和军队的技术干部打得火热。由大西南来到大西北,从水电工地转战核试验基地,从跟一帮技术工人打交道,到跟解放军混得很熟,快意平生。

还有一种说法，是解放军直接找到上海，当时潘家铮正回上海过春节。客人上门，见潘家铮一边用扇子扇炉子，一边捧着一本结构力学书在那里读。解放军既是惊喜，又是可惜，对单位的人说：如果你们这样对待人才，给我们好了。

1972 年，潘家铮还奉所在单位第十二工程局之令暂返上海参加瓯江、飞云江水电查勘。此行虽是从磨房沟回到江南，从他写给同室好友邱永葆的信中可以看出，心情好不到哪里去。同行的，当然还有同是磨房沟设代组的其他成员，如他的同乡、地质工程师毛竹炯。

心情不好，固然因为其戴罪之身，还因为仍处于"文革"时期。还有一个客观情况，是与这个水电部十二工程局的关系。从潘家铮的回忆文章里可以看出，这个单位好像对他很有成见。原来，十二工程局的前身，正是当年要拔潘家铮"白旗"的水电部新安江水电工程局。尽管后来潘家铮参加新安江水电站"填平补齐"，工程局还甄别洗刷了潘家铮的历史问题，跟工程局还是有感情的。这一回，上海水电勘测设计院撤销，人员星散，反动学术权威潘家铮偏偏被安置到这个单位，难免唤醒某些人对他当年"白旗"的记忆。

瓯江、飞云江位于浙南地区，两条河独立入海，是浙南地区较大的河流。早在 1960 年代初，从新安江工地返回上海院，潘家铮就参与过这两条河的查勘、规划工作，如青田、紧水滩、珊溪都是很好的开发对象。可是，先是"大跃进"，后是"文革"，一系列工程仓促上马，然后再仓促下马。否则，这些工程应该早就完成，至少早就开工建设了。现在，浙江省许多在五六十年代开始查勘和规划的水电项目，就像学生把荒废的学业重新拾捡起来一样，良非易事。人员流散，资料散轶，武斗之后的设备和施工面残破不堪，再加上 70 年代初期经济困难，所谓两江查勘也实在是应景。

以装机容量 30 万千瓦的紧水滩水电站为例。紧水滩水电站是浙南地区一座集发电、航运为一体的水电站，其三心圆双曲变厚拱坝坝型为全国第一次采用，坝高达 194 米。规划始于 1956 年。1958 年就曾选定瓯江干流青田高坝为瓯江水电站第一期工程开工兴建。紧水滩水电站初步设计由上海院于 1960 年编制完成，装机容量 7.5 万千瓦。后因瓯江水电站停工，紧水滩水电站初步设计也随之改变。直到 1975 年，水电部十二工程局勘测设计院重做流域规划，选用 5

级梯级开发方案，并推荐紧水滩电站为第一期工程。1978年1月，潘家铮工作关系所在的十二工程局才重新完成初步设计，随之施工队伍进入施工现场。1980年6月，潘家铮已经担任水电部水电工程总局总工程师，紧水滩水电站方案再重新编制和做初步设计补充，装机改为20万千瓦。1981年6月，电站主体工程正式开工。1984年5月，施工方案再行改变，装机容量变更为30万千瓦。同年，开始浇筑拱坝混凝土。直到1986年6月，电站下闸蓄水。1987年4月，第一台机组并网发电。[228]

一波数折，从1956年开始规划到第一台机组并网发电，用了整整31年时间。当年，潘家铮第一次泛舟瓯江查勘时，还是一个29岁的年轻工程师，31年后，前往紧水滩水电站进行工程指导工作的潘总，年过六旬，霜染双鬓。

当时瓯江、飞云江两江开发现状，正是70年代初期中国水电发展深处低谷的一个缩影。水电建设者仅仅凭着内心对国家、对事业、对科学的热情，在夹缝中艰难前行。

潘家铮1972年回浙江省参加的两江查勘，是瓯江水电梯级开发规划的开始。两江查勘果然毫无悬念，不会有什么结果。唯一的收获，是他在云和县一间家舍楼上发现两册奇书——《刀笔菁华》和《洗冤录》。这两册书倒不是传奇志异，偏偏是专业性很强的古代法医著作。这样的书倒是潘家铮平生所未见者。两册记录专门跟尸体打交道的书让潘家铮度过一个兴奋异常的夜晚。第二天他将这些残破的线装书复归原位。

临行，他跟好友毛竹炯津津乐道一晚未眠的奇遇，才后悔没有将这些"四旧"破烂带出来。潘家铮再也无缘见到这两册书。遗憾是遗憾，但此遗憾是无法与不能施展抱负相比的。他曾数次给水电部写信，要求参加正在筹划中的葛洲坝水电站的勘测设计工作，哪怕是去做一个最基层的画图员都可以。数度上书，均石沉大海。他想起1965年底被水电部作为专家召到成都，参与龚嘴水电站等工程的建设，自信还是能发挥作用的，也自信还是赢得水电部领导认可的，难道北京方面真的忘记他了？

机会很快来了。

228　参见《紧水滩水力发电厂志（1954—2006）》，中国电力出版社，2008.12，第49-50页。

慷慨陈词乌江渡

潘家铮完成两江查勘"应景"回到磨房沟。1972 年 12 月初，磨房沟水电站军代表收到来自水电部的电报，要抽调潘家铮到成都赴乌江渡参加工作组活动。王庆寅副司令直接把电报交给潘家铮，要他收拾收拾到财务科借款，赶快到成都报到。王副司令一如既往对他态度和蔼，还勉励了他几句。

潘家铮拿到这封电报，几乎不相信是真的。他看着手里的电报，搞不清他和这封电报，究竟哪一个是久不见天日的老古董。一时竟有些懵懂，回到那个"积木山房"，拥衾躺倒，不觉泪水溢满眼眶。岁月蹉跎，大好年华抛掷。七年昏梦沉沉，明天真是梦醒的那个黎明吗？

这一夜，潘家铮少有地失眠了。

北京还是没有忘记他。北京还是想起了他。

想起他的这个人，叫李鹗鼎。

李鹗鼎也是刚刚"解放"不久，时任水电部基建司总工程师。李鹗鼎也是民国时期留下来的老水电专家，比潘家铮长 19 岁。1940 年毕业于清华大学（西南联大）土木系，1943 年赴英国伦敦威廉哈诺工程顾问公司进修，1946 年回国，任国民政府资源委员会四川长寿龙溪河上清渊水电工程处工程师、工务课长。1949 年后，任燃料工业部水力发电建设总局副处长，电力部水力发电勘测设计院副总工程师，四川狮子滩水电工程局、黄河三门峡工程局、刘家峡水电工程局总工程师，水电部水电建设总局副总工程师兼四川岷江映秀湾水电工程局总工程师，水电部贵州猫跳河水电工程局技术负责人，水电部基建司总工程师、副司长。后任电力部副部长，水电部总工程师。

李鹗鼎负责组建的这个工作组，主要任务是解决贵州乌江渡水电站在建设过程中碰到的一系列技术难题。同潘家铮一起抽调的还有谭靖夷、戴广秀、刘效黎、王志仁等一大批年富力强的中青年水电专家。

1972 年 12 月初，潘家铮离开冕宁，取道西昌，再赴成都，向李鹗鼎报到。

一群中国当代顶级的水电专家，在中国极左盛行的特殊历史时期走到一起，在为深入谷底的中国水电事业起死回生放手一搏。

噩梦接近尾声，新的水电大梦被嘭地点燃，潘家铮很快进入了角色。

无休止的批斗、交代、屈辱、劳改仿佛真像是一场噩梦那样来，又像一场噩梦那样去了。图纸上蓝色线条像是血管一样奔涌着血液，怦然铿然，有力而有节奏。数十名专家聚在"文革"中拼死留下来的成都勘测设计院，龚嘴、南桠河、鱼嘴、映秀湾、龙溪河这些在建或筹建中的水电站需要解决的工程问题纷至沓来，金沙江、大渡河、乌江这些奔流在中国西南国土上的大江大河，一一呈现在潘家铮他们面前，江水咆哮的声音仿佛就在耳畔。不到半个月时间，潘家铮从成都院资料室将这些水电站的技术资料全部借出来，如饥似渴，昼夜研读。一切，都久违了。

此段时间，潘家铮看完资料，还要到各个在建工地调查研究，工作效率非常之高。1972 年 12 月 15 日，潘家铮只身转赴乌江渡工地。因为乌江渡水电站在工程技术上遇到重大技术难题，面临停工缓建。而李鹗鼎主持的工作组，重点解决的就是乌江渡水电站的问题。[229]

乌江渡水电站是什么情况，需要集中这样一批专家前来解决问题呢？

说乌江渡水电站，先需要说乌江。

乌江，为长江上游南岸最大支流，也是贵州第一大河。乌江又称黔江。发源于贵州省境内威宁县香炉山花鱼洞，流经黔北及渝东南，在重庆市酉阳县、涪陵区注入长江，干流全长 1037 公里，流域面积 8.792 万平方公里。乌江水系呈羽状分布，流域地势西南高，东北低，流域内喀斯特发育。地形以高原、山原、中山及低山丘陵为主。由于地势高差大，沟壑切割深，自然景观垂直变化明显，流急、滩多、谷狭，号称"天险"。开发乌江水力资源，是当年"大三线"建设中水电开发的重点。

位于乌江中游的乌江渡水电站，是乌江上建设的第一座大型水电站。该水电站设计坝高 165 米，装机容量为 60 万千瓦。大坝形成的水库面积达 48 平方公里，库容 24.1 亿立方米，有效库容 12.5 亿立方米。真正的高坝大库。该水电站 1970 年开始准备工程。刚开始意气风发，急于求成，施工管理极度混乱，1972 年春天抢浇大坝，到 1973 年初质量检查时发现，浇筑下去的 3000 立方米混凝土全部不合格，全部报废，要全部炸除，重新返工。

229　参见李鹗鼎撰《水电工程施工杂忆》，《中国水力发电史料》，1989 年第 1 期。

让人担心的是乌江渡水电站坝基岩溶漏水。

负责乌江渡水电站施工的著名水电施工专家谭靖夷在总结乌江渡水电站施工经验时谈道：

两岸岩溶发育，断裂密集。坝肩附近洞穴总体积达 8 万多立方米，左岸部分地段沿断层发育的溶洞深达河床以下 200 米。紧靠坝下游两岸均有大体上顺层发育的暗河。坝区地表及平洞内可见断层 500 余条，右坝肩地表平均每 5 米即有一条断层，但除少数断层外，延伸长度及破碎带宽度一般均较小。坝基上游页岩组可利用作隔水层，但在两岸均被断层错断，使页岩组上下游的石灰岩直接接触，形成页岩的缺口，破坏了隔水层的完整性。坝脚下游页岩组横穿河谷，影响坝基深层抗滑稳定，并增加了泄洪消能及防冲保护的困难。[230]

就是说，乌江渡水电站大坝建在一个大漏斗上面。虽然前期查勘中已经意识到这一个问题，但在施工过程中，如此复杂的岩溶发育让施工者望而却步，一时间人心浮动，主张更改设计者有之，主张降低坝高者有之，更有人主张干脆下马放弃。疑问和争论一直惊动了国务院副总理李先念。李先念了解乌江渡水电站建设情况之后，指示：有问题不要慌，认真查明情况，采取措施解决，再继续前进。水电部根据李先念的指示，决定暂停主体工程施工，待进一步查明坝基岩溶渗漏规律，抓紧研究制订可靠的解决方案。[231]

任务落在李鹗鼎身上。

潘家铮参加的这个工作组就是在这样的情况下成立的。

已经到了 1973 年元旦，乌江渡水电站工程技术问题的研讨会在工地举行。出乎李鹗鼎的预想，这个旨在解决具体技术问题的研讨会一开就是半个多月，关于乌江渡水电站是续建还是下马，争论异常激烈。其时，水电站副部长张彬亲临主持研讨。

230　参见谭靖夷撰《乌江渡水电站建设的基本经验》，收入《水力发电》1983 年第 3 期。

231　参见《中国水力发电史 1904—2000》第三册（第一稿），中国电力出版社，2007 年 5 月，第 726-727 页。

在成都半个月，潘家铮对西南长江水系的水力资源情况熟稔于胸，乌江渡水电站又是继龚嘴水电站之后长江上游地区开工建设的第二座大型水电站，来之不易。潘家铮针对主张降低坝高和下马放弃诸种意见，忍都忍不住，研讨会上有一番慷慨陈词，力主在查勘清楚坝下地质情况下按原设计复工。工作组大部分专家和潘家铮的意见不谋而合。在工作组成立之初，带队的李鹗鼎查阅大量资料之后，对处理复杂岩溶坝基的技术问题已经有一个成熟的想法，通过灌浆帷幕连接到两岸或下游的不透水层，河床则采用较深的悬挂式帷幕处理。[232]

前有李鹗鼎成熟的技术处理方案，后有潘家铮慷慨陈词，与会者莫不重拾信心。争论逐渐平息，研讨会最后变成技术攻关会。乌江渡水电站得以顺利复工。

负责乌江渡水电站设计的是原中南勘测设计院。中南勘测设计院和上海院一样，于1970年底撤销，人员下放在乌江、凤滩、黄龙滩和海南岛等地。下放乌江的人员被分配到水电部第八工程局。同上海院一样，这曾经是一支实力强劲的技术队伍，承担过上犹江、柘溪、花木桥等水电站的勘测设计工作。潘家铮提前半个月到达乌江渡施工工地，看到这些长年累月工作在水电工地的同行，和全国众多水电工程技术人员一样，在清贫和艰苦的环境中一直坚守内心的水电梦想，甚为感动。潘家铮义无反顾倾力帮助他们，研讨会结束之后，结合乌江渡水电站拱坝设计，给同仁们讲解国际上新近问世的拱坝设计有限单元法和随机振动理论，参与拱坝设计的应力分析。

谭靖夷跟潘家铮颇有缘分，一个善于水电工程施工，一个长于大坝结构设计，两人曾在流溪河工程有过不短时间的合作。1973年，两个人再次走到一起，说起来也是二十多年的老伙计了，两个人除了乌江渡上的灌浆、地基处理上有默契的配合之外，还将在数年之后湖南东江拱坝建设工地上有非常漂亮的合作。

潘家铮再一次回到磨房沟，是1973年的1月底。因为那里毕竟还是他的工作单位，他的身份还是磨房沟水电站设代组成员。

乌江渡水电站工地激发起的水电热情还没有完全消退，再一次改变他人生的机遇已经等在那里。不过，在此之前，精干的潘家铮还要有一次乌龙般被打

---

232 参见李鹗鼎撰《水电工程施工杂忆》，收入《中国水力发电史料》1989年第1期。

劫的经历。

走出大山

参加处理乌江渡水电站工程技术问题，潘家铮仿佛又回到"文革"之前的锦屏时代，这在沉郁的 70 年代初，甚至包括以后漫长的日子里，1973 年 1 月的好心情也实在是少见。

他从贵州复又回到四川，恰好收到妻子许以民寄来的钱和粮票，此时，已经是旧历年底，他准备回磨房沟交代完工作之后回上海过春节，与家人团聚。

1973 年，成昆铁路通车运营，他回磨房沟却还不方便。需要先乘火车到达西昌，然后再倒车去冕宁，再倒一次车才可以到达磨房沟。火车到达西昌，天色已晚。往常他从成都在西昌下车之后，照例要到当时的地委或者革委会招待所歇栈，可那一天不知道怎么就偷了一回懒，不愿意再走更远的路到招待所去，随便在路边找了一家旅社就进去住。旅社恰好有空铺，一室四床，空着一个床位。

也是合该出事，他进门就喝水，他哪里知道事先放好的那杯水里已经被放了迷药！一杯水下去，顿时困倦异常，昏昏思睡。勉强收拾一番，还将衣服叠好放在枕头底下。这是常年出差在外养成的谨慎习惯。昏昏沉沉睡过去，第二天醒来已是日上三竿。等洗漱完毕，到饭店吃早点，竟然发现装着的钱和粮票都被换成废纸。他才明白遭到了暗算，顿时"三魂失二，六魄丧四"。随身带的不是一笔小款子，除了妻子汇来的钱和粮票之外，还有临去乌江渡在磨房沟提前支取的剩余款项。再回到旅社，同室的三个人一大早就走掉了，踪迹全无。潘家铮一时慌神，找旅社，旅社的人一推六二五，找派出所，派出所的人敷衍了事，干脆将这个深度近视的"水电部"来人打发到街上的电器修理部去。

幸好，磨房沟同室好友邱永葆家就在西昌，邱永葆借给他一些钱和粮票，败兴至极回到磨房沟。马上要回上海过春节，没有钱和粮票怎么得了？于是又是写信，又是电报向上海家里告急。只是，这些求援信函电报像子弹打在了棉花包上，妻子许以民一向对他这个有"大本事"的丈夫爱护有加，这一回却迟迟不见答复，更不必说汇寄钱款。潘家铮有些着急。从上海出差回来的同事那里才知道，妻子这回是真生他的气了。眼见得四十五六一大把年纪，几个孩子的父亲，怎么越活越糊涂，连自己的家当都看管不住？

潘家铮心下叫苦，跟磨房沟一干"死党"商议，大家也无可奈何。正束手无策，在年关将近时，妻子突然打来长途电话，心急火燎问丈夫平安也否，随后一封长信由上海来到磨房沟，好一番好言抚慰，当然，钱款如数汇来。潘家铮很奇怪老伴何以有如此大的态度转变，待回上海才知道，是一干"死党"帮了忙。"死党"上门看望嫂子，嫂子当然好一通报怨。好友静静听毕，才对老嫂说："大嫂，你也别生气，别痛心，别责怪，潘总这次能死里逃生，实在是不幸中大幸。你哪里知道，他落了黑店，差点就做了人肉包子咧！"话音未落，把许以民吓得七魂出走六窍，血压升高，口念弥陀。[233]

这是潘家铮在一个月之后借调水电部对外司之后，在原上海同事中间流传的一段轶闻，轶闻流转，版本各异，过程不一。不过，这倒是潘家铮平时在单位人缘甚好的一个佐证。他平常说话幽默，大家不妨也幽他一默。传奇一种。

插曲也仅仅是插曲。事实上，他在西昌被迷药蒙倒的时候，远在北京的水电部正在筹划将他借调出来。回到上海过罢春节，借调函也发到了单位。春节过后的3月，他已经踏上北去的列车，前去北京报到。

他的心情，他的心情怎么样呢？

京沪铁路沿线的风景是越往北越单调。窗外春寒料峭，这趟开往春天的列车，离真正的春天到来还有一段时间。家事，国事，酿成诗。

八年未作凤城游，重上西山一放眸。
举世都从忙里老，几人肯向死前休。
已无旧雨垂青眼，剩有春风笑白头。
太息故宫桥下水，终年呜咽为谁流。

到京不久，即赋诗寄好友邱永葆，题目为"重莅都门"。邱永葆保存下的原手稿与潘家铮后来整理的诗作个别字句略有不同。"剩有春风笑白头"，原句为"只剩春风笑白头"；"太息故宫桥下水，终年呜咽为谁流"，原句为"太

233　本事参见《从恢复工作到落入黑店》，《春梦秋云录——浮生散记》（第二版），潘家铮著，中国水利水电出版社，2000.12，第241-256页。

息故宫多荒草，御河桥水为谁流"。改后的诗句更显工稳。太息，作叹息解。屈原《离骚》有"长太息以掩涕兮"句。太息伤悲的情绪随着北往的脚步是越来越浓重了。

为什么？

仍然以诗言志。潘家铮"借调"赴京，多有诗作。除赠答友人的诗笺，尚有不少是用"文革"牛棚期间发明的"密码"作诗法写下的诗句，那些诗句带着泪和愁、忧与患非常隐蔽地在习字本零乱的字里行间穿行，情绪大抵灰暗，或慨叹时艰，或舔舐创伤，或描摹现实。

噤若寒蝉。人人自危。百般罗织。十族株连。"文革"时期，中国人没有受到过伤害的人绝少，因为它是对全民日常道德的彻底颠覆。尤其是对社会满怀善意而性情率真的潘家铮，以及像潘家铮这样的知识分子。

潘家铮离开磨房沟那样一个小世界是迟早的事情，他被水电部对外办公室"借调"是偶然，也是必然。其时，包括李鹗鼎勉力支撑的基建司，水电部其他部门经过"文革"浩劫，也陷入人才奇缺的尴尬境地。

这要从"文革"之前的 1964 年说起。1963 年底 1964 年初，国务院总理周恩来出访非洲 10 国，向第三世界国家阐述中国对外经济技术援助所遵循的原则，即著名的对外援助"八项原则"。八项原则的基本精神为：平等互利；尊重受援国主权，绝不附带任何条件，绝不要求任何特权；中国以无息或低息贷款方式提供援助；帮助受援国走自力更生、经济上独立发展的道路；力求投资少，收效快；提供中国最好的设备和物资；帮助受援国掌握技术；专家待遇一律平等。

八项原则是特定历史条件下的一个特殊产物。在此原则指导之下，中国政府和人民在自身建设任务相当繁重、财力物力均相当紧张的情况下，支援并且帮助发展中国家建设了一大批国计民生所迫切需要的项目。比如著名的坦赞铁路。它的意义还在于，为中国赢得了巨大的国际声誉和国际地位。

外援项目中，有许多水电项目，20 世纪 60 年代有几内亚金康水电站、阿尔巴尼亚伐乌代耶水电站、尼泊尔逊科西水电站，总装机容量 26.37 万千瓦。进入 70 年代有阿尔巴尼亚菲尔泽水电站、几内亚丁基索水电站、尼泊尔博克拉水电站、阿富汗帕尔旺水电站、坦桑尼亚姆巴拉利水电站、刚果布昂扎水电站、布隆迪穆杰雷水电站、赤道几内亚毕科莫水电站、喀麦隆拉格都水电站等，总装机容量 67.34 万千瓦。

单从装机容量看，这些外援水电站都属于中小型水电站，且分布地域甚广，地质条件当然更不一样。最大的援外水电站是阿尔巴尼亚菲尔泽水电站，坝高167 米，装机容量 50 万千瓦。

这些援外水电项目几乎与中国在 20 世纪 60 年代第二个水电建设高潮同步，国内的水电建设者雄心勃勃，西北青海黄河上游，雅砻江、乌江、大渡河均纳入大水电开发的视野。国外的尼泊尔逊科西水电站，阿尔巴尼亚伐乌代耶水电站已经开工建设。也同中国水电建设的命运一样，诸多援外水电建设项目因"文革"干扰处于停滞状态。

援外水电项目当然由水电部水电总局负责，可是，到 1969 年 9 月，水电总局先于八大水电勘测设计院解散，水电总局的干部全部下放青铜峡五七干校参加劳动改造。但援外项目是伟大领袖下达的硬任务，哪里能够含糊？

后来任水利部外事司司长杨定原正收拾行李前往青铜峡干校，水电部军管会通知他立即放下行李，到水电部对外组报到。"文革"中间，外援工作还在进行。水电部成立了一个对外组，在 70 年代初改为对外司，对外组专门下设一个技术性部门，叫作工作项目组，后改称工程项目处。这个工作项目组规模不大，总共八九个人，两三位搞火电和输变电，还有四五位原水电总局的技术人员，刘福鉴和杨定原担任项目组召集人。就这么几个人，援外水电站十几个项目，从项目考察到设计审查，从工程施工组派遣到重大技术问题解决，还有电站运行，事无巨细，都由这个小小的工程项目组负责，别说应付，就是招架都招架不过来。

杨定原找到水电部原对外司司长鲁平反映情况，要求从部外调人加强力量，否则力不能逮，难以完成伟大领袖下达的任务。鲁平已经靠边站，还未"解放"。这位老外事专家当然知道事情的轻重，但是在 1969 年的风口浪尖上从下面抽调技术专家前来显然不现实，要他们先顶着，事情一步一步来。

1973 年初，潘家铮再赴锦屏，鲁平也获"解放"，对外组更名对外司，重任司长。从下边调人充实对外工程项目组重新提来。杨定原草拟名单，最后鲁平拍板，决定借调两个人来北京。一是原上海勘测设计院总工程师马君寿，一个就是潘家铮。

此时，潘家铮从磨房沟回上海同家人团聚过春节，马君寿则正在赣州一个地区水利局消磨时光。江西方面听说水电部要借调马君寿，则马上将他的关系转入省水利厅，随即任命马君寿为江西省水利厅总工程师。潘家铮则没有什么阻拦，原上海院的同事们都知道，这位在墙外花香四溢的潘总离开磨房沟不过是迟早的事情。

还有一个插曲。鲁平决定借调两个人到对外司，突然想起两个人都不"清白"，还没有解放。能不能借出来，要看水电部军管会的态度。杨定原受命与军代表协调。水电部军管会代表是一位周姓团长，他刚听杨定原说借调的事情，就打断他的话问：这两个人有什么问题？杨定原非常策略地回答一句：大概是学术权威，可能没解放。谁知道这位周团长来得爽朗，一听就明白了，大手一挥：什么解放不解放，调！

杨定原很快将电报分别拍发给潘家铮所在单位水电十二工程局设计院和马君寿所在单位江西上海设计院设计队。开头压着一顶堂而皇之的大帽子，杨定原记得清楚：为执行伟大领袖毛主席交办下来的紧急援外任务，请即通知潘家铮到水电部对外司报到。

要说杨与潘、马二人有什么深交也谈不上。但作为水电总局负责技术召集人的杨定原对两个人的名声是早就熟知的。1965年，杨定原随水电总局奚景岳副总工程师前往冕宁，审查磨房沟水电站的规划并查看锦屏水电工程的坝址、电站布置，代表锦屏水电工程指挥部汇报工作的，就是时任设计室副主任的潘家铮。潘家铮的汇报给杨定原留的印象甚为深刻，那一口有着浓重绍兴味道的普通话，简直就是一位大学教授站在那里授课。

办理借调的手续很快，从决定人选到两个人接到通知前后不到一个月时间。1973年3月，马君寿和潘家铮两个历尽劫难的老同事在北京重聚。马、潘二人相差11岁，同是浙江大学土木系的校友。马君寿也是民国时期培养出来的第一代水电专家，潘家铮对这位德高望重的老校友敬重有加。两个人从50年代开始就是上下级，海南东方水电站、流溪河水电站、新安江水电站、富春江水电站……都留下过两个人共同擘画筹策的身影。想当年，一个德高望重，一个年富力强，可说是上海院的技术灵魂。此番重聚京华，两个人都从"戴罪之身"

转换为"借调之身"，身份模糊；一个年届六旬，一个也满脸沧桑，正所谓"只剩春风笑白头"。

对外司对两位专家很客气，让他们和大家一起坐在一个大办公室里面，但不管具体工作，只是负责对外司的技术咨询工作。包括水利水电援外项目的规划和设计审查、研究工程设计和施工中的重大技术问题。在此期间，马君寿被江西方面当作"宝贝"，空悬"总工程师"之位虚席以待死活不放；潘家铮则没那么幸运，工作关系所在的水电十二局则两次要他回去，一次是来电报，一次来人，对他非常不客气。两次都是要他回去继续"交代问题"，水电部军管会对水电十二局这样的举动很是恼火，让杨定原回答他们：援外任务很急，军管会不同意潘家铮回浙江，要求他交代什么，可以把问题留下来。水电十二局哪里敢跟水电部军管会叫板？只好作罢。

直到1978年3月，两个人的工作关系才费尽周折正式调进水电部。此时，潘家铮年过半百，马君寿则年逾花甲。在此之前，两个身份含糊不清的老同事要在水电部的招待所里度过不短的5个春秋。

窗外，山雨欲来，波诡云谲。

第十章

"借"到北京的五年

闹中取静"桃花源"

不仅仅是马君寿和潘家铮,新恢复的对外司其他部门的干部大都是从原水电部直属单位新调过来的,他们跟部里其他部门打交道甚少。对外司承担的援外项目又很紧张,施工质量和施工工期关乎国际声誉,所以对外司倒显得更像一个技术单位,工作节奏紧张而有序。这样一来,对外司,尤其是马、潘二人所在的工程项目处参加政治学习与政治活动非常之少,身处政治中枢所在,却似偏安化外之境,倒有许多事情可做。

援外工程项目都是中小型电站,没有什么惊奇,但并不意味着没有什么作为。潘家铮和马君寿在很大程度上缓解了对外司工程项目组的工作压力。杨定原记得很清楚,在一些工程的重大决策和重大技术问题上,两位专家发挥了重要作用。

比如马南塔利水电站。规划的这座位于西非马里的大型水电站,是一座集发电、灌溉、航运为一体的多目标、综合利用工程,马里、塞内加尔、毛里塔尼亚三国均可受益。此外援项目已经经过国内诸多专家考察,大家兴致很高。为什么呢?此坝一建,仅灌溉效益的受益面积就可达到 2500 多平方公里,而且可以调节塞内加尔河水位,利于三国发展航运。所以初步意见异口同声,认为这个项目在技术上是可行的,效益是可落实的,是开发塞内加尔河最适宜的第一期工程,可以援建。

这个时候,两人借调来到项目工程处。

马君寿与潘家铮看完资料之后都皱了眉头。这样的热情显然有些一厢情愿。进入讨论,独独两个来自上海院"借调"专家提出不同意见。其一,工程的投资落实不够。如此庞大的工程,不仅仅是发电一项,航运、灌溉诸多的投资都没有眉目,怎么能发挥它的效益?其二,效益分配涉及三个国家,利益协调不是援建国能够解决了的。其三,工程太大,装机容量达到 5 台 50 万千瓦,国内目前还没有这样大的水电站,外援力不从心。其四,就塞内加尔河流域水力开发而言,马南塔利水坝也不适宜选入第一期工程。

四条意见,条条中肯。工程项目处将两人意见汇报水电部,水电部再三衡量,决定不承担这个项目。事实证明,这个项目最后由德国参与援建,其间也是一波三折,建建停停,2001 年发电之后,问题仍然存在。

潘家铮借调外事司，援外项目中最大的阿尔巴尼亚菲尔泽水电站已经开工。1975 年 5 月，阿尔巴尼亚菲尔泽水电站阿方设计代表团来北京与水电部对外司就一些关键技术问题同中方谈判，杨定原为主谈人。阿方提出，菲尔泽电站 3 号隧洞的弧形门支座梁不够安全，因为弧形门的推力甚大，达到 6000 吨，放置支座的支座梁是埋入混凝土中的，可否承受住如此大的推力？阿方要求中方重新核实应力情况。负责该工程设计的是水电部十二工程局，也认为这个支座梁的应力过于复杂，难以计算，需要采用光弹性试验和三维有限元法来校核。

当年新安江水电站大坝设计，潘家铮他们就运用光弹性实验校核过大坝的应力分布情况。他曾在 1964 年写文章介绍过这个实验过程。只是此项实验仅仅是一种辅助性手段，还不够成熟，而三维有限元法校核也刚刚兴起，也不够成熟，试验和校核至少需要半年时间才能出结果。这样一来，外援工地的土建工程要停工半年，等待试验结果，援外项目工期势必延长，而这样有着国际影响的项目一旦延长工期，后果当很严重。而此时，支座梁施工已经完成，如果应力分析有问题，这座支座梁需要拆除返工。杨定原找到潘家铮，请潘家铮做一个估算，可不可以在不停工的前提下解决这一技术问题。

潘家铮用了三天时间，给出了详细的应力分析结果。他认为已经加工完成的支座梁仍然可以使用，只需要在埋设支座梁的混凝土中适当增加十几吨钢筋，完全可以满足支座梁安全运行。这么短的时间就拿出了结果让杨定原非常之吃惊，更让他钦佩的，是潘家铮运用的计算方法，是三维差分法。杨定原知道，差分法这种数值计算法，其计算量非常之大，在没有计算机、计算器，甚至连手摇计算机都没有的情况下，在这么短的时间就做好应力分析，并画出应力分析图，只凭计算尺和手算，不仅仅是一个脑力劳动，还是一个繁重的体力活。潘家铮跟他讲应力分析结果的时候，杨定原看到，潘总的笔记本上密密麻麻写满了各种各样的算式和数字。

有潘家铮分析所得结果支持，中阿双方达成协议：支座梁不改，3 号隧洞不停工，适当增加钢筋强化周边混凝土强度。这样，工期没有延长，工程也没有停工。而半年之后，光弹性实验和三维有限元校核的结果也出来了，所得结果与潘家铮的计算相差很小。

还是菲尔泽水电站。这座水电站是土石坝长隧洞引水式发电站，长隧洞引水，未设调压井。机组安装即将完毕，负责制造发电机组的东方机电厂担心没有调压井会影响到机组稳定运行，要求对外司支持他们做长隧洞水轮机模型试验。以当时的条件，搞这样一套试验装置很困难，需要很长时间，而且也未必能得出机组是否稳定运行的结论。对外司没有同意这个要求，而建议机组投入运行之后观察是否运行稳定，如有问题再采取其他措施。事实上，机组投入运行之后并没有出现异常。可是，没有调压井的长引水式水电站还从来没有过，也没有在理论上解决这一问题，包括对外司工程项目处，很担心将来运行中会不会出问题。潘家铮主动承担起这个研究任务，经过研究计算，他提出长隧洞引水发电厂没有调压井的情况下，水轮机的小波动稳定问题的数值方法，从而给出菲尔泽水电站机组稳定运行的理论基础和对策措施。潘家铮肯定地说，这个方法还可以运用于其他长隧洞引水发电机组。

潘家铮主要的精力在援外工程项目的审核上面，又时不时被李鹗鼎主持的基建司"转借"过去参加审查国内重大水电工程。人被对外司借来，倒给基建司带来很大方便。

再赴乌江渡

刚来北京不久的 1973 年 4 月，潘家铮即被基建司"转借"担任安康水电站复审组水工组组长，赴陕西工地复查。

安康水电站位于汉江上游距陕西省安康市 18 公里处，其下游距丹江口水利枢纽约 260 公里，上游距石泉水电站约 170 公里，是汉江规划中一座以发电为主，兼顾防洪、航运、养殖、旅游等综合效益的水利枢纽。坝址以上流域面积约 35700 平方公里，坝顶高程 338 米，最大坝高 128 米，总库容 25.85 亿立方米，装机容量 80 万千瓦，保证出力 17.5 万千瓦，年发电量约 28 亿千瓦时。

1973 年，安康水电站还处在地质勘查与坝址选择阶段。

选址颇费周折。

因为安康库区位于秦岭褶皱系北、大巴山褶皱南缘，深处山区峡谷之中，为河道型库区，以 330 米高程计，干流库长达 128 公里，一般水面宽数百米，局部可达 1.5 公里。地质情况相当复杂。由于岩性软弱，地形、地质构造复杂和岩体风化的卸荷作用，库区两岸内存在多处滑坡、塌岸、岩体松动拉裂和蠕动变形。

早在 1954 年，中南水电局就开进秦岭大山，为安康水电站做过前期的地质勘查。1962 年，推荐石庙沟与吉河口两个坝址。直到 1970 年，比较新选的 4 个坝址的地质勘查情况，最后选定火石岩作为安康水电站的坝址，在 3 个坝线预选方案中，确定覆盖层较薄，两岸坝肩地质条件相对稳定的上坝线为最佳坝线。1971 年 9 月至 1972 年 8 月，对选定坝轴线再行补充勘查，勘查精度要求达到"混凝土重力坝、坝后厂房、明渠导流"方案设计要求。

1972 年 9 月，水电部召集专家在安康进行初步设计审查会议，选定坝址及坝型和坝高，讨论左岸松散堆积体和渗透稳定及坝基抗滑稳定。初步审查发现地质勘探资料仍有欠缺，遂要求对左坝肩岩体渗透性、裂隙拉开程度和范围、地下水位及其动态、坝基缓倾角构造、河床断层交会带情况，是否存在其他大断层诸问题进一步查清。

首次审查之后，再进行高精度补充勘探，果然发现确定的乱坟沟坝线处有新的情况，河床深潭中央覆盖厚度达到 29 米，而且坝线河床有一条宽达 30 米到 40 米的石英脉破碎带。于是，勘探范围再度扩大，于坝线上游 150 米范围内布置勘查点，包括河床钻探和两岸平硐。1973 年 3 月，原水电部西北勘测设计院向水电部提交《安康水电站技术设计地质中间报告》，建议坝线上移 100 米，回到原选坝基坝线上。

1973 年 4 月底至 5 月初，水电部派工作组到工地召开设计复查会议，讨论的就是这个《中间报告》。潘家铮到北京之后参加的正是这个复查会议。潘家铮负责的水工组在工地上待了有半个多月。工作组对照《中间报告》，对上游坝线地质情况进一步核实，同意中南水电局上移坝线的建议，认为"上移后的坝线避开了上述深潭和构造密集带，虽然也存在一些地质问题，但经过处理还可以修建 120 米高的混凝土重力坝"，同时，认为新的坝线地质条件仍较复杂，要求对坝基抗滑稳定、两岸深风化层和泄洪冲刷等有关问题做进一步清查。

安康水电站的坝轴线直到 1975 年才最终确定下来。

从 1954 年到 1975 年，连头带尾整整 22 年。

这座将于 1990 年才投产运行的大型水电站，最大坝高 128 米的水电站，坝址的地形、地质情况比较特殊，因此工程布置也显得很有特点，由混凝土重力式溢流坝段、非溢流坝段、坝后厂房和垂直升船机等组成。坝线布置为折线，有 5

段折线，共 27 个坝段，当是国内第一座折线形重力坝。

不仅是特殊的坝线布置，安康水电站还将在大坝抗滑稳定、泄洪消能诸方面取得突破性进展。而安康水电站所呈现出来的地质、坝工技术的复杂性，还仅仅是摆在中国水电工程师面前的重大难题和挑战之一。或者说，中国水电发展对中国水电工程师们的挑战恰恰在"文革"快要结束的时候才真正来临。

审查安康水电站之后，刚刚起死回生的乌江渡水电站又出了问题。

1973 年 11 月，复工后的乌江渡工程遇到了一系列技术难题，基建司要再度为这座刚刚起死回生的工程把脉诊病。潘家铮他们年初即参与其事，大声疾呼，即将停工的大坝才得以复工，这一回当然无可推脱。

接到李鹗鼎的命令，潘家铮提前半个月到了乌江渡工地。

关于大坝基础稳定，潘家铮早在新安江工地施工过程中就有自己思考。采用封闭排水来降低作用于坝基和坝体内的隐蔽性扬压力，在当时还很难为人接受。在溶岩地质条件下筑坝，潘家铮也不是第一次遇到，还没有开发的锦屏工程就到处都是溶岩发育，他对此并不陌生。潘家铮非常赞同李鹗鼎以灌浆帷幕技术处理地基的想法，但具体实施需要成熟的施工技术，还有一系列非常复杂的计算，还需要给出充分的理论依据。

在此后的若干水电工程中，潘家铮的创新每让人称奇，而每一次创新大家无不捏着一把汗，每一次技术上的重大创新又都被冠以"大胆""富有勇气"加以修饰。其实并不是潘家铮有多大的勇气和胆量，实在是他有着扎实的力学理论功底。复杂而纷乱，繁复与庞杂，在他的演算和推理之下，会变得清晰而简捷。潘家铮在分析某种技术可能的时候，总要给出一系列的数值运算方法，寻找到解决问题的最佳途径。不是大胆，而是严谨；与其说是有勇气，毋宁是有热情。这怕是科学家与冒险家的根本区别，也是科学家与幻想家水火难共的地方。

帷幕灌浆是怎么回事？潘家铮在 1985 年出版《工程地质计算和基础处理》一书中辟专节加以讨论，他有明白晓畅的释解。

但说起来复杂。

乌江渡的帷幕灌浆与新安江封闭抽排水一样，同属大坝基础防渗的问题。大坝落成，上游水位抬高，水受大坝阻隔会通过坝基和两岸向下游渗流。大坝基础渗漏非常正常，乌江渡和中国西南的大坝就不同了，坝高库大，而且是喀斯特地貌，坝基之下遍布岩溶裂隙与孔洞，这样，上游水通过坝基和两岸向下游渗流的过程中，会改变原始的水文地质条件，进而产生一系列变化与不利后果。水量损失；地下水位升高；渗透压力增加；基岩被水饱和之后，或受渗透压力影响后性质恶化，出现崩解、滑坡、失稳等现象；节理、裂隙、断层带内经过长期渗流后产生机械或化学管涌，进一步加剧诸种不利作用。

所谓帷幕灌浆，其基本原理是在钻孔中压入水泥浆，使其在高压下进入基岩裂隙内，凝固后封堵裂隙，形成一道阻水的幕，相当于在坝下和两岸挂一道水泥帘子，这个帷幕最终将坝体与河床、两岸岩体结合成一个整体，达到防止渗漏目的，相当于在河床和两岸岩体中做这么一道"帘子"。这道"帘子"由若干沿帷幕线下钻到不透水层的孔洞组成，然后在孔洞里灌注混凝土浆液，下注浆液在压力下扩散，在地下渗流相连，最终形成帷幕。

帷幕灌浆设计，有三大依据，分别是：工程特点、地质条件和试验成果。

工程规模、坝型、地形条件当然是帷幕设计必先考虑的因素，而地质条件千差万别，基岩节理裂隙，构造面的产状、规律、规模、密度、渗透性、破碎程度、充填物情况、连续性情况，还有地下水动态、基岩渗透性，岩溶与暗河均在设计考虑范围之内。帷幕设计要事先在有代表性的地区先行灌浆施工实验。

在此三大依据之下，帷幕设计又包括两方面内容：一是确定帷幕深度、平而上的位置、两岸插入长度、接头方式及帷幕厚度；二是确定孔距、压力、段长、对灌注材料和施工工艺上的要求。

所有设计项目的每一步骤都关涉到非常复杂的计算。获得的各种参数纷至沓来，最后簇拥在公式框架旁边，帷幕设计初现端倪。其实，这个设计就像战役之前的一个大致作战方案，距离实施真正的进攻与包抄还有一段距离。所以潘家铮不无感慨地说：

帷幕灌浆的设计和其他建筑物的设计有很大不同。一般来讲，我们很难事先做出一个完善的设计，往往要通过典型试验、参考类似工程经验，拟出大致的做法，并通过施工实践不断修改、调整，直到满足要求。

帷幕灌浆要在施工廊道内进行，施工廊道距离上游坝面仅 7 到 8 米距离。具体到施工过程，则如同在看不见的地下绣花一样，又如同给漏洞百出的地下岩层打针输液，大胆、精细、小心翼翼，对付随时出现的各种可能。或者说，要将各种可能性控制在设计和计算的范围之内。它的施工程序包括钻孔、冲洗、压水试验、压力灌浆、待凝、扫孔，然后再下钻到下一孔段。

如果将这些工序分解，每一道工序都不是轻易可以完成，哪一道工序哪一步骤没有做到，都会直接影响到灌浆质量。以冲洗为例，钻孔之后的冲洗，一方面可以清理钻孔过程中产生的石粉、岩屑，清洗孔壁上的附着物，另一方面还要将裂隙内的充填物冲出来。一般冲洗步骤，先敞口用水冲洗，冲出孔内石粉、岩屑，必要的时候还要进行打捞。水冲过后气冲，如此反复，然后将孔封堵，用高压水在一个孔段内施加高压水冲洗裂隙内充填物，最大压力要达到灌浆压力的 80%。这个过程更有趣，要用高低压循环冲洗，先注入高压水，让水充分进入裂隙，然后突然减压，使水回流，如此循环反复，直到回水澄清为止。最后还要进行一次高压水压力冲洗，为的是让充填物尽可能挤得远一些。

乌江渡水电站帷幕在工艺上取得突破，倾注着潘家铮的心血与智慧，他在著作中不止一次提到过，赞不绝口。这无疑是中国的水电设计师与施工工程师完美配合的一个成功范例。[234]

乌江渡水电站的帷幕灌浆显然要显得更为特殊，溶岩地质条件下需要对有黏土充填的深蚀裂隙、宽缝和溶洞高压灌浆方可形成帷幕，所用的水泥浆液远高于其他复杂地形地质条件的坝址，灌浆压力至关重要。乌江渡的灌浆帷幕的工程量之大，让大家振奋，同时也让人吃惊。乌江渡大坝防渗帷幕线总长 1175 米，防渗面积 18.9 万平方米，初步完成的灌浆进尺要达到 19 万米，每米需水泥 290 千克，工程量大，施工任务繁重。事实是，完成 19 万米帷幕灌浆足足用了两年多时间。

水电工程八局有谭靖夷和王志仁坐镇，水电部派十几位专家前来分析，乌江渡帷幕灌浆技术取得突破性进展。如此巨量的工程量，传统的施工机械设备与工具远不能满足。施工者没有让设计者失望，或者说两者配合得天衣无缝。

在"文革"阴云笼罩的 20 世纪 70 年代初，乌江渡工地出现了综合机械化施

234　参见《工程地质计算和基础处理》，潘家铮主编，水利电力出版社，1985.4，第 410—431 页。

工的宏大场面。这要归功于谭、王两工程师组织有方，实行全面的技术革新。革新的重点首先是各系统中的薄弱环节。帷幕灌浆系统，研制成功高压灌浆泵和高压耐磨阀门，泵压可以达到每平方厘米 100 公斤压力，除此之外，还有高压胶管接头，建立集中制浆和输浆系统，灌浆的效率和质量在技术创新引领之下大幅提高，月灌浆平均进尺可达到 273 米，最高月进尺达到 353 米，年钻灌总进尺 8.1 万米。[235]

乌江渡工地创建的高压灌注法，在某种程度上改写了帷幕灌浆的工艺。以灌浆工序中清洗为例，采用高压灌注法之后，冲洗工序只需进行常规操作，然后依靠高压力将水泥挤入裂隙之中，对夹泥进行高压挤压并产生张开裂隙，使水泥浆分割包围夹泥，共同组成较稳定的防渗体。

1973 年底和 1974 年初，这一短暂的时间区间，在潘家铮 70 年代的技术与学术研究中仅仅是一个小片断。此后，他还要随水电部基建司参与固县水库、吉林省白山水电站的审查，其重要性与乌江渡相比有过之而无不及。但是，他对乌江渡水电站的这一段时光却念念不忘。

乌江渡电站成为中国水电坝工帷幕灌浆的一个工程范例，其取得的成功经验将在日后的许多大型水电工程中得到广泛应用，最典型的莫过于十多年之后黄河小浪底水电站土石坝坝基 80 米深厚覆盖层的帷幕灌浆应用。这是后话了。

难怪潘家铮如此重视乌江渡水电站这一施工技术的示范性和典型意义。

抄录《辞源》与潘家铮的笔记本

1974 年的春节来临。潘家铮随水电部基建司组建的专家组参加完处理乌江渡工程遇到的技术问题回到北京，这个春节将在北京度过。

没有什么特别的事情。不回上海过春节的理由，说出来让许多人都大跌眼镜——他要将《辞源》抄录一遍。

已经是水电工程师的潘家铮，对文史书籍的阅读兴趣从来深厚，从青年时代开始，他给大家印象就是一副夫子相，技术书籍之外，他的身边从来不缺乏文史方面的读物。从新安江工程做的技术笔记，到在锦屏做的工作流水，在一堆计算

235　参见谭靖夷撰《乌江渡水电站建设的基本经验》，收入《水力发电》1983 年第 3 期。

稿和工程技术分析笔录后面，常有零星的文史阅读心得。他还订阅有《收获》这样的文学杂志，对感兴趣的小说做简短的评述。在其晚年，他还通读像陈寅恪的《柳如是别传》这样的大部头文史著作。读书人的读书乐趣其实没有什么奥妙，它就是一个读。这是一种生活方式，它未必一定要成为知识构成的一部分，但这样的阅读却让精神世界更为饱满。

经过1966年"文化大革命"，人算是经过一场精神和肉体的炼狱考验活了下来，借调北京，潘家铮事实上已经宏观地参与到全国水电建设技术活动中来，视野不断扩大，对全国水电建设全局有了了解与把握。尽管心情沉闷依然，"不知来日还多少，喜看吴霜已染头"，心情总不一样了，更大的舞台有了更大的用武之地。

虽然"文革"还没有结束，但毕竟是在水电部，潘家铮不必像在磨房沟，或者在乡村野店里偷偷摸摸看书。水电部乃堂堂国家部委，还是有大部委气派的。北京借调5年，他和同借来的同事被安排在水电部白广路的招待所里，4人一间房，白天在部里的大楼办公，而且有机关食堂提供一日三餐，不必像在磨房沟为吃一次新鲜蔬菜或者见些荤腥绞尽脑汁，至少，不必为一日三餐发愁。家在上海，人在北京，工作之余的时间还是蛮充裕的。从黄坛口到海南东方，从广东流溪河再到新安江，再到锦屏，水电工程师潘家铮在家的时间实在屈指可数，北京的单身生活相当于出一次长差。

更为重要的，是部里有一间不小的图书室。部一级单位的图书室，规模虽不可以跟高等院校的图书馆相比，想也小气不得。除了水利电力的专业书籍，文史方面的杂志还是有一些的。尽管20世纪70年代社会科学方面的杂志都被停刊，文学杂志几乎全军覆没，但有一册《考古》的杂志似乎无关"毒草"，硕果仅存。虽然这是专业性很强的社科期刊，也聊胜于无，倒很对潘家铮的胃口，而且考古实证的材料很有别于过去文字繁琐的索引，也有乐趣。公干之余，或出差回京，第一个去的地方肯定是这个图书室，说如饥似渴显得有些俗，说乐此不疲庶几恰当。

他发现了图书室里有一部《辞源》。

潘家铮眼前一亮，这部《辞源》唤起潘家铮许许多多记忆。说起《辞源》，与潘家铮的缘分不浅。

那还是 40 年代初，潘家铮避难马鞍村，开始庞杂而零乱的文史杂书阅读，就拥有了一部《辞源》。这部《辞源》陪伴着他进廿八都临时中学一部，入九莲舜阳中学，再到做小学教员。上大学之后为生计所迫，不得不将这部书卖给了学校，但还是借在身边。

《辞源》早在 1905 年（光绪三十三年）就开始编纂，历时 10 年，到 1915 年分为甲、乙、丙、丁、戊五种，由商务印书馆正式出版。1931 年又有增益，出版续编。潘家铮拥有的，是印制质量相对较差的正续合编小字三卷本。关于《辞源》的编纂与和编纂特点，说起来就是另外一个话题，不过，无论是做小学教员，还是后来考入浙大土木系，再到做水电工程师，它跟《辞海》《子史精华》《诗韵合璧》一样，是以诗人自期的潘家铮须臾不曾离开的手边工具书。

先是"文革"横扫四旧，家中藏书毁佚大半，再是鬻书救女万册藏书所剩无几，到 70 年代，身边只有一部新版的《新华字典》，少年时期就跟随他的《子史精华》《诗韵合璧》早付秦火，想起来只能闻闻手指，回味那份余香。至于《辞源》，怕只是不可企及的梦想罢了。问题还不在于手头没有这些书，而在于写诗填词的时候，经常用典使事，每有佳句，索典无据，没有这些工具书在手边，就像车轮无辐，真是痛苦。

现在，这部辞书就在眼前，他心中的狂喜可想而知。他在自己的文章里如是形容："不禁眼前金光乱闪"。

看到此书，眼前已经金光乱闪。不过，待他"请"回到宿舍，才颇犯踌躇，感到老虎吃天，无从下口。

部里图书室的管理并不那么严格，或者说，水电部尽管是国家部委，但图书室却是单位内部的一个机构，通融的余地颇大。潘家铮跟管理人员努力半天，答应破例借给他半个月。

破例出借给潘家铮的这部《辞源》，当然已经不是他当年拥有的那个版本。商务印书馆在 1958 年启动对《辞源》的修订，1964 年 5 月正式出版修订稿第一册，这个版本也是"文革"前唯一一次修订。即便是一册，也有相当的篇幅与分量，全书 1700 多页，收有 10 万多词条。潘家铮在相隔二十多年之后再一次与《辞源》重逢，其欣喜的心情可以想见。但是他匆匆读过卷首《辞源说略》和《说明》，他才犯了愁。

《辞源》再与他有缘，也是一册工具书，不像学术专著或者技术书籍，他可以抓重点理线索，择其重点阅读。这一回，他年轻时候练就的速读速记功夫派不上用场。他倒有心思耐心来读，但要命的是只有半个月时间怎么读得过来？百般思谋，不得要领。不甘心，又没主意，突然，心里冒出一个念头，这念头甚至把他自己都吓了一跳：将手边的《辞源》摘抄下来。

已经是 1974 年，已经是 47 岁的潘家铮，脑子里竟然冒出如此近于疯狂而荒唐的念头。刚刚从乌江渡工地回到北京，征衣未解，北京的天空还要被隆冬盘踞一段时间。远在上海的妻子儿女等待他春节回沪团聚，而潘家铮已经决定利用这个节假只身待在北京摘抄《辞源》了，好像这是一件一刻也不能耽误的事情。

循例，图书室里出借的图书，还可以续借一次，也就是说，半个月，再加半个月，《辞源》有一个月的时间陪着他。而且，春节放假，原来住 4 个人的宿舍就只剩他一个人，可以安心抄录。30 天期限，早、午、晚、假日均可利用，连缀起来的时间还是蛮充裕的。

这样，潘家铮先到百货商店一下子买了几十本软皮抄录本，一面又动用平常节省下来的"私房钱"给妻子和孩子们买了些鱼干、虾米和巧克力，托回上海探亲的友人带回去，同时还修书一封给妻子许以民，托言外援任务光荣且繁重云云，这个春节就不回去啦！

安顿好后方，他将自己关在水电部白广路招待所里，开始做一个月的"文抄公"。

哪里知道，下决心是一回事，真正抄起来又是一回事。1974 年冬天的北京，滴水成冰，那一年冬天又下了几场大雪，气候奇寒，这本来对潘家铮这个"南蛮"已经是一个不小的考验，偏偏招待所为了节省煤炭，暖气只在晚上临睡之前和清晨起床那一段时间开放一小会儿，一个白天和漫长的夜晚都是关闭的，抄不了几个字，遂指僵如柴，不得不停下来呵气取暖。那是怎样的苦况。想来，凡是看到他这副模样的人怕是没有哪一个人不会感到奇怪。

但是，潘家铮还是乐在其中。30 天晨昏交替，30 天雪飞雪霁，他一条一条地抄录，一条一条品味。不，实际上是一条一条在学习，在吸收，在消化，从小培养起来的那种对文史典籍的巨大热情被焕发出来，每有所得，喜不自禁。当然，这需要热情，更需要毅力。

就这样，他一个人在北京熬过一个春节。春节过后，回家与家人团圆的同事们陆续回来了。同室一位姓冯的工程师要比别的同事回来得早一些，他发现潘家铮没有回上海，而且发现他每天伏案在那里抄写什么，感到很惊奇，以为真的在为援外项目解决什么技术问题，等知道潘家铮专心致志干着这样一件事，顿时瞠目结舌。天底下哪里有干这样事情的人？天底下竟然也真有干这样事情的人！10万词条字千万，你就是再有充足的理由也不可能抄完啊！而且春节不回家跟家人团聚，一个人窝在冰冷的招待所里做这样一件毫无意义的事情！不可理喻，不可理解！

正抄在兴头上的潘家铮倒不以为意，因为他有他的抄法。一，10万词条，只取其精华数千，都是过去不熟悉的典故类条目；二，每条也不是全文照录，记其要义与出处。这样算下来，工作量还是在可控制范围之内。较之过去在工程施工工地日夜设计计算，这样的工作量还真不算什么。即便这样，待到摘录工作结束，北京的冬天正在走到尽头，整整45天过去了。潘家铮把原书奉还图书室，再将抄好的几册笔记本一番整理，大功告成。他在扉页上为自己的成果取名为《辞精》——《辞源》之精华。那时候，他在部里的办公室有一个保险柜，他小心将牺牲一个春节的心血小心放在保险柜里，从来没有让别人看过。在那样一个沉闷而荒芜的年代，能拥有这样完整而充实的阅读时光实在是太难得了。锁进保险柜里的，还有这样一段难得的时光。

春节不回家抄录《辞源》，可能是潘家铮一生阅读与学习生活一个非常极端的例子。但是大家非常熟悉的是，无论走到哪里，他总要带一个笔记本。从50年代开始，这些笔记本就是他的宝贝，工程技术日志、诗词作品、日记，分门别类，有闻必录，甚至一个技术会议的发言，他都会在随身带的笔记本上起草。其实，潘家铮的大部分水工技术著作和论文，居然也是在笔记本上完成的。

如果翻阅这些笔记本，几乎可以清晰地看到潘家铮科学研究的线索，他善于总结、发现、归纳，点滴的灵感光闪都不会轻易放过去。如同作诗炼句，每有好句，马上记下来。在他的笔记本里，常常可以看到阅读国外技术资料时，某一词条的不同汉译记录。

1950到1970那个年代，硬皮笔记本对于知识分子而言，大至还算得上是一项奢侈文具，32开大小，纸质硬壳，内芯线装，横格25行。一般人的笔记本往往虎头蛇尾，或者率性随记，字体大小不一。阅读潘家铮的笔记本，真是一种享受。

潘家铮在钱塘江水电勘测处受过严格的描图、晒图训练，他一生都写一手标准的仿宋体字，记笔记的时候偶有连笔或速记痕迹，但平常整理笔记，字迹都中规中矩，横平竖直，堪为硬笔范帖。他的字，几乎都是 2 毫米见方，或者大一些，或者小一些，如蝇如蚁，字字排列，密中有疏，25 行横格被填得满满当当。文字之间留出足够的算式和图样位置，其实这已经是经过精心安排的书稿了。书稿煞尾的句号，正好终结在笔记本的最后一页。不知道他交付出版社排版印刷的是不是就是一本本硬皮笔记本？

邱永葆在磨房沟与潘家铮同宿在"积木山房"，他每天见潘家铮回到宿舍就伏案写作。他见到潘家铮在写一本弹性力学著作。其实，潘家铮在总结的是 1965 年到 1966 年一年间在锦屏工地为年轻工程师举办的讲座稿。邱永葆记忆也有误，这几册笔记本并没有散失，它们被潘家铮完好地保存了下来。在磨房沟那些日子里，潘家铮将数年前的讲稿重新回忆整理，已经是一套体量庞大的丛书，书名叫作《锦屏科研成果集》，邱永葆见到的是其中之二，叫作《平面弹性力学手册》。

总结这套书，当然百味杂陈了。锦屏工程还没有见眉目，接着受召前往大渡河上的龚嘴水电站，接着是惨烈的"文革"之祸。重回磨房沟，重坐在桌前整理当年昏暗灯光下那些讲稿，他的心情让一行行汉字如同灌浆的禾苗一样直立起来。

这个《平面弹性力学手册》就是一部书稿模样了。翻开硬皮封面，左侧是一段"毛主席语录"，摘录于《为人民服务》。然后是扉页，页首居中书"锦屏科研成果"，接下面为曲线方框，框内写书名，居中，"平面弹性力学手册"，页下端，为"水利电力部上海勘测设计院"，错开一行，再写"潘家铮　著"，再低一行，"1965—1966，于四川"。

扉页背面，大方框内，自拟"重腾（誊）前言"400 余字。

本手册原稿写于锦屏及龚嘴，原系供锦屏力学讲座之用。通过伟大的无产阶级"文化大革命"，深深觉悟到："在现在世界上，一切文化或文学艺术都是属于一定的阶级，属于一定的政治路线的。为艺术的艺术，超阶级的艺术，和政治并行或互相独立的艺术，实际上是不存在的。"我更觉悟到，如果不高举毛泽东思想伟大红旗，不突出政治，只讲究业务，只帮助别人钻研业务，这业务会变成资产阶级的工具，就会起腐蚀青年的作用，有百害而无一利，这是我最深刻的教训。

在准备这份讲稿时，曾化（花）过辛勤的劳动，手册内容，对社会主义建设事业也可能有些作用。原稿已模糊难辨，因此将它重新腾（誊）录于此。我深信，只要念念不忘阶级斗争，念念不忘无产阶级专政，念念不忘突出政治，念念不忘高举毛泽东思想伟大红旗，认真彻底地改造自己的世界观，我将有新的生命，新的前途，能够做一个无愧于毛泽东时代的真正的人，而这本手册也会真正起对同志、对建设事业有利而不是有害的作用。

接下来，是目次。他的自拟前言，显然是经历过一场劫难之后学会的自保策略，数个"念念不忘"排比下来，跟条分缕析的平面弹性目录相比照，产生一种莫名的反讽效果。

在北京的那些日子，因为借调身份，因为是戴罪之身，他很少参加政治活动，不出差的时候就坐在办公桌前看东西，写东西，笔记本不离手。即便是开会，也常常是闭目沉思，沉默寡言。外面的世界如何变幻，他心里的那个科学和技术构成的世界，从来没有过沦陷一角。其实，最困扰他的，还是工程技术问题。

比如锦屏。关于锦屏工程，他留下来有厚厚三大本《锦屏工程技术笔记》，关乎锦屏工程的各个技术细节他都有着非常深入的思考与构想，因此，1965 年 9 月赴京汇报的时候，关于锦屏工程的介绍非他莫属，而且一讲就是 3 个小时。但有一个技术细节一直没搞清楚。这就是"关于相邻隧洞衬砌分析"的研究。

当时，锦屏工程需要在海拔千米的大山之下打 3 条 19 公里长的长隧洞。隧洞属于地下结构，如果是单条隧洞的衬砌，力学分析早已经解决，但是 3 条平行的隧洞，情况就不一样了。而如果多条隧洞相邻距离较远，可以不考虑相互之间的影响，可按单条隧洞进行分析，但锦屏的 3 条隧洞之间的距离较近，就不得不考虑彼此之间的影响。早在 1965 年，潘家铮在第一次进行相邻隧洞之间应力结构影响分析的时候，就发现要做出精确分析，是一件异常复杂的事情，于是决定用抓住重点逐步接近的解法。

首先，假定每条洞子的衬砌无限刚固，并发生指定的"膨胀"，计算围岩的应力状态和衬砌面上的接触应力，这是基本解；然后，再"放松"衬砌刚度，在衬砌和围岩之间进行力调整，是为补充解。在做补充解时，又暂时不考虑洞子间的相互影响，由此产生的误差放在第二轮中消除，直至收敛。实际上，相邻隧洞不可能过分靠近，只要求出基本解和第一轮补充解就可以满足要求。这里最重要的工作是推求基本解。

他终于找到用复势函数和双极坐标系统来求解的方法。来回推导、计算，当年在锦屏一有空就投入其中，半年多来几乎是废寝忘食，后来因为调到龚嘴水电站耽搁下来，随后回上海接受批斗，随后数年的牛棚。即便在牛棚里，断断续续还做着推导，希望有所突破。1972 年重赴磨房沟，终于得出基本解，进而又获得第一轮补充解，并算出一个例题。

这样的成果当然令潘家铮欣喜，但更让他欣慰的，是在推导空间解析几何公式时，对空间几何元素间的关系形成终生受用的概念，这是阅读现成教材不可能收获的。这项持续数年的研究，潘家铮非常熟悉地掌握了用曲线坐标体系和复势函数解题的技巧，若不是亲自动手推导，绝难有此效果。

潘家铮很快将这项研究成果写成论文，再花工夫绘制图表，打算投给《数理学报》发表。只是，有一天潘家铮到北京外文书店，看到一套国外的影印资料，叫作《TSTM》。70 年代，各地外文书店都有外文技术性资料出售，大概也明白，技术性问题确乎不存在什么阶级性，终于网开一面。潘家铮在这份期刊上赫然发现其中一篇文章就是讨论"基本解"的，尽管标题不同，解答形式迥异，可潘家铮知道，这不同，那不同，本质是相同的，而且算法要简洁得多。再细看，期刊的日期要比潘家铮推导出的结果要早上整整一年。这对潘家铮打击甚大。

如果他将已经写好的论文在国内发表，也没有什么问题。那毕竟是闭关锁国的年代，何况这是自己独立研究近 10 年的成果。可是，受过严格学术训练的潘家铮知道，这样做，已经不是什么成果不成果的问题，事关科研品格与伦理。所以，他老老实实重新将写好的论文修改一遍，并将《TSTM》的研究成果及文章的作者写进去，论文的重点只能放在第二部分去。这篇论文直到 1979 年才在内部刊物《地下工程》第 1 期发表，只是其原创性就大大降低。退而求其次，此项花费精力的研究，终还是有所得的，况且尊重事实本身，让潘家铮心里安稳许多。

莫道我心灰已久

当年，白居易赴长安赶考，得中举人。投诗拜谒诗人顾况，顾况看看他的名字，对他讲："长安米贵，居弗易也"。这话颇含深意。

身居京城，米贵倒在其次。一日三餐有部里食堂供应，虽然每天不是馒头就是面条，这让潘家铮要适应很长一段时间，无非要改换饮食习惯。但"居弗易"也却是真的。潘家铮身居京城，祖国的政治心脏每一次跳动连平民都能感觉到，何况他还在国家部委。

1971 年"九·一三"事件之后，中国的政治形势发生着微妙的变化，潘家铮借调水电部的 1973 年，"文革"已是强弩之末，国民经济被"左"倾的狂热推向崩溃边缘。

因为被水电部基建司一"借"再"借"，参加全国水电项目的设计审查和解决具体工程的技术问题，借调之身的潘家铮，已经开始对全国的水电建设有了宏观性的了解。

此时的全国的水电建设状况让潘家铮痛在心头。

水力发电总局和科研单位在潘家铮再赴锦屏磨房沟的 1970 年撤销下放，相当于战场上统筹大兵团作战的指挥部与参谋机构全部失灵，水电建设的前期工作的安排和开展一片混乱。资料尽毁，队伍分散，勘测设计严重落后，设计储备不足。勘测落后于设计，设计落后于施工，不按规程进行勘测设计，不按基建管理程序进行建设，其造成的损失难以数计。在建工程因设计跟不上影响施工，甚至被迫停工缓建补做勘测设计，亟待开工的项目却又拿不出设计不能开工。

"文化大革命"开始之后，小小的磨房沟水电站建设工地顿时变为战场，造反组织分为几派，执枪弄炮，血溅麻哈渡，工程建设陷入瘫痪。磨房沟如此，其他水电工地莫不如此。水电系统各部门和单位的正常组织系统均被夺权，领导干部和技术人员鲜有逃脱被批斗和关牛棚的厄运，派系林立，不少单位发生了武斗。在此种情况之下，工程正常生产秩序被完全打乱，管理松弛，工程进度一拖再拖。

中国水电建设刚刚起步的"一五"期间，新安江水电站作为期间建成的唯一一座大型水电站和全国示范工程，从开工到第一台机组并网发电，仅用了 3 年时间，而同时开工的中型水电站，工期也不过 3 到 5 年时间。新安江等工程的奇迹也仅仅是昙花一现，此后开工的水电工程的工期越拉越长，特别是"大跃进"时期上马或者"文化大革命"时期开工的工程，有一半以上的中型水电站发电工期超过5年，甚至10年以上，因而有的工程于"大跃进"时开工，经过"文化大革命"的干扰，变成了"胡子工程"。如潘家铮后来参加设计的磨房沟水电站，1965年开工，直到1972年才发电，以上海院雄厚的技术力量，本来靠几个"虾兵蟹将"就可以在两三年内发电的中型电厂，一拖竟拖了7年之久。而大型水电站的情形也不容乐观，60%的发电站工期超过7年，40%超过10年。2座100万千瓦级的水电站，刘家峡和葛洲坝水电站，从开工到第一台机组发电，工期分别是十年半和11年，即便刨去中间停工和复工耽误的时间，两座水电站的工期也分别在7年和9年。

其时，水电建设队伍的经营方式仍然沿袭大兵团作战的模式，每一个工程局既是建设者，又是施工者，建好水电站交运行单位管理。工程预算执行国家定额，人员工资标准统一，财务统收统支。工程投资有节约，全部上缴，投入超额，又由国家全包，施工单位管理费用实报实销，窝工现象特别严重。施工单位没有经营自主权，也没有自我发展的能力，水电建设者都是干一日混一日，没有什么积极性，更谈不上创造性。有的施工单位则长距离调动，职工拖家带口，长途奔袭。比如，水电工程六局在1966年由东北调往四川渔子溪水电工地，刚刚有了安居乐业的底子，9年之后的1975年再从四川调回辽宁太平哨。

"文革"冲击之下，本来受"大跃进"冒进挫伤的水电建设，再度陷入极度混乱的局面，20世纪60年代初期调整、整顿之后刚刚建立起来的正常秩序完全打乱，不复存在，加之勘测设计队伍下放、解散、撤销，建设工程实行边勘探、边设计、边施工的"三边"施工模式，简直到了无法无天的地步。以葛洲坝工程为例，勘测工作刚刚开展，地形地质条件眉目还很模糊，设计中的许多重大技术问题尚未弄清，仅凭领袖的一纸批示，初步设计方案迅速通过，工程于1970年仓促开工。开工之后，又是大兵团作战，又是"三边"工程，根本谈不上像样的质量监督保证，施工质量出现严重问题，大坝基础混凝土出现严重质量事故，不得不在2年之后的1972年11月全面停工。

潘家铮参加过的龚嘴水电站，坝址优良，本来设计210万千瓦的水电站，因为给成昆铁路让路，不得不按"高坝设计，低坝施工"分期开发，由210万千瓦降为 70 万千瓦。潘家铮回上海接受铺天盖地的批判，龚嘴水电站则在此起彼伏的革命口号中再度隆重开工。这时候，工程质量就更难以保证了，而军管会胡乱干预，竟然把大坝施工必不可少的混凝土温控措施全部取消，一些坝体混凝土开裂严重，不得不纵缝灌浆，做补强处理，水库蓄水位大大降低，发电能力再打折扣。

例子举不胜举。水电部门后来总结这段历史时，做如是痛心的描述：

"文化大革命"的严重破坏，给水电建设的机体造成致命的内伤。领导机构撤销，把"中枢"阻断；前期工作落后，让"龙头"呆滞；建设管理混乱，使"躯体"魄荡魂摇。"工期马拉松，质量没保证，投资无底洞"就是水电建设"重病缠身"的表现，水电发展日渐陷入无法自拔的"泥潭"，走出困境，已十分迫切。[236]

潘家铮表面上平静而沉默，其实他是忧心如焚。有些话只能跟知心朋友们说一说。昔日在新安江、锦屏的同事有时候出差到北京，一定要来看看他。老友来访，执手相看，枯眼相对，百感交集。

客来闭户且登楼，枯眼相观尽楚囚。
敢把头颅供斧钺，只馀肝胆傲公侯。
百般罗织书生罪，十族株连元老愁。
身后是非谁管得，腥风血雨遍神州。

十年尘事等浮沤，握手惊看鬓已秋。
闭门求安偏有耳，出身处事怕伸头。
人言世界原如毁，佛说天堂不可求。
莫道青衫甘落拓，只缘媚骨未曾修。

236　参见《中国水力发电史（1904—2000）》第一册（第一稿），中国电力出版社，2005.1，第 200 页。

莫说个人的命运折射着国运，哪怕是一座小小的水电站，哪怕水电站大坝一仓混凝土的浇筑质量又何尝与政治形势没有关系？他仅仅是一名普通的工程师，正值壮年，正处于科研和事业黄金时期，也是精力和创造力最为旺盛的时期，面对复杂的技术和科研攻关，他可以倾力投入，山重水复，柳暗花明，应付裕如，由数据和力学分析组成的技术空间可能成为暂时的精神家园。

只是，世界上还没有一门离群索居的科学，更不用说科学家本人。

潘家铮后来整理自己那个时期的诗作，颇费功夫。那些诗都是用自己发明的"反义词"法、《新华字典》检字对应法以及圆周率填字法写的，后来整理，心下窃喜，但毕竟是在抚摸那一段不可回首的岁月，其心情当然是复杂的。

那一段时间，潘家铮沉默寡言，但心情究竟复杂，起伏不定，喜而后忧，忧后而喜，忧喜参半。一介书生，固然人微言轻；戴罪之身，躲避尚且不及。但历乃祖乃父而下的中国传统文人情怀遗传如此顽固，潘家铮怎么能装作没听见，假装没看见？

1974 年四届人大之后，邓小平复出，开始大刀阔斧对国民经济建设进行全面整顿，潘家铮有过一段短暂的欢悦情绪。1975 年下旬，由邓小平主持、胡乔木起草的《工业十二条》和《科学院汇报提纲》相继出台。全国工业、交通出现一线转机，尤其是知识分子，从中看到的不仅仅是一线希望，将近十年，阴霾郁积，都有一种出了口恶气的舒畅。

这样欢悦的情绪并不持久，殷忧再度袭上心头。

他看到报纸上张春桥春风得意地站在邓小平旁边，俨然"并肩王"，顿生厌恶。潘家铮在上海嘉陵大楼批斗会上挨一记老拳，鲜血流淌的时候，此公正在黄浦江畔呼风唤雨春风得意。于是有诗。

媚外颇有术，视民不如畜。
只手翻风云，顷刻变荣辱。
位至并肩王，依旧心不足。
大树未倾倒，猢狲且角逐。

要说潘家铮有多高的政治前瞻性也谈不上，这只不过是一个普通知识分子的朴素情感表达。1975 年邓小平复出之后的若干整顿措施至少让水电工程建设逐渐走向正轨，这让潘家铮心里多少有些宽慰。但他总是担心。

不出所料，清华大学党委副书记、革委会副主任刘冰两次通过邓小平上书毛泽东，揭发把持清华大学的迟群、谢静宜，毛泽东大为震怒，认为刘冰所为代表着一批老干部对"文化大革命"的不满，情势急转直下。

当时，毛泽东要求邓小平对"文化大革命"作一个总结，邓小平以"我是桃花源中人，不知有汉，无论魏晋"加以拒绝。

刘冰上书事件发生的当月，毛泽东批复《打招呼的讲话要点》，指出："清华大学出现的问题绝不是孤立的，是当前两个阶级、两条道路、两条路线斗争的反映。这是一股右倾翻案风"。"批邓、反击右倾翻案风"运动席卷全国，刚刚见效的整顿形势发生逆转。学习会，批判会，人人发言，义愤填膺。单位每天要开三四个小时的批斗会，每天潘家铮要苦苦挨到下班，这中间自然少不得表态发言，说些大而无当空洞无物的违心话。以自己对政治运动那一套"一轰、二松、三空"的判断，紧张一段也会过去。

开始，他还能够泰然处之，以为这运动也很快会过去，但这一套应对方法这时候又不灵光了。他可以为一座水电站在极其复杂的地质、地形和各种应力之间找到最佳的平衡点，然而政治形势的不确定性则远在他的经验之外。

1975 年年底，由邓小平主持的整顿工作历时 9 个月被全面停止。潘家铮隐约看出，在中枢人事安排上，邓小平是永无复出的可能了。此时的诗人潘家铮像一个押注押输了的赌客一样万念俱灰。1976 年年初的某一天晚上，素来滴酒不沾的潘家铮上街买了一瓶葡萄酒，带回宿舍自酌自饮，苦酒浇愁，诗情涌动，一首近千言的"短歌行"在微醺中草就。

这首"短歌行"一唱三叠。他忆及邓小平复出九月的整顿成效，做如是评说：

国事如山，伊谁可付。元戎卓识，选贤为助。

革命元老，长征干部，有错坦陈，有愆勇补。

东山再起，旧僚为伍。众望所归，长城自许。

口没遮拦，胸有城府。交见肝胆，言倾肺腑。

既悉国情，更谙民苦。革命是抓，建设是虑。

调查整顿，排除干预。顿见气色，渐复伦序。

棱角未磨，气壮如虎。蛀虫见清，强敌外拒。

敢捅蜂窝，敢摸屁股。决心胜铁，目光如炬。

火汤直蹈，冰渊径履。不畏颠仆，何惧斤斧。

宁骨扬灰，宁头被锯。英风正气，卓然千古。

吓退城狐，惊散社鼠。黎元兴起，宵小趑趄。

颂者亿万，攻者屡屡。风云陡变，大错永铸。

潘家铮这里的"城狐""社鼠"既有所指，又非具体人，指的是深藏在人性深处的懦弱和卑琐。发动"文化大革命"固然是某一个人的错误，但是运动过程中助纣为虐，随波逐流的并不都是造反派。1975年11月，政治方向甫一转变，潘家铮惊奇地看到许多领导纷纷登台大骂邓小平，有一首《哀邓诗》，说的正是此种"城狐""社鼠"作为：

纷纷狐鼠入京关，孤掌何能挽逆澜。

人民效为翻覆手，世唯赏识逢迎官。

九州铸铁从头错，独木支楼退步难。

莫惜盈门宜客尽，牛羊本不恋山峦。

微醺之中，诗人情不能已：

白云苍狗，沧桑忽度。昔日元勋，忽成粪土。

复辟大盗，修正鼻祖。批臭言行，剪尽党羽。

下井落石，不乏其侣。形成粪蛆，声赛鹦鹉。

指鹿为马，兆民气沮。有耳称聋，有目装瞽。

既不能言，又何敢怒。贤良引退，新贵乱舞。

运其将尽，日其将暮。

抽刀断水，举杯消愁。愁山恨海，此心何甘！《短歌行》煞尾处，发出如《天问》般的质问：

嗟吁乎，
天不可欺，民不可侮，是非曲直，竟在何处，
问天不言，我亦无语，狂歌当哭，泪下如雨。

"短歌行"长吟未绝，1976 年 1 月 8 日，周恩来总理逝世。纸花如雪，万众相送。长安街头，车流如河。深冬的风里，有潘家铮瘦弱的身影厕身其间。

潘家铮对周恩来总理的感情是真挚的。1958 年，周恩来总理前往新安江工地视察，给因为工程质量而全面陷入低谷的新安江工地非常大的鼓舞。不能说惊动周恩来总理与潘家铮那一百多张大字报有直接关系，至少有间接的关系。前往北京向周恩来汇报的，正是与潘家铮"气味相投"新安江工程局总工程师潘圭绥。周恩来视察新安江，解决了一系列工程面临的问题。他当然无缘近距离陪同周恩来，但他对周恩来的钦敬是由衷的。之后，潘家铮转战各水电工地，尽管身在基层一线，周恩来关于水电工程的一系列指示在水电系统广为传播，其中"战战兢兢，如履薄冰，如临深渊"，这句话让潘家铮记了一辈子。

所以，他的悼周诗中有句："广布春风尽沐恩，岭南塞北共招魂。九原有友应相见，四海无公不可论"。

1976 年 2 月，潘家铮在对外司订阅的"大参考"上读到一篇文章，刊登有"伍豪叛变"的文章，矛头直指周恩来。潘家铮错愕惊心，心情恶劣到了极点。

阴风卷地作春寒，满眼红残不忍看。
鬼蜮行踪奸若此，功勋结局恨何堪！
盗名阉宦一时盛，不废江河万古澜。
莫道我心灰已久，泪花如雪几曾干。

杞忧、哀伤、愤怒，诗句在笔迹零乱的笔记本里循着特定的轨迹像冲冠怒发那样直立起来。潘家铮在那一份《大参考》上大大打了一个红叉，一夜未眠。

批邓，发"天问"而无语；周逝，则更忧心如焚。国家形势变化远远超出工

程师潘家铮的预想，同时，整个社会和民间的觉醒与蕴含的巨大反抗力量同样出乎工程师潘家铮的意料。

谱一曲《女皇惊梦》

1976 年春节，潘家铮回上海过春节，他称这个春节是"阴沉沉灰溜溜"。原来的老同事于志远工程师一见到他，手里正好拿一张报纸，就对他讲："你看看你看看，批邓批邓，批的什么东西！再批下去国家怎么得了？"然后把报纸往潘家铮面前一扔，仿佛这个决定与身在北京的潘家铮不无干系。潘家铮心里是又惊又惧，惊的是老同事跟他是"英雄所见略同"，惧的是这样的话，他潘家铮是绝不敢在公开场合这样讲的。他只能报以一声长叹。

正月里，上海的天并不晴朗，各种各样的传闻在耳边汇集、分解、丰富，有鼻子有眼，这些传闻的传播速度之快，传播渠道之丰富与驳杂，任何一样现代通信工具与之相比都显得苍白和刻板。

潘家铮还见到一位上海机械学院马列主义教研室的老师，是他一位亲戚。他从北京南归，亲戚神秘询问："是不是毛主席年事太高，人老糊涂了？你在北京听到过什么？"潘家铮唯唯。他甚至听到上海有传闻，毛主席已经去世，北京方面秘不发丧。潘家铮摇头连连。

批邓刚开始，北京开始抓所谓"反革命谣言"，"四人帮"内心的恐惧与虚弱倒是暴露无遗。

1976 年 4 月 5 日清明节，万千群众自发悼念周恩来活动，很快演化为天安门广场上声讨"四人帮"倒行逆施的"四五运动"。住在白广路招待所，距天安门不能说远，可他硬是没有挤到天安门广场上去，街头巷尾驻足留连，那场面足以让他心潮起伏。他亲眼看到群众自发的运动被镇压下去，堆积如山的花圈被清理，斗士被抓下狱。阴霾满都城，黑云罩华夏。潘家铮和全国人民一样陷入更为黑暗的政治压力之下。

他可以在批邓会上说些违心的话，可以在同事视野中沉默不语，也可以装作什么都不关心，可他的心却不能让手头的笔停驻下来，血脉贲张，下笔成诗。

英雄碑畔血花香，天道无知此下场。

折槛功勋工骂座，吮痈阉竖擅催妆。

江山寂寞笼愁雾，黎庶昏昏入梦乡。

剩有伤心狂客在，反诗偷写泪成行。

七律写罢不过瘾，再拟岳武穆填一阕《满江红》，自己读着，荡气回肠。不录。

挨到 7 月 28 日，唐山大地震。这时，潘家铮的居住环境有了一些改变，从白广路的招待所迁到六铺炕的单身宿舍。单身宿舍当然简陋，是那个年代全国机关单位随处可见的筒子楼。潘家铮还是经心设计了一番。床头置了一个小书架，方便临睡之前随取随看。以潘家铮的读书习惯和读书速度，不多时日，书架上就很可观了。唐山陆沉，山颓河阻，他正在睡梦之中，床头的一架书全都掉下来砸在他身上。他以为屋倒梁塌，其命堪忧，后来才发现压在身上的是书，坐起身往外跑，大院里已经是人声鼎沸了。

接下来余震不断，北京的居民都在宽阔地带搭抗震棚避难。潘家铮也在院子里用塑料布搭了一个抗震棚，要在那里住上几个月的时间。

大灾当前，解放军和国家部委迅速抽调抗震救灾队伍赶赴唐山，潘家铮作为专家组成员也在水电部抗震救灾队伍之列。他们星夜奔袭，待赶到唐山，眼前的情景让潘家铮特别震惊，到处都是残垣断壁，瓦砾遍地，尸填沟壑。他看到解放军战士和受灾群众奋不顾身日夜在挖掘，在救人，在埋尸。可是，高音喇叭上面"批邓反击右倾翻案风"的声音并不因灾难而稍减，而且拒绝一切外援。潘家铮甚为愤懑，无以表达。这些，均有诗记录。

接着毛泽东去世。潘家铮在水电部大礼堂听到这个惊人的消息，几乎不敢相信自己的耳朵，等他明白过来这确实是真的，发现自己的眼睛里已经蓄满泪水。震惊。悲伤。迷茫。混乱。

潘家铮看到周围的同事们每天都沉浸在悲痛中不能自己：毛主席去世了，中国怎么得了？他突然在心里冒出一个大逆不道的念头：毛主席去世，说不定会给陷入绝境的中国局势带来转机。斯大林去世之后苏联的变局他是知道的，林彪盛极而衰最后折戟沉沙给中国带来的变化也亲身经历过。眼下沉闷而压抑的政治气氛表面上看不出什么，实际上是火山爆发前暂时的沉寂。

果真是这样吗？他当然对自己这个判断并不十分自信，他一个工程师不可能获得更多高层信息，所以，这样的判断少半来自于经验，大半则出自于胸臆。

还是有办法获取信息的。经历过从 20 世纪 50 年代以来各种政治运动的许多中国人，大都有一套解读政治气候发生微妙变化的方法，善于在报纸公开发布的社论词句口气变化、领导名姓排列顺序、领导人露面频度捕捉某种信息。不需要逻辑推理，也没有逻辑推理，更没有实证，也不需要实证，全靠第六感的敏锐。但这一套方法并不是人人都具备。潘家铮也是在磨房沟从别人那里学来的，不然他也不会突然知道"九·一三"事件消息被吓得差点跌在地上。

一旦掌握了这项技能，潘家铮青出于蓝，很快就有所得。就在"四人帮"被隔离审查的 1976 年 10 月 6 日当晚，他还真的从报纸编排的细微变化中爬剔出一些疑点来，这些疑点一点一点汇集，终于现出事件真相的模糊轮廓。事实上，在此之前，一些小道消息在北京的各个角落四处流传，从字里行间拼接起来的事件变得越来越清晰，激动，紧张，又不敢相信。抬眼望，秋阳正高，天际那头，雷声隐隐。

如果在"四人帮"主要成员被隔离审查当日就有所察觉，真够得上神奇了，而周围的众多专家在消息公布前半个月内居然没有任何反应，倒让潘家铮显得更加神奇。

1976 年 10 月 6 日，"四人帮"主要成员被隔离审查，当晚，迟浩田受命接管《人民日报》。粉碎"四人帮"消息正式公布还要等到 10 月 18 日，中共中央下达 16 号文件，向县处级以上领导干部通报粉碎"四人帮"的消息。然而，此前将近半个月，这一关乎国家和民族命运的重大事件已经明朗，报刊社论、评论，包括领袖语录的引用都发生了 180 度的大转弯，再加上民间小道消息，民众的热烈反映，就差捅破那层窗户纸了。但是，沉浸在大坝拱梁计算中的那些专家们居然浑然不觉，怎么让潘家铮不感到神奇？就如同偶得佳句，却无法找到倾听者，潘家铮甚是沮丧，他希望大家都能够察觉到些什么，希望这些同自己一样的老同事老朋友们能够一吐心中恶气。

直到 10 月 11 日，水电部基建司组织专家召开"拱坝技术研讨会"。对拱坝情有独钟的潘家铮心思哪能放在试载法、有限元法计算方法上面？这些计算方法在平常是让他夜不成寐的，但今天可以暂时放下。参加会议都是中国坝工方面的顶级专家，对窗外已经如惊雷一样的消息竟然充耳不闻。潘家铮本来想通过他们获得一些更新的消息，看他们这样，气不打一处来。他找到老朋友朱伯芳，朱伯芳正在房间里准备会议的发言，潘家铮看他真的是不知道外面发生了什么事情，思路一直在拱坝的缝隙之间进出。潘家铮在回忆文章中记载颇为传神，转写为现场情景如下：

潘：啊呀，老朱，你在准备发言？业务当然重要，但国家大事也得关心关心啦！

朱：那是，那是。

潘：喂，老朱，你不觉得这几天形势有些微妙吗？

朱：什么？

潘：你没有察觉一点蛛丝马迹吗？

朱：没有啊，你又察觉了什么？

潘：嘿，（放低声音）这次去机场迎接外宾，为什么是华国锋、李先念去，而且两个人那么兴高采烈呀？

朱：那有什么奇怪？

潘：你可注意到有些活跃的人，好几天没露面了哩！

朱：他们也许忙着啦，你别胡思乱想。

潘：那么你注意到没有，最近报上在批判有人篡改毛主席指示的文章吗？

朱：报纸上的文章还不是老一套。篡改毛主席的话当然要批喽。

潘：唉，你怎么不想一想，哪些人有资格篡改毛主席的指示呀？你和我想篡改改得成吗？

朱：对，谁能篡改，难道是毛主席的秘书……

潘：秘书哪有这么大胆子，我看是那些上海帮！老朱，有限单元要搞，政治也要关心关心。

朱伯芳听潘家铮这么一"点化"，马上沉默了，只是，拿笔的手哆哆嗦嗦不住颤抖。

10月18日中共中央正式公布粉碎"四人帮"，10月23日，首都各界百万人大游行。时称为"双庆"大游行。一庆华国锋担任中共中央主席、中央军委主席，二庆粉碎"王、张、江、姚"反党集团。潘家铮花费月余光景在报刊字里行间的爬梳推测，终于变成了现实，他长长地吐了一口气。

10 月 18 日公布消息当天，潘家铮的诗行破天荒没有以他自己发明的"密码"方式出现，如杜甫闻官员收河南河北，漫卷诗书，喜不自禁：

喜听风雷下九重，元勋奋臂缚群凶。
万民戟指舒公愤，当道汗颜羞曲从。
豺虎嫌腥应不食，乡邻恨咂逐难容。
迷途十载今知返，行看神州起蛰龙。

　　潘家铮并不比别人更有理由高兴，更有理由感到出了一口恶气。对外司学习会，潘家铮不再沉默，发言踊跃。年近半百的潘家铮，再次显示出"文革"之前"潘总"的论说才情，词采飞扬，条理清晰，用语犀利，大家都觉得"潘总"说的都是他们骨鲠在喉不吐不快的话，同时，又惊奇这个精于工程力学计算的专家像一夜之间变了一个人。不久，他们不知道怎么拿到潘家铮以杂剧套曲形式写的《女皇惊梦》，在处里、司里轮流传阅，读的人莫不笑得前仰后合。当时，杨定原刚刚从干校"解放"回到对外司，见大家都在传阅"潘总"的这个东西，拿过来一看，真是妙趣满纸，解恨至极。

　　这么一个好文章，当然不能独享，处里几位也是好事，把整本曲子抄成大字报贴了出去，一时间轰动水电部，以至于部机关的公务员都开始注意到这个平常默默无闻的"借调"专家。

　　这个曲子其实也是一时兴起之作，倒与他当时的心情相匹配的。

　　粉碎"四人帮"的消息公布，循例，司里举行的政治学习也从"批邓"转为揭批"四人帮"，沉闷空气一扫而空。揭批不足，大字报补充。大字报能从四楼一直贴到一楼，色彩斑斓，煞是好看。司里倒很有几个人知道潘家铮的底细，动员潘家铮可不可以写点"有滋味"的大字报？他不免心动，更是技痒，盘算了好些日子，独出心裁，写就这曲《女皇惊梦》。整个形式套用汤显祖《牡丹亭·游园惊梦》一折。待到真正动笔，才犯了难。因为写曲需要参阅古谱古韵，浩劫十年，古籍尽失，手头除了《新华字典》之外，就是自己雪夜闭门抄录的《辞精》一部，杂剧的底子倒是不浅，少年时读《西厢》差点闯祸，一部《西厢》倒还存在脑子里的。可贸然写曲，仅凭一部《西厢》底子怎么应付？岂不贻笑大方？后来一想，也罢，大字报，又不是正经演出的脚本，即便平仄不调，上去不分，失韵出韵，又有何妨？

花两个晚上，一曲《女皇惊梦》出笼，示与同事，反响如预期，同事们传阅不过瘾，找来墨汁纸张抄录一过贴了出去。不少人驻足观看，品咂良久，捧腹而去。

大字报内容已经是其次，更多的人才知道，这个"潘总"真是不可小觑，业务精湛已属凤毛麟角，如此扎实的文学底子是什么时候打下的？好奇，惊叹，钦佩。

功底扎实，倒是不假。曲调酣畅，颇有可圈可点之处。

女皇梦醒，惊呼痛哭：

【赚煞】人散金谷园，梦醒长生殿，依旧是隔离在冷宫深院。咬假牙这口气儿难下咽。（哭叫介）那大小亲信爪牙打手呵（唱）要为俺大江皇朝翻案平冤。快燃烧处处烽烟，搅起波涛泼天，成功在眼前。纵使历史车轮已经难翻转，也捞个臭名儿含悲咬恨入黄泉。

一折写罢，东方露曙，意犹未尽。再填一首《摸鱼儿》：

痛元戎，驾鸾归去，神州千里愁雾。
精生白骨幽魂现，搅起浪涛风雨。
情难诉，寻破砚残毫，漫写兴亡谱。
铜琶铁板，把鲁国优伶、聊斋狐鬼，怕入短长句。

君听取，佛说兰因絮果，寻思知在何处？
婆娑宝树菩提境，哪有一丝依据！
帘偶露，看宝相华严，却是窥人虎。
痴儿呆女，莫误认当真，焚香顶礼，错上葬身路。

大字报不妨口诛笔伐，站在政治道德高度嬉笑怒骂，一吐胸中积压了十年的恶气。诗人毕竟是诗人，终是良善之辈，将一丝惋惜写进词里了。

潘家铮传

第十一章
春天的故事

东江词韵

已经是 1977 年 11 月了，潘家铮是寻着一阕宋词来到湖南的东江边上的。或者说，因为这一阕词而对东江情有独钟。

这词，便是北宋秦观的《踏莎行》。

雾失楼台，月迷津渡，桃源望断无寻处。可堪孤馆闭春寒，杜鹃声里斜阳暮。
驿寄梅花，鱼传尺素，砌成此恨无重数。郴江本自绕郴山，为谁流下潇湘去？

这首词每每让潘家铮击节。他评述《踏莎行》"写尽羁旅之愁、逐客之恨。秦少游的词境本来最为凄怨，所谓'淮海……古之伤心人也'，这首词中更发挥到极致。特别是四五两句，孤馆、春寒、杜鹃、斜阳，感人之深。至于最后两句，词人的满腔幽怨无处宣泄，竟责问起郴水来了：你为什么弃郴山而入潇湘？这种责问属于'无理而妙'的范畴"。此段评述，甚是精到，反过来亦可见他对此词的喜欢程度了。

他对产生这首词的郴州，甚至秦少游旅居的馆舍心仪已久。早年赴海南东方水电站、广东流溪河水电站工地，在火车上远远看见过八百里洞庭，还有"郴江本自绕郴山"的郴州，奈何匆匆过客，远远地，连这座三湘古城的轮廓都没大看清。这样，就等到 1977 年的 11 月。

也就是在这一年，潘家铮年届五旬，尽管还是"借调"之身，可并不影响潘家铮从心底里激发出来的热情。粉碎"四人帮"，全国的经济建设百废待兴，水电行业也不例外，而且由于电力严重短缺，加快水电建设的呼声越来越高，过去涣散、粗放甚至失灵的工程组织与设计显然不能适应形势的发展，各在建工程的问题越来越多地显现出来，水电站基建司像一个救火队长一样在全国在建的水电工地上奔忙，潘家铮被一"借"再"借"，忙得不可开交。他忙碌着，心情却十分愉快，他不再彷徨，不再茫然，他有了自己的舞台。

安徽弋水之上的陈村水电站，早在 1958 年就开工建设，1962 年停建，1970 年复建，复建之后遗留问题严重。因为拱坝基础内的地质构造影响到大坝稳定和安全，建成之后，一直不能按原设计蓄水。于是准备在基础内开挖、回填混凝土处理。潘家铮参加审定，他仔细分析这个尾工施工方案，认为不可行。一来，水库已经蓄水，再在基础上开挖回填，施工难度非常之大，二来，这个方案未必能够解决长期困扰水电站的痼疾。

因为有乌江渡水电站高压灌浆的成功实践，他建议改用高压灌浆和大口径钻孔回填方式处理。结果效果如预期那样理想，陈村水电站终于可以按原设计满蓄水发电。

在赴东江水电站的那一年，他就来过湖南两三趟，被部里的基建司"借"来审定湖南酉水之上的凤滩水电站和马迹塘工程。

凤滩水电站同"文革"时期所有在建的水电站一样，是典型的"三边"工程，大坝已经开工，坝型还没有完全定下来，施工过程中才改为空腹重力拱坝。施工过程中所谓"土洋结合"，实则"土"多"洋"少，建建停停，困难重重。也是受李鹗鼎之"借"，潘家铮前往协助解决。其时，凤滩水电站已经建了整整7年，工期拖得很长了，拱坝封拱和左岸边坡稳定困扰着工程建设，潘家铮用试载法分析空腹重力拱坝受力情况，再行封拱施工，同时，对左岸滑坡提出相应处理办法。1977年12月，再赴凤滩参加鉴定，决定凤滩水电站可以下闸蓄水。

在他技术生涯中留下印象最为深刻的，还是东江水电站。

倒不全是因为秦观的词，而是这里有一个非常适合建薄拱坝的好坝址。"雾失楼台，月迷津渡"，诗境里配合好坝址，足够激活潘家铮深藏已久的创造热情。

当年，潘家铮主持设计的流溪河薄拱坝是中国第一座薄拱坝，当初也是这般激动的。倒不能说他对薄拱坝情有独钟，大坝的地形地质情况千差万别，根据不同地形地质情况设计的坝型当然不可能千篇一律，工程师需要考量地形地貌、施工地质、施工条件、施工工期、工程造价等诸多因素，最后选取最优方案。坝型选择，并不一定新、奇就最优，是诸种因素综合的最后结果。

那已经是1977年11月份，孟冬时节。这一年，潘家铮非常忙碌，不是被基建处借去解决工程技术难题，就是被规划总院借去做技术咨询或审查设计。这一次东江水电站工程审查就是受规划总院之邀而去的。

这一次的兴致很高，或者说，兴致跟去别的地方显然不一样。

承担此项工程设计的是中南勘测设计院。潘家铮跟中南院有些交往，可谓"患难之交"。"文革"十年，中南院跟上海院一样，被撤销解散，人员分别下放到乌江、黄龙滩、海南岛等地，人员星散偏远山区，条件甚是艰苦。即便如此，中南院的技术人员还是完成了乌江渡、凤滩、黄龙滩、牛路岭等一系列大型工程设计。在"文革"之前的1965年和1966年，潘家铮就在乌江渡工程协助过他们，甚至在工地上还专门为设计人员办过培训班；70年代"复职"，再协助中南院完成乌江渡、凤滩等工程设计。中南院同志在艰苦条件下为中国水电事业无私奉献的情景，他亲眼所见。工人和干部每天吃咸菜、辣椒，啃硬馒头补充热量，山外面武斗的炮声不断，山里居然还有这样一群将自己的命运与中国水电事业牢牢捆绑在一起的人，无怨无悔，百折不挠。他们可钦，他们可敬，不独感动着前来协助工作的潘家铮，潘家铮前往附近国防科研单位去请求技术支援，国防科研单位看到乌江岸边居然有这样一群人，十分慷慨：就凭你们这种精神，我们也要支援到底！贵州还有希望。

其时，大山之外，贵州的武斗正渐渐达到高潮，所有的工作都陷入混乱与瘫痪。

东江水电站有何魅力呢？

湖南有湘江、资江、沅江、澧水四大水系，因湖南地势东、南、西三面高，北面低，水流沿着山谷汇入四水，从南向北流注洞庭湖再进入长江。四大水系的干流都流经平原，水力资源并不丰富，水力资源主要在支流上。

以湘江为例。湘江是湖南省流域面积最大的一条河流，发源于广西自治区临桂县海洋圩的海洋坪，称海洋河，北流入湖南省，经零陵纳潇水，茭河口纳春陵水，衡阳汇蒸水和耒水，衡山纳洣水，渌口汇入渌水，湘潭汇入涟水，长沙汇入浏阳河，新康纳沩水，至濠河口分左右两支汇入洞庭湖，全长856公里。湘江水系地处长江之南，南岭之北，东以罗霄山与赣江水系分界，西隔衡山山脉与资水毗邻。湘江主要支流潇水、春陵水、耒水、洣水、渌水和浏阳河由右岸汇入干流，支流祁水、蒸水、涓水、涟水、沩水从左岸汇入。

湘江在零陵以上称为上游，水流湍急，河水有时穿切岩层而过，形成峡谷；在零陵至衡阳之间为中游，沿岸丘陵起伏，盆地错落其间，亦有峡谷；在衡阳以下进入下游，衡山以下，地势平坦，河水平稳，沿河沙洲断续可见。湘江水奔走800多公里，收纳众多支流汇入。洞庭湖远远望见他逶迤而来的身影时，已经是一条非常硕壮的大江，八百里洞庭能够烟波浩渺，拥有"八月湖水平，涵虚混太清。

气蒸云梦泽，波撼岳阳城"的气势，湘江有一半功劳。

耒水，乃湘江上游一条重要支流，其上源称为"东江"，江水在郴州附近的资兴县东江镇附近一个峡谷穿出。这是一个花岗岩峡谷，呈 V 字形，山势雄奇，花岗岩完整而坚硬，无论是地形条件还是地质条件，是建造薄拱坝的绝好坝址，任何一个大坝工程师见到这样的坝址都会由衷地兴奋起来。潘家铮看罢东江水电站坝址的水文地质资料，毫不犹豫称之为"中国第一好坝址"。绝无仅有。

邀请潘家铮前往审查东江水电站工程的，是规划总院的地质工程师刘效黎。刘效黎在 1972 年就同潘家铮一起赴乌江渡解决过工程问题，潘家铮借调水电部之后，还有过许多次共事。潘家铮很欣赏她的才干，评价她"不仅业务精通，经验丰富，能言善辩，集地质师、外交家、采购员和贤妻良母于一身，端的是一位奇才，阿庆嫂式的人物"。

刘效黎请潘家铮参与东江水电站的论证，其目的非常明确，她和潘家铮要竭力扶持"拱坝方案"，否则，就对不起这样优良的地质条件。

要说这座东江水电站，也是命运多舛，从动议修建到 1977 年复建，用了不短的 36 年时间。

早在 1941 年 1 月，原湖南省政府就提出开发耒水计划，当时叫作"资兴三垅十二浪工程计划"，同年 8 月，由国民政府扬子江水利委员会湘桂水道工程处派员赴现场查勘，是年 10 月即提出《湖南东江三垅十二浪水力查勘报告》。这个报告设想利用该河段落差，在其上游筑坝建引水式水电站，装机容量 2 万千瓦，但这个设想再无下文。倒是 1942 年设立的东江镇水文站，为 1977 年的东江水电站初步设计提供了 34 年完整的水文基本资料。

东江水电站再次提到议事日程，已经是 1965 年。1965 年，中南勘测设计院前身武汉水电勘测处开始耒水流域规划，1957 年提出耒水流域规划报告，确定耒水梯级开发方案，分东江—永兴—肥江口三级开发，东江规划方案的蓄水位为 240 米。1958 年选定东江为第一期工程，随即开始初步设计。1958 年 10 月，东江水电站在"大跃进"的口号声中匆匆上马，1961 年停工缓建。16 年之后的 1977 年，由当时的长沙勘测设计院才再次对东江水电站进行补充初步设计。在停工缓建的 16 年间，东江水电站在高层的讨论中是几起几落，一波三折。时而将原拱坝设计改为重力拱坝；时而因为水电站属于工业项目，粮食问题还未解决，暂时不宜上马；时而又决定复工，甚至已经列入国家"三五"计划草案。省里推到部里，部里下来协调却又没有结果，这样一拖就拖了 16 年之久。[237]

潘家铮随规划总院前来审定的，就是 16 年之后重新做的东江水电站初步设计。水电部规划总院院长和总工程师带队，潘家铮、刘效黎随行。

一行人车马劳顿，风尘仆仆赶到湖南，即前往东江水电站所属的郴州市住下来。

事实上，从启程赴湘开始，他们就感觉到此行的重任在肩。为什么呢？东江水电站前前后后 30 多年的历史他们是清楚的，几上几下，有两个重要问题一直困扰着主政者。一是拱坝方案。从 1956 年第一次规划设计，东江水电站即为拱坝，后来担心技术问题无法解决，才改为重力拱坝。毕竟当时在国内还没有建设 150 米量级高拱坝的经验，就是潘家铮他们设计的流溪河薄拱坝，最大坝高也不过 74 米，其余则数十米到百余米不等。而设计者和主持施工者莫不属意于拱坝方案，不仅拱坝，而且是双曲薄拱坝。因此，潘家铮他们看到的初步设计报告，还将重力坝作为比选方案，最优的拱坝方案有被否决的可能。二是东江水电站筑起 150 至 170 米的高坝，水库将得到 80 多亿立方米的库容，足以对耒水全部径流量做多年调节，但是要以淹没资兴平原为代价，这一淹没就意味着损失 5.73 万亩良田，移民 5.35 万。

技术上的担忧，水库淹没损失和移民安置压力，让决策者难下决心，这也是东江水电站在 1958 年上马又停建缓建的重要原因。峡谷中间建一座薄拱坝，淹没资兴盆地，都是需要决策者拿出勇气来的。另外，东江水电站缓建之后，湖南省也建了一些水电站和火电站，这些水电站装机容量有限，都缺乏足够的调节能力。洪水期水电站大量弃水，枯水期又只能依靠火电，这样一来，湖南一省缺电非常严重。不独湖南，华中各省都存在这种情况。所以，即将兴建的东江水电站对改变这种局面将起多大的作用，决策者清楚，搞水电的人清楚，就是搞火电站的专家也盼望这座能够发挥巨大调峰作用的水电站尽快建成。

东江水电站陷入两难境地。

潘家铮随专家组到达郴州是 11 月上旬，要力挺东江薄拱坝并促成东江水电

237　参见《中国水力发电史（1904—2000 第四册）》（第一稿），中国电力出版社，2007.5，第 475-476 页。

站尽快建成，潘家铮略略有些压力，更让他心烦的是，招待所里竟然有硕大的老鼠，能将木制的楼梯压得咯吱咯吱响，大小有小猫儿那么大，搅得一夜没有睡好，直到第三天，那只大老鼠居然将他们带的干粮饱餐一顿之后复又痛饮，最后给活活撑死了。

11 月 12 日，东江水电站初步设计审查会在郴州召开，会议由湖南省建委主持，水电部的工作组参加。潘家铮原以为，只要说服了规划总院的院长和总工，决定坝型是没有问题的，可是出乎他的预料，关于东江水电站的坝型和坝高争论得很厉害。这一争论不得了，东江水电站的审查会议仅讨论环节就持续了 11 天，会期则超过半个月。

本来，拱坝方案水到渠成，地质条件好，水工设计可靠，而且又快又省，没有什么问题。偏偏没有什么问题就是问题。有人提出，花岗岩虽好，但仍有横向的断层破碎带；尽管已经做了许多计算，坝体中还有较高的拉应力，而中国还没有建过这样高的薄拱坝经验，至于多浇几方混凝土对东江这样的重点工程也不是决定性因素，还有，正常蓄水位要降低到 275 米，可以减少淹没。诸般如此。潘家铮、刘效黎据理力争，耐心说服，主持会议的领导当然倾向以稳妥为宜，不发表意见，潘家铮心里焦灼不安。就像当年流溪河上因为增加一条泄洪洞跟苏联专家那番争论一样，两方意见相持不下。

几个回合下来，潘家铮才渐渐明白，原来，东江水电站建设的最终决策权并不在郴州的审定会上，而是远在长沙的湖南省领导那里。当时潘家铮很不理解，一个水电站的坝型问题，何需劳驾一位省领导亲自操心？后来一想，也就理解了。淹没良田将近 6 万，移民超过 5 万，库容 81 亿立方米，下游又是京广线交通大动脉，又是郴州市，大坝安危牵动方方面面，省领导挂心牵念也未尝不在情理之中。

这样僵持了 10 多天，不同的意见让水电部规划总院的兰院长也坐不住了，她一定要到现场查看，到底这个断层是什么样子，到底建拱坝有没有把握。而关于降低蓄水位，工作组经过考察，淹没区主要在 270 米以下，即便降低 10 米，减少的淹没范围也非常有限，而对库容效益则损失巨大。一来二去，潘家铮按捺不住，在会议上发表自己的意见的时候很激动，他说："如果我们真的没有把握和胆量在东江修建拱坝，干脆暂时别建了。把工作停一停，让子孙们来建，不要糟蹋了一个难得的好坝址，成为日后前来参观的外国人的笑柄。"

潘家铮这样说，自知会得罪不少人，也自知会感动不少人。因为他的发言至少代表了来自水电部专家工作组大部分专家的意见，这样的意见显然是审慎的。接下来，他不遗余力说服持不同意见的同志，反复说明在完整坚硬的花岗岩地基上修建拱坝的好处，貌似单薄的拱坝，其实要比重力坝其实拥有大得多的安全度。果然，他的坚持真是感动了与会的同志们，更感动了远在长沙运筹帷幄的首长。不久就传来省领导的意见："既然专家们有信心修拱坝，就搞拱坝吧。要好好干，不许出任何问题"。

柳暗花明，十多天的努力终于争取出一个明朗的结果。潘家铮将《初步设计审查纪要》一挥而就，一座157米的高拱坝就此定了终身。当然，里面也有一些小修改，比如，考虑战备，设计极限死水位为227米，改左岸引水式厂房为坝后厂房，装机容量加大到50万千瓦，等等。

《审查纪要》于12月27日由湖南省报请国家建委、水电部，直到1978年1月11日再由水规总院报批国家建委。1978年6月8日，国家建委批复，批准东江水电工程的设计，同意《初步设计审查纪要》。

湖南省的批件报请国家建委和水电部的时候，潘家铮感到说不出的疲惫，但是还是强打精神，在回京之前去看一眼梦牵魂绕的那通书有秦观《踏莎行》的所谓"三绝碑"。位于郴州苏仙岭的"三绝碑"以秦观的词、苏轼的跋、米芾的书法而称"三绝"，闻名天下，为摩崖碑刻。凭吊先贤遗迹，思古之情油然。潘家铮看到，碑刻的内容与自己记忆略有出入，其中"杜鹃声里斜阳暮"一句，碑刻内容却云"杜鹃声里残阳树"。残阳树？怎么读都感觉有些不工稳，莫非米芾老人笔误错讹？

消却心头东江拱坝方案的担忧，秦观词两字之误又成了官司。回京途中，这官司困扰了潘家铮一路，越想越想不通。回京第一件事，就是找出王国维的《人间词话》，《人间词话》证明自己所记甚确，而碑刻证据放在那里，到底哪一个是秦观原词？百思不得其解。

其实，关于这首词，各种抄本流行，词句迥异。"三绝碑""桃源望尽知何处"，《人间词话》为"桃源望尽无寻处"；"郴江本自绕郴山"，他本作"郴江幸自绕郴山"；即便已成千古名句的"可堪孤馆闭春寒"，他本竟作"可怜孤馆闭春寒"，简直不文到家。这原因，或因讹记，或因误写，或者，是为了某些避讳而导致的不同。但是，为什么碑刻与《人间词话》所载的不同，这是潘家铮所要追索的。但哪里能找到确切证据？这对于潘家铮而言，总是一种缺憾。

倒是东江水电站让潘家铮放心。次年，东江水电站复工，负责建设的又是水电工程八局，工程负责人又是老搭档谭靖夷总工程师。两人在流溪河上合作建造中国第一座双曲拱坝的时候，潘家铮才27岁，谭长潘6岁，也不过34岁。开工之日，两个人站在东江水电站坝址处，都是吴霜点点，进入了人生深秋季节的人了，他们又要合作建造中国第一座双曲高拱坝。

时光荏苒，弹指之间20多年过去，两人看东江峡谷中烟云横荡，不禁感慨系之。潘家铮给谭靖夷讲了这东江水电站30多年的来龙去脉，讲到这座双曲薄拱坝方案的来之不易。

谭总拍着潘总的肩膀说：很好，你们能够设计出中国第一流漂亮的双曲拱坝，我保证能够建造起中国第一流漂亮的双曲拱坝。

两人说到激动处，两双手紧紧握在一起。

当然，工程在施工过程中也出现过一些波折。谭靖夷在工程总结中曾谈到过施工过程中出现的一些质量事故和管理的不到位，但谭总并未食言。工程八局很快加强管理，情况迅速改观，而且取得一系列工程技术上的突破。坝基开挖采用"三向预裂爆破技术"，挖出的基岩令谭靖夷这样的施工者都兴奋，真像潘家铮所言，这是中国"第一好坝基"。在剪切波速测定的时候，建基面的岩石波速达到5000米每秒以上。测定波速如果达到600米每秒以上已经是坚硬岩石，东江水电站基岩的坚硬度要超过数倍。而东江薄拱坝的坝体虽薄，每平方厘米承受的最大压应力可以达到80公斤以上，效果绝佳。

数年之后，东江水电站并网发电并安全运行。作为第一座高拱坝，它对丰富中国大坝工程师的经验、增强信心是不言而喻的。之后，102米的紧水滩双曲拱坝、162米的东风双曲拱坝，乃至后来240米高的二滩双曲拱坝相继建成。

这是后话。

父亲手抄的高考复习题

参加完东江水电站初步设计的论证会，由湖南回北京，还有一件重大的事情要比秦观词不同版本疑惑来得更重要。

再过十多天，12 月 7 日，是十年动乱之后恢复高考的第一天。这一年的冬天，将有 570 万考生进入关闭了整整 10 年的高考考场，为改变自己的命运奋力一搏。然而，录取率却注定出奇的低，在一个月之后，全国只有 27 万考生被各大专院校录取。这一改变几代中国青年命运的大事件跟潘家铮当然有关系。

十多天之后的考场里，有他的女儿潘敏。

还是在一个月之前，全国各大媒体公布恢复高考的消息，中国被耽误了整整十年的青年学生几乎同时翻箱倒柜找出久违的教科书。仲秋时节的消息，如同盛夏骄阳露头，被沉沉夜色笼罩的大地陡然被点亮，为整整 10 届中国高中应往届高中毕业生灰暗的青春燃起了希望。

这一年，潘家铮在北京度过他 50 岁生日。听到恢复高考制度的消息，潘家铮怦然心动，百感交集，勾起许多痛苦回忆，这时候，他是一位父亲，一位有五个孩子的父亲。至今没有人知道潘家铮当年是怎么想的，大家看到的是跟往常并无区别的忙碌，看书，写书，钻研技术问题。潘家铮从来不愿意在别人面前流露自己个人情感的。年轻时候张狂，多愁，或许偶尔有所流露，但经过"文革"劫难，别人是很难知道他内心掀起的哪怕一点点波澜的。好长一段时间，除了他的知心朋友，跟他共事多年的老同事对他的家庭和子女情况都不甚了了。

远在上海的女儿哪里能对 1977 年 10 月耸动全国的消息无动于衷？潘敏实实在在只读完小学三年级，别的年轻人被这消息搅动得热血沸腾，有年过而立之年的"老三届"，有刚出校门十六七岁的少年人，上海学校、工厂，甚至弄堂里几乎在一夜之间办起了补习班，灯火通明，人满为患。那一年冬天，全国最畅销的书是"文革"前出版的一套《数理化自学丛书》。潘敏还在菜市场卖菜，她也动心了，但她又觉得，呈现在眼前的这个改变年轻人命运的机会离自己非常遥远的。名义上，她是一个高中毕业生，完成了初高中的学业，她自己清楚，真实的知识水平只有小学三年级。

1966 年，潘敏才 11 岁，学校停课，复课，学工，学农，学业残缺不全。拿起别人复习的课本和题目，真感觉到自己什么都不会，什么都不懂。数学只会加减乘除，英语只会"Long live chairman Mao"（毛主席万岁），所有的地理知识，全是写给父亲的家信时，由信封上的地址划出的一个空间，上海，四川省冕宁县磨房沟水电站筹备处，北京水电部外事司。仅此而已。她实在没有多少信心汇入这场彻底改变中国青年乃至中国命运的大事件中。

只是，她心有不甘。而且，她彷徨无计。正在这个时候，邮局突然通知正在菜场忙碌的潘敏到邮局去取一个包裹。包裹？没有其他可能，只能是父亲或又到其他地方出差，给他们姐弟寄回来的土特产。潘敏揩净双手，交代一番工作，请假到了邮电所。那个邮电所她现在想起来都特别亲切，叫做南京西路邮政所。包裹取出来，一看就肯定不是什么土特产，书？又不像。潘敏一路疾走一路疑惑，待回到家里拆开一看，她大吃一惊。

这是父亲给女儿的一封特别的信。潘敏看到的是父亲从北京寄来的高考复习题，包括语文、数学、地理、历史、政治，高初中阶段各科的各个知识点都分解为一道道题目，分门别类，由易而繁，由浅而深，全部列了出来。

这些题目都用工整娟秀的"工程师体"认认真真写在绿色方格稿纸上面，不用猜，那是父亲亲手一笔一画写下来的。正在彷徨中的潘敏如风雪夜归，远远看见家里温暖的灯火一样踏实。

随复习资料还有父亲的一封信：

敏敏：这是爸爸给你准备的复习题，希望对你的复习有帮助。你没有机会上学，这不是你的错。只要努力，机会总会有的。如果考不上也不要灰心，俗话说行行出状元……

一切，尽在不言中。

1946 年，仅为初中肄业水平的潘家铮拼掉十多斤肉冒兄长之名考取浙江大学，31 年后的今天，同样的命运再一次落到潘家。

也许他对潘家家传的学习能力真的有信心，对自家的女儿真的有信心，下班之后的潘家铮回到六铺炕单身宿舍，凭借对初高中课程和知识点的记忆，当然，也未必没有参阅由教育部颁发的《高考复习大纲》，把初高中的知识点好一番梳理，恨不得自己替女儿走进考场，一个个知识点变成一道道便于实战练兵的习题，在很短的时间之内即整理出来，这实在让人难以置信。诚然，对于已经深入科学堂奥的潘家铮而言不过是举手之劳，但在短时间内将初高中几科课程全部梳理出来，并且化解为复习题，除了潘家铮高效的总结能力之外，大半怕还是一位父亲对女儿的挚爱，还有，许许多多的歉疚。

潘家铮晚年写到他的子女，包括去世的潘定，称 6 个儿女为"欢喜冤家"。尤其对大女儿潘敏，称赞有加。潘家铮"文革"落难，长女已经懂事，这个弱不禁风的孩子身上有着母亲一样的坚韧与倔强，上为父母分忧，下要招呼弟弟妹妹。潘家铮感慨，正因为有大姐姐这个"小娘行"的管束，几个孩子在十年动乱的社会环境中都没有随波逐流，没有走样儿，没有堕落，长女功莫大焉。

有父亲寄来的复习题，潘敏信心大增。也是潘家速记速学的遗传在起作用，只有一个月的复习准备时间，她从凌晨到中午到菜场上班，余下时间躲在自己窄小的卧室里一门功课一门功课学，一道题一道题做。12 月 7 日，只有小学三年级水平的潘敏同全国 570 万考生一起，每一个人虽然还穿着 70 年代一色的灰蓝棉衣，脸上的表情显然有别于禁锢时期，洋溢着青春的活力。这一年的高考注定是一场血拼，单用简单的数学概率计算一下，录取的概率小之又小。想想看，一次高考，哪里能一下子消化整整 10 届毕业生？

1977 年高考放榜，潘敏仅以 2 分之差落榜。

父亲免不了又是一番勖勉。潘家铮给女儿写信，让她别灰心。信里说："你没考上，说明你的努力还不够，就是回到原单位，也一样可以做得好。但是，来年还可以考，你想好，你如果真的想考，就要好好准备"。接着，再给女儿搜罗来各种复习资料从北京寄回来，还有用工整娟秀的"工程师体"书写的那些分门别类的知识点梳理，还有辛苦编拟的复习题。

好在女儿信心未减，也是潘家人遗传的冷静与理性，高考失利，抹去眼泪，方寸未乱。仔细分析之下，认为一是时间仓促，从复习到上考场，仅一个半月时间；二是复习时间没有保证，只能利用工作之余的时间来学习，效率明显不高。

潘敏于是跟菜场的领导商量，要求上全夜班，因为上全夜班，白天就可以待在家里安心复习。夜里十二点上班，上午十一点下班。领导非常开通，同意让她来上夜班。这样潘敏安心而从容复习了半年，1978 年高考如预期那样顺利，被上海外国语学院法语系录取。

潘敏如愿考上大学，潘家铮为女儿高兴。但他心里清楚，女儿从小就愿意做一名医生，可是考医学院要报考理科的。自己当年考浙江大学，好歹还有在家里自学的底子撑着。潘敏这一茬年轻人，却让时代耽搁了，连那一点底子都不曾有的。落下的功课哪里是半年能够补得起来的？

1978年，对于中国水电而言，也是一个重要的转折年头。

1978年3月，潘家铮办理正式调动手续，被任命为水电部水利水电规划设计总院副总工程师。潘家铮"借调"五年之后，修成正果，正式调京。

这一年，潘家铮51岁。正式调京，他仍然一个人住在六铺炕的筒子楼里。这一年他向组织第一次提了一个个人要求，调他二女儿潘净来京工作，以便照顾他的生活起居。从1973年3月到1978年3月，整整五年，潘家铮和其他"借调"专家一直在北京住单身，先是住招待所四人一间房子，后是住筒子楼，都是一把年纪的人，生活多有不便。其实，外事司一直想为他们解决家属进京问题，但怎么可能？这一次，潘家铮由"借调"而转正，部里没有什么阻力，很快就将潘净调北京参加工作。此前，潘净在江苏大丰农场劳动已经四年了，做父亲的，操心罢这个，就要操心那个。

二女儿潘净是一个标致而活泼的上海姑娘，在家里属于敢说敢为的那种角色。潘家铮写孩子们的事情，关于二千金的就连写五篇，全不是因为偏爱，而是潘净在北京陪他时间多一些，父女俩相依为命有四五年的时光。

五篇分别是《新衣》《第一封信》《钓鱼》《眉来眼去》和《Good-bye》。

《新衣》记的是潘净童年事。物质匮乏时期，潘净、潘筠姐妹只能穿姐姐退下来的衣服。女孩儿家，心里当然有气，可又不敢说。有一次，母亲缝了一件新衣服，在镜前试穿。潘净也不言声，坐在一边冷眼相看，大人们还在长长短短议论，潘净忽然开口夸赞："姆妈穿了新衣裳，嗲得来！"

说着，还一边摆弄自己的旧裙子。夸赞的话里带刺，话里有话，顿时哄堂大笑。

《第一封信》写的是潘净小学给北京的姑姑修第一封家书，潘氏夫妇在旁口授，闺女正襟危坐，手起笔落，一封家书完成，潘净正儿八经朗读一过，潘氏夫妇喜不自禁：这丫头真有两下子，十年饭算没白吃。但潘太拿过来检查写好的信时，哈哈大笑起来："净儿，你姑妈怎么陪着老虎睡？"

原来，信开首处，写的是：亲爱的姑母和姑虎。不独如此，正文也是汉字间拼音成句，有些写不来的字竟然是一个象形符号。在全家人一阵哄笑之下，潘净恼羞成怒，一把抢过信纸团成一团，掷向墙角，愤然道："笑什么，以后再不给你们写信了，要写你们自己写！"

潘家铮事后填词：

娇女灯前代作书，竟教姑妈伴於菟，课堂未免欠功夫。

自觉羞颜抛笔墨，怪人掩口笑葫芦，花笺揉破掷墙隅。

《钓鱼》则是潘净下乡之后。潘家铮正替这个十几岁的姑娘到农场发愁，一个月之后收到从农场寄来的一封家书。今非昔比，这封信写得文通字顺，让人心疼。随信还附有十元钱，潘家铮看罢信，欢喜无尽：

亲爱的爸爸：昨天我领到了工资。这是我平生第一次领工资，一共十八元伍角伍分。我的心情非常激动。现在我寄上拾元，你不要看不起这拾元，这是你女儿用汗水和血泡换来的，望爸爸买些补品吃吃。我留下六元做伙食费，救济猫弟二元……

孩子独立谋生，就拿出第一笔工资一多半来孝敬远在他乡的父亲，任何一个父亲哪里有不高兴不骄傲的道理？接信当天，潘家铮是激动得连饭都吃不下。看罢信，举起看浸透着女儿汗水的那张十元大钞，然后再展读信笺，如此再四。最后把那张十元大钞小心用玻璃纸封起来，插在相框边缘，还在边上写下一段此币来龙去脉的"按语"。天天回来就看，越看越好看。

第二月，潘净再修家书给父亲，厚度与前信相同，潘家铮展读之下，却是一张需要补充营养的清单：

……爸爸，这里实在太苦，什么都买不到。请您在北京给我寄两三听麦乳精，散装巧克力多多益善，华夫饼干也寄些来，爸爸，快些……

口气凄苦，仿佛在流放之地。潘家铮忙不迭上街采买，一一寄出。奈何手头款项不凑手，不得已将那张封起来的十元大钞取出来贴进去。

潘净与姐姐的情况其实不相上下，1978 年，也是 20 出头的大姑娘，工作、学业，父亲怎么能不操心？她来到北京，才发现父亲生活的条件是多么艰苦。

住，父女俩只能住在六铺炕的单身宿舍，不去说它。能够来到父亲身边照顾他，能够团聚，相对于住宿的简陋显得更加重要。主要是饮食习惯，潘净是亲眼看见了父亲的苦况，在某种程度上，那就是一种挑战的。北方以面食为主，单位的食堂里又经常以馒头做主食，潘家铮咬一口要来回嚼上半天才可以咽下去。潘净来了之后，点子多，拿两人的面票跟单位的同事换些米票，庶几改善不少。只架不住有客来访，一次农场战友从苏北来北京，潘净在单位食堂里招呼大家，几天下来，父女俩一个月的细粮票全部告罄，无以为继，父女俩只能在外面买些豆腐干回到宿舍里吃，变换花样，冷切着吃，清蒸着吃，清汤寡水，吃了多少天不记得了，潘净自此之后每见到豆腐干就反胃，嗓子里会油然升起豆腐干那股特有的烟熏火烧味道。但父亲却吃得是津津有味，鼓励她说：这可是咱的美味佳肴咧！

潘净在农场过了四年集体生活，难免有些集体生活的烙印要留下来。比方豪爽，比方直率，还比方，不精打细算。她有集邮爱好，工资一下来，直奔邮票公司买最新出的邮票。70 年代和 80 年代，集邮既是时髦的爱好，也是一笔不小的投资，常常一个月的工资还不够买一版邮票。潘家铮看女儿这样，并不生气，而是巧妙地引导她学会理财。怎么引导的？法子很有诱惑力。他跟女儿讲：你要学会存款，你若每月存五元，我就再给你五元，补足十元。存折上的数目字每一次变化，都让人心惊肉跳，激动莫名。潘净从此注意到了理财，原来所谓钱并不是简简单单一张纸币，管理这些纸币本身就有大学问，是谓"财政"。大大咧咧的潘净从此像变了一个人似的，晚年潘家铮看到女儿说起钱来头头是道的样子，一边夸女儿是一个理财的好主妇，又嘀嘀咕咕说她是不是有点"抠门"。潘净说：这不都是您教的吗？

父女俩在北京相依为命五年，六铺炕父女两个留下了许多让人怀恋的往事。相对于生活细节，潘家铮其实更关心潘净的学业。潘净也同样毕业于"文革"时期的高中，底子并不比大姐好到哪里去，潘家铮督责女儿认认真真将落下的功课补起来。后来，潘净考取河海大学。这当然要比培养女儿理财习惯要艰难得多。

科学的春天

1978 年 3 月，在潘家铮正式调任水电规划设计总院副总工程师的当月，还有一个对日后中国历史进程有深远影响的事件，那就是全国科学大会。潘家铮正式调任北京，与这一事件并不是简单的时间上的耦合，而有着深刻联系。1978 年的春天，是一个拥抱科学的季节。

1977 年 5 月，中共中央做出关于召开全国科学大会的决定，同年 9 月，发出《中共中央关于召开全国科学大会的通知》。

1978 年 3 月 18 日，全国科学大会如期举行。来自全国各省、市、自治区和中央直属单位和国家机关各部门，解放军和国防工业部门的 5586 名代表咸与盛会。

人民大会堂迎接来自全国四面八方的 5500 多名代表。中国科学技术十年间的冻原地带，在那一天被 5500 多双脚訇然踩响。非常时期召开的这次非常会议，规模空前而且盛大，他们绝大多数人都跟潘家铮一样，饱受批判、斗争，遭受诬陷、凌辱，经过十年磨难，然而中国知识分子对国家和民族的责任与使命还明白无误地写在脸上，而来自国家的重新检阅，鼓舞与期望也同样明白无误地写在每一张脸上。

十年浩劫后的中国，百废待兴，这一支曾经为新中国建设立下汗马功劳的科技队伍，饱经磨难，损兵折将。以中国科学院为例，当年 190 名学部委员，健在到会的只剩下 117 人。这些人聚集在一起，多少有些悲壮。大病初愈正在恢复元气的中国，将现代化希望托付给了这支队伍。

从某种程度上讲，这个大会是中国向改革开放迈出的第一步，全国工作重心转移的破冰之旅由此迈出第一步，随着时间的推移，它的重大意义将日益彰显出来。

刚刚复职担任中共中央副主席、国务院副总理的邓小平在开幕式上讲话。邓小平首先重申 1963 年由周恩来总理提出的"四化"奋斗目标，要实现农业、工业、国防和科学技术现代化，他说，四个现代化中，"关键在于实现科学技术现代化"。接着，他澄清了十多年来两个黑白颠倒的问题，可谓石破天惊。第一，指出"科学技术是生产力"，第二，指出知识分子是工人阶级的一部分。

邓小平说："大量的历史事实已经证明，理论研究一旦获得重大突破，迟早会给生产和技术带来极其巨大的进步……社会生产力有这样巨大的发展，劳动生产率有这样大幅度的提高，靠的是什么？最主要的是靠科学的力量、技术的力量。"

邓小平说："知识分子的绝大多数已经是工人队级的一部分"，"一个人，如果爱我们社会主义祖国，自觉自愿为社会主义服务，为工农兵服务，应该说这就初步确立了无产阶级世界观，按政治标准来说，就不能说他们是白，而应该说他们是红了。……从政治立场这个基本方面来看，绝大多数科学技术人员应该说是站在工人阶级立场上的。这样的革命知识分子，是我们党的一支依靠的力量"。他还说："为了把科学研究搞上去，还必须做好后勤工作，……我愿意当大家的后勤部长"。

邓小平的这番讲话振聋发聩，在全国知识分子中引起的共鸣与反响甚为强烈。"科学技术是生产力"在不久之后，更被强调为"科学技术是第一生产力"。十年阴霾，一朝散去。两个论断在当时的政治环境下，不仅需要政治勇气，而且也需要理论勇气。[238]

时任中国科学院院长郭沫若在闭幕式上，以 86 岁的高龄发表热情洋溢的讲话，题目叫作《科学的春天》。

春分刚刚过去，清明即将到来。"日出江花红胜火，春来江水绿如蓝"。这是革命的春天，这是人民的春天，这是科学的春天！让我们张开双臂，热烈地拥抱这个春天吧！

只是，潘家铮并没有参加这一盛会。

1977 年 5 月，中共中央决定召开全国科学大会，通知下发，遴选代表的时候，他的工作关系还在浙江，待大会召开的时候，才正式调入水电部。没有参加这一盛会，并不意味着什么，相反，潘家铮不能不感到此次大会的巨大影响。在民间日常生活中，知识分子和科技人员的地步日益提升，崇尚知识，崇尚知

238　参见《中国科学院》，当代中国出版社，1994，第 141−145 页。

识分子蔚成风气。1977 年，《人民文学》编辑部为配合"全国科学大会"，邀请已经 63 岁的老诗人徐迟拿起搁下十年的健笔，将数学家陈景润的事迹写成报告文学《哥德巴赫猜想》，1978 年第 1 期刊出。甫一发表，即在社会上产生了巨大的轰动效应，一时间洛阳纸贵，满街尽说陈景润。

1979 年 2 月 15 日，原水利电力部撤销，成立水利部和电力工业部。这一个月，中国水电的头号元勋李锐平反复出，任电力部副部长。李锐回到老本行，一上任即建议和推动重建水力发电建设总局（简称水电总局）。4 月 16 日，水力发电建设总局恢复，局长为张铁铮，总工程师为张昌龄，潘家铮任副总工程师。水电总局这一机构随全国电力建设形势发展，多有变更。1982 年水利部、电力部再次合并，原水利部基建总局一部、规划设计管理局和水电总局合并为水利水电建设总公司和水利水电规划设计总院（简称水规总院），陈赓仪任总经理，罗西北任副总经理兼水利水电规划设计院院长，潘家铮任总工程师。

"文革"时期下放和撤销的八大水电勘测设计院经过重组之后在 1978 年和 1979 年相继恢复，潘家铮"文革"前所在的上海勘测设计院经过重组在杭州成立水电部华东勘测设计院，老领导邹思远任院长。

中国水力发电事业经过一番大刀阔斧的整顿与重建，拨乱反正，清理"左"的影响，规划、科研、勘测、设计、施工、经营体制逐步走上正轨，安康、东江、紧水滩、龙羊峡等一批大中型水电站相继开工或进场做施工准备；葛洲坝、贵州乌江渡、湖南凤滩、吉林白山、广西大化等在建大中型水电站加快建设或投产发电。[239]

潘家铮年富力强，在此时荣任水规总院副总工程师，随后擢升总工程师，可谓重任在肩。刚刚解决了身份问题，紧接着就给压了这样一副担子，实在出乎潘家铮自己的预想。

为什么出乎意料呢？

1973 年春，潘家铮以技术咨询专家的身份借调入京，技术经历虽然非常丰富，技术员、工程师、工程组组长、设代组长、设计总工，在"文革"之前的锦屏工程指挥部，算是进入"领导班子"，也不过是勘测设计办公室副主任，

239　参见《中国水力发电史（1904—2000）第一册》（第一稿），中国电力出版社，2005.1，第 202-205 页。

接着，上海院"第一个"反动学术权威，倒是拔了一回头筹。尽管他一直身处工程技术第一线，从职级上讲，离水电部水规总院的副总工程师还差很多。其次，80年代前期，中国的水电专家的技术背景大致由三部分构成，一是黄育贤、张昌龄、张光斗、徐洽时、马君寿、李鹗鼎这一批民国时期留学欧美或者有美国水电实习经历的老专家，二是由李鹏、罗西北和其后从国内选送赴苏联学习归国的技术专家，第三部分，就是50年代国内水利水电专门大学或大学水电专业毕业的工程技术人员。潘家铮既无欧美留学、实习背景，也无留苏进修经历，靠着在实践中钻研和探索很快成长起来。像潘家铮这样的专家还有一些，比如朱伯芳，但为数并不多。世俗一些讲，怎么也轮不到他来做总工程师的。

但另一方面，1973年以借调之名抽调回水电部担任技术咨询工作的专家中，潘家铮既有丰富的具体工程实践经验，又是中国坝工科学的重要奠基者之一，影响甚广；更主要的，他最年轻，年富力强，担任这个副总工程师，也在情理之中。反过来讲，水规总院的总工程师究竟以处理具体工程的具体技术问题为主，这倒正好对了潘家铮的胃口。

消息传开，上海院的同事，还有新安江、锦屏等工程工地一起工作过的朋友们都非常高兴，来信祝贺者有之，来京相晤者有之。也有"文革"时期一同落难的朋友，一朝被蛇咬，十年怕井绳，劝他急流勇退，莫要再吃苦头。

朋友一番提醒，当然有道理。"文革"十年家事国事，许许多多不愉快的往事，历历在目，创痕犹痛，有些是伤彻心肺的，他不能不心有余悸。潘家铮沉吟，犹豫，最后以诗答友：

莫道人情大可衰，严冬历尽喜春回。
登台休听莫须有，解组便歌归去来。
不惧庙堂车再覆，最怜云水梦成灰。
尘寰未必盘桓久，原作昙花一度开。

年过半百，壮心未酬，十年时光空掷。当年被批斗、受侮辱还没有把"莫须有"的种种构陷当回事，现在一朝解脱，岂可以没心没肺高吟《归去来辞》，归隐山林？"不惧庙堂车再覆，最怜云水梦成灰"。弥漫于云水山河间的水电梦做了将近三十年，这怕是最后的机会，"尘寰未必盘桓久，原作昙花一度开"也真是知天命之语。答诗谦逊平和，全无一丝慷慨气象，但谁都能看得出，作者是将事业置于个人恩怨得失之上了。

潘净还记得她与父亲在北京期间的一件小事。有一天，一位在"文革"时期曾带人到潘家抄家的工程师来家里请教一个工程问题。来人有问题请教，执礼甚恭，有那样一段历史，难免尴尬。从容的倒是潘家铮，像什么事也不曾发生过，笑迎，让座，耐心解答。问题解决，来人当然满意而去。潘净是一个直性子，站在一旁直想发作，不斥以言语，还不能报以怒目？可是看父亲的样子，她很不理解。潘家铮告诉她说："生活中人人都会犯错误，要学会宽恕，要允许人家犯错，要给人家改正的机会，知错能改，善莫大焉。"[240]

这件小事可为"莫道人情大可衰，严冬历尽喜春回"的绝好注解。

这与个人的素养相关，也是一个即将到来的新时代赋予的精神特质。

1973 年借调北京，潘家铮事实上已经参与到了全国水电建设的宏观决策，他随着"救火队长"李鹗鼎赴乌江，登白山，进凤滩，审定龙羊峡，考察葛洲坝，扶持东江薄拱坝，根除陈村老顽症，每有令人信服的证论和大胆的决策；在那些灰暗的日子里，科学研究的热情稍减。"文革"之前，潘家铮关于大坝基础的最后一篇论文发表日期截止于 1963 年，12 年之后的 1975 年，潘家铮的名字再一次出现在水力发电专业刊物上面，他关于抗滑稳定、拱坝试载法、混凝土温控、大坝设计扬压力和封闭式排水等研究论文日后被同行频繁引用，视为一时经典论述和经典计算方法，尤其是萦绕心头几十年的滑坡研究，与青年学者孙君实合作，取得突破性进展，开发计算机软件采用寻优原理分析任意滑坡稳定问题，提出"潘家铮—孙君实"计算法。

1978 年全国科学大会召开之后，他被授予"水电部科技先进工作者"称号。也是从 1978 年开始，潘家铮一年之中几乎有三分之一的时间出差在外，或主持工程论证，或考察规划中水电站的坝址，或者深入到大坝建设工地。

潘家铮获得了更为广阔的施展才华空间，他迎来了人生的第二个春天。

240　参见《永远的潘家铮》，中国水利水电出版社，2013.6。

入选中国科学院学部委员

如果说，1978 年 3 月召开的全国科学大会呼唤来的是一个科学的春天，那么，两年之后的 1980 年 3 月召开的中国科协第二次全国代表大会，则吹响了向科学进军的号角。

中国科协第二次全国代表大会的召开，距离第一次全国代表大会的召开，相隔整整 20 年。这一次会议在中国共产党十一届三中全会之后召开，其意义自不待言。

潘家铮作为代表参加了这次大会。

中国科协第二次全国代表大会之后，潘家铮被遴选为中国科学院学部委员。

如果说，1978 年 3 月潘家铮正式调入水电部就被任命为水规总院副总工程师多少有些意外，那么 1980 年被遴选为中国科学院学部委员则感到来自国家的肯定与信任。

1953 年，潘家铮从黄坛口水电工程第一次调京，那时候还很年轻，赖恩师钱令希先生引领，在学术界崭露头角。潘家铮在 1959 年"拔白旗"运动与组织"交心"的笔记中显示，那个时候，他已经是北京四五家学术期刊的编委，与建筑、水利、力学学术界的学术交流已经十分频繁。20 年后的 1973 年再赴北京，曾经的师长无一例外被批斗，知交零落，一片神鸦社鼓。

中国科学院成立于 1949 年，中国科学院学部则成立于 1955 年 6 月。其时，潘家铮正在流溪河上兴致勃勃建造中国第一座薄拱坝。他的老师钱令希、汪胡桢，还有他的学术引路人之一的蔡方荫先生入选首届学部委员。1955 年的学部委员经过严格遴选，自然科学方面的学部委员有 172 人，两年之后再增补 18 人，这样，自然科学的学部委员增加至 190 人之谱。1955 年和 1957 年遴选的这一批学部委员，在中国科学技术的各个领域都是一时翘楚，对新中国成立之后的中国科学技术发展发挥着非常重要的作用，应该说，他们是现代中国科技事业的奠基人。

新中国的学部委员制度确立之后，很快就有了反右、"插红旗、拔白旗""大跃进"，1960 年第三次学部委员大会之后，中国科学院学部基本停止活动。后来是"文革"。在"文革"之前，就有 11 位学部委员因错划成右派而撤销委员资格，到 1978 年全国科学大会召开之际，190 名学部委员有三分之一去世，仅剩下 117

名，平均年龄超过 73 岁。

1979 年，国务院批准，中国科学院准备恢复停顿多年的学部活动，立即着手增补新的学部委员，筹备第四次学部委员大会。

1980 年春，中国科学院召开学部委员大会，到会 84 名学部委员，讨论学部的性质、任务、章程和机构，同时着手选举、增补学部委员工作。经过半年多反复酝酿和评审，最终由学部委员会议选出 376 人作为正式候选人。1980 年 11 月 26 日，学部委员分学部采用差额选举和无记名投票的方法，其中 283 人当选。中国科学院学部委员总数正好达到 400 人。

潘家铮作为电力工业部推荐的参评人选，被遴选为中国科学院学部委员。

十年动乱结束之后的首次学部委员评选，是 80 年代一件至今让许多科学家都津津乐道的大事件，这是一次在拨乱反正、思想解放大背景下自由和民主的选举。

这里头有一个插曲。

中国科学院 1979 年最初计划通过增选，要使学部委员总人数达到 300 人的规模，也就是说最初计划新增约 185 人。但在实际的操作中，为了充实学部，吸收更多中青年优秀科学家参与学术领导工作，次年学部委员会议又决定扩大增补名额为 330 人。但在正式选举过程中。按照《中国科学院学部委员增补办法》之规定，全体学部委员会议进行无记名投票，得票超过三分之二者可以当选，但实际上最后是以得票超过半数者当选，结果新增 283 名，学部委员总人数达到了 400 名。

1981 年 1 月，中共中央书记处在讨论中科院报送《关于呈请审批中国科学院学部委员增补名单的报告》时认为，要增加一些有真才实学的中青年科学工作者进入学部委员之列，学部委员的名额也可以多一些。但科学院领导认为，这是学部有史以来首次民主选举产生新的学部委员，是按照国务院批准的增补办法所规定的程序产生的，再增补只能留待以后解决。结果中央书记处最后尊重这一选举结果，没有要求中国科学院对增补名单进行调整。这样，1981 年 3 月，283 人的增选名单被国务院批准。

经过此次增补，学部委员的平均年龄由 73 岁降为 62.8 岁，其中 55 岁以下共 40 人，占到总数的 14%，50 岁以下学部委员有 18 人，最小的 41 岁。女学部委员从过去的 1 人增加到 15 人。新增的学部委员从事的研究专业领域比原有学部委员更加广泛，几乎遍及自然科学的各主要学科领域，以及许多新兴的或过去空白学科。[241]

283 名新增学部委员，来自全国 26 个单位和 6 个省、市，其中中国科学院 110 人，教育部直属高校 57 人，中央直属各部委和解放军总政治部共 109 人，上海、广东等省、市计 7 人。电力工业部包括潘家铮在内共有 4 名科技人员入选，他们是电力专家毛鹤年、高电压工程专家徐士高、发电厂电网专家蔡昌年，他们都是 70 岁以上的老专家，潘家铮作为电力工业部水电专家入选，时年 53 岁，是部里最年轻的学部委员，其时，他还是水电总局总工程师。

潘家铮所属的中国科学院技术科学部，除张光斗、黄文熙、严恺、汪胡桢老一代水利水电专家，新入选的有清华大学水利系教授、泥沙专家钱宁教授，水利水电科学院土力学及土坝抗震专家汪闻韶，钱生于 1922 年，长潘家铮 5 岁，汪则生于 1919 年，长潘家铮 8 岁，潘家铮在这个领域的学部委员中仍然是最年轻的。

显然，电力工业部领导在考虑推荐学部委员人选之时，潘家铮无疑是作为中国水电最优秀专家上报推荐，这个人选在水电行业当无争议。这让人很不恰当地联想到"文革"刚开始，大家异口同声认定他是"反动学术权威"第一个被抛出来一样，非他莫属。

曲折前行的中国水电事业在拨乱反正的春天再次迈开了步伐，还有很长的路要走。征程漫漫，作为科学家和工程师的潘家铮也将日渐显示出他在中国水电事业发展的意义和作用。

1981 年 5 月 11 日，中国科学院第四次学部委员大会在京召开。

当年的老学部委员大都年过七旬，有的已经耄耋老者，暌违 21 年之后，老友重逢，感慨、祝贺、怀念，说坎坷，话未来。新入选的学部委员为能进入中国最高学术机构而兴奋不已，同时感到责任重大。还算年轻的潘家铮面对此种情景，多愁善感的他会产生多少岁月沧桑的感慨！

党和国家领导人邓小平、赵紫阳、彭真出席大会。

241　参见《中国科学院》，当代中国出版社，1994，第 150-151 页。

会后，5 月 20 日，中共中央书记处邀请参加大会的科学家到中南海座谈，中共中央总书记胡耀邦在讲话中指出，希望全国的科学家深入到四化建设的实际中去找任务，也深入到新的科学领域中去找课题，以主人翁的姿态干工作，把现代科学理论和新技术推向前进。

在这次大会上，科学家们就有关中国科技发展、科技体制改革以及国家经济建设中的一系列重大问题提出大量的意见和建议，如设立科学基金、各学科的发展方向、国家稀有资源有效利用、核电发展与人才培养，等等。

入选中国科学院学部委员，在潘家铮的学术和工程技术生涯中当然是一个举足轻重的节点，但当时他和许多新入选的学部委员一样，其实并没有感到怎么特别。这是因为，其一，当年遴选学部委员的事情，当事人根本无从知晓，人选推荐、材料准备、审查远没有今天这么复杂，当事人知道入选，要等到名单公布之后。其二，当时的学部委员，除了在本人工资额度之上增加 100 元车马费，好像也没有其他了不得的待遇。[242]

也是因为中国自国民以来现代学术气氛的延续，中国的知识分子能够保持着一颗平常之心，更因为坚冰乍破，百废待兴，还有许多事情等待着他们去做，不会多操工程技术之外的闲心。

1981 年 5 月，坐在学部委员大会会场上的潘家铮显得有些焦躁不安，身在会场上听取报告，心头萦绕的却是放在办公室案头的防汛报告。

242　参见《在人生道路上——师昌绪自传》，师昌绪著，科学出版社，2011.6，第194 页。

潘家铮传

第十二章

龙羊峡上缚狂龙

西北设计院的防汛报告

潘家铮的这份不安从 1981 年 3 月就开始了。

这是潘家铮任水电总局总工程师以后参与的第一次工程抢险，从某种程度上讲，龙羊峡工程搞抢险，对他这个总工程师而言，具有开篇意义。这一经历，应视作他统揽全国水电全局，更加深入认识中国水电发展的开始。

1981 年 3 月，电力工业部在江西南昌召开全国水电工程防汛工作会议，部署 1981 年度全国水电系统防汛工作。

做水电工程的人都知道，每年的汛期对在建水电站都是一场巨大的考验，任何一座水电站从设计开始，安全度汛都是必须考虑的重要因素，从某种程度上讲，施工工期的节奏把握，简直就是与老天爷斗智斗勇，任何一点点疏忽，都会造成灾难性的后果。就在前一年也就是 1980 年，一些在建水电站不同程度被洪水侵袭，有的甚至发生过水淹厂房的重大事故，损失惨重，教训深刻。未雨绸缪，防汛工作的重要性和紧迫性可想而知。电力部和水电总局都成立防汛办公室，昼夜值班。

当年，龙羊峡水电站是全国在建的最大水电站，被列为防汛、度汛的重点工程。潘家铮时任水电总局副总工程师，分管龙羊峡工程，防汛的任务就落在他的头上。

说起这龙羊峡水电站，也是一波三折。

从 50 年代开始筹划，反反复复地勘测、选址、规划、设计，几上几下，位于青海高原上的居民们见戴眼镜、扛仪器的勘测人员进来又出去，出去又进来，飞越龙羊峡的飞鸟都看倦了这种情景。

直到 1976 年的 2 月 10 日，一些人才陆陆续续进入龙羊峡，开始是 9 个人，没几天又是 12 个人。先期进入峡谷勘测的地质勘探队曾在岸边留下若干干打垒的土坯房，在荒寂十多年之后再一次冒出炊烟。接着，帐篷搭起来，机械轰响着开进来。倦鸟惊飞，长云驻足，眼见这些人是准备安营扎寨。不几天，4800 多名水电工程四局的职工从黄河下游进入万古洪荒的龙羊峡，盖房筑路，热火朝天，到 1977 年 6 月，龙羊峡岸边已经进驻 8680 多人。龙羊峡水电站正式开工建设。[243]

243　参见《龙羊峡志》，方志出版社，1999.8，第 46-47 页。

1965 年，潘家铮赴京参加国家建委等部门组织的西南水电工程汇报会之后，曾参观过正在建设的三门峡水电站。在 1981 年之前，他对黄河干流水电梯级开发不能说不熟悉，还是在他"借调"期间，就参加过刘家峡水电站的技术咨询工作。其时，黄河上游的盐锅峡、刘家峡、八盘峡水电站相继建成投产，建设这一系列电站的正是 1976 年开进龙羊峡的水电工程四局。潘家铮对龙羊峡水电站的具体情况还是相当了解的，这里建设条件之差比之当年上海院在大西南的锦屏工程，有过之而无不及，因此对这一支常年在高寒缺氧环境下艰苦奋战的水电队伍赞誉有加。

潘家铮当时还不知道，60 年代，一位清华大学毕业生被分配到水电工程四局，在刘家峡、盐锅峡工程干过 6 年，直到他担任党和国家领导人之后，都念念不忘在水电工程四局的 6 年锻炼。这个人的名字叫胡锦涛。

而水电工程四局中，堪称潘家铮拥趸者也颇有其人。后来担任中国岩石力学与工程学会秘书长的傅冰骏其时就在工程四局的刘家峡工地。傅冰骏他们都是 50 年代中国自己培养的新一代水电工程师，早在读大学的时候，就对潘家铮这个名字非常熟悉。潘家铮编著的《水工结构应力分析丛书》以及发表的学术论文是他们那一茬水电工程师的入门必读书目，傅居然还读过潘家铮与乃师钱家欢先生合译的《基础工程学》。至于潘家铮敢于质疑苏联专家，力主建设流溪河薄拱坝，敢于反对苏联专家意见的事迹，在水电工程四局一帮年轻工程师那里简直就是传奇。

1976 年夏秋之交，潘家铮随水电部基建司前往刘家峡工地视察，傅冰骏他们才第一次见到倾慕已久的潘家铮。潘家铮现身刘家峡，年轻工程师们岂能不欢喜？岂能放过请教的机会？他们将潘家铮请进简易工棚里做报告。那一次报告的内容，是关于计算机在工程技术上的运用与发展前景。70 年代，中国人对计算机还非常生疏，这一报告让大家眼界大开[244]。

在大西北，他与许多年轻人结下了深厚的友谊。

潘家铮对这支奋战在祖国西北高原上的水电队伍的渊源如此，龙羊峡的防汛怎么能不心急如焚？

244　参见《中国大坝技术发展水平与工程实例》，中国水利水电出版社，2007，第 496 页。

黄河龙羊峡水电站位于黄河上游青海省海南藏族自治州共和县境内。自西宁去要翻越有名的日月山，海拔 2700 米左右。龙羊峡电站修在峡谷的进口处，将要形成一个库容 247 亿立方米，最大坝高 175 米、发电装机容量 128 万千瓦的大型水电站。是一座可以实现多年调节的大型水库，对龙羊峡以下一连串水电站的开发和运行都大有好处。龙羊峡处于黄河上游开发的"龙头"。

　　龙羊峡水电站于 1979 年实现截流，围堰像一个瓶塞一样堵在峡口，近万名建设者正在围堰保护之下清理基坑，175 米高的重力拱坝浇筑在即，工程正处于关键时期。

　　中国科学院第四次院士大会召开期间，潘家铮一直关注龙羊峡的防汛准备工作。也恰恰是这个时候，一位姓王的工程师受西北勘测设计院派遣，前来水电总局呈送龙羊峡的防汛报告并做汇报。

　　王工程师带来的汇报材料非常详细，大坝枢纽工程防洪设计文件，导流工程施工现状，龙羊峡历史洪水统计与分析，如遭遇特大洪水发生溃堰后果，还有一系列的措施和建议。

　　潘家铮仔细翻阅西北设计院的汇报材料，看着看着，心就沉了下来。

　　龙羊峡水电站的防汛设计如次：峡谷筑有上下围堰，还有一条宽 15 米，高 16 米，长 661 米的导流隧洞，整个隧洞的岩石特别好，是花岗闪长岩，洞内有 500 多米顶拱没有衬砌。大河截流之后，河水就通过导流隧洞引向下游。为确保安全度汛，在围堰的左岸岩石基础上开有一条可以通过 280 立方米每秒流量、10.5 米宽的非常溢洪道。

　　围堰、导流隧洞、非常溢洪道，在防汛报告中被称为"三大件"。三大件的设计标准、设计规范，按 20 年一遇洪水设计，按 50 年一遇洪水校核，按照测算，堰前水位要达到 2492.5 米，应该说，这是一个正常的设计标准，并无不妥。

　　龙羊峡 1954 年设立水文站和气象站，有二十多年的水文、气象数据。其中最大的实测流量为唐乃亥水文站 1967 年 7 月 17 日测得的 3520 立方米每秒。而从新中国成立三十多年水电施工经验来看，在施工期间也没有碰到过特大洪水。因此，龙羊峡在防洪硬件上来讲，应该是没有问题的。或者说，有"三大件"做保证，龙羊峡安全度汛当万无一失。

　　潘家铮担心的正是这万无一失的"三大件"。

龙羊峡水电站的围堰不同于一般水电工程，在这样一条北方大河上筑坝，围堰高达 54 米，这在全国已建和在建的水电站围堰工程中是一个不俗的高度。高还在其次，它又是一座国内少见的混凝土心墙堆石坝，堆石料为施工开挖产生的渣石料。

按照设计标准，龙羊峡围堰工程为 50 年一遇洪水校核，也就是说，洪水逼近堰顶，那个时候，围堰上游将形成 11 亿立方米的大库，一旦达到这个设计极限值，将远远超过导流隧洞的泄量，不得不启用非常溢洪道来分泄多余出来的流量，这个流量将达到 700 立方米每秒，每秒钟 700 吨水瞬间下泄，围堰由堆石构成的坡脚将受到巨大冲刷。围堰在这种情况下能否安然无恙，实在是很成问题的。一旦垮坝溃决，11 亿立方米的洪水将夺路而走，大坝施工场地毫无悬念将被横扫一空，号称"青海粮仓"的贵德等五个县也将片甲无存，然后，洪水再直扑刘家峡水库，水库副坝眼见不保，兰州将是一片泽国，接着是银川、包头，沃野千里的河套平原……这幅图景实在不敢想象。灾害将是空前的，简直就是一场大浩劫，大灾难！

什么都怕万一。50 年一遇洪水尚如此，万一遇到超过 50 年一遇的超标准洪水呢？万一雪上加霜再发生地震呢？万一坝址上游不稳定的滑坡体崩塌呢？

参加中国科学院学部委员大会的潘家铮心绪不宁。在参会之前，他将情况向水电总局和电力部领导如实汇报。水电总局组成潘家铮为组长的工作组前往龙羊峡，并协调青海、甘肃两省，做好防大汛的准备。

"钦差大臣"两赴龙羊峡

这时候，已经进入 6 月，每年 7 月即是主汛期。一般讲，度过 7 月主汛期，8、9 两个月的副汛期应该不成问题。

潘家铮带着工作组来到龙羊峡工地，察看围堰、导流隧洞、非常溢洪道，还有上游的不稳定滑坡体，根据可能发生的"万一"提出处理措施。工程局当然也积极配合，听取潘家铮他们专家的意见，将围堰加高 3 米，在围堰下游坡脚处浇筑混凝土保护板，加固非常溢洪道边墙，还在滑坡地段和导流洞口增设若干监测仪器，再降低刘家峡水库汛期限制水位。

潘家铮来到工地，工程局虽然积极配合，但是明显感到一线施工单位并不情愿买他们的账。大坝浇筑在即,工期分分秒秒千金难买,而这些来自部里的"钦差"却在边边角角上指手画脚,一会儿检查质量,一会儿排除隐患,一会儿要加高这个,一会儿又要加固那个,甚至连现场办公室在专家眼里都不合格,要掀掉重新浇上混凝土板。嘴上不说,心里抵触。

是啊,你说是万一发生特大洪水,若万一不发生特大洪水呢,穷忙活一通,耽误了工期谁来负责?

有现场工作经验的潘家铮当然理解,也同时一口咬定不松标准,包括加高围堰到设计高程在内的 6 项加固措施都是硬性要求,丝毫不能含糊。

水电四局也意识到防汛对整个工程的重要性,工作组来了不久,即成立了防汛指挥部,不过,包括加高围堰在内的防洪措施,直到 7 月 24 日才开始实施。接着,防汛指挥部组织 6500 多名职工分三班倒连夜加固围堰,用了 8 天时间基本完成防汛用石料和钢筋笼组成的梯级保护上游围堰工程。这个保护工程从围堰坡脚到堰顶共 18 层,高 19 米,长 80 米,还是有相当的工程量。

一系列防汛工程措施在一个多月之后将起到至关重要的作用。龙羊峡抗洪抢险结束之后,潘家铮非常庆幸,他说,"事实证明,在灾祸面前,有没有准备,后果大不一样。未雨绸缪是何等重要啊。"

8 月 8 日,以潘家铮为组长的电力部工作组再赴龙羊峡,这一回带队的是电力部副部长史大桢,工作组对工程防护及非常情况下的防护标准和措施再提出具体要求。

安顿好工程局这一头,再去协调青海、甘肃两省的地方政府。跟工程一线施工单位打交道已经让他们感到为难,跟两省政府打交道,又是另外一重为难。为难什么?如果洪灾说得轻了,不会引起足够重视,如果把问题说过了头,一旦传扬出去,谣言这个"黑寡妇"会从中作祟,引起群众的误会和社会混乱。问题的节点在于"特大洪水"的预设,"特大洪水"又由十数公里上空的大气环流决定,天知道它什么时候来?会不会来?

8 月 17 日,水电总局工作组会同西北勘测设计院院长王宝基、水电四局副局长赵振民等向青海省人民政府汇报龙羊峡工程防汛情况,青海省副省长宋林主持汇报会。

潘家铮他们还是将问题的严重性提到应有的高度,青海省政府在听取他们汇报之后，会场上一片寂静。是啊，如果万一，青海省德贵等五县将面临灭顶之灾，对于青海一省的农业而言，相当于抠掉了眼珠子。会后形成《关于龙羊峡工程防汛情况汇报会纪要》，建议由电力部所属有关单位和青海、甘肃两省有关负责同志组成"非常防汛指挥部"。

关于"非常防汛指挥部"，当时是这样商定的：如果黄河上游发生超过十年一遇的洪水 3580 立方米每秒时，即进入非常防汛；当洪水继续上涨，由电力部和青海、甘肃两省共同成立"非常防汛指挥部"，成员到达现场，从物资、技术、组织做好充分准备。

指挥部组长为电力工业部副部长李鹗鼎，副组长为青海、甘肃两省的领导。

好在，7 月主汛期安然无恙，顺利度过。大家都松了一口气，再撑过 8 月和 9 月两个副汛期，1981 年的防汛抗洪胜利在望，龙羊峡上 175 米高坝矗立，孽龙再凶，也无计可施。

本来就不敢松懈，老天爷偏偏就不让你那么轻松。

"穆菲定律"

工作组刚离开龙羊峡，8 月中旬之后，情势急转直下。

怕什么，来什么。潘家铮在他的回忆录里感慨，这是"穆菲定律"应验了。

穆菲定律是什么呢？穆菲定律又译为"墨菲定律""莫非定律"，被誉为西方文化的三大发现之一。这个定律有很多条，比如，"走捷径是两点间最长的距离"，还有"凡是可能出错的事必定会出错"，也就是说，任何一个事件，只要具有大于零的概率，就不能假设它不会发生。潘家铮用中国的一句成语来表述，叫"说曹操，曹操就到"。

潘家铮对这个定律并不怎么认同，这一回他是真正服气了。

来自气象和龙羊峡各水文站的资料将所有人的心都提到了嗓子眼上。"说曹操，曹操就到"已经令人紧张，这一回，来的不是一个"曹操"，而是几个"曹操"！

气象部门的资料如次：

7 月中旬以后，特别是 8 月中旬至 9 月中旬，来自东欧上空的冷空气比常年偏东和明显增强，而且长期稳定在乌拉尔山上空。在北纬 60 度以南地区，西面巴尔喀什湖上空的冷空气和南面印度低压也比平常偏强，东面西太平洋副热带高压较常年偏西和偏北。强盛的西南暖湿气流与来自新疆的西北冷空气持续地在黄河上游交锋，致使雨量长期停滞在中国西部地区，造成黄河上游长时间阴雨连绵。在孟加拉湾的暖湿空气大量北上，北方冷空气和南边的高压相接触时，就在接触带不断地下雨。这个副高压一直顶住不退，稳定在北纬 20 度左右。北方一直干旱少雨，而和这个副高压接触带却连续降雨，黄河上游，从 8 月 16 日开始一直到 9 月 12 日连续 28 天阴雨。

秋雨连绵，青海高原寒云笼罩。来自各水文站的资料更让人读着心惊肉跳。

上游唐乃亥水文站：

8 月 14 日 8 点，流量为 700 立方米每秒。

9 月 1 日，流量为 1680 立方米每秒。

9 月 5 日 4 时至 16 时 12 小时内上涨 1000 立方米每秒，达到 2680 立方米每秒。

上游几个雨量站从 8 月 16 日到 9 月 13 日降雨量大大超过了历年最高值。

达热雨量站：232.8 毫米，历史最高纪录为 92 毫米。

玛多雨量站：124 毫米，历史最高纪录为 52 毫米。

久治雨量站：252 毫米，历史最高纪录为 117 毫米。

9 月 1 日至 9 月 10 日，达热 139 毫米，历史最高 40 毫米；玛多 84 毫米，历史最高 16 毫米。都超过历史最高值 2.5 倍到 4.3 倍。

龙羊峡以上集雨面积甚为广阔，达到 13.1 万平方公里。秋雨时至，百川灌河，两岸渚崖不辨牛马。9 月 1 日起，上游唐乃亥水文站开始洪水猛涨，9 月 5 日涨到 2700 立方米每秒。9 月 14 日，再涨到 5570 立方米每秒，这个数目字已经接近 200 年一遇洪水，龙羊峡上游第一道洪峰出现。[245]

特大洪水这个幽灵终于还是出现了，大洪水直扑龙羊峡水电站而来，水位直逼堰顶。

此时，防汛组织工作显示出重要的作用。9 月 6 日，水电工程四局向电力部发电告急，催促电力部和青海、甘肃两省按照 8 月 17 日《纪要》精神迅速启动

245 《李鹗鼎纪念文集》，中国电力出版社，2004.12，第 13-14 页、第 14-15 页。

"非常防汛指挥部"。四局全局动员，投入抗洪抢险。

超过200年一遇的大洪水来袭，国家重点工程龙羊峡告急。这个从未进入新闻媒体视野的地名，频频出现在中央人民广播电台《新闻联播》和《新闻和报纸摘要》节目，连山庄窝铺的老百姓都知道这个叫龙羊峡的地方出了大事情。尤其是黄河中下游省份，都密切关注着龙羊峡汛情发展。仲秋时节，庄稼正在完成最后灌浆，如果洪水来袭，毁掉的将是丰收的希望。而这一年，全国农村联产承包责任制全面推行，黄河沿岸数省的庄稼长得出奇得好。

9月6日，龙羊峡工地告急电报一封接一封飞到电力部，飞到水电总局。当天，正是星期天，电力部的工作节奏却要比平常还要快一些。部党组召开会议研究龙羊峡防汛形势，会议由李鹗鼎副部长主持，非常防汛指挥部的工作正式启动。这时，李鹗鼎副部长身患冠心病和糖尿病，只能半天上班，半天休息，老部长已经顾不得许多。9月8日，李鹗鼎一行六人赶往青海，和副省长宋林他们非常防汛指挥部成员直接到达工地，来不及进招待所，直接到围堰了解抗洪情况，马上部署工作。

李鹗鼎带的是电力部第一批工作组，随后，国务院听取电力部关于龙羊峡汛情汇报。情况紧急，中央决定由电力部部长李鹏亲自前往龙羊峡坐镇指挥。12日凌晨，电力部部长李鹏带领第二批工作组直飞西宁。[246]

潘家铮随李鹏部长带领的第二批工作组前往。

飞机从北京起飞，掠过华北平原，进入西北地区。从北京一直到甘肃兰州，晴空万里，秋阳高照，哪里有一丝大洪水到来的迹象？倒是由西北一路迤逦东行的黄河的身躯要比平时粗壮许多。但进入青海境内，情形大不一样。在飞机上潘家铮心里还在嘀咕那个"穆菲定律"，这个并无精确算法支撑的定律怎么就这样灵验？[247]

洪水来势汹汹，摆在面前的只有两种选择。一是趁洪水未达到高峰，主动破堰，这样可以保证下游不至于有太大的损失。围堰在修筑的时候，就预留有爆破孔，炸堰放水并不困难，军事上讲就是放弃阵地，全师而退。但这样做的代价太

246　《李鹗鼎纪念文集》，中国电力出版社，2004.12，第13-14页；第14-15页。

247　参见《春梦秋云录——浮生散记》（第二版），潘家铮著，中国水利水电出版社，2000.12，第351页。

大，数年在艰苦环境下开辟的龙羊峡工程成果将丧失大半，工期势必大大延长。另外一种选择，则是加高加固围堰，与洪水决一胜负，既保龙羊峡施工现场，又可保下游安全，是两全之策，但这要冒很大风险，一旦溃堰决口，十数亿吨的洪水瞬间下泄，那将是灾难性的。要知道，围堰每加高一米，库容就要增加 1 亿立方米。先期已经加高 3 米，这就意味着已经将库容扩大了 3 亿立方米，这样龙羊峡就可放得下 15.3 亿立方米。但下游刘家峡只能装得下 13 亿立方米，如果在这么高水位垮下来，不仅龙羊峡下游五县将遭灭顶之灾，刘家峡水库又装不下这么多洪水，只能加大放洪流量。但是兰州河段最大只能过 5600 立方米每秒的洪峰，即便这样，也已经和市区的黄河铁路桥齐平。如果再加大泄洪量，水入市区，繁华的西部重镇将是一片泽国。下游宁夏、内蒙古和包兰铁路则更加危险。[248]

部长前来坐镇，面临的也是这两难的选择。潘家铮作为先期防汛工作组组长前来龙羊峡工地检查，从导流工程的实际情况，到几个月来大家思想与物质的准备来看，他对与洪水一决高下心里还是有底的，所以，他倾向于后一种选择。

他从李鹏的讲话和严肃的神情中，看得出从中央到电力部，情势严峻，无论是采用哪一种方式，与洪水进行一场殊死搏击是不可避免了。

死守龙羊峡

第二批工作组出发之前的 9 月 11 日，国务院就命令一定要死守龙羊峡，确保下游安全。这是一道死命令，没有其他选择。说实话，到底守得住守不住，守到什么程度，工程能不能经得起超标准洪水考验，谁都心里没有底。万一守不住，溃堰决口的后果就不堪设想了。一行人都不轻松。

李鹏率领的第二批工作组到达西宁，再换乘汽车，到达龙羊峡抗洪抢险工地已经是 12 日下午 6 时 30 分。已经在工地上坚持了四天的李鹗鼎简单汇报抗洪抢险的情况，最后总结说："这几天是前哨战，真正的决战将是在今后一星期之内。"

的确，大洪水还没有到来。即便如此，上游洪峰流量已经达到 5450 立方米每秒，远远超过百年一遇洪水 5190 立方米每秒。李鹏他们到达现场的当天，洪水就给所有人一个下马威，堰前水位涨了 2.6 米，达到 2486.3 米。按照这个速度，涨到

248　参见《李鹗鼎纪念文集》，《李鹗鼎纪念文集》编辑委员会编，中国电力出版社，2004.12，第 15 页。

设计堰顶高程 2497 米仅需要 5 天时间。气象部门传来消息，未来三天之内，上游还有 30 毫米到 50 毫米降水。也就是说，上涨的速度还可能加快。[249]

　　简单听取汇报之后，潘家铮急不可待来到围堰察看。与大江大河打了三十多年交道，潘家铮仍然颇吃一惊。此时，黄河也似乎在刻意强调着与其他江河的不同，刻意强调他的险恶。潘家铮脑海里陡然冒出的是李白的那句诗："黄河之水天上来，奔流到海不复回"。只见眼前的黄河水，漫无涯际，从天边、从乌云深处源源不断滚滚而来，堰前已经形成一个云水苍茫的大库，大水汇积，在进水塔那里卷起一个巨大的漩涡，河水啸叫着卷入泄洪隧洞。若是平常，五层楼高的泄洪隧洞完全可以将几百立方米每秒的河水不显山不露水地导流到下游，其实就是人工开凿的另外一条河流。现在，河水流量比平常猛增六七倍，泄洪隧洞也是满负荷运行。

　　前一个月还热火朝天的基坑此刻显得冷冷清清，所有人员和设备都已撤出，而所有人员几乎都集中在堰项，人头攒动，人山人海，工程四局简直全员动员，还有解放军，甚连炊事员都上来了。他们用黄泥、草袋一层一层铺放，在那里加固围堰，一副决战前夕的忙乱。

　　除非是木石之人，谁都会被眼前众志成城的抗洪情景所感动，何况是潘家铮这样有着浓重诗人气质的工程师。按照一直以来的表述，抗洪抢险就是一场战役，眼前也果然是一场与洪水进行殊死搏斗的战争。时间不那么从容，如果时间从容一些，难保潘家铮不会像三十年前在新安江工地上，会写出一阕《龙羊竹枝歌》来。而且，此时的身份，远不能像当年做现场设计代表组组长那样安逸。他身上负有重大责任。

　　晚上，非常防汛指挥部召开紧急会议，会开得很长，电力部部长李鹏在听取完汇报之后，已经是凌晨两点多。会议之后，他亲自给中央发出第一份电报。电报内容为两项，一，非常指挥部正在加高加固围堰，决心守住围堰迎战特大洪水的到来；二，请示中央，加大刘家峡的放洪量，争取三天时间。

　　13 日这一天，情况突然变得严峻起来。

　　这一天，水位继续上涨，唯一通向大坝的左岸上游公路很快被淹没，工地

249　参见《李鹗鼎纪念文集》，《李鹗鼎纪念文集》编辑委员会编，中国电力出版社，2004.12，第 15 页。

大型设备撤出基坑，考虑了万一的需要，李鹏决定留下两台大型设备与围堰共存亡。

9月13日17点，上游唐乃亥水文站出现最高洪峰，数值为5570立方米每秒，堰前水位达到2491米，之后有一点停滞和缓慢下降。根据这个洪峰，9月14日上午进行仔细分析。设计院提出了几个推断结果：最坏的情况是堰前水位到2500.4米，中等情况为2498米，较好的情况是2496.5米，还有一个最好的情况是2495米的推断还没有拿出来，装在口袋里。14日开始，上游只有局部降雨，副高压有南退迹象，大家开始出现一点笑容。

9月13日下午5点30分，余秋里副总理直接给李鹏部长打电话，下达国务院第二个紧急通知，决定围堰加高到4米，下游五县转移疏散，必要时强行撤走。责成青海、甘肃全力以赴，兰州放洪加大到5500立方米每秒。

李鹏将余秋里指示精神归纳为"四保"：一保龙羊峡，二保刘家峡，三保下游，四保包兰铁路。

9月13日，国务院向青海、甘肃、宁夏、内蒙古四省（区）人民政府和水电四局发出《紧急通知》，并且于翌日早晨通过中央人民广播电台全文播出。[250]

13日深夜，实际到了14日凌晨。指挥部的会议室还灯火通明，负责进水口一带的工程四局副总工程师张津生报告，非常溢洪道缺口大量渗水。这就意味着已经出现了管涌，管涌时间一长，非常溢洪道就危在旦夕。

设计中的非常溢洪道，是在万不得已的情况下才启用。现在，就到了万不得已的时候了。会议室里一片沉默，前来汇报的张津生副总工程师已经在抢险点上几天几夜没有睡觉，一双布满血丝的眼睛盯着潘家铮。潘家铮后来写文章描述，张津生一身疲惫，看着像一个"济公"形象。[251]

大家都看潘家铮。

非常溢洪道启用不启用，何时启用，当然他这个副总工程师的意见很重要。在6月份来龙羊峡检查工作，为防汛做的六大项防汛措施中，就为非常溢洪道加

250　参见《李鹗鼎纪念文集》，《李鹗鼎纪念文集》编辑委员会编，中国电力出版社，2004.12，第16页。

251　参见《春梦秋云录——浮生散记》（第二版），潘家铮著，中国水利水电出版社，2000.12，第381页。

固了边墙，还有围堰坡脚浇筑混凝土护板。

启用非常溢洪道，最最担心的就是近千立方米每秒的下泄洪水冲刷围堰坡脚。虽有预防措施，但这个措施行不行？潘家铮环视大家一圈，仿佛他这个总工程师就是那一块厚厚的混凝土护板。他咬咬牙："丑媳妇终要见公婆，早些过水也好，可以看看冲刷情况。"

现在峰洪未到，泄流量不会超过设计泄洪量，也是考察预防措施的最佳时机。如若待洪峰到来才启用，一旦出现问题，连补救的时间都没有。李鹏部长同意让非常溢洪道封堵缺口自动溃决，同时下令准备大量钢筋笼和混凝土块，堆在堰脚平台，万一堰脚出现险情，可用钢筋笼和混凝土块抛石封堵。

9月14日，上坝公路交通完全断绝，此后几天只能从两岸陡坡三百多个台阶上下，抢险用的模板、铁架诸种材料都靠人背下去。清晨2点40分，不出所料，非常溢洪道上的黄土质临时挡水坝被大水冲决。这个土坝的体量也不小，高达3米多，前一日黄土坝体与混凝土面的结合部位发生渗漏，接着管涌，接着溃决，非常溢洪道泄流量达到200多立方米每秒。虽未达到设计流量，但有几十米水头，冲击力相当之大，围堰下坝脚顿时淘出一个巨大的圆弧形冲刷坑，冲刷坑越冲越大。

潘家铮守在围堰边眼睁睁看着洪水将堰脚一点点吃了下去，两位部长也一步没离开围堰，焦急地看着下泄洪水冲刷的情况。这时候，预先浇筑在堰脚平台的那块混凝土护板由于下方被洪水淘空，轰的一声坍塌下去。也正如预先设计的那样，巨大的混凝土防护板如同有人在遥控操纵，恰好盖在冲刷坑边坡上。洪水从50多米高的水头还在往下倾泻，一股又一股大水不是流下来的，简直是砸下来的，这一回，它们算是遇到了对手，一下子砸在厚实的混凝土盖板上面，好一阵瘟头瘟脑。

非常溢洪道启用之后，围堰相当于三面临水。上游来洪不断逼近堰顶，下游泄洪洞泄水，右侧非常溢洪道高水头泄洪，兵临城下，岌岌可危。由非常溢洪道下泄的洪水转而攻击护板另一侧，巨大的回水将护板撞击得訇然作响，巨大的声响和着由导流隧洞喷溅而出的河水轰鸣相应和，龙羊峡山谷里如滚雷荡过，连绵不绝。

下游冲刷能不能不再扩大，边墙能不能保住？就此，两位部长想了很多办法，并亲自到冲刷的最前沿了解情况，把工程局副局长刘海伦放在那里，要求守住下游出口这条弧线，采用抛投钢筋石笼和混凝土四面体，每个钢筋石笼重达几十吨，每一个混凝土四面体也有 20 吨重。每天冲多少，抛多少，守住不放，最后洪水实在无计可施，暂时乖觉不少。

负责守卫下游出口的水电工程四局副局长刘海伦，正是 1976 年第一批进入龙羊峡建设工地的领队，其时，他担任水电工程四局施工处的处长。[252]前半年潘家铮来工地检查指导防汛工作的时候，潘家铮对他还很有意见，责怪他没有百分之百完成前期防汛工程。但此时，潘家铮对这位从水电一线工地摸爬滚打出来的汉子钦敬有加。刘海伦一直在下游出水口眼珠不错坚守了 24 小时，从 15 日到 16 日，洪水徒然在脚下咆哮怒吼。潘家铮调来溢洪道的全部原始资料，看到溢洪道设计并没有什么可担心的，就深信刘海伦是一定能够守得住的。

刘海伦简直是泼上了命，24 小时一眼未眨，中间只胡乱吃过一些饭，眼睛里布满血丝，两天下来，人本来就又黑又瘦，现在更瘦了一圈。他比潘家铮要小六七岁，看面相只能比潘家铮更大，不会更小，潘家铮也以为他比自己年龄要大，甚至由衷地称他为大哥。

数年之后，潘家铮再到龙羊峡检查工作，却没有看见刘海伦，人说他正在西宁住院。潘家铮前往西宁看望，刘海伦躺在病榻之上，潘家铮心里阵阵隐痛。他清楚地知道，一座水电站建成，水轮机运转起来的那一瞬间，其间凝聚着水电工作者多少辛劳，多少人付出青春，付出健康，甚至付出生命的代价。刘海伦的健康显然是这场旷世抗洪斗争落下的疾患。[253]

当年参加龙羊峡抗洪抢险的人员共达 15000 余人，刘海伦只是其中一员。

三大件

潘家铮最担心的还是龙羊峡的"三大件"。

这"三大件"准确地说，是龙羊峡工程"导流三大件"，包括围堰、非常溢

252　参见《龙羊峡志》，《龙羊峡志》编纂委员会编，方志出版社，1999.8，第 46 页。

253　以上参见《龙羊峡上战狂洪》，《春梦秋云录——浮生散记》（第二版），潘家铮著，中国水利水电出版社，2000.12。

洪道和导流隧洞。导流三大件中，非常溢洪道和围堰随大坝浇筑完成之后将被拆除，导流隧洞则将作为电站的泄洪建筑物之一被保留继续发挥作用。三大件又是拦，又是泄，相辅相成，哪一个出了问题都决定着抗洪抢险的成败。

李鹏和李鹗鼎让潘家铮密切注意这"三大件"动态，将此"三大件"在洪水来临时的情况及时报告，以备指挥部做出决策。

潘家铮当初最担心非常溢洪道。非常溢洪道曾经险象环生，幸好预先浇筑了混凝土护墙，又在堰脚平台浇筑了混凝土护板，加上刘海伦在那里殊死抢险，再加上阅看过原始设计资料，这个非常溢洪道可以放下心来了。

非常溢洪道这一头放下心来，导流隧洞的情况又让潘家铮忧心忡忡。

导流隧洞高 16 米，宽 15 米，长达 661 米，可以宽宽松松放入一幢 5 层楼房。潘家铮在阅读原始设计资料时发现，这个花费 3 个月即全部贯通的庞然巨洞，在施工的时候却留下一些缺陷。这让潘家铮很担心。因为它的设计最大流量是 3450 立方米每秒，而眼下洪水逼近，为减轻围堰压力，已经超负荷地达到 4000 立方米每秒。巨大的洪流从洞口喷薄而出，真可谓排山倒海、白浪滔天，站在堰顶上，都能被腾溅的水雾打湿，有时候简直就像下一场暴雨一样。它巨大的冲击力猛烈地击向河床和岸坡，导致下游岸坡垮塌，岸坡和山体上的碎石不时跃向河道，烟腾雾起，浪跳尘飞，十几里外都可以听得到水石相激发出的轰鸣。

超设计流量下泄会引起什么后果？首先是水流速度加快，隧洞底板难以承受水的冲击被掀起，洞顶发生坍塌。施工的时候，有 500 多米没有衬砌，最致命的洞内发生大方量塌方堵塞隧洞，后果不堪设想。

潘家铮在分析隧洞地质和施工资料之后，向指挥部提出可以让其超设计流量畅泄。于是，导流隧洞长龙飞出，浊流滚滚，昼夜不停畅泄了整整 16 天。这 16 天，潘家铮经常到洞口观察监测洪流下泄的流态。好在，导流隧洞非常争气，16 天里没有发生任何问题。

至于围堰，加高加固及时，已经从海拔 2497 米，升高到 2501 米。刚开始，加高围堰的材料都是黄土加草袋夯实构成，在迎水面铺设帆布挡水。非常溢洪道上的 8 米黄土堰发生管涌被冲决之后，指挥部决定立即返工刚刚加高的 4 米围堰土坝，将原来的土坝改为跟围堰一样的混凝土心墙堆石坝。这个紧急任务落实在抢险一线的基建工程兵部队头上，他们连夜突击 15 个小时，把原来的黄土草袋拔除，直到露出围堰顶部的混凝土面，然后再浇筑混凝土心墙，与原来的心墙连成一个整体，两侧再堆石筑高。然后，再在下游坡面浇筑混凝土，以防止洪水翻坝造成冲刷。这样，围堰足以抵御 500 年一遇的大洪水。

但问题在于，导流隧洞超负荷运行，也只能下泄洪峰的 70%，还有 30% 的洪水被挡在堰前，水位在节节攀升，洪水逼近堰顶高程，对堰体不断加大压力，堰体的心墙十分单薄，能不能承受这样大的压力？洪水会不会从心墙的裂缝、接缝中渗流，破坏堰体？这就需要密切监视堰顶变形和渗流情况，可是，监视也仅仅是监视，一旦发现大量渗水或变形再发出警报，根本措手不及。

水电工程四局毕竟是一支有着十分丰富筑坝经验的队伍，长期与黄河上游的河水与地质打交道，仿佛摸得清这条北方大河的脾气。在修筑这条临时围堰的时候，在堰体内部埋有大量仪器，洪水来袭，这些仪器大半损毁，毕竟还有一小半可以正常工作，能够给出一些不可或缺的内部数据。潘家铮心头重负也卸去一大半，有这些数据，就如同外科大夫掌握了病家身体内部准确的透视片的化验报告。技术部送来的实时监测数据，他是如获至宝，组织人马夜以继日计算、分析，这样，对龙羊峡刚性心墙堆石围堰中心墙、接缝以及整个堰体的工作状态有了基本估计——这座国内很少采用的心墙堆石堰体根本不会被洪水冲垮，不仅目前安全无恙，即便水齐堰顶也没有问题。有了内部精确实时监测数据，哪里出了问题可以对症下药，能够集中力量抢险。潘家铮根据自己的计算与分析，给李鹏和李鹗鼎两位部长和指挥部所有成员保证：围堰不会垮！

龙羊峡的抗洪斗争是一盘大棋。龙羊峡上的三大件会不会出问题，不独关乎抗洪抢险的成败，也牵动着上游下游青海、甘肃乃至宁夏、内蒙古党政军民的心。

龙羊峡上紧张抢险，上游库区从 9 月 9 日开始已经动员了三次大的搬迁，第一次按 50 年一遇洪水位 2488 米高程组织搬迁。第一次组织迁移 360 户，共 2358 人。9 月 11 日再按 2497 米高程非常洪水，超高 5 米进行紧急搬迁，又搬迁 257 户，计 3300 人。9 月 15 日晚上，围堰再加高 4 米，按 2505 米高程组织紧急撤退，又迁 132 户，计 802 人。[254]

库区大部分为牧区，人口居住分散，迁移过程中自治州党委一把手亲自坐镇，工程四局大力支援，人员撤离迁移比较顺利，但也非常复杂。因为是农村联产承包责任制实行第二年，家家户户仓实屯满，每一户都有上万斤粮食。

其实，出迁人口的重点在下游。龙羊峡库区下游，峡谷和川地相间，从龙羊峡到寺沟峡出口进入刘家峡水库共 270.25 公里，中间有四个大川地，涉及青海省的贵德、尖扎、化隆、循化、民和九个县和甘肃省新成立的宁夏回族自治区积石山县，一共有 300 多个生产队，6300 多人，11 万亩耕地，1 亿斤粮食，2 个县城，5 个少数民族，有全国唯一的少数民族撒拉族，还有回族、土族、藏族、保安族，迁移的人大部分是少数民族。从 9 月 11 日开始动员撤退到 9 月 14 日晚，四天时间全部完成，转移到了安全地带，留少数基层干部、民兵及一部分青壮年留守值勤，待命撤退。[255]

一切措施都按最坏的情况来做。

根据西北设计院的垮坝计算，围堰一旦溃决，将发生 38700 立方米每秒洪峰，离坝最近的贵德县 2 小时洪水就到，13.3 个小时进入刘家峡，这近四万立方米每秒流量若流下去，则五个县最精华的平川地将全部被毁。

最后青海落实的搬迁人数是 92 个大队，279 个生产队，39873 人，7175 户，其中回族 12004 人，撒拉族 3103 人，藏族 7240 人，土族 6458 人；汉族 11158 人。少数民族占 72.02%。转移粮食 2258.2 万公斤，牲畜 124702 头。[256]

搬迁工作组织有序，老乡们离开自家老屋之前，房屋被打扫得干干净净，房梁上挂的辣椒、窗前的花都一样不少带走。

下游刘家峡水电站，也是一派紧张忙碌。

甘肃省老省长李登瀛亲自坐镇，突击加高刘家峡大坝。9 月 12 日下午到 9 月 15 日，只用了三天，把刘家峡大坝突击加高土坝 3.6 米，混凝土坝 2.3 米，提前 36 小时完成了任务。

甘肃省委代理第一书记冯纪新几次打电话给李鹏部长，要求交底，上游究竟

254，255，256 《李鹗鼎纪念文集》，《李鹗鼎纪念文集》编辑委员会编，中国电力出版社，2004.12，第 17—19 页。

有多少水，究竟守得住守不住？

9 月 15 日，冯纪新坐上直升机视察，一直看到龙羊峡上游，然后和青海省第一书记梁步庭、兰州军区副司令员陈康一起连夜从西宁赶到工地，此时已是晚上 10 点。10 点赶到龙羊峡后，不肯休息，要求连夜介绍情况。听取工程局、设计院和非常防汛指挥部介绍后，吃了定心丸，心里这才有了底，复又返回刘家峡。[257]

最后的较量

潘家铮这个总工程师，一直担当着总参谋长的角色。

"三大件"不会出问题，单等与最大洪峰到来决一雌雄。

潘家铮用特大比例尺绘制出每日雨量、来水量、泄水量及堰前水位的过程线，这个过程线图被贴在墙上，一有空就站在那里捉摸，一站就是半个小时。几条过程线绞缠相伴，都在一点一点上扬。总指挥李鹗鼎看他这样，跟他开玩笑："你真是恨不得把这条曲线扳下来！"

扳当然扳不下来，但大家看到潘家铮在观察数据过程线的时候，严肃的神情渐渐平和，几个数据在 9 月 17 日下午出现了微妙的变化，他估计进入库区的流量和出库流量将达到平衡，库区的水位不再是一个不可预知的数值了。一丝喜悦和欣慰现在脸上。

果然。

9 月 18 日 22 点，最高水位达到 2494.78 米，堰前水位距离堰顶还有 6.22 米。潘家铮在次日凌晨 2 时发现，这个水位一直没什么变化，一颗心彻底放了下来。这就意味着，来水与泄水趋于平衡，洪水破堰的可能性微乎其微。

还不能高兴得太早，情况仍让人揪心。这个水位从 9 月 19 日 2 时起，还持续了 10 个多小时，大水仍然凶猛异常，进水口超量下泄的洪水拧起巨大的漩涡，摇撼、震荡、纠缠，进水结构与洪水来回拼杀，进入隧洞的洪水复又冲刷着底板和拱顶，啸叫轰响，一如往常；堰前的洪水困兽犹斗，徘徊逡巡，在寻找哪怕万分之一的突破可能。潘家铮事后想，在那十多个小时的僵持过程中，设计、施工

257 《李鹗鼎纪念文集》，《李鹗鼎纪念文集》编辑委员会编，中国电力出版社，2004.12，第 17–19 页。

过程中的任何一点疏忽，都会给洪水以可乘之机，一切都会功亏一篑。

"三大件"与洪水在抗衡，在僵持；上万抢险大军各就各位、严阵以待，各种抢险设备、材料早已准备就绪，随时准备一场恶战。

僵持 12 小时之后，堰前水位终于开始下落。下落了一厘米。潘家铮心里一阵狂喜。

9 月 11 日告急，12 日李鹗鼎带队前往抢险指挥，14 日随李鹏部长赴龙羊峡，到 19 日水落 1 厘米，整整 10 天。一万多抗洪抢险大军昼夜不息，多少人彻夜不眠，换来这来之不易的 1 厘米。

接着，有 2 厘米的落水。接着，3 厘米落水。5 厘米，10 厘米。老天爷 28 天黑云封脸，此时已经无计可施，兵败如山倒，高天之上，乌云正慢慢被风吹散。

9 月 17 日，在坝前将要出现最高洪水位的前夕，召开了非常防汛指挥部的紧急会议，有青海、甘肃两省负责同志参加，检查了前一阶段的工作，李鹏部长做防汛斗争开始向好的方向发展的估计，但是不能麻痹，要仔细检查，迎接最高洪水位的考验。

9 月 18 日 22 点，最高洪水位达到 2494.78 米，持续了 12 个小时之后，水位慢慢地下降了。

大水消退，仍然不敢掉以轻心。有地质经验的人都知道，好多堤防不是垮在涨水过程，而是垮在退水过程。

龙羊峡上游库区是个湖泊沉积地区，两岸山势很高，但大多是土山，历史上就是大滑坡地段，在蓄水过程中就曾局部崩坍过。沿坝址往上数，是二号滑坡、农场滑坡、龙羊滑坡、龙西滑坡、磨房滑坡、茶那滑坡、茶西滑坡、汪什科滑坡。其中茶那滑坡是我国有名、世界有名的将近一亿立方米的大滑坡。在 1943 年大年初三突然滑下，把整个村子埋在里面，只有一个老汉冲到了黄河对岸，现在大滑坡的遗迹还清晰可见。西北设计院和成都地质学院、工程局组织了一个滑坡观测的科研组织机构，已经工作了几年，埋设了大量的仪器，有钻孔，有滑移计，有观测点，每天巡回检查，积累了大量的资料，他们做出了结论，这次蓄水和退水过程，只有高程 2530 米以下局部的崩溃，没有发生大的异常情况。

如果上游出现险情，在坝面抗洪的人无处可躲。潘家铮要求工作组的技术人员要密切关注滑坡情况，对上游滑坡进行了大量计算。潘家铮在 70 年代援外过程中，对滑坡和浪涌都做过精细的研究，对大型滑坡很有经验。

9 月 19 日水退之后，李鹏、李鹗鼎两位部长乘坐直升机，查看了龙羊峡上游，考察有没有将来紧急分洪的地段，如果明年还有这样大的洪水的话，能否临时抵挡一下，削减洪峰。

19 日晚，龙羊峡工地会议灯火通明，李鹏再次召开非常防汛指挥部会议。出席会议的人个个疲惫不堪，但比较前几日的紧急会议，气氛明显轻松和欣慰。

按照程序，照例分析雨情、水情和工情，检查和布置各部门抗洪抢险准备工作。最后的程序，是讨论目前抗洪抢险处于什么样的形势。

会议室外，上万抗洪抢险大军仍然枕戈待旦，准备应付随时出现的险情。

有同志说，胜利虽有一定把握，但仍不宜宣布得过早，不然会陷入被动并且影响斗志。

潘家铮憋不住。他已经在那张过程曲线图前研究了整整一天一夜，十多天的雨情、水情和泄量告诉他，洪水再强也是强弩之末，抗洪抢险必胜无疑。他站起来说："形势已经如此明朗，龙羊峡的抗洪斗争已经毫无疑问取得了决定性胜利，为什么还不宣布，让中央放心，让下游人民放心，让全国人民放心？！"

这时候，从两位部长，到指挥部的工程技术专家，都睡眠很少，疲惫不堪，恨不得找一个地方沉沉睡上他十天半月，每一个人的嗓子都变了音儿。潘家铮也不例外，他说话的时候，一口绍兴嗓音的普通话，经过近十天的煎熬，变成一副尖声尖气的女高音。话音未落，会议室里哄笑一片。

李鹏部长也少见地笑起来。总工程师这么一说，大家都觉得有理。李鹏部长正式宣布："龙羊峡的抗洪斗争已经取得了决定性的胜利……"一语未终，掌声雷动，大家非常亢奋和兴奋，泪湿双眸，潘家铮低首摘下眼镜，慢慢揩去溢出眼眶的泪水。[258]

龙羊峡抗洪抢险取得决定性胜利的镜头随中央电视台的摄像信号传到北京，已经是第二天的上午。正在上班的潘净知道父亲在龙羊峡参加抗洪抢险，她每天都关注着那里的消息。这天，她看到抗洪抢险取得决定性胜利的消息，自然激动，

258　参见《李鹗鼎纪念文集》，《李鹗鼎纪念文集》编辑委员会编，中国电力出版社，2004.12；《龙羊峡上战狂洪》，潘家铮，《春梦秋云录——浮生散记》（第二版），中国水利水电出版社，2000.12。

这就意味着又能够同爸爸团聚了。突然，镜头一闪，给总工程师潘家铮一个镜头，潘净高兴地大叫起来："快看快看，那是我爸爸。"

她清楚地记得，爸爸 8 月下旬刚从龙羊峡出差回来，部里就组织抗洪抢险。12 日，正好是中国传统的中秋节，本来她准备跟父亲在异乡度过节日，没想到父亲竟然整天没回六铺炕的宿舍，14 日便随李鹏部长乘飞机走了。行色匆匆，只给她留下一张纸条，心里还有些不快，看到电视上爸爸的镜头，不快没有了，倒有些自豪。

她发现，爸爸虽然疲惫不堪，但一头乌发，纹丝不乱，显得格外年轻。

龙羊缘分

潘家铮跟龙羊峡的缘分还没有结束。

1981 年 9 月龙羊峡抗洪抢险取得胜利，经过这一场大洪水的考验，上游围堰安然无恙，潘家铮在工地参加指挥抢险的过程中，就对围堰的工作状态做过精细的计算。当初让人最担心的刚性心墙堆石围堰居然能经得起 500 年一遇洪水冲击。任何一项水电工程，最权威的检验还是大自然。潘家铮在计算过程中发现，这种国内工程很少使用的混凝土心墙堆石围堰，有许多意想不到的长处，并不像人们所说那么不堪一击、弊端丛生。

在抗洪抢险和事后总结的时候，许多人都提出，如果采用最初设计的混凝土拱围堰，也不至于面临洪水手忙脚乱。潘家铮发现，原来的拱围堰设计自有其道理，但其高度比混凝土心墙堆石围堰要低 10 米，挡水效果肯定不及后者。

潘家铮回到北京之后，备受质疑的混凝土心墙堆石围堰仍然萦绕心头，挥之不去。他整理从龙羊峡带回来的数据和分析计算成果，很快写成《对龙羊峡电站刚性心墙石渣围堰工作状态的研究》一文。这些数据和计算成果，当然还是记在他须臾不离手的硬皮笔记本上。

熟悉潘家铮的人都不明白，不管工作节奏多么紧张，潘总总会有办法挤出时间来把一天所想所思所分析所计算记在笔记本上面，你几乎看不到他分心的时候。

他在这篇论文中，详细分析龙羊峡这座围堰各部分在洪水来袭时的工作状态，用实测数据解答许多人对此种型式围堰的疑惑和质疑。他最后总结说：

我国 50 年代初期就在一些工程上采用过刚性心墙土坝结构。但以后这种坝型采用得不多，其原因似有两点：①对这种坝型的工作状态感到怀疑，觉得不如柔性心墙"可靠"；②这种坝型施工比较复杂，要有两套施工系统（堆石和混凝土），而且随着心墙高度的上升，两侧填筑也要大致同时上升，不利于抢工。而龙羊峡工程的实践经验似可说明，只要精心设计，和确切保证混凝土、填筑材料及止水系统的质量，这种坝型的工作状态是能令人满意的，至少在六七十米到百十米左右的坝上采用这种型式不存在结构上的问题。当然，究竟采用柔性止水结构或刚性结构，采用心墙或斜墙，还应根据各工程具体条件而定。如果工地缺乏合格的、数量足够的土料，或是气候条件很不利于填筑黏土心墙，或两岸地形特别陡峻，采用黏土心墙需做大量开挖或复杂的处理，或坝体位于强烈的地震区中时，则刚性心墙堆石坝可能是一个较合适的方案，至少可以与沥青混凝土心墙坝等比较。当然，即使采用混凝土止水结构，究竟应该采用刚性心墙或是刚性斜墙或是"柔性钢筋混凝土斜墙"，也还是值得比较的。[259]

他给出非常充分的肯定，这种肯定来自潘家铮，来自水电总局的总工程师，其权威性不言而喻，这对西北设计院的设计者来说毋宁是鼓励和激励。有潘家铮的推动，这种围堰型式在日后多个工程中采用。后来更大的三峡工程一期围堰，即由混凝土心墙堆石建成。

1983 年 6 月底，龙羊峡大坝浇筑工地迎来两位外国专家，一位叫缪勒（L.Muller），一位叫特米纳桑（W.Ter-Minassian）。缪勒是国际著名的岩土力学专家，奥地利人，在国际岩土力学界应该是权威人士；特米纳桑，则是联合国技术合作开发署的技术顾问。两位专家应中国政府的邀请，重点对龙羊峡大坝的设计与施工进行考察。这是联合国技术和开发署对成员国的一项技术咨询任务。

两位专家于 1983 年 6 月 23 日抵京，6 月 27 日赴龙羊峡工地考察坝址和施工情况，7 月 3 日回京，结束考察。同月，两位专家将考察报告呈报水利电力部。

1982 年，全国人大常委会通过国务院《国务院机构改革的报告》，是年 3 月，水利部与电力部再合并为水利电力部，部长为钱正英。

259　参见潘家铮撰《对龙羊峡电站刚性心墙石碴围堰工作状态的研究》，收入《水力发电》1982 年第 1 期。

水电部领导看到两位专家呈送的考察报告之后，皱紧了眉头。

两位专家对龙羊峡工程考察的时间只有短短几天，加上阅读资料，总共 10 天时间。应该说，他们还是对工程的地质、施工提出了非常有建设性的意见。

但有两条意见让水电部领导和西北设计院、水电工程四局都感到压力很大，忧心忡忡。两位专家的报告何以引起这么大的担忧呢？不妨引述报告的"结论"部分：

a）在正常荷载条件下，龙羊峡大坝的主要弱点是巨大岩体可能向下游方向的滑动，这些岩体是紧邻两岸拱肩的部分。这些可能不稳定岩体位于倾斜的断层和裂隙上，由于沿大断层的 F_7 发育的横向冲沟的存在而失去支撑。左岸的滑动很可能因冲刷而进一步触发。这种情况在溢洪道冲刷坑地段内是可以预见的。现场观察的迹象表明这一可疑岩体已经处于极限平衡状态。

保持这些岩体的稳定是大坝安全的主要前提。

b）预计冲刷将产生深的冲蚀。专家们认为没有可靠的侧向防护办法，因而预期会发生冲刷周围的滑动。这些滑动可能堵塞河床，使水轮机不能正常运转，在溢洪道运行时厂房被淹。

在座的专家们对此问题未做解答。

c）在历史的技术的研究基础上，已预测到库区将发生大滑坡。由于下述理由，被动地等待这种事件发生，让至少 20 米高的涌浪翻过坝顶是不能接受的。

引起的溢流将相对延续较长时间，即使大坝不遭受损失，其泄流量也至少达到 250000 立方米每秒，对该峡谷来说，这是地质时期规模的洪水，它将对下游造成难以预料的损失。

即使重力拱坝本身或许能经受这一超载，但无论重力墩或两岸重力式副坝均未按这种假设进行设计。预计工程建筑会发生局部或全部破坏，这将造成更大的灾害。

涌浪不仅将翻过坝顶，还要流经两侧的天然地面。这种最终汇入峡谷的溢流的流态和由于这种全面的、剧烈的溢流所造成的对陡崖的冲刷是难以预料的，但是无疑峡谷中将发生巨大冲刷，因这峡谷地形将发生根本的再造。[260]

260　参见《黄河龙羊峡水电站勘测设计重点技术问题总结》，国家电力公司西北勘测设计研究院编，中国电力出版社，2003.12，第 469 页。

这个结论其实提的是两个问题，一是坝址工程地质问题，二是滑坡稳定的问题。两个问题，又合成一个问题。缪勒他们所看到的，茬茬关乎大坝安全。

　　缪勒含蓄指出，龙羊峡是一个"挑战性的工程"。

　　关于坝址工程地质问题，龙羊峡水电站经过长达 30 多年的勘测、设计，已经有了充分的认识。最初选定 4 个坝址，4 坝址因两侧山头只有 80 多米，难以达到筑坝要求外，其余 3 个三均因地质条件而难以定夺，最后在 2、3 两个坝址做选择。1966 年 12 月，水电部在刘家峡进行西北地区 4 个水电站初步审查，认为龙羊峡 2 坝址存在几条活动性断层，为构造不稳定区；从人防条件上，由于副坝较长，建筑物隐蔽条件不好，决定放弃 2 坝址，改选 3 坝址。这样，勘探就围绕 3 坝址展开，几年下来，在恶劣的政治环境下，还是做了不少工作。

　　直到 1975 年，国家批准修建龙羊峡水电站，因为龙羊峡水电站是黄河上游的"龙头水库"，坝高库大，它将给下游梯级电站施工带来方便，能够充分发挥效益。直到工程四局已经进驻工地，开始施工准备工作，在 1976 年 7 月，水电部和青海省对龙羊峡水电站复查电站坝址的选择，认为两个坝址的人防和构造稳定条件是相同的，2 坝址还略优于 3 坝址。这样，原来的 3 坝址再度改为 2 坝址。

　　几次选择，地质条件是首先考虑的因素。

　　但是，即便选定 2 坝址，地质条件实在是恶劣。潘家铮参加的 1981 年 9 月抗洪抢险之后，直到 1983 年 6 月 28 日，大坝才开始浇筑，基坑处理用了两年多时间。基坑先清理破碎岩石，下挖 31 米才挖到新鲜岩面，左岸更是挖进 75 米。仅基坑就挖掘土石方 180 多万立方米。

　　到 1983 年，龙羊峡大坝分 18 个坝段开始浇筑，现在国际权威突然提出说地质问题非常严重，甚至缪勒看完之后说了一句话："坝下面全是一堆烂石头。"不仅如此，报告指出："在正常荷载条件下，龙羊峡大坝的主要弱点是巨大岩体可能向下游方向的滑动，这些岩体是紧邻两岸拱肩的部分。这些可能不稳定岩体位于倾斜的断层和裂隙上，由于沿大断层的 F_7 发育的横向冲沟的存在而失去支撑。左岸的滑动很可能因冲刷而进一步触发。"

　　这是什么意思呢？

　　缪勒认为，龙羊峡大坝下面的岩石不仅破碎，而且仍在滑动，左岸坝肩的岩石尤甚，左岸的山脊有蠕动的迹象！

再一个就是库区的滑坡。1981 年 9 月抗洪抢险后期，非常防汛指挥部曾经担心过滑坡，两位部长还乘直升机巡查过，没有发生什么重大问题。但这一次联合国派的专家却言之凿凿，不仅滑坡，而且按照计算，滑坡引起的浪涌将达到 20 米，浪涌翻坝，涌浪流量将达到不可思议的 25000 立方米每秒，比 1981 年 9 月洪水最大流量还要多出 4 倍多。

结论是再明显不过，龙羊峡不具备筑坝条件，尤其是高坝大库，更不适宜。文件里没有明说，但谁都能看得出来。这样的结论让中国水电主政者感到吃惊，甚至震惊再自然不过。

话说回来，缪勒他们的结论也不能说危言耸听，问题在于，他们说的情况是否真实存在，如果真实存在，有没有有效的处理方法？可不可以规避灾害发生？

这时候，新任水电部部长钱正英想到了潘家铮。

钱正英，这位 26 岁就担任水利部副部长的老水利对潘家铮了解并不多。钱正英在给中国水利水电出版社编辑出版的《永远的潘家铮》作的序言中，将认识潘家铮的过程叙述得很详细。

钱正英讲，1966 年新安江迎来建成之后第一次洪水考验，那是中国第一座大型水电站以坝顶溢流洪水。当时她并不知道这座中国第一座大型水电站大坝的设计者是哪个，因为上海勘测设计院是老专家云集之地，它应当是出自名家之手。她怎么也想不到，设计它的竟然是当年刚过而立之年的潘家铮。她非常赞赏这中国第一座大型水电站诸多创新之处，大宽缝重力坝，坝顶溢流，短短三年就并网发电，这些都让她这一个年轻的老水利感到兴奋。后来，这种坝型成为中国普遍采用的一种坝型，丹江口水电站、潘家口水电站的宽缝重力坝莫不以此为蓝本。

70 年代，潘家铮借调水电部，当时作为副部长的钱正英对潘家铮仍然不太了解，直到有一天跟部里的几位司长闲聊，那时候，葛洲坝已经开工，她劝他们多到长江水利委员会沟通沟通，不要成天公文往来。几位司长说："长委的人很牛的，他们去了不太愿意搭理他们。倒是有一个人去了很受欢迎，而且每一次去都要请他讲课。"钱正英问："这个人是谁？"人说，他叫潘家铮。钱正英很惊奇，让长委专家们佩服的人，当然是了不得的大专家了。这个时候，她才知道，潘家铮正是新安江水电站的设计者。

这样，钱正英将潘家铮这个名字记下来。

钱正英知道潘家铮这个名字不久，正好葛洲坝工程的二江泄水闸和消能护坦验收，其设计发生很大争议，有国内几位知名专家指出，长委设计的消能护坦不安全，建议将设计的轻型消能结构改为重型消能结构。于是由钱正英提名，派潘家铮和时任水电部天津设计院总工程师、后来的中国工程院院士曹楚生一起前往葛洲坝主持复查。[261]

二江泄水闸在整个葛洲坝水电站建设中起着至关重要的作用，是这座长江第一坝建设的成败关键。它要泄下 84000 立方米每秒的洪水，同时兼具排沙、调整大江、三江上航道流速流态和葛洲坝二期工程导流期间承担截流导流任务，是葛洲坝枢纽建设的第一期工程。

葛洲坝二江泄水闸是当时世界上最大规模的泄水建筑物。它的设计为开敞式平底闸，共 27 孔，总宽度达到 498 米，闸室长 65 米，底板高程 37 米，孔宽 12 米，高 24 米。[262]

如此庞大的泄水建筑物，对消能结构的要求当然十分严苛。

二江泄水闸消能防冲工程包括消力池、护固段和海漫段。闸下游为一级平底消力池，池长 180 米。由于上游水库无调节库容，所以泄洪流量大，时间长，下游水位深，加之基岩软弱，这样就对护坦的抗滑稳定和检修都构成困难。于是，护坦采用"封闭式抽排"方法，有 13.5 万平方米的封闭防渗、排水系统，以降低扬压力，减小护坦的厚度。这正是专家担心的"轻型消力结构"。

当年，新安江工程采用的不就是这种封闭式排水、减少地基扬压力的方式吗？潘家铮对此项技术再熟悉不过。他和曹楚生两位专家复查研究之后，认为这个设计是没有问题的，既是一种有效的新型消能结构，又可以节约不少工程量。

拿定这个主意在当时是不容易的，一来，质疑这种消能结构的是有名的权威，二来，潘家铮当时刚刚担任水电总局的副总工程师，也是刚刚调入水电部，"资历"尚浅，做出这样的结论既要有足够的说服力，也需要很大勇气。所以钱正英

261　参见钱正英撰《春梦秋云录》序言，《春梦秋云录——浮生散记》（第二版）潘家铮著，中国水利水电出版社，2000.12。

262　参见《华中电力工业志》，《华中电力工业志》编纂工作委员会编，中国电力出版社，1993.9，第 63 页；《葛洲坝水利枢纽工程大江截流》，邹仪、张平新，《中国水力发电年鉴（1949—1983）》，水力发电杂志社，1985.9。

感慨，这是一种"追求真理、不惧权威的创新精神"。潘家铮一生的科学研究和技术钻研，倒是从来没有迷信过权威，也恰恰是从怀疑中探索，在探索中寻求未知世界的某种确定性。

葛洲坝二江泄水闸及消能结构在运行 30 年之后，安然无恙。这个技术后来还被写入工程规范。

插曲一节，长话短说，回到龙羊峡。

缪勒他们的结论甚至使许多人产生了在龙羊峡能不能建坝、适合不适合建坝的疑问。这时候，也是钱正英点将，要潘家铮前往龙羊峡进行复查。

说来也巧，1980 年 6 月，潘家铮关于坝工技术的又一力著《建筑物的抗滑稳定和滑坡分析》一书由水利出版社正式出版。这是潘家铮几十年对滑坡问题研究的成果，对库区滑坡和滑坡浪涌规律有深入的研究与分析，对滑坡的规模、特征与发生浪涌的规模都有具体的计算方法。他和设计院同志全面细致地研究坝址地质条件，进行了大量的精细分析和试验研究，针对上游库区中的巨大滑坡体，拿出详细的计算成果和工程技术方案，证实只要采取措施，龙羊峡大坝的安全是有保障的。

而缪勒他们所说的滑动岩块，不过是他错将岩体表面部分卸荷松弛现象当作了岩石蠕动，根本就是子虚乌有。

当时在龙羊峡项目部（指挥部）的夏可风回忆，潘家铮在龙羊峡工程灌浆问题上对他们的帮助。龙羊峡工程在处理破碎软弱坝基，主要采取的混凝土置换，还有主坝固结灌浆、断层深部高压固结灌浆以及帷幕灌浆，西北设计院在设计的时候，经过许多次实验，决定采用高压水泥灌浆与化学灌浆相结合，这个处理起来特别复杂。

1983 年，国家用在水电项目上的资金抠得很紧，从"文革"灾难中恢复过来的国民经济刚刚现出曙光，但建设用物资还很困难，技术条件也比较落后。龙羊峡坝址几条大型断层破碎带需要采用高压水泥灌浆和化学灌浆进行加固，这项技术成功与否关系到大坝的安危，这在国内应用还是第一次，龙羊峡能成功吗？许多技术干部心存疑惑。

潘家铮专门给工程四局的技术干部做了一次报告。他说："虽然我国坝工建设的筑坝水平落后于西方发达国家，但是我们灌浆技术并不落后。在地质条件非常复杂的乌江渡水电站，采用高压水泥灌浆技术取得了巨大的成就，具有国际先进水平"。这种采用高压灌浆处理软弱破碎岩层的方法，潘家铮形象地比喻为"打针"，而将软弱破碎岩层挖除置换为混凝土的方法比喻为"开刀"。潘家铮认为，与打针的方法比较起来，开刀法工程造价更高，开挖过程可能破坏好的岩体，施工安全的风险也较大。在许多类似的地基处理过程中，他极力主张"要多打针，少开刀"。

潘家铮在以后的若干文章和给学生们的讲演中屡屡提到这个思想。

最后，经过复杂的处理，在地下填进 8 万立方米的混凝土和进行 10 余万立方米的高压灌浆，把破碎的山头加固，当时中国第一座重力拱坝最后挺立在的龙羊峡上。龙羊峡如此巨量和细致的处理，在中国坝工建设史上是少见的。

与其说，潘家铮对龙羊峡工程本身有感情，毋宁说他对工程建设者充满敬意。

他在给张殿华的回忆录《江河情怀——水电人生的记忆》写的序言中，对龙羊峡建设者——水电工程四局有一段深情的表白：

> 我是一名老水电工作者，因为工作关系，对水电四局这支队伍有点了解，这确是一支英勇善战的水电铁军，为祖国水电事业立下过不朽功勋。特别是对四局在龙羊峡的那段历史，我了解得多一些。留在我脑海中最深的记忆，是在青海唐格木大地震后，我参加中央慰问团去灾区慰问，看到在历尽艰辛建成龙羊峡电站后，四局从局领导到工人都仍住在破烂得难以形容、摇摇欲坠、家徒四壁的工棚里时，我总想痛哭一场！相信许多经历了那段历史的同志，都会在书中找到自己的身影，并引起共鸣。我也愿意借此机会，向水电四局的广大职工表示敬意和问候。[263]

张殿华出身水电工人世家，曾参加刘家峡、龙羊峡工程建设，最后主持黄河中游万家寨水电工程。作者在书里曾说过一句话，叫"我们水电工人就没有家"！这句话引起潘家铮强烈的共鸣。

写下这篇序言的时间，是 2008 年，潘家铮已经是一位 81 岁的耄耋老者。

不独龙羊峡，许多大坝闪耀着工程师智慧，也莫不浇注进了工程师本人的情感。

263　参见《江河情怀——水电人生的记忆》，张殿华著，新华出版社，2008.6，潘家铮序。

潘家铮传

第十三章

江河情怀

技术年表背后的紧迫感

潘家铮 1978 年正式调入北京，同时被任命为水电部水规总院的副总工程师，旋又任命为总工程师。从 1978 年到 1982 年，水利部与电力部先分家，后又合并，他任总工程师的单位名称也数度变更。先是水利电力部规划设计院、电力工业部水电建设总局、水利电力部水电建设总公司，最后是水利电力部水利水电规划院。

不管名称怎么变更，潘家铮作为一个部门总工程的职责并没有什么变化，主要主持在建和将建水电工程的论证、审查、鉴定、选址、技术咨询等工作，这六年间的工作节奏显然加快了。

1978 年

7 月，赴四川审定铜街子和南桠河工程设计。

8 月，审查雅砻江二滩水电站规划工作，决策采用一级开发方案，修建当时中国最高的 240 米高拱坝。

1979 年

5 月，主持审查铜街子工程设计。

同月，确定二滩水电站拱坝坝址。

7 月，陪同外国专家考察二滩工程，高拱坝方案得到国外专家充分肯定。

8 月，赴陕西研究解决安康水电站技术问题。

同月，赴湖南研究解决五强溪水电站技术问题。

9 月，赴广西主持广西红水河岩滩水电站审查会。

同月，赴青海参加龙羊峡水电站截流会议。

10 月，同西北设计勘查黄河上游水力资源。

12 月，再赴四川参加二滩中间讨论会，同时与成都勘测设计院查勘四川水力资源。

1980 年

1 月，赴云南，研究鲁布革水电工程技术问题。

4 月，赴四川主持彭水工程设计审查会议。

6月，赴青海主持龙羊峡工程枢纽设计审查会议。

7月，赴湖北参加葛洲坝工程初验会。

1981 年

1月，赴广西主持大化水电站基础处理会议。

4月，赴四川参加龚嘴水电站鉴定会议。

同月，赴甘肃参加大峡工程总布置会议。

6月，赴龙羊峡检查布置防汛加固工程。

9月，赴龙羊峡参加抗洪抢险。

10月，赴四川参加彭水水电站设计汇报会。

同月，主持安康水电站汇洪消能讨论会。

12月，主持低热膨胀水泥研讨会。

1982 年

3月，主持铜街子工程技术研讨会。

同月，主持甘肃碧口水电站尾工研究会。

6月，主持龙羊峡水电站基础处理工程审定会。

7月，审查湖南五强溪工程枢纽布置。

10月，审查福建棉花滩水电站初步设计。

11月，审查甘肃大峡水电站初步设计。

1983 年

1月，审定广西天生桥水电站坝型选择，确定采用土石坝型。

3月，研究葛洲坝工程大江泥沙问题。

6月，审查黄河李家峡工程可行性研究。

9月，审查二滩工程可行性研究。

1984 年

2月，赴南京华东勘测设计院，研究石塘水电站降低造价。

3月，审定安康水电站基础处理方案。

同月，赴长江水利委员会参加三峡工程座谈会。

7月，审定龙羊峡水电站基础处理设计。

9月，审查李家峡工程初步设计。

10 月，处理湖南东江大坝裂缝。

1985 年

1 月，审查上海市防洪设计可行性报告。

2 月，审查广西龙滩工程可行性报告。

……

这是一份简约的技术活动年表。

每一条简约的技术活动记录，都意味着超乎人们想象的紧张，每一工程备选坝址的地质勘测资料，每座水电站枢纽的布置，大坝坝型选择，林林总总，每一细节都是海量的数据分析或计算，主持审定的总工程师需要迅速地抓住重点，发现问题，指导修正，有时要拿出具体的实施方案。潘家铮解决这些工程的具体技术问题的过程中，体现出了扎实的理论功底和解决实际问题的能力。

六年之中，潘家铮除了参加和主持具体工程项目的审定，研究解决具体工程技术问题之外，还先后出访日本、法国、西班牙、美国、巴西、瑞士考察水电工程。

数度出国考察，每一次都安排得特别紧张。

1979 年 2 月，潘家铮作为中国高坝抗震技术访日考察团成员，首次前往日本考察，团长是西北设计院院长王宝基，成员还有水利水电科学院的王闻韶、张震夏，还有南京水工仪表厂的储海宁以及王厂长，连同翻译总共 6 个人。汪闻韶同潘家铮一起于 1980 年当选为中国科学院学部委员，他在回忆文章里讲到此次日本之行。

1979 年 2 月 24 日至 3 月 30 日……考察日程排得很紧，一切行动都要按规定时间和规定地点进行。所以非常紧张，不能有差错。最初一周主要在东京听取情况介绍。以后两周则向西部参观考察，远达京都、琵琶湖、姬路、新大阪。3 月 16 日东返，经东京、光明，到筑波科学城参观。20 日后基本上在东京市区及附近参观访问。

……这次出访，日方是由日中经济协会出面主持接待的。然后按日程分配到各有关参观和考察点，由当地单位具体接待。总的说还是走马观花，还好当时取得一些书面资料，回国后可以细细阅读。但是确也看到一些新东西，可以借鉴，收益也不少。回来后，团长分配我们写了四篇专题考察报告，刊登在内部刊物《水电建设参考资料》。[264]

潘家铮写的是《日本高坝抗震设计概况和混凝土坝的抗震问题》[265]。除此之外，潘家铮还另有收获。从日本回来之后，他在水利水电规划设计院推动高坝动力分析研究和试验工作。

在美国，他第一次见到当年绘制在美国垦务局 TM（备忘录）里的若干大坝，尽管他对这些大坝已经非常熟悉，可当这些大坝伟岸的身影真实地矗立在面前，潘家铮还是很感慨。当年自己阴错阳差一头撞进水电行业，是这些挺立在美洲大陆河流山谷间的混凝土大坝的构思将他深深吸引，使他热爱上了这个行业，并为之奉献出毕生的智慧。

数度出国，潘家铮对世界坝工技术的发展与成就有了相当的了解。这些考察结果和心得，成为若干年后他的科普著作《千秋功罪话水坝》的重要内容。

国门打开，睁眼看世界，潘家铮深深感到中国水电开发与国际水电发展水平的差距。中国水电开发现状与号称水力资源世界第一的地位是如此不相称。

单就水电开发的规模而言，中国水电开发的现状与水电占的比例并不如人意。80 年代复出担任电力工业部副部长的李锐向中央领导提出优先发展的意见，他在不同场合多次引述《世界能源统计年鉴》的资料。当年，除 14 个计划经济国家外，在 161 个市场经济国家中，水电比重达到和仍在 90% 以上的国家有 32 个；水电比重达到和仍在 50% 以上的国家有 112 个。这些国家优先开发水电半个世纪左右，已开发水力资源都在 40% 以上，高者 90%。像巴西和澳大利亚这样的煤炭出口大国，巴西的水电比重为 90%，澳大利亚水电比重为 59%。中国水电开发已经 40 多年，却长期徘徊不前。1950 年为 17%，之后一直维持在这个水平上，直到 2000 年，也只有 17.8%。就水力资源开发的程度而言，发达国家的水力资源已经开发到了极限，美国已开发 82%，日本约 84%，加拿大 65%，

264　参见《资深院士回忆录》(第 3 卷)，韩存志主编，上海科技教育出版社，2006.7，第 205 页。

265　文见《水电技术》，1979 年第 6 期。

德国约 73%，法国、挪威、瑞士也都在 80% 以上。[266]

这还是 80 年代的数据。潘家铮在 2005 年在《水电与中国》一文中对中国水资源情况和中国水电开发状况有一个阐述。中国的水资源蕴藏量和可开发水力资源如次：

中国地势西高东低。主要河流发源于世界屋脊青藏高原，奔流入海，蕴藏着得天独厚的水能资源。中国到底有多少水电资源可以开发，随着普查的深入，数据不断更新。过去有两个数据经常为人引用，即全国技术可开发的容量为 3.78 亿千瓦，年发电量为 1.92 万亿千瓦时。经过最近的大复查，较可靠的数字是：我国大陆部分水电理论蕴藏容量为 5.416 亿千瓦（按 8760 运行小时计），年电量 6.0829 万亿千瓦时，其中技术可开发容量为 5.416 千瓦，年发电量为 2.474 万亿千瓦时，列世界之冠。[267]

但是中国水电开发的现状呢？潘家铮指出：

2004 年 9 月，随着黄河公伯峡首台 30 万千瓦机组的投产，中国水电装机容量突破了 1 亿千瓦，稳居世界第一。这是一个具有历史意义的里程碑。……但即使是 1 亿千瓦，扣除抽水蓄能后，也只占开发容量的 17%。按电量计，其值更低（2003 年水电发电量 2830 亿千瓦时，占可开发量的 11.4%），可见今后开发任务之艰巨。[268]

潘家铮写下这些文字的时候，已经卸任总工程师之职，是一位年过七旬的老人，恨憾之情溢于言表。

不独是李锐，也不独潘家铮，中国的水电建设者面对这样的现状都有紧迫感。但不可否认，新中国的水电在坎坷曲折中发展了三十多年，河流规划、地

266　参见李锐撰《中国水力发电史（1904—2000）》序言，中国电力出版社，2007.5。
267，268　《水电与中国》系潘家铮关于能源战略的一篇重要论文，从 2005 年到 2010 年间，被收入不同部门编撰的各种《年鉴》、论文集中，最早收入《中国电力年鉴（2005）》，中国电力出版社，2005.12。

质勘查、坝工技术以及输变电技术还是有长足的进步，尤其是坝工技术，从勘测到设计，再到施工技术，特别是帷幕灌浆、化学灌浆技术还是走在世界坝工技术前沿的。

中国坝工科学创新的引领者

潘家铮在水电领域许多创新性研究，对中国水电事业的向前推进的意义当不言而喻。

直到 80 年代，潘家铮在三十岁左右完成的《水工结构应力分析丛书》对许多具体工程实践还具有无可替代的参考、指导作用。该《丛书》凡 10 册，1959 年 10 册全部出齐，到 1981 年也已经过去了 22 年，其中许多内容已经与当下工程技术的发展不相适应，或者说，许多内容也显得单薄许多。

潘家铮陆续接到全国各地工程技术人员的来信，还有身边许多同志建议，建议他重新修订这部对水电工程建设具有实用意义的丛书。1981 年，他应水利电力出版社之约，决定重新改写这一部指导具体工程实践的丛书，并将改写的丛书定名为《水工建筑物设计丛书》。这时候的潘家铮已经不是当年的毛头小伙子，身为水规院的总工程师，事务缠身，重新改写还不是修订，工作量非常之大，远非潘家铮一力可以完成。根据实际情况，他跟出版社商定，出任该丛书主编，各分册分别邀请相关专家编撰完成，由潘家铮统一审定。

前《丛书》篇目分别为：《重力坝》《弹性地基上的梁和框架》《压力钢管》《水工隧洞》《调压井衬砌》《坝内的孔口和廊道》《连拱坝》《拱坝》《混凝土的温度控制与计算》《压力钢管》。

后《丛书》篇目分别为（括号内为编著者）：《重力坝》（汝乃华）、《工程地质计算和基础处理》（潘家铮）、《压力钢管》（潘家铮）、《坝内的孔口和廊道》（林可冀）、《拱坝》（黎展眉）、《水工隧洞和调压室·水工隧洞部分》（段乐斋）、《水工隧洞和调压室·调压室部分》（潘家铮、傅华）、《土石坝》（郭诚谦）、《水工建筑物的有限元分析》（张璧城）、《水工建筑物的温度控制》（郭之章、傅华）。

对照 1958～1959 年版的《水工结构应力分析丛书》，《水工建筑物设计丛书》篇目有很大不同，无论是篇目的内容，还是从实用性角度来看，都有了极大的丰富。除《重力坝》《压力钢管》《坝内孔口和廊道》保持原有书名，有的合并，有的干脆是重新编著。这是一套全新的、适应当时水工建筑设计的一套参考工具书。

改写的工程量果然巨大。该套丛书计划从 1982 年启动，一直到 1992 年才最后出齐。

1980 年，潘家铮的专著《建筑物抗滑稳定和滑坡分析》由水利出版社出版。

潘家铮从 50 年代初计算黄坛口工程的西山滑坡问题开始，对滑坡做了长年研究。他对边坡稳定计算的各种理论和方法做了全面分析，结论是用极限理论分析边坡稳定性不可能有确定解，只能得到在一定合理范围内的模糊解集，必须将这类问题和一般的力学分析完全区别开来。经过长期思考，他提出了国际工程界公认的"潘家铮公设"，即"边坡如能沿多个滑面活动，则失稳时它将沿最小抗力的滑面破坏，而滑面肯定时，则滑面上的反力（及滑体的内力）能自行调整以发挥最大的抗滑潜力"。这是极限平衡分析法的理论支柱。在这个基础上，他和合作者孙君实发展了基于塑性理论、利用模糊约束条件和数学寻优技术的潘家铮—孙君实计算法，能在任何复杂的情况下自动寻找临界破坏面和相应的安全度，并在计算机上实现，解决了长期困扰人们的难题。

潘家铮关于影响大坝安全的稳定分析问题的研究，开始于 50 年代，他提出拱坝坝肩失稳和重力坝基础深层失稳问题，推导了分析方法，并不断将之深入发展。他提出的建在陡坡折线型地基上的坝块稳定核算法和广义文克尔地基法，都具有创新意义，后者其实就是"块体元"分析法，对于更复杂的地基，必须进行非线性有限元分析。此外，除了组织开发许多非线性分析软件和研究非线性分析中的难点外，提出了将地基视为特定非线性域和普通弹性域的复合体，对弹性域做结构凝聚分析，在非线性域中做非线性解算的方法，使解答简化而可实施。

《建筑物的抗滑稳定和滑坡分析》是一本独树一帜的坝工技术专著。中国在拱坝坝肩稳定分析试验、重力坝坝基深层抗滑稳定以及复杂地基的非线性分析方面都取得重要进展，潘家铮作为学术带头人是起了引领作用的。

1981 年，潘家铮的论文集《水工结构分析文集》由电力工业出版社出版。全书由 14 篇水工结构分析论文组成。文集收录的文字是潘家铮走出"牛棚"在磨房沟水电站和借调北京期间研究成果的一个总集。

他的小儿子潘自来记得，当年父亲从遥远的磨房沟或者寒冷的北京回到上海家中，总是见父亲在那里埋头计算、写作，不浪费一点点时间。那时候，全家还背着沉重的政治包袱，父亲仍然没有放弃研究，对于一些不顺心的事情，父亲应付应付过去，回来埋头又在那里干他自己的事情。后来，这些"埋头"干出来的事情，就是 1981 年的《水工结构分析文集》。

与其说这是一部专工技术专著，莫若说是一部身处逆境的忧患之书。

《水工结构分析文集》和此后收入《水工建筑物设计丛书》中的《工程地质计算和基础处理》，以及 1987 年由水利电力出版社出版的《重力坝设计》三本专著，可以视为潘家铮在 70 到 80 年代重要的坝工结构学术代表作，也是中国坝工科学的重要收获。其中，《重力坝设计》是在 60 年代出版的《重力坝的设计与计算》基础上花七年功夫重新改写的一部坝工理论研究的力作，完成于 1985 年，1987 年出版。

他在序言作如是自谦地阐述：

由于重力坝是比较简单的大体积水工建筑物，结构作用明确，分析设计比较简单，加之近年来计算机和模型试验技术迅速发展广泛应用，许多二三十年前认为不能解决的问题都已能方便地解决，似乎重力坝技术的发展已到尽端。实际上，情况远非如此，研究工作每深入一步，就暴露出新的问题。迄今为止，有关重力坝及其地基工作状态还有很多情况未为我们掌握，大量复杂问题尚未解决，甚至可以说，重力坝的设计及建设还不能称为一门严谨的科学，而在相当程度上还有赖于过去的经验和工程师的判断。这就是重力坝坝工技术目前的情况。因此本书在介绍近年来的各种进展和新技术、新理论、新方法的同时，也经常提到存在的问题和发展的方向。基于同样原因，本书对某些似乎不很成熟的理论或方法，也加以扼要介绍。[269]

他在水电工程中常常大量采用新技术、新材料，凭借的并不是勇气与经验，每一项新技术新材料的采用，莫不建立在严谨而细致的科学研究上，而他的研

---

269 参见《重力坝设计》，潘家铮著，水利电力出版社，1987.12，序言。

究工作又莫不是建立在他对水工建筑物的深入研究的基础上。这些研究工作有全局性、高层次的探索，更有对众多具体建筑物深入细微的分析，目的都是要解决实际问题。

70 年代到 80 年代中后期，潘家铮的坝工科学研究迎来一个黄金期，或者说，是他的科学研究进入了一个成熟期。1995 年，潘家铮获得"何梁何利基金"科学技术进步奖，对于他的科学研究有一个总结，这份总结报告指出：

在坝工理论上，拱坝是最重要和最复杂的高次超静结构。中国工程师习惯于从概念上接受美国垦务局提出的试载法（亦称拱梁法），即将完整的拱坝视为由水平拱和竖直梁两套体系组成，分担荷载，并根据变位协调的要求来确定分载比，很少研究其基本原理，并有一系列疑点和矛盾没有澄清。潘家铮对拱梁法的基本原理做了深入研究，在《论试载法》一文中，给此法提供理论依据并澄清许多误解，而且使此法成为解算空间结构的一种普遍性方法。

渗透压力和扬压力是对坝体安全影响极大的隐蔽性荷载，许多对这一荷载的本质存在误解。潘家铮反复阐明这一荷载的体积性和动态性，力主主动地控制和减轻扬压力。从观测成果分析，他认为渗透压力的变化基本符合抛物线形扩散方程，容易用拉氏变换求解，从而可以预测其变化过程，这为采用封闭式排水降压提供理论依据。经过数十年的实践，特别是在新安江、葛洲坝等大型工程中运用成功后，现已列入设计规程，在全国推广。

他还是研究混凝土和钢筋混凝土开裂，计算裂缝宽度，考察裂缝稳定的前驱者之一。在新安江工程采用斜缝浇筑和分期蓄水以加快进度时，他就研究了坝踵裂缝扩展的判定准则，并证明重力坝坝坡不宜陡于 0.72 左右的原则，他也是最早把断裂力学引入水工结构分析的人，用这一工具研究坝体贯穿裂缝的稳定条件，并缝钢筋的作用，裂缝扩展深度的计算以及坝面和坝踵裂缝的稳定问题。其后，他和研究生王修信进而分析混凝土裂缝扩展的规律，用数学模型追踪裂缝形成和延伸的过程，和试验成果基本相符。在他的带动下，水工结构中的断裂研究取得可喜的进展。[270]

270 参见 http://www.hlhl.org.cn/news/findnews/showsub.asp?id=157。

该报告高度评价潘家铮在滑坡稳定研究领域的开创性贡献之后，还指出：

潘家铮在具体水工结构的分析研究中，取得的成果更多。在水电开发中要修建众多的非标准的结构物，并无明确的计算方法，更由于他的职位和权威性，提请他解决的课题甚多，他的研究范围也十分广泛，几乎覆盖了各种水工建筑物：混凝土重力坝、拱坝、土石坝、进水口、隧洞、钢管、岔管、调压井、地下洞室、厂房构架等等。学科方面涉及结构力学、弹性理论、板壳理论、岩土力学、水力学、振动理论等。许多没有明确分析法的水工结构在他的努力下逐渐有了计算方案或设计规范。

他的研究特点是：第一，尽量用简单浅显的方法来解决较复杂的问题；第二，努力弥合力学理论、学术论文与设计实践中的差距；三是重视对简单构件的研究，然后综合用以解决复杂系统。

潘家铮精于结构力学和弹性力学。早年他就对结构力学中的基本方程"角变位移方程"作了透彻研究，把"形—载常数"理论扩大提高，成功地分析了许多复合结构，包括连续拱、地基梁、地基框架、地下洞室衬砌、调压井衬砌、分岔钢管，部分充水的加劲钢管，管道的法兰段。他还利用特种函数分析土石坝刚性心墙、斜墙、单曲拱坝，用逐波迭加方法研究复杂管道中的水锤，水库滑坡激起的涌浪推进以及水轮机运行中的小波稳定，等等，都取得成功。在开展和推动中国水工结构研究工作方面，潘家铮是起了一定作用的。[271]

从业务上划分，水电部分为水利和电力两大块，电又分为水电与火电两大块。水电部共有四名总工程师，1985 年，水电部原总工程师李鹗鼎到龄退居二线，潘家铮接任李鹗鼎出任水电部的水电总工程师。

"鲁布革冲击"

鲁布革，是一个隐喻。

1987 年 8 月 6 日《人民日报》一篇长篇通讯《鲁布革冲击》发表，"鲁布

271　参见 http://www.hlhl.org.cn/news/findnews/showsub.asp?id=157。

革"这个谁都不知道的地名，从此成为中国现代企业管理制度建立的起点。这个不经意引发中国企业由计划经济向市场经济转变大潮的名字，却是一座在建的大型水电站。

鲁布革水电站位于云南省罗平县与贵州省兴义市兴界的黄泥河下游河段。黄泥河在水电站厂房下游约 6 公里处汇入南盘江。南盘江最终将汇入珠江，流入南海。鲁布革水电厂房尾水将与未来建设的天生桥一级水电站水库回水相衔接。工程以单一发电为开发目标，总装机容量 60 万千瓦。

据说，当年水电部昆明勘测设计院的勘测人员在黄泥河上发现这一优良坝址之后，问当地布依族老乡这里的地名，当地老乡回答说：鲁布革。鲁布革在布依族话里，意思是"不知道"。勘测人员并不知道这个词的汉语含义，"鲁布革"就成为中国自十一届三中全会农村联产承包责任制之后又一个重要历史名词。

历史充满偶然。

鲁布革就是不知道，不知道就是鲁布革。

现代企业制度中的甲方、乙方、业主、承包商、监理、菲迪克（FIDIC），这些今天连普通老百姓都耳熟能详的名词，在 80 年代初，中国的企业确是什么都不知道。

《鲁布革冲击》一经发表，全国轰动，《人民日报》、新华社、《解放日报》和国家部委政策研究室连篇累牍刊载来自鲁布革的报道和调查报告。一座普通的水电站在 1987 年成为全国的聚焦点，怕是连水电部都没有想到。

这个"不知道"的鲁布革实施经营体制的改革实在是逼出来的。

在过去三十多年，中国的水电建设在计划经济体制下，其管理体制一直采取"自营制"模式，由国家下达计划，再由国家指派建设单位施工，建成之后移交生产单位。建管分离，收支分离，人为割裂完整的投资收益过程，建设单位是只管花钱，生产单位的收益又全部上缴财政，收支两条线，没有哪一个人对项目全过程的综合效益负责。

同时，水电建设在宏观经济的大盘子里，受收支平衡规律的影响十分严重，谁都明白水电虽然比火电投资要大，但发电的单位成本要低得多，所以，每一个五年计划中都有一批项目上马，可当基本建设战线一旦拉得过长，水电项目首当其冲被列为紧缩对象，这样，三十多年来，水电建设一直要么过热，要么紧缩，恶性循环。

　　长期工作在水电工程设计施工一线，潘家铮对此体会颇多。如 60 年代，新安江工程结束之后，他参加过的北口潮汐发电站、富春江水电站等勘测设计，边勘测、边设计、边建设，"三边"工程固然有政治运动的影响，但究竟还是求成心切，一哄上而，是基本建设过热的体现之一；70 年代他又从磨房沟抽回工程十二局参加的瓯江、飞云江勘测，连普通的技术员都明白，这些工程都是画在图纸上的梦，潘家铮也只能虚与委蛇，这些构思宏大的水电站哪里有钱来建设？

　　还比如，锦屏。千军万马隆隆开进，潘家铮的诗情与梦想随着雅砻江水奔腾跳跃，锦屏开发箭在弦上。但到了 1965 年，锦屏与虎跳峡孰先孰后突然成了争论不休的问题。到最后，"文革"阴云笼罩，锦屏与虎跳峡谁都无力上马。直到潘家铮去世前一两年，锦屏一级、二级水电开发才提到议事日程上来。而虎跳峡则几经搁置，到现在都遥遥无期。

　　自营体制之下，水电建设项目由国家无偿分配投资，运用行政手段和指令性计划分配建设任务，缺少经济调控，不受监督制约，工作全靠单位领导和全体职工的政治觉悟和责任感来完成。施工队伍拖家带口，施工企业办社会，管理机构庞杂臃肿，效率低下，投资失控，弊端丛生。

　　以鲁布革为例，水电工程十四局 1976 年按照上级指令，按行政建制开进了鲁布革，数千名职工，拖家带口在荒蛮的鲁布革安营扎寨，加上医院、学校、后勤等机构，连上家属人等，将近 2 万人。经过 7 年的准备，实际完成的施工准备工程时的工程投资并不多，到 1982 年，国家累计为鲁布革投资只有 1 亿元，但相当数量的资金耗在了盖住房、办社会福利，以及发工资、保障职工基本生活上面。当年，十四局总工程师王音辉给《人民日报》记者介绍情况时，把这种自营体制称之为"爸爸管儿子"，没钱了，"儿子"变着法儿到"爸爸"兜里去掏，天经地义，并无不妥，而工期的弹性很大，什么"五一"竣工、"七一"献礼、"十一"大捷，不一而足。施工队伍越拖越庞大，每到一处，离工地不远的营地很快就会形成一个繁华的市镇，学校、医院不在话下，幼儿园、托儿所、食堂，甚至还有电影院、理发所这些本应社会来办的事情，企业都得管起来。

鲁布革如此，其他水电工程的状况半斤八两，这不过是中国水电施工队伍的一个缩影，是陷入尴尬境地的中国水电建设的一个缩影。

水电相对于火电的优势有目共睹，而自营体制之下效率低下也是有目共睹。建设工期一再拉长，预算规模一再突破，"工期马拉松，投资无底洞"，直到 90 年代三峡工程上马开工，仍然有人称之为"钓鱼工程"，是一个填不满的无底洞。这些挪揄与讥刺也不无道理，在自营体制之下，水电工程头戴"投资大、周期长、移民难"三顶大帽子，国家财政实在无力支持大规模开发，水电发展难以为继，改革旧有的管理经营体制已经迫在眉睫。或者说，水电建设自营体制在 1979 年那一个春天，已经走到了它的尽头。

十一届三中全会之后，水电部决心拿出一两个项目作为对外开放、吸引外资的试点，刚刚复出的水电部副部长、主管全国水电建设的李锐力主利用世界银行贷款来解决水电建设资金严重缺乏的困难，是年 12 月，李锐签发电力工业部特件（其时，水电部分为水利部与电力工业部），向国家计划委员会、国家外资管理委员会上报《关于鲁布革、水口两个世界银行贷款项目有关问题及咨询费用的报告》，争取国家对水电建设利用外资的支持。[272]

当时，谁都没有意识到，水电部这一决定，开启了中国国企改革的破冰之旅，当然，利用世界银行贷款，首先是水电建设制度变迁的一个开端，由此逐步开始了水电建设管理体制的改革。

最先开始的，正是鲁布革。

为什么是鲁布革？

前面已经说过，鲁布革水电站早在 70 年代中期就开始了施工准备，只是巧妇难为无米之炊，施工前的准备工作已经过了七年，工程的资金还无法落实。1981 年 6 月，鲁布革这座装机容量 60 万千瓦的水电站因为规模适中，初步设计已获通过，施工前期准备工作正在进行，具备国际招标条件。所以，鲁布革先水口一步被国家和世界银行确定为第一个使用世行贷款的水电项目。

水电部确定将鲁布革水电站引水系统工程、部分施工设备和建筑材料按国际招标程序进行采购。

272　参见《中国水力发电史（1904—2000）第一册》（第一稿），中国电力出版社，2005.1，第 235 页；参见《李锐其人》，宋晓梦著，河南人民出版社，1999.6，第 320 页。

对外开放，引来了资金，世界银行发放贷款的同时，还附带着非常严格的规矩。如果不遵守这些规矩就得不到贷款。世界银行贷款有一套相对完整的规范化做法，目的是要提高资金的使用效率，保证贷款协议的执行。

今天看来，世行贷款的一套规范性程序已经不是什么新鲜事，但在当年，引进外资参加国内基本建设让许多人难以接受，随贷款一起发放的种种规矩，要比贷款本身来得更具有冲击力。例如，世行贷款规定，受贷方必须按照世界银行的一套项目管理办法执行。世界银行对项目贷款的管理，贯穿于从项目选定、准备、评估、贷款协议谈判到项目的执行监督、支付程序和项目完成之后总结评价的整个周期中；例如，它规定贷款国或业主必须建立强有力的项目管理机构，总管整个项目实施期的建设；例如，它规定使用贷款不论是土建工程还是设备采购，必须在瑞士和世界银行成员国中采用国际竞争性招标，或采用"货比三家"的邀请招标，只有数额很小的合同可以直接采购。它还规定，贷款只能用于本项目，不能移作他用。它甚至规定，根据项目的复杂程度、贷款方的技术和管理能力，世界银行要推荐水平较高的专家帮助解决工程技术或合同管理上出现的问题，等等等等。

按照世界银行采购导则，鲁布革工程项目国际招标必须遵守国际通行的菲迪克（FIDIC）条款。菲迪克条款是对建筑工程标准化合同文本的基本规定。该文本涉及建筑市场三个基本的利益主体——业主、监理、承包商，对三个主体各自的权利义务做出规定。

习惯于国家计划、财政拨款、大兵团作战、政治动员的中国水电工程单位，莫说对诸般如此的条条款款领会多少，单是这些闻所未闻的提法和名词术语就让人感到心烦。

争论可想而知的激烈。从水电站到鲁布革工地，争论的焦点主要集中在接不接受世界银行贷款的条件上，该不该把工程或部分工程拿到国际上公开招标，"自己的队伍还吃不饱，为什么要让人家干？"应该不应该接受贷款项目监督，"借钱就借钱，怎么用你管得着吗？"甚至有人激愤地斥责接受这些贷款条件就是"崇洋媚外"，就是"卖国"。

今天看来，这些争论显得幼稚可笑，但在改革开放初期的中国，这些指责是拥有相当的道德与政治制高点的。

一石投水，争议当不出意料。

长话短说。出水才见两腿泥。

时间已经到了 1984 年 6 月，鲁布革水电站已经开工三年，按照世界银行贷款规范程序，要将鲁布革水电站引水隧洞拿出来投入国际施工市场。这就等于从水电十四局的"饭碗"里捞出一大块给别人。鲁布革水电站三大件，引水隧洞、厂房枢纽、首部枢纽，一大块拿走，苦苦准备了七年，开工已经三年，工程水电十四局心里的滋味怎么样？

没办法，借人家钱，就得守人家的规矩。最后，日本大成公司在来自世界施工市场的八国承包商中胜出。水电十四局成立的昆闽挪公司本来稳操胜券，信心满满，结果在竞标中被淘汰。这对于工程水电十四局的打击不小，惊愕，惶然，又不服气。但看看竞标结果，又无言以对。同样一个引水隧洞工程，水电十四局的昆闽挪公司的水泥用量 9.39 万吨，为大成公司的 1.7 倍；木材消耗 2000 立方米，是大成公司的 10.5 倍；开挖同样的岩石，需用炸药 1850 吨，是大成公司的 1.8 倍；特别是施工筹建费，已经在这里安营扎寨近 10 年的水电十四局要比远道而来的大成公司多出 220 万元；隧洞开挖工效仅为大成公司的三分之一，差价高达 565 万元；隧洞混凝土衬砌的单价为大成公司的 1.46 倍。

数目字放在那里，严酷而无情，远不止水电十四局感到意外，这个结果几乎震动了整个水电系统，不能不让人深思。但是，它才仅仅是一个开始，仅仅暴露出管理体制严重滞后的冰山一角，才刚刚意识到不同管理体制的差距。

紧接着，挪威和澳大利亚政府决定向工程提供赠款和咨询。于是，鲁布革一个工程形成三方施工的格局，一方是挪威专家咨询，由水电十四局三公司承建的厂房枢纽工程，一方是澳大利亚专家咨询，由水电十四局二公司承建的首部枢纽工程，还有一方，就是日本大成公司承建的引水系统工程。

国际招标随之而来的是合同制管理，鲁布革工程两种管理模式并存：一种是以云南电力局为业主，鲁布革工程管理局为代表的"工程师机构"，日本大成公司为承包方的合同制投资管理；一种是以鲁布革管理局为甲方，以水电十四局为乙方的投资包干管理。

两种体制，四国八方，摩擦与较量开始了。

当年，《人民日报》记者记录有一个小细节，让工程管理局的人摇头叹息：

到底是资本家啊！怎么回事？原来，有一条进场施工的运输公路，合同规定由中方提供三级清洁碎石路。由于翻修不当，日方汽车轮胎损失严重，日商提出索赔 200 多条汽车轮胎。没有办法，这就是合同管理，一经确定就不可更改。

　　大成公司来了，它的一整套管理模式下的生产效率让所有的人都大吃一惊。大成公司专门成立了鲁布革工事所，在很短时间之内，工事所的人员、施工机械就从东京运抵施工现场，2 个月之后就在鲁布革工程工地放响第一炮。开工不过 3 个月，就在 4 号支洞创造了钻爆法单头月进尺 214 米的纪录。随后，纪录不断被刷新，到 1986 年 7 月，创造单头月进尺 373.7 米的世界纪录。这个进度要高出国内单头月进尺最高纪录 1 到 2 倍。消息传回东京大成总部，总部竟以为电传有误，要求重传。1986 年 10 月 30 日，全长 9.4 公里的长隧洞历时 23 个月全线贯通，比合同工期提前 5 个月。单头平均进尺 222.5 米，相当于中国同类工程的 2 至 2.5 倍；全员劳动生产率 4.57 万元每人每年（不包括非生产人员以及各类服务人员）。

　　更让人受刺激的是，大成公司进点，仅有 30 人的管理队伍。他们的施工队伍从哪里来呢？施工队伍不是别人，还是水电十四局的工人。大成公司进点之后，从水电十四局雇了 424 名（平均计算）劳务工人。

　　而水电十四局两大件的施工情况又如何呢？水电十四局承担的首部枢纽工程 1983 年开工，进度迟缓，世界银行于 1984 年和 1985 年两次来工地考察，认为按期截流难以实现。

　　这样的景况，时任水电部部长的钱正英都坐不住了，数度来工地视察，她的神情凝重，她说："我们既要坚持对外开放方针，学习国外先进技术和管理经验，又不能在外国人面前丢中国人的脸……"

　　部长这样说，水电十四局情何以堪？工程指挥部在首部枢纽工程发动了千人会战，指挥部离工地只有 3 公里。传统的"大会战"还真的显示出了威力，让外国专家都惊叹说这是奇迹。1985 年 11 月，大坝工程按期截流。

　　"大会战"让大坝按期截流，出奇制胜，但这个"大会战"在厂房工程那里却无论如何不灵了，两次调整领导班子，工程进度就是上不去。

　　同样的工程，同样的工人，因为体制不同，生产效率会如此不同。对于曾经屡立战功的中国水电工程队伍来说，由此引发的任何一点思考都来得有些苦涩。

鲁布革水电工程不经意成为中国建立现代企业制度的开端，它无疑具有破冰之旅的意义。这个过程如果要细说从头，将是一个细节丰富、情节曲折的漫长叙述。[273]

《人民日报》当年给那一篇轰动全国的长篇通讯《鲁布革冲击》加的编者按指出：

《鲁布革冲击》这篇通讯，报道了改革在基本建设工程施工中取得的突破，可以说是一首改革的赞歌。鲁布革发生的事情再一次生动地说明：改革焕发了中国人民的创造力。中国人民并不比外国人笨，也不比外国人懒散，我们现在的劳动效率所以大大落后于发达国家的劳动效率，除了技术装备这个因素外，主要是管理体制太落后。只要在管理体制方面来一番改革，发达国家已达到的劳动效率中国人民也能创造；高效率所需要的严格的纪律和紧张的劳动，中国人民很快就能适应。改革可以使社会主义的优越性更快地发挥出来。尽管改革面临很多困难，但都是可以克服的。改革的步伐应该加快！这便是《鲁布革冲击》给我们的启示。[274]

潘家铮撰文热情赞扬"鲁布革冲击"给水电建设带来的生机。他说：

"鲁布革冲击"说明了什么呢？

首先它说明：过去的施工体制再也不能进行下去了。"大锅饭"必须打破，"铁饭碗"必须废除，这才是方向，这样才有出路。

它也说明：加快水电建设的关键问题是，通过改革，大大提高管理水平，采用先进技术，实现文明施工和科学施工。而决不能仰仗人海战术和拍脑袋指挥那一套已经彻底过时的方法。

它还说明：我国的技术人员和工人是英雄好汉。只要去掉他们思想和行政上的框框条条，真正调动其积极性，就一定能使巨大潜力爆发出来，创造出世

273　以上内容参阅水电部办公厅宣传处编《鲁布革冲击》系列新闻报道，1987.11。

274　参见《人民日报》1987年11月8日。

界纪录。[275]

潘家铮此时作为中国水电技术的最高负责人，还有另一重思考。鲁布革水电站在建设之初，1980 年 1 月，潘家铮曾参与过其技术研究。他说：

"鲁布革冲击"主要发生在工程施工中，但丝毫不意味我们的设计体制无需改革，相反，我看到过一些外国专家批评我们设计思想保守，有些技术人员不管经济核算造成许多浪费的报道，心里很不是滋味，我们设计单位的同志应当引以为戒。长期以来，我们设计工作中没有竞争机制，设计部门并不对工程的总体效益负责，责权利不统一，因而必然会造成如前所述那样的问题，这是不容忽视的。我相信在深入改革的进程中，有一定难度的设计改革问题必将进一步提到议事日程上来，并加以解决。[276]

潘家铮担任水电部总工程师，正逢中国水电建设管理体制改革的年代。这是中国水电发展的大背景，也是潘家铮之为"潘总"的一个人生大背景。

江河情怀之一——以红水河为例

红水河，说起来有些绕。

红水河水电梯级开发是 80 年代中国水电建设的重点工程，潘家铮从担任水电规划设计院总工程师开始即参与其事，为红水河水电梯级开发倾注了大量心血。

红水河的开发规划是 80 年代第一个获得国务院批准的河流开发规划报告，也是改革开放之后第一个大规模按照规划开发的大江大河。

世界水力资源，中国为最，中国水力资源，又富集于版图西部，布局并不均衡。从这个意义上讲，中国的水力资源虽是世界之最，科学规划，有序开发，对于中国水电的健康有序发展显得至关重要。

中国水电的江河规划刚开始学的是经验，1954 年，苏联专家帮助中国写出

275 参见潘家铮撰《"鲁布革冲击"说明了什么》，《水力发电》1988 年 12 期。
276 参见潘家铮撰《"鲁布革冲击"说明了什么》，《水力发电》1988 年 12 期。

一本《技术经济调查报告规程》，该《规程》系统介绍苏联河流水电方面河流规划经验。借鉴苏联的河流规划经验，50年代中国先后对黄河、长江、珠江、黑龙江、汉江、沅水等大江大河展开规划，其中，《黄河综合利用规划技术经济报告》和《黑龙江上游综合利用规划》是两个相个相对成熟的规划报告。

从这个时候开始，中国的大江大河，干河支流的名称让中国水电的内涵变得生动无比，引人入胜，浮想联翩。

李锐在《中国水电发展史》序言中如是说："我认为主要经验是，我们一开始就树立了正确的河流规划思想，即利用自然、和谐持续发展，以综合利用原则规划整个流域，确定梯级开发方案，从经济上、技术上充分比较论证，极其慎重选定第一期工程，这可说是关系全局的战略问题，稍有不慎就犯大错。"

没有规划，水电开发将一片混乱，水电开发不可想象，对中国这一水力资源分布并不均衡的水力资源大国尤其如此，而完成规划任务注定是一个漫长的过程。

红水河的规划先后进行过4次。1957年，规划6级开发；1958年至1960年，再次规划推荐5级开发；1960年至70年代，对红水河再行勘测规划，提出12级开发方案；直到1978年十一届三中全会之后，红水河被水电部确定为全国10大水电基地之一；1980年，红水河规划才最后尘埃落定，确定为10级开发6个主要梯级方案，计为天生桥一级、天生桥二级、平班、龙滩、岩滩、大化、百龙滩、恶滩、桥巩、大藤峡。其中，天生桥一级、天生桥二级、龙滩、岩滩、大化、大藤峡为6个主要梯级。

红水河，这条大多数中国人并不知道的河流，规划前前后后就做了二十多年。

说起来，它是珠江的重要支流之一，真正认识这条河流，要用二十多年。这条河在水电发展史上有着非常重要地位，可是中国最早的《水经注》里却没有它的踪影，行遍天下的徐霞客的也没有搞清楚它的来龙去脉。20世纪40年代，当年统治广西的李宗仁曾想开发这条河流，曾派20多名工程师前往红水河考察，专家们最后无功而返。

这确是一条神秘的大河。直到80年代，水电勘测机构才最终撩开它神秘的面纱。1985年，在源头勒碑以志，碑文谈古论今，指山点水，文采飞扬，激情四溢，很值得一读。兹不录。碑文落款为中华人民共和国水电部。地处云南省曲靖市马雄的红水河源头洞口，红水河流域所涉四省（区）的四位省长（区主席）分别在洞口题壁镌刻。

红水河的重要性由此可见。

它是一条怎样的河流呢？

红水河和中国几条大河以及东南亚的数条河流都有亲缘关系：流域东北面为苗岭山脉，与柳江及柳江支流龙江分水；北则为乌蒙山区，与长江源头的金沙江、乌江紧邻；南则与横断山脉及流入越南的红河流域分界。

红水河上游叫南盘江、北盘江。南北两江还不是一条河流，他们在源头即开始分流，两条河越云贵高原，流经黔、桂两省边境，转了一个大弯之后，在广西乐业、贵州望谟县交界的蔗香村汇合，才开始叫红水河。红水河要流过黔、桂两省区 10 多个县境，到达广西武宣与柳江汇合，再改换门庭，称为黔江。名称不同，容貌也有别。红水河穿过云贵红土高原而来，一河红水浊浪，与柳江汇合之后，河面顿时开阔，以一副秀朗面目流过桂中平原。这还远不是他的结束，黔江到广西桂平市，纳入南来的郁江，重新易名叫浔江，浔江再流经数县到达梧州与桂江汇合，眼前已经是浩浩荡荡的西江，西江流向广东，再汇合北江、东江，三江合流称为珠江。[277]

一条河，不同河段，七易其名。它的支流又不计其数，到达西江之后，稍有名气的支流就有 60 多条，每一条支流又有数不清的支流。以改革经营体制而著名的鲁布革所在的黄泥河，也是红水河的支流之一。在广西，集雨面积在50 平方公里以上的河流就达 937 条，叫得上名字的有 300 多条，他们大多是红水河的分支，或者分支的分支。所以有人感慨，广西每一寸土地都有红水河的身影。

以红水河、西江为主干构成庞大的珠江水系，其多年径流量达到 3280 亿立方米，仅次于长江，为全国第二；年平均降雨量 1484 毫米，每平方公里年产水量为 74 亿立方米，为全国之冠！红水河规划河段上起南盘江上的天生桥，下至桂平的大藤峡，全长 1050 公里，总落差达 756.5 米，可开发水能资源约 1100

277　参见《红水河传》，高艳华、施杰锋著，漓江出版社，2002.11，第 15–17 页。

万千瓦。

红水河蕴藏的水力资源全国罕见。红水河规划慎之又慎，历时 20 多年，原因正在于此。

潘家铮 70 年代中期借调水电部对外司期间，红水河梯级开发已经开始。真正参与到红河水电开发，已经是 1980 年，他担任水电部水利水电规划设计总院总工程师。

70 年代中期，红水河恶滩、大化水电站相继开始施工准备。恶滩水电站是在原有拦河坝基础上进行改建，大化水电站应该是红水河梯级开发的第一座水电站，坝高 83.28 米，装机容量 40 万千瓦（二期扩建后达到 60 万千瓦）。潘家铮也是在这个时候参与进红河水梯级开发中来。

1980 年 11 月，大化二期基坑内的主河槽溢流坝基础开挖开始，需在约 8000 平方米的基坑内挖走土石方 60 万立方米。

在大化电站初调查勘探阶段，地勘人员经过地面调查和从平硐探井中发现，大化坝址有缓倾角断裂问题，但不连续，不影响大坝抗滑稳定。谁知道经过河床二期开挖，竟发现两条缓倾角断裂不仅发育，而且连续。这两条望不见底，看不到头的断层，像两条巨大的蟒蛇，深藏在河床底下，随时随地可兴风作浪，随时随地将吞噬大坝。

这一发现使专家和技术人员胆战心惊。

当时工程建设采用的还是 1950 年以来一以贯之的政治动员，人海战术，截流非常顺利，有关部门还沉浸在截流的胜利喜悦之中，干劲冲天，实现自治区提出的 1981 年发电的目标。谁都不愿看到任何阻碍大化电站工程进展的事情发生，希望工程顺利施工。

工程指挥部迅速呈文上报自治区和电力部。有关人员急忙给电力部李鹏鼎副部长打电话汇报。

李鹏鼎副部长听了非常着急，火速派潘家铮和赵人龙带领工作组到广西处理大化电站大坝抗滑稳定问题。

专家们身临其境看了现场，都认为问题严重：两条缓倾角断裂阴森森地望不到底，左侧已浇筑的 8 号溢流坝单面悬空耸立，其脚下已暴露的基石陡坡高达 20 多米，挤压强烈，已引发了局部塌方，右侧溢流坝部分基础已经开挖后淘空。

两侧高墙墙角淘空，基坑内险象环生。再不处理，继续施工，说不定哪一天已浇筑的坝块基础失稳。将要酿成塌天大祸！电力部赵人龙副总工程师看后，惊叹："后果不堪设想，弄得不好，全世界都会知道！"

潘家铮他们的工作组在大化待了有 10 天时间，直到 1981 年 1 月 28 日，工作组才回到南宁，会同自治区建委召开大化电站抗滑稳定分析工作会议。

应该注意到，这又是一个春节来临的季节。潘家铮几乎每年都以这样的方式送走一年，再迎来一年。

南宁的会议还在进行，北京的电力工业部也甚是着急，函告广西人民政府，敦促自治区政府将大化电站的抢险保坝和安全度汛作为全局头等重要任务。

南国的初春，仍然有几分寒意，大化电站大坝缓倾角断裂的阴影使在座的专家和领导心情都十分沉重。

的确，大化坝基面临的情况确实非常严重，但没有严重到不可处理的地步，经过 10 天考察，潘家铮根据考察和研究结果，心里还是有底的。他在会上给大家吃了一个定心丸："大化大坝缓倾角发育、延续，必须进行加固处理，确保大坝安全。表面看，处理会耽误工期，但保证了安全，保证了工程质量，时间是可以抢回来的。"

接着，就是岩滩。

潘家铮在岩滩的一番话，日后在水电行业广为传颂。

这已经是 1985 年的事情了，其时，潘家铮正式担任水电部总工程师。

岩滩工程说起来也有着非常精彩而激动人心的故事，只能简言之。岩滩工程建设开始于 80 年代，正逢"鲁布革冲击"，水电建设管理体制过去的积弊经过鲁布革冲击，在岩滩已经找不到一点踪影，工程全部采用招标方式确定承包商，最后葛洲坝水电工程局击败胜券在握的广西水电工程局中得左岸开挖第一标。体制改革带来的冲击和活力，要比工程本身的壮伟还要引人入胜。

1986 年 5 月，潘家铮在大化水电站主持碾压混凝土技术研讨会，他在会上提出，岩滩工程大坝施工要采用碾压混凝土技术，并首先将它应用于即将开工的混凝土围堰中，为三峡工程做技术准备。为此，将这项新技术的研究试验，列入国家科技重点攻关项目，特拨试验经费 80 万元。

这个决定要比经营管理体制改革带来的冲击还要大。碾压混凝土技术，大多数人只是听过，并没有见过。

又是一石击水。

碾压混凝土筑坝技术是 70 年代兴起的一项新技术。1970 年，美国陆军工程团及田纳西流域管理局率先用振动碾压在蒂门斯、福特坝上进行碾压混凝土筑坝试验，取得预期效果。

随后，这一技术在巴基斯坦、日本、美国等世界各地迅速推广，至 80 年代达到蓬勃发展阶段。

1983 年，潘家铮随钱正英部长赴巴西考察水电工程，第一次接触到碾压混凝土筑坝技术，这个新技术马上把潘家铮吸引住了，从巴西回来立刻查阅相关资料。碾压混凝土坝不仅大大简化施工程序，加快施工进度，还可多掺和粉煤灰，减少水泥用量，节约工程投资，是一项施工手段简单、速度快、投资省、效果好的混凝土浇筑新技术，被称为混凝土筑坝技术的一次革命。

就在岩滩工程开工的同时，还在建设中的福建水口电站在中国率先采用碾压混凝土施工技术，还处于试验阶段，但水口水电站坝高仅为 56.7 米，而岩滩水电站的坝高要达到 110 米，装机容量达到 121 万千瓦。水口成功，并不意味着岩滩敢用，50 多米成功，百米高坝敢不敢用？实在说，如果果真采用这项新技术，岩滩将毫无疑问会让工程添香增色，鹤立鸡群。对设计者来说，当然是挑战，让工程师们兴奋的还恰恰是这样的挑战。一个工程师一生能够遇到这样挑战的机会其实并不多。

但如果按常规浇筑混凝土，轻车熟路，只是进度得推迟一年，投资尽管增加许多，毕竟是稳妥的方案。用碾压混凝土筑坝对国家有利，对工程有利，对设计和施工人员来说，却意味着要付出更大努力和艰辛，将要一次一次反复进行试验，直到有了成功的把握。否则，稍有差池，坝毁人亡，设计师和总工程师要负刑事责任的。

疑问就来了。

1985 年 5 月，岩滩碾压混凝土技术讨论会在岩滩工地召开，潘家铮主持会议。会上有人提出质疑，听说美国柳溪大坝应用碾压法的大坝漏水了，怕不保险吧。不少人信心不足。为此，国内 60 多名专家云集岩滩进行研讨。潘家铮最后总结："美国的柳溪坝漏水，并没有普遍意义。我们的实验已有成功经验，只要级配合理，碾压密实，严格检查，完全可以推广。你们大胆干，出了问题我去坐牢，出了成绩我为你们请功。"[278]

试验小组在一次又一次地进行研究试验，已得出配合比、浇筑面积及层厚、施工方法、温度控制、防雨、防渗等各种理想成果。经过两年多的反复试验，终于把握了碾压混凝土的特性和填筑规律，胸有成竹，心里有数了。

据说，岩滩工地的挪威专家咨询组组长爱德华森因为砂料供应不上，配合不是太好，画了一幅漫画，叫作"1988年岩滩工地之夏"，洪水没过尚未竣工的围堰，几条鱼儿在基坑内优哉游哉。

远在北京的潘家铮得知此事，心急火燎，打电话到指挥部，火速解决问题。

高40至50米，长656米的碾压混凝土围堰终于建成。

这个围堰工程有着不容辩驳的说服力和示范性。1986年在大化召开碾压混凝土技术研讨会，最终确定岩滩的围堰不设横纵缝、全段面碾压、薄层连续施工方案。岩滩的过水围堰是垂直实体挡水结构，上围堰顶长341.8米，最大堰高52.3米，下围堰顶长314.88米，最大堰高40.2米，已经接近福建水口电站的坝高。1987年开始基坑开挖，1988年5月提前29天竣工。每天浇筑量8189.8立方米，最大日浇筑上升1.53米，最大月浇筑上升25.3米。这是传统的分仓混凝土难以望其项背的速度。更重要的是，用碾压混凝土技术，根据不同堰体高度，掺入粉煤灰高达70%～77%，共节省水泥2.1万吨。

围堰成功，设计人员在增加设计力量的基础上更加紧了试验。他们在拦河坝上选定10个坝段采用碾压混凝土技术，浇筑量达35.8万立方米。这30多万立方米混凝土，里面是碾压混凝土，四周用常规混凝土作外层，设计施工人员给它取了一个富丽堂皇的名字，叫作"金包银"。

当时，世界各国100米以上的碾压混凝土高坝中，包括岩滩电站在内仅5座。它不仅缩短工期1年，还节约了投资1470万元，每立方米混凝土仅用水泥55公斤，处于世界先进水平。岩滩水电站碾压混凝土围堰和高坝的设计及建成，促进了中国碾压混凝土筑坝技术的发展，围堰和高坝工程先后获得国家优秀设

278　参见《不可遏止的上升》，张社人著，广西民族出版社，1993.7，第76页。

计银质奖，围堰快速施工获得国家科技进步三等奖。

岩滩工程取得巨大成功，而潘家铮的那句"你们大胆干，出了问题我去坐牢，出了成绩我为你们请功"的话也永久驻扎在岩滩建设者的心里头。

紧接着又是天生桥。从 50 年代开始，天生桥就是水电工程师梦想开发的一个大工程，1985 年，终于开工建设。

首先建设的天生桥二级水电站，是一座大型引水式发电站。电站位于南盘江下游天然落差最集中的河段上，河道长 14.5 公里，集中落差 180 米。首部枢纽位于天生桥峡谷出口处雷公滩滩头的坝索村，厂房位于纳贡村上游的下山包，有 3 条 9.6 公里的引水隧洞及 3 个调压井、6 条高压管道连接。

天生桥二级的隧洞是当时中国水电最长的引水隧洞工程，3 条主隧洞，加起来有 28.7 公里多，洞径达 9 米。负责施工的是武警水电部队，他们从北到南，打过不少硬仗和大仗。在施工过程中，岩爆、塌方、溶洞、暗河随处可见，不时发生，地质条件之复杂，世界上所有岩溶发育地区破碎地段隧洞工程的工程地质问题，似乎都集中到这里，对于施工者来说，当然是第一次遇到。这个引水隧洞在当时号称中国第一隧洞。

而由昆明水电勘测设计院承担的天生桥一级电站设计，采用的是面板堆石坝！

1983 年 1 月，潘家铮参加审定天生桥一级电站坝型会议，看到昆明院的设计，认真审定之后，对此种全新的设计予以充分肯定。

面板堆石坝这类坝型虽有百年历史，但坝基渗漏是它的通病，难以根治，行家们从来不敢问津。世界各国潜心研究，刻意攻关，结果不令人十分满意。1971 年澳大利亚的塞沙坝坝体堆石填筑，采用分层碾压工艺，开创了混凝土面板堆石坝的新时代，但它的坝高才 110 米。1981 年巴西的佛士度阿里亚坝高度达 178 米，但仍处在运行检验时期。天生桥一级电站设计时，坝高达 178 米，比当时世界上已建成的巴西佛士度阿里亚坝高出近 20 米，坝体方量也比世界上已建的同类坝型多 400 万立方米。

天生桥一级面板堆石坝实际填筑高度为 182.3 米，仅比世界上最高的阿瓜来尔巴面板堆石坝实际填筑高度 185.3 米低 3.2 米，屈居世界第二。而它却以坝顶最长、体积最大、面板面积最大荣居世界之首，成为全球第一大面板堆石坝。

天生桥一级作为红水河开发的龙头电站，从一开始就组成专家组对具体技术问题进行咨询，参与天生桥一级的技术咨询的专家达到 725 人次。李鹗鼎、潘家铮是专家组顾问，谭靖夷、蒋国澄、纪云生等著名专家为常务专家，根据工程进展和项目需要，随时聘请相关专业的专家咨询。

天生桥一级和天生桥二级两级电站总机总容量达到 252 万千瓦。

潘家铮在红水河规划中的龙滩水电站倾注了大量心血。

龙滩水电站是红水河规划中的骨干工程，和红水河 10 级其他水电站一样，其勘测、设计也是从 50 年代即开始，因为是一座超大型的骨干工程，这座水电站所经历的波折要比其他水电站要大得多。

龙滩水电站的情况比其他几座水电站的情况要复杂得多，早在 60 年代，龙滩水电站逐渐在崇山峻岭间开始构思，争议便接踵而来。

争议的关键在于龙滩水电站的蓄水位高低，牵涉到广东、广西和贵州三省（区）的利益。这样的争议在红水河上还不止龙滩。当年，大藤峡工程就有过这样的争议，广东要求提高防洪标准，贵州要求减少淹没，交通部门又要求保证航运，如此诸般，不一而足。龙滩水电站遇到这样的争议，这样的争议是一场持久的博弈，不独国内水电界关注，国际水电界也十分关注。水位升高，利益倾向下游两广，一免水灾，二增电量，好处无穷，但这样一来，就苦了上游贵州省，要端掉贵州的金盘子罗甸县；水位若下降，保住了贵州的宝地，却要降低下游的防洪标准，又要减少电站出力，造成资源浪费。

1984 年 5 月，美国田纳西管理局董事长弗里曼率团考察红水河开发，重点是龙滩水电站，考察之后到南宁总结。时任水电部总工程师的李鹗鼎专程从北京赶来，听取考察意见。弗里曼在总结中说："龙滩水电站开发条件优越，增高水位下每千瓦发电投资仅 300 美元，十分难得，要在美国早就开发了。田纳西已建有核电站，每千瓦投资 2000 美元，现在要拆掉机组变卖，我劝中国不要买；中国正在大力建设，资金并不充裕，有这样便宜的水电站怎么能不尽早开发？"

之后，法国、加拿大、澳大利亚的水电专家也在龙滩考察之后发出同样的呼吁。

这样，龙滩水电站的蓄水位与坝高之争，几起几落，一度甚至有动议坝高高度只能建一个装机 60 万千瓦的径流发电站。要知道，龙滩是华南最优越的大型电力项目，装机容量在 420 到 450 万千瓦之间。

终于，在 1985 年 5 月，水电部主持召开《红水河龙滩水电站开发可行性研究报告》审查会议，同意中南勘测设计院提出的正常蓄水位 400 米方案。

1986 年 6 月，国家能源局和国家能源投资公司协调广东、广西、贵州三省（区），签订《关于合资建设龙滩水电站意向书》。关于龙滩工程的正常蓄水位选择达成一致意见：龙滩水电站按正常蓄水位 400 米设计，357 米建设。协议签订，争议不再。

1988 年，经过一番比选，在面板堆石坝和重力坝之间，龙滩水电站选定重力坝枢纽布置。

1990 年 8 月，由潘家铮主持，红水河龙滩水电初步设计审查会议在能源部召开。会议同意初步设计坝型为混凝土重力坝，以表孔为主结合坝身底孔泄洪，右岸布置两级垂直升船机，厂房设在坝后和部分在左岸地下的枢纽布置方案。同时，为减少施工干扰，便于采用碾压混凝土筑坝技术，建议下一阶段对碾压混凝土得力坝枢纽布置做进一步优化。

龙滩水电站的初步设计有别于此前其他水电站，初步设计的同时，还要拿出切实可行的环境保护和库区移民方案，还有库区水位上升时关于罗甸县城保护性措施。

龙滩命运多舛，在争议和曲折中催生出新的水电建设理念当是一种进步。

这里头有一个小细节值得一说。中南院的龙滩大坝初步设计材料从长沙带来两辆卡车，时值末伏天气，北京骄阳似火，中南院还在市场上买了两卡车西瓜，分送到前来审查的专家房间里，怕大家看材料中暑。潘家铮和应邀前来参加审定的专家好惊异他们这种细心。泡在龙滩几十年的中南院真是下了血本，而这份敬业与对龙滩工程的热情则让他们很感动。[279]

初步设计通过，龙滩还是没有上马。一直到 1994 年，中南院为龙滩水电站深入勘测和设计已经拿出了全部家当，甚至将办公楼都抵押给了银行。设计费迟迟不能到位。潘家铮和许多老一辈水电专家四处奔走，为龙滩水电站尽快

279　参见《红水河传》，高艳华、施杰锋著，漓江出版社，2002.11，第 127 页。

上马和解决中南院困难呼号。

潘家铮在 70 年代就与中南院的同志们结下深厚的友谊，中南院和龙滩大坝的困境，他当然不能不放在心上。

1994 年，在龙滩大坝招标设计工作会议上，潘家铮有一个将近一小时讲话，他非常动情：

> 龙滩工程从一开始规划，经过坝址坝型选择，选定重力坝方案，确定蓄水位，决定部分采用 RCC(碾压混凝土)，到改用全地下厂房方案并全面采用 RCC，以及直到目前要开始搞招标设计，经历了漫长的过程，几乎可以编一部龙滩史，我也一直和中南院同志一起参与其事，我深为工程的不断进展高兴。但到了今天，心境也有些紧张，毕竟龙滩是一座 200 米以上的高坝，采用 RCC 修建不仅国内未有，在国际上也是空前的，而且这座高坝不是修在小溪小沟上，是修在红水河上，有 420 万～450 万千瓦装机，160 亿～270 亿立方米库容，关系太重大了。到长沙看了中南院准备的文件，听了专家们的发言和讨论，很有启发，也放了一点心……[280]

潘家铮从原位抗剪和室内试验，水泥、粉煤灰和混凝土配比，层面抗剪断稳定，抗滑稳定和层面上扬压力之关系，坝基面和抗滑稳定等五个方面高度肯定中南院的招标设计成果。再不厌其烦对设计提出意见，涉及防渗排水、严格控制原材料配合比、碾压混凝比施工组织设计和施工质量监控等四个方面。每一次关于龙滩的会议，潘家铮事无巨细提出关于质量、关于用料、关于技术难题计算的若干意见。难怪有人说，龙滩大坝，就是潘总带领专家们精心设计出来的一个杰作。

但是，龙滩工程一直到 1996 年还没有动静。龙滩工程一次一次"通天"上报国家相关部门，直到国务院副总理那里，奈何国家经济正处于低潮，银根紧缩，龙滩一次一次在叹息声中从计划安排中划掉。一度，甚至有人动议放弃龙滩工程，先安排投入少、周期短的工程。

280　参见《潘家铮同志在龙滩大坝编标咨询会议上的讲话摘录》，收入《红水河》1994年第 2 期。

潘家铮闻讯，坐不住了，提笔连夜为龙滩工程写下一篇短文《为摘取红水河上的水电明珠而奋斗》，大声疾呼。潘家铮这样为一个工程尽快上马专门著文呼吁的，除了龙滩之外，就是三峡工程。此文摘录如下：

龙滩水电站是一座巨型工程。经过长期的研究比较，逐步深入，才最后确定了枢纽总体布置和坝型。主要建筑物为碾压混凝土重力坝，全地下厂房和通航建筑。龙滩在碾压混凝土重力坝的规模和坝高超过目前国际上已建或设计中的任何一座同类型大坝；地下厂房的规模也达到国际最高水平。为此所进行的勘测、设计、试验、研究工作之多之深，堪与三峡工程媲美。不仅国内许多一流专家参与了工作，还有许多国际著名的专家和咨询公司参与了咨询。说实在的，其筹建过程之长，道路之曲折，有关部门、单位和专家所费心血之大之多，是局外人所难以想象的。因此我们敢说，龙滩工程的研究程度是深的，设计水平是高的。对此，参与咨询的国外专家也是公认的。

龙滩工程的资金将由中央及有关省区共同筹措，这也是早已明确并签订了协议的。其中部分资金将引用世行贷款，这也是经国家计委和世行肯定了的。

在建设体制方面，根据改革的精神，电力工业部成立了南方电力联营公司作为业主单位。而具体建设将由修建过大化和岩滩水电站的广西壮族自治区水电队伍承担。广西壮族自治区已经成立了"广西龙滩水电站工程建设公司筹备处"，几年严密结合地区建设，已进行了大量的准备工作。当然，资金还需要进一步落实，体制还需要进一步理顺。但到目前为止，龙滩工程真可以说已到了"万事俱备、只欠东风"的程度了。但听说有的同志主张在"九五"计划内完全取消龙滩工程开发，我们对此深表忧虑。因为这种大工程一旦停下来一拖就是5年10年，势必将导致所有工作停顿、资料流失、人心涣散、贷款取消，那将是一个不可弥补的损失。

应该坦率地讲，像龙滩这样的水电工程，完全依靠市场经济规律来兴建是有困难的。任何一个水电大国在开发水电的初期无不是由国家和政府从税收、贷款、还贷、电价、投资分摊等各个方面给予扶持和支持的，作为社会主义大国的中国，如果做不到这点那是无法向子孙后代交代的。我们完全理解目前国家资金短缺、物价涨幅压力等因素的影响，但是，如果因此停止龙滩工程建设，那就是与中央及国务院反复强调的能源建设要优先开发水电、大力开发水电、尽可能多地开发水电的方针背道而驰的。中国这样的社会主义大国竟无力开发龙滩，这是任何人都无法理解的。

庄子曰："千金之珠，必在九重之渊而骊龙颔下。"要开发中国最富饶的水电资源，也必深入九渊，勇于采珠。希望有关领导部门和水电界人士能就此达成共识，共同努力，为摘取红水河上最大的水电明珠——龙滩而奋斗。[281]

一个总管国家水电技术的总工程师会为一座工程这样呼吁，苦口婆心，其心殷切。总工程师，毕竟还是一位工程师。眼见着一座规划设计30多年的工程无法上马，眼见一代一代水电工程师鬓染吴霜，携带巨大能量的河水河流过一个春秋又一个春秋，他怎么能坐得住？

如果，延续少年时期做的文学梦，1996年的潘家铮很可能著述等身，名满天下；如果，沿着恩师钱令希教授为他设计好的学术道路走下去，他现在可能桃李遍神州，用数理语言构筑自己的理想王国，早已饮誉海内外学术界。可是1996年，69岁的潘家铮是一个工程师，看着这座水资源富集的巨型水电站无法上马，他怎么能释怀？他已经69岁，他还能等多久？此刻，潘家铮的殷切之情怕已经超过了对这座碾压混凝土世界第一高坝的期待。

跋山涉水，问水深谷，比选，优化，在空寂的山谷间构思大坝，在地下看不见的深层更深处稽究岩层节理，然后，是耐心，是等待，一切终归是与时间的博弈。

对于一个水电工程师而言，这不是宿命又是什么？他们以这样的宿命完成对国家的担当。

一直到2001年的7月1日，龙滩水电站终于开工。第一台机组发电，则要等到2007年，全部机组并网，实现西电东送广东，已经是2009的事情了。其时，潘家铮已年逾古稀。

开工之日，潘家铮从北京寄来贺词，"好事多磨，大器终成，春风浩荡，

281　参见《水力发电》1996年第6期。

一鸣惊人"。是一笔一画的小篆。不了解的嘉宾可能以为题字也就是题字，赞叹老头儿字写得如此漂亮。了解这个过程的人，一定会有另外一种理解，百感交集。

这一巨型水电站从开工到第一台机组发电，只用了六年时间，到全部机组投入使用，只用了九年时间，被誉为"龙滩速度"。潘家铮率中国工程院谭靖夷、王三一等院士为龙滩水电站提供技术咨询。大家才发现，年过七旬的潘家铮已是满头银丝。当年，他前来主持龙滩水电站技术讨论会的时候，一头乌发梳得纹丝不乱。

岁月真是一种磨损人的东西，但磨损人的却不仅仅是岁月。

龙滩水电站在开工之前 6 个月，作为业主的龙滩水电开发有限公司对工程提出一些优化方案，针对这些优化方案，各方面争论不休，一时定不下来。开工前夕，召开"龙滩工程导流标准及导流方案优化讨论会"，会议由潘家铮来主持。他听取来自各家的观点意见，综合分析各种风险，包括风险发生的概率，以及带来的后果，潘家铮总结说：导流标准的选择是个风险性决策。根据龙滩工程和红水河的具体情况，专家们一致认为现在选用的优化方案标准是合适的，我们就负这个责吧！

除了龙滩的导流标准及导流方案，还有机组增容、导流洞型等诸多优化方案，潘家铮主持专家会商，一个专题一个专题研究，一个问题一个问题解决，就地拍板，全体工程人员很快达成共识，大刀阔斧地去开展工作。

一项水电工程从规划，到勘测，再到选址，从可行性研究，再到初步设计既是一个非常复杂的系统，又是一个漫长的过程，牵涉经济计划安排、财政、地方政府、移民等方方面面，更不必说还有复杂的地质、地形条件、投资概算、工期要求，即便到工程施工前夕，施工方案都要优化再优化，做到最优。从基础开挖那一天起，会有一系列层出不穷的技术问题冒出来，需要一个一个化解，一步一步解决。这时候，工程技术负责人高屋建瓴认识问题和处理问题能力显得至关重要。决策、解疑、拍板，都需要总揽技术全局的人有扎实的理论功底和丰富的实践经验。钱正英曾感慨，凡涉工程拍板的事情，往往是摇头容易点头难，点头是要冒刑事责任风险的。

她讲，潘家铮就是这样的一位敢于直面问题、敢于拍板的总工程师。

江河情怀之二——以雅砻江为例

较之红水河梯级开发，潘家铮参与二滩水电站建设的时间要早一些。较之红水河梯级中的骨干工程龙滩水电站，二滩水电站相对要顺利得多。

二滩于 1991 年 9 月 14 日正式开工。

潘家铮撰文称，二滩工程开工建设，当是"中国水电建设史上的新篇章"，他热情洋溢地写道：

二滩水电站的兴建吹响了开发大西南水电资源的号角。中国西南的巍巍高山和茫茫大川，蕴藏着独步全球的水力资源，但千百年来沉睡不醒。新中国成立后虽然做了巨大努力，可是开发的实在是太少了，一直是捧着金饭碗要饭，严重制约了国民经济的发展和人民生活的提高。现在 330 万千瓦的二滩水电站开工了，开发雅砻江的战鼓擂响了，继之而来的将是雅砻江上的其他梯级，将是大渡河、乌江、金沙江、澜沧江的大开发。在今后一段时间内，五个巨大的水电基地将逐步形成，它们不但将满足西南地区的需要，而且将实现人们梦寐以求的"西电东送"，供电华中、华南、华东。同时，还将促进全国电网联网，发挥其最大的效益。为祖国的电气化做出不可磨灭的贡献。希望我国，特别是西南地区的有志青年儿女踊跃地投身到这场改天换地的战斗中来。

雅砻江，潘家铮梦绕魂牵 20 多年。

1964 年，潘家铮离开新安江来到西南的锦屏工程指挥部，指挥部派潘家铮等四名专家前往雅砻江上游大金河考察，同时，还有一支小分队前往下游考察。下游考察小分队考察的重点，离今天的二滩坝址不远。

当年，潘家铮负责考察的雅砻江上游大河湾段，上海院在 1965 年已经有一套比较成熟的构想，即今天的锦屏一级和锦屏二级水电站的规划方案。1965 年，锦屏工程因为国家经济困难暂时搁置，1966 年，潘家铮回上海接受批斗，锦屏工程的勘测设计并没有停下来，1969 年底，上海院在"文革"的混乱中还是拿出了《四川省雅砻江锦屏水电站初步设计报告》，只是，上海院 600 多人开进锦屏大山，做出巨大牺牲形成的结果注定也是纸上谈兵。

雅砻江大河湾下游开发，成都勘测设计院早在 50 年代就开始了。"文革"还没有结束，成都院顶住重重压力，1972 年组织 200 名工程技术人员再次进入雅砻江下游渡口市桐子林地区。

关于成都院，还需要多说几句。成都勘测设计院在"文革"中是一个传奇。当时，包括潘家铮所在的上海勘测设计院在内的八大设计院撤的撤、并的并，最后只剩下两家，成都院便是其中一家。水电界的老人们都知道成都院党委书记刘显辉拼死抗争的事迹。但在"文革"中间，成都院的工程技术人员都是"靠边站"。200 人进军雅砻江，刘显辉宣布："在院里你们是军管对象，在这里工作的都各复原职，大胆干！"[282]

成都院对雅砻江大河湾下游二滩河段各拟定坝址展开勘探，在二滩、藤桥河口、米筛沱三个坝址间来回比较，推荐二滩为雅砻江下游水电站坝址。

他们在 1977 年完成对二滩的勘测，提出高、中、低三种方案。高方案，230 米高大坝，总库容 68 亿立方米，装机 300 万千瓦，年均发电量 156.6 亿千瓦时；中方案，170 米坝高，22.8 亿立方米库容，装机 150 万～200 万千瓦，年均发电量 87 亿～101 亿千瓦时；低方案，坝高 107 米，总库容 4.8 亿立方米，装机 72 万千瓦，多年平均发电量 42 亿千瓦时。

成都院在勘测二滩的同时，还对雅砻江干流进行过一次全面的勘察，在 60 年代成都、上海两院勘察基础之上，取得一系列成果。1978 年提出对雅砻江干流梯级开发方案，拟定干流河段 21 个梯级。这是一个多么庞大的规划！21 级，落差 2827 米，装机总容量 2360 万千瓦，年发电量 1297.11 亿千瓦时。在这个庞大的规划里，潘家铮他们当年策马翻山越岭 1 个月时间考察的大金河下游河段，有锦屏一级、锦屏二级、官地、二滩、桐子林共 5 级，装机 1205 万千瓦，占到全河段的一半以上。[283]

这个庞大的规划，与潘家铮他们当年的构思不谋而合。

从另一个角度来看，任何一个水电工程师面对这样一条奔腾的大河，都会

282　参见《攀枝花市志》，四川科学技术出版社，1994.12，第 956 页。

283　参见《中国水力发电史（1904～2000）第三册》（第一稿），中国电力出版社，2007.5，第 489 页。

激起万丈雄心。难怪潘家铮从北京铩羽而归时说下的那句狠话："锦屏工程这么好的条件不能上马，我死不瞑目。"

可叹这样一条富集能量的大河，让水电工程师们构思了 30 年，梦想了 30 年，只在磨房沟利用裂隙泉水建了一座装机仅 3.75 万千瓦的小水电站。这一小点开发，说小不小，为中国的航天城西昌卫星发射中心源源不断提供着电力，但说大又不大，潘家铮不是曾说，这样一个水电站，只消"几个虾兵蟹将"就可以办到。较之雅砻江蕴藏的水力资源，实在不算什么，这样一条大江上只有这么一座小水电站，怎么能对得起这条奔腾的大河？

二滩水电站能够在改革开放之初即提到议事日程，其实大家都没有意识到这座水电站对整个西南水电开发的意义。实在是因为，四川缺电，四川严重缺电，四川省需要一个大型电站来缓解用电紧张。但是，水力资源大省四川却走过一段弯路。

李锐曾不止一次撰文谈道：

> 四川水力资源全国第一，却长期屁股坐在火电上……60 年至 70 年代初，由于煤炭紧张，竟兴建了 635 万千瓦的烧油电厂，将 584 万千瓦烧煤电厂改为烧油，几年之后油价上涨、油源紧张，又全都改回烧煤。这一折腾，损失一千多亿资金，如果早投向水电，至少能建 500 多万千瓦。[284]

事实上，四川省原来的电力格局中，水电要占到 79.7%，火电占 19%；但是长期计划经济体制之下，缺乏超前意识、长期规划意识，更没有可持续发展观念，到了 80 年代末期，电力生产构成中，水电仅占 9.3%，火电反而占了大头，占到 77.3%。

四川省，天府之国，本来是一个农业大省。1960 年搞"大三线"建设，大批重工业内迁，四川省重工、军工企业多，轻工业少，能源基础工业更少，省内的原有电力捉襟见肘。1980 年，四川省用电，发电设备容量比为 2.1:1，到 1985 年，电力供应紧张矛盾日益突出，用电、发电设备容量比达到了 3.6:1，电力工业严重滞后，大多数企业实行"停三开四"，即根据停电送电情况，一周之

284　参见李锐《中国水电为何不能优先发展？》，《社会科学论坛》，2002 年第 8 期。

内开工四天，停工三天，电力部门拉闸限电的次数逐年增加，"电荒"烈烈，已经由企业延伸到老百姓的日常生活中。[285]

"电荒"蔓延，火电不继，地方主政者和中央决策部门回过头来要上水电。水电条件这么好，上马水电站，改变生产结构，迫在眉睫，当务之急。

二滩对缓解四川电力供应紧张矛盾的意义甚大，不仅四川省，还牵动中央。时任国务院副总理的方毅五次考察二滩，多次给中央打报告，阐明二滩水电站的重要性。1980年3月，他直接呈送专题报告给党和国家领导人邓小平、胡耀邦，邓小平批示："二滩水电站优先尽快安排！"

二滩水电站呼之欲出。

潘家铮参与到二滩水电站建设是在1978年，他参加审查二滩水电站的开发方式，水电总局在工程技术上要负总责的，担任水电总局总工程师，后来接替李鹗鼎担任水电部总工程师的潘家铮一直在技术上主持其事。

在总工程师潘家铮眼里，二滩的意义远在缓解四川一省用电矛盾之上。或者说，上马二滩是偶然，而开发二滩则是必然。在参与和主持二滩工程的技术攻关的数年之中，他不止一次说过："二滩工程的兴建，标志着中国水电开发进入了一个新的时期。"

他认为，中国独步世界的水力资源，主要集中在西南，尤其富集在金沙江及三大支流（雅砻江、大渡河和乌江）上，外围是澜沧江、怒江和红水河及至雅鲁藏布江。这一地区堪称水电大宝库。要充分利用中国水能，非打开这一"宝库"不可。宝库中的资源虽然丰富，但开发条件恶劣也是惊人的。

他说，直到二滩水电站工程开工，中国的水电建设多数还在"宝库"之外，规划中的三峡工程也仅在大门口。在宝库尤其是核心地区建的水电站规模都称不上巨型。而位在雅砻江口的二滩水电站工程装机330万千瓦，建成时为全国第一，三峡工程发电后也列居第二。攻下二滩这个难关，就拉开了全面开发水电大宝库的幕布。

二滩不仅是雅砻江21个梯级开发的第一座高坝，而且也是开启中国水电在世纪之交大开发的一把钥匙。

---

285 参见《中国水力发电史（1904-2000）第三册》（第一稿），中国电力出版社，2007.5，第492页。

成都院的规划，除了高中低三个方案之外，还有意见认为一级开发在技术上有困难，无论高中低三个方案，可以搞梯级开发。这样，规划审查的重点首先要确定是一级开发还是梯级开发，需要在三个备选方案中选出最佳的方案。

最后，确定二滩水电站实施一级开发，并且在高中低三个方案中选定高坝方案。高坝方案确定，但坝型选择出现了不同意见。

1978年9月，邓小平访美，与美国签订《中美科技合作协议》和《中美水力发电技术合作协议书》，二滩工程即被列为技术交流项目之一。1978年高坝方案确定，成都院提出的是重力拱坝，1979年，以美国哈札咨询公司总裁勒伯为首的公司咨询团来到中国，他们肯定二滩的选址和高坝方案，而坝型选择则倾向于双曲拱坝。美国咨询团非常详细地给他们介绍双曲拱坝的建设经验，二滩坝址最具建双曲拱坝的条件，可以将双曲拱坝作为一个方案来研究。

双曲拱坝较之重力拱坝，当然工程量少，工期短，优势明显。就二滩而言，如采用双曲拱坝，仅混凝土浇筑量就可以减少200万立方米，工期将大大缩短。只是，双曲拱坝对设计和施工水平的要求更高。[286]

1979年，潘家铮和水电总局专家三赴二滩，对二滩地质、坝线、坝型、枢纽布置、施工导流等重大技术问题深入讨论研究。

经过湖南东江水电站的双曲拱坝之争和对拱坝试载法深入研究，李鹗鼎和潘家铮当然倾向于双曲拱坝。但是，双曲拱坝方案迟迟不能确定下来。事实上，从开始选择一次开发和高方案时就有不小的争议。

潘家铮在2004年出版的《二滩水电站工程总结》的序言中回忆当时的情况时说："二滩水电站工程的技术难度极高，尤其是那座240米高的双曲薄拱坝。中国能不能修建这座坝，一直存在争议。二滩的开发方式有高、中、低三个方案。有的人认为高方案是不可思议的，甚至有权威专家上书中央，断言二滩的坝只能修到百米左右"。

一直到1982年底，成都院完成《雅砻江二滩水电站可行性研究报告》仍然在据理力争。可行性报告非常谨慎，报告指出，二滩修建大型水电站在地质上是可行的，经济效益上是优越的，所以采用高方案最佳；同时提出重力

286 参见《中国水力发电史（1904-2000）第三册》（第一稿），中国电力出版社，2007.5，第297-298页，第498页。

拱坝分隔式厂房、重力拱坝和双曲拱坝地下式厂房等三个枢纽布置方案，推荐双曲拱坝和地下式厂房。此外，还有经济效益、施工、投资估算、环境的分析研究。[287]

李鹗鼎与潘家铮两位总工程师在 60 年代共同参加雅砻江大开发，对雅砻江的感情不言而喻。

锦屏工程既然暂时不能上马，已经在锦屏工程有深入研究的潘家铮移情二滩当然也是全力以赴。

1986 年，时任水电部副部长的李鹗鼎以中国大坝委员会主席身份出席在瑞士洛桑举行的国际大坝会议，他代表水电部邀请世界一流的大坝专家到中国来，专门咨询二滩大坝的设计。

大坝专家们抵达二滩，是 1986 年的 2 月，从 23 日到 28 日共一周时间。这是对二滩大坝设计的一次世界级的检阅，名为二滩大坝设计特别咨询团。

这个特别咨询团由加拿大道尔梅兹公司总裁、知名的地质专家格拉斯·康拜尔、第 15 届国际大坝会议主席济瓦尔·隆巴迪、第 14 届国际大坝会议主席皮艾里·隆德和美国哈扎公司副总裁兼总工程师罗曼·漫格四位，还有中国的李鹗鼎、潘家铮、谭靖夷等国内专家组成。

同年 3 月，特别咨询团提出咨询报告，报告肯定二滩是世界上最好的坝址之一，二滩水电站的初步设计比较成功，拱坝和枢纽布置方案满足二滩极好的开发条件，同时，认为枢纽布置的设计可以再研究和改进。他们建议减小大坝底宽度，通过优化体型减少拱坝的混凝土量，降低坝肩开挖深度以减少土石方的开挖量，从而节约投资，缩短工期。

这些意见，实际上就意味着二滩薄拱坝方案得以通过，不仅通过，坝体还有优化改进的余地，也就是说，还可以做得更薄、更漂亮。

这个意见来之不易。潘家铮在李鹗鼎的纪念文章中提到这一次咨询会议，这一次会议上，李鹗鼎病倒了。

1985 年后，他因年龄及健康关系从水电部总工程师的岗位上退了下来，钱

287　参见《中国水力发电史（1904-2000）第三册》（第一稿），中国电力出版社，2007.5，第 297-298 页，第 498 页。

正英部长任命我接替。这对于长期只担任一些具体技术工作的我来说，实在是不可胜任的重担。鄂鼎同志全心全力地支持我，不顾年迈体弱，处处为我排忧解难，承担责任。尤其是在决策雅砻江开发方案和进行三峡枢纽论证上贡献更多。他和我一样，对雅砻江有特殊深厚的感情，由于锦屏枢纽暂时不能上马，就集中精力研究二滩的建设。当时有关方面对我国能否修建二滩水电站高拱坝意见分歧，有的权威专家甚至直接上书中央，坚决反对一次开发方案。鄂鼎同志完全信任我们所做的工作和能力，毫无保留地支持高坝方案，而且一次次地深入现场调查了解。而此时他的糖尿病和心脏病已经很严重，急需停止工作休养。他将个人健康完全置之度外，也不把病情告诉我们。使我刻骨铭心难以忘怀的一件事就是 1986 年春我与他又一次去二滩，召开决策二滩水电站工程重大原则的审查会时，他终于突发脑血栓而倒下。当我闻讯从外地赶回时，他虽经急救而清醒，但仍极端虚弱。我安慰他说："李部长，你的病很快会好的，安心休养，二滩的事我会处理好的。"他摇摇手，严肃地、艰难地、一字一顿地说："我的病不可能好了。二滩的担子你要挑起来，这是个好点子，不管有多少困难，一定要开发，一定要有信心。"他握紧我的手，还喘着气说："还有金沙江上的白鹤滩，900 万千瓦，多好的点子……"他似乎在嘱咐我，又似乎在留遗言。[288]

主管全国水电工程的副部长累倒在审查现场，多少人的青春与智慧又奉献在雅砻江边！潘家铮这一次流泪了。

优化后的二滩拱坝让所有专家都叹为观止。大坝底厚度由 70.34 米减到 55.74 米，厚高之比为 0.232，宽高之比为 2.7，混凝土浇筑量比原设计少了整整 70 万立方米，左坝肩和右坝肩开挖深度分别向外移 11.7 米和 3 米，坝基土石方开挖量减少 35 万立方米，工程总投资按当年的物价计减少 4.78 亿元，工期可缩短一年，而水轮机的水头由 155 米提高到 165 米，单机容量从 50 万千瓦增至 55 万千瓦，总装机容量由 300 万千瓦增至 330 万千瓦。

优化后的中国第一双曲拱高坝，两岸峡谷临江边坡高达 300 到 400 米，

288　参见《老生常谈集》，潘家铮著，黄河水利出版社，2005.7，第 211–212 页。

坝高 240 米，坝体双曲立面呈抛物线形，总体积达 409 万立方米，最大泄洪量达到 23900 立方米每秒，单宽泄洪量为世界第一，显然是一个巨型工程。潘家铮在二滩工程开工典礼的发言中说，二滩水电站的巨大导流隧洞的断面中，可以放进北京的天坛。但坝体却显得轻盈、流畅而矫健，他挺立在二滩峡口，会拦蓄近 70 亿立方米的江水，奔腾的雅砻江一碧平湖，在瞬间化为电光石火，通过超高压输电线路，跨越大凉山，源源不断将电能输送到四川盆地。

二滩拱坝比龙羊峡大坝高出 62 米，而且采用的是双曲薄拱坝，标志着中国坝工技术一步跨入世界领先水平。二滩双曲薄拱坝在当时位列世界第三位，但潘家铮说：一座坝的难度不能只看坝高。意大利的瓦依昂拱坝要比二滩高出 20 多米，但因为建在小溪之上，不久便因水库库岸滑坡而废弃。二滩水电站则建在烟波浩渺的雅砻江上，要宣泄巨大的洪水，还要抵御强烈的地震，还有巨大的地下洞室群，综合考虑，二滩工程的难度在同类工程中首屈一指。从 1991 年 9 月 14 日主体工程开工，到 2000 年全部竣工，整整 8 年时间，二滩水电站工程胜利建成，质量优秀，进度提前，造价节约，取得近乎完美的成就。尤其是质量之优更为少见。潘家铮说，"我相信每一位参观过二滩工程的人，都会被这座高与天齐的大坝的美丽形象和光洁表面所折服，为泄洪喷出的条条巨龙和产生的波山雾海所震惊。无论从哪一个角度讲，二滩工程证明中国水电建设从勘测设计到科研施工已达到国际先进水平，为进一步开发高难度巨型水电工程创造了典型条件。"

二滩之后，溪洛渡、小湾、锦屏一级、构皮滩等一大批巨型工程和 300 米量级的拱坝出现在长江各支流上，二滩是一个奠基之作。

开发雅砻江是潘家铮一个大梦想，从另外一个角度讲，几乎是潘家铮长期压在心头的一块心病。二滩开工之日，潘家铮想到很多：

我想起了 20 世纪 60 年代开发雅砻江披荆斩棘、献出青春的前驱者，我忘不了十年浩劫中坚持战斗在二滩工地上的领导和战士，忘不了从水电部、水总、有关院校到设计院那些已退休逝去的领导、专家的贡献。二滩工程从查勘，到设计，到决定建高坝一级开发，到选定坝型并一再提高建基面的优化方案，到批准设计、成立机构、筹措资金……这是多么漫长的征程！每跨出一步，都耗尽了多少同志的心血和汗水。[289]

二滩破土动工，他怎么能不激动？这条诗情激荡的大河上总算是有了第一座大坝，尽管这座大坝离他的梦想还有相当长的距离。

第十三章 江河情怀

---

289 参见潘家铮撰《中国水电建设史上的新篇章——写在二滩，水电站开工之时》，收入《水电站设计》，1991 年第 3 期。

潘家铮传

第十四章

何谓"总工程师"

守规矩与吃螃蟹

大约除了"文革"时期潘家铮作为上海第一个"反动学术权威"被揪斗那一段时间，从 1957 年开始，潘家铮担任流溪河工程副总工程师、新安江工程设计副总工程师，"潘总"这个称呼就一直没有离开过潘家铮。而"潘总"在水利界、水电界也是一个广为认可的称呼，潘家铮也愿意大家这样来称呼他。

水利部副部长刘宁说，潘家铮其实有很多头衔，学部委员、院士、各行业和专业学会的理事长、顾问，等等，但大家仍然称他为"潘总"。大家愿意这样称呼他，不是潘总经理，不全是潘总工程师的含义，而是大家总去找他，而他总是伏案工作，总是为难为之事。

对"总工"这一角色潘家铮倒有自己的理解。他在《无限辛酸话科研》一文中写道：

> 在参与、主持和指导过许多水电工程建设后，我解决问题的能力有所提高，但同时更清楚地认识到像水电站这样复杂的工程建设，必须依靠集体智慧和群众力量。任何个人起的作用，包括在科研方面的努力，都是有限的。
>
> 从 20 世纪 80 年代起，我的职务不断变更，从做具体设计变为负责审查和指导直到最后担任水电部的总工程师。就这一行业、一个部门来讲，这已是最高的技术职位了。我经常思考一个问题：这个总工程师的"总"意味着什么呢？是意味着总比人强？总比人知道得多？总比人正确？现实告诉我不存在这样的总工。因此，只能是另一种解释：能总结经验教训、能总结别人意见以及能勇于负总的责任，乐于为年轻一代成长做梯子。[290]

这篇介绍自己几十年科研的心得与甘苦，当然也是写给正年轻后学的。这是一位年过花甲的老工程师和老科学家的肺腑之言，也是他的人生领悟。

他说，要在水利水电工程上闯新路子，不仅要投入全副心力，还要承担很大风险，没有群众和集体做后盾是不可思议的。

290　参见《春梦秋云录——浮生散记》（第二版），潘家铮著，中国水利水电出版社，2000.12，第 329 页。

读过这篇文章的人，对这段话的印象特别深，而且被人频繁地引用。这当然体现着总工程师和科学家的谦逊和胸襟，其实这段话体现更多的，还是潘家铮对自己职业的理解与尊重，或者说，这是在向自己的职业致敬。

对职业的理解与尊重，来自于自己的人生体验，所以这段话从哪一个角度讲都能引起人的共鸣，尤其是行业内工程技术人员。

最早的黄坛口水电站筚路蓝缕，东方水电复建工程的椰风海韵，流溪河上的薄拱坝挑流泄洪，新安江大宽缝重力坝、拉板连接溢流厂房、全封闭抽排减压，锦屏水电站截弯取直大构想，这些潘家铮早期水电人生的重要节点，每一个重大技术决策，每一个工程技术细节，莫不是由一张张年轻的面孔和他们的智慧构成。如果说，师从钱令希先生有了扎实的学术训练，那么，喧腾而富有朝气的工程工地则给了潘家铮以严格的职业训练，协调、组织、动员、说服，甚至抗争，学校的课堂显然不能让他具备这些能力。

业内人都知道潘家铮是一个敢于创新、善于创新，也勇于负责的总工程师，对此，潘家铮有他自己的理解。

他说，每一项工程的每一项创新，每一项技术的新突破，每趟出一条新路子，在当时的条件下，都具有新意，又都有风险。那时候血气方刚，又是设代组组长、设计总工，创新、突破乃钻研的结果，毋宁更是青春活力的体现。在这一篇文章里，他有一个很有意思的比喻，他说，当时的想法是总得有人吃第一只螃蟹。吃螃蟹的主意虽然是他出的，捉螃蟹、煮螃蟹、对螃蟹的试验，等等，大多都是集体的功劳。他说，没有这样一个生龙活虎的集体，孤军奋战，螃蟹是吃不成的，或者要中毒。

从工程第一线锻炼出来的这位总工程师，对"集体"两个字的理解，要比在学院或者实验室里专注于理论研究的科学家更深一层。他每接手一个工程，每到一地或一单位解决具体技术问题，自己的课堂就带到那里。潘家铮的课堂大概除了在"文革"期间中断过一段时间之外，他的身影一出现，后面肯定有一个讲座在那里等着他。50年代上海勘测设计院食堂地下室、新成立的广州勘测设计院的讲堂、新安江工地，60年代雅砻江边磨房沟简易工棚，70年代乌江渡中南院现场设计简易办公室、喧腾的葛洲坝工地、荒凉的龙羊峡水电站工地边帆布帐篷……足迹所到的地方，潘家铮那一口带有浓重绍兴水乡味的普通话总给大家留下深刻印象。开启心智，茅塞顿开，受益匪浅。

潘家铮将自己的研究成果和学习心得毫无保留地及时传授给年轻的工程技术人员，丝毫不吝惜自己的热情，他希望年轻的工程技术人员尽快成长，迅速将书本知识转化为设计、施工技能。潘氏讲座能坚持几十年，不能不说这里头有他对自己所从事职业的一种理解。最后，他将自己对职业的理解上升为"吃螃蟹"的哲学高度。

并不是每一人都可以第一个吃到螃蟹。

潘家铮当年的许多"吃螃蟹"之举后来证明是可行的、科学的，被写进工程规范里面。但说起各种各样的规范，潘家铮又有他新的一番解说，甚至显得忧心忡忡。

从 1962 年开始，潘家铮就被水电部抽回北京参与混凝土重力坝、水工混凝土及钢筋混凝土设计规范的制订和审定。过去工程施工都是参照苏联的技术规范，或者说，是苏联的技术规范一统天下，这两本规范在大量总结中国自己的经验和教训基础上，吸收国内外大量的科研新成果，为制订有中国自己特色的水工设计规范开了先河。

1992 年 3 月，能源部科技司主持论证《水利水电工程结构可靠度设计统一标准》送审稿，这个规范搞得非常好，水平也很高，其中一些关于结构安全可靠的标准修改，潘家铮也是认可的。这个标准放弃了传统采用的安全系数法，而改用以概率理论、极限状态为准的设计原则，潘家铮高度肯定这个修改。

在会前，他跟时任科技司司长的邴凤山交流，先肯定修改必要性，潘家铮话锋一转对邴凤山说："老邴你听着，规范这个东西啊，是新技术推广唯一的阻力。为什么说它是阻力？因为规范是设计部门、审查部门用的一个东西。推广新技术，就不符合规范要求，谁都不敢用，谁都反对用。没有规矩不成方圆，规范实际上等于科技立法，不立法不行，无法可依，无章可循。但它还是一个阻力，我们国内的规范和标准常常是五年变一次，十年批准一次，因此新的技术在十年之内你休想跟具体施工发生关系。"他说："老邴啊，这个新出来的东西，在规范面前不能用，就在那里晒太阳，一晒就是十年，这怎么得了？我倒建议把咱们这个规范搞成活页的，成熟一个，装订进去一个。"

邴凤山多年主持水电工程科技攻关，深然其议。事实上在国外的规范里已经有这样做的先例，国外的规范，只是一个大体的技术导则，具体工程问题还赖工程师根据现场情况加以解决。他主持水电部科技司工作多年，深感国内主持规范制订的部门墨守成规，太过保守，不敢这样做，导致许多新技术都无法实施，自己使自己裹足不前。

邴凤山以为，这样尖锐的问题潘家铮只是跟他私下里说一说，这样重的话显然不宜在公开场合讲出来。谁想，开幕式潘家铮讲话，在充分肯定这个标准修改的优长之处，在最后还是说了出来。潘家铮照稿宣讲，这是早已写好的稿子。听来如骨鲠在喉，不吐不快。

最后，我再对标准、规范问题说两点意见：（1）对于标准和规范要有一个辩证的看法，一方面它是过去经验的总结，指导设计的法律，具有严肃性，我们每一位同志都要遵守它，不允许任意违反。另一方面，标准和规范必须不断地更新，不断地吸收新的东西，向前进步。我们每位同志又为更新它做出努力。两个方面是相辅相成的辩证关系。（2）标准和规范不宜定得太多，太琐碎，不能过分地束缚人的思想和手脚，否则还要设计人员干什么呢？规范应该规定一些大的原则、大的方向，应该留下一些活口，让设计人员去发挥他们的聪明才智。很多发达国家没有太多的规范、标准，但是并没有妨碍他们的科技进步，这件事是值得我们深思的。我们目前的规范体系可能还是从苏联的那套体系继承下来的，但是又有所"发扬光大"。我发现我们的每个部门都好心好意地希望能多搞一些标准，多定一些规范，以利于基层的设计工作。但是这样做，工作量非常浩大，效果并不明显。所以我一直主张少一些规范、标准，多一些手册、指南。在这个方面，我觉得在技术上的状况和政治、经济形势也有相似之处。也要改革搞活，同时在方向和原则上加以引导和约束。[291]

潘家铮的创新辩证，可谓切中要害。这篇讲话在当天的会议上引起专家们强烈的共鸣，多少年之后，好多专家仍将这篇文章视为潘家铮创新思想的一篇代表作品。

291　参见《潘家铮院士文选》，潘家铮著，中国电力出版社，2003.8，第 354-355 页。

大背管和氧化镁"风波"

曾与潘家铮在流溪河、新安江一起共事的陈顺天小不了潘家铮几岁。当年，他离开上海院，辗转落脚广西，后来担任广西水利厅负责水电的副厅长。1979年，潘家铮参与红水河水电开发，两人暌违 20 多年再次聚首，窗外邕江水静静流过，故人相见，有说不完的话。陈顺天知道潘家铮在 1959 年和"文化大革命"中遭过不少罪，然而眼前的潘家铮朝气蓬勃，充满活力。

两位在流溪河就结下深厚友谊的老伙计又走到一起，从 1981 年 1 月潘家铮赴大化水电站处理坝基稳定，到 1985 年开始为龙滩水电站上马奔波，一直到 90 年代和进入 21 世纪，已经为三峡工程忙得不可开交的潘家铮仍然应邀前往广西咨询百色水利枢纽工程。陈顺天是跟潘家铮在流溪河、新安江上一起共过事的人，对潘家铮"吃螃蟹"的胆略深有体会，这一次，他再一次感到潘家铮对年轻人的关怀与支持，对新技术、新材料、新设备、新工艺的敏感与偏爱。红水河梯级开发，就水电站的坝型与施工技术而言，代表了中国水电坝工技术的最高水平，或者，就是中国坝工技术的博物馆。如果没有像潘家铮、和潘家铮一样具有创新精神的大批工程师不懈努力，呈现出这样的局面显然不可想象。[292]

在具体工程技术上面，潘家铮这个人本身就是一个很有说服力的存在。

湖北清江三级开发中的隔河岩工程，是国家"八五"计划中的重点工程，也是华中电网调峰的骨干电站，坝高 157 米，装机 120 万千瓦，于 80 年代后期开工建设。这个工程装机容量仅次于葛洲坝，对于清江开发，对于湖北省的重要性当然不言而喻。清江属于长江支流，隔河岩工程兼具防洪、航运、发电功能，它还是未来三峡工程的示范工程，按照世界银行贷款的国际招标的新体制建设运营，还有许多新技术、新材料大量运用。隔河岩水电站枢纽布置为引水式发电站，在当时同类型水电站中，引水水头最高，有 121.5 米，全部采用压力背管引水。这个设计引起的争论特别大，因为当时国内的水电站还没有这么高水头的大背管设计，较之 70 年代潘家铮他们搞的那个磨房沟压力钢管的规模

292　参见《中国大坝技术发展水平与工程实例》，《中国大坝技术发展水平与工程实例》编委会编，中国水利水电出版社，2007.12，第 280-481 页。

要庞大得多。[293]

潘家铮主持审定会，看过这个设计之后，认为这个设计大胆而合理。就在审定会上，有专家持不同意见，要求做 1:1 的实验，还需要加固背管。潘家铮认为不必做这样的试验，因为国内已建水电站已经有此项技术的成功运用，虽然水头要低一些，但经过他自己的复核计算，这个压力背管设计是没有问题的。

郏凤山清楚地记得当时的争论。潘家铮一言既出，就等于肯定这个方案，但主张进行 1:1 试验的专家仍然坚持自己的意见。最后，坚持做试验的专家要求做备忘录，在备忘录里明确写上"潘家铮不主张做 1:1 试验，坚持不加固，出了问题由潘家铮负责"等语。当时的意见相左到这个地步。但是这个大背管设计运行 20 多年，实践证明没有问题。

有了隔河岩 100 多米的大背管，才有了天生桥二期和三峡工程的大背管进水的设计。没有潘家铮的坚持，就不会有这样一个示范工程。

郏凤山深有感触，在技术上、理论计算上没有问题的前提下，潘总总是鼓励年轻人创新的，或者说，正像有些人理解的那样，潘家铮这个总工程师，总是替设计方说话，总是站在设计者一边。这个不奇怪，潘家铮本身就是从设计一线走出来的工程师。

前面提到的福建水口水电站，其围堰采用碾压混凝土施工技术获得成功。这是福建省第一座引进世界银行贷款、实行国际招标的项目。1990 年 8 月，工程遇到了问题，不能按照世界银行贷款规程完成工期。当时福建省政府都感到棘手万分，因为工期拖延一年，损失就不单单是推迟一年发电的问题，世界银行官员也认为这个工程已经无可救药。

这样，潘家铮来了。

当时水口的问题让福建省政府很着急。时任省长的王兆国召集工程咨询专家会诊，没什么效果；上报能源部，能源部也着急，每一座水电站对中国水电建设而言，简直都是具有开创意义的重要节点，分分都是钱，哪里容得遭受如此大的损失？转任能源部总工程师的潘家铮受命而来。

潘家铮到工地了解情况之后，认为工期是可以补起来的，不过不能按照传

293 　参见刘大中撰《隔河岩水利枢纽》，收入《长江志季刊》1992 年第 4 期；《水电站坝后背管工程技术》，蒋锁红、夏忠、谢小平编著，科学出版社，2007.5，第 58 页。

统常规的施工方法。其时，正处于高温季节，对混凝土温控极为不利，潘家铮毅然决定将剩下的 5 个坝段全部采用碾压混凝土技术，并在混凝土拌和过程中掺入氧化镁。

潘家铮这一决定立即引起轩然大波，国际咨询专家甚至提出书面抗议，但是潘家铮置之不理，固执己见，也立下"军令状"，出了问题他一个人负责。他说：外国专家的经验值得重视，但他们不熟悉中国国情，更不了解中国专家在某些领域中长期研究的成果，最后的决定得由中国人来下。

话是这么说，潘家铮不是在赌气，他心里有底。作为一国水电的总工程师，他手里莫非握有出奇制胜的法宝不成？

难怪国际咨询专家提出抗议，氧化镁筑坝技术本来就是中国工程师的首创。他对咨询公司的外国专家说，这是中国的专利，中国的技术，您不懂，我自己负责。

首创这一新技术的，正是潘家铮的娘家华东勘测设计院。早在 70 年代，该院曹泽生工程师即主持开展这项新技术的开发和试验，先后在白山水电工程、石塘水电工程取得成功，但运用还不是很广泛。

从原理上讲，氧化镁坝技术，就是利用氧化镁所具有的独特延迟性能来补偿混凝土的温度变形，防止温度裂缝，全部或部分地取代传统温控措施，达到快速施工的目的。

混凝土重力坝体积庞大，导热系数甚低，内部热量散失需要几年或几十年时间，坝体温度下降过程中，变形受到地基约束，地基的约束应力超过混凝土强度，即可能产生基础贯穿裂缝；传统的混凝土坝温控，是通过控制施工期混凝土最高温度的办法，减少温度应力，达到防裂目的；氧化镁混凝土筑坝则不然，不去控制混凝土温度，而是控制混凝土变形，当混凝土降温收缩时，氧化镁混凝土产生一种膨胀变形，而且是延迟性膨胀——变形发生在龄期 1 个月到 1 年左右时间，抵消部分降温收缩变形，同样起到防止基础贯穿裂缝作用。

使用氧化镁混凝土不仅解决了混凝土坝防裂问题，而且简化温控可以实现长浇筑块通仓浇筑（大于 40 米）、连续浇筑、暑期全天候施工，就可以加快工程进度，因而氧化镁混凝土筑坝技术实则是一项快速施工技术。从某种程度讲，这是一项具有颠覆性的新技术。不了解的人，以为就是为了抢时间、抢进度的蛮干，就是"大跃进"时代的翻版。难怪能引起如此大的风波。

曹泽生他们的试验在 80 年代初即得到潘家铮的热情鼓励和支持。试验表明，氧化镁对混凝土本身是一种有害物质，但是如果把握得当，掺入量小于 4%，即可化害为宝，克服混凝土后期开裂。[294]

水口水电站若要抢回延误的工期，而且当时工地并不具备实现传统温控条件，这项技术当是不二选择。

水口电站 5 个坝段全部采用氧化镁筑坝技术，暑期 24 小时不间断施工，浇筑混凝土 7.5 万立方米，耽误的工期被抢了回来，实际上等于抢回了一座大坝，一座水电工程。水口水电站大坝运行至今，安然无恙。

氧化镁筑坝技术是中国首创，截至 1999 年中国坝工发展 50 年的统计，全国计有白山拱坝、红石重力坝、青溪重力坝、飞来峡水利枢纽、长沙拱坝和水口重力坝，共 5 座半大坝采用了这项技术。水口水电站用氧化镁筑坝技术浇筑了 5 个坝段，属于其中那半座。[295]

小浪底孔板消能的思考

小浪底工程的孔板消能泄洪洞的设计，潘家铮给予了热情支持，小浪底水电站成为全国第一座采用孔板消能的水电工程。

孔板消能是怎么回事？还需要从小浪底特殊的枢纽布置说起。

在黄河水利规划中，小浪底工程处于承上启下控制黄河水沙的关键部位，是黄河干流三门峡以下唯一能够取得较大库容的控制性工程，是黄河规划中七大骨干工程之一，工程位于郑州花园口以上 128 公里处，控制流域面积 69.4 万平方公里，占黄河流域总面积的 92.3%；控制黄河花园口以上天然径流量的 90.2% 和黄河近 100% 的输沙量，小浪底水库回水 130 公里，直至三门峡坝下，水库总库容 125.6 亿立方米，长期有效库容 51 亿立方米。其开发目标以防洪、防凌、减淤为主，兼顾供水、灌溉和发电，蓄清排浑，除害兴利，综合利用。水库投入正常运用后，与三门峡、故县和陆浑等水库联合调度，可使花园口的防洪标准从 60 年一遇提高到 1000 年一遇，基本解除黄河下游凌汛威胁，可使

294，295　参见《氧化镁混凝土筑坝技术》，曹泽生、徐锦华编著，中国电力出版社，2003.6，第 178-196 页，第 4-7 页。

黄河下游河道 20 年不淤积抬高，每年为下游增加 17.9 亿立方米调水量，提高下游农田灌溉的保证和城市供水条件，平均发电量 46/50 亿千瓦时（前 10 年和10 年后）。[296]

说起小浪底，就会让人想到备受争议的三门峡水利枢纽，从论证到最后实施，也是一个漫长而曲折的过程。

长话短说。

黄河是一条对中华民族具有特殊意义的北方大河，而小浪底工程的实施在黄河治理与开发上，则是具有战略意义的一座大坝，它的特殊性还不仅仅显示在将建成之后所起的作用，从一开始，在技术上就显示出其独特的复杂性。

1996 年小浪底开工之后，成立由张光斗、李鹗鼎、潘家铮、陈庚仪、罗西北担任顾问的技术委员会对小浪底的技术问题展开咨询，前前后后有 23 项重大技术问题，一一讨论，一一解决。潘家铮是能源部的总工程师，从一开始就参与了小浪底工作的技术组织工作。

首先是拦河大坝，是国内当时最高的斜心墙堆石坝。

当时与小浪底同量级的枢纽大坝，要么是重力坝，要么是重力拱坝或拱坝，尤其是在黄河中游末端峡谷中，重力坝与重力拱坝在枢纽布置上相对要好处理一些。厂房、泄洪都有成例可循，但偏偏这样一座具有战略意义的枢纽遇到不同寻常的挑战。

小浪底坝址有 80 多米厚的覆盖层，都是砂砾石。在地质上讲，覆盖层为古河床沉积物，80 多米之下才可以达到基岩。如果修筑混凝土重力坝或拱坝，要将这 80 多米厚的覆盖层全部挖除。但土石坝则不需要，覆盖层可以承受大坝压力。土石坝又有一个问题，修筑土石坝，坝体本身要防渗，所以选择坝型为斜心墙土石坝，心墙要延伸出去，逆流上铺一公里多，与黄河的河床相接。

而坝下深覆盖层防渗也需要做防渗墙，防渗墙由乌卡斯钻机钻切出一个宽1.2 米的深槽，再浇筑混凝土。这样，小浪底就有了当时两个国内第一：国内第一高土石坝，最大坝高 154 米；国内第一深防渗墙，深入地下 80 多米。

小浪底工程坝型选定为土石坝，接着的问题就是，土石坝无法布置发电、

296　参见《多级孔板消能泄洪洞的研究与工程实践》，林秀山、沈凤生著，中国水利水电出版社，2003.3，第 1-2 页。

泄洪、冲沙、灌溉设施，只能移到大坝左岸。小浪底右岸为土岸，但左岸山体在地质上称之为"厚层砂岩和黏土质粉砂岩互层结构"，岩层略向下游倾斜。要在这样的岩层中布置最大直径达 14.5 米、长 1 公里多的隧洞，在某些部位还要穿过两条断层，在技术上的难度很大。这个不必多说。问题是左岸可供开挖的山体又很单薄，在有限的空间内布置如此密集、庞大的洞室群才是大问题。这也不必多说。最后，关乎小浪底大坝安全的关键性工程，消能泄洪洞如何设计就摆在面前，所谓孔板消能的方案也应运而生。

小浪底最后确定利用的 3 条导流隧洞改建为永久泄洪设施，不必再新开泄洪隧洞削弱山体。隧洞泄洪在水电工程中经常用到，巨大的洪水通过进水塔进入隧洞，利用自然水头向下游倾泻，数条洪流在隧洞出口外相互对撞可以消解大部分能量，最后通过消力池或消力塘送向下游，保证下游岸坡不被冲刷。但小浪底不一样。一则，水头达百米之多，压力巨大，下泄速度可以达到 48 米/秒，洪流产生的脉动摇撼会对隧洞安全构成威胁；二则，下泄的黄河水含沙量巨大，以这样的速度倾泻而下，对洞室的磨蚀将非常厉害，也会威胁到隧洞安全。就是说，隧洞本身难以承受高速含沙水流的冲蚀，所以必须在洪水下泄过程中就开始消能，将水流的速度降下来。

小浪底采用的孔板消能布置，准确的命名为"多级孔板消能泄洪洞"。即在泄洪洞中每隔一段距离在隧洞壁嵌入一个孔板，相当于在洞壁加了一道环状阻隔物，即环形凸坎，也称为"孔板环"，孔板环的断面直径要小于泄洪隧洞，换言之，就是将泄洪洞的断面骤然束窄。洪水下泄经过孔板环的时候，水流会突然收束，速度加大，水头经过这样一收一放，这在水力学上就会产生一个局部水头损失，将能量消解一部分，从而减少对混凝土衬砌的磨蚀并降低洞内水压力。多级孔板，即在洞子内部设置多道消能孔板，水流经过多次收放，逐步将洪水携带的能量消解到安全范围。

70 年代最初设计的时候，还不是多级孔板消能结构，有许多方案，主要是一种"大圆塔"方案，但论证来论证去，不是有这样的弊端，就是有那样的毛病。直到 1984 年 4 月，美国柏克德公司考察黄河小浪底、龙门坝址，以及三门峡之后，对小浪底工程搞过一个中美联合设计，叫作"轮廓设计"，首次提出采用多级孔消能泄洪洞设想，即利用导流隧洞改建多级孔板消能泄洪洞方案。

这个设想提出来，也仅仅是一个设想。但这个设想的优势显而易见，可以减少山体开挖，省工省力。这个方案说起来简单，它属于"压力消能工"范畴，国内外对它的研究早在 50 年代就开始。但国内没有这方面的经验，即便类似的消能方式在加拿大及美国的一些水利水电工程采用过这种消能方式，规模也很小。从 1985 年开始，黄河水利委员会设计院一方面组织人员到国外学习，一方面组织国内的科研单位和高校就孔板泄洪洞的重大技术课题进行反复的试验研究，提出 30 多项科研报告和成果，包括到正在建设的甘肃碧口水电站，将排沙洞改建为孔板泄洪洞进行按比例的中间试验。试验的结果表明，孔板泄洪洞在技术上是安全可靠的，消能效果非常明显，可消解 40% 至 50% 的能量。

这些试验与研究可以用"不厌其烦"来形容，达到上万次的试验。除了孔板设计本身的水力学实验，还有山体因洪水冲击震动的数据采集、孔板洞中布置试验、孔板过流原型观测实验、隧洞充水及事故门动水下门试验，等等，就是孔板凸坎硬缘，即孔板消能结构与洪水直接接触的边缘用材，也经过反复实验，刚开始选择氧化铝陶瓷，经过反复比对实验，直到最后才决定用加铬 20% 的高铬铸铁。这个强度就非常高了，一般民用不锈钢所加的铬只有 2% 到 3%。

各种实验和试验紧张进行，孔板消能的方案也一再比选优化，先有五级、四级方案，到 1990 年最后设计拿出来之前，由于山体防渗帷幕位置限制等原因，决定将三条四级孔板洞全部改为三级。[297]

潘家铮对这个设计非常赞赏，称之为一个"科学而巧妙"的构思。

一个在国内没有任何经验，在国际上也经验甚少的新技术，用在小浪底这样的大工程上保险不保险？引发争议也是预料中的事情。1990 年由潘家铮来主持小浪底多级孔板消能审查会，在业内，由水电部总工为一个工程的一个具体技术问题主持的会当是一个相当高级别的会议，与闻其事的都是水电行业的重量级的专家和学者。

各科研单位和高校根据反复实验和试验数据来说明，这个方案是可行的，也有专家提出，尽管实验的结果让人信服满意，但毕竟在碧口进行的试验是按比例缩小的试验，碧口的坝高与小浪底的坝高不可同日而言，试验的压力水头

297　参见《小浪底工程：黄河治理开发的重大决策》，河南人民出版社，1991.6；《多级孔板消能泄洪洞的研究与工程实践》，林秀山、沈凤生著，中国水利水电出版社，2003.3。

要小得多，这个试验结果用在小浪底这样大的工程上，可能有问题。是不是搞一个隧洞进行试验，如果有问题还可以补救。如果三条洞子同时搞，万一有什么问题那就玄了。

潘家铮在这个会议最后，全力支持这一"科学而巧妙"的设计，他有三条理由：

第一，对孔板洞方案已经进行十分详细的试验研究，机理明确，资料翔实，数据可靠，设计可信，对可能出现的问题都做了预测和给以解决，绝非"大跃进"或"文革"时期冒险和拍脑袋。

第二，对孔板洞方案不仅做了大量水工模型试验，而且在碧口工程上做过规模空前的中间试验，也可说是一个 1 : 3.8 的模型试验（这在国际上可能是未曾有过的），实践情况证明与设计相符。如果这样做了还不能放心，水利工程要有所突破就太困难了。

第三，根据黄河具体水文条件和小浪底的泄洪能力，孔板洞的运用并不频繁，具有停泄 、检查和维修条件。

根据上述情况，再考虑到就小浪底的地形地质和枢纽布置条件，孔板洞方案确实是解决泄洪排沙的最优解决措施。[298]

潘总不遗余力支持，对年轻而敢于接受挑战的设计者们的鼓励不言而喻。而且事实证明，小浪底多级孔板消能结构不仅独特，而且有效。

设计是一个繁复而细致精心的过程，施工的难度也同样大，直径 14.5 米的大洞，四五层楼房那么高，孔板深嵌、锚固、安装，对施工者莫不是一种考验，步步小心、步步惊心，那是另外一个场合的叙述。1999 年 6 月，1 号导流洞改建为孔板泄洪洞；次年 6 月，2 号、3 号导流洞改建为孔板泄洪洞；2000 年 4 月、11 月，1 号泄洪洞分别在 210 米和 234 米库水位下进行两次原型过流观测试验成功；2002 年 7 月，3 号孔板洞参与黄河调水调沙试验，大洪水沿孔板洞喷薄而出，如黄龙抬头，孔板洞安然无恙。此后若干年，小浪底的调沙调水泄

298 《多级孔板消能泄洪洞的研究与工程实践》，林秀山、沈凤生著，中国水利水电出版社，2003.3，潘家铮序言。

洪成为万里黄河上一道定期出现的奇观。

　　到工程最后竣工，多级孔板消能泄洪这一方案，经历了整整 15 年时间。

　　小浪底的多级孔板泄洪洞并没有给潘家铮带来多少诗情，老人望一眼小浪底，只是会心一笑，转过头来说了另外一番话。

　　在水利工程中应不应该与时俱进地不断创新？答案无疑应该是肯定的。所谓创新，包括新思路、新理论、新结构、新材料、新设备、新工艺、新管理法等。搞技术创新并尽快用于实践，转化为生产力，代表人类文明的发展和前进方向，影响国家民族的前途，水利建设岂能例外？但任何新技术，既冠名为新，就意味着缺少实践经验和存在一定风险，而大型水工建筑物又不容许失败，如何既保证安全又促进技术进步便成为一对矛盾。

　　我认为，解决这个矛盾的方针是，慎重与积极并举，不可偏废。所谓慎重，就是保持头脑清醒，不做无根据和无相当把握的事。所谓积极，指思想上确信创新和发展是人间正道，满怀热诚地欢迎新事物，采取各种措施为其成熟和采用创造条件。在这个原则下，再根据工程实际情况，区别对待，实事求是论证，就不难做出正确的结论。[299]

　　这番关于科技创新的思考，由小浪底生发出来。这像是自言自语，却不是自言自语，每一项集合着众多智慧与胆识的新技术都会给予潘家铮无限的欣喜。

"要让别人看得懂"

　　陈东平是潘家铮担任水电部总工程师之后的第一个秘书。他之所以被潘家铮选为秘书，有一个缘分。

　　那是 1985 年的事情，当时陈东平还是水电总局工程处的普通技术员。说起来，陈东平绕来绕去还算是潘家铮的半个师弟。他是粉碎"四人帮"恢复高考之后的第一届大学生，毕业于大连理工学院水利系。当时任大连理工学院院长的，正是潘家铮的恩师钱令希。选择陈东平做秘书，还有一份亲切感。这也

　　299　《多级孔板消能泄洪洞的研究与工程实践》，林秀山、沈凤生著，中国水利水电出版社，2003.3，潘家铮序言。

只是两个人后来聊起来的一个话题，并不是选择他担任秘书的直接原因。

当时，陈东平并不认识潘家铮。一个刚出大学校门的技术员，跟总局的总工程师不可能有什么交集，遑论现在是部里的总工程师。陈东平得到通知到部里报到担任潘总的秘书，确实是一头雾水。

但两个人之间还是有一些联系的。

陈东平 1982 年毕业，到正在建设的安康水电站工地实习。他一去就参与了大坝左岸边坡处理。关于边坡稳定的计算，当时的教科书里有一整套计算方法，套用公式就可以。陈东平初生牛犊，觉得教科书里的现成公式特别繁复，他就想，能不能用一个简单的方法，将计算过程简化一下？这样，他参考了好多资料，自己琢磨出一套用图解方法来解决高边坡稳定的计算方法，自己命名为"高边坡稳定的图解法"，一边琢磨一边就用在设计里了。他这个计算方法引起了时任安康水电站总工程师何璟的注意，跟他一起讨论这个计算方法，认为非常好。

安康实习结束，陈东平回调北京。其时，水电建设的管理体制正在发生微妙的变化，在鲁布革经验出来之前，有一个"概算承包"的试点性改革，就是在计划经济的框架之内，加强内部管理，不能突破概算。水电总局将东北的红石和白山水电站作为试点，所以当时水电总局局长刘书田还被称为"红白书记"。陈东平回调北京，水电总局就忙这个，工程处经常派人到两个水电站工地蹲点。陈东平单身在京，没有牵挂，乐于替同志们出差蹲点，到最后干脆把处里的下乡蹲点包了下来。这倒成全了陈东平，因为他早就想找一个机会见识一座水电站建设的全过程，从大江截流开始，一直到并网发电。这一次，还真的完成了这一夙愿。

红石、白山蹲点，他也有大把时间，他正好把在安康水电站琢磨的那个边坡稳定计算"图解法"写成文章，投到部属刊物《水力发电》。很快他就收到编辑部来信，对这个小论文提出修改意见。编辑部给他回信说，潘总提了几条意见，一二三四几点。

为什么说是潘总的意见？因为潘家铮担任《水力发电》编审已有些年头，来稿中凡涉及结构力学计算的科技论文，都要让他来审定把关。这也是潘家铮的日常工作之一。

陈东平一看退稿信，有些灰心。而且人在下边工地，又没办法回去跟潘总解释，何况那么大专家说了话你怎么解释？文章的事情也就撂在一边没管他。

他对潘家铮还是了解的，不是说潘总现在是他的直接上级，早在大学时候就读过潘家铮的著作。而且，任何一个学水利、水电的大学生，谁若说不知道潘家铮，多少有点说不过去的。

要说与潘家铮有交往，也就是通过编辑部转来的这一封审稿意见。除此之外，尽管同在一个单位，陈东平甚至都没有见过潘家铮本人。或者说，潘家铮仅仅是停留在其著作封面上那个作者名字。

1985年的春天，他还正在工地上，却接到单位来的电话，让他赶快回京，说部里通知他回去担任潘家铮的助手和秘书。

当时部里的人事变动他是知道的。三位总工到龄退下来，由史大桢、娄溥礼、潘家铮分别担任电力、水利、水电总工。但陈东平实在想不明白，潘家铮为什么会选中他来做助手和秘书。单位人缘好，经常替大家到工地蹲点，处里推荐当然可能，只是部里人才济济，怎么可能就选中他？

他回京后很快就见到了潘总。见到潘总没有预想的那样紧张，相反很放松。大学时就知道的这样一位大专家，个子不高，和蔼，和气，甚至有些客气，不给人以一点点权威的威压之想。陈东平很快进入角色，但他一直还是很迷惑潘总何以选中他。直到他担任秘书不久陪潘家铮出差，才解开这个扣。

头一回出差，是前往长江水利委员会解决葛洲坝的技术问题。

潘家铮有一个习惯。出差，一上车就把随身带的技术资料拿出来看，旁若无人。有一次他和妻子，以及工程院院士朱伯芳两口，一起到承德休养。在回京的路上，潘家铮拿出随身带的资料写写画画，一路上都没有跟朱伯芳他们闲说一句话。这一次，潘家铮拿出来的是一个大本子，在火车的小桌上摊开，还有稿纸，在那里写写画画。

陈东平在一边看潘总画的图，看着眼熟。这不是他那篇文章的示意图吗？他很奇怪，但没问。倒是潘家铮把图画好，开腔问他："小陈啊，你曾经写过一篇文章，那篇文章我给你提了几条意见，你怎么看啊？"

这时候陈东平才有机会把他当初的想法给潘总和盘端出来，他跟潘总说："您跟我提的意见很对，有些东西我可能是没说清楚。您那么大领导在那，我一个最基层工地小兵，没有机会给您陈述这个问题，今天正好是个机会。"然后他把在安康工作的一些想法和思路跟潘家铮讲了。潘总听着，只是颔首噢噢噢应和，没说什么话。这个话题就此打住，一路无话。

到了武汉，工作安排得很紧张，晚上回来两个人住在一个房间。80年代接待条件跟今天不能同日而语，而且大家也没有那个意识，部里来的总工程师就跟他的秘书住一个房间里。潘家铮回到房间，拧开台灯就开始工作，并嘱咐陈东平先睡。

陈东平做秘书之后，当然也是做了功课的，对潘总的工作习惯还是有一些了解。他习惯在头天晚上把第二天要干的事情先准备一番，阅读资料，写出意见，都是在晚上来完成。所以也不便打扰潘总，收拾安顿停当，就自己先睡下了。

谁知道第二天，潘家铮将一叠稿纸递给陈东平，他说："小陈，你那个东西，我这么写一下，别人是不是能够看得懂？"

陈东平接过稿子来，一笔一画三十多页稿纸，字迹工整清秀，先是欢喜。继而看内容，自己的论文经潘总这么一改，果然脉络清晰，这个早晨窗外初现的阳光都显得很特别，他豁然开朗，技术文章原来是可以写成这个样子的。

刚开始写技术论文的工程技术人员，往往是茶壶里煮饺子，有东西倒不出来，自己心里清楚，就是别人看不懂。文字功夫也根本无法达到让别人看懂的地步，更不用说让别人欣赏了，往往以为大家都清楚的东西，其实大家都不清楚，没有任何描述与过渡。

但他很清楚，这个文章跟自己的那篇文章相比，无论结构章法还是要表达的计算过程已经完全是两回事，等于是潘总自己写的另外一篇文章。潘家铮看他那样子，只说了一句话："写文章啊，就是要让别人看懂的。"

更让陈东平想不到的是，1986年，这篇稿子发表在《水力发电》杂志上，题目叫作《具有两个滑动面的滑体锚固力的简捷图解法》，署名为陈东平。这就等于说，陈东平的第一篇论文其实是潘总替他写的。他当时也想，怎么潘总自己不署名，单署他一个人的名？就是这篇论文也是潘家铮自己送到杂志社的，这个过程陈东平根本不晓得。

有潘家铮这番点拨启示，陈东平将图解法再扩展一下，由两个滑动面扩展到多个滑动面的计算，也写成论文发表了。潘家铮看了他写的论文，跟他讲：

你这个图解法，以前俄罗斯的坝工专家曾有过类似的解法，提出过图解法概念，但不像你这个思路，能够总结出一个区域，非常清楚地表明稳定与滑动之间的关系，刚毕业就研究这个问题，很了不起！

这是鼓励，这大概是潘家铮选他做助手和秘书的原因了。

后来陈东平才知道，潘家铮到处里搞设计审查，跟处里的人说起要一个秘书，工程处的领导就推荐陈东平，说这个小伙子在红石和白山工地如何如何。潘家铮一听这个名字，是看过他写的论文的，这一下子就对上了号，就再没有找其他人，点名要他来。

陈东平并不知道，许多年轻工程师都受过潘家铮这样的点拨和提携。或者说，潘家铮见到有创新活力的年轻人就喜欢得不得了。比方后来任上海水电勘测设计院副总工程师的巫必灵，1956 年大学毕业，是一个特别内秀的人，事业心很强，甚得潘家铮信任。两人在新安江、瓯江、锦屏、七里泷、紧水滩、磨房沟工地一起共事，在许多重大技术问题上都有过重大贡献，一起闯过"文革"最艰难的岁月。他扎实而新颖的创造都得到潘家铮由衷的赞许。比方新安江工地木笼围堰，在"双革运动"中搞的积分仪，在磨房沟的高压钢管，都具有创新意义。这许多革新和创新性技术需及时总结，写成文章，但巫必灵却很少以个人名义发表论述，他留下来的作品，几乎全是以集体名义写的总结、报告和设计文件，即便少数几篇作品，也是在潘家铮一再催促甚至命令下完成的。现在可以找见的《新安江水电站一期围堰》是巫必灵"很少"的作品之一，审定即是潘家铮，里面的许多文字可以明显看到潘家铮加工雕琢的痕迹。

也是在 1957 年，陈顺天即将离开上海院远赴岭南，有一天在图书室赫然发现专业杂志上有自己的两篇论文，看内容，才知道是他在设计过程中提出的一些算法，一篇为《溢流拱坝形式选择和消能冲刷》，一篇是《拱坝坝肩空间稳定分析》，是潘家铮及时将之总结写成文章，然后再以他的名义发表的。

1976 年，还是"借调"之身的潘家铮赴刘家峡查勘和指导工作。傅冰骏当时在刘家峡工作，他当时受水电部规划设计总院委托，负责编订《水利水电工程岩石试验规程》，就将自己编写的一套《汉江安康水电站岩石力学试验报告》呈送潘家铮审阅，并向他请教一些岩石力学的相关问题。潘家铮返京之后，将其中的一些关键问题浓缩为一篇《夹层地基的分析》的论文寄给傅冰骏。

当然对年轻人也不是一味鼓励，也有批评。当年在新安江工地，潘家铮带着一帮年轻人，他们从海南东方水电站复建，一直到流溪河拱坝设计一路走过来，相处当然非常融洽。工地的文化生活单调，年轻人精力旺盛，不像潘家铮除了工作就是学习，陈顺天和坝工组组长刘世康喜欢下棋，一有空闲两个人就摆开杀上一盘。有一次两个人下完一盘，潘家铮就问陈顺天："你棋下完了有些什么收获？"陈顺天说："好玩，不过是业余水平。"潘家铮说："不如看两本书，开卷有益嘛！读书这玩意儿是比较累人的，假如看业务书好像背着一筐石头上山，这脚步越走越沉重，但你硬着头皮爬到山顶，把石头放下，那就会豁然开朗，一身松透，这味道好极了！假如你看小说，就好像背着一袋苹果走路，一边走一边吃，越走越轻松，你说对嘛？"

他劝人劝得也巧妙。潘家铮对年轻人鼓励和提携的故事还很多，这是一位年长者的仁者之风。

对陈东平的批评也有，那是后话。此时陈东平的幸运还在继续。

作为秘书与助手，潘家铮参加的工程审查和审定会陈东平都要随行。陈东平感到，潘总跟他的关系并不像一个行政领导跟秘书的关系，而更像是师生关系，更像是导师与助手的关系。有一次坐船赴三峡考察，时间很充裕，他拿出一本书来说："东平，咱们来讨论一下数学问题如何？"一个部里的总工程师和年轻的秘书热火朝天讨论起数学问题来，任身边白浪激涌，视而不见。

每一出差都很开脑筋，潘家铮经常提醒他注意观察具体的工程技术问题。

那是在清江隔河岩的围堰工地。隔河岩围堰也是碾压混凝土施工。陈东平忽发奇想，一般坝肩好的坝段可以搞拱坝，如果坝肩允许，重力坝是不是也可以拱一下？超大型重力坝如果在坝肩地质条件允许的情况下是可以拱一下的，这样一来，利用边坡的约束力，可以大大减少断面，节省不少工程量。从隔河岩回来，陈东平按这个思路写了一篇论文。写这个论文他还有一个想法，从大学校园里出来，也参加过工程设计，他就想，什么时候可以用微积分来做一个设计计算？这一回终于实现了这个夙愿。他的计算也很简捷，就是在已有的重力坝计算中加了一个系数，这个系数很大，比重力坝计算本身要复杂得多。

论文写毕，呈送潘家铮。潘家铮大喜，连说这个思路好，好极。这篇论文于1990年在《水力发电》杂志发表，题目叫《微拱重力坝设计问题的探讨》。

这是在潘家铮指导下完成的第二篇文章。文章发表，潘家争对他讲："东平啊，你这个思路很好的，有机会咱们找个项目试试。"

只是，陈东平只在潘家铮身边工作了三年半时间，很快就调任他职，做技术行政工作，具体的设计做得并不多。虽然不再担任秘书工作，两个人的来往还很密切，有些年轻的研究生写好论文之后慕名寄给潘家铮看，潘家铮有时候就让陈东平看一下，很客气，"东平啊，你先看一看，你看看能不能提点意见？"他总这样说。

有一次，潘家铮让他看一位研究生寄来的论文，看完之后他对潘家铮说："这个文章写得有些复杂，就好比计算长方形面积，本来长乘以宽就可以算出来，他用微积分方法来解，太绕，我找一个简单办法。"潘家铮很赞同。那时候个人计算机还没有普及，陈东平用最初那种 PC150 计算机上的 BASIC 语言编了一个程序，几个参数输进去，马上有了结果，文章写出来也就是五六页，而原来的文章写了五六十页。

潘家铮看陈东平就同样的问题重新写的文章，很高兴，跟他谈论起计算机语言编程算法。陈东平才惊奇地发现潘家铮对计算机语言的了解是很了得的。原以为，像潘家铮他们那一茬老专家，对刚刚起步的计算机技术还熟悉不到这个程度。

陈东平对潘家铮"要让别人看得懂"有深切的理解。此前他曾听人讲起潘家铮，说潘总是一个杰出的工程师，他写那么多书，谁都能看得懂，具有很强的适用性，具有可操作性，是不是他在理论上不行？

这可就错了。

陈东平记得有一次随潘家铮赴大连理工大学参加研究生答辩，答辩的是比他高一届的学长，抗震专业博士。潘家铮很认真地提问，直达核心。一场答辩下来，这位学长满头大汗，私下里问陈东平："潘总太厉害了，他总是问到论文之外下一步的研究，他是不是对我有意见？"陈东平笑说："恰恰相反，潘总能够跟你交流起来，说明棋逢对手，一般人他可不会这样。"学长这才松了一口气。果然，潘家铮在回程中非常高兴地对陈东平夸奖这位学长，说这个学生很好，研究的问题很有意思，可不是为做论文而做论文。

事实上，学长做的那个博士论文，陈东平是一点都看不懂，但潘总能一下看到核心，真可说是遇到了对手。指导学长论文的林教授也感慨：只有潘总在真正地问问题。而潘家铮做论文答辩，也成为那位学长引以为自豪的履历。

陈东平在得到潘家铮的指点之后，才领悟到，要将深奥非常的学术问题写得让别人看得懂，写得富有文采和才情，那真不是谁都能办到的事情。没有丰富的理论内涵和学养，根本不会写出那么多好书来。

推动工程 CAD

潘家铮对计算机语言编程这一套很熟悉，让陈东平很惊奇，也确实够奇的。

计算机技术进入工程设计，无疑是一次革命。潘家铮接触到计算机技术的时间并不太早，大约是在 20 世纪 70 年代末或者 80 年代初。那时候，中国人对计算机的认识还仅仅停留在日本电子计算器上，这时候潘家铮已经开始接触到工程 CAD 软件包在工程上的运用。早在 70 年代后期，他在许多讲座中都对工程技术人员谈到计算技术在工程运用上的重要性，给年轻的工程设计人员很大震动。

潘家铮对计算机技术运用于工程设计与其说是新奇、敏感，莫若说是急迫。不仅潘家铮，任何一个工程师大概都有同感。

他在那一篇《无限辛酸话科研》中曾经谈到，工程设计中大量的计算给自己带来非常多的困扰和苦恼。今天说来不可想象，潘家铮他们那一代工程师在设计计算时用的工具甚为烦琐而杂乱，他的全部“家当”为一只 aristio 牌计算尺，一架 13 挡算盘，一台小型手摇计算机，一本影印高等函数表和积分表，一厚册 15 位圆函数和双曲函数表。每一次出差，这些“家当”一样不落都要带在身边，须臾不可分离。但这些宝贝用起来又苦不堪言。

以当年在上海院推导“文克尔梁”为例，推导出全部 64 个形常数和载常数公式之后，需要编制详细的数表，庞大的计算量就来了。虽然这些函数仅是圆函数和双曲线函数（或克雷洛夫函数）四则运算，但如以 0.01 为宗数的步长从 0 算到 3.00，每一个函数要计算 3400 次，几十个函数就要计算上万次。

那时候还年轻，有这样的耐心，但搞得很是狼狈。他忆道：

我不得不把早晨、晚上的时间都花在手摇计算机上。星期天或假日的时间更要集中利用。夏日酷暑，汗流浃背；冬夜奇寒，手脚冰凉；或者小孩子哭闹，需要把他置在膝上，左手哄拍，右手运算，这种苦况，自家知晓。有时真想中止。但望着那本15位函数表不禁想起，这表不也是前人算出来的吗？那时连手摇机都没有呢。前人种树，后人乘凉，世道就是如此。这样一想，信心倍增，坚持下来。[300]

苦中作乐，也是没有办法的事情。但苦中之乐，也是真乐。若干年之后，他拥有了一台有记忆功能的电子计算器，把当年手算的成果复核一遍，除尾数有所出入，基本没有什么错误，遂甚是得意。

推导"文克尔梁"是成功的例子，工作量如此之大，过程如此冗长，再精心的人也有疏忽的时候，一步疏忽，以后的演算全部出错，全部作废。70年代地下核爆试验部队找到潘家铮去解决地下拱圈问题，即是因为庞大浩繁的计算中间出了错，潘家铮费了两天两夜才找出计算出错的步骤。

比如连续地基梁和框架分析，对每个情况都要先解一组9元或10元的线性方程。线性方程说起来简单，高中课程里就有，但如果变量达到10个之后，简单的问题就发生质的变化，偶一失误便会前功尽弃，需从头再来。机械、枯燥、繁复、报废、重来，如此反复，莫不在挑战精神承受力，挑战到极限。后来，潘家铮不得不重新研究"高斯消去法"的规律和如何步步设防和层层校对的技巧，印制出特殊表格，相当于给计算过程的每一步做一个档案和备份，这样，才让出错的概率一再减少，做到万无一失。即便如此，一组10元方程也往往要花上半天时间，10元如此，百元方程呢，毫无悬念那将是又一场耐心与耐心之间的拼杀。

再比如，潘家铮曾研究把大体积结构转化为当量刚构问题。因为水工结构多为复杂的大体积建筑，要寻求数学上的精确解并不现实，即使求出解后也不实用，因此他更多的是寻求数值解或半解析解。这个思路让这个问题看见了曙光，只是没有计算机来处理如此浩大的计算量，只好作罢。汪胡桢先生对此很惋惜。当然对潘家铮而言也不是做无用功，这让潘家铮在探索经典数学理论获益颇多，但没有得出新的理论解，究竟可惜。[301]

计算对科学家潘家铮尚且如此，具体到工程设计，一个工程的设计简直就是

300，301 《春梦秋云录——浮生散记》（第二版），潘家铮撰，中国水利水电出版社，2000.12，第325页，第321页。

一场恨不能发动千军万马投入其中的战役。再以拱坝试载法计算为例。传统的拱坝设计方法是在选定坝址后凭借设计人员的经验，参照已建工程，遵循有关规范及运行要求，进行坝体布置和体形设计，然后进行坝体应力和拱座稳定计算，以检查所选方案是否满足设计规范要求，如果满足，即得到一个可行方案。为了得到这个比较经济合理的方案，需要经过多次修改比较，这实际上是一个不断重复设计的过程，计算量庞大而繁重，枯燥且漫长，再加上同时要绘制大量图纸，设计周期之长，让人瞠目，简直就是与大坝建设本身等量齐观的大工程。1956 年潘家铮主持的流溪河双曲拱坝，上海勘测设计院 502 组集中精干力量，做了半年以上的计算才完成一项试载法的分析。同样是上海院搞的上犹江空腹重力坝设计，虽然做了很大努力，但未能得到理想的分析成果，其中苦瘁，潘家铮有深切体会：

　　试载法的原理好像很简单，但实际计算工作量极为浩大……所以当年做一次完整的拱坝试载法计算，需要很多位有经验的工程师，进行成年累月的反复计算。虽然人们也编了一些图表和利用手摇计算机，计算量之大和工作的枯燥仍令人望而生畏，如果最后获得的结果不能满足要求（例如坝体上个别部分应力过大），需要改动拱坝的体型、尺寸，一切又得从头做起。[302]

　　潘家铮较早认识到计算机技术将会给水电工程设计带来革命性变革。1983年，他随钱正英赴美国访问，在考察期间，在阿立斯查默水轮机制造厂看到了较完整的 CAD 技术。那个时候，美国的 CAD 技术已经广泛应用于工程设计、工业制造领域，他看到的这个水轮机厂，从造型、形成总体型、进行水力计算和结构计算、优化修改、最终定型、输出成果到数控机床制模型和进行精密复核试验，把过去传统的工序全部打包结合。国外的计算机技术应用几乎深入到工程制造的每一个角落，这让潘家铮大开眼界，同时也意识到中国发展属于自己的 CAD 技术的迫切性，实在是刻不容缓。回国之后，潘家铮即撰写文章，详细地介绍他在美国考察所见。[303]

302　参见《千秋功罪话水坝》，潘家铮著，暨南大学出版社、清华大学出版社，2000.5，第 56–58 页。

303　参见潘家铮撰《承认差距　迎头赶上》，收入《中国水利》，1984 年第 8 期。

在赴美考察之前的 1982 年，潘家铮还担任水利水电规划设计院总工程师，他就发起了编制土石坝设计计算机专用程序的工作，叫作"水工建筑物设计专用程序包"。确定西北院王复来、昆明院孙君实、水利水电科学院陈祖煜开发的三个土石坝稳定分析程序为一个软件包，命名为"STAB"。1984 年，潘家铮亲自主持这些程序的鉴定会，随后以水规总院文件下达。有这个鉴定文件，"STAB"软件包才得以在水利水电设计行业推广开来，直到今天仍然是水工设计中有一定影响的软件。[304]

潘家铮不独对 CAD 技术的意义有深切的认识，对开发中国自己的水利水电设计计算软件包如此重视，同时也较早提出培养中国自己的计算机软件开发人才。他在一次会上这样讲："问题很清楚，硬件和系统软件可以引进，而人才的培养和实用软件的开发却只能依靠自己，特别是水电站要面对千变万化的条件，比一般建筑设计要复杂很多，而我国完全具备这方面的能力，问题在于抓紧和实干。"在他的推动和建议之下，水电部陆续派出一批设计人员出国学习，逐渐形成国内水利水电行业老、中、青干部以及设计、软件、硬件相结合的一批 CAD 技术开发综合力量。

80 年代初期，潘家铮为电子计算机技术尽快进入中国水电设计领域，写文章介绍、到处游说。有着中国科学院学部委员和中国科协委员的身份，潘家铮与国家科委领导会面谈话，建立和推广中国自己的 CAD 技术是必有的内容，商议如何创造条件，如何开发推广与应用，提供各种素材和信息给国家科委以订立"七五"计划攻关项目。他的建议与呼吁当然见效，80 年代中期，各勘测设计研究院（校）陆续引进一些设备，装备 CAD 工作站，中国水利水电工程设计 CAD 普及与应用由此开始。

在那一段时间，潘家铮对计算机技术几乎到了痴迷的程度，尽管他不可能参加具体的软件开发，作为组织者与倡导者，渴望进一步深入了解计算机技术的热情一点也不比年轻人来得少。水电部、水规总院几乎每周都请专业技术人员开设计算机讲座，前来听讲的大都是年轻人，潘家铮只要不出差，一场不落都要认真听下来，还认真做有笔记。从基础的 BASIC 到 C 语言，他像一个小

304　参见陈祖煜撰《纪念潘家铮——恩师、挚友》，收入《永远的潘家铮》，中国水利水电出版社，2013.6，第 27 页。

学生从拼音开始学习认字那样认真。

那时候，潘家铮已经年过花甲，在听讲的一帮年轻人中间显得鹤立鸡群，连女儿潘净都听到一些冷嘲热讽，潘家铮哪里在乎这些，每一次的笔记做得都非常认真。他还应该是中国最早一批"换笔"的作家，1990 年出版的《春梦秋云录》都由他亲自录入到电脑里，有的篇章干脆就直接在计算机上完成。

80 年代初，只要听说有新的软件鉴定会，潘家铮就是再忙，也想办法推开其他手头工作前来参加，而年轻人也特别欢迎他来参加，因为软件涉及专业知识，潘家铮的若干学术著作是重要的参考资料。他们搞的软件哪怕是初步成果，还是一个雏形，都会得到潘总的夸赞与鼓励。潘家铮平常不怎么和人闲聊，但是很会说话，尤其是夸奖和鼓励年轻人，潘家铮毫不吝惜自己的热情，同时又有原则，善于高屋建瓴说事说理。

比如某次鉴定会，参会的同志留有他的一段讲话：

> 摆在我们眼前的主要任务是巩固成绩、提高完善和推广应用。我们的目的不是评奖，不是鉴定，而是要把 CAD 技术实实在在地在前期工作中应用起来，大大改变落后面貌，这是评定我们究竟有没有取得成就的唯一标准。
>
> 中国人民是聪明的，有智慧的，任何难题都能攻克，但是在取得初步成果后，在通过鉴定和得奖后，在制成样品后，工作往往停顿下来，在看见曙光时就止步不前，在制造出"样品""礼品"后止步不前，这是我们以往工作中最大的失误。其实，从初步科研成果转化为生产力之间，还有遥远的距离，还要付出更大的劳动，需要更密切的组织和协作。[305]

有些冷嘲热讽也在所难免，因为毕竟当时的人对计算机技术还知之甚少，毕竟他是国家一个大部的总工程师，是统揽水电大局技术组织工作的首脑人物，他应该研究大问题，主持大工程，怎么可以把精力耗费在这上面呢？事实上，这也恰恰反映出，当时还没有人看出计算机技术将给水利水电工程设计带来的

---

305 参见诸鸿恩撰《回忆在 CAD 的普及和应用的日子里》，收入《中国水利水电技术发展成就——纪念潘家铮院士从事科学技术工作 47 周年纪念文集》，中国电力出版社，1997.9，第 278-279 页。

革命性变革。在此后不久，水利水电设计的软件开发成果大批涌现，而且很快应运到具体的工程设计中，设计质量和工效大幅提高，与传统的设计相比，简直判若云泥。

CAD 技术在刚开始还仅仅是辅助设计者完成设计任务的工具，即便是辅助设计，也可以把设计人员从繁重的工作中解放出来，大量的数值计算、逻辑判断和绘图工作均由计算机来完成，同时通过人机交互方式让设计人员能够充分发挥经验和构思判断能力，根据计算机的分析结果和直观判断做出决策，达到缩短设计周期、提高设计质量、加快工程进度之目的。但整个设计过程，大量设计参数仍由设计者提供和确定，初级的辅助设计，仍然难以摆脱被动的重复设计方法，只是比较的方案大大增多而已。后期软件开发，引入优化设计方法，设计者从被动分析、校核转入主动设计，假设—分析—搜索—最优设计，计算机会在"搜索"阶段自动完成设计修改过程，这一修改过程按一定的优化方法，使设计方案自动达到"最佳"状态。

仍以拱坝设计为例，传统的优化计算和复核需要众多的设计人员做半年以上的繁复计算。而拱坝的优化设计方法是在选定坝址、给定拱形的条件下，用数学规划方法，由计算机自动选择体型参数，进行多方案的比较，在多方案中确定最优拱坝方案，过去需要成年累月的繁重计算，现在只用几天时间，甚至更短即可以完成，相较过去旷日持久的苦熬硬磨，简直是"刹那"之间的事情。有了计算机智能优化方法的介入，中国的拱坝设计如虎添翼，大型、巨型、超级的拱坝工程不再可望不可即。

滑坡命题与两代科学家的探索

计算机技术普及应用，潘家铮苦苦探索近半个世纪的滑坡问题也有长足进展。

潘家铮早在 50 年代就开始对滑坡问题进行深入研究。他在 1949 年陈文港实习第一次领教到岸坡滑动的威力，之后，他亲历有黄坛口西山滑坡、新安江左坝头滑坡、磨房沟调节池滑坡、阿尔巴尼亚菲尔泽水电站布拉瓦大滑坡、龙羊峡的查纳大滑坡，等等，他意识到，水电工地的滑坡几乎是常态，鲜有例外，或者说，有例外也是个别例外，只是规模大小不同罢了。而且滑坡也绝不仅仅局限于边坡滑动那么简单。属于滑坡问题的现象林林总总，比如土坝、堆石坝、堤防等建筑物的稳定，地基的承载力和基础的稳定，主动、被动土压力的确定，滑坡体的稳定和处理，重力坝沿地基内部软弱面的滑动稳定，拱坝坝头的山体稳定，还有滑坡之后产生的库区浪涌，等等，简直充斥于工程的每一个关键部位。因此工程设计中必须考虑到滑坡机理、分析方法和处理措施。

国外早有工程师和科学家注意到了这个关乎大坝工程安全甚至兴废的滑坡问题。

传统计算滑坡的方法有"瑞典条分法"，这个方法创建于 20 世纪 20 年代到 40 年代。它是将滑动面假定为圆弧，计算中不考虑分条之间的作用力，从而大大简化了计算工作。40 年代之后，不少工程师致力于改进这个方法，他们努力的方向大致有两个方面，一方面是探索最危险圆弧的位置，编制数表、曲线，以减少工作量；另一面是研究滑裂曲面的形状。直到 50 年代到 60 年代，国际上主要研究地基承载力和土压力作用的影响，以及推广此法使适用到任何形状的滑面，后来又推广到计算地基承载力和土压力等问题上去，取得不少成果。[306]

潘家铮在对滑坡稳定分析中也是从最简单的"瑞典条分法"开始，方法虽然简单，而且总能得出一个安全系数，后来潘家铮就产生了质疑。计算中的假定太多；滑动面为什么一定是圆弧？为什么有时会把死的滑坡体算活，把活的算死？这些都是问题。此后，又看了许多其他的计算法，都不能较彻底地解决问题。[307]

具体工程中的失稳滑坡一次次让潘家铮获得灵感，又一次次让他陷入困境，最终另辟蹊径，把探讨的问题归纳为两个：一，边坡滑动失稳时，沿哪个破裂面发生？如何确定这个最危险的面；二，滑动失稳时，滑体边界上和内部的应力是如何分布的？回答这两个问题的结果，就是在国内外学术界公认的"潘家铮极大极小原理"（亦称"潘家铮最大最小原理"），也称为"潘家铮公设"。

306　参见《建筑物抗滑稳定和滑坡分析》，潘家铮著，水利出版社，1980.6，第二章、第三章。

307　参见《无限辛酸话科研》，潘家铮，《春梦秋云录——浮生散记》（第二版），中国水利水电出版社，2000.12，第 327 页。

这个命题提出来，是在 70 年代，文章收入 1980 年出版的《建筑物的抗滑稳定和滑坡分析》一书中这样表述：

（1）滑坡体如能沿许多个滑面滑动，则失稳时它将沿抵抗力最小的一个滑面破坏。

（2）滑坡体的滑面肯定时，则滑面上的反力（以及滑坡体内的内力）能自行调整，以发挥最大的抗滑能力。[308]

潘家铮指出，这两条原理是相辅相成的，并不孤立存在，这就从理论上回答了滑坡分析的问题，成为指导滑坡极限分析的重要理论准绳。但是回到实际问题上来，这样做的计算量是一件不可思议的事情。

他曾取均质土坝和直线边坡用最简单的方法加以计算，这两种边坡失稳情况是诸多滑坡中最简单最直观的失稳案例，他希望从中找出最危险的滑动面所在，进而探索有何规律。即便这样简单的案例，计算起来都甚为繁杂，算稿堆得桌上桌下到处都是，答案依然遥不可及。如果在每一个滑坡圆心处注上它的最小安全度，然后连成等高线，将获得一幅复杂的地形图。他发现这样一来，就会有好几个低谷，原来简单的问题绝不简单，这是一个复杂的"多极值解"。简单的问题尚且如此，大型的、复杂的滑坡问题就更难以归纳，没有任何指望。潘家铮在这个问题上用力近 40 年，最后连一篇小论文都写不出来。他感慨道："这是一个以安全度为目标的函数的寻求极值的问题,要解决它必须有赖于非线性理论和计算技术的发展，靠小米加步枪是攻不下这个堡垒的。"

直到 1981 年，昆明勘测设计院的孙君实在潘家铮指导之下，两人合作利用模糊数学工具，建立起土坡稳定安全系数的模糊函数和模糊约束条件，并与传统的安全系数相对应，提出安全系数的模糊解集和最小模糊解集概念，这一套算法最后在计算机上实现，这个方法可以解算任何复杂边坡的稳定问题，自动寻找出最危险滑动面。这就是设计领域著名的"潘家铮—孙君实算法"。[309]

另外一位科学家陈祖煜则敏锐地认识到潘家铮"极大极小原理"的价值所在，在 80 年代初，陈祖煜即在《清华大学学报》发表文章，说明这一原理在理

308　参见《建筑物抗滑稳和滑坡分析》，潘家铮著，水利出版社，1980.6，第 94 页。

309　参见《无限辛酸话科研》，潘家铮著。《春梦秋云录——浮生散记》（第二版），中国水利水电出版社，2000.12，第 326–328 页。

论上与塑性力学的上、下限定理是一致的。而潘家铮在 1978 年就提出的这一原理，是从岩质边坡楔体稳定分析一个个案谈起的。对于楔体的分析方法，国外早在 20 世纪 50 年代就有人提出并列入教科书。潘家铮发现，这一方法的计算公式忽略了滑面上的剪应力，实际上是默认了剪应力方向平行于楔体的交棱线。潘家铮就想：凭什么可以忽略剪应力？他的极大原理即揭示出滑动体在滑动时，即在破坏时要调动最大的抗力。用潘家铮自己的表述，是当滑体在失稳前，它一定会调整应力分布，以挖掘出最大的抗滑潜力，潜力未挖尽，就不会滑下来，这就是确定失稳时应力分布的原则。因此，这个最大的抗滑潜力，也即剪应力应该放到方程里去，用安全系数取最大值这一条件把它找出来。

陈祖煜是中国著名的滑坡问题专家，他看到过许多大大小小的滑坡。有一次他们前往西藏考察一个滑坡灾害，他看到原来巨大的岩石大块大块滑动下来之后，在瞬间被磨成齑粉，人踩上去就像踩在被大炮轰击过上千次的阵地上一样，坚硬的岩石变成满眼浮土。这正是潘家铮最大最小原理的最好诠释。

陈祖煜意识到，潘家铮之前的滑坡计算方法，条分法也好，改进后的条分法也好，还有楔体稳定分析也好，计算的重点都放在失稳体的失稳过程，而未注意滑动体本身的抗滑剪力。

陈祖煜刚开始对潘家铮这一原理还仅仅停留在哲学思考的层面，他清楚地知道，对于一个科学命题，仅用哲学论述是不够的。科学定理要在公理的基础上，通过无懈可击的数学推理获得证明。一直到 90 年代，计算机技术普及应用，陈祖煜编了一个程序，对应不同剪应力方向做了大量计算，发现安全系数的极值确实是存在的。有了前期塑性力学上、下限定理方面的积累，陈祖煜跳出传统的从剪应力大小出发的思路，以剪应力方向为自变量，获得了一个计算安全系数的"广义解"。同时证明在摩尔—库仑相关不一定法法则关于前胀角等于摩擦角的条件支持下，安全相应剪胀角的导数确实为零。

证明的最后结果归零，陈祖煜掷笔长叹——萦绕心头多少年的潘家铮最大最小原理，在楔体稳定分析领域终于通过严格的数学推理得到了证明。

陈祖煜的论文发表在《国际岩石力学和采矿工程学报》上。这是中国科学家首次向国外介绍"潘家铮最大最小原理"的一篇论文，也是向全世界宣布，中国科学家用数学证明了潘家铮的最大最小原理。

文章发表之后，潘家铮在第一时间就看到，大喜过望，马上拿起电话打给陈祖煜。陈祖煜记得很清楚，当时他正下班骑车准备回家，忽然手机响起，潘家铮兴奋地说：非常高兴，非常佩服。

这是两位科学家智慧相通，心心相印的欢悦。[310]

几十年探索，两句话，里面包含了太多的内容。

潘家铮在他的回忆录里写道：陈祖煜同志又从塑性力学上下限定理证明了"最大最小原理"，并且对计算理论和程序做了探讨与改进，并拓展到三维问题，使我国在这一领域中的研究达到国际先进水平。

关于滑坡问题，潘家铮进而感慨道：一个普通的边坡稳定问题要经过两三代人近50年的探索，而且要在数值分析的软硬件技术发展到一定水平后才能初步解决。即使如此，这个解算主要适用于土体问题，对于条件复杂的岩质边坡还有不少疑难问题存在，有很长的路要走。

其后，陈祖煜有《土质边坡失稳：原理·方法·程序》和姐妹篇《岩质边坡失稳：原理·方法·程序》两本专著出版，对潘家铮提出的问题做了广泛而深入的研究，不独对工程建设有着重要指导意义，而且对中国减少和防止地质灾害做出具有开创性的探索。

这是余话。潘家铮跟陈祖煜的余话尚多，不妨一述。

两个人的交往，应当视作科学家与科学家交往交流的一个缩影，也不妨视作潘家铮与年轻一代科学家之间交往交流的一个缩影。

其实两个人从1982年相识，多年在一起交流的时间加起来也不会超3个小时，但潘家铮对他却是了解的。最初在主持"水工建筑物设计专用程序包"，当时陈刚刚从加拿大留学回来，在这个讨论会上，他介绍跟摩根斯顿教授改进的边坡稳定分析程序，潘家铮第一次知道陈祖煜对边坡稳定分析方法所做出的重大改进以及相应具有前沿性的程序，非常高兴。

1984年，陈祖煜作为青年科学家，被水电部任命为中国水利水电科学研究院副院长，他常常为烦琐的行政事务影响科研工作而苦恼，1989年，陈祖煜毅然辞职，转而师从清华大学黄文熙教授攻读博士学位。潘家铮对他的这种选择

310　参见陈祖煜撰《纪念潘家铮——恩师、挚友》，收入《永远的潘家铮》，中国水利水电出版社，2013.6，第27-30页。

非常理解，并且担任他的博士论文答辩委员会主任，陈祖煜的论文得到潘家铮的高度肯定，认为"本论文既有理论高度，又有实用意义，是一篇极为优秀的学位论文，已达到国际先进水平"。

1992 年，陈祖煜与澳大利亚科学家 Donald 教授合作，在斜条基础上应用数值方法无条件地获得一系列土坡稳定经典问题的闭合解。回国之后，他向潘家铮汇报这些成果，还不等说完，潘家铮认真地说："你刚从国外回来，为什么不做一个讲座，系统地介绍这个研究工作？"

陈祖煜反问："您有时间来听吗？"

潘家铮："有！"

陈祖煜当时在中国水利水电科学研究院岩土力学研究所，所谓"学术讲座"，在形式上就是同所里同事们在一起开一个小会。开会的那一天，陈祖煜和同事们坐在会议室，哪里知道潘家铮果然如约而至。这个岩土所里的小型会议马上升格为由院长和院总工主持的学术演讲会。会后，潘家铮总结：

今天我之所以来参加陈祖煜同志的学术报告会，和我的一番经历有关。50 年代初，我在上海院工作，被叫到北京来参加一个学习班，说苏联老大哥有个叫索科洛夫斯基的教授，提出了一个极限平衡法，把土力学里的所有问题都解决了。但是索氏方法后来没有在工程中得到广泛应用，原因是这个纯理论的解析法，只能在几个极为简单的例子中获得闭合解，很难处理实际工程问题。今天，我终于高兴地看到，我们中国科学家使用数值分析方法，可以针对很多实际工程问题无条件地得出这一理论问题的解答了。[311]

陈祖煜是潘家铮喜欢和欣赏的一位年轻后学。其实，也不仅仅陈祖煜，与他打过交道的科学技术人员可以列出一个长长的名单。潘家铮去世之后，中国水利水电出版社编辑出版有潘家铮为青年科学家和技术人员写的序言集——《序海拾珍》，这是一个并不完备的集子，尽管不完备，也已经达到 20 万字。

311　参见陈祖煜撰《纪念潘家铮——恩师、挚友》，收入《永远的潘家铮》，中国水利水电出版社，2013.6，第 28 页；《土质边坡稳定分析　原理·方法·程序》，陈祖煜著，中国水利水电出版社，2003.1，潘家铮序言。

1983 年，成都勘测设计院的张天宝出版《土质边坡与土工建筑中的边坡设计》一书，来求潘家铮作序。潘家铮与作者并不相识，听到作者也是研究边坡稳定问题的，而且是在极其困难的条件下取得的研究成果，潘家铮欣然为他作序，称赞此书的出版完全切合我国建设的实际需要，会对从事土建工作的同志们有所裨益。

　　君子之交，其淡如水。互相欣赏，互相照耀。潘家铮自己在学术上为中国的水利水电建设事业留下一笔丰厚的遗产，同时也烛照引领着许多后学前行探索的道路，毋宁也是总工程师胸怀的另外一种体现。

"你去找潘总"

　　潘家铮在晚年，曾对他的秘书李永立先生说，如果将来有可能出他的全集，有一些书是不可以列入其中的。他指的是他担任总工程师之后组织、参与、审定的大量水工技术手册、水电专业图书。潘家铮说，这些书大都是集体智慧的结晶，是大家劳动的成果，不能贪天功为己有。

　　其中，《抽水蓄能电站》一书即是其中之一。

　　这还是 1987 年的事情。时任水电部副部长的陆佑楣责成水电部科技司编写一本抽水蓄能电站的书。陆佑楣跟科技司司长邴凤山讲，中国未来的能源格局中，核电应该是一大块，但核电需要有一个调峰电站和它配套运行，能够在瞬间提供启动电力。这个功能一般水电站本身不具备，火电就更不用说，不能全荷载瞬间启动。但是国外的抽水蓄能已经红红火火搞起来了，几十万的电站都有，我们才刚刚起步，只有一个十三陵抽水蓄能电站。要保核电，保证核电站安全，必须搞抽水蓄能电站。

　　抽水蓄能电站对于邴凤山而言，不能说是一个陌生的概念，早在 1957 年，电力工业出版社出版了苏联高尔登别尔格的《水力蓄能发电站》一书。在国内，由中国水利水电科学研究院组织的一套电力知识丛书中，有一本由清华大学教授写的关于抽水蓄能发电技术的小册子，当时还没有出版，那是一套电力知识普及读物。

　　真正由科技司拿起来搞一本抽水蓄能发电的专著，那就不能简单是一个知识普及的问题了。从某种意义上讲，陆佑楣要他们组织的，是国内第一本抽水蓄能发电技术的专著。用陆的话讲，要搞成一本"感动上帝的书"，让国务院看，让发改委看，让大专院校水电专业的师生们看。因为当时大亚湾核电站正在建设，需要配套一个全负荷启动的电站来保它，水电部的规划是要上抽水蓄能电站。这本专著既要搞成一本有说服力的书，而且是可以拿来参照的书。

但当时国内的抽水蓄能电站还刚刚起步，规模也不大。最早的，是河北省岗南水电站于 60 年代引进一台日本 11 兆瓦抽水蓄能发电机组，以解决电网调峰问题；随后在 70 年代再引进两台 11 兆瓦机组，置于京郊密云水电站。这些都是与常规机组同时使用的低水头抽水蓄能发电机组。直到 70 年代后期，潘家口水库才从意大利引进 3 台 90 兆瓦抽水蓄能发电机组。从潘家口开始，大容量、高水头抽水蓄能发电站才真正出现在中国。尽管有潘家口这么一座抽水蓄能电站，但还不是真正意义上的"中国造"，工程技术上取得的经验还不多，这本书怎么写？

陆佑楣告诉邴凤山："你去找潘总。"

潘家铮果然很热情，他跟邴凤山说："我们可以组织来写，超前来写，我们没有经验，但国外有，我们可以总结。"

关于抽水蓄能电站建设，在当时国家能源工业蓬勃发展的形势之下，其意义远不止于保证核电安全。潘家铮所谓的"超前来写"，说的是抽水蓄能电站对整个电网的经济、安全运行将起到的重要作用。

潘家铮在 1992 年出版的《中国抽水蓄能电站》的序言中这样说：

抽水蓄能电站的建设已有百年历史，但在近三四十年才出现具有近代工程意义的大容量抽水蓄能电站。这是现代电网发展的必然产物。电网愈大，调峰填谷问题、提高水火电站利用率和减少系统能耗问题以及提高供电质量和安全可靠度问题都愈趋重要，大容量抽水蓄能电站上下左右都可以起到调峰填谷作用、提高火（核）水电站设备利用率和担负调频调相旋转备用以改善电网供电质量并提高电网的灵活性和可靠性，从而成为电网中不可缺少的组成部分。初步统计，目前世界上建成的抽水蓄能电站已达 270 余座，容量达 90000 兆瓦，国外电网运行实践及室内模拟试验证明，电网的最佳电源结构是：一般电网要保持水电容量比重不小于 20%，在水电资源缺乏地区则需要建设容量比重为 10%～15%的抽水蓄能电站，才有利于电网的安全经济运行[312]。

潘家铮把抽水蓄能电站放在了更为宽阔的视野里进行考察了。

80 年代开始，在京津、华北、广东等地区规划设计了十三陵、天荒坪、广州以及羊卓雍湖等大型抽水蓄能电站，有的已经开工建设或者正在筹建之中。规划设计中的还有十多座，分布于辽宁、河北、安徽、山东等地，西南、西北、中南地区的水能资源虽较丰富，但因为受到各种条件制约，水库库容仍嫌不足，调节性能不够理想，所以从长远看也有研究开发抽水蓄能电站的需要。而国内正在着手兴建的广州、十三陵、天荒坪抽水蓄能电站，都是水头在 500 米左右（广州 536 米、十三陵 477 米、天荒坪 567 米）的大容量抽水蓄能工程，中国的抽水蓄能工程虽然起步晚，但发展快，进入国际先进水平。与此同时，对抽水蓄能工程技术的研究也取得重大收获，高水头大容量抽水蓄能关键技术被列为国家重点攻关课题。

潘家铮这么一说，邴凤山心里就有底了。1988 年底，能源部科技司与河海大学合作，集中数十位水电专家教授，确定编写大纲和作者分工，历时两年，于 1991 年 3 月拿出初稿。潘家铮"超前来写"的要求对此书的构架起了非常大的作用。全书共分 14 章，是一部全面而系统介绍抽水蓄能电站的作用和特点的专著。

抽水蓄能电站在水工技术上与常规水电站并没有太大区别，只是电站布置为可逆式机组，它的特点体现在，一是其作用，可逆式机组直接与电网发生关系；二是工程技术，压力钢管为一个双向水流管路，可逆式机组既是电动发电机，也是水泵水轮机。

此书 14 章，主要内容为：站址选择，动静态效益分析，装机容量等参数优化；水泵水轮机性能、结构和选择设计；电动发电机特性、结构和各种起动方式；电气和控制系统的特点；电站枢纽布置；水位变化大而频繁情况时，上、下水库设计和防渗措施；双向水流的复杂水道系统水力学和结构问题；地下厂房的结构和布置；多种工况转换过程特性和水力—机械过渡过程计算；工程地

312　参见《中国抽水蓄能电站》，陆佑楣、潘家铮主编，中国电力出版社，1992.4。

504

质勘测的特殊问题；社会经济评价和财务分析；电站运行管理等各方面内容。另外，还包括国外 14 个抽水蓄能电站工程实例。

1991 年 3 月，在初稿审定会上，潘家铮欣喜地说：如果这本书写成一个水电站工程学专业著作，就没有多大意思，各大院校都有。现在这是一本关于抽水蓄能电站的专业著作，就具有开创性，是可以作为教材进入大学课堂，也可以作为一本普及性的读物去读——可以说，我们中国有一本抽水蓄能电站的专著了，而且还是世界第一部关于抽水蓄能电站的专著。

最后在审定意见上签字的时候，潘家铮开玩笑说："今天我是让郏凤山请来的，他就是看中我这个所谓中科院学部委员、总工程师来压这个阵，其实这是大家的东西。今天我是鉴定组组长，其他三位副组长如果签字，我才能签这个字。"

气氛轻松而愉快。

1995 年 5 月，"广蓄电站建设科技成果鉴定会"在京召开，潘家铮在闭幕式上有一个讲话。他充分肯定中国工程技术人员对广州抽水蓄能电站关键技术的重大成就，认为广蓄电站是中国水电建设史上的又一颗明珠。在中国抽水蓄能电站建设中，广蓄电站不仅实现了零的突破，而且一突破就建立起高的起点，达到国际先进水平。对于这样的成就，理所当然要予以充分的肯定、崇高的评价。

他话锋一转，说：

对我国的科学技术水平应该有一个全面和辩证的看法。一方面，我们承认在总的水平上，确实落后于人，落后了几年、十年甚至更多。但另一方面，要看到我们也有不低于外国的地方，更重要的是，中国人是勤劳、智慧、勇敢的人民，对目前暂时落后的领域，我们就有本领赶上来。在讨论这次科技大会的文件时，我就坚决建议把自力更生、立足国内的精神反复强调拔高。因为我觉得这个问题太重要了。开放、引进、合资等都是手段，目的是要我们尽快地翻身、前进。广蓄电站的建设就是极好的例子。在广蓄建设中，我们大量引进外国的设备、技术、资金、管理体制，请了外国专家咨询，甚至第一任厂长也是外国人。确实外国的许多地方比我们强，我们也感谢那些真诚帮助我们的外国友人和企业。但事情也就到此为止了，没有什么高不可攀的地方。……广蓄的经验有力地向世界宣告，中国人是有志气有能力的伟大人民，一定能够甩掉历史加在我们肩上的落后包袱，赶超上前，自立于世界之林，而且还敢于攀登世界顶峰。我希望在总结和推广广蓄经验时，不要光就事论事，要强调这点精神，来激发全国水电队伍，乃至更广泛人民的斗志和信心。在目前我国水电建设和许多部门面临一些困难的时候，这点尤其重要。[313]

这段讲话，未尝不可以视作潘家铮给《抽水蓄能电站》一书序言的一个补充。

2000年，由中国水力发电工程学会、广东抽水蓄能电站联营公司组织，潘家铮、何璟主编的《中国抽水蓄能电站建设》正式出版。该书是中国抽水蓄能电站建设成就的一个全面总结，介绍了国内已建成的16座抽水蓄能电站的建设成果，收有38位专家关于抽水蓄能电站学术论文，是中国抽水蓄能发电技术的一个全面展示。

"改行"

2003年编辑出版的《潘家铮院士文选》，是由潘家铮自己选编的一个文集。《文选》分为数辑，计政论，反对封建迷信和伪科学，科普、科幻、青少年教育，能源战略、电力体制改革，水利，三峡工程，水电建设、审查，科技发展、管理，序文，诗文共10辑。

有意思的是，这样一部重要的著作，他让他后来的秘书李永立先生为他做跋。李永立先生是潘家铮第三任专职秘书，从1993年一直到潘家铮2012年去世，与潘家铮在一起工作将近20年。出版《文选》的2003年，正好10年。一老一少朝夕相处，情同父子，李永立先生对潘家铮的人品和学问的敬重与尊崇自不必说。而且《文选》里收录的大部分文章李永立都是亲眼见证的，文章的缘起，发表之后的反响，他都格外注意。所以选择自己的这位"老"秘书作跋非常合适。

---

313 参见《在广蓄电站建设科技成果鉴定会闭幕式上的总结》，《潘家铮院士文选》，潘家铮著，中国电力出版社，2003.8。

在跋文中，李永立先生就潘家铮在不同时期写的几篇文章做了分门别类的介绍。这些介绍对读者更全面地了解潘家铮不言而喻，他是一个敬业而富有事业激情的工程师，又是一位具有深邃思想的科学家，更是一位心怀杞忧、敢于仗义执言的知识分子。一篇跋，要将全书的每一篇文章都介绍到当然不太可能。其中几篇分量很重的文章李永立先生肯定没有格外关注，就是辑在"水电建设、审查"一辑中的若干关于水电建设的文章。这也不怪李永立先生，因为这些文章大都写在 1990 年、1991 年之间，他那个时候还没有担任潘家铮的秘书。

其中收有潘家铮于 1991 年 1 月 25 日在中国水利水电工程建设总公司工作会议上的讲话，《树立信心，做好准备，迎接水利水电建设的新时期》。

1 月 25 日，新年开始，实际上是旧年年底，也应视作是上年年底的一个总结。在业内，尽管是官样文章，但大家对潘家铮的讲话普遍反映不错，"提气""精彩"。但这一篇文章不同，他强调的是"树立信心，做好准备"。这是一个鼓劲打气的讲话，要水电行业的干部职工做好迎接新困难、新挑战的准备。谁都听得出来，这里面有些话说得很重，讲话里，潘总的情绪非常激动。

20 世纪 90 年代初，中国的经济建设正处于一个非常时期，或者说，中国经济发展正面临着严峻的考验。水电行业更是如此，水电在中国能源格局中比重下降，在建工程大量窝工，已建电站的电力又送不出去，筹建工程资金不足，三峡工程议而不决，整个行业陷入低谷，干部职工看不到出路，人心浮动。

潘家铮在讲话中强调说：

我们要清醒地看到在新时期中我们任务的艰巨性。这不但指数量上的翻番，而且工程的性质也有所不同。我们要修一批大型、巨型水电站，无论是水工上、机电上、施工上、科研上，都要登上一个新的台阶。我们要修建 200 ~ 300 米量级的高坝，开挖十多公里至二十公里长的隧洞。容量为几百万千瓦至几千万千瓦的地下厂房。一个工程的混凝土方量动辄数百万方乃至上千万方。我们将遇到高强度的地震，复杂的工程地质条件，深厚的覆盖层，特高的边坡等种种困难。要研制单机容量 50 万千瓦到 70 万千瓦的机组和相应的电气设备。这样的工程不允许勘测、设计中有大的失误，更不允许施工中发生问题。我们要为此做好充分准备。只有真正有所准备，才能完成时代赋予我们的任务。[314]

讲话中，他强调要做好技术、质量、管理、机构改革四方面的准备工作，然后说：

我们还可以举出其他需要准备的地方，限于时间不一一说了。但是千准备、万准备，思想上的准备和提高还是第一条。一个人，一个企业如果没有一点精神，11亿人民如果都顾自己不考虑国家，事情是绝对办不好的。

就在此前不久，1990年，青海唐格木发生地震，潘家铮作为水电部领导前往灾区慰问和看望水电四局职工，他目睹职工们在高寒地区艰苦的工作生活环境，深为感动。所以他说："为了把思想教育工作做到职工的心上去，有一点很重要，就是领导、党委和政工同志要成为职工的贴心人，要知道职工在想些什么，做些什么，有什么怨气，而不是一些'衙门'等职工上门，甚至对上门的职工还要设卡。"

由水电现状讲到发展前景，由发展前景讲到要做充分准备，最后的落脚点回到最根本的人和人才上面。这不是泛泛而谈，实在是有感而发。

潘家铮最后苦口婆心：

这里我想说的是，第一，你们做出的贡献和牺牲，党、国家和人民是不会忘记的，历史是不会忘记的，将永远刻在振兴中华的史册上；第二，情况一定会改变，随着改革的深入，国家经济实力的增长，一定会不断向好的方向变化。我们的祖国所受的屈辱和苦痛已经够深的了，国家不振兴，每个人都没有前途，国家振兴了，每一个人都会有光明的前途。所以，为了振兴祖国所作出的牺牲和受到的委屈是光荣的……[315]

1988年，国务院机构改革，水电部再拆分为水利部和能源部，潘家铮任能

314　参见《潘家铮院士文选》，潘家铮著，中国电力出版社，2003.5，第337-338页。
315　参见《潘家铮院士文选》，潘家铮著，中国电力出版社，2003.5，第340页。

源部水电总工程师。就在 1991 年 1 月 25 日讲话之前，还有一个语气更重的讲话，那是在能源部水电司的年度总结会上。讲话的内容同 1 月 25 日的那个报告主旨差不多，也同样是要大家做好充分的准备，迎接更严峻的挑战。大形势的挑战，技术科研和创新的挑战，还有人的思想上的挑战。

潘总态度很严肃，口气很严厉，开门见山。讲完形势，话头一转：现在，我们国家的水电经过多少年的努力，逐渐呈现出好的势头，大家都在关注这些问题。但是有的人，更多考虑是下海潮，是能不能在改革过程中获得一些自己的利益。什么都下海，我们的水电还有没有人做？大家还做不做水电？

潘家铮的这个讲话没有留下底稿，但当年的老秘书陈东平，直到多少年之后还清楚地记得其中这几句很严厉的话，他在下面如坐针毡。

只有他自己清楚，潘总说这番话，跟他有直接关系。

1990 年左右，"下海潮"潮起潮落，溅起的飞沫都会激起人心里头某些想法。1988 年政府机构改革，能源部有三位总工，煤炭总工、电力总工和水电总工，潘家铮为水电总工。按照体制改革的要求，部里总工不再配专职秘书。陈东平调到水电司，先担任副处长，后来担任处长。

陈东平 1977 年上大学之前，曾修过电器，收音机、电视机，甚至后来的电脑显示器，都不在话下，也算是一个业余爱好。大学毕业，当年的许多同学进军中关村从事刚刚兴起的 IT 业，常常找他来帮忙，他在圈子里名声很大，以至于后来不是什么犯难的问题绝不敢轻易麻烦他。

有一次，同学问他一月工资多少。

1990 年左右，陈东平的工资也就 100 元出头。

一个实际情况是，1988 年到 1990 年这一段时间，全社会"脑体倒挂"特别严重，所谓"造原子弹的不如卖茶叶蛋"的，说起来谁都不相信，即便是中国科学院学部委员、能源部总工程师的潘家铮，那个时候的月工资也不过 300 多元。加上中科院学部委员每月补助的 100 元，也不过 400 多元。较之一般工程师，这个级差已经足够大。但这样的高工资是一个什么水平呢？相当于当年煤矿下井工人月工资的一半多。

潘家铮也不是没有体会，他曾写过一篇《改行与失败》的随笔文章，谈起他数度动念"改行"的事情。他居然想在京城一隅开一间"潘记上海馄饨铺"，想一想，饶有兴致。

第二次动过改行念头是实行改革开放之初。我曾设想在北京六铺炕盖一间小屋，开设一家"潘记上海馄饨铺"，并内定老伴执勺，女儿招待，自任老板兼出纳、会计。原因有三：一是厌恨北京早点之单调乏味，愿普度众生，让北方同胞知道除"火烧油饼"之外，尚有如此美味多彩之早点存焉；二是慨乎当时上街就餐之不易，一旦误过食堂用餐机会就要出外进餐时，我的眼前马上会涌现出长龙似的队伍和"艳如桃李、冷若冰霜"的服务小姐脸孔，很想用潘家铺子的优良服务态度来开风气之先；第三个原因则是垂涎于个体户的日进百金、腰缠万贯，利之所趋，不由怦怦心跳。对于这一盛举，我还真在暗地里做了好些"规划设计"。但一经落实，就发现赁屋、领执照、打通供应渠道、结识常年客户都难于上天，非老九所能解决者也。以后老伴染疴、娇女出洋，此议也就无疾而终，倒不是为了怕人骂我斯文扫地的缘故。[316]

这一段近似游戏的文字，未必不是实实在在的想法。潘家铮在少年时期即有底层生活历练，有这样的想法也不奇怪，就是真的在京城张罗起这么一个摊子也不奇怪。2006年，潘家铮接受央视《大家》栏目采访，主持人问起他这篇文章。潘总赧然："我这个人呐，就是说得多，做得少，说说而已。"一语避过。

不过这一篇文章也未尝不是反映当时知识分子所面临的窘境，何况身居京华，所谓"长安米贵，居大不易"。

同学一听陈东平一月只有100多元，马上说："咱们一起干吧，一月给你600元。"这个数字对月工资只有100多元的陈东平而言，就不是一个诱惑了，而是一个大诱惑。他心动了。显然，同学的动议也是早有预谋，只是当时他没有意识到。

这样，他就跟好朋友一起商量这个事情，大家都同意。跟司里领导沟通，司里的领导也没有意见。他准备改行，下海。

事情进展到这时候，陈东平才有些犹豫。毕竟是一个大事情，毕竟这就算

316　参见《春梦秋云录——浮生散记》（第二版），潘家铮著，中国水利水电出版社，2000.12，第390-391页。

与钟爱的水电事业作别，再想回来就难了。最后想到潘家铮。兹事体大，确实需要征求潘总对这个事情的看法。而且，个人这么大的事情，不跟潘总说一声，无论如何说不过去。这样，他就来到潘家铮的办公室。

陈东平一坐，就滔滔不绝说他"下海"的计划，潘家铮在办公桌前边看文件边听他讲。陈东平越讲越觉得不对劲，他讲了大概有半个小时的样子，在这个过程中，潘家铮连眼皮都没有抬一下，就好像没陈东平这个人一样，连一句话的回应都没有。就那样坐在那里继续看他的东西。陈东平真的是想听一听潘总的意见，哪怕潘总表示一丝犹豫，他一定会决绝地打消这个念头。陈东平说完，潘家铮也没有说话，就是不理他，弄得他非常尴尬。陈东平起身要走，潘家铮也没把眼睛抬起来。陈东平心里直打鼓：坏了，老头生气了。

确实是生气了。第二天就是司里的年终总结，就是潘家铮那番开门见山的重话。没点名说谁，陈东平知道这是说自己。也未必完全是说自己，潘家铮批评的是这个"下海潮"。

老头儿生气已经让陈东平非常尴尬，但在大会上这样一说，醍醐灌顶。悟以往之不谏，知来者之可追。大会一结束，他赶紧跑到潘总那里，说："潘总，我把昨天说的那些话全部收回，死心塌地做咱们的水电。"

潘家铮脸色稍霁，从此再没有提这件事情。

对陈东平，这是他人生的一个大转折。从此之后，他果然"死心塌地"。后来担任中国华能集团公司西藏分公司董事长兼总经理，他踏入雅鲁藏布江河谷的那一刹那，心里充溢的是对潘家铮的感激。要知道，雅鲁藏布江是中国最大规模的水电基地，也是最远最高、开发难度最大的水电富矿，按照80年代开发的规划，这个河谷的开发应该在百年之后，现在已经开发在即。提前百年开发，表明中国这一个水资源大国的实力，更是一个水电工程师的幸运。

这个幸运正好落在他的头上。

这个插曲倒未必与1991年1月25日在中国水利水电工程建设总公司的讲话有什么联系，非得说有联系，其间的逻辑过程其实也很清晰，这也正是触动潘家铮思考中国能源战略的开始。在此后几年间，他发表了一系列关于中国能源战略思考的文章，对于中国能源布局的改变，推动可再生能源、清洁能源的开发利用当是起了主要作用的。

大能源

如果按照老百姓判断气候变化与收获的对应关系，1990 年、1991 年前后，水电建设在中国水电建设史上至少应该是平年。不必列举在建、已建工程，单就每年水电新增的装机容量和年发电量、水电在全国电力总装机容量和年发电量所占百分比就可以看出一些端倪。

不妨耐心一些，列数据如下：

1989 年，全国新增水电装机容量 118.52 万千瓦，年末水电总装机容量 3458.33 万千瓦（其中小水电 1235.6 万千瓦），年发电量 1184.54 亿千瓦时（其中小水电 352.49 万千瓦时），分别占整个电力总装机容量和年发电量的 27.31% 和 20.26%。

1990 年，全国新增水电装机容量 146.22 万千瓦，年末水电装机总容量 3604.55 千瓦（其中小水电 1318.03 万千瓦），年发电量 1263.50 亿千瓦时（其中小水电 392.83 亿千瓦时），分别占整个电力总装机和年发电量的 26.14% 和 20.34%。

1991 年，全国新增水电装机容量 183.80 万千瓦，年末水电总装机容量 3788.35 万千瓦，年发电量 1248.45 亿千瓦时，分别占整个电力总装机容量和发电量的 25% 和 18.43%。

1992 年，全国新增水电装机容量 279.72 万千瓦，年末水电总装机容量 4068.07 万千瓦（其中小水电 1441.91 万千瓦），年发电量 1314.66 亿千瓦时（其中小水电 442 亿千瓦时），分别占整个电力总装机容量和年发电量的 24.5% 和 17.4%。

1993 年，全年新增水电装机容量 391.18 万千瓦，年末水电总装机容量 4459.25 万千瓦（其中小水电 1505 万千瓦），年发电量 1507.43 亿千瓦时，（其中小水电 471.21 亿千瓦时），分别占整个电力总装机容量和年发电量的 24.4% 和 18%。

······

其中 1993 年，中国投产大中型水电站机组首次突破 300 万千瓦，达到 334.85 万千瓦，超过世界水电大国巴西，位居世界第二。

这一系列数据还是差强人意，不能说中国的水电有什么问题。但是如果仔细推究起来，其中还是有着非常微妙的变化。装机容量每年都有新增，但是在整个电力装机容量的比率却呈下降趋势，年发电量由 20% 多下降到 18%，之后若干年，一直徘徊于 17% 左右。

每一个百分点升降在统计表上仅仅是曲线的轻微变化，但落在现实中间则莫不心惊肉跳。固然，长期以来，中国的电力格局一煤独大；经济发展，电力供需矛盾突出；水电装机容量在增加，煤电的增幅则更大，水电行业在表面上还没有显现出什么异常。或者说，即便有异常也是习以为常。

就在陈东平走进潘家铮办公室谈自己决定"改行"的时候，潘家铮实际上已经意识到平静的表面下潜藏的深层次问题。从 1991 年开始，水电的装机容量和发电量下降到 25% 和 20% 以下，中国的水电正在跌入低谷，用潘家铮的话讲，水电发展呈现的"马鞍形"已经形成。

表面上，水电行业还蒸蒸日上，可作为总工程师，潘家铮哪里能不知道哪怕任何一点风吹草动预示着什么。

潘家铮发现，即便是 1990 年水电发展水平，还要比历史上长期维持的水平有所下降。长期以来，水电装机容量一直占到全国电力总装机容量的三分之一，而发电量占四分之一；在"七五"期间，全国主要工业项目都完成或超额完成计划，只有水电仅完成了计划的 74%。[317]

中国水电 1990 年的发展水平，还远不是低谷，从这一年开始，大中型水电开工项目锐减，到 1995 年，全国电力建设装机达容量 1000 万千瓦，但水电全年只开工 24 万千瓦，1996 年，则干脆没有一项工程开工。这是后话了。

潘家铮的预感是有道理的。

此时，潘家铮还受命担任三峡工程论证小组的技术总负责人，三峡工程议而不决，正处于半搁置状态。三峡工程这是关系到国计民生的国家工程，引起各方面的关注与各式各样的争议也正常。但是一个工程论证了三十多年，几上几下，最后潘家铮参加的这一次论证，集中全国 400 多名科学家和专家，动用了上万人次的实验，费时两年零六个月，在 1990 年再一次被打入冷宫，等于判

317　参见潘家铮撰《中国水电建设的若干问题》，发表于《中国电业》1991 年第 1 期，收入《潘家铮院士文选》。

了死刑。这一段时间，潘家铮的心情非常不好。

就是已经做了几十年前期工作的工程，也面临同三峡工程一样的命运。这里还不是一个简单的水电、火电孰优孰劣的老问题，而有着更加深刻复杂的经济原因，电力需求缺口大的时候，一煤独大，火电建设速度高于水电；电力需求增长率稍有下降，首当其冲受影响的就是水电。这不是今天如此，几十年都是如此。这样的循环，几乎是中国水电将近40年发展过程中的一个难以摆脱的诅咒。

从 1991 年开始，潘家铮有一系列文章与演讲、上书，由水电发展现状引发对中国能源战略的深入思考。其中，1991 年发表于《中国电业》第 7 期的《中国水电建设的若干思考》一文，即便在今天看来，对中国能源战略仍然具有指导意义。

文章指出，水电比重日益下降，"从国家长远、全局利益来考虑，这是十分不利的"。中国是水力资源大国，水电开发不存在资源困难，到 1990 年，开发的水力资源仅占全部水力资源的 9%，按电量计仅占 6%；由于电力需求发展速度极快，水电开发集一次、二次能源开发于一体，投资比较集中，建设周期比单纯修建火电厂较长，加上国家并未实行扶助水电政策，才导致水电比重日益下降。

潘家铮痛心疾首呼吁：水电开发利用确有其特殊的优点，我们如能多开发一分水电，就能多保留一分煤、油资源，缓解一分运输压力，减轻一分环境污染，提高一分电网安全，增加一分综合利用效益。这是对国家、人民具有长远利益的事，应该在力所能及的范围内采取些措施，加快水电的开发。他指出：水电在全国电力格局中，电力容量应该占到 30% 到 33%，电量占到 20% 左右，这是一个合适的比例。

但同时，这篇文章也指出，水电虽有众多优越性，但也有其制约条件。例如，我国水力资源分布很不平衡，超远距离的输电尚有困难，天然流量的变幅很大；我国人多地少，较难承受过大的淹没损失等。因此，潘家铮并不赞同把水电的作用说过头，而应该因地制宜地把火、水、核电纳入电网优化规划之中，使其各占合适的比重，发挥最佳作用，以取得最大的整体效益。

文章在分析西北、西南、华中、华北、华东、东北和广东各地资源状况之后，给出水电"西电东送"战略构想的详细解释。他指出：从能源分布格局来讲，我国煤矿资源集中在华北，水力资源集中在西部，而华东、华南甚至华中部分地区能源严重短缺，目前依靠"北煤南运"解决。从长远观点看，水电"西电东送"是合理的，也是必然趋势，只有如此，才能缓解北煤南运的压力。

具体的西电东送路线有三条，即南路、中路和北路。南路最现实，中路潜力大。

所谓南路就是红水河、澜沧江的水电向广东方向输送。红水河是我国水电富矿之一，全流域可开发水电 1200 万千瓦，年发电量 600 亿千瓦时，除可满足广西电力需要外，尚有大量电能可以东送广东，正在兴建的天生桥至广州线，不久即可发挥作用。澜沧江的水力资源也很丰富，除满足云南用电，也可通过红水河方向东送广东。

中路指将长江上中游干支流段水电东送华中、华东。从三峡至金沙江上游，包括乌江、大渡河、雅砻江等长江的主要支流，不仅是中国，而且也可能是世界上水力资源最集中的地区。全部开发后，将形成极强大的水电站群，是"西电东送"的主力。最现实的是三峡水电站以及金沙江的宜宾至渡口段。

北路则指的是黄河上游向华北地区送电。黄河上游从龙羊峡到青铜峡共可开发水电 1300 万千瓦，年发电量 500 余亿千瓦时，资源总蕴藏量和广大西北地区的需求比并不算多，较可能的是西北华北联网进行电力交换，取得最大整体效益。

水电的"西电东送"依靠电力联网，电网离不开水电，水电也离不开电网，形成水火互补格局。潘家铮指出，尽管小水电开发方兴未艾，在水电格局中三分天下有其一，是一支不可忽视的力量，但其作用不宜过分夸大，因为在电网中起主力和关键作用的，毕竟还是大型，以至巨型水电站。[318]

1995 年，潘家铮起草，与钱正英、张光斗、李鹗鼎、罗西北联名上书国务院总理李鹏和副总理朱镕基、邹家华、吴邦国，呼吁扭转水电前期工作的半停顿局面。

水电前期规划勘探和科研经费缺口很大，诸多重要河流仍是万古荒谷，勘

318　参见潘家铮撰《中国水电建设的若干问题》，发表于《中国电业》1991 年第 1 期，收入《潘家铮院士文选》。

测人员未踏进一步，正在进行的可行性研究项目和技术储备又严重不足，所谓可行性研究也显得弱不禁风，不具备开工条件。几个重大水电站的勘测设计又陷入停顿和半停顿状态，科研攻关无从进行，勘测设计单位的骨干和青年力量大批流失，已到了难以为继的地步。

按照 1995 年的物价水平，全国水电规划勘探和设计研究工作的前期费用，每年至少需要 6.5 亿元，但是全国仅能安排到最多 1.9 亿元的规模，其中国家下达的勘探费用仅为 6000 万元，一直维持在 1981 年的水平之上。另外加上开发银行贷款 5000 万元和水电部经营资金 3000 万元以及地方集资，前期工作经费与在建工程投资比例仅为 1.6%，比 1981 年的 3.66% 还要低许多。缺口如此之巨，许多重大工程前期工作进度只能一拖再拖。[319]

以小湾工程为例。

小湾水电站位于云南南涧县和凤庆县交界的澜沧江干流之上，是澜沧江中下游流域梯级开发的第二梯级，装机容量 420 万千瓦，保证出力 185.4 万千瓦，年平均发电量可达 188.9 亿千瓦时，是澜沧江干流水力资源开发的骨干工程和龙头水库。1991 年由昆明勘测设计院对小湾工程展开可行性研究的时候，正是全国水电行业最不景气的那一时间，可行性报告于 1992 年 4 月经能源部和云南省在昆明联合审查通过，就杳无音信了。

潘家铮对小湾工程是寄予厚望的。1991 年，他同李鹗鼎到小湾坝址考察，看到澜沧江上富集的水力资源，看到小湾优良的坝址，确定这是一个修建高拱坝的绝好"点子"。不仅是高拱坝，而且可以修筑世界上最高的高拱坝。当时，二滩的 240 米量级的高拱坝刚刚开工兴建，小湾再一次让潘家铮由衷欢喜。这个"点子"是可以修筑 300 米量级高拱坝的。[320]

300 量级的高拱坝，"点子"好是一方面，更意味着有许多技术挑战摆在面前，前期需要进行大量的勘探和科研攻关工作。但是，就在这时候，让潘家铮兴奋不已的世界第一高拱坝却被迫停留在他和昆明院同事们雄心勃勃的想象之中。

319　参见潘家铮撰《呼吁扭转水电前期工作的半停顿局面》，收入《潘家铮院士文选》，中国电力出版社，2003.5，第 356–357 页。

320　参见《中国大坝技术发展水平与工程实例》，中国水利水电出版社，2007.12，第 268 页。

一年又一年，一等若干年。一拖再拖，拖延已经不是一个工程，也不止是一个世界第一的工程师梦想。奔涌咆哮白白淌走的是宝贵能源！小湾受阻，整条澜沧江开发将遥遥无期。

1996 年，由中组部、中宣部、中国科学院和中国工程院等 11 单位在京举办百场"院士科技系列报告"，已经担任中国工程院副院长的潘家铮在受邀之列。他讲演的题目为《中国能源问题和出路》。

《中国能源问题和出路》是一个长篇讲演，是潘家铮站在能源战略高度，结合中国的国情和未来发展所做的战略性思考。这一讲演客观而实事求指出中国能源面临的严峻现实，对中国能源所存在的问题有着透彻的认识，对改变中国不合理的能源结构，让中国能源工业走上良性发展道路的启示当是多方面的。

他谈到中国现代化建设中能源缺口问题时的一段话，令人深思，振聋发聩：

有的同志可能要问：我国能源在需要和可能之间究竟有多大缺口？要具体研究这个问题，就不能只考虑 5 年、10 年的情况，而要考虑较长时段。譬如说，设想一下 55 年后即 2050 年的情况，55 年的时间说短不短，说长也不长，正是我国实现"三步走"战略目标的时段。人无远虑，必有近忧，如果对这段关键性的时期存在的重大问题不做深入研究，将是十分危险的。但是，55 年后的情况怎么估计呢？譬如说，我们能否设想，55 年后我们的能源消耗达到今天美国的水平？一算就知道，由于国情不同（人口、资源、历史条件、目前的经济实力和科技水平），中国永远不能像美国那样消耗能源，中国只能在有限的能源供应下完成"四化"大业。譬如说，美国现在人均消耗石油 3.1 吨，中国仅 0.12 吨，是美国的 1/25。如果到 2050 年中国人都像美国那样消耗石油，年需 50 亿吨。全世界供出口的石油都给了中国也不够。又如美国目前人均向大气排放二氧化碳 5.36 吨每年，如果 16 亿中国人也按此标准向大气排放，将达 85.8 亿吨每年，这是全球环境难以承受的。[321]

具体到中国能源的出路，潘家铮指出：我国是世界上少数以煤为主要能源

321　参见《潘家铮院士文选》，潘家铮著，中国电力出版社，2003.5，第 136–137 页。

的国家，但国土疆域辽阔，情况各异，完全可以因地、因时制宜，区分优化能源结构，以最大限度缓解煤的压力，使其比重尽可能下降到50%左右。他说，我国有丰富而相对集中的煤炭资源，当然应利用优势建设现代化的巨型能源基地，尤其是晋陕蒙基地，尽量修建坑口电站，输煤、输电并举，支援全国。巨型的煤炭和火电基地建设必须在国家的统一规划下进行。

说到水电，潘家铮再次呼吁："西南地区有得天独厚的水力资源，国家无论如何困难必须加紧大力开发，在今后二三十年内把条件最好的部分先开发出来，在2050年前，大部分技术上可利用的水能应都得到开发，形成世界上最宏伟的水电基地，除满足本地区要求外，输电华中、华东、华南，并促成全国联网，实现跨地区跨流域水火联调，取得最大效益。"

在这篇讲演中，潘家铮没有就水电问题展开论述，但他指出，我国水力资源世界第一，水电开发风险小，效益最全面，是一个可靠的再生的清洁能源。时任国务院总理的李鹏曾专门撰文，要求水电在全国电力所应占到的合适比例为30%，这个比例不仅仅是新时期能源合理配置要求下的一个合适比例，也是历史上曾经长期保持的比例。

《中国能源问题和出路》这篇演讲，潘家铮还在不同场合做过许多次，在科技界的影响不小，同年，此文被收入《世界科技研究与发展》第19卷第一期。

从《中国水电建设若干问题的思考》到《中国能源问题和出路》一系列文章，反映着作为科学家的潘家铮关于能源战略的思考脉络，显然，这一系列思考，已经跳出"水主火辅""火主水辅"、水电火电孰轻孰重的行业争论局限，把水电放在与火电、核电在大电网中同等重要的位置加以考量，既不夸大，也不缩小。中国有水电优势，中国水电又有中国水电的国情，水电"西电东送"恰恰突出水电在全国电力格局中应有的位置，对于此后水电发展，乃至全国电力发展的参考意义当不言而喻。

不能猜测潘家铮的思考、论证、呼吁对改变中国能源战略，促进中国水电走出"马鞍形"困境有什么直接作用。在这之后，尤其是进入21世纪之后，中国能源建设和能源战略布局正在发生微妙的变化，为中国保持十多年经济高速发展提供着强有力的能源保障，这不能不说，潘家铮的许多思考和见解是具有前瞻性的。

作为科学家的潘家铮，在他的文章和讲演中闪现的是理性光辉，而作为诗人的潘家铮，还有另外的表达。如果仔细梳理潘家铮的一生的心路历程，1990年到2000年这十年，在他整个人生之中，算是又一个特殊时期。固然，客观地讲，能源部总工程师、三峡工程论证小组副组长及技术总负责人、中国工程院副院长、中国大坝委员会主席，等等，这些职务和荣誉后面的事务，对一位年近七旬的人来说，能够做到应付裕如已属不易。但此一时期，他的内心最为复杂、激动，两院院士、总工程师身上担的担子他不能不事事沉着应付，而诗人气质、书生忧国的情怀则实在无法让他真正沉着。

潘家铮在少年时就受过严格的传统文化训练，复又身经国难，他们那一代知识分子身上具有的国家情怀几乎与生俱来，没有任何一点矫情与伪饰。

你们是我国水电事业的希望，你们是时代的幸运儿，有的同志跨出校门就参加了跨世纪的三峡工程建设。而更巨大的金沙江宝藏也要由你们来开发。这些都是几辈中国人的梦想，许多老一辈专家没能等到今天，当然，新陈代谢是正常的自然规律，作为唯物主义者应该欢迎。如果说，老一辈同志有什么遗憾的话，那就是来不及看到成亿千瓦的水电大开发，实现全国联网、西电东送。我们的希望寄托在你们身上，你们的前程似锦，在你们展现身手的时候，中国的水电数量和技术一定是世界上的绝对冠军，你们也一定会成为世界上最权威的水电专家。还有个请求，在你们主持向家坝或溪洛渡的开工、竣工庆典时，可不要忘了把喜讯也告诉已经去世的同志，分享喜悦，在结束本文时，我想起了爱国诗人陆游的一首诗，我改了一下。要声明这首诗里毫无消极的成分，而是反映老一代水电战士对我们共同事业的无比热爱的心情。这首诗是：

死去元知万事空，但悲西电未输东。
金沙宝藏开工日，公祭毋忘告逝翁。[322]

这是 1997 年，潘家铮 70 岁那一年，他参加三峡总公司年度工作会议，他

322　参见《潘家铮院士文选》，潘家铮著，中国电力出版社，2003.5，第 320-321 页。

在讲话最后着重说的一段话，是专门讲给年轻一代工程师的。读潘家铮的文字，会发现，每当谈到能源总体战略，他总是理性的、条分缕析的，而每涉及具体工程，哪怕是具体工程的具体技术细节，工程师潘家铮会轻易地转换为诗人潘家铮，他身上的诗人气质总会以诗的形态表现出来。他改陆游诗的这段话，在当天的讲话中引发掌声雷动。

八年之后的 2005 年，已是 78 岁老翁的潘家铮担任小湾工程设计顾问组组长。当时，小湾工程正在坝肩开挖施工，施工面宽还不到 100 米，钻机、挖掘机、装载机、出渣车簇拥在施工面上，机声轰鸣，但井然有序。谁都没想到，而且谁都没法阻拦，潘家铮执意下到工作面看坝基开挖情况。头顶钻机轰鸣，空气里弥漫着岩粉呛人的味道，他全不在意。查看一番，还久久不愿离开，眯起一双细眼，向上张望，再向上张望。

他站着的地方，是世界第一拱坝起始的零米线。

昆明设计院的同志们都不能说出老人此时在想什么，但都能够理解潘总此时的心情。

第十五章

三峡之子：从反对者到支持者

三峡初梦

潘家铮的名字与三峡工程分不开。

潘家铮说，"三峡，真是一个引人做梦的地方。"

潘家铮这样说，许多人都这样说。从宜昌上溯即是著名的长江三峡，这里遗落着多少人的梦？怕难以统计。古人的梦，今人的梦，国人的梦，洋人的梦，往昔之梦，未来之梦，美梦，噩梦……不一而足。

潘家铮怎么可能不知道有三峡这样一个神奇的地方？童年时期，即不止一次读过宋玉所作《神女赋》和《高唐赋》。年稍长，即读郦道元的《水经注》。"巴东三峡巫峡长，猿鸣三声泪沾裳"，每读至此，虽未身临其境，也会珠泪潸然。

在潘家铮之前，三峡工程已经是一个非常冗长的故事，说起来多少有些啰嗦。但还必须说，不然之后关于三峡工程旷日持久的争论就无法理清。

1918年，孙中山在上海闭门潜心著书，总结其"奔走国事三十余年"的经验。1919年2月，其用英文撰写的《实业计划》各篇，其中有《国际共同发展中国实业计划书——补助世界战后整顿实业之方法》等文章，译成中文在他创办的《建设杂志》上陆续发表。随后，这些文章被汇集为《建国方略》于1921年10月10日正式出版。

《建国方略》的第二章第四部"改良现存水路及运河"一节首次论述开发三峡水电资源：

自宜昌而上，入峡行，约一百英里而达四川之低地，即地学家所谓红盆地也。此宜昌以上迄于江源一部分河流，两岸岩石束江，使窄且深，平均深有六寻（三十六英尺），最深有至三十寻者。急流而滩石，沿流皆是。

改良此上游一段，当以水闸堰其水，使舟得溯流以行，而又可资其水力。其滩石应行爆开除去。于是水深十尺之航路，下起汉口，上达重庆，可得而致。

孙中山的这段话，也仅仅是对开发三峡水电资源的一个设想。直到1924年，他在广州国立高等师范学校举办讲座，系统讲解他的"三民主义"，凡16

讲，其中在"民生主义"里，再一次把扬子江上游开发当作发展民生的重要项目提出来：

像扬子江上游夔峡的水力，更是很大。有人考察由宜昌到万县一带的水力，可以发生三千余万匹马力的电力，像这样的大的电力，比现在各国所发生的电力都要大得多。不但可以供给全国火车、电车和各种工厂之用，并且可以用来制造大宗的肥料。……让这么大的电力来替代我们做工，那便是很大的生产，中国一定是可以变贫为富的。

孙中山对于扬子江开发的设想可谓宏大，而且有意思的是，他对于扬子江三峡出口所蕴藏的电力资源竟然与几十年之后三峡电站的装机容量相差无几。以当时的勘测与勘探水平，这个估计也只能是一个估计，却奇妙地与半个多世纪之后的现实相吻合，不能不说是历史巧合。

其间，1919 年，英国工程师波韦尔于 1919 年八九月间，来扬子江实地考察，并提出一个《扬子江三峡水电开发意见》；1929 年，陈湛恩先生在《扬子江水道月刊》发表有《扬子江最近之情势及整治意见》一文，提出开发扬子江三峡水能电力的选址、规模、投入、反馈意见，这应该是中国第一个开发三峡水电的初步设计。

这是中国人对三峡的第一次现代构思。

那个时候，绍兴潘家家境渐兴，父亲就读南京高师，潘家铮则还是一个 2 岁的孩子，偎在奶奶的怀里听她轻声吟诵一曲又一曲谣歌。

孙中山关于扬子江开发的设想，是新兴的民国政府振兴民族工业和庞大经济计划中的一小部分，从提出来的那一天起，从来就没有停留在口头上。

1932 年，由国民政府建设委员会发起，国防设计委员会主持，组织扬子江上游勘测队，由电气工程师恽震、水利工程师宋希尚、水力工程师曹瑞芝领衔，邀请扬子江水道整理委员会测量专家、美国专家史笃培（G·G·Stroebe）于 10 月下旬前往宜昌一带，"从事研究测量，同时搜集以往散在各处之有用材料，俾于此世界绝称之水力，得一具体可靠之概念"。

这是一次非常详细的勘察，一直鲜为人知。

这一次他们找到两处理想的坝址，"一在宜昌上游 4 海里之葛洲坝，一在上游 22 海里之黄陵庙附近。葛洲坝恰处大江出宜昌峡之下口，地作岛形，下为黄石灰砾岩，形势平坦，工作利便，江面较宽，约二千呎"，他们重点对这两处优良坝址进行测量。经过粗略比较，推荐葛洲坝修建水头 12.8 米，装机容量 30 万千瓦的水电站，并设置船闸。此一计划，较之 20 世纪 80 年代建成的装机容量 271.5 万千瓦，设计年通过能力 5000 万吨的船闸的葛洲坝水利枢纽相比，根本不算什么，但这一次鲜为人知的勘察留下了非常宝贵的水文和地质资料，此构想在当时条件下不可谓不是一座宏伟的工程，因为在 1949 年之前，中国水电的装机总容量也不过 16.3 万千瓦。此次勘察的成果于 1933 年汇成《扬子江上游水力发电勘测报告》呈送国民政府。[323]

1932 年，潘之赓将家从绍兴迁往杭州城，翌年，潘家铮和兄长入天长小学开始上学。恽震和他的同事们进入宜昌上游三峡，少年潘家铮正踩着自己的影子走在上学或者放学的路上。

1944 年 9 月，少年潘家铮开始独自谋生，前往那个叫作杨浦的小山村去做一名孩子王。抗战硝烟正烈，扬子江三峡之外烽火遍地，然而恰恰在这个时候，却奇异地出现了一次开发三峡的热潮。

最先提出开发三峡的是国民政府战时生产局美籍顾问潘绥（Parshall），他建议利用美国贷款，在三峡建设装机容量 1050 万千瓦的水电站，廉价的水电生产化肥，化肥出口美国偿还贷款。

1944 年，正在印度巴克大坝做工程顾问的美国著名的坝工权威萨凡奇来华，潘绥向他介绍自己给国民政府的计划。萨凡奇不顾自己已经 65 岁高龄，在中国工程师的陪同下查勘三峡。其时抗战还未结束，查勘范围只限于西陵峡末端南津关一带的石牌到平善坝河段，之后，他提出《扬子江三峡计划初步报告》，这就是著名的萨凡奇计划。

萨凡奇计划南津关上游约 200 米处建设壅水坝，水库蓄水位 200 米高程，水电站装机容量 1056 万千瓦（后经美国垦务局修正为 1500 万千瓦），单机容量 11

323　参见恽震《关于三峡水力第一次勘测经过的说明》一文。收入《中国水电 100 年》，中国电力出版社，2010.8；薛毅《1932 年勘测长江三峡纪略》一文，《湖北文史》总第 78 辑，2005 年第 1 辑。

万千瓦。大坝设船闸通航，万吨轮船可以通达重庆，同时还可以充分拦蓄洪水。这个计划可发挥防洪、航运、发电、给水、灌溉、旅游等综合效益。[324]多少年之后，潘家铮对萨凡奇的举动仍然甚是钦佩。他说：

我还知道，从此以后，做开发三峡资源梦的人就多起来了。有意思的是，一位洋专家也大做起三峡梦来，这就是美国头号水电和坝工权威、垦务局的总设计师萨凡奇博士。他在抗战烽火烧遍中国的 1944 年，以 65 岁高龄乘了小木船深入三峡考察，编写了一份报告……博士到过三峡后，似乎完全被它的宏伟巨大资源迷住了，他的梦也做得特别认真。他声称老死在所不惜，三峡一定要去。他认为三峡的水力资源在中国是唯一的，世界上也无双。他发誓要建一座世界上最大的水坝。[325]

"萨凡奇计划"的确极富想象力，虽说查勘研究很短，但他凭借自己半生筑坝经验，这个计划仍然不失为第一个可以比较充分利用三峡水力资源的大规划。

随上呈国民政府的计划，他给当时资源委员会主任翁文灏还有一封信函，对三峡的水力资源作如是描述："扬子江三峡计划为一杰作，关系中国前途至为重大，将鼓舞华中华西一带工业之长足进步，将有广泛之职业机会，将提高人民之生活标准，将使中国转弱为强。为中国计，为全球计，建造扬子江三峡计划实属必要之图也"。

65 岁的美国工程师对在中国修筑这样一座工程有这样大的热情，难怪潘家铮说，这个萨凡奇做的梦特别认真。

1946 年 3 月，抗战胜利，萨凡奇再度来华，亲临三峡复勘，并与当时的国民政府资源委员会商洽三峡坝区钻探与航测的实施计划。热情的萨凡奇一生充满传奇，从冒着硝烟勘察三峡，到努力推进三峡工程尽快实施，是这位可敬的

324　参见《国民政府资源委员会研究》，薛毅著，社会科学文献出版社，2005.4，第十一章"兴办电力工业"。

325　参见《春梦秋云录——浮生散记》（第二版），潘家铮著，中国水利水电出版社，2000.12，第 361—362 页。

美国工程师特别精彩的一个章节，即便将这一章节单独摘出来，也可以写一部大书。

他在复勘三峡时曾说：长江三峡的自然条件，在中国是唯一的，在世界上也不会有第二个。三峡计划是我一生中最得意的杰作，如果上帝给我时间，让我看到三峡工程变为现实，那么我死后的灵魂会在三峡得到安息。

可惜，萨凡奇最终没能够看到三峡工程变为现实。三峡工程前期的勘测与设计在萨凡奇的推动之下一步步初现轮廓，国内战争的炮声将这一初现的轮廓击得粉碎，国内金融危机，货币贬值，物价腾涨，国民经济几乎滑到了崩溃的边缘，政府既无经济力量支持修建三峡水利工程，也无心思顾及这一"为中国计，为全球计"的宏伟工程了。1947 年 5 月，国民政府宣布"三峡工程暂告停顿"，是月 15 日，中央社播发新闻，"最近颁布经济紧急措施，凡属非短期内可见成效之工作，其要经费均在停拨或缓拨之列，故三峡水力发电计划实施工作，资源委员会已经奉国府令暂时结束"。接着，资源委员会主任委员翁文灏旋函美国垦务局及萨凡奇，称有关三峡计划工作，"因国内经济困难暂停"，并召回在美的中国工程技术人员。[326]

萨凡奇错愕惋惜，连叹"遗憾，遗憾"。

这一年，萨凡奇 68 岁。

三峡工程倾注了老人太多的心血，他根据还在三峡继续勘测的中国技师传回的地质资料，初步完成了各种拦河坝、电厂、船闸等比较布置，各配套工程比较设计，主要设计图样及施工规范、洪水量、水库容量、航运深度、坝顶高度设计等工作。老人还准备在 1947 年 7 月再度来华考察，三峡工程"暂缓"，行程只得取消，他失望至极。

民国时期的"三峡梦"在炮声中戛然而止，但遗泽深远。中国第一代水电工程师团队就是在早期三峡工程中锻炼成长起来的。50 多位赴美工作的工程技术人员回国之后，分门别类带回大量水电建设资料，成为新中国水利、水电建设的重要参考。

这些资料，就是潘家铮在钱塘江水电勘测处听说的那些"秘籍"，他想看

326　参见《国民政府资源委员会研究》，薛毅著，社会科学文献出版社，2005.4，第 250-251 页。

而又看不到，勾起了他的好奇心。幸好，徐洽时老前辈慷慨大度，让潘家铮负责将萨凡奇来华时留下的 600 多份技术备忘录全部翻晒复制，此时，潘家铮刚刚参加工作，前途迷茫，只打算在钱塘江水电勘测处混混日子再作打算，但美国 600 多座大坝工程建设的技术备忘录让他眼睛一亮，进而将他带到了新中国水电事业的大门口。

从这个意义上讲，潘家铮跟三峡工程的渊源其实不浅。

开始是一个反对派

三峡真正进入潘家铮的梦衿是很后来的事情。

刚开始接触到三峡工程，很大程度上还是职务行为，没有一点点梦的意思。有的倒是犹豫、怀疑，甚至某种程度的抵触。1986 年之前关于三峡工程争论的出版物中，暂时还找不到潘家铮的名字。

这并不意味着潘家铮能够超然物外作壁上观，由三峡工程的反对派转变为一个"主上派"，有一个过程。所谓"反对派""主上派"，只不过是一个标签。但至少说明，潘家铮是审慎的、冷静的。

时间更早。

1958 年，潘家铮还在新安江水电站做设计副总工程师，那一年，他还被评为先进工作者。也是在那一年，远在南宁的一场"御前辩论"在水电行业内传得很开，潘家铮不会不知道。辩论的一方为长江水利委员会主任林一山，另一方则是水电总局局长李锐。其内幕与细节并不是他这一个普通的七级工程师所能够了解的，但他对李锐的见识与胆略非常钦佩。

1954 年 5 月至 8 月，长江流域连续普降暴雨。特别是 7 月，上游地区连降暴雨，中游一带的降雨仍未停止，沿江湖泊及干支流蓄水尚未宣泄，三峡、清江一带又相继大雨，宜昌的特大洪峰迭涌，局面异常严重。这是一次典型的全流域性质大洪灾，尽管先后三次运用荆江分洪工程开闸分洪，降低沙市最高洪水位近一米，12 次运用人工扒口分洪，保住了荆江大堤，保住了武汉，但此次洪灾还是造成了非常惨重的损失。长江、汉江干堤 64 次溃决，江汉平原东部一片汪洋，湖南、江苏、安徽灾情严重。受灾人口 1800 多万，死亡 3 万多人，淹没土地 4750 多万亩，京广铁路有 100 多天不能正常通车，水灾的直接损失达

100 亿元以上，间接经济损失无法估算。[327]

洪水将本来还处于保密阶段的三峡工程推了出来。毛泽东甚是属意长办提出的三峡工程方案，截断巫山云雨，便可以彻底解除长江洪灾之虞，毕其功于一役。1956 年 6 月，毛泽东诗情勃发，写下了著名的《水调歌头·游泳》。

才饮长沙水，又食武昌鱼。万里长江横渡，极目楚天舒。不管风吹雨打，胜似闲庭信步，今日得宽余。子在川上曰：逝者如斯夫。

风樯动，龟蛇静，起宏图。一桥飞架南北，天堑变通途。更立西江石壁，截断巫山云雨，高峡出平湖。神女应无恙，当惊世界殊。

"西江石壁"，说的正是规划中的三峡大坝。林一山他们设计的这座宏大的"石壁"奇高，蓄水位达 235 米，比萨凡奇的设想的长江水闸还要高出 45 米，不惜淹掉重庆，将川江洪水一口吞下。

1958 年 1 月的南宁会议，就是商讨三峡工程问题的。

而在此前，李锐和林一山就三峡工程打了两年的笔墨官司，在三峡问题上，两个人一直意见分歧，可谓是冤家一对。

关于三峡工程，在中央高层也有不小的意见分歧，对待三峡问题也相当谨慎。即便在萨凡奇计划时代，实际也有不同意见，不过不像后来这么激烈罢了。

两个人的辩论文章大都发表在专业刊物上，毛泽东不可能看到，而且李锐对三峡工程的不同意见也很难有机会当面向毛泽东陈述。但毛泽东听说有李锐的反对意见，在会前动议请李锐也来参加这个讨论。

李锐主政中国水电，宵旰忧勤，倾心竭力，在业内被称为"新中国水电的祖师爷"。潘家铮在晚年写的文章里，也不止一次提到，李锐是新中国水电发展的头号元勋。

林一山也非等闲之辈，他与李锐有相似之处，在主政长江水利之前，他的人生履历里也是没有一点点"水"的影子。

早年就读于北平师范大学，担任该校地下党支部书记，是"一二·九"学

327　参见《三峡工程小丛书·防洪》，徐乾清著，水利电力出版社，1992.2，第 28-30 页。

生运动的领导者之一。抗战胜利后兵出东北，担任辽南省委书记，解放战争中南下，本来要赴广西担任张云逸的副手，但在武汉被陶铸截留，拜托其主持长江防洪与堤防建设，先被任命为中南军政委员会水利部党组书记兼副部长，接着再被政务院任命为长江水利委员会主任。他主持修建的荆江分洪闸门在1954年的大洪水中还真的发挥了巨大作用。林一山同李锐一样，不爱做官，爱干实事，而且比李锐从事水电工作还要早上三年。两人遇到一起，棋逢对手。

南宁会议，后来被李锐戏称为"御前辩论"，是三峡工程建设史上的一个重要掌故。这个掌故里的细节非常生动、丰富，因为它发生的历史背景特殊，更能引起人们的兴趣而广为流传。

林一山从长江洪水谈起，强调三峡工程在解决长江防洪中的关键作用，并列举了三峡工程的航运、电力、南水北调等方面的巨大效益，一谈就是两个小时。

李锐不同意林的意见。他陈述道：不论从当前和长远看，都不可能依靠一个三峡水库来解决长江的防洪问题。现在已加高加固的长江千里堤防和分蓄洪等措施，可以防御1954年的洪水，不致酿成大灾。三峡工程主要是建一座世界空前规模的水电站，这必须同整个国民经济的发展相适应，同各种技术条件的发展分不开，而不能孤军前进。从电力系统考虑，三峡的装机容量和单机容量，何年何月需要尚难以估计，总之，是比较遥远的事情。

按说，当时正是大跃进酝酿时期，李锐反对上三峡工程的意见肯定是处于下风的。谁想，毛泽东尽管属意甚至欣赏长办力主上三峡工程的主张，但他还是听进去了李锐的意见，也开始犹豫了。

同年3月，成都会议上，中共中央做出《中共中央关于三峡水利枢纽和长江流域规划意见》的决议（简称"三峡决议"），毛泽东在草稿上批了"积极准备，充分可靠"八个字。毛泽东的这个态度，争论双方都很满意。李锐认为他给会议泼了一瓢冷水，把三峡工程无限期推迟了。而林一山则认为中央还是肯定了三峡工程，确定了重要原则，三峡工程建设更加落到实处。

这又是一个反常的情节。要知道，成都会议正是要全面掀起"大跃进"的会议，参加"三峡决议"起草工作的李锐回忆，这次会议通过了关于大跃进的三十几个决议，唯有对三峡工程这样"冷处理"了一下。其他都在跃进，三峡工程却反常"跃退"。

这个会议派生出两个结果，一个是李锐争取到一个"水主火辅"的政策，水电建设迎来一个短暂的黄金发展时期，一个就是李锐被毛泽东点将做了自己的秘书。也为他个人很快到来的厄运埋下了伏笔。[328]

当时还只是一个七级工程师的潘家铮当然不可能详细知道其中曲折，直到1960年从新安江工地回到单位，党委算他这个"白旗"的后账，问起他跟李锐的关系，而李锐罪名之一就是"反三峡"，供批判用的材料铺天盖地，潘家铮才多少了解到一些内情，这倒让他很坚定地赞同李锐的意见。

他在评价这一段历史的时候说：李派反对上三峡工程，不仅由于其不科学不现实，而且万一毛主席真的决策集中国力建此巨业，国内其他水电、火电、水利建设恐怕都要让路，后果严重。

直到80年代三峡工程再次提出的时候，潘家铮仍然直言不讳承认自己是一个反对派。他在2002年接受央视《大家》栏目采访时，说得更直接。

主持人：其实您在20世纪80年代的时候，也是反对"三峡工程"的，后来为什么有这么大的一个转变？

潘家铮："三峡工程"已经讲了几十年，五六十年代的时候，我觉得那个时候讲要修"三峡工程"，是痴人说梦，完全是做梦，是不值一提的问题。

主持人：是因为什么呢？是没有这个能力吗？

潘家铮：五六十年代，我们国家的实力也好，技术水平也好，无论从哪个方面来看，都没有修"三峡工程"的条件，主张"三峡工程"马上上马，这不但是不现实的，而且是非常有害的。因为如果当时仓促上马，不仅工程干不成，而且必然半途而废，还把应该做的事都耽搁了。当然我根本没有深入考虑这件事情，我当时地位很低，也轮不上我去考虑。[329]

当时是轮不上他去考虑。三峡这么大的工程，可不可以上马，能不能够修

328　参见《李锐其人》，宋晓梦著，河南人民出版社，1999.6；《大跃进亲历记》，李锐著，南方出版社，1999.1。

329　参见《大家·10》，薛继军主编，商务印书馆，2010.7，第128页。

成，仅以基层一线大坝工程师的经验就可以做出判断。

不过，有轮上他考虑的时候。

卷入论争之前

他第一次接触到三峡工程，是在 1983 年，水电部水电总局更名为水利水电规划总院，潘家铮仍任总工程师。

1983 年，潘家铮随水电部部长钱正英访问美国、巴西，回国之后，他受命起草向国务院提出尽快开发三峡水资源和核电的建议，建议是他起草的，但这是组织行为。

这个时候，争论了多少年的三峡工程好像很快就要上马的样子，从水电部到长办，从中央领导人到国务院，对于三峡工程兴趣特别浓厚。

多年来相持不下的争论似乎尘埃落定，三峡工程就像隐没在江雾里的神女峰，一朝劲风吹起，露出宝相真容。

1958 年的争论，其实并没有阻挡三峡工程一次次被列上议事日程。潘家铮在谈到他的思想转变的时候，说到过这段历史。

"但在那个时候，有许多同志虽也认识到这一形势，但他们还是坚持不懈地规划、勘探、研究，一直把这个工作做下去，做了几十年。后来我想，什么事情都要一分为二来看，如果没有这批人迷信三峡，能坚持几十年，等后来有条件修建了，却又没有基础了。总之，五六十年代就是有些人坚持不懈地搞一个"遥遥无期"的工程。到了七八十年代，三峡工程修不起来了，在下面修葛洲坝。葛洲坝是一座坝高比较低的工程，尽管在它的修建过程中走了很多弯路，遇到很多挫折，代价也很大，但最后工程还是修成了。"[330]

1958 年论争失利，毛泽东开始犹豫，长办并没有停下三峡工程前期一系列勘测、设计工作，班子一直都在，队伍一直没散。也是在 1958 年，由国家科委、中国科学院和水利电力部组织三峡领导小组，三峡水利枢纽列入国家重点科研

330　参见《大家·10》，薛继军主编，商务印书馆，2010.7，第 128 页。

项目，组织 300 多个科研、教学、生产、基建单位 1 万多人参加科研大协作，提出了许多有益的科研成果。1959 年和 1960 年，长办拿出了三峡枢纽工程设计的要点报告及设计初稿、工作计划和图纸，等待中央定夺。

但由于毛泽东的犹豫，三峡工程基本上还是处于冷冻状态，有几次提出来，但很快就被否决。紧接着就是"文化大革命"，什么都谈不上了。

不过，这些"迷信"三峡的人们并不死心。三峡修不起来，上葛洲坝，葛洲坝几经曲折，总算在 80 年代竣工投产。在这个过程中，潘家铮数度被长办请过去解决具体工程技术问题，跟长办的人非常熟悉。应该说，潘家铮对于三峡工程的了解和忧虑从这个时候就开始了。

粉碎"四人帮"，十一届三中全会召开，国家的工作重心转移，生龙活虎、蒸蒸日上、令人缅想的"八十年代"大幕徐徐开启。

1979 年 4 月，长江水利委员会办公室给国务院写报告，要求上马三峡工程。同月，国务院开会讨论，几位副总理和长办主任林一山、水电部部长钱正英表示同意。6 月，200 多名专家到三峡地区选择坝址。[331]

一个客观事实是，改革开放的大背景，让三峡工程的实施变成了可能。用潘家铮的话来讲，此时提出三峡工程，还是"小心翼翼"的，小心翼翼地将之列为"四化"建设的重大项目。

1980 年，邓小平赴三峡考察。1982 年 11 月，国家计委向中央汇报关于工农业总产值翻两番的规划，谈到三峡工程高中低几种方案，邓小平有一句小平式的指示，不拖泥带水："我赞成这个低坝方案，看准了就下决心，不要动摇。"有小平同志的指示，窖藏了二十多年的三峡工程像一坛老酒被启封了。[332]

小平同志的意见，先后得到中央数位领导同志的同意，形成了三峡工程在党内最高决策层从未有过的高度统一。

这个低坝方案，就是"150 米方案"。

150 米，指的是三峡工程的正常蓄水位。

关于工程的正常蓄水位，50 年代设计的 235 米因为要淹没重庆，周恩来要求不能超过 200 米。但随时间推移，移民问题又凸显出来，三峡工程设计坝高

331，332　参见《林一山回忆录》，林一山著，方志出版社，2004.7，第 349-351 页。

几次增减盈缩，1981 年还有一个非常低的 128 米方案（坝顶高程 145 米），为的就是减少三峡初期投资和移民数量。淹没和移民是减少了，但是无论是搞水利的还是搞水电的，都知道这是对三峡资源一个巨大浪费，防洪库容谈不上，装机容量仅有 600 万千瓦，他们有一个形象的比喻：这是在足球场上修建了一个羽毛球场。

确定"150 米方案"是在 1984 年，具体指标是，防洪库容 140 多亿立方米，装机容量 1200 万千瓦，移民不超过 40 万。这个方案比后来七届人大五次会议审议通过的最终 175 米方案 113 万移民要少近三分之二。1984 年，国务院批准这个"150 米方案"，要求即刻"三通一平"，做好前期准备工作，同时筹建三峡特别行政区（三峡省），争取在 1986 年正式开工。[333]

国务院最终确定的这个"150 米方案"，长办方面并不满意，水电部其实也不满意，他们把这个方案称之为"小裤衩方案"——三峡那么大一匹布，一匹绸缎，最后缝了一个小裤衩。但长办几十年"迷信"三峡，还真有一股子坚韧不拔的劲头。多少年的辛苦总算没有白费，三峡终于可以从构思里面走出来了。何况当时的中央领导说，子孙总比我们聪明，如果以后需要，他们会想方设法加高大坝的。

但是就是这个"小裤衩方案"立即召来了强烈反对意见。

这不是启封了一坛陈年老酒，而是撩起了一段尘封的往事。

老话重提，剑戟相击，你来我往，不亦乐乎。争论再起，旷日持久，这一争就又是 13 年。

三峡工程的争论，与平反冤假错案、真理标准大讨论、农村联产承包责任制、蛇口风波、姓"社"还是姓"资"、建立和发展经济特区一起列为 80 年代中国社会转型时期的著名争论之一。

反对之声先来自重庆。1984 年 11 月 7 日，重庆市向中共中央提出《对长江三峡工程的一些看法和意见》，认为"150 米方案"回水末端在重庆以下的洛碛和忠县之间，重庆以下较长一段天然航道没有得到改善，你修半天，到了枯水季节万吨船队还不能抵达重庆。而且，回水末端泥沙淤积，反而恶化重庆现

333　参见《梦断长江：三峡工程的决策与论争》，王玮著，广西人民出版社，1993.8，第 33-35 页。

有的航道和码头条件。据此，重庆方面提出一个"180米方案"。[334]

重庆主张的高坝、中坝方案要淹没大量土地和居民区，这样的牺牲换一个三峡工程，他们认为是值得的，可见重庆方面对三峡工程的决心之大。[335]

重庆的意见，代表了大部分拥护上三峡工程者的心声。

原来的反对者呢？此时更加反对。即便在 1984 年之前，反对三峡上马的声音一直没有消停过，曾经有过一次争论的小高潮。

反对最激烈的还是李锐。当时李锐已经调任中组部副部长，但这位中国水电的头号元勋不管在什么岗位，水电发展的风吹草动都在他的眼里，这个情结始终未丢，只要关涉到水电的事情，他都会站出来为其说话，更不必说三峡。所不同的是，凡关涉水电，他是义无反顾地倾力支持，唯独三峡工程，还是1958年的观点，这个工程不能上。

早在 1979 年 1 月，林一山和李锐两个冤家对头就针对上不上三峡你来我往，给中央上书。一个推动三峡上马，一个反对三峡立项。

其时，李锐刚刚获得平反从劳动改造的磨子潭水电站回到北京，有家难回，住在招待所里。而林一山也历尽磨难，在"文革"中被打断 6 根肋骨，目力衰减，到1992年人大表决通过三峡工程的时候，已经是一个盲瞽衰翁。但一提起三峡，两人都精健神旺，不让寸分。

2 月，林一山向国务院写报告，要求长办统管长江流域的规划、治理、开发，其主要理由之一便是"有利于三峡工程的准备工作"。

3 月，李锐就林一山的建议，上书国务院，提出反对意见。

4 月，林一山向国务院汇报三峡问题时建议：三峡工程 1981 年正式开工，1988 年开始发电。同时，水电部部长钱正英从防洪角度谈上三峡工程的必要性。她说：现在提出三峡，首先是要解决长江洪水。如果专为发电，不一定在三峡搞。不搞三峡，解决长江防洪，谁有办法，我给他下跪。

当时的国家领导人华国锋、邓小平、王震、谷牧、王任重等都赞成建，只

334　参见《长江三峡：半个世纪的论证》，卢跃刚著，中国社会科学出版社，1993.12，第 12-13 页。

335　参见《长江三峡：半个世纪的论证》，卢跃刚著，中国社会科学出版社，1993.12，第 36 页。

有四川省委书记赵紫阳提出异议。他说：大家知道就这么多钱，这里一集中，其他地方就不能搞了。他认为三峡工程可以推迟，选在长江上游的金沙江、大渡河、雅砻江较容易施工、淹没较少的地方搞。这个看法，与李锐早年"先支流后干流"的长江开发意见不谋而合。

5 月，林一山主持三峡工程选坝会议。会上，各部委及科研机构的防洪专家、泥沙专家、航运专家从各方面对三峡工程提出质疑，坝址的选择未取得一致看法。不少人认为：三峡工程上马的时机尚不成熟。中央指示：三峡工程不宜急于上马，许多问题还需要抓紧继续研究，多听取不同意见。

7 月，李锐写了《再谈三峡问题》一文。这篇文章是受陈云嘱咐写的，陈云之所以让李锐写这个文章，是因为他对这一超级工程有很多问题放心不下。李锐接着再写《关于三峡问题的几点补充意见》，针对长办和水电部"防洪"理由强调：三峡防洪效益有限，而且投资过大，还有许多重大技术问题不易解决，应做多种方案的比较。

倒是对于"150 米方案"，李锐没有提出反对意见。他在 1983 年 4 月给国家计委的《关于低坝方案建设的意见》，同意这个方案。但是 1989 年他在一篇《三峡工程二十一世纪再定》的文章中又写道，"如果说我过去曾经同意一百五十米低坝方案，那也是因为听说这一方案当时党中央常委已经通过，难以再提意见；此外这个方案需两级开发，势必要补充勘测研究并引起新的争论，延缓开工时间。所以我当时对人说过，我的同意是'缓兵之计'"[336]。

其实心里很矛盾，到底是不同意。

1984 年之后，李锐和林一山这两位"冤家"争论再起，你写一篇意见，我马上起来反驳，你提几点不同看法，我马上针锋相对逐一破解。

你说投资 145 亿元，我说 145 亿元根本打不住。

你说泥沙不会淤积碍航，我马上说大坝建成这后，库区比降变缓，淤积将比天然情况增多。

林一山根据电算结果预言：三峡水库将在七十年后达到冲淤平衡，那时仍可保持基本库容，也不会出现碍航。李锐则指出：宜昌至重庆的航运并不会因

336 参见《李锐其人》，宋晓梦著，河南人民出版社，1999.6，第 345 页。

修了三峡而畅通，部分河段还不如天然情况。

林一山信心满怀：我们已经掌握了长期观测的水文资料，有日趋成熟的水库泥沙淤积电子计算程序，并请国内进行泥沙模型试验有经验的单位和长办一起进行模型试验，还有葛洲坝、丹江口实际运行资料作为参考，三峡水库泥沙淤积与葛洲坝同样可以得到圆满解决。李锐则说，那些试验，"有的还在修建模型或实验厅，有的刚开始调试。现在就拍胸脯，科学根据不足"。

……

水来土掩，兵来将挡。泥沙、航运、移民、工程重大技术问题，李锐全面提出质疑。

李林争论仍在继续，更厉害的还在后头，关于三峡的争论即将达到了高潮。

反对的声音来自全国政协。1985年六七月间，以全国政协经济建设组组长孙越崎为团长的调查组，沿江上溯考察，为期38天。

在考察过程中，孙越崎先生显然是有准备的。接待他考察的长办同志后来抱怨说，孙老此行，是专门搜集反对三峡工程的论据的，所以，他在考察过程中，赞成的意见一句都不听。

考察结束，孙老主持编写了《关于三峡工程问题的调查报告》，这个报告提出：三峡工程对防洪不需要，对航运不利，发电不如先搞支流开发，移民问题难以解决，防空问题是一个灾难性的隐患，泥沙问题将来要把三峡变成驼背的长江，等等。总之是弊大于利，不能建。至少"四五"期间不能建。[337]

孙越崎的反对意见更加彻底，也更有分量。要知道，老先生是当年国民政府资源委员会主任，对萨凡奇时期的三峡计划了如指掌。那个时候，他就与前任钱昌照先生积极推动与美国政府合作开发三峡的意见相左，是一位老资格的三峡反对派。这一年，他93岁高龄。

1985年9月，中央统战部召开党外人士座谈会，孙越崎等老先生对三峡工程"再谏不讳"。全国政协副主席、著名科学家周培源也再次呼吁三峡工程的论证，一定要请不同意见的专家参加，除了水利水电专家外，还要请有关经济学家、社会学家、环境学家、系统工程专家及社会人士参加，这样才能广开言路，

337 参见洪庆余《关于三峡工程争论的历史回忆》一文，收入《湖北文史集粹·经济》，湖北人民出版社，1999.9，第460-461页。

集思广益。

1986 年全国政协召开六届四次会议，在会前，时任国务院总理的李鹏专门打招呼，说本次会议主要是研究计划问题，三峡问题中央在考虑，这次就不要再讨论了。最后大会发言，千家驹不指名地讲三峡工程，话说得很难听，说三峡工程就是一个"钓鱼工程"。

有如此众多、持续时间如此之长的反对和质疑意见，中央和国务院不能不慎重考虑。而且，对三峡工程的疑虑和不安情绪，很快弥漫在社会各个阶层，特别是知识界更为关注，接着，海外舆论也沸沸扬扬。[338]

80 年代中期，三峡工程上还是不上，早上还是晚上，成为公众瞩目的焦点。

关于三峡问题的争论很快被推高，被推出工程技术、河流规划范围，深入到了更为广泛的社会层面，在社会上的反响程度远远超过 20 世纪 50 年代和 80 年代初期的李林之争。

第一个做出公开回应的，正是邓小平。1986 年 3 月 31 日，邓小平接见美国中报董事长傅朝枢时说：中国政府所做的一切事情都是为了人民，对于兴建三峡工程这样关系千秋万代的大事，一定会周密考虑，有了一个好处最大、坏处最小的方案时，才会决定开工，决不会草率从事的。

中共中央于 1986 年决定对三峡工程进行重新论证，撤销已经工作运转快两年的三峡省筹备组，成立国务院三峡经济开发办公室，并责成水电部对三峡工程可行性报告进行重新论证和审查。

其目的，就是要论证拿出一个"好处最大，坏处最小"的方案。

1985 年刚被任命为水电部主管水电的总工程师，潘家铮再被任命为论证组副组长兼技术总负责人。

他在这样的背景下被推到了前台。

三峡工程，说到底还是一个严肃的科学问题。但现在这种局面，显然已经不那么单纯了。摊在桌面上的争论，除了重大的技术问题之外，还有经过二十多年政治运动留下来的各种恩恩怨怨，这种矛盾与问题几乎是公开化了。

338　参见《李伯宁回首中国流产的三峡省秘闻》一文，收入《知情者说·第 3 辑》（之五），肖恩科著，中国青年出版社，2004.1，第 117–118 页；洪庆余《关于三峡工程争论的历史回忆》一文，该文收入《湖北文史集粹·经济》，湖北人民出版社，1999.9，第 460–461 页。

主上派与反对派泾渭分明，剑拔弩张。

即便是主上派和反对派内部，在各种具体技术细节问题上，意见也未见得统一。

这种局面，他很难应付。

主持重新论证

1986 年，潘家铮虚 60 岁。一个甲子。

1986 年 6 月，国务院下达 15 号文件，责成水电部负责重新组织三峡工程的论证工作。钱正英任论证小组组长，陆佑楣、潘家铮任副组长，潘家铮同时兼任技术总负责人，论证小组还有史大桢、杨振怀、娄溥礼、陈赓仪、黄友若等 12 名成员。

中央决定，撤销已经工作运转了快两年的三峡省筹备组，成立国务院三峡经济开发办公室。这实际上就宣告箭在弦上的"150 米方案"推倒重来，一切又回到原点。

重新论证，其组织的严密与细致程度在中国工程建设史上不仅空前，怕也将绝后。

国务院 15 号文件有三重内容和要求，一，由水利电力部广泛组织各方面的专家，进一步论证修改原来的三峡可行性报告。要注意吸收不同观点的专家参加，发扬技术民主，充分展开讨论，得出有科学根据的结论意见，分阶段、分专题向中央书记处、国务院和人大常委会汇报，并及时向政协通报情况。在广泛征求意见，深入研究论证的基础上，重新提出三峡工程可行性报告。二，成立国务院三峡工程审查委员会，负责审查水利电力部提出的三峡可行性报告，提请中央和国务院批准，最后提交全国人民代表大会审议。委员会由国家计委、经委、科委、中国科学院、财政部、水电部、城建部、交通部以及有关方面的人员组成。李鹏任主任，宋平、宋健任副主任（1988 年改由姚依林任主任）。三，为加强这一工作的领导，中央指定李鹏、薄一波、王任重、程子华负责协调三峡工程的论证工作。

在新中国成立之后，还没有为哪一项具体工程搭起如此高规格的架子。

15 号文件将工程决策分成三个层次。第一层次，水电部负责组织论证，提供决策依据；第二层次由国务院组织审查三峡工程审查委员会重新提出的可行性报告，提请中央和国务院批准；最后一个层次，提请全国人民代表大会审议通过。

具体到水电部的论证领导小组，15 号文件明确指出，论证"要注意吸收有不同观点的专家参加，发扬技术民主，充分展开讨论"。说得非常明白，要充分听取反对意见，科学论证，更要民主论证。

水电部领导认为：要完成中央交下的任务，做好重新论证工作，一要靠各界的监督指导，二要依靠专家的研究分析。

在指导监督方面，论证领导小组商请全国人大财经委员会、全国政协经济建设组、国务院经济技术社会发展研究中心、中国科学院、中国科协、财政部、交通部、机械电子部、四川省、湖北省、国务院三峡地区经济开发办分室等单位推荐人选，聘为特邀顾问，共 21 位。

名单如次：

马宾、王京、王谦、王汉章、毕大川、刘国光、孙宗海、孙鸿烈、孙越崎、沈鸿、李强、李伯宁、刘仲黎、张维、张根生、赵明生、胡兆森、钱永昌、徐礼章、蒋兆祖、薄海清。[339]

潘家铮在《三峡工程论证始末》一文称，特邀顾问"都是德高望重，经历丰富，负责或负责过重要部门或全国性科技组织的领导，并带有广泛的代表性"。[340]这个说法的确是实情。

具体论证工作由专家组承担。

首先确定论证专题，共计地质地震、枢纽建筑物、水文、泥沙、生态环境、施工、机电、投资估算、移民、防洪、发电、航运、综合规划与水位、综合经济评价等 14 个方面，相应成立 14 个专家组。

应该说明的是，这 14 个专家组是在 1984 年国家计委、科委组织的全体专家基础上组成的，再聘请各专家组顾问、组长和专家，这些专家来自国务院所属 17 个部门、单位，中国科学院所属 12 个院所，28 所高等院校和 8 个省市专业部门有各种专长的专家共计 412 位。

---

339   参见《长江三峡工程论证领导小组、特邀顾问、专题论证专家组名册》，水利电力部三峡工程论证领导小组办公室编，1988 年 3 月 26 日。

340   参见《三峡工程的论证》，中国水利学会编，中国社会科学出版社，1990.9，序言。

所聘请的专家里，有一多半是非水电系统的专家，占到总数的 51.7%。其中 15 位是中国科学院学部委员，他们是：陶诗言、黄秉维、贾福海、谢义炳、侯学煜、马世骏、侯建康、陈化癸、严恺、毛鹤年、陈宗基、黄文熙、张光斗、钱宁、高景德。412 位专家中，教授、副教授 66 人，研究员、副研究员 38 人，高级工程师 251 人，共计 370，占专家总数的 89.8%。412 位专家涉及自然科学、工程技术、社会科学、财政经济、生态与环境、系统工程、人防等方面共 40 个专业[341]。可以说，14 个专家组的人员构成，是当时中国相关专业的一时之选人物。

14 个专家组的专家既考虑了德高望重的老专家，也考虑了一些做出卓越贡献的中青年专家，同时还吸收了有关部门和地方的代表以及有各类不同意见的代表，每个专家组的成员都具有较为广泛的代表性。

比如：地质地震组专家组有 2 位顾问，4 位正副组长：顾问陈宗基，中科院地球物理所所长、中科院学部委员；顾问贾福海，地质矿产部高级工程师、中科院学部委员；组长戴广秀，地矿部水文地质工程地质司副总工；副组长李坪，国家地震局地质所研究员；王思敬，中科院地质所副所长；姜国杰、李浩君，水电部水利水电规划设计院副总工程师。再如，生态与环境专家组，2 位顾问，4 位正副组长。顾问侯学煜，国务院环境委员会顾问、中科院学部委员、中科院植物所研究员；顾问黄秉维，中国地理学会理事长，中科院学部委员；组长马世骏，国务院环境委员会顾问，中国生态学会名誉理事长、中科院学部委员；副组长严恺，中国水利学会理事长、河海大学名誉校长、中科院学部委员；孙鸿冰，国家环保局高级工程师；高福晖，中科院成都分院院长、研究员等等。

专家组后面，还有来自高等院校、设计、勘测、科研等单位的数千人，承担试验、勘测、调查、计算、研究任务，以支持专家组开展工作。除此之外，国家科委还组织相关的科技攻关项目。

专家组的工作程序是这样：因为论证是一项巨大的系统工程，论证程序采取先专题后综合、专题与综合交叉结合的方法。从流域、地区和全国经济发展

341 　参见《中华人民共和国史长编·第四卷（1978—1991》，刘国新、贺耀敏、刘晓、武力主编，天津人民出版社，2010.2，第 490-491 页。

三个不同层面分别考虑。首先审查各专题的基本资料，制定专题论证纲要，是谓初步论证；在初步论证阶段，综合择优选出一个各方面可以接受的，有代表性的设计水位方案，再由各专家组进一步深入论证。而专家组在本专业范围内是独立负责工作的。经过反复调查研究、充分讨论，而后提出专题论证，并签字负责。凡是对专题报告的内容有不同意见的，可以不签字，另提出书面意见作为专题报告的附件一并上报。

论证过程从 1986 年 6 月正式开始，一直到 1989 年 1 月论证结束，历时 2 年多，论证领导小组总共开过 10 次会议，最终通过长办重新编制的正常蓄水位 175 米的《长江三峡水利枢纽可行性研究报告（审议稿）》，重新论证工作画上了圆满的句号。

如果按照大事记的表述方式，重新论证工作似乎只能落下这样一条简单的记载。

简单的记载远不能屏蔽论证过程的艰难。

一切都出乎潘家铮的意料。

1986 年之前，潘家铮还对三峡工程有所疑虑。作为一个严肃的科学家和有丰富实践经验的大坝工程师，他的忧虑当然不同于所谓"主上派"或者"反对派"，李派还是林派。对三峡工程的态度，他自己是这样来总结的：长期以来，我是一直赞同李锐反对三峡意见的，只是没有他那么坚决。

为什么没有李锐那样坚决呢？因为潘家铮在 80 年代初期参与解决葛洲坝的重大技术问题，对葛洲坝建设过程中所遇到的曲折、困难和挫折非常清楚，但是最后还是建成了。所以潘家铮在 80 年代初关于三峡工程争论中虽然是一个旁观者，然而并不意味着他不关心三峡工程。

这样一个工程，如此旷日持久的争论，愈来愈多的人参与其中，就是好奇心也促使他要问个为什么。尽管在此之前，他没有涉足争论，各种各样争论的文章还是看了不少。

潘家铮从来就不是一个轻易被说服的人，或者说并不是一个盲从的人。

比方，他对主上派一味强调三峡工程建成之后防洪作用有不同意见，在 1986 年 6 月他在回答《科学报》记者提问时这样说：

由于长江特大洪水的峰和量过大，单纯依靠一种措施难以奏效，必须把三峡水库、荆江大堤加固加高，临时分洪区，加强预报调度和各种非工程措施结合起来才能较好解决问题。强调一点否定其他是不妥当的。所以我反对夸大三峡的防洪作用，也反对把它的作用说得一无是处，甚至说成比不建更坏。事实上，三峡在川江发生的特大洪水要威胁下游荆江大堤时，确实能够发挥作用，将流量削减到 8 万以下，保证大堤安全，避免产生不堪设想的后果，减少或避免利用荆江分洪区（分洪一次的损失也是惨重的），这一作用非其他措施所能替代。[342]

他进而说：

我感到不足的是三峡的防洪效益还没有进一步发挥，应该再作深入研究，结合预报和优化调度，结合其他措施，使它在中等洪水和对江汉平原下游地区的防洪也能发挥效益。

防洪效益虽然巨大，但较难计算，更难回收，所以要为防洪而专门修建三峡水库是很难设想的。目前的三峡工程是一座综合利用的工程，它的巨大发电效益使得这一工程有兴建可能。所以从防洪的角度上看似乎不应该指责其没有解决所有问题而予以否定。

这时候，他脑子里已经树立有一个思想，就是认定中国人能够在长江上修坝，能修葛洲坝，三峡工程在技术上没有什么不可逾越的，长江并没有那么可怕。

这是一个工程师经过实践之后，从技术层面树立起来的思想。

他对三峡工程的总的态度是：

早在五十年代，建设三峡的计划就被提出。那时我是反对的，因为不仅这种计划脱离当时国家现实，而且其指导思想也不完全正确，大量技术问题都没有搞清，甚至还没有认识到。如果在那时兴建三峡，恐怕真将成为一场灾难。

342　参见《长江三峡工程争鸣集·总论》，中国科学院成都图书馆编，成都科技出版社，1987.1，第 168-169 页。引自《科学报》，1986 年 7 月 26 日。

时间已过去三十多年，现在的情况有了极大变化。国家已确实需要三峡，国力也容许兴建三峡，三峡建设的方案已趋于现实合理，指导思想已正确，各项技术、社会问题已进行了深入研究，还有了在长江上建坝的宝贵经验和人才。在这种条件下，我认为三峡工程应该提上议事日程。修建三峡工程在技术上不存在难以逾越的障碍，决不会变成"后患无穷""贻害子孙"的祸害。在进一步理清重大问题，提出鉴定意见后，应该进行有魄力的决策了。我反对把三峡工程的论证无限期延长，是否兴建三峡对国家电力发展、电站布局、防洪决策、通航规划都有巨大影响，拖延不决是十分不利的。

三峡工程有其不利的一面，即规模很大，投资和移民集中，收效期也较长，但它的"后劲"很大，每装一台机组就相当于完成一座 50 万~60 万千瓦的大水电站。在工期方面，如能提早进行准备和导流，则从国家集中进行投资、主体工程全面施工直到第一批机组发电的期限 5~6 年；如果国家经过通盘考虑认为不能修三峡，我们也无意见，当然就必须修建一批火电和相应的煤矿、铁道（或核电站）来代替，水电部也正在进行这种研究论证工作，但我认为这样做是不经济、不合理，从长远利益来讲是不利的。[343]

他对三峡工程的这个态度，还基于 1982 年的"150 米"方案。

但他对三峡工程的基本态度和看法，多少年都没有改变过。

因为他特殊的身份，水电部总工程师，中国科学院学部委员，头一次对三峡工程的公开表态就显得特别显眼，被划到"主上派"阵营里是很自然的事情。

他的这番言论，坦诚而理性，平心静气。这其实也是争论之初的平和气氛，远不到剑拔弩张的地步。

潘家铮对三峡工程还是有疑虑和忧心的。一是移民，二是泥沙，再加一条，建设资金。

因为"在技术上能建"和"工程应不应该建"是两码事。修三峡工程毕竟不同于葛洲坝。三峡工程是高坝工程，动迁上百万移民，其次，那么多泥沙要淤积在坝前，问题要比葛洲坝复杂得多。

再就是建设资金。已经担任水电部总工程师的潘家铮正在规划全国十二大

343　参见《长江三峡工程争鸣集·总论》，中国科学院成都图书馆编，成都科技出版社，1987.1，第 168-169 页。引自《科学报》，1986 年 7 月 26 日。

水电基地，好多在建和筹建的水电站资金缺口很大，如果三峡一上，其他工程势必要让路。

事实也是如此，1984年国务院原则上同意三峡工程可行性报告，三峡工程开始了准备工作，结果一批勘测和设计都已经十分成熟的电站迟迟不能上马，比方湖南的五强溪水电站，还有浸透着潘家铮无数心血的二滩水电站。直到三峡工程上马，这种"让路"局面才有所改观。

潘家铮曾写过一系列文章和建议，呼吁改变水电前期准备工作的停滞局面。在这一点上，潘家铮倒是与李锐的意见不谋而合。

新安江水电站移民问题潘家铮是亲历过的，因为"大跃进"，因为"长官意志"，本来能够解决好的移民问题演变为一个严重的社会问题，直到三峡工程重新论证的时候还没有解决，一直是横亘在潘家铮心里的一块难愈伤痛。二三十万移民尚且如此，上百万库区移民问题能不能解决好？

泥沙问题，不独是"反对派"说得很厉害，就是"主上派"中的专家也不止一次提出来过。就潘家铮而言，当年他曾仔细研究过三门峡大坝泥沙问题，尽管长江水的含泥沙量远不及黄河，但一旦发生坝前淤积，那将是灾难性的。

随着论证的深入，潘家铮心里的阴云逐渐消除。因为在论证的过程中，14个专题组的后面，都有庞大的实验团队支持工作，任何一项论证必须有大量的实验和试验数据、实地勘测数据来支撑。移民问题、泥沙问题是可以解决的。

最后是建设资金。1986年10月，潘家铮陪同时任国务院副总理的李鹏前往埃及考察阿斯旺大坝，在飞机上他向李鹏提出这个问题。李鹏告诉他说，三峡是专项资金，有其专门筹集渠道，有三峡工程，就有这笔钱，没有三峡工程就没有这笔钱。关于工程投资的担忧顿时冰释。[344]

更重要的是，其时水电部正在搞全国十二大水电基地规划，潘家铮胸中已经有一个庞大的"西电东送"设想。

这个设想不独潘家铮有，还是许多卓有远见和战略眼光的决策者和电力专家的共识。

三峡水电站发电效益大，地理位置适中，在中国能源建设中占有十分重要

---

344 参见《春梦秋云录——浮生散记》（第二版），潘家铮著，中国水利水电出版社，2000.12，第387页。

的战略地位，并在促进全国联合电力系统形成和长江上游开发中发挥作用。三峡电站正处于"西电东送"的中间地带，可以起到远送的电压支撑作用。如果三峡工程不上，长江上游支流水电群就难以形成，梦寐以求的"西电东送"大电网就难以落实。[345]所以，论证开始未久，即转而支持三峡工程上马。

在三峡工程问题上，他经历过这样一个变化过程。

所以，他希望能够像其他工程的可行性论证那样，通过客观务实的讨论来统一认识，三峡工程是应该上马的时候了。

在此之前，他作为技术负责人，曾经主持过许多大型和巨型工程的可行性论证、重大技术攻关论证，尽管三峡工程有许许多多的重大技术问题，但只要专家们秉持客观务实的讨论，没有什么跨不过的坎。

谁对三峡的贡献最大？是反对者

他想得有点简单了。

论证还没有开始，交锋便已经开始。

关于论证小组的组织与论证程序，在"反对派"那里不是百家争鸣，而是"一家百鸣"，认为如此组织形式和论证程序难以实现真正的民主化和科学化。理由是，水电部这个领导小组，其正副组长和全部成员都是主张上三峡工程的水电部正副部长、正副总工程师及长办和三峡工程开发总公司筹建处的负责人；领导小组下设的 14 个专家组中，有 10 个专家组组长是水电部所属单位负责人，其余 4 个专家组，虽请了外单位的专家任组长，副组长也由水电部的同志担任；尽管请了不少外单位的专家，但领导者是水电部。言外之意，重新论证不过是水电部在那里"自我论证"，"只能代表水电部的'一家之言'"。李锐则言词更加尖锐，他说这种组织形式"易于贯彻长官意志，易于形成独尊儒术，罢黜百家的局面"。[346]

按照论证程序，首要任务就是初步选出一个各专题都可以接受的水位。

345　参见《春梦秋云录——浮生散记》(第二版)，潘家铮著，中国水利水电出版社，2000.12，第 364 页。

346　参见《风雨三峡梦——三峡工程七十年大纪实》，金小明著，四川人民出版社，1992.9，第 143 页。

为什么先要初选出一个各专题都可以接受的水位？就水利工程而言，水位的选择至关重要。三峡工程是一个巨型工程，不同水位方案的投入产出相差甚大。综合各方面意见，国家计委和科委在组织论证后，已经把各方面意见归纳成一级开发、正常蓄水位 150 米、160 米、170 米、180 米；一级开发、分期建设和两级开发，共六个方案。

六个方案提出的侧重点不同，其工程规模、投资、淹没和移民数量、对生态与环境的影响，某些技术问题解决的难易程度各不相同，工程的作用、效益也大不相同。如果对六个方案都平行论证，工作量浩大，而且也无实际意义，并不是每一个方案都能比较协调地满足既定目标。如果不优选出一个可参照的代表方案，各专题的论证将无法开展，也不可能找出不上或者晚上三峡工程情况下可以替代的方案。初选一个水位方案对各专题进行深入研究论证，并找出其内在的联系与矛盾，这种论证方法在程序上是合乎逻辑的。当然，这个初选方案并非定论，随着讨论的深入，可以再作调整。

这也有问题。经济学家千家驹认为这种方法"非常可笑"，他说："打个譬喻来说，如果我们讨论机关干部应不应该穿西装，就应该以穿西装与穿中山装或其他服装来比较有利害得失，而不应该讨论西装的双排扣或单排扣的问题。如果单讨论西装的双排扣或单排扣，那么无论是前者或后者，其前提都是穿西装。但水电部的论证正是这样，国务院要它讨论的是三峡应不应该上，早上还是缓上？但水电部的论证却是三峡工程是上坝高 150 米还是 185 米"。他指责先选出水位实际等于已经肯定三峡工程要上，就好比尚未论证已经做出了结论。[347]

这样的质疑被带到论证会场，作为技术总负责人的潘家铮自然需要有足够的耐心，他请异议者提出自己合理的论证程序，但只是说不科学，至于怎么更科学，没有下文。

诸般如此的指责，几乎贯穿于论证的全过程。

潘家铮在《世纪圆梦与终生遗憾》一文中如是描述论证的过程。

更出意外的是这次论证的气氛似乎比 20 世纪 50 年代更充满火药味。首先

347　参见《风雨三峡梦——三峡工程七十年大纪实》，金小明著，四川人民出版社，1992.9，第 144 页。

依然营垒分明，针锋相对，遣词用语极为尖刻。你说三峡工程对防洪有不可替代作用，他说只会加剧洪灾。你说三峡工程能极大提高通航能力，他说将导致长江断航。你说三峡工程对生态环境利大于弊，他说对生态环境是一场灾难。你说所需资金国家可以负担，他说将引起物价飞涨经济崩溃。你说备战不影响工程建设，他说垮坝将使下游三江五湖人民尽成鱼鳖……其次，意见定型，听不进也不屑于听解释与答辩。一些人在上午发表一通高论，下午等对方作答辩时却逛街去了。这种不正常现象马上被旁听的记者发现了，记者们称之为"聋子对话"，有的还形象地描摹成"题诗一首，扬长而去"。还有个别人则在发言和写文章中报怨论证工作不民主，暗箱操作，持不同意见者受排挤，甚至认为三峡工程是一些领导好大喜功、树碑立传、违反民心、一意孤行要搞的，等等。作为论证工作的负责人之一，我在这里必须澄清一句：这是无中生有的事，但这种误导极易产生共鸣，一个工程的论证发展到如此对立程度，是我始料不及的。[348]

论证会上，有时候会出现更为尴尬的场面。

某次潘家铮主持一个专题组讨论，讨论会上已经你来我往唇枪舌剑一番，讨论结束，潘家铮最后总结：我来归纳一下方才发言的要点……

话音未落，一位老先生就呵斥道：不要你归纳！

潘家铮顿时噤声不语。

"题诗一首，扬长而去"，许多人都看在眼里。那位德高望重的先生发言后即转身离开会场，他不愿听对方的反驳或者说明。另外一位老先生马上断然跟进："不用听，所有的解释都是陈腔滥调！"

更有甚者，一位老先生居然提出用气功降雨来替代三峡工程，说是气功大师"空中取水"功夫完全可以把降雨云团挡住，让暴雨降到长江险段外别的什么地方去，根本用不着建一座大坝来防洪。

顿时招来许多科学家的嘲笑与挖苦。[349]

348　参见《春梦秋云录——浮生散记》(第二版)，潘家铮著，中国水利水电出版社，2000.12，第 372 页。

349　参见《长江三峡：中国的史诗》，卢跃刚著，《中国作家》1992 年第 6 期。

潘家铮心里特别苦恼，甚至恼火，但又无可奈何。

中国水力发电工程学会副秘书长张博庭 1991 年随潘家铮赴美国参加国际大坝会议，曾听过潘家铮的一番教诲。潘家铮看他说话做事快人快语，锋芒外露，就对他说：你是学力学的，知道力学上有个最小势能原理。你把自己的位置放得越低，你就越稳定，你遭遇的阻力也就越小。他进而说：其实，社会、人生也一样，适用于最小势能原理。

所谓最小势能原理，指的是当一个体系的势能最小时，处于稳定、平衡状态。潘家铮夫子自道，这也是他对自己性格与人生体悟的一个数理表达。他不习惯这种剑拔弩张的倾轧与攻讦，从来不会跟人发生正面冲突。

他感慨地说，50 年代李林之争，不管怎么说还是君子之争，但现在我们怎么就不能坐下来进行同志式的讨论？

从他内心来讲，他是十分重视反对者的意见的，若不然，他也不会在论证过程中留下一句影响甚大的名言：谁对三峡工程贡献最大？是三峡工程的反对者。

潘家铮主持和参加过许许多多大型工程的论证，没有哪一个工程是全部赞同的，尤其是在大型工程的技术方案决策中，反对的声音弥足珍贵，设计者常常可在反对的声音中获得新的思路，让工作做得更合理、更优化、更严密。在以往许多工程的决策中，潘家铮本人恰恰就扮演过重要的反对者的角色。

客观地讲，长期以来，几十年经济建设过程中，领导心血来潮的"拍脑袋工程""条子项目"不在少数，再加上无休止的政治运动，国家经济因此受到的损失有多少？知识分子受到的伤害有多少？从这个角度来讲，关于三峡工程的论争，难道不是长期压制一朝情绪释放的反弹？

反对派也好，主上派也好，无不忧国忧民，都有一颗爱国的拳拳之心。

潘家铮在 1986 年 6 月就对《科学报》记者说："现在国内有很多同志对三峡工程提出种种意见和责难，我认为他们都是站在国家、人民和后代负责的立场上献计献策。我完全理解并衷心感谢他们，我们将认真地研究各方面意见，尽一切努力做好我们的工作，希望这些同志能继续指导和帮助我们"。[350]

350　参见《长江三峡工程争鸣集·总论》，成都科技大学出版社，1987.1，第169–170 页。

事实上，没有反对和质疑的声音，论证工作不会做到细致和严密。地质地震、水文水位、移民搬迁、生态环境等等，莫不如此。

潘家铮曾举过几个例子。在地质地震专题论证中，从远红外线遥感地图上看，三峡坝址处有一条线形影像，判图怀疑这是一条大断层。以前并没有注意到这个地方有这样一条线形的断层，从50年代以来在三斗坪做的大量地质勘探工作，探明在距坝址10公里以内没有活动断层，证明坝区地壳是稳定的。

这一遥感影像是1985年的影像，影像显示，坝址处有一条长约13公里的北北东向线性影像从坝址下游约500米处通过。

有人就提出说，在这个地方修坝，危险至极，如果这个地方有错动，整个大坝就完蛋。可是大部分地质地震专家根据已有的地质勘绘和勘测资料，认为不会有什么断层，但有这样不同的意见，论证小组果断决定补充调查勘测，专家组就去做加强勘测工作，组织了地面核查、槽探、洞探、钻探及浅层地震探测等多种手段，并没有发现那个地方有断层。所以论证报告里把这个也写进去，确认"该线性影像不是断裂构造，也不存在与之相对的隐伏断裂，而是本区地形地貌要素、植被和水文地质条件差异的综合反映"。这样，大家就松了一口气。[351]

潘家铮一直担心泥沙问题。不独潘家铮，好多"反对派"都对泥沙淤积疑虑甚多，比方说水库建成之后要因泥沙淤积变成"驼背长江"的说法，也是三峡工程争论的焦点之一。

长江每年携带的泥沙有5亿多吨，蓄水之后，水流变缓，泥沙可能在库区沉积下来，造成库容减小，影响水库运行寿命。另外，泥沙淤积也可能引起水库水位抬高，给水库两岸带来洪水隐患。因此，有一种估计，三峡工程建成之后，10年之内就可能危及重庆港；还有反对意见，水库形成之后，水库末端泥沙淤积是否会碍航？坝前泥沙如何冲刷？泥沙被大坝拦住之后，是否会造成下游清水冲淘河床，进而造成深切，甚至还有人说可能导致上海滩的塌陷。

中国的泥沙研究，应该讲是处于世界前列的，但潘家铮清楚，这门科学还不是非常成熟，不是像一加一等于二这么精确。

351　参见《三峡工程的论证与决策》，上海科技文献出版社，1988.10，第15页。《面对面·精彩版》，吉林人民出版社，2004.1，第195-196页。

泥沙专家组的专家共有 32 名，都是国内最优秀，最有经验的专家和科学家。

泥沙专家组针对提出的问题，指导负责实验和试验团队进行了大量的勘测、调查和试验，以取得定性和尽可能准确的定量结论。

恰恰是因为争论，因为泥沙带来的重大问题暴露了出来，问题都分门别类摆在那里，情况十分清楚。但这些情况也不是什么拦路虎，都能够找得到相应的解决措施，现在只是比选最优的解决方案，进行科学调度，泥沙还是能够控制的，三峡库区也不会变成一库泥，而将长期保持其调节作用，重庆也不会变成死港。

包括泥沙研究在内，专家组后面的实验和试验团队所做工作相当惊人，给这些结论提供着非常有力的技术支撑。

长江科学院河流研究所所长陈子湘讲过这样一个故事。[352]

在专家组指导之下，清华大学、武汉水利电力学院、交通部天津水运工程科研所、中国水利水电科学研究院、南京水利科学研究院、长江科学院等单位集中全国泥沙专业的精华，分别做了 12 个大型泥沙物理模型试验。其中就争论较多的 10 年之内淤积泥沙危及重庆港的意见就做了 4 个。

方法不一样，结论却一致：重庆河段泥沙情况清楚，问题可以解决。

经过反复调查、试验和计算，专家组于 1988 年 2 月写出专题论证报告，32 位专家全部签字确认。

但这个结论有的专家还是"不放心"，甚至"不相信"，理由也很充分：模型试验是把复杂纷呈的现象概率化与平均化，与实际情况差距过大。

有这样的反对意见，论证领导小组当然不能不慎重，因为事关解决三峡库区会不会在 10 年之内危及重庆港的焦点问题，必须拿出让人信服的实验方法和数据。

泥沙组组长是著名的水力学和河流动力学家林秉南，中国科学院学部委员，也是国际著名的泥沙问题专家，从 1984 年开始就担任国际泥沙研究与培训中心顾问委员会主席。要证明结论的正确性，先要证明试验方法的正确性。要

352　参见《百年三峡——三峡工程 1919—1992 年新闻选集》，长江出版社，2005.6，第 261-263 页。

说服别人，先需要说服自己。他责成长江科学院，提请有关部门提供丹江口水库自 1977 年 2 月以来的泥沙、水文和地理资料，由长江科学院做模型试验，模拟丹江口水库 1977 年 2 月至 1990 年 4 月 13 日期间泥沙淤积情况，然后与实际发生的数据相对照。假如能重演天然情况，就证明泥沙的物理模型试验是可靠的，如不能重复，那就有问题了。

这简直就是一道令人惊心的大题目。

明确的结论已经有了，专家一致签字通过，现在又要自我验证，有这个必要吗？万一试验失败，不啻于自打耳光。其他六个权威机构做出来的试验结果也将打上问号，更重要的是，如果专家们签字认可的专题报告也有了问题，那么这个影响就太大了。

长江科学院由陈子湘牵头的这项"自我验证"模型试验还是开始了。

试验从 1988 年底开始，一直进行到 1990 年 10 月，不多不少，整整 400 天。三峡坝区物理模型实验基地位于宜昌的九万方，长江科学院的试验人员食不甘味整整待了 400 天。所谓实验基地，实际上就是用钢结构搭起的大棚，总共 4 个实验大厅，4 个大棚，每一个大棚有几个电影院那么大，长度超过 1 公里。

专门为三峡工程做的这样的实验室，在世界上也是少有的。

全国的泥沙专家都关注着这里的试验。

答案即将揭晓，连北京的林秉南也坐不住了。其时，老先生已经年过七旬，提前几天来到武汉，察看试验情况。

1990 年 10 月 16 日，在长江科学院 3 楼会议室，十几位科学家屏声敛息，等待答案最后揭晓，也就是将实验数据与丹江口水库数年的泥沙水文数据进行比对。

会场上，林秉南的助手手里拿着长办水文局刚从现场测回来的实际数据，与陈子湘手里拿着的 40 多个数据相对照。报一个，就对照在计算机里核算一番。等核算完最后一个数据，助手面露笑容在林秉南耳边讲几个字，70 岁的林秉南顿时容光焕发，情不自禁鼓起掌来，会议室里随之一片欢声雀跃。

主持"自我验证"的陈子湘核算完毕所有数据，才发现自己手心和身上全是汗。

4 个月后，泥沙论证报告在北京得到审议通过。报告的核心结论共 12 个字：情况已经清楚，问题可以解决。

陈子湘说，这 12 个字共耗时 400 天，花费 1100 万元，一个字的代价是将近 100 万元人民币。

有这样的实验和数据，潘家铮作为论证主持者，更能够松一口气。

三峡水库蓄水之后，要影响到重庆港，根据多数研究计算认为，这个时间要在几十年之后，不会是几年或者 10 年以后。

问坝阿斯旺

争论波及海外。

潘家铮担任论证小组副组长兼技术总负责人，除了审核各专家组的技术报告之外，亲自参加事关三峡工程论证的具体事宜之一，便是考察埃及的阿斯旺高坝工程。

关于三峡的争论中，"反对派"手里一张证明三峡工程不能上的重要王牌，那就是矗立在尼罗河上的阿斯旺大坝。

该大坝建成之后，各国人士对其褒贬不一，它的利弊得失在 60 年代以来一度成为世界范围内争论的焦点。中外反对三峡工程的人士都喜欢用埃及阿斯旺大坝的失败教训来证明三峡工程不可上。

尼罗河和中国的长江一样，孕育了辉煌而灿烂的古文明。尼罗河流量又远不能跟长江相比，全年流量仅为长江年径流量的 8.7%，但是它的长度却达 6853 公里，为世界上最长的河流。它从苏丹首都向北穿越苏丹和埃及两国，最后注入地中海。

埃及的古文明比中国还要长，矗立在尼罗河畔的金字塔在一片一望无际的沙海中无言地宣示着它曾经的辉煌。但是，埃及 100 多万平方公里的土地，有 95% 都是沙漠，黄沙无际，寸草不生，所有的耕地和城市都集中于尼罗河两岸狭长条带和河口三角洲内。而尼罗河流域雨量稀少，分布不均，每年汛期，洪水奔泻千里，泛滥两岸，两岸耕地得以周期性天然漫灌。洪水挟带的泥水沉积河口，再形成肥沃的三角洲，老百姓依靠这一年一度的洪水播种和收获。尼罗河的性格也塑造着埃及的文化品质，埃及人较早掌握了天文、历法和测量方面的知识。尼罗河是埃及人民的生命之水，尼罗河是埃及人民的母亲之河。

每一古老文明，其孕育和发展、繁荣，都有河流参与其中。或者说，没有水参与的历史，将是一部干巴巴的毫无生气的历史。

任何一条河流都有两张面孔，一方面博大而温婉，一方面又暴戾复乖张。尼罗河也不例外，丰水年份遇到特大洪水，破堤决口，平原尽成泽国，枯水年份则旱魃为虐，颗粒无收。同世界上所有农业发达地区一样，这也恰恰是兴修水利的最充分理由。何况，这种靠天吃饭的传统耕作已经无法养活越来越多的人口。

20 世纪初，英国殖民者即在现在的阿斯旺大坝处修过一座低坝，被称为老阿斯旺水坝。这个低坝因坝低库小，曾有过两次加高，终究起到作用还是很小。直到 1946 年，埃及政府提出建设高坝大库的建议，西方国家纷纷伸出橄榄枝，答应提供技术和资金上的援助。但在纳赛尔推翻法鲁克王朝，完成民主革命，再提出修建阿斯旺高坝，西方国家向纳赛尔提出政治要求，包括苏伊士运河的管理权问题，被纳赛尔拒绝，西方国家于是撤销了承诺。直到 60 年代，埃及政府在苏联支持下，历时 10 年，耗资 15 亿美元，终于修建成了阿斯旺高坝。[353]

为了修建这一工程，埃及政府不惜花费巨资，迁建著名的阿布辛波神庙，迁移 9 万埃及农民和苏丹努比亚牧民。

阿斯旺高坝是一座土心墙沙石坝，坝高 111 米，长 3830 米。大坝的坝基下面有厚达 225 米的砂砾石沉积层，必须采用大规模的帷幕灌浆与土心墙相接方可控制渗漏，因此工程难度相当高。这在世界筑坝史上也是空前的。大坝蓄水之后，形成总库容 1680 亿立方米的大水库，库区湖面达到 6500 平方公里，为世界第二大人工湖，这就是以埃及首任总统命名的纳赛尔湖。如此巨型的库容，足可容纳尼罗河两年中的全部水量，是一座名副其实的多年调节水库，从此尼罗河的流量被置于水库的调节控制之下，防洪、抗旱、灌溉和发电各方面都起着巨大的作用。就发电而言，阿斯旺水电装机容量 210 万千瓦，每年都能提供近 100 亿千瓦时的电量，占到当时全国用电量的 70%，成为埃及最大的骨干电

---

353 参见《梦断长江：三峡工程的决策与论争》，王玮著，广西人民出版社，1993.8，第 205-206 页。

站，也是当时世界上七大水坝之一。[354]

阿斯旺高坝工程与三峡工程显然有许许多多不同点，单就水库而言，前者可以拦蓄尼罗河两年的水量，是一座多年调节水库，防洪能力非常显著，而三峡水库则是河道型水库，只能实现季节性调节。

潘家铮后来说，毛主席写"高峡出平湖"，那仅仅是诗人在诗里那样写，三峡水库哪里是平湖？它只是一条河道。

这座将尼罗河拦腰截断的土心墙沙石坝，在技术角度讲非常成功，而且作用巨大。但这座坝从规划开始就出现了不同意见，遭到多方面的反对，后来发展成无休止的争论，从国内向国际延伸。高坝建成之后，争论并未稍息，指责批评乃至诋毁咒骂之声此起彼伏。阿斯旺高坝在很多人心目中是一座只起坏作用，没有一点益处的荒唐工程，是灾难工程。在许多国家里，当争论某座水利工程当否修建时，阿斯旺坝常被引为失败的例证。

正处在争论中的三峡工程也不例外。

旅美工程师陈缵汤在其《中国不能建造三峡大坝》一文中说："今日阿斯旺水库的许多后遗症及这个问题使埃及人发觉人工不能替代尼罗河 6000 年为埃及人造福的功能。今日埃及人怀念阿玛德时在述说着这样的故事，讥讽早年只知道迎合纳赛尔的人——中午时候国王说是午夜，聪明的人说看吧月亮……"。阿斯旺大坝已经被描绘成了一个有政治意味的怪胎。

同样是一位旅美人士，一位作家，在回国访问的时候，时任水电部部长的钱正英接见了她。她同样关心三峡工程，将阿斯旺高坝建成之后导致下游土地盐碱化作为例证，说盐碱化已经消灭了埃及的农业，试图说服钱正英，力劝中国政府慎重对待三峡工程。钱正英给她详细说明盐碱化形成的原因，但这样专业的讲解很难让一位作家真正懂得，也很难劝一位作家去学一点水利和农田灌溉方面的基本常识，她回到美国之后仍坚持原来的观点。

在这样的背景之下，刚开始主持重新论证的潘家铮有了一次埃及之行。

1986 年的 10 月 3 日，原水电部副部长史大桢、总工程师潘家铮和长办主任魏廷铮一行抵达开罗，为即将到访的李鹏副总理打前站，他们用 3 天时间研

354　参见《千秋功罪话水坝》，潘家铮著，暨南大学出版社、清华大学出版，2000.5，第 147 页。

究阅读有关资料，整理出向埃及提出的询问内容。

李鹏副总理此行出访的目的非常单纯，就是要考察阿斯旺大坝到底是成功还是失败，是利大于弊还是弊大于利，对这一问题的评估，确实是决策者考虑三峡工程的一个重要因素。所以中央派出主管三峡工程论证的李鹏副总理亲赴埃及考察。

两个因河流而孕育出灿烂文化的古老民族，这一次因为河流上的现代大坝要有一番交流。

埃及当时的总统穆巴拉克对中国客人的来访安排得非常周到。10月6日，李鹏副总理抵达开罗，尚未来得及适应时差，就同先期到达的潘家铮他们商谈，确定具体的考察事宜。李鹏同专家们一道，共同研究三峡工程可能会出现与阿斯旺大坝遇到的同样问题，当然最重要的还是要考察阿斯旺大坝本身的功过。

第二天上午，埃及政府大厦会见厅，中埃双方的官员举行正式会晤。埃及参加会见的有电力能源部各部门负责官员和顾问专家共24人，可见埃及对中国代表团这一次来访的重视。一开始，双方便进入实质性交流，中方提出了关于阿斯旺工程的一揽子问题，从宏观到微观，从发挥的作用到建成后产生的副作用，非常具体，中国专家准备的如此充分，连埃及的官员都感到惊奇。会议之前，埃方并没有想到中方提出的问题如此之多，如此之具体，没有思想准备。于是，临时赶紧将问题清单大量复制，分送各有关部门研究，准备答复和提供资料。

10月8日，李鹏一行飞赴阿斯旺实地考察。阿斯旺大坝后面的纳赛尔湖已经成为与埃及金字塔齐名的著名旅游景点，当初一个不足3万人的小镇，已成为一座充满活力的现代化城市。陪同中国客人的阿斯旺大坝管理局局长滔滔不绝给中国客人介绍，以至超过了规定的时间。

他讲阿斯旺大坝的防洪作用，讲它的发电效益，讲它的水量调节作用。这位局长热情洋溢的讲解如果说是一个标准的官方版本，那么里面穿插的一些具体例证则是他个人的切身体会了。

比如他讲到投资，他说每年旅游收入就是当年修建大坝的全部投资，每年的旅游收入正好是投资的10亿美元；比如他讲到发电效益，他说1967年中东战争之后，埃及失去了西奈油田，如果没有阿斯旺水电站源源不断提供的动力，后果不堪设想；还比如，他说到水量调节作用，却一下子说到了人口增长。埃及 1907 年的人口仅有 1120 万，到 1975 年达到了 3700 万，到 1986 年已经突破 5000 万。不可想象，如果没有阿斯旺大坝发挥的灌溉作用，能够养活得了这么多人。

眼见为实，中国代表团对高坝的效益有了一个深切的了解。回到开罗之后，埃中双方再次举行会议，这一次除了电力能源部部长和有关官员之外，还有灌溉部副部长、农业部副部长、渔业部副部长以及许多技术专家。代表团还是直率地提出大坝的副作用问题。尽管，这一问题很敏感，甚至会伤到他们的民族感情，但还是一个严肃的科学问题。埃及方面非常坦诚地给出回应。会议之后，史大桢、潘家铮、魏廷铮三人又去灌溉部副部长哈桑的办公室作进一步讨论了解。

此行访问埃及，中国代表团是带着许许多多的问题去的，访问、会晤安排得非常紧张，谢绝了埃方安排的参观金字塔行程，甚至直到离开，有人才想起还没来得及看一看置身其中的开罗城市风貌，但是，此时的开罗已被沉沉的夜色笼罩。[355]

中国代表团归国，三位专家撰文陈述此行考察所得。这个报告是一份技术性很强的考察报告，甚为详细，考察报告在"对阿斯旺高坝工程功过的总看法"一节中这样总结此次考察的结论：

1. 根据以上调查了解的情况，我们可以比较客观地评价高坝工程的功过。应该说，即使不赞成某些人士所讲的"高坝拯救了埃及""副作用微不足道"的提法，也应该承认高坝的效益是主要的，副作用是第二位的。高坝工程根治了尼罗河的旱涝灾害，充分利用了水利资源，保证和促进了埃及的农业、工业发展和人民生活，使得耕地、雨量如此稀少而人口猛增的国家能够生存和稳定下来，这一点是不能否认的。

2. 像任何事物总有两个方面一样，高坝的副作用也确实存在。但是，如果作一客观分析，可以确认有些不能归咎于高坝（如下游耕地的盐碱化），有一

---

355 访问埃及阿斯旺大坝内容参见《风雨三峡梦——三峡工程七十年大纪实》，金小明著，四川人民出版社，1992.9，第三章第二节《阿斯旺与三峡，本世纪世界聚焦点》。

些程度轻微、影响有限（如河床的下切、水质的变化），有一些损失从另一方面得到了补偿（如土壤肥效、渔业生产），有一些损失经采取措施已经或正在解决（如古迹迁移、水草灾害、血吸虫病、海岸退缩、制砖工业），还有一些副作用是有利的。我们认为副作用应该重视，应该进行详尽研究，设法解决，轻视、否认副作用是不对的，但也不宜脱离实际加以夸大，甚至以讹传讹，认为高坝是完全失败的工程。

3. 在埃及国内，对高坝功过的争论已经沉寂。他们正在集中力量研究提高高坝工程的效益和进一步消除其副作用。现在我们如果再去问埃及人，高坝是得是失，他们可能表示惊讶与不理解。卢特非总理所下的结论是：高坝工程是完全成功的、稳妥的、利大于弊的。这代表了埃方的正式见解，一些外国的组织或专家（主要是搞技术的）所得的结论也相似的，例如：

美国密执安大学与埃及科学院联合进行长达八年的研究，1982 年发表的报告结论是："阿斯旺高坝虽然有许多副作用，但仍是埃及经济史上一项最佳的投资。"

瑞典一家 VBB 咨询公司总工程师 Lennartberg 经过长期研究得出的结论是："阿斯旺高坝的经济效益与费用损失相比，利益大得多。"

美国 FOREIGN SERVCE INSTITUTE 专题研究报告认为，"从任何意义上讲，高坝是一项伟大工程，有巨大的经济效益基本上达到目的，对其副作用应该重视和治理。"

其他如原来拟承建高坝工程的西德霍赫托公司驻埃及代表，美国专家 Johy Waerbury 等都对高坝工程予以肯定。美国驻埃农业办事处认为：没有高坝，埃及的农业经济要比现在差得多，其副作用是次要的。

因此，许多外国组织和专家所提出的客观的结论也是一致的。[356]

这个报告，在 1986 年 12 月 22 日至 30 日召开的水电部三峡工程论证领导小组第三次（扩大）会议上，由潘家铮宣读。

三位专家对阿斯旺水坝的考察报告和结论，在国内三峡工程的反对派中间

356　参见《三峡工程的论证与决策》，重耳主编，上海科技文献出版社，1988.10，第242-244 页。

引起了强烈反弹，他们认为报告只谈了阿斯旺的优点和一般的副作用，而对宏观失误而造成的水量不足和库尾碍航这两项重要情节没有提到，这种有意地疏忽或隐瞒，只是为了给三峡上马造舆论。其中有三峡工程防洪论证组专家方宗岱撰文《宏观决策失误，难于挽救》一文，谈及阿斯旺高坝蓄水后导致泥沙淤积、库容减少、水量蒸发的现实，最后将问题归咎于当年宏观决策的失误，而这种宏观决策的失误往往是很难挽回的。[357]

方宗岱先生，中国泥沙科学研究的开创者之一，是国内水利界泰斗级的人物。方先生以阿斯旺高坝为例，说明宏观决策一旦失误，是很难挽回的。事实上，国内水利工程长期存在"填平补齐"工作，在某种程度上恰恰是为了纠正和弥补当初宏观决策的失误。比如三门峡大坝导致库区淤积和渭水倒灌，最后力主打开大坝全部泄洪洞以利泥沙下泄的，正是方宗岱先生。

其实，潘家铮他们在报告里何尝没有提到过这个宏观决策失误？潘家铮他们的报告"总看法"的第四条谈的即是"关于阿斯旺高坝的功过为什么会在全世界引起这么长期和热烈的争论"：首先，当然是阿斯旺高坝建设的苏联支持背景，有"冷战"时期浓重的政治色彩；同时，埃及国内一些人士（主要是科学院、亚历山大大学和公共事业部门中的一些专家教授、顾问），根据他们的估计一开始就对高坝副作用表示担心，提出反对意见。当时的纳赛尔政府建坝心切不予重视，采取"不屑一顾"的态度，而高坝建成后，确实出现了一系列直接、间接、或轻或重、预计到或未预计到的副作用，使这些人士的反对更为坚决，直至问题逐步明朗化（建坝 20 余年后），有些人仍然持不同意见，争论不休，看来要改变这些人士的看法是困难的。

不管怎么说，尼罗河不是长江，阿斯旺也不是三峡工程。

考察报告从水库淤积和对通航的影响、河床下切与海岸线退缩、水库淹没、移民和古迹迁建问题、生态环境问题、水库诱发地震问题五个方面对比阿斯旺高坝工程与三峡工程的不同。潘家铮在《千秋功罪话水坝》谈到阿斯旺高坝工程与三峡工程的不同时说：

357　参见《再论三峡工程的宏观决策》，田方、林发棠主编，湖南科技出版社，1989.9，第 182–187 页。

继阿斯旺高坝以后，成为全球议论热点的水利工程无疑就是被一些人称为"世界上最大的坟墓"的中国长江三峡水利枢纽工程了。

长江和尼罗河就长度而言是相近的，都是世界上最著名的大河。但流域面积和水量有天壤之别。长江流域居住着4亿人民，是中国经济发达的精华地区。长江多年平均入海径流量近一万亿立方米，为尼罗河的10倍以上。同样，长江的年输沙量也远大于尼罗河。长江的水旱灾害也一样频繁和严重，但是想像治理尼罗河一样建个大水库一举解决长江的问题是办不到的。在人口稠密地区修建高坝大库引起的问题也更多些。总之，三峡工程的规模、库容系数、效益和副作用和阿斯旺高坝是很不相同的。

当然，两者也有相似之处，即两个工程都是整治世界上著名大河的骨干工程，都是两国几代人民（特别是政治家和工程师）的梦想，都为无数志士仁人前仆后继地研究呼吁了几十年，都经历过冗长和痛苦的论证和准备期，都蒙上了恶名成为国内乃至全球的指责对象。三峡工程的规模更为宏伟，在技术上、经济上、社会上的问题更为复杂，分歧看法也就更大，争论历时也就更长。如果说，阿斯旺高坝的论证研究可以写成一厚本书的话，那么有关三峡工程的历史就可以写得像《史记》一样长了，而将论证、设计中的资料都出版，那篇幅就将超过《二十四史》了。[358]

中国代表团考察阿斯旺高坝后的1992年，埃及大坝委员会邀请国际大坝委员会在埃及举行1993年年度年会，秘书长柯蒂隆问埃及人：你们有没有勇气以阿斯旺坝的影响作为年会的学术讨论会的主题？埃及工程师接受了这一挑战。

在那次学术讨论会上，埃及人提出了数十篇论文，客观地对高坝的作用、影响、功过得失做了全面深入和公正的分析，会后出版了《阿斯旺高坝全部调控的巨大成就》总报告。国际大坝委员会认为他们的报告是公正的，主要指报告不仅总结了成绩，也指出了副作用和改进之途，并不文过饰非。这为阿斯旺"平反"和洗刷蒙受的坏名誉创造了条件。

这是另外一个话题。

358　参见《千秋功罪话水坝》，潘家铮著，暨南大学出版社、清华大学出版社，2000.5，第160-161页。

外国的月亮是圆是扁，倒映在长江里只会是一片粼粼波光，二者之间有共同之处，但更多的是二者之间的巨大差别。

更大的差别在于，阿斯旺的争论是在建坝之后，三峡工程的争论是在建坝之前。

对于三峡工程而言，是大幸运。

或者说，是 80 年代的改革开放、思想解放社会氛围给三峡工程带来的大幸运。

秋云春梦两无踪

伏虎降龙事已终，秋云春梦两无踪。
余生愿借江郎笔，撞响人间醒世钟。

这是潘家铮写于 1989 年 8 月的一首诗。一望而知，诗里弥漫着失望心情。

当然事关三峡，事关三峡工程。"余生愿借江郎笔，撞响人间醒世钟"，长达两年零八个月的三峡工程重新论证结束，论证不能圆满，但较前两次的论证要进步许多。可是，论证刚刚结束，三峡工程再一次被叫停。两年多的论证，汗牛充栋的技术资料，再一次被封存进三峡工程的历史档案之中。

潘家铮这一年 62 岁。持续几十年的喧哗与争论还在耳边，抬眼望，自己已经迈入人生的孟冬季节。也不全是年龄的关系，这两年多时间，他大概从来没有感到如此疲惫、郁闷，甚至焦灼和迷惑。从 1973 年借调北京开始，十多年来，他参加、主持审定过许许多多、大大小小的工程，没有哪一个工程像三峡工程这样，在工程技术之外还有如此众多的争论、争议甚至对垒分明的对抗。作为技术主持人，他需要将 14 个专家组的论证、实验结果汇总起来，同时充分考虑到不同的意见，周旋其中，左右平衡，疲惫不堪。"江郎才尽"自嘲，但是他不甘心，所以才有"余生愿借"之句。

潘家铮写作这首诗的缘起，还要从头说起。

要说，一个工程项目，尽管是三峡工程这样一个巨型、特大型工程，但经历 50 年代、80 年代和 80 年代中后期前前后后三次、历时三十多年的论证，从哪一个角度讲时间都不短了。最后一次历时两年零八个月，规模之大，参与人数之多，争论持续时间之长，在世界工程建设史上怕也绝无仅有。但总的来说，两年多的论证工作还是扎实的。

1987 年 4 月论证领导小组第四次扩大会议审议通过初选方案，其概括内容为"一次开发，一次建成，分期蓄水，连续移民"，具体指标为：最终正常蓄水位 175 米，初期运用水位 156 米。移民搬迁安置不间断进行，20 年移完。此次会议，拟将此方案作为进一步深入论证工作的初选方案。

接着，12 月 17 日至 22 日，三峡工程领导小组召开第五次（扩大）会议，审议通过地质地震、水文、机电设备三个专题论证报告。

1988 年 1 月 26 日至 28 日，三峡工程论证领导小组召开第六次（扩大）会议，审议通过枢纽建筑物、施工、投资估算三个专题论证报告。2 月 23 日至 3 月 1 日，召开第七次（扩大）会议，审议移民、生态与环境、泥沙三个专题论证报告。4 月 22 日至 30 日召开第八次（扩大）会议，审议通过防洪、电力系统、航运三个专题论证报告。11 月 21 日至 31 日召开第九次（扩大）会议，综合规划与水位和综合经济评价两个专题报告。

潘家铮代表论证领导小组总结：三峡工程对中国"四化"建设是必要的；工程在技术上可行，经济上合理；建比不建好，早建比晚建有利；建议早作决策。

到第九次（扩大）会议，14 个专题小组论证报告全部通过审议。

1989 年 1 月 17 日，长办完成重新编制的正常蓄水位 175 米的《长江三峡水利枢纽可行性报告（审议稿）》。2 月 27 日至 3 月 7 日，三峡工程论证领导小组召开第十次会议，审议并原则通过长办编制的这个报告。至此，三峡工程重新论证全部结束。[359]

必须提到的是，几乎与三峡重新论证平行进行的，还有加拿大咨询集团的三峡论证工作。

水电部组织三峡工程论证的同时，国务院就三峡工程曾向美国、加拿大等国和世界银行表示，中国政府欢迎他们在三峡工程的技术和资金方面进行合作，并收到他们各种合作方式的建议。为利用外资，同时也为引进技术和互相验证，1986 年 5 月经国务院批准，经贸部代表中国政府与加拿大政府签订协议，由加拿大国

359　三峡工程论证时间表参见《百年三峡——三峡工程 1919—1992 年新闻选集》，长江出版社，2005.6，第 405–413 页。

际开发署提供赠款，加拿大最有经验的两个政府水电机构和三个私营公司组成咨询集团，负责按国际通行的标准与国内平行地编制可行性研究报告。中、加、世界银行三方组成指导委员会，并由世行推荐和协商，在国际范围内（包括我国）聘请 13 位知名专家组成国际咨询专家组，参与指导和监督。

潘家铮是这个专家组的首席专家。

从 1986 年 7 月开始，加拿大咨询集团对正常蓄水位 150 米到 180 米的各种方案所涉及的技术、经济、社会、环境等问题，对建三峡和不建三峡替代方案问题等进行全面研究，提出可行性研究报告，经过国际咨询专家组和项目指导委员会审查通过，一并上报。

加拿大的可行性研究报告总的结论是：三峡工程效益巨大，技术、经济和财务方面都是可行的，建议早日兴建。认为三峡工程设计所依据的基本资料，包括水文、泥沙、地质等资料是充分和可靠的，符合国际标准，满足了可行性研究的需要；选择三斗坪坝址是恰当的，地区地震活动轻微，库岸稳定不会影响大坝和水库安全；工程在环境影响方面也是可行的，不会使环境遭受大的危害，泥沙问题是可以解决的。这些都与国内的研究结论一致，他们推荐坝顶高程也是 185 米，也与国内论证相同。与国内的结论不同之处主要是：加方推荐正常蓄水位为 160 米，比国内的 175 米低，理由是，这个水位的经济效益最大，移民的人数较少，涉及的社会问题也较少。

加方的枢纽布置与国内的方案基本相同，但建议采用更大的机组，单机容量 76.1 万千瓦，装机 22 台，总容量 1675 万千瓦，并认为不需要设垂直升船机，认为升船机在技术上虽然是可行的，但不能证实在经济上是合理的。工程投资按 1987 年年初价格为 246 亿元（不包括输变电工程），其中枢纽工程投资 161.1 亿元，移民费用 80 亿元，环保费用 4.8 亿元。由于移民人数的减少，发电容量的降低以及取消升船机等原因，比国内估算数少 52 亿元。[360]

这个方案从经济效益来考虑，是合理的。但这个结论有两个问题，一是此方案在防洪上有超蓄问题，也不能满足航运部门的万吨级船队直达重庆港的要求，库区和航运部门难以接受。

360　参见《能源部水电总工程师潘家铮关于三峡工程论证情况的汇报》(1990 年 7 月 6日),《中国水利年鉴 1991》,水利电力出版社，1992.5,第 85-86 页。

潘家铮在他的《水利建设中的哲学思考》一文中曾谈到过加拿大的这个论证方案。加方的工作效率确实非常之高，但也感到他们在取舍、决策时过分重视经济效益分析，时时处处都体现出"西医"做派。比方，建设水利工程当然要讲究投入产出问题，但工程效益既是具体的经济效益，也有社会效益，"减少被淹的可能性""解除人们心理压力"、"保护珍稀物种"……之类的效益，怎么能化成美元计算呢？加方经过分析主张减少三峡水库的防洪库容，在遭遇特大洪水时让库区人民临时逃洪，再做事后补偿。这样可以减轻移民压力，而遭遇的频率不高，经济上是有利的。其实，中方最初设想的就是这个方案。但在中方这一边讨论过程中，发现这个方案存在许多较难解决的问题，比如逃洪区能否进行建设、如何发展、逃洪对人员伤亡情况，等等，最终中方这一边认为，根据国情民意，不宜采用这个经济上合理的逃洪方案。

但加方很难理解和接受中方的意见。最后潘家铮说：你们的分析很科学精确，但我们做决策时还得考虑更多因素，要综合协调研究，好比用中药治病，得全面考虑病人的情况，增减药味和用量。

加方专家组组长听了潘家铮这番话，苦笑：我干了一辈子技术工作，你却要我喝一服中国汤药。

中西文化不同，水利建设的观念也显示出不同面目。

但是，加方重新论证的结果，除了这些不同之外，跟中方重新论证的结果并不矛盾：三峡工程可建。

再回过头来说重新论证最后的结果。

从确定 175 米方案为论证初选方案，1987 年通过三个报告，到 1988 年通过 11 个报告，1989 年 2 月最后做出可行性报告审议稿，历时也近两年时间。每一次会议，最短的是通过枢纽建筑物、施工、投资估算论证报告，历时 3 天，除此之外的每一次会议的会期都特别长，多则 10 天。决定会期短长，论证内容多寡是一方面，争论的激烈程度也是一方面。

论证的结果，是 403 名专家签字赞同，9 位专家反对或弃权，论证报告有 9 位专家共 10 人次没有签字。也就是三峡论证著名的"403∶9"的来由。

需要说明的是，在论证过程中，有 4 位专家去世，因此，他们也没有签字，但没有计入未签字专家人数。

几次会议下来，潘家铮已经逐渐适应了会场上的种种意想不到的情况，因为与会场之外的激烈争论、质疑、质问比起来，会场之内的争论显得小巫见大巫，见惯不惊了。

会场外，来自"反对派"的舆论攻势让"主上派"始料不及，两派人马言论激烈，雄辩滔滔，针锋相对。重新论证接近尾声，"主上派"与"反对派"的争论也到几乎白热化的程度。

论证领导小组在组织论证的过程中，每一次论证小组会议的发言均汇编成册，从1986年到1988第9次会议论证结束，共汇集了七大册《对建设三峡工程的不同意见文章选编》，供专家们参考。《选编》如书名宣示，"反对派"和"主上派"的文章和发言都收集在其中。这些意见，由中国科学院成都图书馆、中国科学院三峡工程科研领导小组办公室编写为《长江三峡工程争鸣集》，分《总论》和《专论》两册于1987年1月由成都科技大学出版社出版，向社会公开发行。

为了体现论证的公开透明，每一次论证会都向记者开放，实际上各种意见和证论会的实况，都没有关在会议室里。倒也奇怪，论证会彻底开放，又有每一次会议的发言《选编》，也许是太过透明，反倒没有可猎取富有轰动效应的新闻线索，关于论证会的新闻报道在报纸上显得倒有些沉寂。

论证一开始，双方虽然互不相让，谁都说服不了谁，但气氛还真有一种公开、透明的味道，都摆在桌面上，像一场组织有序的辩论会。

三峡工程的"反对派"似乎并不满足于此，要让自己的声音更为强烈。1987年4月，三峡工程确定175米初选方案，各专家组按照这个初选方案对自己的专题进行证论。这一年的11月，原国家计委经济研究所副所长田方与该所研究员林发棠合作编出了《论三峡工程的宏观决策》，由湖南科技出版社出版。这是第一次汇集反对派的意见与公众见面。

这本书一出，"主上派"有些尴尬。因为仅仅是确定了初选方案，各专题组都在论证过程当中。而这个时间节点好巧，论证领导小组第五次（扩大）会议即将召开，将审议地质地震、水文、机电设备三个专题论证报告。

这本书是在全国政协经济建设组副组长林华先生的指导下，将国内外知名的有关专家、学者对三峡工程持不同意见的部分论述汇集而成，时任全国政协副主席周培源教授作序。全书分为三大部分共 50 篇文章。

该书所要表达的观点非常明确，其编者在其"总论"部分《从三个层次的总体战略上论证三峡工程》中言道：我们认为，对三峡工程不仅要从它本身，包括水文、泥沙、淹没、地质、地震、生态、水工、机电等科学技术问题和发电、防洪、航运等综合效益进行系统论证；而且，要把它放在以下三个层次的总体战略上进行综合论证。这就是：一要放在长江全流域综合治理开发的总体上；二要放在国家整个能源决策总体上；三要放在全国经济、社会发展战略总体上。决不能单纯地就三峡论三峡。

总之，三峡工程的论证应立足于缓上，甚至不上。

应该说，此书中的作者都是中国乃至世界知名的专家学者，谈的问题都没有超出三峡工程建设的范围。

"主上派"这一边慢了半拍，论证工作行将结束，1988 年 10 月，一本《三峡工程的论证与决策》由上海科技文献出版社推出，编者为上海发展战略研究会，主编为重耳。这显然是一个化名。

这本书显然是针对《论三峡工程的宏观决策》一书而来，该书的撰稿者大多是直接参加三峡工程研究、勘测和设计的专家，其中多数是这项工程所涉专业的知名学者，不少还参加了三峡工程的论证工作。显然，本书的撰稿者讨论的问题就不那么"宏观"，他们来自三峡勘测、设计、研究的第一线，有长期调查研究和科学实验作后盾，除回答三峡大坝遭遇核弹袭击问题涉及国防机密谈得比较简略之外，其他文章都是有骨头有肉，论说均有详细的勘测、实验数据支撑，因此底气十足。

史大桢、潘家铮、魏廷铮三位前往阿斯旺考察的专家合写的《向阿斯旺借鉴什么》收入其中。

针对《论三峡工程宏观决策》"从三个层次的总体战略上论证三峡工程"，主编重耳强调：

三峡工程该不该上，一是取决于工程本身的综合效益究竟有多大？花大力气将它开发出来，将对国家做出何种贡献,对经济和社会发展将起到何种作用？二是取决于我国现阶段的经济和技术发展水平，能否啃得动这块硬骨头？三是取决于三峡工程尽早上马的选择是不是在总体战略上的优化选择？

重耳在强调三峡工程在防洪、发电、航运的综合效益之后说：

兴建像三峡工程这样的大型水利枢纽，需要比较充分的前期准备工作，乃在人们意料之中。而酝酿和准备时间竟达数十年之久，且至今仍一时难以定案，则有点出乎人们的意料之外。细读专家们所撰长江流域规划史，三峡工程论证史，常常感到像我们这样的发展中大国，花几十年时间去认识一项与国计民生关系重大的战略性工程，应该说是非常必要的，值得的。在认识过程中产生某种分歧，甚至发生激烈争论，无疑也是正常的，是有积极意义的。几十年来，关心三峡工程的各界人士从各个方面各个角度提出各种见解和质疑，大大扩展和加深了人们对三峡工程的认识，正是这种必要性和积极意义的具体体现。

但是，人们对事物的认识是没有止境的，可以提一万个为什么，十万个为什么。对三峡工程当然也同样如此。但三峡工程毕竟不单单是一个认识问题。它上与不上，迟上或早上，都与长江流域经济与社会发展休戚相关。荆江大堤背后千百万人口亟待解除"达摩克利斯剑"的威胁，华北、华中和川东地区亟待三峡强大电力支援，被沉重煤炭运量压得缓不过气来的铁路运输亟待舒解，四川省乃至整个大西南的经济起飞亟待一条能通航万吨船队的川江。这一切，都有待三峡工程的兴建来兑现。从这个意义上说，有关三峡工程的论战和论证，都带有一定的紧迫性。抓紧把一些与决策有关的重大问题研究清楚，论证透彻，为中央及早作出有关三峡工程的决策提供经得起实践检验的科学根据，无疑具有十分重大的意义。[361]

《论证与决策》共分"三峡工程论证的历程""三峡工程的综合论证"、"三峡工程的专题论证"和附录"三峡工程基本情况简介"共 4 部分，计 44 篇文章，另外将老一辈水利专家，时年已经 91 岁高龄的汪胡桢老先生的两首诗置于篇首。序言由著名水利专家、武汉大学教授、湖北省政协副主席陶述曾老

361　参见《三峡工程的论证与决策》，重耳主编，上海科技文献出版社，1988.10，序言《我们为什么编这本书》。

先生撰写。

也应该说,这是一本对于公众认识三峡工程、了解三峡工程颇有益处的书,有理有据,表达中肯。

双方争论达到白热化还不是因为这两本书,而是来自 1989 年初的政治风波。政治风波让本来跌宕起伏的争论笼罩上了一层阴影,争论的话题远远溢出三峡工程本身。

作家卢跃刚在他的报告文学《长江三峡:中国的史诗》中曾提到过这样一个细节。"反对派"的《论三峡工程的宏观决策》一书出版之后,当时国家计委的一位领导以"老朋友"的身份向田方传达了"上面的意思",希望停止公开发行这本书。因为此书组织和撰写者规格、地位之高足以影响到中央的决策。这显然是"主上派"在做"外科手术",试图用压制的方法将反对派的意见压下去。这一压不要紧,《论三峡工程的宏观决策》不仅没有压回去,还压出一个《再论三峡工程的宏观决策》。[362]

《再论三峡工程的宏观决策》就不像《论三峡工程的宏观决策》那么客气了。此书仍然由周培源教授作序,因为"再论",周序遂称"再序"。

此书对重新论证的程序、过程和结果提出全面的质疑与反对,甚至包括论证方法和科学研究、实验都表示怀疑。中国的论证不可信,加拿大的证论也甚是可疑。

《再论三峡工程的宏观决策》仍由湖南科技出版社出版,时间是 1988 年 11 月。紧接着,一本在社会上引起巨大轰动的书——《长江,长江:三峡工程论争》,仅用 15 天时间就编辑完成,由贵州人民出版社出版,时间是 1989 年 2 月。这本书的扉页上印有一行字:"谨将此书献给 1956、1957、1959 年以来因对三峡工程发表自己的见解而受到不公正对待的科学技术工作者"。[363]

这本书的诞生恰逢其时。

1989 年春夏之交,三峡工程被拖入到政治风波之中,争论离开工程论证是愈来愈远了。正如本书的序言所言,这本书是给那些"主上派"扔下的一只"白

362　参见《长江三峡:中国的史诗》,卢跃刚著,《中国作家》1992 年第 6 期。

363　参见《百年三峡:三峡工程 1919—1992 年新闻选集》,长江出版社,2005.6,第 413 页。

手套"。

这篇序言《三峡"叫号"》确实是一篇很厉害的文章，文章有一段话：

只有摆脱开全权、全能政治的羁绊，作为一种独立人格和格致理性出现，科学才有可能开始展现自己的本能而求得与自然相契合的公平与正义。无疑，主张三峡工程上马的科学家们也自有其道理，科学本身会最终为这种分歧找到解决方法。问题在于，当科学一旦成为政治的仆从时，它就不成其为科学了，它的那种听来清晰而又冷静的声音就会显得虚伪可疑，还比不上良知与常识的虽然语无伦次但却真诚坦率的呼吁。不是说科学不可以与政治力量结盟，但这种结盟若要造福人类，就必须是科学控制政治而不是政治支配科学。对于中国人来说，几十年乃至几千年的悲剧恰恰在于政治支配了科学，吞噬了科学，乃至于支配和吞噬了全部社会，吞噬和支配了人的大脑和良心……[364]

潘家铮后来回忆说，在《长江，长江：三峡工程论争》的编者看来，"三峡工程成为一块奇妙的试金石"，"三峡工程变成了一块奇妙的鉴定一个人有没有大脑和良心的试金石"。[365]

据卢跃刚讲，此书一出，某些单位和个别人，把此事上纲上线。在 1989 年 9 月向这本书中被采访的专家学者所在单位或原单位机关党委寄信，并提供了相关材料，供"单位在清查和考察干部时参考"。[366]

潘家铮其时正在准备三峡工程可行性报告准备上报国务院，忙得不可开交。但他还是见到这本书。他说：出版一本书当然不足为怪，这些文章也不知在海内外报刊转载过多少次了。但这位对科学技术和水利工程一窍不通的记者如此卖力，根本不是在讨论工程的得失。

这还是其次，这样一本书出现在 1989 年的春天，情形就大不一样了。

---

364 参见《长江，长江：三峡工程论争》，戴晴主编，贵州人民出版社，1989.2。

365 参见《春梦秋云录——浮生散记》（第二版），潘家铮著，中国水利水电出版社，2000.12，第 374 页。

366 参见《长江三峡：中国的史诗》，卢跃刚著，《中国作家》1992 年第 6 期。

卢跃刚后来采访潘家铮，告诉他这本书出版之后的后续故事，对反对意见评价很高的潘家铮直皱眉头。

他是受过政治运动伤害的人，怎么不知道以这种方式处理问题给更多人带来的伤痛？但是，这样来讨论一个工程，怎么听怎么刺耳，他非常恼火。

也就是这个时候，三峡工程再度搁浅。

1989 年 4 月 4 日，国务院副总理、国务院三峡工程审查委员会主任姚依林代李鹏总理回答荷兰记者提问时回答："三峡工程现有争议。主张建三峡工程的人是有道理的，反对上三峡工程的人也是有道理的，因此这个问题还需要经过详细的认证。我认为，三峡工程在今后五年之内是上不去的。在现在的治理整顿期间的计划以及将来'八五'计划都不会有大规模上三峡工程的计划。因此现在不必花很大的精力去争论。将来如果要上三峡工程，肯定是要经过人大批准的。所以我建议现在这个问题不必继续讨论。"

姚依林此番表态，距离论证工作结束还不到一个月。

其实，在此之前的 1989 年 2 月，在水电部三峡论证领导小组第十次（扩大）会议期间，《解放日报》社的《报刊文摘》就引述香港中国通讯社关于姚依林副总理的表示，内容与 4 月 4 日的表述差不多。

陆佑楣在会议开幕式上讲话时也有一番解释，希望论证工作按既定程序进行，审议可行性报告，按原定计划报送国务院三峡工程审查委员会。[367]

处在当时的政治环境之下，这无疑是一种政治智慧。

还在准备给国务院的上报资料的论证领导小组成员们当然暂时不可能理解中央领导在处理这个问题上的一番苦心，都感到很错愕。尤其是做了几十年三峡梦的工程技术人员，真如凉水浇头，失望、迷惘笼罩在论证领导小组每一位成员的心里。

春梦秋云两无踪。三峡工程的命运再一次像三峡的峰峦一样被笼罩在一片浓重的大雾之中，不见了踪影。

1989 年 8 月，论证小组整理好论证成果，按程序上报国务院后，潘家铮写下了"春梦秋云两无踪"这首诗。

367　参见《百年三峡：三峡工程 1919—1992 年新闻选集》，长江出版社，2005.6，第412-413 页。

关于这首诗，潘家铮有自己的一番诠释。2006年，接受央视《大家》栏目采访，主持人曲建东就以这首诗作为开头进入采访。

因为国务院领导同志公开讲了，说三峡工程最近几年不会上马，你们不要争论了。这个工程就没有多少希望了。在这样一个情况下，我想我这一辈子，水利工程干得也差不多了，恐怕再没有太多的事可以干了。所以"伏虎降龙事已终"，过去的事儿已经渺渺茫茫了，竟然想不起来，好像春梦、秋云一样都散掉了。春梦易醒，秋云易散，过去的事情都散掉了。

当时，三峡工程已经和政治发生了关系，有很多人反对修三峡，实际上并不是反对工程的本身，是有政治目的，就是共产党要修三峡，就反对。那么在"六四"风波以后，第二年中央从大局出发，希望局面尽量能够稳定、安定。就有一位领导同志来做工作，他说，三峡工程最近五年内是不会上马的，你们就别再争论了。这话传达下来，实际上就是判了死刑，心里非常失落。这么好的宝藏没有开发出来，这一生可能看不到开发了，心里有很大的失落感，所以我就写了这首诗。另外我还写了篇文章，叫作《三峡梦》。[368]

三峡梦说

一篇《三峡梦》既是对三峡工程种种质疑的回答，又是对三峡工程的呼唤。

潘家铮和同事们还是"擦干眼泪，咬紧牙根，把未做完的工作做完"，三峡工程重新论证成果在1989年9月上报国务院。他们当时想，即使三峡工程永远不上，至少要给后代留一份完整的资料。

政治风波之后，三峡工程的话题暂时告一段落。但潘家铮却念念于兹，当年采访过潘家铮的作家卢跃刚这样描述此时的潘家铮：

潘家铮不是那种剑拔弩张的人，生性柔韧，含而不露，即使发火，也很有节制。

---

368 参见《大家·10》，薛继军主编，商务印书馆，2010.7，第126页。

看得出来，他不善交际，亦不善直面答辩，却有一手好文章。

他内心世界波澜汹涌，却在表面不着声色。

所以，他一回家，就钻到书房里不出来，全不顾夫人和女儿的反对，全神贯注向无声的世界倾诉肺腑之言。[369]

卢跃刚这样描述当时潘家铮的心情。

他对两边的过激行动都有看法。

他作为主上派的关键人物，实际上扮演两种角色。一种是科学家和论证技术总负责人，必须牢牢地站在科学的和客观公正的立场上听取意见，并将正反两方面意见的有益成分吸收进来，为决策提供没有任何偏见的参考；一种是艺术家，对三峡，他有态度，有梦想，有激情，而梦想与激情被前一种角色的社会要求给压抑了。他必须寻找一种渠道来直率地表达自己的真实想法。

他找到了文学。[370]

《三峡梦》在潘家铮诸多散文随笔作品中，在表述风格上是一篇很特别的文章，沉郁、忧伤、失落的情绪笼罩全篇，时光仿佛突然搁浅，水云相和，呜咽如诉。或许是梦特别适合诱发潘家铮诗人的情愫，读起来又有一种畅达通透的感觉，抒情而清朗。

朋友，你到过三峡吗？

三峡是个诱人做梦的地方。古往今来，有多少英雄豪杰、骚人墨客为这百里画廊神魂颠倒，积思成梦，有美丽奇幻的梦，也有辛酸的梦和噩梦。

作者以这样的笔调开始叙述一个一个梦境。

《三峡梦》的写作时间是 1990 年初，连载于《中国水利》1991 年第 1 期和第 2 期。

369，370 参见《长江三峡：中国的史诗》，卢跃刚著，《中国作家》1992 年第 6 期。

后来潘家铮谈到这篇文章的缘起，他说：因为在工作中，大家意见老是不能统一，有些问题你要通俗地说清楚，也很不容易，至少广大的老百姓很难了解。我想来想去，能不能不要写严肃的、学术性的文章，能不能写一篇散文、一篇故事，或者写一篇梦话，你用做梦说的话，把主要的情况讲清楚，把真正的焦点说出来，让外行的人一看也知道。另外也反映了我对三峡工程不能上马的一种失落感、一种忧虑。所以就写了这篇《三峡梦》。[371]

这篇文章也真是起到了让外行一看就明白的效果。文章刊出之后，先是长江水利委员会主办的文艺期刊《大江文艺》全文转载，接着有的报纸跟进，连载推出。

《三峡梦》用"梦"的方式将三峡工程的来龙去脉，以及围绕三峡工程争论的焦点问题一一串联起来。全文共分为 10 个小节，虽然是梦境，但无一不与现实一一对应。

文章的重点放在争论比较激烈的防洪、发电、航运、人防、环保、投入与产出、论证过程中的技术民主问题、对妖魔化三峡工程的辩驳，最后是作者对三峡工程以及中国水电建设的全局性思考。

这篇文章应视作潘家铮第一次公开、全面阐明对三峡工程的认识、态度和观点，可是他选择了文学表达，他要让更多的人知道三峡工程是怎么一回事。文学又恰到好处能够将工程师与诗人双重身份结合在一起。潘家铮善于将复杂的工程计算简化，这一回，他再一次删繁就简，将复杂抽象的技术问题形象化，三峡工程和围绕三峡工程的争论清晰地呈现在读者面前。

首先是洪水噩梦。潘家铮乘坐时光机器回溯到 1870 年农历五月和 1954 年长江全流域型大洪水现场，天降豪雨，倾盆倾缸，百川千溪，齐汇长江。洪水所到之处，堤溃坝决，哀鸿遍野。

水患不除，终是悬在长江中下游地区头上的"达摩克利斯之剑"。要知道，"长办"也即长江流域委员会办公室拥有 12000 多人的队伍中，有一半以上从事水文勘测基础工作。全流域有基本水文站 894 个，水位站 1418 个，雨量站 4697 个，长办还有水文勘测队 7 个，河道观测队 10 个，整编水文资料站 91934 个，

371　参见《大家·10》，薛继军主编，商务印书馆，2010.7，第 127 页。

年刊布水文资料达 39 巨册，河道观测资料则共刊布 23 册。[372]

从 50 年代开始，长办即组织雄厚力量调查历史洪水，即进行"水文考古"，查得 1153 年以来，重庆至宜昌 600 公里河段 1200 处洪痕，特别是对 1788 年、1860 年、1870 年等特大洪水的调查，有相当高的精确性。[373]

长江数百年水文资料的完整和权威，远近闻名。

1962 年，存放水文资料的大楼发生爆炸事件，惊动了毛泽东。毛泽东大为震惊，焦急地询问时任中南局书记的王任重，当得知水文资料安然无恙，这才松了一口气。从此之后，长办的水文资料复制 4 份，分置全国各地，以备不测。[374]

长办用了整整 30 年时间得到的洪水资料是权威的，三峡工程的防洪、滞洪、削峰作用也不可否认。

潘家铮说，任何一个中国人都不会愿意在神州大地上发生这样的浩劫，也不会反对采取些措施阻止出现这种灾难。

接着是发电美梦，潘家铮盛赞未来的三峡水电资源是一座抽不干的油田、采不完的煤矿。再是航运，他再以"乘缆车和坐电梯的哲学"喻之，大坝腰斩长江，数千年"百舸竞流"的景象永远成为记忆，万吨船队排队过闸，表面上阻断了航道，但换来的是 600 公里的畅通航道和十多小时甚至几十小时的航程节约，就像用缆车和电梯免除人们爬山之苦、登梯之累一样。

三峡大坝的人防是双方争论中的焦点之一。他穿越时空，虚构自己打入希特勒的军事会议，这个战争狂人正在讨论如何炸掉三峡大坝，一举征服中国。潘家铮在希特勒面前直陈炸掉该坝的种种不易，不仅在战略上是愚蠢之举，在战术上亦不可施行，最后气得希特勒拿起手枪对准了他的脑袋——噩梦终醒。

关于人防问题，说起来特别复杂。早在 50 年代末期，第一次"三峡热"，人防已经在决策考虑范围之内，直到 60 年代，中国拥有了自己的核武力量，防空问题才出现了转机。但是，1991 年 1 月，海湾战争爆发，现代战争的阴云再次笼罩三峡工程。

372，373，374　参见《长江三峡：中国的史诗》，卢跃刚著，《中国作家》1992 年第 6 期。

为准确得出大坝被炸后的灾难情景，长办特地在湖北蒲圻做了一个三百多米长的三峡水库模型，下游的山川地势都按原物模拟，分别按大坝被爆炸的不同量度，观察对下游的破坏程度，敌国对我突然发射几枚原子弹，并准确命中大坝，大坝瞬时被毁，大水汹涌而下，横扫一切，但下游狭窄的 40 公里河谷，水体被分段阻隔，洪峰在向下游流经时迅速减退，沿坝址至枝城一线漫出河道，摧毁民房，万物悉数被淹，大水抵达沙市段，已趋平稳，武汉、江汉平原、洞庭洞区安然无恙，并未成全流域性灾难。潘家铮将这个试验过程以及现代战争的特点，全部收纳到与希特勒一番斗智斗勇的梦里，读来饶有趣味。[375]

接着，他又梦到自己被起诉至"国际生态环境法庭"受审。检察官实际上就是反对者和质疑者的化身，潘家铮当庭自我辩护。

这是一篇精妙的辩护词。不录。

一诉一答之间，移民、淹没、文物保护、自然景观、生态、水产、泥沙、环境诸多问题尽括其中。到底是利大于弊，还是弊大于利，公诉者咄咄逼人，答辩者振振有词。这虽然不是论证会现场复原，亦可视作不同意见的形象演绎。

等等等等。潘家铮面对各种各样的质疑、诘问、责难都逐条解答，妙喻频出，苦口婆心。他尽量说得详细、形象、通俗，谁看了这篇文章都会觉得，原来三峡工程和围绕三峡工程的争论是这么一回事。

尽管是形象性的文学表达，还是可以看出这篇文章的骨头所在，当年新安江工地上一口气写百余张大字报那个设计总工程师的影子依稀可辨。所以卢跃刚感慨地说，这篇文章是潘家铮为了实现"三峡梦"拿起的剑，向反对者扔出的白手套。

这时候能够站出来如此旗帜鲜明为三峡工程张目，要承受多大的压力！中央已经明确表示三峡工程五年内不会上马，不必再为此争论；三峡工程的争论已经不是一个简单的工程技术问题，被涂上了浓重的政治色彩，说三峡工程的"好话"，还是旗帜鲜明地反对它，已经是一块有没有知识分子"独立人格"的试金石；政治风波平息后短暂的沉寂期，三峡工程变成了一个非常敏感的话题。

潘家铮能够站出来说话，是需要勇气的。

375　参见《三峡不是梦》，邹爱国、张宿堂著，中国工人出版社，1992.3，第107—110页。

不是所有的人都理解潘家铮此时的苦闷与迷惘，疲惫与期待。对工程本身有异议，这个很正常，但是把工程之外的情绪掺杂其中，甚至对论证和实验数据采取完全不信任态度，将数万人次参与的实验与论证说成是虚假的。有论者甚至认为，现在不仅工程上不得，就是论证都显得多余，因为现在的社会风气败坏，待社会风气恢复到 50 年代的水平再论证也不迟。

论证结束，潘家铮代表论证领导小组向国务院作《关于三峡工程论证情况的汇报》，一位同潘家铮一样长期工作在工程第一线的老水电专家在分发的发言稿边上批注："御用文人妙笔生花，岂敢螳臂挡车"。

不理解的人来自水电行业之外，也来自水电行业之内。其承受的压力可想而知。

这让潘家铮不能接受，更让他不能接受的是，一些人将科学问题与政治问题搅和在一起，将主上派一概说成是在政治威权下的泥娃娃。更有甚者，有人还比拟宋代奸相秦桧的下场，建议在三峡大坝坝址处，修建若干主上派代表人物跪像，供后世千百代中国人唾骂，男的谁谁谁，女的谁谁谁，还有谁谁谁，潘家铮的名字有幸忝列其中。

他内心里那种无奈与忧伤、恼火不难想象，争论已经脱离开技术，更脱离开政治，堕为等而下之的诅咒与漫骂。

对此，潘家铮在 2000 年写的《世纪梦圆与终身遗憾》一文回忆当年论战时讲道：

讲到 200 年来的中国知识分子，其所受苦难屈辱之深，那是任何国家知识层从未经历的。正因如此，他们具有无比强烈的爱国心和振兴祖国的愿望。这也是他们即使受尽委屈仍然对祖国、对共产党苦恋不休的原因。只要共产党能纠正失误，他们就不会离开这个核心和希望——个人苦难，一笑泯之。他们可能会被迫说些违心话，但任何情况下不会变成泥娃娃。以水电和筑坝为例，法国发生过玛尔帕塞垮坝事故，意大利发生过瓦依昂悲剧，美国的提堂大坝在顷刻之间灰飞烟灭。而中国，只要是正儿八经由水电部门修建的高坝大库迄今都能安全运行。能设想一群没有大脑和良心的工程师会取得这样的成就吗？[376]

376 《春梦秋云录——浮生散记》(第二版)，潘家铮著，中国水利水电出版社，2000.12，第 376 页。

写作《三峡梦》同时，潘家铮还有一篇散文——《我和三峡》，此文发表在《中国水利》杂志 1992 年第 3 期，但这篇文章的写作时间应该在《三峡梦》之前。

潘家铮的三峡梦才刚刚开始。他说：

信心虽足，流年似水，我已垂垂老矣。三峡的开工还需要人们取得共识，需要中央和人大的决策，需要有个更宽松有利的经济环境，三峡建设周期又较长，看来在我有生之年怕是难以看到它的竣工。但我尚存奢望，希望能看到三峡的开工。而在我心脏停止跳动以前，我愿意为三峡工程做出一切力所能及的贡献。[377]

他想起小时候听过祖母讲的一个传说。家乡绍兴有一座三江闸，他小时曾见过这座水利工程，也是他平生第一次见到的水利工程。祖母告诉他说，当年水闸在建造过程中，屡建屡毁，年年水灾依旧，许多官员和工匠因此丢了性命。后来来了一位太守，夜里城隍托梦给他，要建成水闸，必须在五月初五那一天，杀掉一个戴铁帽子的人垫在闸底。太守就亲往守候，但哪有人戴铁帽子呢？可巧有一人姓莫的穷书生买了一只铁锅回家，正值大雨，就把锅子戴在头上遮雨。太守见状，将这个人杀掉垫在闸底，水闸果然建成了，多大的海潮都冲不掉它。

祖母讲给他的这个故事显然很荒诞。翻阅中国治水史料，附丽这样血腥而悲壮传说故事的水利工程比比皆是。这些传说故事未必为真，但从一个侧面反映出兴建一座水利工程的艰难与不易，或者说，没有哪一座水利工程不付出代价就可以一蹴而就，顺风顺水。这里有着非常深刻的隐喻。

这个故事深深刻在潘家铮的记忆里，他对莫姓书生非常佩服。能够牺牲一己性命，换来家乡永庆安澜，也应该是值得的。潘家铮在这篇文章里悲壮地写道：

如果三峡工程需要有人献身，我将毫不犹豫地首先报名，我愿意将自己的

---

377 《春梦秋云录——浮生散记》(第二版)，潘家铮著，中国水利水电出版社，2000.12，第 368 页。

身躯永远铸在大坝之中，让我的灵魂在晨曦暮霭之中，听那水轮发电机的歌唱，迎接那万吨船队的来往，直到千秋万载。[378]

这是一位 65 岁的老科学家的心愿，这段话发自一位 65 岁的老水电工程师的肺腑，绝不是矫情之语。

截止到论证结束的 1989 年，参加论证的一些著名的科学家在论证的岗位上也给自己的生命画上了句号。他们是水利部副部长、高级工程师娄溥礼，中国科学院学部委员、中国电机工程学会理事长毛鹤年，国际泥沙专家、中国科学院学部委员钱宁教授，著名地质专家、施工专家组副组长杨春桂，著名系统工程专家马传凯，著名水利专家张志诚，长办副主任、移民专家工作组组长邹兆倬。

还有一位，就是潘家铮当年浙江大学的老师汪胡桢先生。潘家铮借调北京之后，与汪胡老走在一起，师生变成战友，学术上多有切磋。1988 年，汪胡桢 91 岁。潘家铮前去看望老先生，此时汪胡老目力严重衰退，只有一目有 0.1 的视力，仍然依靠放大镜在那里伏案写关于三峡工程的建议，潘家铮见此情景，真想大哭一场。

自己也已经是步入老年的人了，莫非也要步先生的后尘吗？

汪胡老读罢《论三峡工程的宏观决策》一书，感慨系之，他用颤抖的手写道："我认为，国家正在大力开发我国丰富的水力资源，长江干支流的水力资源将全盘利用。先支后干或先干后支，不过时间问题而已，用不着多加争论。尤其不宜提出三峡工程缓上或不上的论调。切望海内贤达从远大方向着想，捐弃成见，共同促成三峡工程。"

赋诗曰：

改革从来议论多，长江三峡竟如何？
莫因干支争朝暮，更勿拖延等烂柯。
建设方成新世界，更新才唱太平歌。

378 《春梦秋云录——浮生散记》（第二版），潘家铮著，中国水利水电出版社，2000.12，第 368 页。

敢希海内诸贤达，慧眼同开看远图。[379]

1989 年 10 月，92 岁高龄的汪胡桢先生去世。"莫因干支争朝暮，更勿拖延等烂柯"，先开发支流，再开发干流，是老部长李锐的主张。这主张影响很大，但长江开发准备这么些年，支流干流孰先孰后，已经不是什么问题。烂柯山的典故在距黄坛口不远的地方。汪胡老真是一片苦心，只是他没能够等到三峡工程最后尘埃落定的那一天。

同样是一代杰出水工专家，同样是在水电工程一线奋斗了一生的工程师，潘家铮能够说出"愿将残生献三峡"这样悲壮的话，当一点都不奇怪。

379　参见《三峡工程的论证与决策》，重耳主编，上海科技文献出版社，1988.10，第 6 页。

潘家铮传

第十六章

三峡之子：愿将残生献三峡

世纪梦圆

三峡工程并没有像潘家铮想象的那么悲观。

如同三峡工程被打入"冷宫"一样出人意料，时过一年，三峡工程的决策有了转机，国务院通知论证领导小组准备听取有关三峡工程论证的全面汇报。论证程序依然按国务院 1986 年 15 号文件的要求进行。

1990 年 7 月 6 日，国务院召集"三峡工程论证汇报会"。

这是一次向国家决策层的汇报。

参加会议的有中共中央政治局、中顾委、全国人大、全国政协、国务院 26 个部委、各民主党派负责人，以及湖北、四川等省市的省长、市长共 175 人。

参加汇报的除论证领导小组成员，还有 105 位各方面的专家。

在会前，新一届中共中央总书记江泽民会见参加会议的全体人员。早在前一年的 7 月 21 日至 24 日，江泽民就视察了三峡坝址、葛洲坝工程、荆江大堤和荆江工程以及长江科学院三峡水库模型试验区。江泽民此行，所听所闻，所思所想，在在关乎争论激烈的三峡工程重大问题。

在汇报会上，潘家铮代表论证领导小组作《关于三峡工程论证情况的汇报》。75 位专家、教授、学者和各方面人士在大会上发言或提交书面意见，反映各自意见。

国务院副总理姚依林总结，他肯定论证工作的科学性、民主性和可靠性，认为比以往任何其他工程的论证工作更深入细致，确认长江水利委员会提交的《可行性研究报告》可以组织审查。

这个汇报会开了整整 9 天。

8 月 22 日，国务院办公厅下发国办发〔1990〕578 号文件，正式成立"三峡工程审查委员会"，主任邹家华，副主任王丙乾、宋健、陈俊生，委员杨振怀等 25 人。

三峡工程经历两年多论证之后，这是又一次非常严格的审查。审查委员会由 4 位国务院副总理挂帅，22 个局、委、院的负责同志参加，还聘请有 165 位专家。这 165 位专家中，大部分没有参加过重新论证工作。审查分 10 个专题，对《可行性研究报告》先是预审，然后集体审查，历时 10 个月。

对《可行性研究报告》的审查，等于是再一次论证。这个过程对针锋相对的论证双方都是一种煎熬，潘家铮所能做的只有等待。《三峡梦》和《我与三峡》两篇文章就写于这一时期。

其实，从 1986 年开始第二次论证，一直到三峡工程被推到风口浪尖之上，并没有多少人光顾过三峡坝址，不能说反对上三峡工程的人对三峡工程了解片面，至少，对工程了解不可能很全面。

审查三峡工程《可行性研究报告》的同时，沉寂的三峡坝址处开始热闹起来，迎来一批又一批前来考察、视察、采访的中央领导和各路新闻记者。这真是一个不小的玩笑，几十年关于三峡工程的争论、激辩、责难、质问，当事人并不在场。

1991 年 4 月 18 日至 24 日，国务委员陈俊生率国务院办公厅、国务院三峡地区经济开发办公室、国务院政策研究办公室、水利部、建设部等有关部门负责人考察三峡库区。

5 月 29 日至 6 月 6 日，时任国务院副总理的邹家华率审查委员会部分成员及有关部委和湘、鄂、川三省负责人考察三峡库区、荆江分洪区和洞庭湖区。

9 月 13 日至 18 日，中共中央政治局常委李瑞环考察长江，视察三峡坝址，并与鄂川两省的干部、群众座谈，强调治理开发长江要着眼于防洪。途中听取长江水利委主任魏廷铮关于长江治理开发情况的综合汇报。

10 月 21 日至 11 月 2 日，全国政协副主席王光英率由 26 位全国政协委员组成的全国政协考察团考察三峡工程库区、坝址、葛洲坝水利枢纽、荆江分洪区、洞庭湖区。

11 月 13 日至 24 日，以全国人大常委会副委员长陈慕华为团长，人大常委会副秘书长曹志为副团长，由 25 位委员组成的全国人大常委会三峡工程考察团考察重庆、宜昌、沙市、公安、岳阳等地市县，以及三峡工程坝址、葛洲坝水利枢纽、荆江大堤、荆江分洪区、洞庭湖区。

12 月 12 日至 19 日，以国家计委副主任甘子玉、水利部副部长张春园、能源部副部长陆佑楣、交通部副部长刘松金为领队，由 28 个省、市、自治区和 13 个计划单列市分管计划工作的副省长、副市长共 47 人组成的全国省长三峡考察团考察重庆、三峡库区、坝址、葛洲坝、荆江分洪区、洞庭湖区及长沙市。[380]

......

半年多时间，考察者纷至沓来，三斗坪上车来船往，节奏不可谓不紧凑。之所以不惮其烦将考察大事记录下来，是因为与潘家铮那一篇《三峡梦》有关系。

组织考察，如此密集，都围绕审查《可行性研究报告》进行。听取汇报是一回事，阅读资料是一回事，实地考察又是一回事。但是如何将枯燥的数据表达与技术术语让考察者一目了然，长办陪同考察的工作人员颇动过一番脑筋。正好潘家铮的《三峡梦》发表，又被许多报刊转载，于是长办的人便将转载《三峡梦》的报刊买来许多，放在轮船上当资料让大家随手取来阅读，许多人读得津津有味，潘家铮的《三峡梦》把三峡工程的来龙去脉和争论过程交代得很清楚。

后来长办的同志跟潘家铮开玩笑说，您的那一篇万字散文，直抵汗牛充栋的技术资料，举重若轻，真是为三峡工程的上马立下了大功。

潘家铮笑而不答。

潘家铮清楚，这篇文章虽说有一点作用，但关于三峡工程旷日持久的论证最终尘埃落定，一己之力实在绵薄，这座跨世纪的工程，注定要倾注更多人的心血和智慧。

国务院对《可行性研究报告》的审查进行了半年之久，于 1991 年 8 月 3 日结束，审查委员会委员全体签字。

审查的结果，一致同意《报告》提出的基本结论："兴建三峡工程效益是巨大的，特别对防御长江荆江河段的洪水灾害是十分必要的、迫切的；技术上是可行的，经济上是合理的；我国国力是能够承担的，资金是可以筹措的；无论从发挥三峡工程巨大的综合效益，还是从投资费用和移民工作的需要来看，早建比晚建都要有利。"

这个审查意见随即上报国务院，建议党中央、国务院予以批准并提请全国人大审议。

380　三峡工程论证汇报和审查时间表，参阅《中国水力发电史（1904—2000）》第四册（第一稿），中国电力出版社，2007.5，第132-137页。

到此为止，三峡工程论证的进展，实际上还是按 1986 年决定重新论证规定的程序在推进。在程序上并无差池，只是过程有些复杂而且曲折。

审查委员会对《可行性研究报告》审查半年多之后，1992 年 3 月 16 日，时任国务院总理的李鹏向七届人大第五次会议提交《国务院关于提请审议长江三峡工程的议案》。

百年三峡梦，"三峡史诗"直到此时才掀开它第一个章节。

从国务院审查工作结束到提请全国人大审议这半年多时间，潘家铮忙碌的身影不断出现在关于三峡工程和其他技术性会议上。年过六旬的科学家兼工程师，他的智慧与经验正处于黄金时期，多重身份集于一身，中国科学院学部委员、国务院学位委员会委员、能源部总工程师、三峡工程论证领导小组副组长兼技术总负责人、中国大坝委员会主席、河海大学和清华大学双聘教授。毫无疑问，三峡工程在他的心目中占有相当重的位置，尽管三峡工程并不是晚年潘家铮技术生涯的全部。

他曾对前来采访的作家卢跃刚称，三峡工程在他的心目中并不是一个最理想的工程。他心里最理想的工程是什么？他没有回答。[381]

但他在《春梦秋云录》有一篇《世纪圆梦与终生遗憾》最后有一节文字，说到他的终生遗憾，可视作是对这个问题的解答：

中国的西部，尤其是大西南富集了得天独厚的水能资源。三峡水电站装机容量 1820 万千瓦，世界之冠，可是和整个水电蕴藏量相比，仅是个零头。在云、贵、川（渝），加上西藏，还可划进广西，奔流着金沙江、雅砻江、大渡河、乌江、怒江等八大江河，不计他们的源头部分，经查勘规划的可开发水能资源达 2.5 亿千瓦以上，发电量达 1 万亿千瓦时以上，相当于年产 5 亿吨原煤或 2.5 亿吨原油而且永不枯竭（除非太阳熄灭）的大煤矿、大油田。

中国是能源紧张国家，石油天然气尤其短缺。为什么不尽早开发这取之不尽用之不竭的清洁能源？为什么不利用丰水期十分低廉甚至被丢弃的水电来制造氢能、制造人造石油？数十年来水电界人士奔走呼号岂仅为一座三峡工程，

381　参见《长江三峡：中国的史诗》，卢跃刚著，《中国作家》，1992 年第 6 期。

他们的理想是尽量开发水电宝藏输向东方，让祖国有坚实的能源基础。开发三峡，仅是一场序幕。[382]

1992 年 3 月 21 日至 4 月 3 日，潘家铮出现在七届全国人大第五次会议的讨论会上。人大代表将分组深入审议三峡工程议案，三峡工程论证领导小组除了要准备相关资料供代表查阅之外，他们分别被派到各组介绍三峡工程和接受质询。潘家铮被派往"港澳组"。

为全国人大代表全面地介绍三峡工程，对潘家铮而言并不是什么难事。潘家铮记得，当他数次反复深入介绍关于三峡工程的情况之后，越剧界代表、著名演员袁雪芬就激动地说：过去对三峡工程不了解，有很多误会，现在知道这是为全国人民和子孙后代办的好事，党和政府组织专家们做了如此长期详尽的工作，我要行使人民代表的权力，投下庄严的一票。

1992 年 4 月 3 日，七届人大五次会议对兴建三峡工程议案投票表决。2633 名代表投下自己庄严的一票，投票结果，1767 票赞成，177 票反对，664 票弃权，25 人未按表决器。

赞成票刚刚超过三分之二。时任全国人大常委会委员长万里宣布：赞成票超过半数，《三峡议案》通过！

等在会场的潘家铮没有说话，雷动掌声似乎对他没有什么触动，好像脑子出现了一瞬间的空白，谁都看不出他的内心波澜，他感觉自己的眼眶有些湿润。

在《议案》提交人大之前，论证领导小组还有一整套《议案》被人代会否决的应对材料，他这个论证技术负责人，口袋里放着一份《议案》被否决之后的发言稿。尽管这个发言稿充满苦涩，但必须有。此刻，这个发言稿用不着了。

会场外，许多人老泪纵横。

三峡工程从 1919 年第一次出现在孙中山的《建国方略》中，到 1992 年 4 月 3 日，已经走过了 73 年的时间，几乎就是一个世纪。这是人类文明史上从来未有过的事情。

如果说，在决议表决之前，三峡工程的构思还局限在论证的范围内，今天，

---

382 参见《春梦秋云录——浮生散记》(第二版)，潘家铮著，中国水利水电出版社，2000.12，第 383-384 页。

它的设计轮廓第一次清晰地呈现在全国人民面前：

三峡工程坝址位于长江干流中游西陵峡的三斗坪，距上游葛洲坝工程 38 公里。它兼具防洪、发电、航运、供水、旅游等综合经济效益和社会效益。水库总库容 393 亿立方米，调洪可削减的洪峰流量达 2.790 至 3.30 万立方米/秒，为世界之最。三峡工程将极大地改善长江中下游防洪条件，特别是可使荆江河段防洪标准由不足 10 年一遇提高到百年一遇，保护荆江河段 1500 万人口和 1.53 万平方公里耕地。即使遇到千年一遇，即 1870 年那样的特大洪水来袭，配合临时分洪措施，也可避免荆江大堤溃决，确保江汉平原和武汉市的安全。

三峡水电站 26 台单机装机容量 70 万千瓦的水轮发电机组，总装机容量 1820 万千瓦（2009 年建成之后，在地下电站又安装了 6 台 70 万千瓦机组，总装机容量达到 2250 万千瓦，远远超过位居世界第二的巴西伊泰普水电站），年平均发电量 847 亿千瓦时（2009 年建成之后，年平均发电量 1000 亿千瓦时），为世界上规模最大的水电站。三峡水电站位于中国腹地，地理位置优越，与华北、华中、华南、华东、川东的负荷中心均在 500 至 1000 公里之内，水电站将以 500 千伏交流输电线向华中、川东供电，以正负 500 千伏直流向华东和广东送电，并将与华北和华南联网。

三峡水库回水至西南重镇重庆市，它将改善航运里程 660 公里，并降低船舶运营成本，使重庆至宜昌航道通行的船队吨位由 3000 吨级提高到万吨级，单向通过能力由 1000 万吨提高到 5000 万吨。

三峡工程采用"一级开发、一次建成、分期蓄水、连续移民"的建设方案，建设总工期为 17 年，分为 3 个阶段进行。1993 年至 1997 年施工准备阶段为一期工程，以大江截流为标志；1998 年至 2003 年为二期工程，施工时间 6 年，以实现第一批机组发电和永久船闸通航为标志；2004 年至 2009 年为三期工程，施工时间为 6 年，以实现全部机组发电和枢纽工程完工为标志。

国家批准的静态投资按 1993 年 5 月不变价格为 900.90 亿元，其中枢纽工程为 500.90 亿元，库区移民为 400 亿元。动态增加值是在对每年价差和支付利息预测的基础上，分年核定价差指数，经国务院三峡工程建设委员会、国家计委批准后，隔年结算。按 1994 年预计，工程建设期 17 年的动态总投资 2039 亿元。

人大表决通过三峡工程决议，在此后 20 多年一直是一个热议的话题。肯定者以为这是民主进步的结果，反对者认为，有近三分之一的人反对或弃权，此乃民意所向，三峡工程问题多多。2003 年 5 月，三峡工程二期工程结束，首台机组投入运行，潘家铮接受中央电视台《面对面》栏目采访，距人大表决通过建设工程恰恰 10 年。他这样回答主持人关于三峡工程从论证到人大通过时的心情。

胸有丘壑，一派坦然。

王志：在论证报告上有 9 位专家没有签字，这个事对您来说有压力吗？

潘家铮：没有什么压力，有 412 位专家做工作，有 9 位不同意，十个指头也不是同样长，你怎么能够做到舆论一律呢？

王志：1992 年通过的时候，还有三分之一的票是流失的，有 177 票反对，还有 600 多票弃权？

潘家铮：对，但是从法律上讲，只要一票多，超过一票就应该通过。至于弃权有什么奇怪的呢？大家对这个三峡工程不够了解，我也不能够投赞成票，也不能投反对票，我投弃权票，这正是人大代表负责的一种表现，他对三峡工程不了解，他听赞成的人讲也有道理，听反对的人讲也有道理。那我怎么办？我就投弃权票，这是负责。

王志：从道理上来说，从法律上来说是这样的，多一票就应该通过，但是实际上呢，对你的心理没有影响吗？那么多人没投赞成票……

潘家铮：没有什么影响，我反对这个全票通过，那个东西靠不住的，萨达姆总统他是全票通过，这个东西靠不住，应该有一定的反对票，这个是正常的，而且我们还可以从这个反对票里面来分析，从正面上吸取他的意见。

王志：我记得您说过一句话，贡献最大的就是反对者，现在这个观念有改变吗？

潘家铮：没有改变，原来我们的论证工作，设计工作，有些地方就是做得不深，不够细，他提出这个问题，这个要你答复，这个要你解释，这个他有不同意见，你不能不解释，不能不答复。

……[383]

---

383 参见《面对面·精彩版》，中国电视台《面对面》栏目组编，吉林人民出版社，2004.1，第 301-302 页。

经过漫长的等待，三峡工程的论证终于在 20 世纪最后的十年尘埃落定，梦想在西陵峡江之上徘徊了七十多年，终于等到了梦圆的那一天。

表决当天，潘家铮回到家里倒头睡去。

漫长的 7 年，时间仿佛就挤压浓缩在了今天，让潘家铮感到前所未有的疲倦，他真是累了。

一夜无梦。

出任三峡总公司技术委员会主任

全国人大表决通过建设三峡工程的决议，国务院迅速组织实施。

1993 年 1 月，国务院成立“三峡工程建设委员会”，这是三峡工程建设的最高决策机构。这个委员会的历届主任均由国务院总理亲自担任，副主任由国务院副总理及相关负责同志担任，成员则由国务院有关部委和重庆市、湖北省负责同志组成。下设机构有国务院三峡建设委员会办公室，负责处理建设委员会的日常工作；国务院三峡库区移民开发局，负责三峡库区移民政策、规划、计划的制定和监督实施；中国长江三峡工程开发总公司（简称三峡总公司），作为建设和经营三峡工程的业主单位，承担从投资、建设运营到还贷的全部责任。

一项工程由国务院总理亲自挂帅，这在新中国建设史上是从来没有过的。决策者从毛泽东、周恩来，一直到改革开放的总设计师邓小平，再到新一代中共中央领导，对待三峡工程慎之再慎。

而具体到工程本身，则要复杂得多。

三峡水利枢纽是世界上已建和在建中的最大水利水电工程，诸多复杂的技术问题丛生林立，重大技术难题需要一个一个解决，施工的组织和工程质量关乎三峡工程成败。工程开工之前，虽然已经经过长期的试验和论证，一些原则性的问题得到解决或明确，但毕竟是处于初步设计阶段，还有许多限制，不可能把所有具体问题都研究透彻。

有鉴于此，国务院三峡工程初步设计审查委员会在批准初设的同时，决定责成设计部门编制 8 个单项技术设计，包括 4 座主要建筑物——大坝、厂房、永久船闸和升船机，还有机电、二期围堰、建筑物的监测和泥沙专题。其后，国务院三峡工程建设委员会又决定授权三峡总公司负责组织审查各单项技术设计。其中上下游泥沙问题牵涉面较广，由三建委负责审查。

三峡工程的技术设计的特殊性在于，它是在施工准备工作已经开始，急待提出招标设计情况下突击进行的，有些问题还要补充做试验研究，任务特别紧急，困难当然也很多。在这种情况下，三峡总公司觉得，有必要成立技术委员会，统揽整个工程的技术审查工作。

潘家铮刚刚卸下工程论证领导小组技术总负责人的担子，再一次被推到三峡总公司技术委员会主任的位置上。他从三峡工程论证的技术主持人，变成直接建设者。

在此之前，潘家铮不止一次前往三斗坪工地现场指导工作。

1993年2月1日，初春时节，北方大地还残雪覆盖，三峡工地的"四通一平"刚刚启动了十多个项目，三斗坪江畔寒风阵阵，葛洲坝工程局的施工队伍正在进场，工地上显得热火朝天。潘家铮亲自到达施工现场——踏勘，每到一个项目部，都要铺开图纸，详细询问具体工程量、控制工期、施工方案和进展情况，对每一个细节都刨根问底。

1948年，66岁的美国工程师萨凡奇不得不将那份雄心勃勃的《扬子江开发设计书》永远封存在档案柜里；1993年，66岁的中国工程师潘家铮则冒着严寒出现在三峡工地上。

这是宿命，还是巧合？

潘家铮来到葛洲坝工程局，工程局正在开局干部大会。他在70年代末期就跟工程局结下了深厚的友谊，工程局领导深知潘总在业内的威望与人气，特邀潘家铮在会上"做指示"。

潘家铮即兴发言，他的一番话，对工程局上上下下震动非常大。他说：三峡工程将会选择最好的队伍；葛洲坝工程局是国内唯一一家有在长江干流上建坝的施工队伍，拿不了三峡工程入场券，领导班子集体跳长江；干不好三峡工程，更要跳长江。

幽默风趣，言简意赅，不留余地。

三峡工程建设，完全按照国际招投标程序，工程划分为单元在全国范围内招标。此前，葛洲坝工程局有些人自恃有在长江干流上施工筑坝经验，三峡工程志在必得，一副舍我其谁的架势。工程局为备战三峡，正在开展全员培训、全局性大练兵，潘家铮一番话，无疑是一服猛醒剂，让全局上下的头脑顿时清醒过来，两个活动迅速向纵深发展。

其实，从基层一线工程师做起的潘家铮对中国的水电队伍是非常自豪的，每每谈及中国的水电建设大军，总要冠以"举世无双"四个字。举世无双，不独因其人数最多，更因为其从勘测、设计、施工、科研到制造安装，行业齐全，力量强大，更因为其极强的事业心和凝聚力，还因为这支队伍能打硬仗并不断创造奇迹。[384]

拥有这样一支队伍，对三峡工程，潘家铮是有信心的。

1993 年，因为年龄原因，66 岁的潘家铮从总工程师岗位退下来，转任电力工业部技术顾问，但三峡工程施工进展情况，时时牵动他的心。许多富有经验的老专家也同样对工程准备工作非常关心。比如潘家铮的老上级，原水电部副部长李鹗鼎拖着病体坚持要到工地勘查，严恺、张光斗、杨贤溢、罗西北这些都是比潘家铮年长的老专家，三峡工程工地上经常看到他们的身影。

毕竟这是全国人民关注的一个大工程，你们呼唤了这么多年，别人说上不得，你们说上得，现在开工在即，哪里允许有任何疏漏？这是要向全国人民交待的。

周恩来总理当年叮嘱水利水电工程建设者的那句话，此时，回响在每一位老专家的心里：战战兢兢，如履薄冰，如临深渊。

前期准备工程包括"四通一平"在内，有征购土地，修通到坝址的一级公路，在西陵峡上凌空架一座悬索大桥，建造大量房屋，由设计单位继续深化初步设计、编制技术设计和招标设计，然后就是一系列工程项目招标。这些工作必须在正式开工之前全部完成。

1994 年 2 月，又是一个春寒料峭的初春，2 月 28 日至 3 月 3 日，三峡总公司在三斗坪召开"三峡技术设计审查工作会议"，会上聘请严恺、张光斗、杨贤溢、李鹗鼎、罗西北为技术委员会顾问（后来又增加林秉南教授），潘家铮任技术委员会主任。

这个委员会是三峡工程建设史上自重新论证以来，第三次大规模组织起来

---

384 参见陈飞《卓识与风范》一文，《永远的潘家铮》，中国水利水电出版社，2013.6，第 99 页。

的专家机构。下设有 8 个专家组，技术委员会委员担任各专家组负责人，聘请来自国内水利水电各部门，以及机械部、交通部、中科院和中国船舶工业总公司等各专业 157 名著名专家，共同组成专家组进行工作。

这个机构被人形象地称为三峡工程的"总参谋部"，潘家铮自然是总参谋长。

这副担子真是不轻，反过来说，责任也相应非常之大。一旦出问题，潘家铮要负主要技术责任。

技术委员会不仅负责审查三峡工程的各项具体的设计，而且还要咨询、指导解决重大的技术问题。时间紧迫，日程安排自然十分密集。

技术委员会通过《三峡工程技术设计审查工作办法》和《三峡工程技术设计有关科研、咨询管理办法》，审查进程主要是按照技术设计的进度安排，由项目负责人和专家组组长组织专家进行专题审查。

潘家铮仿佛忘记了自己是一位年近七旬的老人，对三峡工程的工作义无反顾，全身心投入。1994 年 2 月至 6 月，审定各专题的设计大纲，前前后后共召开了 18 次会议；1994 年 6 月至 12 月，对技术设计中的关键问题、主要坝体布置方案、结构尺寸和与之相关的科研问题与设计单位沟通研究讨论，此一阶段，共开了 28 次会议，其中包括共同赴三斗坪现场调查考察。[385]

1994 年 12 月 4 日，时任国务院总理的李鹏亲自主持三峡工程开工典礼，现场浇下主体工程的第一方混凝土，向全世界宣布，三峡工程正式开工。

富有诗人气质的潘家铮也在开工典礼现场，但他并没有感觉到诗情涌动。灵感蛰伏冬眠，炼句赋诗全无兴趣。技术设计审查告一段落，还有更为复杂的审查等在后面。

正如一期工程不显山不露水，连长江自己也没有感到有什么异样一样，开工之前的一切审查虽然紧张，一切都显得很平静。但挑战还在后面。因为，开工信号枪一响，开弓没有回头箭，来自全国的施工队伍隆隆开进，招投标队伍齐聚三斗坪，这时候，许多遗留问题、新出现的技术问题、复杂的计算问题很快显现出来了。

工程开工之后不到一个月，1995 年 1 月 1 日，技术委员会即开始审查各专

---

385 据《潘家铮院士简历及主要技术活动年表》，李永立整理，收入《中国大坝技术发展水平与工程实例》，中国水利水电出版社，2007.12，附录页。

题组提出的设计报告，每个专家组分别进行 5 到 7 次专题审查会、交流讨论会、终审会议，到 1997 年大江截流之前，技术委员在不到两年的时间里共召开了 64 次会议，对厂房、机电、二期围堰、建筑物监测等单项工程设计已经完成终审，前前后后共有 5000 多人次参加审查会议。

审查本身就是一项精益求精的大工程。此一系列审查过程中，争论贯穿始终，虽不至于像重新论证时的对垒分明，但其激烈程度跟重新论证时比起来，实在差不到哪里去。唯一的区别，大概就是外行人根本听不懂这些人在争论什么事情。

因此，潘家铮在 1995 年 1 月 11 日召开的长江三峡工程技术设计审查会议上，对技术设计审查工作任务作如是表述：

我们这次审查会议的任务很重，难度很大。因为，第一，如果说初步设计主要是确定工程的规模、总体布置和解决一些原则性问题，必要时在以后还有回旋余地的话，技术设计就要确定具体的方案和施工要求，包括许多细节，已没有回旋余地。设计好坏，审查结论是否正确，都要立刻受到实践考验。第二，三峡工程是当今世界上最大的水利水电工程，牵动着全国人民的心，也引起全世界人民的关注，我们只能做好，不能做坏。而且，正因为工程规模太大，在三峡工程中不允许做没有把握的事，不允许冒大的风险，同样也不允许保守落后，否则，都将会给工程带来严重后果，给国家、人民带来巨大损失甚至严重的政治影响。第三，由于历史原因，三峡工程初步设计中还遗留一些问题要在技术设计阶段研究解决，而技术设计与准备工程几乎是同时进行的，时间极为紧促，任务极为艰巨，这就给设计、试验、科研单位带来极大的困难，同样也增加了审查工作的难度。[386]

潘家铮强调，审查工作既要尊重设计单位精心设计，同时也要在大的原则性问题上紧抓不放，深究到底，还要远近结合，既要使工程在投产后能安全运行，取得巨大的社会和经济效益，也要考虑远景的情况和要求。只考虑近期要

---

386 参见潘家铮《在长江三峡工程技术设计审查会议上的讲话》一文。收入《潘家铮院士文选》，中国电力出版社，2003.8，第 311–312 页。

求，不考虑长时期的情况是不对的。这一次审查，是对技术设计全面的研究和讨论，该确定的确定，该决策的决策，该修改的修改，尽量明确下来。但工程实在太大，问题实在太复杂，如果确有少数问题仍不能确定，需要补做工作，也要实事求是提出来。有些问题可以作原则审定，但指出存在的问题和解决方向，责成设计单位在审查后补充做些工作，或采取专题报告方式报批解决，或授权设计单位比较确定，尽快补好课。

有些问题悬而未决，争论不休，已经直接影响到了工程进度，施工承包单位已经进场，施工详图都拿不出来，连时任三峡总公司总经理的陆佑楣都沉不住气了，直接找潘家铮要结果。

审查三峡大坝第 1 至第 5 坝段时遇到了问题。

说起三斗坪这个坝址，很有意思。三斗坪是经过几十年的勘测，在 70 年代就确定下来的。原来萨凡奇选择的南津关坝址，后来勘察人员在钻探的时候，发现这里喀斯特地貌发育，提起钻头来，岩样里甚至有一只螃蟹，而且还是活螃蟹，这个坝址并不理想。[387]

经过漫长的论证，最终确定三斗坪，这里的地质情况非常好，有问题也是局部的事情。这个局部就恰恰出现在 1 号到 5 号坝段。1 号到 5 号坝段是左岸厂房区，用最先进的手段查明，下面的基岩存在不利的缓倾角软弱结构面，因为布置坝后厂房，大坝下游又有较深的开挖形成的临空面，影响坝基稳定，这样，就存在一个坝段深层抗滑稳定的问题，所以，设计方案必须调整。

分析大坝沿着这组结构面的抗滑稳定的安全系数，又是一项十分繁复的工作，专家组调动国内多家设计单位、科研院校进行平行计算，但是计算的结果十分分散，争论不休，设计调整方案迟迟不能落实。

这时候，当时还是中国水利水电科学研究院研究员的中科院院士陈祖煜参加进来。他发现，其中第 3 号坝段一个给出的偏低安全系数很有代表性，是用 SARMA 程序获得的。恰好，陈祖煜院士在与澳大利亚 Donald 教授合作研究中发现，SARMA 程序忽略了条间力方向两种可能性的缺陷，他将研究成果发表在《加拿大岩土工程学报》上，论文有相应的判据和计算方法，纠正了这个程

387　参见《刘广润院士文集》，宋翠华编，中国地质大学出版社，2010.4，第 108 页。

序的缺陷。第 3 坝段这个偏低的安全系数显然是因为 SARMA 程序中被忽略的那一个条间力，导致计算的错误。

他向潘家铮报告了自己这个发现。潘家铮对陈祖煜为代表的新一代科学家的研究向来非常重视，他听陈祖煜讲：要证明这个计算错误很容易，把计算数据调来，将长江水利委员会设计院提供的混凝土的凝聚力设为零，安全系数立刻从 2.3 提高到 2.8——怎么可能凝聚力越小安全系数越大呢？显然是程序错误。

陈祖煜将自己的研究成果和论文发表情况详细解说一番，潘家铮异常兴奋，立即以技术委员会的名义召开一个专门研讨理论问题的会议，以解决这一长期争论不休的问题。他建议采取必要的加固措施，提高深层抗滑稳定的安全度。

会议议程中有一项"请陈祖煜同志做一个核心发言"，但在印发通知的时候，会议秘书处以为通知没有必要将这一条印上去，就删掉了。但潘家铮签发通知的时候，又特意将这一条补了回来。[388]

这时候，年迈的潘家铮已经不再是一个技术权威，不再是一个总工程师，好像重新回到当年现场设计总工的角色，特别注重年轻团队在具体技术细节中发挥的作用。

除大坝本身所遇到的问题之外，有进水压力管道、水电站厂房、永久船闸、升船机、二期围堰、机电设备、坝区泥沙、安全监测以及执行概算等关键性技术问题，都由技术委员会主持审查，遇到的问题莫不如此细致提出指导性意见，认真把关，既有理论分析，又有工程实践措施。

潘家铮主持技术委员会在 1997 年大江截流前夕完成了三峡工程技术设计的审查工作，这个"总参谋部"为三峡工程顺利建成奠定了坚实的基础。

1997 年 1 月，潘家铮在三峡总公司年度工作会上宣布：这座世界上最巨大、复杂的水利工程的设计工作已经基本完成，主要难关已经克服，基础资料、关键问题、主要布置方案、主要设计原则、设计选型、结构型式尺寸、施工措施等，都得到明确和落实，其中应用了大量新技术，满足了招标、投标和施工的

388　参见陈祖煜《纪念潘家铮——恩师、挚友》一文。收入《永远的潘家铮》，中国水利水电出版社，2013.6，第 28-29 页。

要求。

1997 年 11 月 8 日，长江三峡一期工程接近尾声。大江截流，这在三峡工程建设过程是浓墨重彩的第一笔，也是 1997 年全中国最引人注目的重大事件，牵动着全中国人的心，也吸引着全世界关注的目光。

可就在这个关键时刻，潘家铮却缺席了。

他躺在北京医院的病床上。

这一年，潘家铮整整 70 岁。

41 张会议证与三峡工程

三峡开发史波澜壮阔，序幕太长。三峡工程本身，即便在许多关心三峡争论的人那里，也是云里雾里，不知就里。

现在可以回过头来说一说三峡工程建设本身。

潘家铮曾感慨说：不亲身参与，就难以体会这座世界上最大的水利枢纽工程的宏伟与复杂。

就像当年潘家铮笔下的新安江工程一样，三峡工程在潘家铮笔下同样呈现出诗意和激情，明确和清晰，在诸多介绍三峡工程建设过程的文章里，充满了数据和技术术语，潘家铮的介绍是少有的简洁文字。

从潘家铮的文字介绍中，一般读者庶几可以清楚地了解三峡工程的建设过程。

三峡工程的拦河大坝为混凝土重力坝，大坝坝轴线长 2309 米，坝顶高程 185 米，正常蓄水位 175 米，泄洪坝段位于河床中部，两侧为厂房坝段和非溢流坝段。工程开挖的土石方量 1 亿多立方米，混凝土的浇筑量则以千万立方米计，金属结构和机组制作安装的规模也远超已建、在建的任何水利水电工程。而且，在漫长的 17 年建设工期中，不允许停航。

三峡工程因为是在长江干流上的一座巨型工程，在建设的时候，有与一般水电工程相似的地方，也有不同之处。

三斗坪坝址河谷宽阔，江中有一个天然的小岛，名叫中堡岛，一岛分两江，这个小岛将长江分为主河床及后河，适于采用分期导流方案。

所谓一期工程首先是在中堡岛右侧修建纵向围堰，该围堰为土石围堰，在围堰保护下，将中堡岛挖除，扩展深挖一条人工长江，也就是导流明渠。同时，在左岸修建一座临时船闸，临时船闸的修建与永久船闸开挖同时进行。

一期工程说起来简单，但其工程量非常浩大，工期长达 5 年。潘家铮这样来形容一期工程：在一期工程进行中，长江如有知，并不感到自己受到什么威胁，只是奇怪人们在它两岸忙点什么。但在导流明渠和临时船闸完成之后，人们向长江发动进攻：大江截流，把长江逼入明渠中下泄。

也许，直到这个时候，长江才意识到自己遇到了麻烦。

大江截流之后，在长江主流上修建上下两道围堰，是为二期围堰，形成大江基坑，排干江水之后修建泄洪坝段和左岸厂房坝段，同时建成永久性船闸。这就是二期工程，历时 6 年。在二期工程中，要拆除左岸的二期围堰，在明渠中实施二次截流，江水复流，回到主槽通过坝身底孔及厂房下泄实现首批机组投产，永久船闸通航，然后转入三期工程。三期工程主要继续修建右岸厂房坝段和安装机组，到 2009 年全部竣工。

全部三期工程，有几场关键性的决战，导流明渠完成、大江截流、二期围堰和二期工程中破世界纪录的混凝土施工，等等。

一期工程接近尾声，中堡岛右侧出现一条人工开挖的新长江。这时候，正是 1997 年的盛夏时节。潘家铮参加一期围堰国家验收，经过严格检查，验收组认为可以在汛期结束之后进行截流。

标志性的大江截流可谓史无前例。所谓截流，就是以中堡岛上的纵向围堰和左岸为基地，从上下游两侧向大江中抛投石块和风化沙，不断向江心逼拢，最后截断长江，迫使江水从导流明渠宣泄。大江截流和其后的二期围堰工程的成败，决定三峡工程的命运，打赢这一仗，在某种意义上说，三峡工程建设已立于不败之地。

这是在长江之上截流。在三峡工程论证时就有人指出，先行建设的葛洲坝工程将对三峡工程建设产生不利的影响。这不利影响就在眼前。因为三峡坝址位于葛洲坝库区内，水深达到 60 米，设计截流量也甚是巨大，每秒有 14000 立方米的大洪水夺路而过，如遇到丰水期，这个流量将达到每秒 20000 立方米之巨，要将这样巨大的洪流强行截断，最后逼到明渠之中，其难度和风险可想而知。而且，江底河床还有 20 多米厚的覆盖层，仅新淤的细沙就达 10 米厚，截流过程势必被冲刷。而且，截流，不能影响通航。

诸多难题集于一身，哪里都不能出问题。只能成功，不能失败。所以，一期工程的大江截流与二期围堰工程是三峡工程的重点设计项目之一。潘家铮主持的技术委员会在审查这两大工程设计的过程中，组织设计、科研、高校、施工单位经过多少次攻关，真不是一个能够准确统计的数字，更不用说具体问题的研究、计算、试验和现场实战演习，更是不计其数，到 1997 年 10 月工程具备大江截流条件，单等枯水期实施截流。到这个时候，各种各样的技术文件多到了汗牛充栋的地步。[389]

潘家铮的秘书李永立记得，技术设计审查那一段时间，每到三峡工地，他要将一大叠一大叠的技术资料送到潘家铮的房间里，然后他轻轻关上门，不再打扰潘总的工作。他知道，潘家铮在这些夜晚要将所有的资料全部浏览一遍，最后还要审阅审查意见，写出总结发言才肯入睡。

截流时间定在 11 月 8 日。三峡总公司确定合龙确有把握，届时将请国家领导人及数万群众来参观这一壮举。

在此之前，截流工程每日高强度推进，最后 130 米龙口必须要在 5 天之内合龙闭气。

技术设计审查基本完成，潘家铮谆谆告诫三峡总公司的同志们：

……在技术问题上，还要在实践考验中作必要的改进；在还留下一些难题或是意见不一致的问题有待补充研究，取得共识；有一些问题要在长期运行中才会暴露，我们必须锲而不舍，摸清摸透，尽量解决好，不能把问题留给后人；而且有一些重大问题在今年就要面临严峻考验，特别重要的就是大江截流和二期围堰工程，这确确实实是影响工程成功的关键一战，其水深之大，工程量之巨，施工强度之高，基础面情况之复杂，都是史无前例的。这要经过几层严峻考验，首先是准备在 19000 立方米每秒的流量下顺利如期截断长江，其次要保证填筑物的质量和密实度，三是要如期保质保量地完成防渗墙工程，四是解决好基础面的结合问题，而这一切都是在与长江大汛竞赛

389　参见潘家铮《世纪圆梦和终生遗憾》一文。收入《春梦秋云录——浮生散记》(第二版)，潘家铮著，中国水利水电出版社，2000.12，第 379-380 页。

下进行的。围堰完成后要在好多年内挡住上游的水头，只要在任何一个环节出现问题，都将导致灾难性后果……对于这一关键性而且尚无前例的工程，我们务必慎之又慎。在这一环节考虑得多一些，准备得充足一些，多花一些代价，我认为是绝对必要的，因此，尽管二期围堰专题已通过技委会审查，我们仍然要抓住不放，建议全公司的技术同志，所有设计、监理、施工的同志，所有的顾问、专家和研究人员和上级领导再一次思考一下，看看我们选择的方案、考虑问题、采取的措施、准备的余地对不对，够不够，还有些什么疏忽，必要时怎么处理，集思广益，不要存在漏洞；另一方面，要认真细致地组织进行接头试验段工作和平抛垫底工作，分段进展。在试验中密切监视，尽量取得资料，反馈分析，改进设计、保证施工质量。在组织上应该怎么办，也是个探讨的问题，务求截流必胜、二期围堰固若金汤，奠定夺取全面胜利的基础。[390]

　　大江截流，二期围堰，三峡工程决战性工程，潘家铮念念在兹。

　　二期围堰是在大江截流之后首先施工的工程。二期围堰的工程强度特别大，被潘家铮称为一场"恶战"。在某种程度上讲，它是在扩大大江截流的战果，必须在大江截流之后，迅速加高培厚堰体，上下游堰体高达 82.5 米，总体积达到 1200 万立方米，更重要的是要在堰体中做一道不透水的混凝土防渗墙，这道中间的防渗墙面积达 10 万平方米，穿过堰身和河床覆盖层直达江底基岩，而且必须赶在 1998 年汛期来临前完成。二期左岸厂房大坝要在二期围堰的保护下，在 4 年工期内完成大坝浇筑、厂房建设和机组安装工程，所以，用技术术语表述，二期围堰称之为 I 级临时建筑物，质量要求非常之高。

　　说起来话长，长办早就意识到二期围堰工程的难度，在 40 年前，也即 20 世纪 50 年代就着手在现场选择一条天然河沟石板溪进行 6 米水深的填筑试验，取得一系列重要数据。从 80 年代开始，关涉二期围堰工程施工、用料和防渗墙等一系列技术问题都被列为国家级技术攻关，进行过许许多多试验、研究、实施、检测，直到围堰拆除，还要对围堰"开膛破肚"，揭露盲点进行

390　参见《潘家铮院士文选》，中国电力出版社，2003.8，第 316–317 页。

总结。

二期围堰工程有这样漫长的准备工作，最后终于做到万无一失，如期完工。大江基坑于 1998 年汛期来临前被抽干，露出峥嵘奇特的地貌。

潘家铮曾亲自下到基坑检查过很多次，这时，1998 年的大洪水扑面而来，他在 60 多米深的水下工地一遍一遍勘查，一个细节一个细节过问。围堰非常争气，不仅安全挡住了 1998 年的大洪水，而且挺立在长江之上撑过 4 个汛期，几乎滴水不漏。葛洲坝集团在二期围堰施工中创造了诸多世界纪录：围堰截流施工最大日平均抛投强度达 7.5 万立方米，防渗墙施工最大强度达到 1.6 万立方米。其施工强度与难度均居世界前列。

二期围堰按期完成，是在 1998 年 4 月。紧接着就是二期大坝和厂房施工，这是三峡工程中最艰巨的项目，因为 2002 年二期工程结束，接着第一台机组就要发电，关系到三峡工程能否提前发挥效益。[391]

二期工程结束，三峡工程自己会站在长江上说话，自己要接受长江洪流的检验。

今天看来，于 90 年代中期开始建设的三峡工程，它不仅仅是中国乃至世界上最大的水利水电工程，它的意义远远超过了水利水电工程本身，它还为中国工程建设、装备制造行业的科技创新提供了一次千载难逢的实战演练机会。三峡工程在很大程度上，实际就是科技创新的一个重大成果。

以工程建设设备为例。二期、三期工程的施工不同于国内外任何已建和在建的所有工程，大坝工程工程量巨大，施工强度高，高温季节持续时间长、结构复杂，整个工程有十多年工期，看似漫长而宽裕，但在世界水电施工经验里，仍然是巨大的挑战，国内国外现有的施工设备难以完成。

最后，通过国际招标，采用的塔带机辅以缆机和高架门机的施工方案。高大的塔带机，要承担混凝土输送、材料与设备吊装任务。这是一套甚为壮观的施工系统，说起来非常复杂。二期工程开工之后的长江三峡大坝左岸在坝体未上升之前，游人看到的只是这些由钢铁高塔组成的丛林。

这是因为，厂房坝段是为三峡水电站 70 万千瓦水轮机量身定做的。

391　参见潘家铮《世纪圆梦和终生遗憾》一文，收入《春梦秋云录——浮生散记》（第二版），潘家铮著，中国水利水电出版社，2000.12，第 381-382 页。

三峡工程一台机组的容量已经达到当年中国第一座水电站——新安江水电站全部机组装机容量，这是一个巨型发电机组。

这是一个庞大的水轮发电机组。水轮机每一个叶片铸造件就达 21 吨，加工件也有 7 吨重，装配好的水轮机转轮将达到 450 吨，转轴与发电机组相联接之后，一台发电机组的总重量将达到 7000 吨，接近法国埃菲尔铁塔的重量。再加上内径 12.4 米、水平最大长度 81.0 米、垂直高差 71.2 米的引水钢管，每一台发电机组都将是一个庞然大物。70 万千瓦的单机容量并不是大问题，因为其时世界上已经有制造单机容量 100 万千瓦的能力，世界上已经投产运行的 50 万至 70 万千瓦的水轮发电机组已经有 50 多台，性能良好，运行稳定。50 万千瓦到 70 万千瓦水轮发电机组的技术是很成熟的。[392]

包括水轮机组在内，施工设备、超高压输变电线路等，三峡总公司在招投标过程中，确定"引进，消化，吸收，再创新"的原则，要求国外的所有投标商，必须向国内的企业转让技术，联合设计，合作生产。借助大型工程的市场优势，提升国内企业的装备技术水平。这是三峡工程决策者的深谋远虑。

问题在于，三峡大坝左右厂房坝段要布置 26 台这样的庞然大物，单是大坝的工程量就让人咋舌不已，更不必说对大坝施工过程中对混凝土原材料和耐久性、混凝土温控以及防裂措施等提出近于苛刻的要求。

2002 年，二期工程如期结束。在 1999 年到 2001 年三年中，三峡二期工程左岸共浇筑 1100 万立方米混凝土，连续三年三破世界纪录。

潘家铮说，这是一个史诗般的成就，靠的是新设备、新工艺、新材料、新设计和严格的科学管理。

三期工程正式开工。三期工程首先要将导流明渠再截流，在明渠上筑一道混凝土围堰。围堰采用碾压混凝土技术完成。关于三期围堰工程，潘家铮在三峡总公司的年会上，再次告诫施工单位，三期围堰是一场硬仗，打赢它，三峡工程就再没有大的障碍了。但这是一场考验大家意志和能力的硬仗。明渠落差之高、工程量之大、工期之紧，大家都能体会到。所以，工程只准提前，绝不

392　参见《三峡工程小丛书·发电》，潘家铮著，水利电力出版社，1992.2，第 58-61 页。

允许拖后，否则将进退两难。

他形象地说，三期围堰工程的工程量，相当于当年新安江大坝的工程量，有 110 万方混凝土。新安江从 1956 年一直干到 1960 年，整整干了 5 年。而三期围堰工程要在半年之内全部拿下来。也就是要在半年浇出一座新安江大坝。这是一个全新的世界纪录。

1998 年，国务院长江三峡建设委员会决定成立三峡工程质量检查专家组，潘家铮被任命为副组长，2002 年被任命为组长，一直到 2009 年三峡工程三期工程结束。

从主持论证开始，三峡工程在潘家铮心中的分量已经很难说清楚有多重，或者，那已经不是一个重量单位，应该是他生命的一个组成部分。他晚年的智慧和精力大半都放在了这座跨世纪的伟大工程上面。

1998 年，二期围堰开工不久，国务院三峡工程建设委员会决定成立一个由专家组成的质量检查组，代表国务院对工程质量进行全方位的监督与检查。

一般水电工程，都由地方政府派驻一个质量监督站，但三峡工程不同，直接由国务院三建委下派质量检查专家组，实际上行使的是政府监督职能。潘家铮先后任副组长、组长。专家组从 1999 年开始第一次下工地检查，到 2009 年大坝封顶，整整 11 个年头，专家组每年分两次下到工地做为期一周甚至更长时间的质量检查工作。

与国务院三建委质检专家组同时开展工作的，还有成立于 2002 年的三峡工程验收委员会。委员会的主任由国务院副总理担任，先是吴邦国，后是曾培炎。委员会下设验收专家组，潘家铮也是先后担任副组长、枢纽工程验收专家组组长，每年要对三峡工程按进度进行全面验收。

17 年工期，17 个寒暑。潘家铮在这 17 年中，究竟到过三峡工地多少次？怕是连他自己也说不大清楚。2003 年，他的秘书李永立在给《潘家铮院士文选》做跋时有一个统计，截止到 2003 年，他陪潘家铮下到三峡工地的次数就不下50 次。

2007 年，潘家铮家乡浙江省绍兴市档案局开展全国绍兴籍人士征集档案工作。潘家铮捐赠给故乡的档案材料特别有意思，包括生活、工作照片在内，共有 362 件档案材料，其中绝大部分是各类会议的出席证、代表证、专家证，计有 238 张。[393]

2001 年 7 月，已经担任国家电力公司顾问的潘家铮从府右街小院搬到国电公司大楼，李永立发现有一个白布袋子，里面全是各种会议的代表证、专家证，水电工程和三峡工程的代表证当然是最多的。李永立当时还跟潘家铮开玩笑，潘家铮打趣告诉他说这是他的一项收藏，别人收藏钱币、邮票，他喜欢收藏代表证、专家证。

着意收藏倒谈不上，倒不如理解为收藏者本人的严谨，这些东西不是工作档案里的一部分吗？

这些代表证、出席证和专家证，时间范围从 1986 年一直到 2006 年，大致是潘家铮 20 年重大学术、专业、社会活动的一个粗略记录。其中，关于三峡工程的论证、审查、检查、验收会议的出席证与专家证最多，达 41 张，占到全部的六分之一还多[394]。当然不能简单按所占比例换算出他花在三峡工程上的时间和精力，因为它还仅是正式会议的代表证与出席证，更不能当做他亲临一线工地的准确统计，但它至少是一个见证。

病榻上的大江截流

一个水电工程师，为一座工程奔走呼吁、宵旰忧劳二十多年，在三峡工地，上到集团董事长，下到项目部经理，他们都随口可以说出潘家铮的一些事情，好像潘家铮刚刚在身边，刚刚转身到了下一个地方一样。

三峡建设者用他们纯朴的情感还原那一个睿智、亲切、幽默、谦逊、和蔼而可亲、可敬、可爱的"潘总"。潘家铮的故事，是三峡史诗中不可或缺的章节。

1997 年的大江截流，潘家铮却没有亲临现场。这是怎么回事呢？

这一年，中国水力发电工程学会为潘家铮 70 华诞暨从事水电工作 47 周年开了一个纪念会，同时编辑出版《中国水利水电技术发展与成就》一书，作为献给这位中国水利水电工程理论奠基人之一的贺寿礼物。

江南才子，运可衰，相不可衰。潘家铮在公众场合里向来注重自己的仪表，从五十多岁开始一直将头发染得一丝不苟，年过七旬之后，潘家铮再也没有染

393，394　参见《浙江档案》，2009 年第 7 期。

过，满头华发的潘总第一次出现在同事们面前的时候，大家心里一颤，才意识到潘总确实是一位老人了。

大江截流之前，潘家铮的生活习惯中这一点点小小改变，大家都注意到了，大家觉得这种变化来得有些突兀，但又说不清里面的含意。总之是，大家宁可赋予这一小细节以象征意味。

这里面，没有一点点人生晚境的苍凉，相反很振奋。

大江截流之前，潘家铮完成施工现场最后一次踏勘，准备截流的各种机械、骨料都已经准备就绪，葛洲坝集团公司更是信心满满，几千筑坝大军齐聚两岸，单等合龙那一天到来。

合龙的前一个月，长江三峡技术委员会在北京一家饭店开会，忙得不可开交，而媒体为配合长江截流，每天滚动播出三峡工程的消息，潘家铮忙里偷闲，抽出空来接受采访。

那一天潘家铮受三峡总公司委托，接受中央电视台采访，他介绍完大江截流的情况以及截流对三峡工程的意义，主持人白岩松问他：11 月 8 日大江截流那一天您会在主席台上吗？

潘家铮几乎未加思索，随口回答：我想不会。因为对我来讲，三峡工程中所用的经费是非常有限的，主席台上就座人员有限，我想一定会有更重要的同志坐在那儿。

应该讲，在截流未开始之前，一些细节还不宜公开，潘家铮回答也是非常策略。

哪里想到一语成谶。10 月 30 日，老人的胆囊炎发作。刚开始是胸口隐隐作痛，从年轻时就经常外出，这点小病小痛不会放在心上，还在紧张忙碌，还在想着什么时候安排去三斗坪现场，甚至想着该坐在哪一个角落观看。但到 10 月 30 日深夜，突然疼痛加剧，急送医院，到达急救室，人已经昏迷不醒。

年岁不饶人。

潘家铮的胆囊炎是老病了，1996 年 4 月就发作过一次，时任电力部部长史大桢推荐他到三门峡电力疗养院休养过一段时间。病情稍缓，马上又开始工作。这一次，病得很重，一入医院就进了手术室。时任全国政协副主席钱正英和时任国家电力公司副总经理、后来担任水利部部长的汪恕诚闻讯赶了过来，一直守候在手术室外，直到凌晨 1 点医生出来报告手术成功，两位领导才离开。

术后，潘家铮清醒，只是无奈地发现，身上插满了各种各样的管子。大夫告诉他说，他是急性坏死性胆囊炎，只能冒险在高烧的情况下开刀，否则有生命之虞。大夫指着插在身上的引流管说：潘总，这也是"导流"。

这一天，距离大江截流还有 8 天时间。只是，术后虚弱的身体不允许他离开病床，更不用说亲赴现场了。

秘书李永立看到，潘总真是老了，脸色苍白，虚弱不堪。潘家铮让李永立跟护士说一说，可不可以借台电视机到病房，看一看大江截流？那天正好国家电力公司副总经理陆延昌来探望潘家铮，从李永立那里得知潘家铮这一要求。病中的潘家铮惦记着千里之外的大江截流也在情理之中，潘总为三峡工程付出的心血，或者说，潘总对三峡工程的重要性，业内人心里都有底。何况大江截流这样关键性战役，潘总不能在场，但他怎么能放得下？如果不满足他这一要求，多少有些残忍。

陆回单位当天，吩咐办公厅的同志为老人把电视机送到病房。

11 月 8 日，病榻上的潘家铮还不能坐立，他很早就醒了。李永立帮他盥洗完毕，将病床轻轻摇高一些，静静等着大江截流直播开始。

潘家铮那一天目不转睛盯着电视，不说话，脸上也没有表情，就那样一个姿势，从早上 8：50 分直播开始，一直到下午 6：30。沉静，专注，凝神。李永立无从猜测潘家铮此时的心情，可跟了潘家铮这些年，他太了解潘家铮对三峡工程的情感与为之的付出，一瞬间，他想哭。

李永立没有看到，潘家铮在看到下游围堰最终合龙闭气，整个过程跟设计截流的时间分秒不差，仿佛是用计算机控制的那样精确而完美，潘总的眼泪和着内心的激动滚落下来。

此刻，70 岁的潘家铮的内心，仅仅是激动吗？

肯定不是。三峡工程毕竟不同于其他水电工程，它每向前推进一步，关系太重大。包括潘家铮在内，哪一个三峡建设者身上不感到压力？哪一个人不感到责任如天！

裂缝风波

大江截流成功，接着就是啃二期围堰这块硬骨头。潘家铮每一次莅临工地，在现场从来不苟言笑，不讲话，不表态，看这看那，只是问，一个细节都没放过。跟随他的媒体记者苦不堪言，不说捕捉他只言片语，就是想拍一张理想的照片，都很难让潘总给他们一个定格的机会。

潘家铮从事水电事业 50 多年，不迷信，不盲从，敢于拍板，敢于吃第一只螃蟹。但是在三峡工程的建设质量管理上面，潘家铮却显出少有的谨慎，甚至保守，进而也显示出少有的严厉。真如他一再强调的，是"战战兢兢，如履薄冰，如临深渊"。

潘家铮每一次讲话，大家都能感觉到这是老先生在"敲打"他们。所以潘家铮后来说，他在担任质量检查专家组组长之后，成为"工地上最不受欢迎的人"。当然这是开玩笑的话，但通俗一点讲，他不就是那个挑人毛病的人吗？

在三峡工程质量检查专家组第一次工作会议上，他对工程的质量问题提出两点建议。

一是这次剖析的一些事故缺陷，属于常见病、多发病性质。对常见病、多发病这一提法，我过去是赞同的，现在有些变化。我同意一些同志的意见，这样提有副作用，似乎毛病不重、问题不大，事实上，如常见病不断常见，多发病永远多发，性质会变，小病变大病，炎症变癌症，所以建议改称"顽症"，就是不下大决心，不花大功夫治不好的病，可以起"警示"作用。

二是在分析事故原因时，不把客观条件作为理由。例如混凝土表面开裂，不要说主要原因是寒潮袭击、气温骤降。寒潮年年要来，人人都知，我们的温控防袭措施就是要解决这些问题，怎能作为发生问题的原因呢？同样，船闸北输水沿进口段衬砌的施工缝漏水，不能把地下水丰富作为理由之一。地质情况是客观存在的，挖不挖隧洞，地下水都是丰富的。工程师和技术部门的责任就是认识客观，找出问题，采取措施，保证质量。如果我们在分析事故时，着重在主观上找问题，更有利于今后改进。[395]

这是颇富哲理的一番见解。三峡工程的质量问题，已经绝不是简单的工程问题，一旦出现质量上哪怕一点点瑕疵，影响的绝不是工程的安全，还有处在

395 参见潘家铮《在三峡工程质量检查专家组工作会议上的发言》一文。收入《潘家铮院士文选》，中国电力出版社，2003.8，第 321 页。

舆论风口浪尖上的三峡工程本身的声誉。

潘家铮每一次到工地检查，都认真仔细审阅参建各方面提出的自检报告材料，还要亲自深入到建筑物施工部位进行检查。

2002 年到 2003 年，对于三峡工程和三峡工程的建设者而言，是压力最大的一年，工程质量上出现一些问题，社会上议论纷纷。

这一年，正值三峡工程二期工程结束，三期工程开工。正在一个关键的交接点上。

一是首台机组安装调试。1800 多吨的水轮机组安装到位，进行首次调试运行，到最后阶段，水轮机突然发生强烈震动，在场的工程师后来描述说，那简直就是地动山摇。

事故发生之后，调试只能停下来，中外专家经过 20 多天寻找原因，却原来是转子叶片收回的时候，导致引水管水流扰动失衡所致，最后调整叶片闭合控制，终于解决了这一问题。

二是有人发现，二期工程的大坝有裂缝！这本来也是潘家铮所说的"常见病"，在质量检查过程中不是没有发现。因为国外坝工界有一句名言叫作"无坝不裂"，三峡工程是大坝 182 米高，体积达一千几百万立方米的混凝土重力坝，要让它没有裂缝，几乎是不可能的。而且，混凝土温控、防裂一直是一个世界性难题。

先说三峡大坝左岸的裂缝。专家组在质检过程中实际上已经发现了这些裂缝。

2000 年 10 月，首次发现泄洪 16 号坝段上游底孔之间出现裂缝，至 12 月中旬共发现 5 个坝段出现 7 条裂缝；2001 年 9～10 月，再次用望远镜初步检查，未发现新裂缝；2001 年 11 月开始，相继发现有新裂缝产生，原有裂缝有所发展，至 2002 年 2 月，共发现裂缝 40 条，泄洪坝段共 23 个坝段，每个坝段均出现 1 至 2 条裂缝，个别坝段有 3 条裂缝。这些裂缝的位置大多在高程 45 至 77 米，最高的裂缝上至深孔牛腿根部，最低的裂缝延伸至基岩部位。泄洪 16 号坝段裂缝最长 35 米，宽度一般为 0.1 至 0.3 毫米，泄洪 9 号坝段裂缝最宽，为 1.25 毫米，裂缝深度一般小于 2 米。[396]

专家们对造成裂缝的主要原因的一致结论是：裂缝位于表面层，这些裂缝

---

[396] 参见孙志禹、陈先明《三峡大坝工程》一文。收入《中国大坝建设 60 年》，中国水利水电出版社，2013.1，第 668 页。

是由于周围空气瞬时的温度梯度及大体积混凝土内部和外部温度的差异而引起的。三峡工程混凝土拌和、输送、浇筑是一个非常复杂而精细的工程机械系统，在输送过程中还有冷却系统，加入预冷却混凝土粒料。尽管如此，这些裂缝对于三峡左岸大坝一千多万立方米的体积而言，还在正常范围之内。对于大体积混凝土浇筑，在控制好的情况之下，平均每1万立方米会产生0.5到1条裂缝，二期工程一千多万平方米，有73条裂缝，而且都是浅表性裂缝，并不会影响和降低大坝的安全性。

其实，这个消息最早出现在三峡工程的自检报告中。时过一年多，海外媒体开始关注到这一情况，接着国内个别报道越说越玄，有网友甚至把正在修复裂缝切出的表面沟槽当成裂缝，拍照发布，说大坝的裂缝宽到可以伸进一只手掌，有的甚至说，裂缝的宽度足可以容一个人侧身钻进去。

2002年2月21日，潘家铮和陆佑楣接到时任全国人大常委会委员长李鹏打来的电话，询问关于三峡大坝发生的裂缝问题。

三峡大坝裂缝问题已经引起高层的高度重视。

潘家铮、陆佑楣如实汇报：大坝产生的是表面裂缝，而不是贯穿性裂缝，只要认真处理，工程安全是有保证的。同时，潘、陆两人向李鹏简略汇报了处理措施。

其间，时任中共中央总书记、国家主席的江泽民给李鹏来电话，谈三峡工程的质量问题。李鹏从大坝技术角度向江泽民解释了混凝土大坝裂缝的产生原因和处理办法；时任国务院副总理吴邦国对三峡裂缝做过详细调研；时任国家副主席胡锦涛也对三峡大坝裂缝表示关切。李鹏和胡锦涛都是学水电出身，且有一定工程实践经验的高层领导，对混凝土大坝的裂缝问题有相当的认识。

2月26日下午，由国务院三峡工程建设委员会副主任郭树言主持，召开了有国务院总理朱镕基、副总理吴邦国、全国政协副主席钱正英参加的三峡工程专家座谈会。会议的主题就是专门研究讨论三峡枢纽工程泄洪坝段和永久船闸混凝土裂缝的成因及发展趋势、处理方案及措施，以及对三峡工程工期的影响。

由总理和副总理参加会商一个具体工程的具体工程质量问题的会议，恐怕绝无仅有。

参加会议的专家有张光斗、潘家铮、朱伯芳、曹楚生、梁应辰、李伯宁等15 位专家。

朱镕基在会议结束时讲话：知道三峡大坝混凝土的质量问题后，政治局常委都很重视。泽民同志批示："现在只有一个目标，就是出现了问题以后，大家要齐心协力解决问题。"三峡建委、三峡总公司要在广泛听取意见后，认真分析总结，做出补救决策。[397]

不管怎么说，有裂缝总不是什么好事。这些裂缝尽管不影响大坝安全，但三峡总公司还是决定按照专家的意见进行必要的修复。这个修复过程之细致、周密和严格，在国际大坝建筑史上没有过先例。这是另外一个话题，按下。

电视、报纸、网络，国内、国外的媒体都在"讨个说法"。潘家铮以水电专家的身份站出来解说关于三峡质量的问题。

他首先肯定三峡工程的质量：三峡工程的质量是良好的，甚至是相当好的，与国内其他工程相比已经很好了，与国外的工程相比也不逊色。这么高的浇筑强度，这么紧张的工期，不可避免会出现一两起质量缺陷，这并不奇怪。世界上没有一个工程是一点质量事故都不发生的，问题是看所出现的质量缺陷的性质。最近讨论的热点是三峡工程泄洪坝段上游坝面裂缝问题，其性质是表面的、浅层的裂缝。发生裂缝不是好事，但裂缝有不同性质：有贯穿性的裂缝，把大坝分成两个部分，这是不允许的，影响也非常大；也有表面性质的裂缝，世界上任何一座大坝出现些表面裂缝都是正常的。三峡大坝的裂缝是属于第二类的。[398]

135 米蓄水监测结果表明，这些裂缝并不影响大坝的安全度。

三峡大坝裂缝的故事并没有就此打住。

2003 年，真是一个多事之秋。这一年春天，潘家铮刚刚参加完三峡工程第八次质量检查回京，准备三峡工程的 135 米蓄水前的蓄水和永久船闸通航前验收准备工作，"非典"肆虐，瘟疫流行。

397　参见《众志绘宏图：李鹏三峡日记》，李鹏著，中国三峡出版社，2003.8，第447-448 页。

398　参见《壁立西江——中国三峡工程决策建设实录》，张立先，长江出版社，2004.5，第 372 页。

而这一次验收，是国务院三峡工程验收委员会要对三峡工程第二次验收。潘家铮既是验收组副组长，又是大坝枢纽验收组组长。

三峡工程验收拖延不得，进入 5 月，"非典"情势非常严峻，所以决定全部验收专家坐包机直飞宜昌，当时，好多航班都停飞了，只能包机前往。这个决定来得很不容易，由国务院总理温家宝、副总理曾培炎、吴仪和国务委员华建敏批示才得以成行。

此行一周，所有的专家和验收组成员每天要量体温，每天都记录每一个人身体情况，看有没有异常。好在，所有人的体温都很正常。

这样，参加验收工作的同志一架飞机，专家组同志一架飞机，来回相当于包了四趟飞机。

验收工作的程序分为两步。先由专家组去验收，叫作技术预验收。虽然是预验收，实际上就是把工程技术问题理清楚，为验收组起草一个验收意见（草稿）。第二步，验收组再针对这个草稿组织讨论，如果没有问题，就通过。

潘家铮刚开始是验收组副组长，同时也是 5 个专业组之一的大坝枢纽验收组的组长。5 个专业组各司其职，分专业开展工作。每一个专业组的专家下到工地之后，看得非常仔细，看资料，下现场，看过去发生问题后处理的结果，比照设计有什么差别，这些都是预验收的内容，一样一样检查。

预验收往往要在现场待七八天。预验收专家组进入现场之前，还有一个蓄水安全鉴定，由水电水利规划总院负责完成。他们也邀请了 100 多位各个专业的专家，分为几个大组开展工作，他们下到工地之后，每审查一个项目，都需要半月二十天，审查全部的施工过程，现场资料、检测报告、安全监测报告、试验报告、设计、施工、监理报告，林林总总，跟审计一样，一项一项过。不过这是技术安全审计。之后他们要写出一大本《蓄水安全鉴定报告》，预验收小组还要对这个报告进行验收。

2003 年 5 月，"非典"正炽，这也是潘家铮在三峡工地待的时间最长的一次。刚从三峡工地回来，应中央电视台之约，录制《面对面》节目。

主持人王志向以风格凌厉和提问直白而著称，开宗明义就问及三峡工程的质量问题。

王志：三峡马上就要蓄水了，可能大家从来没有像今天这样关心三峡的工程质量。

潘家铮：把全世界的水利水电工程排个队，按照质量排个队，三峡工程质量也是在前面。在国内也好，国外也好，质量比三峡差得很多的有的是。为什么大家对三峡工程质量谈得特别多呢？我认为叫"人怕出名猪怕壮"。这个猪太壮了，大家都注意它。三峡工程没有小事，这是国务院领导同志跟我们讲的。因为大家都盯着它看，国内也有许多人盯着它看。你只要出点小小的问题，它可以给你吹得很大很大。

王志：工程质量到底怎么样？

潘家铮：三峡工程质量是好的，我再说总体上是好的。在施工中，在建设的过程中，出现一些这样那样的质量事故或质量缺陷。这种病，你说它是一个病，是常见病、多发病，经常见到的病，有。但是，它没有得癌病或者什么非典，没有。[399]

《面对面》在这一年的 6 月 7 日播出。潘家铮关于三峡工程质量的回答可谓自信。

央视采访刚刚结束，各种媒体再次蜂拥而来，直接问到大坝裂缝问题。潘家铮说：最近讨论的热点是三峡大坝泄洪坝段上游面裂缝问题，其性质是表面的、浅层的裂缝。发生裂缝不是好事，但裂缝有不同性质。有贯穿性裂缝，把大坝分成两部分，这是不允许的，影响也非常大；世界上任何一座大坝出现表面裂缝是正常的，三峡大坝的裂缝是属于这一类的。并不可怕。

但不可否认，尽管是来自水电工程专家潘家铮的解说，尽管潘家铮说得有理有据，事实上并不能平息裂缝事件对三峡工程的质疑，公众还是将信将疑，关于大坝开裂到可以伸进手掌，甚至可以钻进一个人、开进一辆汽车的说法还是甚嚣尘上。

7 月，五个专家组再赴三峡工程，对三峡工程左岸首台机组启动技术预验收。预验收结束，三峡总公司召集专家召开三期工程的防裂研讨会。

399　参见《面对面·精彩版》，吉林人民出版社，2004.1，第 193–194 页。

潘家铮在讲话中有一句话说得很严厉，事后他也觉得不近情理。他说：你们能不能争口气，三期工程右岸大坝能不能做到不出现一条裂缝？能做到这一点，三期大坝就是一座名副其实的一流工程。

他之所以感到不近情理，是因为早在他的代表作《重力坝设计》中就有关于大坝裂缝的控制与处理的一整套理论。对于不影响大坝安全运行的浅表性裂缝，它可以在任何部位，任何时候和沿任何方向产生，但最多是垂直于边界的裂缝，发生时间多在浇筑不久。缝的宽度可从发丝细缝到 1 毫米以上的大缝，延伸深度可从数厘米到数米，有些表面裂缝在以后大坝运行过程中，其应力会发生改变，能够自行闭合。这就是混凝土控温技术上所谓的"以缝治缝"。

然而，三峡大坝是什么工程？是全国人民都在关注的工程，裂缝影不影响到大坝安全，总给人们的心里落下了拂之不去的阴影，所以，潘家铮向工程建设者提出这样一个"不近情理"的要求。

真不近情理吗？一面说"无坝不裂"，一面又说要做到不出现一条裂缝、不是自打耳光吗？

于情，抹去人们对于三峡大坝的心理阴影，是为合情。于理，中国工程师经过几十年的实践探索，对于混凝土温控从理论到技术都趋成熟，在这方面的探索是走在世界前列的，技术上并没有什么困难，是为合理。潘家铮对待大坝裂缝的观点，与温控理论其实并不矛盾，只不过是在处理大坝结构应力的角度不同而已。

著名拱坝专家、中国工程院院士朱伯芳先生，他对混凝土坝的裂缝有自己独到的见解与处理方法。他指出，裂缝是混凝土坝普遍存在的问题，所谓无坝不裂，长期困扰着坝工建设。虽然从 20 世纪 30 年代开始，已发展了一系列混凝土坝抗裂措施，包括改善混凝土抗裂性能、坝体分缝分块、水管冷却、混凝土预冷、表面保温等，但国内外的实际情况仍然是"无坝不裂"。根本原因是对混凝土坝表面保护的认识存在着误区，只重视早期表面养护，而忽略了后期表面保护。如果在全面控制温度的基础上，加上长期表面保护，就可能防止混凝土坝的裂缝，而且费用不多，建设"无裂缝坝"是可行的。

经过长期研究与实践，朱伯芳提出"全面温控、长期保温、有效防裂"的理论，在国内几座拱坝和混凝土重力坝上已经有成功的实践。所以，朱伯芳建议，三峡三期工程大坝上下游表面可以用 3 到 5 毫米厚的聚苯乙烯泡沫板长期保温。[400]

潘家铮也认为，国内的混凝土控温防裂理论并没有错，除了对大坝开裂有认识误区之外，施工的管理还要跟得上。

所谓施工管理，潘家铮早在 1992 年主持建设工程设计可靠度会议，就明确提出，工程设计要从安全度向可靠度理论转变。由安全到可靠，它还不是一个简单的概念转换。说到大坝裂缝问题的时候，许多人在那里开方子，提出混凝土的强度有问题，质量有问题，所以导致这种结果。

混凝土强度不够，这也是一个天大的误解，或者说对施工管理不了解。

潘家铮 2007 年在清华大学有一个学术讲座，谈到这个问题时有一个非常精彩的论述。

他说，在过去很长一段时期，混凝土质量控制采用的是"强度保证率"标准。混凝土是由各种原材料按一定比例的"配合比"拌制而成的人工材料。即便严格控制原材料的质量、执行规定的配合比，生产出来的混凝土也不可能绝对均匀。取样做成试件，试验出来的强度一定会有出入。不但不同拌和楼、不同批次生产的混凝土强度不同，就是从同一批混凝土中取样做成的几个试件，其强度也会参差不齐。要反映混凝土的强度，通常规定在若干立方米混凝土取多少组试件，用它们的试验平均值作为代表。

通常，如果平均值高于要求强度，那就没问题，如果平均值低于要求强度，例如低于设计强度，当然不合格了。但即使平均值等于设计值，既称为平均，就意味着大致有一半的试件强度不能满足设计要求。既然有这样一个要求，施工单位在生产混凝土的时候所采用的配合比，总要让混凝土试件强度的实际值高一些，即称为"超强"，这样，强度的保证率才满足规范的要求。显然，超强愈多，保证率就愈高，表面上就可有 100% 的保证率。实际上，混凝土的保证率达到 100% 是不可能的，这个强度保证率并不能反映合格不合格。

所以，必须指出另一个反映施工质量的指标，就是离差系数序列。序列反映各批次试件偏离平均值的程度，这个值愈小，表面混凝土质量就愈加均匀，

400　参见朱伯芳《全面温控、长期保温，结束"无坝不裂"历史》一文，收入《中国大坝技术发展水平与工程实例》，中国水利水电出版社，2007.12。

全部偏离值等于 0, 就表示绝对均匀, 每一块试件都一样。这个值是反映施工管理和质量控制真正水平的一个标准。

潘家铮在 2003 年回答《南方周末》记者提问时说: 一些同志总希望混凝土强度越高越好, 安全系数越大越好。其实, 混凝土强度有一定波动是正常的, 如果过分追求强度保证率, 一定超强, 水泥用量多, 花钱也多, 而且, 水泥要发热, 强度过高恰恰是产生裂缝的原因之一。这就像一个人拼命吃补药, 反而容易流鼻血一样。工程质量不能只看强度。

许多精细的质量管理有太多的专业术语, 潘家铮也只能对公众解释到这个程度。

2004 年, 国务院三峡建设委员会调整三峡枢纽工程质量检查专家组构成, 潘家铮被任命为专家组组长。这一职务他担任了整整 8 年, 一直到去世。

在此前的 2003 年, 潘家铮辞去三峡工程技术委员会主任职务, 他讲: 不能既当裁判员, 又当运动员。

三期工程开始施工, 这一次三峡总公司与全部参建单位几乎都是拼上了, 包括设计、施工、监理、管理各部门, 采取一切有效措施, 从原材料的生产、采购, 混凝土拌和、运输, 温度控制、冷却, 仓面平仓、振捣, 施工后期的保湿、养护, 最后采纳朱伯芳意见, 对大坝进行长期养护, 对整个过程进行全面控制管理, 三峡建设者向 "无坝不裂" 的世界性难题发起了挑战。

作为国务院派出的质量监督机构, 潘家铮率领的质量检查专家组说这个话有着足够的权威性, 也有足够的自信。中国的工程师有能力向这个世界性难题发起冲击。

从 2003 年到 2006 年, 这四年间, 潘家铮的每一次质量检查报告都把建设一流的大坝要求提出来, 不断 "敲打" 工程建设者。

右岸大坝的施工, 属于三峡工程的三期工程, 共浇筑混凝土 500 万立方米, 2006 年, 大坝浇筑到顶, 三峡大坝全线混凝土浇筑完成。5 月 20 日, 79 岁的潘家铮在庆祝会上欣喜万分, 他宣布: 三峡工程建设者吸取了经验教训, 在右岸大坝 500 万立方米混凝土施工中, 采取综合温控防裂措施, 没有出现一条裂缝, 创造了世界混凝土坝筑坝史上的奇迹。

他最后给三峡工程的质量做了这样的结论: 三峡工程是一座优质工程、安全工程、争气工程。

大坝混凝土浇筑全线到顶，新的蓄水试验即将进行，三峡工程再度成为媒体关注的焦点。当年的三峡总公司总经理李永安和潘家铮一起接受电视台采访。谈及他作为质量检查专家组组长签字时的情景，潘家铮说：我签字的时候有些手发抖。这个发抖不是老年痴呆，而是因为激动。要说三峡大坝有什么不足，只是因为结论报告写得仓促，文词不够讲究，不够优美。

留在三峡的足迹

说得轻松。

也确实轻松。20多年来，潘家铮亲临三峡工地具体指导、检查，然后是验收，工地的每一个施工现场都留下他瘦弱而矮小的身影，说他的足迹踏遍三峡工地，一点都不过分。

他曾经开玩笑说：我是三峡工程工地最不受欢迎的人，因为我是一个挑人家毛病的人，人家怎么会欢迎？

其实，大家都喜欢"潘总"的到来。他对三峡工程建设的作用和意义谁都清楚，当然，紧张不可能没有，任何纰漏和疏忽，任何侥幸，要逃过镜片后面那一双敏锐的眼睛几乎是不可能的事情。但大家还是喜欢他，喜欢听他讲话，喜欢他的幽默与风趣。

老一茬水电工作者曾说，在50多年的水电生涯中，最喜欢听三个人讲话。一个是周恩来总理，高屋建瓴，言简意赅，干脆利落；一个是老局长李锐，有一是一，有二是二，毫不含糊；第三个就是潘家铮，举重若轻，幽默风趣，多么复杂的工程技术问题在他的嘴里通俗易懂。

2002年10月，三峡工程导流明渠预验收，许多记者都在场。有一位叫作渔佳慕的记者记下他第一次见到潘家铮时的印象：

我见潘院士不多，只有一次，但我对潘院士印象很深。第一次见他，觉得他长得有点像金庸，他是绍兴人，跟金庸同是浙江人。但是印象最深的是他令人折服的智慧和学者风采。在2002年10月的三峡导流明渠预验收会上，我目睹了这位学者的严谨、智慧、风趣和优雅。

第一天的预验收全体会议上，他代表专家组讲了一段这样的话："我在这里再提醒一句：真正的验收者不是专家组、不是验收组，而是截流、蓄水、通航、发电后 393 亿立方米库水的水压力，是今后年年要来的滚滚长江洪水，是地震、是坍方、是通航中的船舶、是运行中的机组。它们是绝对不讲情面的验收者，它们会抓住设计、施工、制造、安装、管理者的每一个细小失误，进行最无情的报复。"过去看过很多专家学者的报告，但我从未有过如此震撼的感觉。随后，他代表验收组在验收会议上作了一个约两个小时的验收报告，这个报告有一个精彩开场白：这份验收报告长达一万六千字，稍长了点。我们也想让它更简略一点，我昨天还跟刘宁说，这份报告你来改，省一个字，我给你 5 块钱，结果现在，刘宁一分钱也没拿到。会场一片笑声，这是一种由衷敬佩的笑声，为潘总的智慧和幽默。[401]

这是第一次见到潘家铮的人的印象。事实上，三峡人对"这一个"潘家铮非常熟悉。

潘家铮这个专家组组长绝不是挂名的，每一次质量检查，潘家铮都非常认真。每年两次检查，潘家铮没有哪一次不亲临现场。2003 年 12 月，正是隆冬季节，质量检查专家组对左岸电站机组安装质量进行检查，他执意要看导流底孔过流后的状况。同行的专家劝他说：不看了吧，我们仔细检查过了。但潘家铮哪里肯依，让司机调转车头直奔导流底孔。

导流底孔在大坝下游栈桥底下约 70 米的地方，相当二十多层楼房那么高。他一步一步沿着垂直的梯子下去，不用人搀扶。同行的记者非常惊奇，这个老头儿的脚步只要踏在工地上，只要面对摊开的图纸，戴上安全帽，谁都看不出他已经有七十多岁。或者说，在这个时候，他的年龄仿佛就是身体之外的一个虚拟存在。

但那一回，包括主政三峡建设的总经理李永安和郑守仁都有些后怕。潘家铮认真看完导流底孔，再从 70 米高的梯子上到栈桥，潘家铮摘下安全帽，他已经是满头大汗，直到上了车还气喘吁吁说不出话来。

401　http://bbs.co188.com/thread-206858-1-1.html。

车上的人都向他竖起大拇指。

类似的经历还有。2006 年，右岸大坝到顶，是年 12 月，再一个隆冬季节，已经 79 岁的潘家铮再一次出现在三期工程现场。这是三峡工程质量检查专家组的第 16 次质量检查。

而这一年，三峡工程三期工程也将开始验收。已经担任验收组副组长的潘家铮身担两副担子，率领两支专家队伍。一是质量检查，一是工程验收。紧张而繁忙的日程安排，迎接这位老人进入耄耋晚年。

远在北京的中国水力发电工程学会正在筹备老人 80 岁华诞暨从事水电工作 57 周年纪念活动。他们为潘家铮准备的 80 岁寿辰的礼物，将是一册《中国大坝技术发展水平与工程实例》。

但 2006 年 12 月 5 日，79 岁的潘家铮正在三峡工程的工地上。这一天，天气情况特别糟糕，寒风搅雪，漫天飞舞，落到地面上立刻就化成冻雨。

潘家铮和专家们先到三峡船闸完建现场，外头雨雪飘飞，工地里面却热火朝天。大家看潘家铮从远处过来，不由停下手里的活，向老人行注目礼。潘家铮仔细检查船闸完建工程，含笑对身边的项目部经理说了两个字：慎终。

大家都知道他在说什么。也都理解这位老人的叮嘱。

接下来，就走到了三期工程开始之后修建的导流孔栈桥。此时，导流孔已经完成使命，正在封堵。他还要下去吗？大家都想起三年前的那一幕，试探着问：潘总，还要下去吗？

潘家铮头也不回，径直走向楼梯口，再下到 70 米深的封堵工地。他看了一圈，看封堵的程序，看封堵的质量，放下心来，复又攀梯上来。可是，这一回不同于上一回，沿梯上攀，就可达电梯平台，条件比三年前要好得多，可以节省好几十米的垂直距离。但从施工现场到电梯平台还要上攀 40 米，十四五层楼高，对一位 79 岁的老人真是不小的考验。

79 岁的潘家铮毕竟不同于三年前，他爬几级台阶就停下来歇一歇，随行的人想搀他一把，他不干，坚持一个人爬。待上到 90 米高程，额头有了汗珠。但他还是上来了，大家都向他竖起大拇指，一个一个和老人合影。

事后，有人问说：潘总，您为什么非要到导流底孔里面看一看？

潘家铮说：我是在向导流底孔告别。

大家恍然。导流底孔封堵之后，将永沉江底，是再也看不到了。一道水坝好多结构，当初费尽千辛万苦，用多少人的智慧才建成，最后永沉水底不见其面目。比方围堰工程，建成之后复要炸掉。比方导流底孔，发挥完作用，又要封堵。比方大坝基坑，大坝建成之后，蓄水发电，当初热火朝天的场面永远被江水抹平。

这不正是水电工程建设者的一个隐喻吗？他们永远在第一线，永远在拓荒。当大坝矗立，江水复平，建设者会悄然离开，不留一点痕迹。

打开许多水电站的志书，厚厚一本志书里，居然找不到当初设计大坝者的哪怕一个名字。

但大坝的每一个单项工程，每一个结构，莫不浸透着工程师和工程建设者的心血与智慧，在工程师眼里，它哪里是冷冰冰的混凝土结构？分明是有体温，有感情的事物，是智慧的物化，是四肢的延伸，是共患难的兄弟。

2006 年，潘家铮参加三峡工程三期工程质量检查。此时，巍巍大坝已经封顶，眼前的三峡工程，就像一件已经完工、等待熨烫整边的华服，披在长江三峡之上。

潘家铮站在坝顶之上眺望，淡蓝色的雾霭笼罩了库区。在场的人看到，瘦弱的老人好像入定了一样，跟谁也不说话。其实，潘家铮在公众场合经常会陷入这样的状态，任是谁都看不出他内心的波澜。

有人问：潘总，您闭眼在想什么呀？

潘家铮如梦初醒，他说：我是老年痴呆。

面现微笑，再无他言。

智者乐，仁者寿！潘家铮同志是我国杰出的大坝结构和水利水电工程专家、中国科学院和中国工程院两院院士、国际大坝委员会荣誉奖获得者。今年是他 80 华诞，也是从事水利水电建设和科技活动的 57 周年纪念。潘家铮院士学术渊博，著述浩瀚，是国内大坝建设者追赶国际先进水平、实现跨越式发展的引路人！几十年来，他参加过近百座大中型工程的查勘、规划、设计、施工、审查和决策工作，在解决我国许多座大坝关键性技术问题上做出过特殊的贡献。特别是举世瞩目的三峡工程，潘家铮院士在重大决策方面发挥了重要的作用，赢得了国内外同行的广泛赞誉。[402]

潘家铮 80 岁华诞那一年，中国长江三峡工程开发总公司总经理陆佑楣在《中国大坝技术发展水平与工程实例》的序言中，做出如是高度的评价。

而此时，中国的水电建设也走过了 50 多年的时光。以三峡工程为标志，中国大坝技术水平当之无愧走在了世界前列，重力坝、拱坝、土石坝、面板堆石坝和碾压混凝土坝的筑坝技术得到长足发展。50 多年来，中国水电建设在技术引进、吸收和不断创新中，逐步完成从 100 米级、200 米级到 300 米级高坝建设的多级跨越。

2004 年 9 月，随着黄河公伯峡水电站首台 30 万千瓦机组投产，中国水电装机总容量突破 1 亿千瓦，稳居世界第一。

中国大地上自由奔流的江河正在脱胎换骨，真正变成无尽的宝藏，变成源源不断的清洁能源。

2006 年站在三峡大坝顶端的潘家铮在想什么？

中国几代工程师的三峡梦今天实实在在落在地面上，用多么浪漫的语言书写这样的梦想都不为过。

显然，此时的潘家铮浪漫不起来，三峡工程已经到了最后冲刺阶段，他欣慰；三峡大坝的质量优良，应该说，在潘家铮漫长的 57 年工程师人生经历中，三峡大坝是一座真正让他放心的坝。或者说，三峡大坝还远不是最难建设的大坝。

诗人气质，激动难免。

人文情怀，忧思如旧。

但有一点是肯定的。79 岁的潘家铮实现了当初的诺言：愿将残生献三峡。

20 多年弹指一挥。江河山川在春往秋来的重复中不过是花开花落的一瞬，而当三峡工程从梦中实实在在落到现实中，1986 年主持三峡论证工作，潘家铮正处于一个科学家和工程师的壮年时期，2006 年，三峡大坝浇筑到顶，他已经是实实在在的衰翁。

402　参见《中国大坝技术发展水平与工程实例》，中国水利水电出版社，2007.12，陆佑楣序。

对于自己的老迈，潘家铮倒很是坦然，2007 年，他接受记者采访时有过这样一段话。

人家说我是什么权威、泰斗，我听了当然很高兴，心里甜滋滋的。但是说句客观的话，我虽不敢肯定在科技领域有什么权威、泰斗，但我敢肯定一点，不存在 80 岁的权威、泰斗。为什么呢？权威、泰斗，意思就是说，他看的东西都比别人准，他懂得东西都比别人多，他说的话都是对的，不说一句顶一万句，也至少一句顶一百句，这样才叫权威、泰斗。你想想看，科学技术发展得这么快，一个人到了 80 岁，心理上、生理上的老化是自然规律，你到了 80 岁还想什么都比别人懂得多，没有这样的事儿！如果这个国家权威、泰斗都是 80 岁的人，我认为这个国家就完蛋了。院士也好，权威也好，泰斗也好，老专家也好，唯一的好处，就是他走过的路比别人长，经过的挫折比别人多，他可以把过去的经验教训总结总结，告诉年轻一代，对他们有好处，仅此而已。[403]

年轻的时候，他就不迷信权威，到老，他是真心希望年轻一代超越自己。

---

403 参见《永远的潘家铮》，中国水利水电出版，2013.6，第 165-166 页。

潘家铮传

第十七章

两院院士潘家铮

"两院院士"

晚年的潘家铮每接受采访，节目或者文章简介中，总将"两院院士"放在他所有头衔的前面。其实，"两院院士"是 1994 年之后的事情了。

"两院院士"无疑是潘家铮个人工程技术科学经历一个很重要的构成。不是因为"院士"这个称号对他有多重要，而是在此之后，潘家铮的工程技术科学研究与活动呈现出另一番面目。

再把时间拉回到 1994 年。

1994 年 6 月，中国工程院成立是中国科技发展史，尤其是中国工程技术科学史上的一件大事。中国工程院成立的同时，中止此前的学部委员称号，中国科学院和中国工程院两院均实行院士制度。时年 67 岁的潘家铮被选为工程院院士和首届副院长。此后，他连任两届，一直到 2002 年 75 岁卸任。前后两届，总共 8 年时间。

1994 年，漫湾、小湾、天生桥二级和一级、棉花滩、东江等一大批重点工程开工，或者正在做前期工作，三峡工程上游金沙江溪洛渡电站也开始选址。这些工程的审定和解决重大技术问题决策需要潘家铮去主持，有些开工工程出现的问题和施工事故也需要他亲往解决。而三峡工程的准备工作也开始两年多，开工在即，潘家铮领衔的三峡总公司技术委员会正在紧锣密鼓逐项审查三峡工程的技术设计。潘家铮忙得不可开交。

成立工程院事宜，潘家铮无暇与闻其事。

中国工程院从倡议到最后成立，过程曲折而漫长。

从大的背景上来说，近百年以来，核能技术、信息技术、生物技术、新材料技术、空间技术等飞速发展。科学技术在各领域工程上成功应用，实现社会生产力大幅度提高和经济高速增长。世界各国纷纷采取措施，强化工程技术的地位和作用，以进一步提高综合国力和国际竞争力，适应经济全球化需要。建立以工程师为主体的国家工程院就是其中的措施之一。

最早的国家工程院于 1919 年在瑞典成立，1937 年丹麦，1964 年美国，1976 年英国和澳大利亚，1982 年法国，1987 年加拿大和日本，先后有二三十个国家相继成立工程科学院。1978 年，由几个主要国家发起成立工程科学院的国际组织——工程与技术科学院理事会，英文简称 VAETS。

就中国而言，20 世纪八九十年代，中国经济进入快速发展阶段，科技队伍日益扩大，全国内地的工程技术人员就达到 568 万人之多，其中具有高级职称者 51 万人。

但过去中国科学院学部委员推选标准偏重基础理论，一些杰出的工程技术科学专家很难得到认可。最典型的就是杂交水稻专家袁隆平。

袁隆平至少三次被推举中科院学部委员，但都未能进入第二轮评选。因为中国科学院学部委员标准里有一条：在科学技术领域做出系统的、创造性的成就和重大贡献。"系统的"和"创造性"的贡献是一个比较硬的门槛，就是在何种级别的学术期刊上发表过多少学术论文。

就是这一条，衡量袁隆平的贡献与成就显然不合适，上上下下的意见非常之大。1990 年代初，中科院同志到湖南出差，参加湖南科委的座谈会，当地领导不谈别的，就问袁隆平为什么在中科院得不到认可。据说一位省领导还给国务院主要领导同志写过一封言辞激烈的信。

显然，这远不是袁隆平的个案。

同时，科学技术不能适应经济和社会发展的矛盾日益凸显，科研成果转化为现实生产力的环节相当薄弱。此种现状不改变，将严重阻碍基础工程建设，有碍于提高综合国力和产品竞争力。中国的科技界已经进行了涉及科技体制、科技政策的一系列改革，采取切实措施，强化工程技术在国家事务中的地位和作用的呼声甚强。

早在 20 世纪 70 年代末期和 80 年代初期，中国科学院技术科学部张光斗、师昌绪、罗沛霖、张维几位学部委员，就有提出成立工程院的建议。一方面，他们已经注意到国外的工程院对提升本国综合实力起到的巨大作用；另一方面，也有感于中国科学院体制给中国工程技术科学在国际学术交流中带来诸多不便，所以他们提出这样的建议。

到 90 年代，成立中国工程院的呼声在工程技术界很强烈。1992 年初，国务院先后接到两份关于成立中国工程院的建议书。第一份，仍是以中国科学院学部委员、清华大学教授张光斗牵头，中科院师昌绪、中科院王大珩、清华大学张维、石油天然气总公司侯祥麟、电子工业部罗沛霖联署，这个建议通过不同渠道呈报上去，中央领导甚为重视，分别做出批示。

第二份，则由原国家计委副主任林华等人给时任国务院总理的李鹏写信，也建议组建中国工程院。李鹏总理批示交国务院发展研究中心研究考虑。

工程技术界反复建议，党中央和国务院反复论证，1994年2月，国务院发布"批转国家科委、中国科学院关于建立中国工程院有关问题的请示的通知"。

需要说明的是，国务院批复与两份建议在名称上稍有区别。两份建议是建议成立"中国工程科学院"，为了与中国科学院有所区别，国务院批复为"中国工程院"。

这个通知首次确定了中国工程院的性质，通知指出：中国工程院将实行院士制度，是我国工程技术界的最高荣誉性、咨询性学术机构。中国工程院院士，是国家设立的工程技术方面的最高学术称号，必须从已做出重大成就和贡献的优秀工程技术专家中选举产生。院士称谓，即与其荣誉性质相符，又便于国际联系，有利于交流。

中国工程院实行院士制度，相应原中国科学院学部委员也改称中国科学院院士。

通知批准成立中国工程院筹备领导小组。由国务委员宋健任组长，全国政协副主席钱正英、中国科学院院长周光召、国防科工委主任丁衡高、全国人大环境保护委员会副主任戚元靖、原建设部部长林汉雄、中科院科学技术部主任师昌绪担任副组长。筹备小组共计45人，其中有最早提出倡议的专家，还有27人是从各产业部门挑选的工程技术专家和负责人。

通知确定中国工程院的属性，为隶属国务院的直属事业单位，其办事机构挂靠国家科委。根据工程技术的类别，工程院设立机构如下：机械与运载工程学部，信息与电子工程学部，化工、冶金与材料工程学部，能源与矿业工程学部，土木、水利与建筑工程学部，农业、轻纺与环境工程学部。院士按专业确定参加一个学部的活动。

中国工程院的筹建意见最后获得国务院同意，进入到实质性操作阶段。筹备组有一个报请国务院的《关于建立中国工程院有关问题的请示》，里面关于首批院士产生的办法：参照中国首批学部委员和各国第一批院士产生的做法，中国工程院第一批院士可根据确定的标准和条件，按照一定程序，经过提名、协商和遴选，由筹备领导小组提出 100 人左右的拟聘名单，报请国务院批准后，以中国工程院名义聘任。这 100 名首批院士中，包含 30 名工程背景比较强的现任中国科学院学部委员。

截至 1994 年 2 月 19 日，共有 43 个部委、直属机构和有关科学技术团体、中国人民解放军，以及工程院筹备领导小组成员，按照规定，经过酝酿、协商和初选，共提出工程院首批院士候选人 108 人。这个候选人名单，不包括来自中国科学院的 30 个名额。

中国工程院首批院士的遴选工作甚为严格，一是门槛高，二是程序严。最后经过两轮投票，108 名候选人，只有 66 名获得二分之一以上赞成票，列入首批原始拟聘院士名单。加上中国科学院 30 名在任学部委员，并没有达到原拟定的百名计划。

而中国科学院"工程背景比较强"现任学部委员聘任，也是由严格的选举程序产生的。中国科学院学部联合办公室将推荐到中国工程院的 30 名学部委员做了分配，分配给技术科学部共 21 名。接到分配名额之后，1994 年 2 月 23 日由师昌绪主持召开技术科学部常委会，确定遴选原则有四条，一是中国工程院的发起人；二是有国外工程院院士称号的学部委员；三是对工程技术确实有重大贡献者；四是来自产业部门研究院所及大学的学部委员。

这样，由中国科学院技术科学部常委会投票选出一个进入中国工程院的 21 人名单。然后，中国科学院主席团通过全院的 30 人名单。

潘家铮作为中国科学院学部委员，属于技术科学部。

但在这个过程中出现了一些曲折。投票是由学部常委进行差额投票，投票结果，潘家铮以一票之差落选。

这个结果让很多人感到意外，进而成为一个事件。中国科学院领导认为这确实是个问题，一方面，潘家铮是典型的土木工程专家，另一方面，他是三峡工程建设的骨干，有深厚的工程背景，他不入选说不过去。科学院主席团为此专门开会研究，最后动员一位入选但不在京的学部委员退出，潘家铮入选工程院 21 人名单。

这个情况在当时工程院草创阶段也属正常。同样是中科院提名，数理部的提名里就没有钱学森。钱学森作为科学家，也同样具有深厚的工程背景，院领导认为也是一个问题，最后科学院院长周光召先生主动让出，钱取代周进入工程院院士名单。[404]

1994 年 5 月 10 日，国务院批复《关于呈请审批中国工程院首批院士拟聘名单的请求》，同意以中国工程院名义聘任 96 名人员为中国工程院首批院士。[405]

包括潘家铮在内的 30 名学部委员进入工程院拟聘院士名单之后，仍然是中国科学院院士，具有双重身份。

这就是所谓"两院院士"的由来。

1994 年 6 月 3 日，中国工程院成立大会暨中国科学院第七次全体院士会议在中南海怀仁堂举行。中国工程院正式成立。

在工程院首届院士大会上，全体院士以无记名投票方式选出院长、副院长，朱光亚当选为中国工程院首任院长，朱高峰、师昌绪、潘家铮、卢良恕当选为中国工程院副院长。

按说，潘家铮在近百名院士中，年龄稍长一些。首批 66 名拟聘者中，65 岁以下 49 人，占到 74.2%，30 名"两院院士"中，65 岁以下 14 人，占到 46.7%。[406] 均衡来讲，67 岁的潘家铮在"两院院士"中尚且还可以称为年轻人。作为科学家，其学术研究已经完成其对学科的开创、引领与丰富之功，作为工程师，其经验积累，以及决策和解决重大技术问题的能力正处于巅峰状态，可谓"年富力强"，堪当大任。

潘家铮担任副院长之后，有朋友来贺，他示友人一则诗话：

龚东坞少负奇才，老蹭蹬场屋。年七十授仙居校官，赋诗曰：垂老居然得一官，

---

404 参见《师昌绪科技活动生涯》，中国科学院金属研究所编，科学出版社，2000.10，第 564 页；《院士在中国的创立与重建》，郭金海著，上海交通大学出版社，2014.1，第 431-459 页。

405 关于中国工程院成立内容，参见莫扬《千呼万唤 应运而生——中国工程院建院史话》一文，收入《工程研究（第一卷）——跨学科视野中的工程》，杜澄、李伯聪主编，北京理工大学出版社，2004.10。

406 关于中国工程院成立内容，参见莫扬《千呼万唤 应运而生——中国工程院建院史话》一文，收入《工程研究（第一卷）——跨学科视野中的工程》，杜澄、李伯聪主编，北京理工大学出版社，2004.10。

一官仍复是儒酸。山妻惯与同甘苦，唤取来尝首蓿盘。

主客大笑。

倾力战略咨询研究

中国工程院作为国家最高一级的荣誉性、咨询性学术机构，它的主要任务之一，是研究、讨论工程技术领域的发展趋势，结合经济、社会发展的关键性问题，对国家重大工程技术决策、发展规划、计划方案及其实施提供咨询。工程院开展咨询工作，提出对策建议，特别强调方向性、综合性和战略性，主要依靠院士的集体智慧，发挥多学科的综合优势，广泛团结科技界、产业界、经济界、教育界的专家、学者共同进行。[407]

1995 年 10 月，也就是中国工程院成立一年之后，中国工程院即成立咨询工作委员会，到 2002 年，共完成咨询项目 39 项。

咨询项目既是工程院的主要任务，每一个课题项目，就是一项浩繁的巨大工程。

工程院成立之前，潘家铮就对中国能源战略问题有所思考，并相继发表过一系列文章。工程院成立之后，就开始酝酿和筹划如何结合工程院特色，对中国能源可持续发展问题组织力量进行综合性战略研究，以保证我国经济、社会发展总目标的实现。潘家铮提出的这个倡议，与有关学部和院士讨论有一年多的时间，于 1995 年下半年正式启动，是为《中国可持续发展能源战略研究》重大咨询项目。

项目由潘家铮和煤炭专家范维唐院士总负责，这是工程院成立之后组织的第一个重大的跨学部、综合性咨询项目。

咨询项目下设 7 个课题组和 1 个总报告起草组。历时一年半时间，于 1997 年 5 月，在各专题研究基础上，完成《中国可持续发展能源战略研究总报告》，次年又做进一步修改与完善，形成项目总报告及课题研究报告。该项目组织 23 位院士，还联合国务院有关能源、经济部门数十位专家，用了将近三年时间才最

407　参见《中国水利水电技术发展与成就——潘家铮院士从事科学技术工作 47 周年纪念文集》一文，中国水利水电出版社，1997.9，第 283 页。

后完成，可见工程之巨。

七个专题，分别是：中国中长期能源供需态势研究；我国能源结构调整与优化战略研究；能源与环境协调发展的研究；中国可持续发展节能战略研究；能源高效清洁持续利用的关键技术；中国农村地区可持续发展能源战略研究；能源发展保障和政策建议。每一个专题都由二至三名院士直接负责。

该咨询报告发挥多学科、跨部门的优势，力求较可信地展望中国能源发展趋势和前景，探讨若干关键性问题，就能源战略和重大政策措施提出建议。

报告在分析到 2050 年中国经济社会发展能源基本形势和供求预测之后，提出中国今后可持续发展中对能源应采取的发展战略选择，关键有五条：坚持走提高能源效率和厉行节约的路；有步骤地实现石化燃料特别是煤的清洁利用；大力优化能源结构特别是终端能源结构，加速实现电气化；加大科技投入，加速攻克能源关键技术，为全面开发新能源和能源利用新技术提供后劲；因地制宜，多种方式解决农村能源问题。

同时，报告站在可持续能源战略的高度，提出 10 点具体建议。从 1998 年后的十多年经济运行状况来看，这个报告所预测的能源形势非常准确，而提出的 10 点具体建议仍然具有十分强烈现实意义与指导意义。如在强调落实"开发与节约并举，把节约放在首位"的方针，建议通过立法，制订各行业节能规范与标准；建立巨型、现代化煤炭基地和坑口火电站与运煤干线，实现输煤输电并举；提高水电比重；积极准备、适当发展、创造条件发展核电；重视非常规油气资源勘探开发，积极参与国外资源开发利用，建立战略石油储备，保持 3 个月以上用量；发展清洁煤技术，支持新能源开发利用，通过企业销售收入的一部分提成和设立国家研究基金，使能源科技投入达到必须水平，等等。所有的这些建议，莫不是今天乃至今后很长一段时间之内国家能源工作的战略重点。

工程院组织的咨询工作，还不像三峡工程论证那样，每一个项目都有庞大的科研、实验团队作支撑，也不可能搞那么大。但是参与咨询的每一位院士，都发挥自己的专业专长，对自己的课题做认真细致的研究与探讨。

完成《中国可持续发展能源战略研究》之后，潘家铮还参与了许多重大咨询研究项目。计有：

1999 年至 2000 年的《中国可持续发展水资源战略研究》，担任《北方地区水资源配置和南水北调》课题组组长；

2001 年至 2003 年的《西北地区水资源配置、生态环境保护和可持续发展战略研究》项目，他担任项目副组长兼"水资源配置重大工程布局"课题组组长；

2004 年至 2006 年《东北地区有关水土资源配置、生态环境保护可持续发展战略研究》，任"水资源开发利用重大工程布局"课题组组长；

2007 年至 2009 年《新疆可持续发展中有关水资源的战略研究》，潘家铮担任顾问兼"重大水利工程布局"课题组组长；

2008 年至 2010 年《三峡工程阶段性评估》项目，担任评估专家组副组长；

2010 年至 2011 年，《浙江沿海及海岛综合开发战略研究》，担任项目组副组长；

2011 年到 2012 年去世前，参加《我国特高压输电技术与工程建设咨询研究》。

除此之外，还担任《三峡工程发电设备的进口与我国水力发电设备制造业的持续发展》《我国混凝土构筑物失效、破坏、修复与防治》《云、贵、川资源"金三角"农业发展战略与对策研究》《对 1998 年长江洪水的认识和今后工作的建议》《关于三峡工程质量情况的调查报告》等重大咨询项目的顾问。

他牵头或者负责的每一个咨询课题，对每一个报告，哪怕是阶段性报告都要进行审核，然后提出认真的修改意见。工程院一局副局长王振海讲，他收到潘院长送回的报告修改稿，非常惊讶，不说密密麻麻的修改意见，就是正文里的措辞和标点符号失当处都认真勾画出来，足见潘家铮的认真和严谨。

在做《浙江沿海及海岛综合开发战略研究》与《三峡工程阶段性评估》项目时，已经是 2010 年之后，潘家铮身染沉疴，常年住院治疗。就是躺在病床上，他也要认真审阅每一份阶段性研究报告，还要写出详细的修改意见。

潘家铮在晚年曾一再强调，凡参与编写的技术参考著作，牵头做的课题研究，是集体智慧的结晶，是集体劳动的成果，不能计入他个人技术成果之内。但如果熟悉潘家铮的文风，当你阅读他主持编写的工程技术著作，从全书的整体编排，到具体问题的具体论述，无不体现出潘家铮式的严谨、条理和逻辑性，还有叙述技术问题的通俗和生动。咨询报告也一样，莫说论述的大框架，就是某一个具体问题的陈述角度和表述方式，都能闻得到潘家铮删繁就简领异标新的气息，那些散发着智慧光芒的论述无法让人视而不见。

如果说潘家铮领衔的《中国可持续发展能源战略研究》是中国工程院咨询工作的开拓之作，那么《中国可持续发展水资源战略研究》堪称中国工程院建院以来规模较大的咨询项目之一。该咨询课题由时任全国政协副主席的钱正英和清华大学张光斗教授牵头，该咨询项目共分为 8 个大的专题，计有 43 位两院院士和 300 位院外专家参加，是一项跨学科、跨部门的重大研究成果，建议从 8 个方面实行战略性的转变。

《中国北方地区水资源的合理配置和南水北调问题》为该课题 8 个专题之一，潘家铮出任该课题组组长，直接为正在准备开工建设的南水北调工程提供重要决策依据，为酝酿、规划、设计了 40 多年的南水北调工程于 2002 年年底正式开工建设起到了促进作用。

南水北调——望穿秋水数十年

或许，这是一种宿命。

潘家铮接触到南水北调工程的时候，和他第一次介入到三峡工程一样，一开始就陷入争论当中。所以，他主持的课题组面对的第一个问题，就是相持不下的争论。

南水北调工程，是人类历史上最大引水工程，它的提出几乎与三峡工程同时，这个巨大的工程，与三峡工程的经历有颇多的相似之处。

与三峡工程一样，促进南水北调工程提上国家层面的议事日程的，也是毛泽东。

1953 年，毛泽东视察长江，听取长办关于治理长江的汇报时，提出"借"汉江之水到北方的方案，即今天所说的南水北调中线。1958 年 3 月，毛泽东在成都召开的中央政治局扩大会议，发出《关于水利工作的指示》，首先提出以南水北调为主要目的，将长江、淮河、汉江、海河各流域联系为统一的水系统的规划。南水，就是指长江水系。跟长江三峡工程一样，基于当时的国力和技术水平，这个庞大的计划一直没有清晰的轮廓。

也是在 70 年代，长江葛洲坝上马，与此同时，为南水北调作准备的丹江口水库初期工程全部完工。直到这个时候，南水北调工程仍然没有一个完善的规划与设计。因为它毕竟是一个引水数千公里的大工程，跨越数省，牵扯到的技术问题、环境问题要比三峡工程复杂得多。

直到 2000 年 6 月，经过数十年的研究，南水北调工程总体格局定为东、中、西三条线路，南水北调工程的轮廓才最后呈现出来。所谓东、中、西三线，就是分别从长江流域上、中、下游调水。

东线工程，由长江下游扬州抽引江水，利用京杭大运河及与其平行的河道逐级提水北送，并连接起具有调蓄作用的洪泽湖、骆马湖、南四湖、东平湖。出东平湖后分两路输水：一路向北，在位山附近经隧洞穿过黄河；另一路向东，通过胶东地区输水干线输水到烟台、威海。

中线工程，从丹江口水库陶岔渠首闸引水，沿唐白河流域西侧过长江流域与淮河流域的分水岭垭口之后，经黄淮海平原西部边缘，在郑州以西孤柏嘴处穿过黄河，继续沿京广铁路西侧北上，可基本自流到北京、天津。

西线工程，在长江上游通天河、支流雅砻江和大渡河上游筑坝建库，开凿穿过长江与黄河分水岭巴颜喀拉山的输水隧洞，调长江水入黄河上游。西线工程的供水目标主要是解决青、甘、宁、内蒙古、陕、晋六个省、自治区黄河上中游地区和渭河关中平原的缺水问题。

潘家铮主持的《北方地区水资源配置和南水北调》课题，重点就是为南水北调工程的最终决策提供咨询。

但此时，南水北调的争论还比较大。争论什么呢？

南水北调工程的争论还不同于三峡工程的争论。三峡工程的争论，阵线分明，一方主上，一方反对上，是上与不上的问题。南水北调工程却不存在上与不上的问题，而是怎么上的问题。也就是说，从南方"借水"到北方，大家都没有争议。争论的双方甚至几方的争论，都胶着于先上哪一条线，到底是先上东线，还是先上中线。除供水线路孰先孰后，还有供水目标之争，甚至到 80 年代中后期，还要求中线工程具有通航功能，等等。和三峡工程一样，争论一直持续，直到工程接近尾声还余音袅袅，关于南水北调工程的调水成本、生态影响的争论还在持续。[408]

《中国可持续发展水资源战略研究》课题于 2000 年 7 月 11 日向国务院领导汇报，由时任国务院副总理的温家宝主持会议，潘家铮就南水北调问题有一个补

408　参见张基尧《南水北调工程决策经过》一文，收入《改革开放口述史》，欧阳淞、高永中主编，中国人民大学出版社，2014.1，第 550-566 页。

充汇报。

潘家铮这个补充汇报先谈到围绕南水北调的争论。他生动地讲,"南水北调"工程规划了几十年,北方人民盼望了几十年,盼水妹变成了盼水婆,意见总是分歧,而持不同意见的人常常是一些很著名、很负责和很有造诣的水利专家,不能不引起我们深思。

他这样来理解持续几十年的争论:课题组经过一年多的探索、分析,认为大家的目标其实是一致的,都是替人民做好事,都想把工作做得更好些、更科学些,不要给国家带来不利后果,只是由于看问题的角度、深度不同,所处岗位不同,难免有分歧。

谈到"南水北调"工程的先决条件,潘家铮一针见血指出,实施调水工程,并不能够改变北方地区人均水资源量很低这一事实,所以调水工程必须在这个"老底"上考虑如何做到可持续发展:优化产业结构,建设节水型社会,搞节水农业、节水工业,限制城市生活用水及污水回用。要在这个基础上确定调水数量,不能走"以需定供"的老路。所以,课题组提出,国家如果要拿 1000 亿元搞"南水北调",希望先拿出三分之一搞节水。

而且,北方地区的水资源开发程度尽管已经很高,但并非无潜可挖,合理调配资源,关键是要在较大范围内、在较高层次上,对所有水资源,包括地表水、地下水、雨水、废水污水、微咸水乃至海水进行统筹考虑,用各种工程、非工程措施,拦、蓄、堵、净化、冲淡等扩大增供能力。其中污水处理和回收虽然不能作为增供水量,但哪怕贵一点,哪怕表面上未增加多少供水量,为了保护生态环境,为了子孙后代幸福,这事也非做不可。在某种程度上,这比调水更急、更重要。

潘家铮在汇报时讲,他们在课题报告中有一句可能要伤一些人的话:各省市、各部门如果不真正抓节水,抓污水治理,不提高水的重复利用率,"南水北调"到了门口也不让用。

对于东线和中线,到底哪一个先上,长期争论不休。潘家铮汇报时引用一句诗:本是同根生,相煎何太急。

三条线路各有主要供水地区和对象,又能相互调剂、辅助,任何一线或某一期工程的实施,都有助于通过缓解北方地区缺水形势,获得重新配置水量的余地,就像一母所生的三个同胞,虽然三条线的建设条件、投入、难度各有不同，需要分期进行，但不存在"有我无他，有他无我"的排斥情况，也不是要在一条线全部完成后才能启动另一条线，而可交错进行。

他们的课题组的意见为：第一，三条线都需要；第二，东中线先行，西线后继；第三，东、中线相辅相成，条件成熟就先后启动；第四，东、中线都有难度和问题，需进一步妥善解决；第五，相对来说，东线工程简单灵活，投入少，可先通后畅，条件较成熟，抓紧做工作，是可以尽快把长江水引进山东、过黄、沿津浦线最缺水地区送到天津。所以，他们建议先动工东线，这样丝毫不影响中线的各项准备工作。

尽管三条线在技术上是成熟的，但并不能说明没有问题。比如东线的水体污染问题。决策搞东线，必须同时下决心治理淮河污染，而治污仅靠水利部门是无法完成的。还有中线，难点是多年调蓄还是年内调蓄问题。这是因为调水的江汉平原与供水目标的北方地区丰水年和枯水年步调并不是合理交错。也就是说，北方丰水年不需要水，江汉平原也是丰水或平水，有时候，北方正逢枯水年，江汉平原也偏逢枯水。这样就带来一个问题，调水工程到底采用多年调蓄还是年内调蓄？而且中线从丹江口水库到天津一千多公里调水渠道上没有一个大水库与之相连来实现直接调蓄作用。所以这个问题是中线最大的难点之一，有必要将这样的问题搞清楚。

谈到西线调水工程，潘家铮话锋一转，主要集中在对"郭开方案"的剖析与驳斥上面。因为在这个时候，这个来自民间的"郭开方案"已经对南水北调工程西线的规划形成相当大的干扰，甚至影响到了南水北调工程的决策，课题组不惮组织工程院多名院士和科研单位进行专题论证，这不啻去捅一个马蜂窝。

潘家铮最后说：西线调水，此事宜缓。[409]

这个意见对 2000 年处于关键时期的南水北调工程而言，无异于雪中送炭。

西线工程为何宜缓？

西线调水，确实诱人。课题组专门有一专题就是"南水北调西线工程"。对于西部地区的调水问题，水利部黄河水利委员会曾多次组织过实地考察，不断筛选缩小研究范围，已经拟定出比较切实可行的调水方案，即从长江干流通天河及支流雅砻江和大渡河的上游调水到黄河上游，补充黄河水资源不足。

409 参见潘家铮《有关"南水北调"的补充汇报提纲》一文，收入《潘家铮院士文选》，中国电力出版社，2003.8，第 193-202 页。

从三江引水入黄，都要通过筑坝壅水，穿长隧洞或者建泵站提水过巴颜喀拉山，然后自流进入黄河。这个引水距离是南水北调三条引水线路中最短的，长110到160公里，引水量可达到190亿立方米。根据估算，以2000年的物价水平为参照，基本方案的静态投资为2538亿元。

西线工程之所以诱人，是因为它建成之后的引水量，接近东、中两线之和，效益特别明显，如果考虑到黄河水利委员会提出西线工程远景规划中将怒江、澜沧江相衔接的设想，将增加调水量200亿立方米，这条线的调水效益将更加可观了。

固然，实施西线工程是解决西北缺水问题的主要途径，对促进西部地区经济发展具有重要战略意义。但工程浩大，地处青藏高原高海拔地区，严重缺氧、气压低，地质条件复杂，勘测设计周期长，施工难度大。西线工程还正处于规划阶段，未经过可行性研究论证，尚不具备实施条件。西线工程，应未雨绸缪，加快前期工作，对关键技术经济问题，建议组织各方面的科技力量联合攻关，争取在较短时间内完成规划任务，在此基础上适时开展一期工程的可行性研究，为建设决策创造条件。[410]

这个咨询对国务院确定南水北调工程的规划和建设发挥了巨大作用。

在7月11日的汇报会之后，8月31日，潘家铮在工程论坛"水资源课题专题报告会"上有一个发言，《论影响"南水北调"实施的一些因素》，再次强调节水、挖潜与调水之间的关系，分析三条线路的特点，同时强调沿线各省发扬风格，在关涉利益的问题上一定要顾全大局。

2000年9月27日，时任国务院总理朱镕基在中南海召开座谈会，听取国务院有关部门领导和各方面专家对南水北调工程的意见。李岚清、温家宝、王忠禹、钱正英出席会议，水利部部长汪恕诚、中国国际工程咨询公司董事长屠由瑞、国家计委副主任刘江，就南水北调中的有关问题进行汇报。他们全面汇报了近年来有关部门和专家对南水北调工程的调研论证和工程实施意见，并对东、中、西三个调水方案进行分析比较。张光斗、何璟、潘家铮、黎安田、鄂竟平、宁远等专家在会上发言。

朱镕基总理听取汇报之后讲话，他提出南水北调工作建设本着"三先三后"

410　参见谈英武《南水北调西线工程》一文，收入《中国北方地区水资源的合理配置和南水北调问题》，潘家铮、张泽祯主编，2001.11，第210-237页。

的总体指导原则，即"先节水后调水、先治污后通水、先环保后用水"。这个原则显然是吸收了包括中国工程院专题咨询研究报告在内的许多专家的意见。

朱镕基总理提出明确要求，水利部在原来规划的基础上做了相应调整，进行重新编订。

中、东两条线沿线共有44座城市，其水资源规划在节水的基础上重新编订。重新编订的水资源规划实际上就是在节水、治污、挖掘北方水资源潜力前提下的缺水量。在专门编制南水北调节水规划的同时，还有一个专门治污规划。

针对南水北调前期规划阶段对中、东线谁先建设的争议，水利部提出南水北调统一规划分期建设的意见，率先在东线和中线同时开工建设一期工程，这样就将争议化解掉了。东线工程沿线水污染比较严重，其开工前提是把污染治理好。尤其是山东运河两岸，污染较重，要求东线一期工程加大治污力度，使水质达到地表水III类的标准。

中线一期工程送水到河南、河北、天津、北京，调水95亿立方米。根据丹江口水库蓄水情况和中线受水区节水治污及对水资源的需求，适时开工建设二期工程。[411]

呼唤了40多年的南水北调工程终于进入了快车道。

2002年12月27日，南水北调工程开工典礼在北京人民大会堂和江苏省、山东省施工现场三地同时举行。开工典礼由国家计委主任曾培炎主持，国务院总理朱镕基宣布工程开工，国务院副总理温家宝发表讲话，代表党中央、国务院对工程开工表示祝贺。

南水北调工程三条线表面看独立运行，实则是庞大的系统工程，参照三峡工程建设的管理模式，2003年7月，国务院南水北调工程建设委员会成立，与三峡工程建设委员会一样，主任由国务院总理温家宝担任，副总理曾培炎、回良玉担任副主任。

国务院南水北调工程建设委员会办公室成立，水利部副部长张基尧被任命为办公室主任，李铁军、宁远为副主任。

2004年，国务院南水北调工程建设专家委员会成立，潘家铮被任命为专家委员会主任委员。[412]

411，412　参见张基尧《南水北调工程决策经过》一文，收入《改革开放口述史》，欧阳淞、高永中主编，中国人民大学出版社，2014.1，第550-566页。

"潘家铮"这个名字继三峡工程之后，再一次与一项庞大的国家工程联系在一起。

"朔天运河"

《千秋功罪话水坝》是潘家铮于 2000 年出版的一本大坝科学的科普著作。1998 年，《中国科学报》（后更名为《科学时报》）提出创意，暨南大学、清华大学出版社积极筹划，会同中国科学院办公室、中国工程院学部，共同发起"院士科普书系"的科普工程。这个书系共拟定 175 种，潘家铮的《千秋功罪话水坝》是首辑 25 种院士科普著作之一。

这本书在潘家铮浩瀚的科技著作中算是一个十足的"小个子"，正文只有 203 页，但这本书的影响远远超出潘家铮的预期。作者写作这部科普著作的初衷，意在唤起青年一代学子对水利关心与兴趣，然而这本书很奇异地在社会上引起广泛反响，许多记者在采访潘家铮时，都会提到这本书。阅读这本书，显然是认识中国水利水电史的必做功课。

本来，这本科普著作与所谓的"朔天运河方案"并不搭界，怎么能扯到一起呢？

几乎是与"院士科普书系"策划同时，由潘家铮领衔的《中国北方地区水资源的合理配置和南水北调问题》课题也在进行。这个课题不同于其他咨询研究报告的地方在于，它有一个"大西线调水专题组"。由来自清华大学、中国水利水电科学院、国土资源部地理信息中心 15 位专家组成，专门就这个专题组"朔天运河大西线调水工程"进行深入的系统分析和研究。不仅有专题小组，在课题报告中，还有黄河水利委员会总工程师吴致尧、主持南水北调规划工作 20 年的谈英武、崔荃联合署名的《对"大西线调水"构想的看法》，专文对"大西线调水"工程进行评价。当然，它还将出现在潘家铮给国务院领导汇报的那个"补充说明"里，而且占去不小篇幅。"朔天运河"和"大西线调水"像一个南水北调工程的影子一样不能忽略。

朔天运河大西线调水工程是一个什么方案，值得工程院兴师动众组织来自黄河水利委员会、清华大学、中国水利水电科学研究院、中国科学院地理所的专家前来论证，而且是去"证伪"？朔天运河，大西线调水又是怎么回事？

原来，在南水北调工程规划工作进行的同时，有关政府部门和社会各界人士，就提出过许多解决北方地区，尤其是京津地区缺水问题的方案。来自政府有关部门的方案有两种，一个是有将黄河水引入白洋淀以疏解京、津、冀地区缺水之急的"引黄入淀"方案，还有一个是引拒马河水入京的"引拒济京"方案。这两个方案各有优长，但是只能暂时缓解华北地区缺水问题，也就是说，它还是一个救急工程。

来自民间人士的引水方案和建议有很多，具有代表性而且成系统的，包括"朔天运河"方案在内有五个。这五种方案或建议，都集中在从西南引水入黄河。五种方案显然都体现出各界人士对南水北调工程的关心，研究的深度也不尽相同，但基本上均未开展实质性野外勘测工作，都处于图纸上作业的设想阶段。也就是说，这些方案也仅仅是一个设想，其调水量、工程措施、投资估算、供水目标都存在很大差异。

但是，"朔天运河大西线调水方案"在五个民间方案中，是影响最大，也是最高调的一个方案，一副舍我其谁的架势。据说已经得到100多位老将军的支持，通过提案的方式提交到全国人大和全国政协，还得到许多地方党政领导的支持，这些无疑影响到了高层对于南水北调工作的决策。而恰恰是这个方案，也最离谱，与实际情况相差非常之大。这也是潘家铮主持的这个课题组不得不组织各方面专家专门"证伪"这个方案的原因之一。

这是一个什么方案？为什么如此诱人呢？

提出这个方案的是原四机部北京电子管厂的一名退休干部，祖籍山西，自称是郭守敬的后代，名叫郭开。所以这个方案也称为"郭开方案"。

刚开始的"朔天运河"还和南水北调工程没有关系。早在80年代初，郭开先生提出的"朔天运河"方案，是修建一条西起山西朔州，东至天津的人工大运河，抽引黄河之水，汇集桑乾河穿过永定河官厅峡谷，然后沿永定河经北京至天津入海。

当时郭开先生设想的这条"朔天运河"还不是为了缓解京津地区缺水的问题，而是为了晋煤外运，他设想，这条从山西高原直通华北平原的运河段要通行万吨级巨轮，北京至天津段通行10万吨级巨轮。

80年代初，资讯还不发达，互联网还没有走进日常生活。可这样一个设想仍然影响甚大,以至于水利部、交通部不得不站出来说话,称这个设想严重脱离实际,缺乏起码的科学论证。直到 1996 年 5 月 18 日,《人民日报》再次刊登国家计委、水利部、交通部的说明,重申不赞成搞"朔天运河",这条设想中的大运河才最后偃旗息鼓。但是偃旗息鼓的原因并不是因为《人民日报》的说明,而是有一个规模更为庞大,更为浪漫的"朔天运河"在郭开先生那里构思成熟,并且开始借助各种力量造势宣传了。

新的"朔天运河"更名为"中华朔天运河",郭开先生提出,要从西藏雅鲁藏布江朔玛滩筑坝引水,穿过崇山峻岭,依次从雅鲁藏布江、怒江、澜沧江、雅砻江、大渡河源头调水入黄河,为了有别于黄委会提出的南水北调西线方案,这个方案又称为"大西线方案"。

"中华朔天运河"大西线方案调水设想,其最吸引人之处在于,它从上述各河每年调 2006 亿立方米水进入黄河。这是一个非常诱人的数字,2006 亿立方米,相当于黄河常年径流量的 4 倍。也就是说,此一方案可以调集 4 条黄河的水量进入黄河,万古黄河的身躯将骤然胀大,变成滚滚巨流,漫过荒凉的西部戈壁滩,再从黄土高原跃下华北平原,那是怎么样一幅图景,多么振奋人心!2000 年,一本《西藏之水救中国》的报告文学出版,从书名到内容很吸引了一些读者,堪称当代《盛世危言》。该书的作者称,提出该设想的郭开先生为"天才"。

这 2006 亿立方米怎么引到天津呢?

"中华朔天运河"方案提出,从西藏雅鲁藏布江朔玛滩至入黄河贾曲河口输水道全长约 1800 公里,其中主干线约 1600 公里,支线约 200 公里,沿输水道需修筑 19 座大坝,拦断大河 6 条,有 6 处长距离越岭隧洞,需修建近千公里的绕山渠道,还要建造 6 处水头在数百米以上的大流量倒虹吸。入黄之后把水引入青海湖和岱海,将其作为调节水库,再引入永定河入北京、天津,然后直入渤海。

富余的水怎么办?可以再开一条运河,直通荷兰的鹿特丹,这样就可以让万吨巨轮从天津直达鹿特丹港。

他认为只有此调水工程才可以彻底改变中国西北、华北地区干旱缺水的局面,彻底消除我国南方长江洪水灾害的问题。

郭开先生将该"设想"描绘为中国的"救命工程",认为如不实施该工程,长江要闹大水灾,黄河要断流,北方要变成沙漠;原苏联就是因为没搞"北水南调"所以解体了，我们要是不搞这个大西线也要解体，将是第二个苏联。

"中华朔天运河"方案断言，工程总造价只需 580 亿元人民币（1990 年物价水平），全线同时开工，分成 10 个兵团，一共 20 万工人，5 年就可以完工。

这就是郭开先生"朔天运河大西线调水"设想的前后发展过程和主要内容。

设想的提出在缺乏系统、全面、可靠的地质、地形、水文资料作支撑的情况下，跨越正常的数据资料准备、可行性研究、工程初步设计等工作程序，已经成立"筹备处"、"研究所"，甚至开始在海内外筹资运作，一派风生水起。

毕竟，这是一个非常浪漫的设想，是凭借军用地图研究出来的方案，有点水利建设常识的人一看就可以看出其不仅粗糙，而且粗粝。粗糙到什么程度？它提供的文字材料上说，需要建 19 座高坝，在地图上标注却只有 15 座。而且座座都是百米以上的高坝，有数座需要建到 600 米至 900 米以上，远远超过中国乃至世界已建和在建大坝的高度三四倍之多。[413]

潘家铮主持的《中国北方地区水资源合理配置和南水北调问题》专题研究中，已经指出这个设想在工程技术上的荒谬之处，他在给国务院做的补充汇报中，再一次提到这个诱人的"大西线调水方案"，指出：

不负责任地炒作"朔天运河"十分有害。它引起人们思想紊乱，干扰领导决策，打乱科学的规划和南水北调工程的顺利实施。因为，既然只要花 500 多亿元和 5 年时间就可以调水 2000 亿立方米到北方，再造一个中国，还研究东线、中线、西线干什么？有些省区领导已经在等这个天上掉下来的大馅饼了，还为一些坏人行骗提供条件。为此，我们利用目前能收集到的资料，请清华大学水利水电系、中国水利水电科学院和国土资源部地理信息中心的专家对这条"朔天运河"稍作研究。真要实施，需修建 15 座从几百米至 1000 余米的高坝，跨越 187 条河流，修建许多座水头从数百米到一千几百米高的"倒虹吸"，开凿三条直径 28 米、总长几百公里的长洞，在陡坡上修 870 公里的一条大河，淹没西藏最富饶的地区，工程量和技术难度难以想象，即使能做到，投入也是

---

413 有关"大西线调水"，参见童慎中、林昭撰写《南水北调各种调水方案的概况和评价》一文和吴致尧、谈英武、崔荃《对"大西线调水"构想的看法》一文，收入《中国北方地区水资源的合理配置和南水北调问题》，潘家铮、张泽祯主编，2001.11，第 238-281 页。

万亿元量级，工期数十年。倡导这种工程和为之盲目鼓吹的人，对党和国家极不负责。[414]

他进而指出，从西藏调水，现在不科学、不现实，50 年后也未必有此需要。至于要做早期工作，如果指加强水文、气象、地理、地质工作也未尝不可，但要真正开展规划设计工作，没有极大的人力、财力投入是不行的，也是不必要的。

潘家铮提醒大家，我们要警惕，现在不仅伪劣商品泛滥成灾，包着科技外衣骗人上当的东西也很多，只要领导表个态，批个条，传媒界发个"轰动性"消息，一些人就"大有可为"了。

甚嚣尘上的"中华朔天运河"并没有就此止步，那本《西藏之水救中国》的报告文学一版再版，这一离谱的调水设想再度成为被人关注的热点，"朔天运河"的热度在互联网时代将持续数十年之久，"朔天运河"这一离谱而荒谬的设想，居然拥有众多的拥护者，其中不乏一些地位很高的老干部，甚至还有一些科学家。而方案提出者也乐于攀高结贵，拉大旗做虎皮，其鼓吹阵容甚为骇人，这些拥护者对反对和驳斥朔天运河的专家、学者上纲上线加以批驳，骂骂咧咧持续有十多个年头而未息，其性质已经远远超出调水设想的技术争论。

2000 年，潘家铮已经斥其为"不负责任"，10 年之后，大西线调水再度炒作，有学者直指其为"胡扯"。

也就是在 2000 年，《千秋功罪话水坝》面世，这不是巧合，当然也不是有意为之，但二者奇异地出现在同一年份，不能不说太巧了。

潘家铮的科普观

"朔天运河"仅仅是触发潘家铮关注科普工作的因素之一。它的离谱与荒唐，尽管不切实际，尽管浪漫得不着边际，毕竟还是有局限性，影响再大，总有一定范围。

早在"朔天运河"之前，也就是中国工程院成立前后一段时间，一直到 2000

414　参见潘家铮《有关"南水北调"的补充汇报提纲》一文，《潘家铮院士文选》，中国电力出版社，2003.8，第 201 页。

年，也就是在他 70 岁前后大至五六年时间之内，潘家铮在全国政协和其他一些重要会议上，有数次关于反对迷信，反击伪科学，加强科普工作的发言和讲话，还为杂志撰写过数篇以科普为主题的文章。

有意思的是，考虑到潘家铮的影响，也是为了保护老人的声誉，许多人在写文章，甚至写传记的时候，有意忽略这一段反迷信、反伪科学的历史。因为有一段时间，反科学的迷信造神活动颇有市场，伪科学打着科学的旗号大行其道，甚至在科学界内，有人公开呼吁要取消《科普法》中反对伪科学的提法，反对迷信，反对伪科学的声音显得势单力薄。

但到 2003 年编辑《潘家铮院士文选》时，潘家铮特意将"政论"、"反对封建迷信、伪科学"、"科普、科幻"列为前三章，然后依次才是"能源战略、电力体制改革"、"水利"、"三峡工程"、"水电建设、审查"以及"科技发展、管理"。

大家都不理解潘总如此倔强地坚持，何苦冒着被人骂被人误解的风险把这样犀利的文章放在前面呢？当然，这样的顺序排列决不能反映这些内容在潘家铮心里轻重或者先后，但确是晚年潘家铮思考重点的转变，或者说，是他技术思想在另一个层面上升华的一个体现。

人有愚昧和无知的权利，但没有用愚昧、无知态度强加于人、绑架社会的权利。

任何一个科学家，都希望自己拥有的科学知识和科学技术惠及普通大众，惠及全社会。但任何一项新科学、新技术诞生，到最后被社会接纳与认同，都要经过千难万险，甚至要与愚昧经过一番殊死搏斗。从这一点讲，让每一个普通民众接受和认同科学、科普的意义一点也不比科学技术本身更小。

潘家铮在其文章中提出，科普是开启民智的一把钥匙，而反对迷信，反对伪科学，则是科普工作的天职。

谈到中国的民智水平，潘家铮总爱援引一个典故。

人们凿井汲水，很花力气，聪明人就想出并制造了"桔槔"，即用杠杆原理提水的传统汲水机构，这样一来就省力多了。但有位老人却视而不见，仍然提桶汲水。有人劝他用"桔槔"，老先生却说：我并不是不知道用那玩意可以省力，但这会使人产生"机心"，人有了"机心"，什么坏事都会做出来，我讨厌这个"机心"，所以宁可不用。[415]

这个典故见于《庄子》，讲的是孔子学生子贡与一位浇灌园圃的老头儿的故事，也是"投机取巧"这个成语的出处。庄子编写这个寓言，当然是要传达他自己的思想，潘家铮对这个典故却有他的解说。

潘家铮讲这个故事的目的，是要讲在中国传统文化那里，长期信奉天不变道亦不变的道理，蔑视甚至反对科学技术的发展。与西方科技大发展形成明显反差，明代之后的中国科学技术就可悲地落后了。近代史上中国已经丢掉了几次重要机遇，1949 年之后，虽然曾多次打击封建迷信，可惜没有持续深入，没有从提高民智这个根本问题上下工夫，很快新的现代迷信席卷而来，极左思潮，搞个人神化，全国人民顶礼膜拜，"大跃进"，一直到"文化大革命"，干过多少令人瞠目、痛心的傻事。潘家铮说：中国人民的民智水平到底有多高？不客气地讲，仍然停留在义和团口念"刀枪不入"的水平。[416]

他这番话说得很含蓄，也很痛切。

在 1995 年政协八届三次会议的发言中他有一段话：

在社会上打着科学旗号进行迷信落后活动，哄骗和毒害人民，这是在任何国家、任何时候都难避免的。但是国家愈发达，民智水平愈高，这种欺骗就愈没有市场，一出现就会被识破，遭到大众唾弃，成为过街老鼠。而中国竟成为伪科学的乐园，有那么多报纸、期刊、电台来做义务宣传，又有那么多的人相信、传播、崇拜、拔高，这真是国际上少有的现象。[417]

迷信、伪科学大行其道，这不能说是 90 年代中期一道奇特的社会景观。稍稍浏览一下愚昧现象与活动，真可谓"琳琅满目，美不胜收"。潘家铮感慨地说，如果这些神话都变成现实，中国人民根本用不着在科技和建设的道路上作艰苦攀登了。

能源不是紧张吗？东北一位发明家就发明"点水成油"的奇妙配方，只需要投入一小撮专利药末，江河海中的水就立刻变化成汽油，而且百试百验。先

415，416　参见潘家铮《古曰：天不变道亦不变？》一文，《东方养生》1997 年第 5 期。

417　参见潘家铮《大力开展科普工作，坚决反击伪科学》一文，收入《潘家铮院士文选》，中国电力出版社，2003.8，第 59—60 页。

是街头小报，后是普通文摘，接着就登上了严肃的报章杂志，宣传了个六够。

三峡工程不是争论不休吗？防洪形势不是严峻吗？三峡工程不必修，有人能够准确预报几年后的气象与水情，然后可以借助几位气功师的神力，能在空中调云布雨，将南方的雨云调到需要水的地方去。

银根紧缩，银行不是储备资金不足吗？就有人站出来信誓旦旦言称能用意识摄物术，将外国银行、金库里的钱和黄金源源不断摄来。

此外，还有用意识治愈癌症、心脏病顽疾者；有未卜先知的伟大预言家；还有各种各样神秘莫测的特异功能、穿墙术、辟谷术；甚至可以看到飞碟和外星人，居然还有与外星人交感相爱的主儿也出来了。

媒体张目是一方面，迷信和伪科学拉一些科学家和领导为他们站台宣扬也是一方面，否则，种种古怪离奇的特异功能，种种荒诞不经的伪科学也不会有如此大的影响，也不会如此理直气壮。[418]

潘家铮在 1995 年和 2000 年发表《科学家和领导层要为维护科学的尊严而斗争》以及《向心陷迷信的科学家进一言》两篇文章，直指受蒙蔽受蛊惑的某些科学家和领导。

迷信、伪科学之所以大行其道，其惯用的伎俩就是拉大旗做虎皮，攀高结贵，打着"科学"的旗号，选取利用的对象和靠山往往是一些成名的科学家或高层次领导。潘家铮在文章里列举其行为种种：他们或者宣传某某人（科学家或领导）是他们所谓的研究组织的顾问，或者称某某人表过态支持他们，某某人为他们写过文章，更多的是宣传某某人出席过他们的讲课、报告、表演，对他们的惊人功能给予高度肯定和赞扬等。有时还刊载一些照片、题词以增强宣传力度。

潘家铮所列的情况其实也很复杂，有的科学家或者官员，或出于抹不开情面虚与委蛇，怀着猎奇心态去看一看，有的干脆就不明就里，被强拉硬扯进去。

比方，那个"朔天运河"在宣传的时候，中国水利水电科学研究院研究员阮本清先生赫然就在支持他们这个设想的"志愿者"之列，而阮先生恰恰是揭穿这个项目不切实际的重要科学家之一，他根本不知道人家已经利用他这个水利规划专家做了多少宣传。

---

418 参见潘家铮《大力开展科普工作，坚决反击伪科学》一文，收入《潘家铮院士文选》，中国电力出版社，2003.8，第 59-60 页。

也不可否认，一些迷信与伪科学的东西确实得到一些成名科学家与高层领导的格外垂青，当顾问，作序言，题词讲话，站台造势，引荐到更高层领导，径直上书中央，有的还运用自己的影响力甚至行政权力，禁止发出反对的声音，已经远远突破了一个科学家和高级干部的基本操守。

潘家铮分析道，就科学家而言，现代科学的范围十分广阔，一个人在他研究的领域中有所成就，绝不等于就是万能科学家，就全知全能。恰恰相反，他对其他领域的所知程度不见得比别人强，甚至可能是这方面的"文盲"。搞原子核物理的权威学者对于针灸治疗理论就可能一窍不通。被骗子们拉来当虎皮披的人，往往就是这一类"外行科学家"。难道我们能够仅仅因为他是一个科学家而无原则地相信他的一些"表态"吗？[419]

至于谈到领导人士，那只是代表他承担着某种职务（特别是行政职务）而已，完全不代表他的科学技术知识和水平，更不意味着他的一言一行必定正确，成为真理的化身。科学是来不得半点虚假的，在科学面前任何行政权威都不起作用。无论是吞并六国的秦始皇还是横扫欧洲的希特勒，都不能让 2 加 2 成为 3.99。实际上，地位越高，喜欢在具体科学问题上轻率表态的领导，越容易在这方面犯错误。我们怎么能以个别领导人的表态、题词、出席等作为识别真伪的判据呢？个别科学家或领导的看法，只能代表他自己的见解和水平，没有任何其他意义 。[420]

科学与迷信、伪科学之间泾渭分明，水火不容。科学实践是经得起严格检验的，是可以无数次重复的，是服从因果规律的，否则就谈不上什么科学，谈不上什么研究。潘家铮指出，那些误入歧途的科学家和某些领导，不管他在过去有过多大的成就，做出过多大贡献，其实还是人生观、世界观出了问题。

还是在 1995 年，潘家铮就"愿意诚恳地向某些科学家和领导同志进一言"：你们曾经为科技发展或革命事业做出过贡献，获得了荣誉和人民的崇敬，并处在重要的工作岗位上，你们的言行对社会的影响比一般人要大得多，理所当然更应慎重。对于那些流传于世的种种伪科学活动千万不要轻听轻信，偏听偏信，草率表态，甚至卖力宣传，压制批评。希望他们在大是大非面前站对立场，保持名节，

419，420　参见潘家铮《科学家和领导层要为维护科学尊严而斗争》一文，《世界科技与发展》1995 年第 10 期。

不会坚持走错误道路，做出令人惋惜的事。[421]

潘家铮在这一系列文章中，批评伪科学，伪气功，伪中医，直至大张旗鼓批判邪教组织法轮功，他在批判中发出科学的声音。这样的文章，其实在90年代中期，一直到法轮功围攻中南海事件发生之前，其实是很"不合时宜"的，尤其是他的笔锋所至，不仅反对迷信、反对伪科学、批判邪教，还批评媒体、批评某些科学家和领导为伪科学张目，包括工程院组织的"大西线调水"方案研究实际在反伪科学工程。写这些文章，确实是冒险之举，也注定要得罪人，也委实让许多人不舒服。

发出这样的声音在当时尽管曲高和寡，但毕竟是"两院院士"在那里说话，分量还是有的。

潘家铮对于全国科学素质的担忧，与强调科普工作重要性的论述，不独在当时有意义，对于未来提高全民科学素质也具有启示意义。

千秋功罪话水坝

潘家铮在60年代就开始写一些科普文章，现在能查阅到最早的就是那一篇发表于1964年关于新安江水电站的介绍文字。但《千秋功罪话水坝》写作的时候，作者的心境不能同年轻时相比了，工程技术的经验，科学的探索，以及对能源战略和水电规划的思考，都在一个新的高度上。

潘家铮之所以将"千秋功罪"给水坝作定语，感情非常复杂。这部科普著作，介绍中国乃至世界坝工技术发展历史，总结1950年以来中国现代水利工程建设的经验与教训，态度平易，娓娓道来，通俗而抒情。

这部科普著作，集中体现着潘家铮科普思想，那就是开启民智。具体地说，就是开启中国人对水利坝工技术的认识之门，进而理解水利，支持水利，进而鼓励更多的后来者投入水利事业。

一部中国史，在某种程度上讲，就是一部"治水"和"理水"的历史，治水、理水，既与水和大自然抗争，又与水和大自然和谐相处，上古时期从大禹治水开

---

[421]　参见潘家铮《科学家和领导层要为维护科学尊严而斗争》一文，《世界科技与发展》1995年第10期。

始，再到芍陂、都江堰、灵渠、浮山堰等著名的水利工程，中国人在水利工程建设无不体现着"治"、"理"的智慧与能力。

潘家铮对中国的治水史颇有研究，而且对中国几千年来的治水成就甚是自豪，对于古代治水史上的一些事件与人物有他独到见解，让人耳目一新，启示颇多。

比方，人们说起中国水利的先驱，往往就想到大禹。潘家铮说，其实他的父亲鲧就是一个水利工程师。而对于鲧的事迹，历史上有定论，把他列为上古"四凶"之一。但鲧这个人值得研究，他治水九年，十分卖力，结果还是被杀了头，蒙受万古恶名。他治水没有采用"泄蓄兼顾、以泄为主"的方针，以挡为主，结果失败了。其实，以挡治水，也不失为工程措施之一，今天的筑坝不就是挡吗？但当时的技术水平和施工设备很差，所以失败了。鲧的悲剧其实有政治因素在里头，后来禹接替父亲治水成功，赢得民心，发动宫廷政变，把舜赶到蛮荒之地的湘西去了。[422]

他曾对学生讲：中国汉字里，土木和水利两个名词很特殊，可见得我们祖宗的高明，用了土和木两个字，就精炼、扼要、高度概括地把这个学科描绘出来，隐含了建筑材料和结构模式。外国人就没有这么聪明，叫 C·E（Civil Engineering），即民用工程，不通之至。农业工程、化学工程诸般，难道不是民用？至于水利，更是妙不可言，足以证明我们的祖宗何等重视水的问题，何等高瞻远瞩，综合考虑，才创造了这个名词。

他问学生们，你们谁能把"水利"翻译成英文，我出 100 万奖金。你们别指望拿这笔奖，你翻遍《牛津大字典》也找不到的。[423]

从 50 年代开始，中国在治理淮河、海河、黄河和长江等大江大河的过程中，筑坝技术在现代科技的不断创新中取得长足进步，举世瞩目，以三峡工程为标志，中国已稳居世界水电强国之列。

在书写取得成绩的同时，潘家铮并没有回避中国现代筑坝史的经验教训，书中专辟一章"大自然的报复"，历数世界筑坝史和中国现代水利建设中的灾难，

422，423　参见潘家铮《说说土木和水利》一文，收入《潘家铮院士文选》，中国电力出版社，2003.8，第 424 页。

大坝安全、库区移民、生态灾难、规划设计失误，都给新中国的坝工技术留下深刻的教训。

更为重要的是，包括水电建设、南水北调在内，所有的惠及民生的大工程所面临的，已经不单纯是工程技术上的难题。这部科普著作并不满足于介绍人类治水筑坝的历史，通俗地解说现代坝工技术进步和创新的历程，梳理现代筑坝史上的经验与教训，还有更为强烈的现实意义。所以，这部科普著作又不同于其他科普著作，读起来并不轻松，或者说，所传达的信息量已经远远超过科普作品文体的要求。

正因为如此，有的人在读到《千秋功罪话水坝》之后，说这部书并不像一个科普著作。这让潘家铮苦恼了很长时间。确实，这部著作与其说是一部科普著作，倒不如说是一部对妖魔化水利、水电思潮的宣战书。

身处风口浪尖，容不得作者从容面对。

功在当代，利泽千秋，罪从何来？

潘家铮感触最深的还是三峡工程和围绕三峡工程的争论。作者将埃及阿斯旺大坝与三峡工程单列一节。关于三峡工程，潘家铮将他在 1990 年写的《三峡梦》一文全文收入，功焉罪焉，潘家铮说：有关三峡工程的功过得失的辩论，不会随工程的实施而停息，可能还将持续 100 年，由实践来做出结论。

潘家铮为三峡工程鼓呼争辩，从 1986 年一直到去世从来没有停止过。

作为一个杰出的水电工程师，他很清楚，一切质问怀疑，和所有的辩驳一样，都只能使工程建设中的问题显露出来，进而加以解决，加以完善。从黄坛口打响中国水电第一枪，再到新安江，再到锦屏，直到今天的三峡，一座没有争论的水电工程几乎是不存在的。关于大坝安全，关于泥沙淤积，关于三峡工程的生态影响，等等，决策者、建设者，包括大坝本身，他们面对的考官其实是大自然。

争论还将持续。一切结论性的论断都为时过早。

没有必要过早下结论。

科普作品的最大的文体品质，就是平等对话，就是平和理性，潘家铮其实愿意坐下来跟所有的人交流，跟所有的人平和理性地解释一些问题。但是质问和质疑来得往往火药气十足，有些问题他不是不能说清楚，而是无奈。

有一次，司机老刘接他去上班，跟他反映说，民间现在有一种说法，三峡大坝挡住了出川入川的水气，导致整个南方地区气候异常，干旱少雨。

潘家铮跟他讲：进出三峡的风好比是穿过大门的穿堂风，而且影响气候的大气环流在 10 公里以上的天空中，180 多米的三峡大坝就好像在大门上做了一道门槛，一道门槛怎么能挡得了穿堂风？

老刘顿时明白。

潘家铮闭目摇首，不再作声。

值得注意的是《千秋功罪话水坝》最后一章，"国际反坝俱乐部的宣言和中国人民的态度"。这一章里，潘家铮讲的是切身感受。

中国大坝工程技术发展 50 多年，从 50 年代开始，一张白纸，几乎是从零开始的，中国工程师首先遇到的是技术的瓶颈；进入新时期，中国坝工技术经过几十年的探索、积累、引进、消化、创新，工程技术相对成熟，工程师又遇各种各样的困扰。

1991 年 6 月 14 日，担任中国大坝委员会主席、能源部总工程师的潘家铮率团赴奥地利参加国际大坝委员会第 59 次执委会和第 17 次大会。

国际大坝委员会简称 ICOLD，成立于 1928 年，以交流、研讨和促进坝工技术为宗旨，到 1991 年该组织共有 80 多个成员国。中国于 1974 年成立大坝委员会，并加入该组织，中国大坝委员会在 ICOLD 组织里发挥着越来越重要的作用。ICOLD 主要研究高度在 15 米以上的水坝，其中中国就有 21000 多座，占到全球的大部分。

中国工程师李鹗鼎、沈崇刚、张津生、贾金生先后担任该委员会副主席。潘家铮、陆佑楣和朱伯芳先后获得该委员会荣誉奖。

这个委员会在初期研究的专题偏重于讨论大坝和有关建筑物的规划、设计、施工、运行和维护等方面的技术问题。60 年代之后，逐步转向水坝的安全、水坝的监测、水坝的老化、对老坝的分析和更新，还有水坝对环境的影响。到 80 年代，更注意到水坝的造价、筹资、国际河流开发以及公共关系等问题。ICOLD 所研讨的重点逐步从纯技术问题转向大坝安全监测、消缺补漏、老化更新、环境影响、国际合作、筹资还贷和公共关系领域。这个研究方向的变化，实际上反映着外界对筑坝的关心和看法的变化。

引起潘家铮注意的是与国际大坝委员会针锋相对的另外一个组织，或者说，让潘家铮大开眼界的是与国际大坝委员会宗旨完全相反的另外一种声音。这就是国际反坝委员会的抗议活动。

国际大坝委员会的会场在联合国会议大厅，参加会议的代表们住的酒店离会场很远，会议也不安排接送车辆，只是发每人一张维也纳市区的地铁月票，开会的时候代表们要从驻地出发乘坐地铁自行前往会场。

到1991年，国际反坝组织已经成了气候。他们在会场之外搭建帐篷，晚上就住在里面。在代表进入会场之前，他们已经在会场外搭好摊子，每天都打出"不要大坝"（No dams）、"让江河自由奔流"（Let the rivers flow freely）的标语。尽管两厢对垒，但显得很平静，态度也文雅。

潘家铮饶有兴味上前去跟他们交谈。他问：你们反对我们建坝开发水电，你们也反对我们建火电和核电，认为污染环境和不安全，那么我们从哪儿去取得发展经济和提高人民生活必需的能源和水呢？

哪里想到，抗议者指着标语牌说：我们相信你们科学家和工程师有足够的聪明智慧来开发替代能源。

得知这些抗议者不过是反坝组织雇佣来的学生，一天10美元。这个倒是很有意思。潘家铮让随行的人给他和这些抗议者合影以为留念。

1991年之后，反坝组织的抗议活动愈演愈烈，调门也愈来愈高，一些学者和名人也卷入其中。有一个"国际向导"组织宣称中国的三峡大坝是"世界上最大的坟墓"，甚至宣称要将中国的总理送上他们的法庭受审。到1997年，国际大坝委员会在意大利佛罗伦萨举行第19届大会，在会上，反坝组织散发了一份"库里蒂巴宣言"。这个宣言据说由20多个国家一些受建坝影响的受害者发起，于是年3月14日在巴西库里蒂巴城集会通过。

这是一个非常厉害的宣言。宣言声讨水坝种种罪恶：移民使人民失去家园，淹没土地和森林，破坏渔业和清洁水源，引起社会和文化中断和经济枯竭；建坝的造价总比预期多，发电和灌溉效益总比预期低，甚至加剧洪水灾害；水坝只对大地主、农业企业和投机者有利，掠夺的是小农、农业工人、渔业主、土著和传统的群落。

宣言进而宣称，要和共同的对手做斗争，这些对手是：有权有势者、国际金融机构、多边双边融资公司、水坝施工商、设备制造厂、咨询公司和用电大户，等等。

总之是一句话：水坝建筑十恶不赦。

宣言最后以一句口号作结，叫作"水是为了生命，不是为了死亡"。

反坝运动对于全球的坝工建设不能说没有影响，发达国家，尤其是美国，水电建设的规模明显萎缩。当然，美国的水资源开发已经到了极致，但反坝浪潮不能不说是起了作用的。问题是，现在国际上汹涌兴起的反坝活动，直接影响发展中国家和第三世界欠发达国家，因为未来建坝的主要是这些国家。发展中国家的水资源开发才刚刚起步，第三世界的国家经济迫切需要开发和利用水电这一清洁能源。[424]

正如潘家铮所说，国际上的反坝浪潮深深触动了水利工程师特别是第三世界水利工程师的灵魂。这些问题，必须由水利工程师，尤其是第三世界水利工程师做出回答。

潘家铮作为一位从事水利水电工作 50 多年的老工程师，他对筑坝的副作用，或者说危害怎么不清楚？早在当年写作《三峡梦》的时候，作者所做的数十个噩梦，实际上就是对筑坝副作用的具体描述。在《千秋功罪话水坝中》，作者一口气列出水坝建筑的 20 项副作用。计为：

淹没大量土地、森林；动迁居民；影响生态和水生生物、特别是珍稀物种；水库表面蒸发损失；水库内泥沙淤积；影响景观和旅游点；诱发地震；引起库岸滑坡；淹没文物、古迹；影响人群身体健康（孳生蚊蝇害虫）；影响局部地区气候；恶化水质、改变水温；影响渔业；下游河道发生冲刷、河口海岸侵蚀；库水下泄减少下游水中肥分；引起下游农田盐碱化；引起下游农田潜育化、沼泽化；施工弃渣、废水引起污染；妨碍通航；垮坝风险。

除了这"水坝二十条"之罪外，还可以细分拆出一百几十条。而且，有些副作用并不孤立，还可以引起一系列的附带次生影响。

每一座水库的条件、情况有着非常大的差别，世界上有完全相同的两座建筑，但绝不存在两座完全相同的水坝。所以它们产生的副作用也不尽相同，不存在哪一座水库集中具有这些副作用。所谓副作用，也是一个非常复杂的系统工程。所

424　参见潘家铮《中国人民不允许江河自由奔流》一文，《世界科技研究与发展》20 卷第 3 期。

以潘家铮晚年在担任清华大学双聘教授时，曾建议设立一门水害学，专门开展水利工程副作用的研究。

每一个水利工程师在规划、设计过程中，必须将水坝建成之后的副作用考虑进去，但最后，每座水库建成之后，正负作用总是伴生存在，就像衣服的里子和面子，既有功亦有罪，有的功大于罪，有的功罪相当，有的功不抵罪。功罪之间的判断，远不是一个单纯的技术问题。

发展中国家如何面对建坝产生的副作用？潘家铮以亲身经历的新安江水电站移民的政策性失误为例，谈及中国水电建设的曲折历程。他讲，除了移民问题之外，有些水库确实还产生过其他严重问题：水库迅速淤积；诱发了水库地震，甚至危及大坝安全；引起岸坡崩坍；妨碍通航；污染环境，等等。这些都是客观存在的事实，不容否认，不能轻视。但应该怎么面对这些事实呢？是否可以偏概全，不分析功过得失，不理睬已经采取的各种措施和已经取得的成绩，从根本上否定控制和调节河流的必要性，把水坝一棍子打死，"斩尽杀绝"，叫嚷要让河流自由奔流呢？

他进而讲：多少世纪以来，人类对大自然只知索取、只知利用，只知糟蹋而不重视保护。到了 20 世纪末，已处处呈现危机。人们这才警觉，发出要保护生态和环境，要走可持续发展的道路和为子孙留下一块净土的呼吁。

但是真理多走一步就会变成谬误。如果强调环境保护到了不允许开发资源和改造自然的程度，到了不允许贫困的人们提高自己生活水平的地步，那它的正确性就值得研究一下了。

《千秋功罪话水坝》这一节文字，实际上是一篇长篇政论。作者质问、辩驳、反诘、答疑，侃侃而谈，娓娓道来。最后，作者历数中国水旱相煎的历史，给出的回答是：中国人民绝不允许江河自由奔流，而将进一步开展世无前例和史无前例的伟大的水利建设，百折不挠地向改造自然、适应自然的目标前进。

"中国人民绝不允许江河自由奔流"。如果脱离开前后语境，这句话说得确实刺人耳目，听着让人感到潘家铮有些决绝。然而，在《千秋功罪话水坝》出版之前，这句话恰恰是潘家铮一篇文章的题目，这篇文章发表在 2000 年第 3 期的《世界科技研究与发展》杂志上。

这个十分惹眼但又十分准确的句子，其内涵却十分丰富。现代中国水利水电事业经过五十多年曲折而坎坷的历程，发展到今天令世人瞩目的成就，还有伴随的前所未有的被误解，都包含在这个短句子里了。

潘家铮如此激烈而坚持的态度是有道理的。1996 年，国际上的反坝运动终于成了气候，在这一年召开的世界可持续发展高峰会议上，因为要反对建造大坝，决定把大水电排除在可再生能源范围之外，世界银行也一度停止了对大型水电项目和大坝的建设投资。

来自联合国的这个定位的影响可想而知，水电已经被严重妖魔化。国际上的一些专业组织对这一定位的反弹特别厉害，国际大坝委员会、国际水电协会和国际灌排组织等专业机构共同澄清，还有中国以及一大批发展中国家坚持反对，联合国才逐步认识到事实和真相，直到 2002 年在世界可持续发展高峰会议上，将水电重新邀请回可再生能源的位置上来。[425]

中国的情形相对滞后一些，虽然国际社会主流已经意识到水电和大坝的重要性，但是进入 2000 年之后，中国的反坝才刚刚起步，情形有点像 90 年代的国际社会，各种极端环保组织和一些媒体大肆攻击水电开发，已经直接影响到了政府部门的决策。最典型的就是怒江流域的水电开发，在环保组织的竭力反对之下，不得不停了下来。

此种思潮已经影响到了国策。新的《可再生能源法（草案）》将大中型水电排除在可再生能源之外。2000 年，潘家铮领衔，中国科学院、中国工程院 10 位院士联合上书党中央、国务院、全国人大、全国政协，紧急呼吁恢复"大力开发水电"的基本国策，将水电工程列入可再生能源之列。

水电发展受阻，必然要加速火电建设。结果怎么样？到 2009 年，中国的能源结构严重恶化，在煤炭消耗快速增长的同时，也排放大量的温室气体，中国的社会经济水平远远低于美国，温室气体排放却已经远远超过美国。

2009 年，在哥本哈根召开的国际气候大会上，中国第一次遭遇了来自发达国家和发展中国家的共同批评。中国政府要承担起大国的责任，向国际社会承诺，在 2020 年，要提高能源效率，把非化石能源的百分比提高到 15%。

这一年，已经 82 岁高龄的潘家铮刚刚进行了一场大手术，他看到这个承诺，

425　参见张博庭《忆潘家铮和他魂牵梦绕的"水电"》一文，收入《永远的潘家铮》，中国水利水电出版社，2013.6。

非常焦急,在病榻上直接给总理写了一封信,分析中国能源结构失衡的症结所在,力陈水电的可再生、清洁能源的属性,中国能源格局中应当保持水电的一定比例。

直到 2010 年,关于水电的宣传风向才慢慢扭转,随后的"十二五"规划中,明确把"积极发展水电"作为重大国策再度提出。[426]

2011 年,84 岁的潘家铮感到,要彻底破除水电被妖魔化的困局,还需要做很多工作,还要走很长的路。《千秋功罪话水坝》这本薄薄的科普小册子还远不能就此煞笔。他希望中国水力发电工程学会副秘书长张博庭能将手中的笔接过来,续写这本科普著作,补充一些现实的内容再行出版。

那是 2011 年的事情了,距离潘家铮走向他生命的终点,仅有不到一年的时间。

管院士的院士

也就是在三峡工程大江截流的 1997 年,中国工程院成立科学道德建设委员会,潘家铮被推选为首任主任委员。

中国工程院是荣誉性学术研究机构,还不像一般事业单位那样,是独立的行政单元。院士分布在各院校、研究院和部委、各省市,所以对院士谈不上单位式的行政管理。

然而既是一个荣誉性的学术研究机构,是代表国家工程技术水平的科学院,院士本身的科学道德建设的强与弱,其影响不言而喻。

成立于 1997 年的科学道德建设委员会,它在成立之初就担负着很重要的责任,并不是一个务虚机构。用民间的话来讲,它是有"权"的,而且权力不小。

潘家铮在担任这个职务不久,就因为急性胆囊炎发作住院,只能通过电视观看三峡一期工程最后的大江截流。就在大江截流的第二天,也即 1997 年 11 月 9 日,潘家铮将秘书李永立叫到床前,他要起草一个文件。术后的潘家铮极度虚弱,连拿笔的力气都没有。他对李永立说,工程院那边还有好多事情必须马上完成,我写不了,我说,你记。

病人躺着口授,秘书坐在床边记录,这就是《中国工程院院士科学道德建设行为准则》。谁能想到,这个约束五六百名院士的道德行为准则是诞生在病

426　参见张博庭《忆潘家铮和他魂牵梦绕的"水电"》一文,收入《永远的潘家铮》,中国水利水电出版社,2013.6。

床上的。

这个"诞生"在病床上的《中国工程院院士科学道德建设行为准则》，是工程院院士科学道德建设的纲领性文件。这个文件于 1998 年 5 月正式下发。此后，科学道德建设委员会再制定《中国工程院科学道德建设委员会的职能及工作制度》、《中国工程院院士增选工作中院士行为规范》、《关于对涉及院士科学道德问题投诉信件处理程序和办法的规定》、《中国工程院院士科学道德行为准则若干自律规定》等一系列规章制度。有这一系列制度，工程院科学道德建设委员会的工作就有章可循，成为该委员会规范化、制度化的一个基础。

潘家铮在 2001 年就院士制度的话题有一个答记者问，收入到《潘家铮院士文选》中。他在访谈中言及工程院科学道德建设的一系列规范，称这一系列制度"要求非常明确，可操作性很强，而且便于检查"。所以这些规章制度都不是务虚的精神文明建设的文件，是硬性的要求。

关于院士科学道德建设，潘家铮并没有写过文章，但是这些规章制度却极有说服力。他做学术研究也好，探讨工程技术问题也好，写文章力求益于实践，讲求实用。

2002 年 3 月，在政协九届五次会议上，潘家铮有一个有针对性发言，叫作《我们需要再反一次党八股》，他称现在的"党八股"比之过去有过之而无不及。连篇累牍地塞满空话、废话、套话、大话，缺少实实在在的见解和新意。这种文章，好像患了浮肿病的人，看个子，脸圆体胖，但毫无生气，做不来任何事。又如注水猪肉，把水分挤干后，不仅干瘪难看，而且味同嚼蜡，令人难以下咽。

他分析新"党八股"产生的历史原因，指出新的"党八股"将禁锢人们的思想，耗干人们的精力，折腾人们的心灵，拖延前进的步伐，浪费无法计数的时间、物力和人才，文山愈高、会海愈深，使人人成为魏晋清谈误国之士，祸国殃民，莫此为甚，最终将影响民族振兴大业。他自嘲道，多少年来，我写的东西可谓多矣，文章也好，总结也好，报告也好，同样废话、套话连篇，甚至可选为"八股"范本。正因为我是一个写八股老手，才从心底里讨厌它、反对它。我要大声疾呼，不要小看它，这怪物非常可怕，现在已盘根错节，势盛力大，要动摇它谈何容易。

话扯远了。可话说回来，潘家铮对新"党八股"厌恶如此，常人眼里"科学道德建设"这样务虚的事情，在潘家铮眼里就绝不会是务虚的事物。

而工程院刚刚成立不久，在中国究竟还是一个新事物、新机构，科学道德如何建设？大家都在探索。科学道德建设委员会除了制订规章制度之外，还注意调查国外有关方面的工作情况及案例，然后汇集成材料，整理印发给每位院士做参考。有生动而具体的国外工程院院士案例，律人、律己便有参照。

工程院科学道德建设委员会管些什么事情？权力到底有多大？大致说来，委员会主要负责两方面的工作，一是社会上对院士的舆论、反映和投诉的整理，二是把好院士增补过程中的道德环节。这样看来，工程院的科学道德建设委员会就相当于政府的监察部门，起监察、监督的作用。

1994年工程院成立，30名中国科学院院士转入工程院的所谓"两院院士"被人们称为"院士里的院士"。作为科学道德建设委员会主任委员的潘家铮，是名副其实的"管院士的院士"。

院士怎么来管？正经要管起来，其实一点不比单位行政管理来得更加简单，是日常的、琐碎的、复杂的。管理是手段，爱护是目的。科学道德建设委员会运行了五年之后的2001年，潘家铮有一个答记者问，摘录如下：

问：中国工程院在加强科学道德建设中采取了哪些措施？

答：……道德委员会还接受社会各界对院士的投诉，主要是科学道德方面的投诉。只要署名的，有具体内容的，道德委员会都会进行认真的调查，直至有最终的结论，并按规定把结论送交院主席团和有关学部处理。

最近道德委员会就社会上对院士的一些舆论和反映分门别类地加以整理，在院士大会上跟全体院士见了面。即使并不完全正确，但只要这些舆论反映有助于加强院士们自律，我们都予以集中，包括投诉中的一些问题，即使不符事实，但可说明已有些苗头和倾向的，我们也把它搜集起来，起警钟长鸣的作用。我们准备把这项工作做得更细致些，将提出更具体的要求和建议，拟订一份更详细的要求，但采取的方法和形式尚在研究中。

问：工程院院士是否有道德失范的？

答：至今未发现有院士严重违反行为准则的情况。通过采取一系列行之有效的措施，就中国工程院院士总体来说，对自己的要求是严格的，能够遵守有关准则，做到洁身自好。到目前为止，我们还没有查出有哪位工程院院士有严重违反科学道德准则的行为。大多数院士在科学道德上做出了表率，特别是一些资深院士，他们的献身精神特别使人感动，不为名、不为利，到现在还经常奋斗在工程科技的第一线上。有些院士甚至昏倒在会议上，牺牲在出差途中。如90岁高龄的张光斗，在受命负责检查三峡工程质量时，不顾个人安危，坚持要爬到最危险的地段亲自检查，让所有在场的工程技术人员都深受感动。

但要说院士们什么问题都没有，也不是事实。有些事发生在一般人身上不太会引起注意，而发生在院士身上，就有很坏的影响！我们认为要常敲警钟，这也是道德委员会准备制订一个更详细的行为准则，来加强院士自律的原因。比如说，一篇文章主要是他的学生做的，但在署名时他的名字列在前面，这是不是违反了科学道德，要具体分析。如果学生是受他思想的影响和得到他的具体指导，他也为这篇文章承担责任，署名是可以的。这种情况在其他国家也存在，但工程院特别严格要求院士，如果你对这篇文章没有参与，对它的详情也不了解，也不对其正确与否负责，就绝不能署名。再如，有些院士当选后，比较傲慢，以权威自居，对人不礼貌，这种行为也说不上是严重违反了准则，但作为院士，其影响就特别坏。我们要求院士们在这方面要特别注意自律，要谦虚谨慎。世界上没有全知全能的科学家，也没有不犯错误的人。院士仅仅是个称号，只是人民肯定你过去的成就而给予的荣誉。

问：如果有院士违规，工程院将如何处理？

答：视其情节严重程度，有四种处理方式。轻微违规的将通知本人，提醒他注意自律，或在学部中自我检查。严重一点的将在全体院士中通报，进行内部批评，如果更严重就要在社会上曝光。最严重的将通过学部投票和主席团批准，撤销其院士称号。但到目前为止，我们还没有发现需要采取上述措施来处理的事例。当然不是所有的投诉都处理完了。还有些投诉件尚在调查之中。

问：如何杜绝院士增选中的不正之风？

答：送礼者肯定落选。两年一次的院士增选，受到社会各界的普遍关注。在增选中确有不正之风，主要表现在候选者本人、更多的是候选者所在单位进行的一些不恰当活动，即向院士们送礼：有的把钱夹在著作中作为咨询费的，有赠送贵重首饰的，也有赠送纪念品的。对于这种行为，在"中国工程院院士增选工作中院士行为规范"中有明确规定：院士们遇到这种情况时，首先要坚决拒收，因故未能拒收的（如本人不在家，别人送上门的）则要将这些东西上交工程院，而且要将这些情况汇报给学部办公室。对于送礼这种行为，工程院的处理是很严肃的：立即取消该候选者的候选资格。有几次经过调查，实际上是候选人所在单位送的，候选者并不知情，而且该候选者确实有很大成就，并不用靠送礼来拉票。尽管如此，我们发现后立即取消了这些候选者的资格。我再次奉劝候选者所在单位别帮倒忙了。

还有个例子也可说明工程院杜绝这种风气的决心。有一位候选者经过最终投票已经当选，但后来发现他曾向有关院士送过不太值钱的纪念品。这件事被提交到道德委员会反复讨论，最后以9名委员全票通过取消其当选资格。因为这一次能接受纪念品，下一次自然可以送钱了。我们要从源头上堵住这种不正之风。送礼者屡遭碰壁之后，自然再不去做这种傻事了。像今年院士增选，就没有发现送礼的事。

问：院士增选中如何应付行政干预？

答：坚定而有礼貌地拒绝。在院士增选中，确实遇到过上级单位或领导人打招呼的事。如有的领导机构给工程院写信，说某人贡献如何如何，但有某种特殊情况，要求工程院破例破格照顾，有的则组织一些同行专家联名给工程院写信，施加影响。工程院将此类事交给道德委员会讨论。讨论的结果非常简单：无论是哪里来的意见，只要违反《中国工程院章程》，一概拒绝。对于这类信件，我们的回答礼貌而坚决：根据《中国工程院章程》您的要求我们无法满足。其实，这类信件中确有不无道理之处。例如章程规定，候选人必须具有教授、研究员或高级工程师职称，但有些工程科技人员虽然做出了巨大贡献，但由于各种原因，没有取得这些职称（例如担任领导职务后未参与职称评定），因此不具备被提名的资格，但在现章程修改之前，我们只能严格遵守，哪怕是遗憾地委屈了某些专家。如果这个大门一开，我们就很难控制了。

问：提名候选人有何弄虚作假现象？

答：主要表现为成就介绍中水分太多。在提名书中把被提名人的成就贡献说得天花乱坠，无限拔高，把集体成果说成个人成就等等。这种现象非常普遍，实堪忧虑。在院士增选会议短短的时间内，院士们主要还是依据提名书来评判，我不敢排除有个别不够格的人因此而选入院士队伍。工程院只能一方面要求院士们尽可能认真地审阅材料，严格把关，另一方面只能不断提高透明度，在报刊网络上和候选者所在单位公开候选人名单，并将提名书个人成就的内容在候选者所在单位公开张贴。候选人如果夸大自己的成就，是很难欺骗本单位的人的。[427]

这个回答已经非常具体而翔实。

工程院的同志回忆起潘家铮在科学道德建设方面的修养，都说他是率先垂范的领头人。且不说他二三十岁在流溪河、新安江等工地，写文章总结一些研究成果，要将同时参与工程的年轻工程技术人员的名字署在后面；有的年轻同志在设计过程中有新的算法，他代人写成文章寄出去发表，根本不署自己的名；有的同志在工程上有创新，他几次三番督促快写成书，比别人还着急；自己探索多年的问题，因为种种原因没有总结发表，结果看到国外有专家已有心得，尽管灰心丧气，也不得不忍痛割爱，等等。莫不体现出一个受过传统教育的知识分子和科学家的修养和操守。

具体到担任工程院院士和副院长之后，还有一些事情值得一说。按照院士提名的规定，每两年一次增补，每一位院士可以提名 2 人进入候选人名单。潘家铮在行使这个权利的时候，从来没有告诉过被候选人：我提你名了。

比方说潘家铮去世之后接任三峡工程验收专家组组长、著名地震专家陈厚群院士，是他在当选工程院院士之后才得知是潘家铮提名他成为候选人的。还有中国科学院院士、著名滑坡研究专家陈祖煜，2003 年他第一次申请中国科学院院士落选，潘家铮专门将他叫到办公室，鼓励他不要泄气，同时提出几个他需要努力的方向。下一届院士增补的时候，陈祖煜院士成功折桂。后来他才知道，两次评选，都是潘家铮推荐，而且在首次落选之后，潘家铮在不同场合都提到他的成就，还给他的老师钱令希先生打电话，推荐这位年轻学者的研究成果，希望能引起老师的关注。

显然，这个底线并不是潘家铮一个人在坚守，是工程院院士科学道德建设的种种制度使然。在社会上质疑工程院院士的同时，其实还流传着许多工程院院士"骨头硬"的故事，生生把一些企图通过不正当手段进入院士行列的人拒之门外，

427　参见潘家铮《就院士话题答记者问》一文，《科学时报》2001 年 9 月 9 日。收入《潘家铮院士文选》，中国电力出版社，2003.8，第 35–39 页。

而且不止一位，且位高权重。

至于送礼，潘家铮身边的人还有许多潘总"不近人情"的故事。就是微不足道的礼品，进入潘总的家门都是个问题，得先过夫人这一关。潘家铮的夫人许以民，碰到提着礼品上门的人，连门都不给开。就是多年的司机和秘书送来单位发的福利，哪怕是潘家铮预先买好的东西，都很警惕，生怕上当，让先放楼道里，等潘家铮下班回家，一定要把东西的来路问问清楚才肯罢休。

就连潘家铮的博士生上门，都是潘家铮在家的情况下才可以去，若潘家铮不在家，门是进不了的。

许以民老太太的口头禅是：男人出问题，就是因为家里没有一个看门管家婆，门看得不紧嘛。

建议成立工程管理学部

中国工程院的工程管理学部成立于 2000 年 6 月。成立这个新的学部，潘家铮是主要倡议者之一。

在工程管理学部成立之前，中国工程院有一个管理委员会，主要承担管理科学方面的咨询研究工作。潘家铮是这个管理委员会的主任委员。这个委员会的成员实际都是从事或者研究工程管理的专家。这也是他倡议成立工程管理学部的原因之一。

潘家铮一生从事水电技术工作，工程管理对于一座工程的重要性，他有切身体会。进入新世纪，中国的基础工程建设的规模越来越大，对工程管理的要求也越来越高。

关于工程管理的重要性，潘家铮在担任三峡工程技术委员会主任和国务院三峡工程验收专家组副组长、组长期间，曾在不同场合无数次地强调过，几乎是每次讲话总要谈、重点谈。

2000 年 4 月，清华大学土木水利学院成立，潘家铮在发言中非常赞赏清华土木水利学院设立工程管理系。他说：

老学科还要开拓新领域。你们学院有个工程管理系，这很好。我们不仅要抓硬科学，还要抓软科学，两手都要硬。实际上，我国管理方面的落后比技术方面的落后更厉害。以往搞工程就要成立指挥部，完不成任务就把领导部门的人赶到工地去蹲点抓问题，还确实收效。但这样做是否科学？听说中央领导每天要批阅厚厚的文件，事无巨细都要通到中央，等指示，搞得中央领导日理万机，疲惫不堪。这到底是尊重领导还是逃脱责任？我怀疑外国是否也这样做？克林顿是否每天要批 30 厘米高的文件？也许国情不同，在转轨期间这样做难免，但能永远这样下去吗？[428]

因为长期接触具体工程管理，潘家铮对管理科学重要性理解要更深一些，感受更强烈一些，倡议成立工程管理学部是他长期思考的结果。

潘家铮他们的倡议发出的时候，还不叫工程管理学部，建议成立管理学部。倡议发出去之后，在工程院和社会上的反响很强烈，从倡议发出，到 2000 年 6 月 8 日在全体院士大会上表决通过，酝酿了一年多时间，作为倡议人之一的潘家铮做了许许多多工作。

大家关注的焦点，主要是成立管理学部之后，担心把不合格的人选进来，甚至成为官员和企业家的俱乐部。也就是说，这个新成立的管理学部，最后怎么样来设定门槛，门槛有多高。

这样的担心与疑虑，其实在工程院成立之初就有过。

当初在筹备工程院的过程中，大家有两个疑虑，一是担心工程院变成第二个科学院，另一个就是成为官员或企业家俱乐部。

关于政府官员是否应该选为院士的问题，争论很大。筹备组副组长、后当选工程院副院长的师昌绪等筹备组成员指出，这个问题在当年选举学部委员的时候就存在。师昌绪的观点是：学部委员是代表一个人的学术成就和学术水平，这是终身荣誉，政府官员是有任期的，因此，我们选举学部委员，不管他当官不当官，不要因为他是大官我们就选他，也不要因为他是大官我们就不选他，完全看他的科技贡献和学术水平是否合乎学部委员的标准。

后来筹备组组长宋健在这个问题上有一个观点：要从不同意见中找到能共同接受的。

所以 1994 年工程院筹备过程中也存在一个设立"门槛"问题。为这道"门槛"，后来担任工程院首任秘书长的葛能全形容，他起草这个文件是"绞尽脑汁、字斟句酌"。这道"门槛"最后体现在呈报国务院的《关于建立中国工程院有关问题的请示》中：中国工程院院士，作为国家在工程技术方面的最高学术称号，必须经过严格的程序，其标准和条件应该与中国科学院院士各有侧重，对工程院院士应该特别注意其在工程技术方面的贡献和应用成就。[429]

"门槛"尺寸把握也甚是严格：凡在工程技术方面做出重大的、创造性的成就和贡献，热爱祖国，学风正派的高级工程师、研究员、教授或同等职称的工程技术专家、学者，可被推荐并当选为中国工程院院士。其中"重大的、创造性的成就和贡献"主要是指，在某工程技术领域，取得重要研究成果和有重大发明创造；或在重大工程设计和建设中，对创造性地解决工程技术问题有重大贡献；或为某重要工程技术领域的奠基者和开拓者；或在工程技术应用方面，成绩卓著者。

这样一道"门槛"，就把两个疑虑全部解决了。

就是这样严格，社会上对中国工程院院士的入选标准和水平仍有质疑。

潘家铮在 2001 年接受《科学时报》记者采访时，记者提问：中国院士的数量是否过多？

潘家铮回答，中国工程院在 2001 年有 538 名院士，加上中国科学院的 622 名院士，两院院士总数为 1000 多名。有些人认为院士数量太多，我不以为然。工程科技涵盖领域非常广阔，工程院现在有包括农业、工程管理学部在内的 8 个学部。全国至少有 2000 多万工程科技人员，现在从 4 万名科技工程人员中才选出一位院士，不能说多。相对于欧美发达国家，这个比例是非常小的，而且，一个学部涵盖很多一级学科和二级学科，但一级学科下的院士数量寥寥无几，许多二级学科还没有院士。

至于中国工程院院士的水平，潘家铮的回答很肯定也很风趣。

他说，我看我国一些领域中二、三流的专家比外国院士的水平还要高。

目前社会上对中国院士的水平颇有微词。有人说要真有水平就拿个诺贝尔奖回来。但要知道除了文学、和平和经济奖外，诺贝尔奖主要奖励的是对科学研究、

429　参见莫扬《千呼万唤　应运而生——中国工程院建院史话》，收入《工程研究（第 1 卷）——跨学科视野中的工程》，杜澄、李伯聪主编，北京理工大学出版社，2004.10。

科学理论特别是基础研究领域做出特殊贡献的人，而工程院院士无论在工程技术上做多大的贡献，具有多高的水平，也是和诺贝尔奖沾不上边的，因为研究的领域不同。如果获得诺贝尔奖的人被提名为工程院院士候选人，同样也选不上。

社会舆论对当今院士水平质疑的另一个依据就是知名度不高。常听人说以前的老院士、老科学家，像修铁路的詹天佑、建桥梁的茅以升谁不知道？现在的院士有几个人知道？

潘家铮解释说：一个人的水平只和他的成就有关，而不能依据名气来衡量。在旧中国，我们能有多少工程建设？几条破破烂烂的铁路，一座黄河大桥，都是外国人修建的。就在那个时候，詹天佑先生能够成功修建京张铁路，茅以升先生能够主持钱塘江大桥工程，开天辟地，当然是了不起，自然妇孺皆知。[430]

而在今天，比京张铁路施工要复杂上百倍的成昆线早已修通，修建在世界屋脊上的青藏铁路也已开工，世界级的桥梁、水利工程比比皆是。能说这些伟大工程的设计和施工专家水平比老院士低？而我们现在是在这么多的工程科技专家中千挑万选，尖中拔尖，虽然最终只有很少人能进入工程院，但他们的名气就是没有前辈大。

潘家铮进而说，要承认，我国整体的科技水平与世界先进水平相比的确有差距，尤其是在基础科学和管理科学方面的差距还相当大。但在一般的工程技术领域上，我们的差距并不是很大，甚至在某些领域上我们比人家强。

新中国建国 50 年来，我国工程建设的规模是史无前例和世无前例的，成功地完成了很多宏伟的工程建设，攻克了数不清的难关，其中也有很多深刻的教训。在这样的建设高潮中，不可能不出现一批高水平的工程科技专家。

例如在修建黄河小浪底工程、长江三峡工程的过程中，泥沙科学发展得很快，我国的泥沙科学就是国际领先的，出现了许多世界一流的泥沙工程科技专家。在这些领域，我国一些二、三流的专家比外国院士的水平还要高。

工程院院士的整体水平如此，仍然遭到质疑，而成立管理学部，引来的质疑之多就可想而知了。说不上引起轩然大波，但到投票决定是否成立这个学部的时候，说实话，工程院的领导和主席团成员的心里真是没有底。在 2000 年 3 月主

430　参见潘家铮《就院士话题答记者问》一文，收入《潘家铮院士文选》，中国电力出版社，2003.8，第 33-34 页。

席团会议交由全体院士大会审议这个议案的时候，有主席团成员提出要求推迟表决，而且推迟到几年之后再说，潘家铮却认为不存在什么问题。

到了投票那一天，很少涉足工程院的潘家铮秘书李永立也担心，特意去了会议现场，一进会场他就看出来，工程院的工作人员都担心起来，甚至做好了方案被否决的准备。

在表决的前一天，工程院领导和主席团让潘家铮就成立管理学部的草案再向院士们做一说明，做进一步解释。所以在投票前，潘家铮代表主席团有一个讲话。

这个讲话不长，言简意赅做了说明。

首先是对于这个学部涵盖的范围。主席团综合各种意见，为了更稳妥可靠，走好第一步，主席团决定把管理学部的涵盖范围缩小，即界定为"工程管理"，学部的名称也改为"工程管理学部"。

其次，是"门槛"问题。

第一，增选工程管理院士的要求，被提名人必须具有合乎要求的职称，必须有工程科学背景，必须在工程管理理论与实践上有确切的成就。

第二，提名范围。不在全国范围内普遍提名，只限于院士提名和少量综合部门提名。

第三，评审工作。第一轮评审工作请有关学部把关，不经过有关学部评审就无法进入第二轮，就根本到不了工程管理学部。

这样，既能够把真正有坚实工程背景的、又在管理理论与实践上有卓越成就与造诣的专家选进来，又防止了把只挂空名当官的选进来。

潘家铮强调成立工程管理学部的重要性：我国的管理水平虽然不高，但全国的工程建设规模是举世无双的。实践出真知，在这样史无前例的建设中，总会出现一些高水平的工程管理专家。不谈早年的两弹一星和最近的载人宇宙飞船，就以我所接触的水利水电工程，有些宏伟工程的组织管理确实不比外国人差，甚至令外国人认输的工程也被我国的专家救活了。将这种专家通过各学部的遴选选入工程院，为推动我国工程管理水平的提高而做出贡献，实在是件好事、急事、大事。

这段话可谓语重心长。

他最后强调，如果大会表决通过，要在原来提出的增选办法基础上，吸收大家所提意见，再次改进。例如，不再自己选邀一些院校、学会来提名，而可以规定少数名额，委托国家教委、中国科协和国家综合管理部门根据我们的标准来遴选提名等。修改后的办法报请主席团会议通过执行，只会比现在提出的方案更合理、更严密，不会有丝毫放松。

他最后说：现在，请各位院士在慎重考虑后，投下你神圣的一票。[431]

话音刚落，会场上响起热烈的掌声。

工程院的工作人员屏声静气听完，对李永立说：潘院长讲得太好了。也跟着鼓起掌来。

潘家铮讲完话，就进入投票环节。该议案以超过半数12票通过。

事后，工程院的工作人员对李永立讲，潘院长在投票前的那一个发言打消了许多院士心里疑虑，对成立工程管理学部真是起了大作用。

中国工程院工程管理学部成立之后，对院士的遴选确实相当严格。2000年成立当年，没有增选新院士，而是从工程院7个学部选定32位有工程管理背景的院士充实到工程管理学部，也即所谓"跨学部院士"，包括工程院院长徐匡迪、副院长潘家铮、卢良恕在内。嗣后，逐年有增选院士，到2011年，连同健在的28位"跨学部院士"，工程管理学部的院士也不过44名，是中国工程院院士人数最少的一个学部，事实上也是中国工程院"门槛"最严的一个学部。

431　参见潘家铮《请投下你神圣的一票》一文，收入《潘家铮院士文选》，中国电力出版社，2003.8，第428-429页。

潘家铮传

第十八章

另一个潘家铮

春梦秋云

1991 年 3 月，潘家铮的回忆录《春梦秋云录》由水利电力出版社出版。

出版这部回忆录的那一年，关于三峡工程论争高潮刚刚过去，三峡工程是上还是不上，谁都没有准谱。所谓"降龙伏虎事已终，春梦秋云两无踪"，正是潘家铮心情比较沉郁的时候。这部回忆录何以"春梦秋云"名之？春梦易醒，秋云易散。这个书名耐人寻味。

编辑这本书的动因，潘家铮在好多文章里都谈到过，那就是关于他的"文学梦"。他称文学是他的初恋，而水电则是"先结婚后恋爱"。

《科学家》杂志 1987 年 3 期发表潘家铮《我是怎样走上水电建设道路的》一文。这篇文章显然是杂志社组的专稿之一，主旨是让科学家从自己的治学、研究经历中谈人生感悟，激励青年朋友热爱科学，献身科学。编者在正文前面加了一段非常浪漫的引言：

> 他将与缪斯女神的初恋和翱翔蓝天的遐想珍藏在心灵的深入，走遍祖国的天涯海角，制服一条条桀骜不驯的江河……

其实，潘家铮从来没有把他少年时期即拥在怀里的那个"缪斯女神"藏起来。在诸种文学样式中，潘家铮写得最多的还是诗，一直到晚年，每有闲暇，历代"诗话"几乎手不释卷。"诗话"也就是历代诗评家诗歌评论的集子，如果不是专门搞古诗研究的人，现在怕是很少有人碰这种书的。潘家铮晚年还将自己对传统诗歌的看法与品评辑为《积木山房诗话》，此册《诗话》并没有发表，但是大致表达了作者几十年来的读诗、学诗、写诗心得。他有自己的诗学主张。

潘家铮将文学比作他的"初恋"，这个比喻里面包含着他多少人生感慨？不读《春梦秋云录》，怕很少有人能够理解。诗歌的写作，从十几岁读舜阳中学啼声初试，一直到晚年都没有中断过。他一生中创作过多少诗歌？怕是自己都难以计数。在晚年，他将留存下来的诗歌编为《双山竹枝词》、《海南诗抄》、《新安江竹枝词》、《西行诗草》、《秋魂集》、《杞忧吟》、《京华诗草》、《读报有感》、《无题三十首》等十数辑，得四百余首诗、词。除了研究和探索各种科学与技术问题之外，诗歌几乎可以视作他对世界的一种解读方式，或者说，是他向世界倾吐心声的一种方式，是他生活的一个重要组成部分，或者说，干脆就是一种生活方式。

至于我怎么打发自己的初恋——中国文学呢？据说一个人对他的初恋是终世难忘的，我也如此。尽管我已做了工程师，整天和大坝、隧洞、水轮机打交道，但总是忘不了"她"，经常一卷相随，自得其趣。不论是在野外查勘还是工地苦战，不论是读报有感、故友来访，还是慈母见背、爱女夭殇，我总要把喜怒哀乐涂鸦成诗，寄托我心底的深情。[432]

这里说的，是他众多诗作诞生的情形。

不能说工程师潘家铮以诗人自许，至少，他还是把写诗当一回事的。

潘家铮留存的许多笔记本中，大都是他在工地现场解决具体技术问题的算式、图解，以及参加技术性会议的记录，偶尔也会在边边角角发现一两句偶成的诗句。灵感乍现，佳句偶得，随手记下来备忘，这种习惯在专业诗人那里也是常有。除此之外还有几个笔记本，就是他自己手订书写的诗集，倒不至于每册都写满，但每一个手订的诗集，都同他诸多的技术性著作手稿一样，封面、前言，一切都按正规出版物的格式编排，中规中矩。

如他在海南岛东方水电站修复工地的《海南诗抄》，在新安江工地的《新安江竹枝词》，以及锦屏工地的《西行诗草》，等等，一笔一画非常认真。这样的笔记本，怕很难称得上是诗人的雅兴，而是一位科学家和工程师的严谨。

这些手订的诗卷，也成为《春梦秋云录》中一些文章的回忆素材。

收录在初版《春梦秋云录》里面的回忆性文字大都没有发表过。从文章的内容来看，潘家铮在写作这批回忆性文字的时间，不会早于 80 年代中期，也就是他主持论证三峡工程的前后。

《春梦秋云录》大致是作者前半生的一个梳理，呈现出的是一个中国知识分子在历史潮流推动之下，由一个痴迷文学的懵懂少年，成为一名能为国家做

---

432 参见《春梦秋云录——浮生散记》（第二版），潘家铮著，中国水利水电出版社，2000.12，第 7 页。

贡献的水电工程师的人生历程。这部回忆录，还不是简单地按时间线索回顾总结，而是一个结点一个结点的深度叙述。一段一段往事，一个一个故事，一座一座水电站，还有，每一篇文章里，那些性格突出而鲜活的人物，以及畅达准确、表述清晰、充满抒情的语言，读来很亲切，这些莫不体现着作者深厚的文学修养。或者说，没有一定的文学训练与阅读积累，实在难以达到这个水平。作者无意去总结回顾自己科学研究的经验与方法，而着意表达作者半生的人生况味与人生体悟。

所以，是春梦，是秋云。

往事如烟，历历在目。梦痕犹在，云散天开。

这部回忆录，不仅呈现出潘家铮的文学才情，更呈现出一个水电工程师丰富的内心世界，读着非常亲切，正因为如此，这部回忆录才更具启示性和教谕意义。

老部长钱正英对这部书稿很欣赏，评价也很到位：

回忆录的写法也不寻常。按照潘家铮同志的经历，完全可以写出一部辉煌成就的回忆录。但他没有这样写，却是严格地解剖自己，正如鲁迅先生所提倡的，向读者交心。展现在我们面前的，不是一位高不可攀的专家，而是一个有血有肉、有复杂情感的中国人。从一个旧中国的普通顽童，怎样经历灾难困苦，成为新中国的水电专家；在半个多世纪的中国巨变中，作为一个普通的知识分子，是怎么想和怎么做的。和他同龄以及比他年长的人，从回忆录中可以看到自己的身影，仿佛在和他同行，从而引发亲切的联想和对比。对年轻的一代，可以更具体真实地看到中国知识分子的过去、现在和未来。总之，每一个人读了它，都会进一步回忆和思考，怎么样做一个中国人。我想，这也是本书的主旨吧！[433]

乃师钱令希则总结的更为恳切，大潘家铮整整10岁的钱令希在序言中说：这本集子是一位工程师写的，写的是作者人生道路上甜酸苦辣的往事，读起来

---

[433] 参见《春梦秋云录——浮生散记》（第二版），潘家铮著，中国水利水电出版社，2000.12，第7页。

像是传奇，却都是纪实，很感动人。

老师非常欣赏三十多年前的老学生，他说：我作此介绍，因为我认识作者潘家铮，我了解他作为工程师和科学家所做出的贡献和成就，我又欣赏他文学方面的修养和才华。老一辈知识分子是这样来理解这本回忆录的：

中国的知识分子所经受的困苦曲折，是其他国家知识界所难以理解的。但正因为如此，中国知识分子的爱国心和事业心也是他人所难以想象的。我读过这本集子的部分稿子，我觉得它的好处就是真实地反映了这个大时代中一名工程师所走过的路，和他对国家、对事业的一颗心。对于这个大时代，我们过来人是不应该忘记的，我们的后代也是不应该一无所知的。如果一位专业作家来写，可以写得很精彩，但是由工程师自己来写，事迹就更翔实，喜怒哀乐的感情会更真实一些。[434]

《春梦秋云录》出版之后，反响还是不错的。

水利电力出版社专业性很强，这类回忆录性质的书籍出版很少，再加上90年代初，图书市场并不大景气，所以出版社对潘家铮这册回忆录的前景心里并没有底，由发行部门征订之外，曾让作者自己"包销"一部分，订数达到一定数目才可以开印。潘家铮无奈，曾给过去的故旧老友写信，希望帮忙。好在最后的征订的结果还差强人意，潘家铮倒也没有"包销"，《春梦秋云录》如期出版。

《春梦秋云录》1991年的初版印数并不多，发行范围想来也有限。但是，读到这部书的读者，都很惊奇：潘总居然有这么一手！这部书最早的读者群，大致上与他的诸多科技著作的读者重合，这样一部"文学"著作给读者造成的阅读心理反差就可想而知。

年过六旬的潘家铮可谓著述等身，其发表、出版的水电理论和技术著作加起来有七八百万字。忽然拿出一本"纯文学"著作，而且厚厚30多万字，就像冰冷而结实的混凝土大坝旁边开出一株两株烂漫的山花，摇曳生姿，怎能不让人惊艳？

---

434 参见《春梦秋云录——浮生散记》(第二版)，潘家铮著，中国水利水电出版社，2000.12，第7页。

这部书的影响体现在它初版十年之后，2000 年，《春梦秋云录》再版，2012年，潘家铮去世，经过修订再出第三版。

2000 年再版的时候，潘家铮对《春梦秋云录》进行了修订，去掉初版中 6 篇小说，再增加 10 篇回忆录，在体例上形成一本标准的散文随笔集，增强了其自传性。这样，此书不仅是一部潘家铮作为科学家的一部自传，也可视作一部中国知识分子的心灵史，更是研究中国水利水电发展的必读书。

难以释怀少年梦

关于自己的"文学梦"，潘家铮很在意。

也是那一篇发表在《科学家》杂志上与青少年谈心的文章，他讲：一些朋友在介绍我和青年同志见面时，常说我是个"自幼热爱水电建设，在水电界勤奋工作数十年，做出卓越贡献的科学家"。我听了总是面红耳赤。因为不仅"卓越贡献"并不存在，而"自幼热爱"云云更与事实相去万里。

自幼没有热爱水电建设，热爱什么？热爱文学。

显然，不能用抱负来解释这种情怀，只能从兴趣来看待这件事情，只能从少年的梦想那里寻找原因。用一句通俗的话来讲，这是小时候落下的病根。

《春梦秋云录》初版里收录有作者 6 篇小说，后来二版修订，作者将小说全部抽出弃用。这里当然有文体统一的考虑，但有没有"悔其少作"的因素呢？

潘家铮最早的小说创作时间要追溯到抗战时期避难马鞍村的时候，他在小楼的旧书箱中发现的那一批传统小说，偷偷阅读之后，照猫画虎写了一篇小说。写小说自然是背着父亲的，写好之后，仍然背着父亲用纳鞋的麻线装订起来，仔细藏好，想看的时候，就再翻出来看一看。

这个最初的小说有没有让父亲发现？如果让父亲发现了，肯定又是一番好打的。写这篇小说，潘家铮也就是十四五岁光景。

到十七八岁，自己从父亲私藏里偷拿黄金开旧书店，生意没做好，各种各样稀奇古怪的书倒看了个不亦乐乎。什么调词唱词、新小说、旧小说、民间文学，兼收并蓄，奥妙无穷。

参加工作之后，写小说的瘾头并没有减少，除了阅读文史杂书之外，还订阅有好几种文学刊物。毕竟工作非常繁忙，而且正处于技术研究的黄金时期，青年到中年一段时间没有太多闲暇打理自己的少年梦想。真正动心思"改行"写小说，大约是在正式调任北京之后。

1980 年，李锐官复原职，任电力部副部长，潘家铮任水电勘测设计总院（后为水电总局）总工程师。潘家铮拜望老首长，呈上的不是自己新近出版的技术研究著作，而是几篇小说，希望李锐提提意见并帮他推荐发表。李锐还真当回事，给杂志推荐过去，而且很快收到回音，是退稿信。

潘家铮对自己写小说"改行"失败倒并不避讳，在《春梦秋云录》中自我解嘲这段经历。

他调北京之后的第一篇小说叫作《走资派尹之华》，首先在女儿那里碰了壁，然后还有《父女之间》、《傅部长视察记》、《鸡肚肠的觉醒》、《花都遗恨》诸篇，大都收到初版的《春梦秋云录》中。这批早期的小说，几乎都发表在水电部门内部刊物《松辽文苑》、《大江文艺》上面。

工程师潘家铮在年近六旬开始的文学创作之路并不算顺畅，反响也平平。倒是他老师钱令希先生读到他的小说之后，非常赞赏。其中一篇写父女之间代沟问题的小说《父女之间》还引动钱师母的牵挂，以为他是在写自己的遭遇，关心地问他怎么把女儿弄到这步田地？钱令希先生则说：技术上、工程上的事，多交给下一代去做，你还是多写这种文章，也许意义更大些。现在许多青年都不想念书，让他们知道知道你们是怎么读中学的。

小说创作本身是一个很复杂的过程，潘家铮长期在技术部门、水电建设工地工作，又是一个非常不善于交际的知识分子，少年时期和青年时期的文学阅读经验又束缚了其小说观念，很难跟 80 年代思想解放大潮中当代文学观念的嬗变相合拍。所以，其影响平平也是意料中事。

对于潘家铮而言，创作过程本身似乎比结果更重要，或者说，他更享受小说从构思到写作的这个过程。

钱令希先生对他讲的那段话倒耐人寻味。老先生给自己的老学生说这番话的时候，正是三峡工程论争达到白热化的 1990 年。

事实上，这批小说诞生的过程，恰恰与潘家铮主持三峡工程论证的时间段首尾相接。

如果单纯从这个创作时间上来考察，是不是可以说，这批小说还不是潘家铮从小的文学梦使然，应该是潘家铮缓解现实压力的一种方式？可不可以说，他要在苦恼、苦闷、无奈的现实之外，开辟另一重精神天地？

在虚构的世界里，潘家铮的精神极度自由，不受任何羁绊。

比方小说《花都遗恨》，这是在 1987 年潘家铮率团考察法国大坝建设期间完成的一部小说。那一年秋天，代表团一行因为经费紧张，他们只能住在巴黎市中心一家叫作"ARGENSON"的小旅馆里。北京与巴黎 6 个小时的时差，生物钟很难调整过来。

这位率团赴法国考察大坝的中国大坝专家晚上睡不着，坐在那里不停地写，到访问结束的 10 月 1 日，2 万多字的《花都遗恨》告竣。

有意思的是，1991 年，潘家铮再访法国，随身带的还是这部小说的稿子，在访问期间，他又将小说稿拿出来进行第三稿修改。[435]

这样的精神头，许多专业小说家都应该感到汗颜。

访问过潘家铮的记者们都有一个印象，跟他谈起三峡工程，谈起大坝技术、南水北调，哪怕再刁钻的问题都不能将老先生难倒，他侃侃而谈，滔滔不绝，有理有据，言辞温婉，不卑不亢。但一旦从他的《春梦秋云录》说起文学，潘家铮会赫然现出与年龄并不相称的羞涩，一副文学青年才应有的虔诚、热情、痴迷和天真，心态十分年轻，你很难将眼前这位老头儿与声名耸动海内外的大坝专家联系起来。

他的沙发靠椅紧挨着你，毫不掩饰，让你能仔细地观察他；小小的个儿，已花白了的头发，西服皱皱巴巴的，脚上那双半高跟皮鞋加上绍兴腔的普通话，多少有几分迂。当他说"我爱写小说"时，他高度近视的眼神闪耀着那种"文学青年"的真诚、热情和痴迷。我把英国科幻小说大师威尔斯的小说集送给他时，他如获至宝。"哦，威尔斯，久仰大名，久仰大名。"然后急急地翻几页，那神态，仿佛世界上没有比小说更重要的事情了。[436]

这是 1992 年，作家卢跃刚第一次见到潘家铮时的情景。

435，436　参见卢跃刚《长江三峡：中国的史诗》一文，《中国作家》1992 年第 6 期。

无论这几篇有一定的教谕意义的现实性小说多么平常，但你不能否定潘家铮编故事的能力，也即文学虚构的能力。

且不说儿女们印象里那个十分会讲故事的工程师、科学家的父亲，他能将外国经典小说改头换面变成中国故事讲给他们听，更不必说在工地上或在外出差，闲暇时与同事摆龙门阵，把历史掌故讲得如何生动。讲故事，娓娓道来，这不是哪一个人都能做到的。同样的故事，在有的人嘴里讲出来，兴味十足，但同样一个故事，有的人一讲就味同嚼蜡。叙述控制能力，是讲述故事的关窍之一。另外，还有形象思维能力。

他的外甥女程力真在"文革"后期到上海舅舅家里小住，偶尔看见舅舅不知道从哪里找到一本小说。这部小说不知道被多少人读过，没有封面也没有封底，就是半部书。她看到舅舅看得饶有兴味，读过之后，把孩子们叫到身边，凭借仅存的中间部分，给他们演绎缺下的头尾故事，可以构思出好多开头和结尾。

即便是诞生在 80 年代的这批小说，客观地讲，有观念先行之弊，急于表达清楚自己的想法，再加上潘家铮比较老派的叙述风格，在新时期百花盛开、群峰竞秀的文坛上，难免显得陈旧。但细究起来，他的小说故事结构、人物描摹都不失精彩与传神，小说里某些细节写得还是不错的，有相当的写实与描摹功力。

只是，他还暂时没有找到合适自己此种虚构能力的表达文体。

科幻小说："不务正业"修成正果

散文、随笔、政论，对于潘家铮这样有文学情结，同时也有相当文学训练的人，自然得心应手。小说虽没有受到广泛的认同，这时候，另外一种文学样式吸引了他，那就是科幻小说。

潘家铮写作科幻小说，跟他的其他小说创作一样，开始并没有明确的目的，或者说，开始得很偶然。

确切的时间是在 1990 年，潘家铮 63 岁。1990 年前后，正是潘家铮心情最低落的那段时间，三峡工程论证了好些年，没有着落，没有眉目，在论争的漩涡里忙碌的潘家铮突然之间感到无事可做。三峡工程与他的所有文学样式写作几乎都脱不开干系。

说偶然，也确实偶然。1990 年的某一天，潘家铮有闲跟同事聊天，同事说，如今机器人越来越高明了，照这样子下去，将来有一天机器人会不会控制地球，控制人类，甚至把人类全部毁灭掉，只保留几个人放在笼子里？

潘家铮却不以为然，他讲，机器人的智能永远也达不到真人的程度，也不可能消灭人类。人类可以制造机器人，同样也可以毁灭机器人，而不是相反。

他的这番见解并不能完全说服同事，而要将这个问题讲清楚还真不是件容易的事情。

80 年代初，潘家铮任水电部总工程师，在他的倡导下，水电工程设计引进、开发 CAD 技术成效显著。在这个时候，计算机、数据处理、专家智能库等神奇而高效、便捷的功能，对潘家铮产生过很大的震撼作用。他说他曾有过一段想入非非的幻想。

他幻想什么呢？他认为若干年后，水利设计工作将是十分简单和舒适的。设计一座拱坝，工程师可以躺在软皮椅上，点上一支烟，启动计算机，点击几个按钮，坝址的地形地质资料都通过遥测方式取得和进入计算机，强大的软件，包括浓缩的专家智能，自动进行枢纽布置比选和坝体优化设计。在计算机忙着的时候，你不妨冲一杯咖啡，看一点新闻，当计算机发出请示信息时看看屏幕，做出选择。然后，就等待它完成施工详图和设计报告了。

但在现实中，哪里有这回事？计算机也好，CAD 也好，仅仅是辅助工具，再神奇也替代不了现场劳动，也取代不了人脑，更取代不了经验。[437]

他对计算机技术与人之间关系思考，早就有了。

回到家里，他倒放不下这个事情，想着，要是写篇小说的话，应该可以比较自如地说明这个问题。他的科幻处女作《康柯小姐的悲剧》就是在这种情况下写成的。

这个小说的主人公是土木工程师向普陶，事业颇为成功，爱情却屡屡受挫，在朋友帮助下跟一台机器人谈恋爱，最终以失败告终。小说充满诙谐与调侃，精彩好看，看这篇小说的人，谁都不会想到作者已经是 63 岁的人。

437　参见《老生常谈集》，潘家铮著，黄河水利出版社，2005.7，第 172 页。

小说写就，寄给葛洲坝的一位老朋友看。这个小说倒没有像其他有"现实意义"的小说那样让朋友们不好评价，朋友看了之后大加赞赏，然后就把小说送到内部刊物《大江文艺》上发表了。

得到朋友们的肯定与赞赏，于是有空就写小说，都是科幻作品。开始的这些创作，潘家铮其实还处于创作的自发阶段，拿不准自己的这些东西究竟有没有读者。

事情在 1992 年春天有了变化。这一年的 3 月，《科技发展与改革》（后改名为《科技潮》）杂志社主编李慰饴找到潘家铮。此时，三峡工程即将由全国人大代表表决，三峡工程再度成为全国关注的热点。李慰饴为三峡工程论证中一些有争议的话题前来采访潘家铮。采访结束，李慰饴准备告辞，同时向潘家铮约稿。潘家铮有些不好意思，问李慰饴：你们发表不发表科幻小说？

这倒大出李慰饴意外。潘家铮从抽屉里取出一叠小说稿递过来，几个小说就包括《康柯小姐的悲剧》在内，李慰饴大喜过望，如获至宝。

《科技发展与改革》杂志 1992 年第 7 期将这篇科幻小说发表了出来。在这期杂志的目录页，编者加了一段编者按特意推荐这篇小说：

在我国科技事业发展的同时，科普工作却未能得到相应的发展，这应该引起我们的注意；而其中科普创作、特别是科幻创作的低落，更是令人不安。我们不但至今没有产生过自己的凡尔纳、威尔斯、阿希莫夫，甚至连前几年一度有些成就的屈指可数的几位科幻作者也择善而从，再也顾不得"幻想"了。科学活动是最积极的创造性活动，它离不开艺术想象的照耀和推动。科学思维需要插上幻想的翅膀……

因此，在致力于推动科技进步、推进科技宣传的过程中，我们认为有必要提倡一下科幻创作事业。我们这一期发表了著名科学家、学部委员潘家铮的科幻小说《康柯小姐的悲剧》。这是一位担任许多重要行政工作、技术工作和科研任务的科学家，出于对科普事业的责任感的自觉实践。我们希望能够有更多的科技工作者和文艺界人士关心科幻创作，使我国科幻文艺能够迅速繁荣起来。

1993 年，《科技发展与改革》更名为《科技潮》，刊物在推出《康柯小姐的悲剧》之后，在 1993 年第 1 期和第 2 期连载了《一千年前的谋杀案》。科幻小说研究界和科幻读者群开始慢慢注意到潘家铮这位新冒出来的科幻文坛"新秀"。这两部科幻小说，大致上呈现出潘家铮科幻小说的一些特质，这两部小说，读者感到一种久违了的"老派"科幻叙事风格，带有浓重传统文学的叙事特色，与 20 世纪五六十年代上海《科学世界》等杂志发表的科幻小说有一脉相承之处。当大家知道作者的身份之后，阅读带来的新鲜与陌生感就更强烈了。

　　能够在公开刊物上发表小说，而且得到了读者们认同，至少对作者本人是不小的鼓励。从此之后，潘家铮铆足了劲一直写下去。

　　恰恰在这个时候，已经更名为《科技潮》的杂志社与北京科技出版社合作，正编辑一套"科技潮丛书"，李慰饴知道潘家铮还有一些没有发表的科幻小说存稿，跟潘家铮商量可否将这些小说辑成一个集子放在"科技潮丛书"中出版，潘家铮欣然同意。

　　潘家铮的第一部科幻小说集《一千年前的谋杀案》于 1993 年 8 月出版。时任国务委员、国家科委主任宋健欣然为这部科幻小说集作序。

　　《一千年前的谋杀案》出版，他的科幻小说得到越来越多的读者认同。著名科幻作家金涛在《科技潮》1993 年第 11 期写了一篇热情洋溢的短评，热情推荐《一千年前的谋杀案》。短评里有这样的段话：

　　　然而，现在我们终于有一本中国的科学家亲自动笔写出的科幻小说。当然中国的科幻小说家多数是研究自然科学的，有的在科学与文学两个领域均有建树，但潘家铮先生是中国科学院学部委员、海内外知名的水电工程设计专家。由于作者在科学技术界的地位，以及富于科学素养和学者眼光，他的科幻小说的问世，对于寂寞的中国科幻文坛无异于响起萌生万物的春雷。它的影响和对于纠正世俗的偏见，恐怕远远超过作品本身。

　　　为什么这么说呢？中国的科幻小说兴起与五四新文学运动几乎是同时的，只不过与新诗、新小说、新散文比起来，显得相对弱小，发展也比较缓慢。但是，经过一代一代作家的努力与探索，还是诞生了一批优秀的科幻作家和作品，比方早期的荒江钓叟的《新法螺先生谭》、顾均正的《在北极底下》，以及后来郑文光的《从地球到火星》、童恩正的《古峡迷雾》、叶永烈的《小灵通漫游未来》，等等。

但是 20 世纪 80 年代初，科幻小说突遭横祸，在"清除精神污染"运动中，被扣上"精神污染"的帽子受到彻底批判。比方电影《故宫魅影》，本来说的是自然界磁极在特定条件下可以记录一些情景的普通常识，却被斥为封建迷信、帝王思想大加挞伐。从那时起，科幻文学一直背着一口"伪科学"的黑锅，科幻作家遭到非难与批判。本来就弱小的科幻文学一时间万马齐喑，陷入低谷，许多科幻作家放弃科幻创作，转向其他写作。比方深受读者喜爱、广有影响的科幻作家叶永烈就转向了纪实文学和现代政治人物传记写作。

这种状况一直到 1992 年邓小平南巡讲话之后才有所改观，但冰冻三尺非一日之寒，科幻文学恢复元气尚待时日。

潘家铮倒未必清楚这个背景，但恰恰在这个时候，他的这批科幻小说问世，可谓是正逢其时，或者说不小心一脚踏入了文学"禁区"。更重要的是，作者是知名科学家，科学家拿起笔来写科幻作品，对于中国科幻领域的作家和读者的激励不言而喻。在中国科幻文学史上，关心、痴迷甚至爱好科幻的科学家有的是，但亲自"下海"操刀来写科幻小说，怕只有潘家铮一位。

所以说，潘家铮的出现，在某种程度上要比他的作品本身更加重要。许多年后再返过头来看金涛当年的评述，这对潘家铮科幻作品的评价是准确的，并不过时。

潘家铮也很自谦，他解释自己的科幻写作很幽默。他称自己只是一个普通工程师而已，不是搞文学的，更称不上什么科幻作家，顶多是一个"散兵游勇"。他说，他的科幻作品之所以能得到一些同志的青睐并得以出版，恐怕还是沾了"院士"的光。院士写科幻，好比教授卖扒鸡，似乎有点出格，不务正业，不免引起人们的兴趣。但"院士"仅是科技方面的一个荣誉称号，跟写作完全不搭界。

他开玩笑说，教授做扒鸡肯定做不好，院士写科幻能好到哪里去？好不好，还得读者去判断。

只是，潘家铮因为《一千年前的谋杀案》给科幻读者群带来的惊喜还未下眉梢，四年之后的 1997 年，潘家铮再度推出他的另一部科幻作品集《偷脑的贼》。

　　且不说《偷脑的贼》在多大程度上满足了读者的期待，单是作品的数量就足让读者惊呼：潘家铮的科幻小说创作进入了一个"井喷"时期。从1990年开始写第一部科幻小说，到1997年出齐40多万字、22篇作品，这仅仅是7年之间的事情。作者从63岁开始写科幻小说，到写出40多万字科幻作品，已经是70岁的老者。问题在于，从1990年到1997年这一段时间，正是三峡工程建设准备工作和一期工程紧张施工阶段，三峡总公司技术委员会主任、中国工程院副院长、清华大学双聘教授、浙江大学名誉教授、电力工业部顾问、国务院学位委员会委员，诸多职位集于一身，忙得不可开交，他从哪里偷来的时间给了科幻小说创作？

　　令人吃惊的还远不止于此，继《偷脑的贼》出版之后，潘家铮的科幻小说不断出现在相关刊物上，同时也拥有了相对固定的读者群，潘家铮不断收到读者来信，而潘家铮也乐于和科幻爱好者进行交流。到2007年10月，10个年头过去，由中国少年儿童出版社推出了四卷本《潘家铮院士科幻作品集》。

　　这一年，我们的科幻作家潘家铮整整80岁。

　　这算是自己送给自己的生日贺礼吗？

　　该书的首发式甚是隆重，来自科幻领域的许多朋友到会祝贺。

　　《潘家铮院士科幻作品集》出版的反响远远超出潘家铮的预期。该部作品集在2008年初获得首届中国出版政府奖，再获全国第九届"五个一工程"优秀文化作品奖、中国科普作家协会优秀科普作品奖等多个全国性奖励。

　　包括《春梦秋云录》里的许多散文随笔在内，潘家铮的文学创作的节奏恰恰与三峡工程的建设工期相始终。三峡工程三期大坝于2006年到顶，2009年整个工程全部竣工。潘家铮的科幻小说也于2006年左右搁笔。科幻小说创作其实跟其他文学样式一样，对于创作者而言，其实仍然是释放工作压力的一个渠道。

　　白天，工程师披坚执锐，思考和应付一个个业务难题，夜深人静，不妨着一身文学的霓裳羽衣。

　　让人忽然想，如果不是科幻小说创作为作者提供着一个巨大的精神空间，会不会由此诞生许多精彩诗章？不好回答。但潘家铮最擅长的诗歌表达显然不足以撑起这么大的精神天空的。

潘家铮早年依着兴趣写过一系列小说，不能说成功。科幻小说一发不可收拾，这种形式与他的技术阅历与积累密不可分。洋洋近百万言的科幻作品中，有的篇什确应当列入当代中国科幻文学的经典行列，《蛇人》《仙女山顶的鬼市》《偷脑的贼》等作品，曾入选不同版本的年度科幻作品、儿童文学作品选本，其影响力可见一斑。

科幻小说在本质上还是现代性文学叙述，是类型化很强的文学样式。在主流文学归类中，常常被划在"儿童文学"的范围里，读者却并不局限于儿童和青少年，但总有一个相对固定的群落。所以科幻作家常常是"墙里开花墙外香"，身边的人倒未必知道就里。

潘家铮的科幻小说获得如此大的成功之后，倒越来越让人看不懂了：这个老头儿是怎么回事？

把科幻作家潘家铮与两院院士潘家铮联系起来，确实是一件考验想象力的事情。

2009年1月，科幻文学研究专家吴岩应约到国家电网公司西单总部去访问潘家铮。在登记台前，吴岩说明要访问潘家铮，对面的人抬起头来看他一眼：噢，你说的是那个不务正业的老头啊！

这让吴岩很惊异，潘家铮自谦自己写科幻小说是教授卖扒鸡，是不务正业也是有的，但没有想到别人怎么会这样想？

不务正业，出自潘家铮答记者问的自谦之语。好多业内人士倒未必感到他不务正业，而是奇怪他哪来那么多时间写这么多小说？同样是学水电出身的科幻作家刘慈欣曾这样来评述潘家铮的科幻文学创作：搞水电工程，就是24小时连轴转，都很难将手头复杂的计算和设计做到完美境地，腾出时间来写小说，简直想都不敢想。

所谓知音难觅，并不是每一个人都知道这里头的甘苦、精彩和意义。

科幻创作"四原则"

潘家铮的科幻小说，在科幻小说的领域中被称之为"硬科幻"。所谓硬科幻，指的是根据科学或技术展开合理想象的科幻作品，或者说，科学和技术是推演科学幻想的重要依据，否则小说就不成立。相对"硬科幻"，"软科幻"

相对来说自由度更大一些，即便去掉科学和技术的因素，小说也可以成立。

以科学和技术为支撑的"硬科幻"，大致上是"文革"之前和改革开放初期科幻作品的基本模式。所以，有评论家读到潘家铮的科幻小说时候，第一个感觉，就是"老派"，古色古香。这个感觉是对的。为什么呢？潘家铮的科幻小说，其构思、推演，其实与他浩翰的学术、科技著作在思维上有一脉相承之处，莫不体现出做学问时候的严谨与扎实。较之现代后起之秀，如在国际上影响甚巨的科幻作家刘慈欣他们，潘家铮要显得更保守一些。

这也是一个严谨的工程师和科学家思维使然，他通过科幻这种形式，探寻的仍旧是科学与现实之间的某种确定性联系。

关注潘家铮科幻小说的人很多，比方有宋健、徐匡迪、钱正英等领导，还有金涛、星河、韩松等著名的科幻作家，还有李慰饴、尹传红、鲁礼敏等科普和科幻研究者，他们都从不同角度对潘家铮科幻小说的特点、风格和意义有论述。对潘家铮科幻小说分析最具代表性和最全面的，当数北京师范大学博士生导师吴岩。[438]

潘家铮这种老派风格的硬科幻作品一出现，正合许多老派科幻评论家的口味。科幻理论界早就有一种观点，说科幻小说中的细节必须真实，恰恰是各种细节都要真实，才能导致科幻小说的结论能被作为类似的现实生活中状况而被接受。换言之，如果没有这种仿真技术的呈现，读者会感到科幻小说中所谈的都是虚假和哄骗。

潘家铮以他连续的创作实践印证这一理论。他本人就是一位严谨的科学家，熟悉工程技术的思维形态，熟悉工程谋划过程中初始点与结果点之间，有着细致的层层递进关系。这种工程化的思考，能够给科幻小说的想象技术真实性提供帮助。

以工程技术运演科幻，这恰恰是硬科幻的显著表现。在潘家铮的科幻小说里，那些"科幻"成分的未来技术，常常被分解成一些小的问题，没有大开大阖的宏大想象，而比较现实，跨步亦不大，体现出一种工程技术性演进的严谨，容易得到读者的认同。例如《沉默的橡胶树》，植物与环境之间的信息交换、科

---

438 吴岩关于潘家铮科幻小说的评论，见吴岩《工程运演·志怪风格·现实关照 论潘家铮科幻小说的特色》一文，《科学文化评论》2011年第2期。

学家对植物信息记录的深查、单一植物对犯罪现场信息的记录提取、通过信息对犯罪过程的展现，整个故事中的每一个小步骤都跟当代植物学、电子学、犯罪心理学有密切的关系，小说的情节演进都存在于科学的逻辑范围之内。而《时空神梭和红颜薄命》的故事，则建立在如下技术步骤基础上：第一步，超轻材料的发明使光速极限可以穿越，第二步，模仿超越"声障"和"热障"的技术想象出一种超越"光障"的技术，第三步，进入时间反向区后解决悖论。整个技术的综合贯穿成为小说的情节线索，也解决了故事中出现的历史悬疑。

几乎在潘家铮所有的科幻小说中，都可以找到类似的例子。所以评论家吴岩将"引进工程运演，提升科技想象的细节仿真性"作为潘家铮科幻小说的首要特点。

工程运演性思维不但能解决自然科学和工业问题，也被作家推向社会科学。其中《人才天平》和《关于PMP的程序故事》等，都是作家在应用工程技术解决社会问题方面的尝试。

吴岩指出，潘家铮的科幻小说永远把人的主体性放在了创作的首要位置，在他看来，人和技术的关系是紧紧环绕，永不分离的。

吴岩总结的第二个特点，读者都能体会得到。那就是"向志怪小说寻求借鉴，建构作品的中国风格"。

这个特点其实在潘家铮最初的小说尝试中已经很明显了。正是这个特点，他的早期几个不多的小说显得非常落伍而陈旧，不太成功。但科幻不一样了，少年时期的阅读经历，让他对志怪、公案、传奇一类小说套路稔熟于胸，用在科幻小说创作中，就体现出了与其他作家不同的特色。这从他的每一篇小说的题目就可以看出来，古香古色，又诡怪引人。他的题材多半显得非常世俗，有着浓重的旧小说味道。

这种阅读训练作者本人也是意识到的。潘家铮曾说过，他的小说内容比较繁杂，基本上是想到啥写啥，大体上也离不开信息技术、生物工程和宇宙航行等热门范畴，或者通过科幻这种形式探讨一些历史疑案，如《宋徽宗之死》和《古墓沉冤》就运用了这种手法。

他说，他的小说的幻想力也有限，只能结合身边的人、事和社会现象来写，还免不了借助于金钱、爱情、谋杀、侦探等常规的能够吸引人的情节。

如果分析起来，潘家铮吸收传统旧小说的元素构建自己的科幻世界，这个世界里可以拆分出许多层面的东西可供解读。

尽管潘家铮称自己科幻小说是"想到什么写什么"，但一个作家创作到一定量的时候，不能不说他已经具有了明确的文体意识。他在第二部科幻小说《偷脑的贼》出版前言中，给自己的科幻小说创作总结出四条原则，或者说，这是作者在创作科幻小说的四条规矩：

1. 少写太离谱的内容（如在银河系外与外星人战斗等），那些有点接近空想，给孩子们的帮助不大，而喜欢从身边现实生活中去找科幻题材，使作品具有更多的真实感和亲切感。

2. 科幻应有一定的理论根据，今后（哪怕要在极其漫长的时间内）确有可能实现的。但也不赞成完全写"硬科幻"作品，最好是"软"、"硬"交接式的。对幻想中有悖于基本原理的地方，最好能予以点破。

3. 通过科幻小说，尽量使人了解一些科技发展的前沿和一些具体的科技常识，哪怕只是用了一些名词或概念也好。有心的、有兴趣的读者会自动去找参考书看的。

4. 注意在小说中描写人间真情（而人和机器间是不可能有感情的），以及善恶间的斗争，针砭时弊，寓教于读，使读者特别是青少年了解：科技发展既能造福于人类，也能引起巨大灾害，幸福和成就只能通过勤奋求得，宇宙间不存在不劳而获的事实。[439]

潘家铮科幻小说的四原则，你就会想到科幻与科普之间的关系。潘家铮创作每一部作品，有两个硬指标，一是作品的科技意义，一是作品的社会意义。这四个原则，仅仅是作家对自己的要求，远不能视作是作者对科幻文学理解的全部。他的小说是硬科幻，但不排除软科幻。

他有些科幻小说还是很"软"的。比如《子虚大坝兴亡记》，想象用水来筑一座大坝，这种想法本身就特别奇诡，也很壮丽。只是作家没有将此种想象

---

[439] 参见《潘家铮院士科幻作品集》"作者的话"，中国少年儿童出版社，1997.7。

发挥到极致，最后还是回归到"硬"的路子上来。

潘家铮曾对人说，科幻小说既然是给读者看的，希望它能够对读者起好的作用，能够起到一些有益的作用。譬如说，读者看到你这个科幻作品之后，感到一种很美好的、能够帮助他了解更多的、他过去没有想到的问题，能够启发他一种探索性，一种好奇性，能够提高他判断是非的能力，能够提升他的逻辑性，等等。使他读了科幻作品之后，多少有些正面的效应，所以我也希望科幻小说能够跟现实结合起来。这样讲，我并不是反对什么银河系大战和外星系的一些战争，我并不反对这个，你的题材写得好，同样可以起到我讲的正面作用，所以我不反对。

潘家铮努力要把科幻小说本土化、世俗化和教育化。希望寓教于读、寓教于乐，使年轻人看过一篇科幻小说，除有助于开拓思路外，还能在脑子里留下一些感慨或引发一点思考，通过科学幻想，培养科学理想。

在传统的传播系统中，科幻小说长期处于课堂教学之外的辅助读物位置，潘家铮此番见识，真正将科幻文学当成了一种能培养科学精神、培养创新能力的文学。

潘家铮在科学技术上常常触类旁通，善于总结经验教训。科幻小说也并不是一直埋头拉车，不问其他。他其实对中国科幻小说发展史、创作现状有相当的了解。应该注意到，他的小说题材，比如机器人题材、梦题材、复制人题材、鬼魂题材、古尸题材、脑芯片植入题材诸般，都是在 80 年代初"精神污染"的清除对象。我们可以说这些题材是科幻小说绕不过去的表现对象，但体现在潘家铮科幻小说的题材选择上面，如此密集地聚拢在一起，不能不说是作家有意为之，他几乎把受批判的题材挨个儿重写了一遍。这不是跟潘家铮在科学和技术上面不信邪、不相信权威的那种劲头一脉相承吗？他的重写，无疑是超越的，是成功的。

作家后来十分注意科幻文学在科普工作中不可替代的作用，他的科幻小说里面，科普的意识特别强，也正如作家自己所言的，是要寓教于读，寓教于乐，在阅读的过程受到启发，培养兴趣。在某种程度上讲，作家重写十多年前的"禁区"题材，是在为科幻文学正名的。

另一方面，和他的科普作品《千秋功罪话水坝》一样，他的科幻小说特别注意到作品的现实批判功能，在作品中，拍马屁、啃老族、科技纠纷、不下苦功就想不劳而获往往是着力批判和挞伐的对象。在这里，体现出来的是一个科幻作家的社会现实担当。

因此吴岩讲，潘家铮的科幻小说创作，绝非作者自谦是"玩票"、"教授卖扒鸡"，恰恰相反，作家对科幻文学及其个体的创作是十分严肃认真的，他在各种场合对繁荣科幻文学的呼吁，和他的创作一样会变成中国科幻小说中的宝贵财富。

潘家铮传

第十九章
"老 教 授"

河海来了潘家铮

潘家铮有教师情结。

17岁开始在绍兴乡下做小学教员，是很早以前的事情了，那些过往，清苦而酸涩，但是在潘家铮笔下的缅想常常抒情而曼妙。

大半生技术生涯，工地和讲坛几乎是同一含义的存在，潘家铮有一部分著作其实就是在不同时期、不同场合授课稿的集合。到他真正拥有"教授"职衔的时候，全国性的"老教授"组织就将他"网罗"进去，尽管他还说不上老，但也说不上小了。1985年，潘家铮58岁。

从1985年开始，潘家铮先后担任河海大学、清华大学、浙江大学兼职教授，河海大学、清华大学博士生导师。

河海大学与中国现代水利水电行业渊源甚为深厚。也是在1985年，河海大学这所拥有百年历史的水利水电高等学府，由华东水利学院恢复历史上的"河海"原名。由"学院"而"大学"，还不是一个简单的名称更改，它还意味着一系列变革，其中就有研究生制度改革，教育部对博士点的设立和导师的资格有着非常严格的要求。

潘家铮被聘为博士生导师，与潘家铮担任水电部总工程师还没有关系，因为担任水电部总工程师是1985年10月的事情，而担任河海大学博士生导师则要早一个月，1985年9月。其时潘家铮已经是中国科学院学部委员，还是国务院学位委员会委员，获得国家级有突出贡献的专家称号，所以，他是水利水电专业最佳的导师人选之一。

担任国务院学位委员会委员之后，潘家铮针对国内工程建设人才奇缺的现状，就提出要加快实施在职研究生制度的建议。

潘家铮在河海大学共指导有两届4位博士生。第一个博士生叫沈凤生。之所以是第一个博士生，是因为他是第一个取得学位，跟他同时就读潘家铮博士的还有另外一位同学。他还记得当年他投考潘家铮博士生的情景，那一年，他23岁。

读水利水电专业的大学生，不知道潘家铮的很少。沈凤生在大学本科实习期间，前往浙江的新安江、富春江一带，在黄坛口、新安江水电站听介绍的时候，就知道眼前中国最早的一批水电站跟潘家铮的渊源，那个时候，潘家铮就是一个令他景仰的名字，但遥不可及。

1983 年，沈凤生考取河海大学教授、著名工程力学专家吴世伟先生的硕士研究生。不久，国家有一个硕博连读的政策，研二的学生可以直接报考。当时沈凤生并没有直接连续读博士的想法，但听说潘家铮做博导，他才有了考博的念头。

潘家铮要来河海大学的这个消息当时在校园里传得很开，很多同学跃跃欲试报考，但沈凤生却犯难了。他的硕士学业再有一年就结束，而吴世伟先生刚从美国回来，他是吴先生的第一个硕士生，如果半道去上博士，吴先生就等于当年没有了毕业生，对于吴世伟先生当然是一个损失。

说起吴世伟先生，潘家铮也是相当熟悉的。潘和吴之间并没有直接交往，但是潘家铮却知道吴世伟先生的科研方向，当然也读过他的著作，知道他在工程结构可靠度研究方面的造诣。

这里还有一个小故事。

中国水力发电工程学会副秘书长张博庭有一个回忆。他当年的硕士论文为《压力钢管结构的可靠度分析》，这个领域的研究当时很新颖，而且也很前沿。水电部还专门成立了推广领导小组推广工程结构可靠度设计方法。张博庭将他的这篇硕士论文中一些内容整理一番，成为一个单篇论文投寄到专业刊物。

但是稿子投出去之后，迟迟没有答复，他就给编辑部打电话询问，编辑部才告诉他其中曲折。编辑部收到这篇稿件之后，循例要交特聘专家审定。这篇稿子就寄往潘家铮处。潘家铮看完稿子，给编辑部回信，他讲作者研究的问题比较前沿，理论性很强，他自己对这方面研究不多，也不大懂得，不能对论文进行评价。潘家铮推荐河海大学的吴世伟教授，吴世伟教授是工程结构可靠度研究的权威。

张博庭很惊奇，潘家铮这么大一位专家，居然这么自谦。不独自谦，而且这么负责。只是张博庭并不知道，潘家铮与吴世伟并没有什么私人交往。跟吴世伟如此，潘家铮跟许多人的交往也是这样子，多是工作、学术的往来，鲜有私下里的交往。但潘家铮很钦佩吴世伟先生的学问。

可惜，吴世伟先生后来在一场空难中遇难，英年早逝。

考博日期临近，所余时间不多，沈凤生鼓起勇气跟吴世伟先生讲了他的愿望，吴先生当然是有遗憾的，但也很支持他。作潘家铮的博士，那是一种骄傲和荣耀。后来，吴世伟先生的女婿报考的也是潘家铮的博士生，比沈凤生低一届。

那一年报考潘家铮的博士生有几位同学合格，最后结果有几个分到其他老师那里去了。潘家铮只带沈凤生和另外一位同学。这样，沈凤生就从工程力学专业转而读水工结构工程专业。

潘家铮担任博士生导师，当然不可能按部就班到学校进行具体授课，给博士生具体授课，要由学校另外指派辅导老师，但博导要给博士生"开题"，即给博士生选择研究课题。

博士生"开题"要亲自到导师那里去。担任能源部总工程师的潘家铮每天要处理很多事情，所以接待博士生只能有半个小时。潘家铮给沈凤生准备了两个题目供他选择，一为混凝土面板堆石坝研究，一为活动断层上土石坝研究。

沈凤生选择的是头一个课题，即混凝土面板堆石坝研究。

无论混凝土面板堆石坝还是活动断层上的土石坝，在 80 年代的中国水利工程中还刚刚起步，都是工程前沿的东西。活动断层土石坝，说白了就是建筑在强震地区的土石坝。这两个课题均有难度，也均是考验学生才学与科研能力的选题。

博士生在读期间每年中间要到北京汇报一次，每一次导师都要对实验和研究中遇到的问题给出具体指导意见。沈凤生在做实验中间，潘家铮还专门来看过，了解他的实验过程。沈凤生记得那一次潘家铮来河海大学，雨下得特别大。一到学校，并没有跟校领导多寒暄，潘家铮直奔抗震实验室。沈凤生给他汇报实验情况，潘家铮听得很认真，然后看他的振动台模型实验，还有实验设备的工况情况，从研究的思路到研究方法给他提出建议，并嘱咐一定要在实验的基础上，结合国外有关监测资料，以及国内外土石坝相关实验研究最新成果，系统地进行分析、总结。要吃透点上的东西，必须熟悉面上的情况。

他解答的不仅是具体问题，还有治学和研究的方法。

混凝土面板堆石坝在今天的中国坝工界已经不是什么难题，已建有世界最高的水布垭面板堆石坝（坝高 240 米）。80 年代中期 ，只有湖北有一座试验坝

（西北口水库），坝型尚在推广阶段，许多问题亟待搞清楚。沈凤生的实验课题是具有开创性意义的。

沈凤生的混凝土面板堆石坝实验要进行整整两年的时间，他很快在实验过程中发现了问题。按照常规的计算方法，混凝土面板在受力过程中，其应力应该是拉应力，但是实测的数据却基本没有拉应力，以压应力为主；在抗震实验过程中，他发现混凝土面板坝抗震能力特别强，只是面板在地震中容易开裂。

基于实验成果和工程实践经验，沈凤生强调要优化坝体堆石分区设计，施工中要注意坝体均匀上升，严格面板混凝土的配比和温控措施。此项实验的综合研究成果，却在 20 年之后"5·12"汶川大地震中得到验证，8.0 级的大地震，位于震中的紫坪铺大坝，由于设计合理和施工质量良好，受损甚微。

1988 年，沈凤生根据两年多的实验和研究，写就论文《钢筋混凝土面板堆石坝静动力稳定分析》。当时还全是手写稿，共 200 页一大叠。是年 7 月，他送给导师潘家铮审定。8 月，潘家铮在北京专门给沈凤生讲解论文审定意见，沈凤生接到自己的论文手稿，随着老师的讲解一页一页翻过，非常感动。论文手稿 200 多页从行文表述到计算过程，老师一个字一个字地修改过。

第一位博士生的厚厚的论文，将潘家铮送入花甲之年。

7 月送审，8 月打印，10 月答辩。潘家铮 1988 年 10 月来河海大学，参加自己第一位博士生的答辩，他对自己学生的论文感到非常满意。恰好这个月，是河海大学的校庆日，潘家铮兴致正浓，在学校工程馆参加答辩之后，还为学校作了一次学术报告。

沈凤生博士毕业之后，留校一年，与老师联系主要是信函往来，翌年调黄河水利委员会勘测规划设计研究院，后任副院长、院长，参加黄河小浪底水利枢纽的设计工作，才又与导师有了联系，但往来还不算稠密，会上匆匆一晤，交谈几句而已。

小浪底工程建设开始之后的 1996 年，潘家铮担任黄河小浪底工程技术委员会顾问，潘家铮跟自己的第一位博士生才在工作上有了更多的接触机会。尤其是沈凤生也参加了小浪底工程的孔板消能设计，潘家铮大加赞赏，毫不避讳与沈凤生的师生关系，在众专家面前夸赞有加。

说到底，潘家铮还是一介书生，他并不怎么善于跟人交往，说君子之交也好，说旧读书人的古风也好，他关心人的方式也同别人不同，他会不声不响为别人做一些事情。

比方，他在上海勘测设计院一些老朋友，在评职称的时候请他帮忙，他会不遗余力去帮助；上海勘测设计院老院长韩寓吾先生离休的时候才是一个处级干部，他曾不止一次给有关部门写信，希望能够落实老领导的待遇。这样的例子很多。80多岁的时候，拥有众多科幻拥趸，有一些科幻爱好者自己办杂志，经费捉襟见肘，他有时候给资助一些。有一位研究科幻的研究生得了白血病，潘家铮知道了，出差路上还念叨怎么帮助一下。出差回来之后，80多岁的老人亲自跑趟邮局，寄上5000元。

他关心学生的方式也特殊。

沈凤生后来在水利部水利水电规划设计总院工作，陆陆续续开始主持一些工程的论证会，直到担任国务院南水北调工程建设委员会办公室总工程师，主持技术论证会就更多了。记得在南水北调办工作期间，他主持第一次技术性会议，老师潘家铮也在座。沈凤生发现，专家们发言的时候，潘家铮在台上不停地记，不停地写。等会议接近尾声，潘家铮把一张纸推到沈凤生面前，是一篇工工整整的总结提要，沈凤生只需稍作修改就可以作为会议纪要。

这让沈凤生非常感慨，老师这是给他临场做一个示范。老师曾跟他讲过，善于总结别人的意见是总工程师的职责之一。

潘家铮在河海大学共指导有两届4位博士生，除沈凤生外，一位是东南大学研究生院院长，一位是河海大学教授，一位在福建厦门，他们每一个人心里都有一个潘家铮，有一个导师模样。

清华十年

1996年，应清华大学之邀，潘家铮任清华大学双聘教授、博士生导师，一直到2006年。从1985年到2006年，共21年，他担任博导共培养了10位博士生，河海大学4位，清华大学6位，平均两年1位。

清华水利水电工程系有张光斗、黄文熙、施嘉炀这样老一辈水利水电专家，都年事已高，潘家铮其时已经69岁，比起来还算年轻的。黄文熙、施嘉炀两位老先生于2001年去世。2000年，清华大学调南京水利科学研究院沈珠江院士进入水利水电工程系，2001 年，张楚汉先生入选中国科学院院士，再加上和潘家铮一样外聘的兼职教授、地质和岩石力学专家王思敬先生，这样，水利水电工程系 26 名博士生导师中，有 5 位中国科学院或中国工程院院士，即便在院士云集的清华园中，这也应该是一个比较强的阵容。

相对于其他几位博导，潘家铮指导的博士生应该说是非常少的。他的学生们都说，潘家铮对自己的学生要求非常严格，对自己也非常严格，在工作上他是来不得半点勉强。还有一个客观情况是，他在担任博士生导师期间，还担负着非常繁重的业务工作，陈进 1996 年考上他的博士生，发现导师身上有 30 多个职务。

陈进 1985 年从武汉水利电力学院硕士毕业，分配到当时的长江水利委员会长江科学院，到 1995 年，工作整整 10 年。长江科学院承担着三峡工程的设计任务，科研、攻关的任务甚是繁重。陈进感到自己的知识储备将是日后科学研究的一个瓶颈，于是就有了重进大学校园进一步深造的想法。刚开始，他准备投考另外一所重点大学，是他所在的研究所所长和长江科学院院长改变了他的志愿。两位都毕业于清华大学，建议陈进要深造就入清华，最好考住读生，学点真本领回来。

那一年，正好潘家铮任清华大学双聘教授和博士生导师。当时系里分给潘家铮两个新生名额，一名直博生，一名在职生。后来，那名直博生想出国深造，放弃在国内就读机会，陈进这名在职博士倒成为潘家铮在清华大学指导的第一位博士生。

长江水利委员会与潘家铮的渊源很深，陈进虽然没有跟潘家铮接触过，但一直称潘家铮为"潘总"，以至于做了潘家铮学生之后，"老师"两个字怎么也喊不出口，只尊称"潘总"。

陈进进入清华之后，听说"潘总"在任清华博导的时候，也同其他外聘教授一样，经过一番校内审定。据说在审定的时候，有一位博导对潘家铮担任博导颇有看法，说：潘总虽然是一位很好的工程师，但不一定是合格的博士生导师，博导需要扎实的数学力学理论基础，要带领学生做前沿基础科学研究。

这实在是不了解潘家铮治学经历，不然不会说出这番话。

但这番话在教师和学生中还是有一些影响的。陈进在业内从事科研十多年，当然不以为意，他了解潘总在业内的成就，当然也了解潘总在理论上的造诣。可是了解归了解，真正与老师接触之后，老师理论功力之深还是让他吃了一惊。

这已经到了做毕业论文阶段了。陈进的毕业论文为《水工钢筋混凝土结构实验与理论》。潘家铮了解陈进论文的构思之后，对他讲，这个论文，一定要在理论上有所创新，已经 70 岁的潘家铮又拿出当年计算滑坡、有限元、试载法数学推导的精神头，亲自做数学推导，提出模拟复杂钢筋与混凝土黏结关系的单元模式，让陈进通过非线性有限元程序去实现，将计算成果与模型实验和原型观测成果验证对比，这样，论文就不仅具备理论价值，还具有指导工程实践的意义。老师做的尽管是一个单元模式，这还是一个工作量颇大的过程，没有深厚的数学和力学功底是难以完成的。

因为陈进有长江科学院工作的背景，所以他的论文就是结合三峡工程的科研而展开的，一系列不同尺度的结构模型试验，最后的模型试验比例尺很大，需要在长江科学院大试验室里进行。

大比例尺的试验莫说对于一个博士生做的一篇博士论文，就是对一个科研项目都是来之不易的。所以潘家铮一再嘱咐陈进，这个模型试验很重要，特别是大比例尺的模型试验，可是个宝贝，一定要得到有价值的成果。这个大比例尺模型试验的试验大纲、试验方案，都是潘家铮帮助陈进完成的。不仅如此，在试验期间，还不声不响到武汉来参加这个"宝贝"的试验过程。他告诉陈进一定要不惊动领导，领导知道之后，麻烦别人是一方面，更重要的是影响试验，他只想跟自己的学生做试验。

检查实验数据，分析试验成果，他的痴迷，他的认真，他的兴奋，就像久未回乡的游子回到自己的老屋那样，身外的喧哗被远远地隔在玻璃围幕外面。

最后，长江委的领导还是知道潘总来了，纷纷前来看望，才知道他在这里忙忙碌碌待了三天。

陈进尽管后来没有沿着读博时期的科研道路走下去，但他的那篇博士论文初稿却被当宝贝一样珍藏着。那是一份由导师亲自审定并且仔细修改过的论文稿。陈进完成论文初稿，送到导师那里，仅两周时间，潘家铮就把他的论文全部看过。他拿回来之后一看，文稿已经被导师修改得面目全非，几乎每一页都有导师的修改字迹或者标注，凡修改之处，并不破坏原文，而是小心地用铅笔在空白处勾出。这是老派知识分子修改文稿的习惯，以表示对原著者的尊重，带有商榷的味道。但陈进很感慨，他发现，"每一处修改都是如此地恰当和完美，我完全没有可与老师再讨论的余地，我不仅全部接受他的修改意见和修改文字，并且给我上了一次生动的科技论文写作课，使我受益终身"。

陈进的博士论文做了三年有余，潘家铮对他的研究成果很满意，里面有许多前沿性的研究成果，潘家铮就动心想将这些成果运用到三峡工程的设计中去。这一回倒轮到学生小心谨慎，陈进一再表示，成果虽然超前，但大坝设计已经完成，如果采用这些新成果，修改设计是一方面，另一方面自己的成果毕竟还未在具体工程中运用过，需要经过一段时间的检验。但是，长江委尊重潘家铮的意见，就陈进的研究成果是否运用到设计中专门组织讨论，虽然最后没有采用，但已经担任长江科学院材料结构所所长的陈进却十分感动。[440]

这件事情让陈进认识到，自己的导师治学严谨，但并不保守。潘家铮敢于突破条条框框采用新技术、新材料、新工艺早有耳闻，有些技术因为不符合规范要求不能及时采用，甚至让潘家铮这个三峡技术委员会主任十分恼火，可敢于让一个博士生的研究成果马上运用到工程中去，而且是三峡工程这样重要的工程，这还是第一次。

潘家铮对超前性理论与科研成果的赞许甚至渴望又何尝不可理解？他在清华大学土木水利学院成立大会讲话时谈到，老学科如果不加入新的活力，不大力创新，确实难有大的发展。他谈到前不久在三峡工地的质量检查，当时政协副主席钱正英问他，三峡这样的头号大工程，有多少创新？是否少了点？潘家铮当时惭愧得说不出话来。他说，我们引以为豪的，主要还是工程规模有多大、开挖几亿方、混凝土几千万方、年浇五百万、破世界纪录，可说不出多少技术上的巨大创新，还有待努力。[441]

这难说是自谦，而是毫不遮掩的实情。

反过来，潘家铮对自己学生的要求也甚是严格。陈进是在职博士生，入校的时候已经 36 岁，说大不大，说小不小的年纪，他曾跟导师流露过想早点毕业

440　参见《永远的潘家铮》，中国水利水电出版社，2013.8，第 301-303 页。
441　参见《潘家铮院士文选》，中国电力出版社，2003.8，第 426 页。

的意思，因为年纪确实也不小了，而且论文也做得差不多了。潘家铮劝他：你怕什么？大器晚成嘛。要求他一定精益求精把论文做好，完全达到学校的要求，再申请答辩。这样，陈进读博用了将近四年半的时间。这四年半时间对于陈进的一生而言，简直是学术生涯的一个金块子，他的诸多论文核心成果都在 SCI 期刊上发表，主要成果则写成专著出版，其毕业论文被评为清华大学优秀博士论文。

只是，论文答辩一结束，连他自己都感到吃惊，扭头就离开了既定的科学研究轨道，他跟潘家铮细说缘由，潘家铮当然惋惜，但还是赞许额首。这是后话了。

和陈进一样，潘家铮的"关门弟子"王仁坤也同样是在职博士生，2002 年入清华大学读博。与陈进不同的是，王仁坤在读博之前，与潘家铮有过许多工程技术上的接触与交流。

第一次见潘家铮，是 1985 年，王仁坤正在河海大学读硕士。也是这一年，潘家铮担任河海大学博士生导师，他在河海大学有一个学术讲座，内容是关于新安江大坝设计的研究成果。王仁坤被潘家铮的讲演吸引住了，他记得，老师当年在台上滔滔不绝，一讲就是两个小时。

这就要说到潘家铮的讲演风格。潘家铮的讲演不属于那种动员式演讲，激情充盈、名言警句、人生感悟诸般如此，具有表演性质，他的讲演通篇几乎找不到什么标准演说元素，但他就是吸引人。吸引人也没有什么诀窍，都是事实，分析，娓娓道来，条理清晰，用俗话来讲，他讲的内容都是些"干货"，没有什么水分，善于把深奥晦涩的数理推理讲得通俗易懂，妙趣横生。现在在网上留存一份他在清华大学讲演《水工漫谈》，总共 9 个问题，讲了将近两个小时，中间没有停顿，笑声和掌声不时响起。

王仁坤当然被潘家铮的讲演吸引了。

没有想到，之后，还真的跟潘总有了近距离的接触，这让王仁坤大喜过望。1986 年王仁坤毕业参加工作，分配到当时水电部成都勘测设计研究院。潘家铮跟成都院的渊源自不必说，往来甚是稠密。其时，成都院陆续承担二滩、溪洛渡、锦屏一级、大岗山等大型水电工程的设计任务，王仁坤参与其中，逐渐成为成都院的骨干力量。在读博期间，已经担任成都水电勘测设计院副总工程师。

这些水电站，莫不是中国水电工程具有开创意义的大型工程。

二滩，混凝土拱坝，坝高 240 米，装机容量 330 万千瓦，是中国 20 世纪末建成的最大水电站，其坝高、装机容量、超大泄洪量、超大地下洞室群，许多技术指标都是世界前列的。

溪洛渡，混凝土拱坝，高达 285.5 米，装机容量 1386 万千瓦，相当于半个三峡工程的发电量，是仅次于三峡工程的特大型水电站。

这些工程是王仁坤他们在读书时想都不敢想的，这得益于潘家铮他们上一代工程师的推动与努力。反过来讲，王仁坤他们新一代工程师也在这些巨型工程中得到了非常好的锻炼。

因为这些工程，王仁坤与潘家铮的接触机会就比其他师兄弟要多，相对来讲，他这个"关门弟子"对老师的了解更多一些。

当年，李鹗鼎和潘家铮他们那一代工程师在二滩工程上花费了大量心血，自不必细说，溪洛渡作为开发金沙江的骨干电站，潘家铮年事已高，但还是主持了该电站工程的可行性研究与拱坝优化设计。

王仁坤清楚地记得，1994 年在溪洛渡坝址选择专题审查会上，关于坝址比较方案研究，有专家提出对明显比较差的坝址再开展一定的勘查再放弃，潘家铮很不赞同，他果断要求应放弃差坝址，集中有限的勘察费用花在可行坝址的勘探上面。他说：人们上街买鱼肯定是买鲜鱼而不会买死鱼臭鱼，既然你发现鱼已死了，而且臭了，难道你还要花钱买回家，并放在锅里煎好，放在餐桌上让大家品尝后，个个都说臭不可吃，才下决心放弃吗？

这话说得刻薄。在技术问题上，越人潘家铮那股劲头好像由不得自己，不唯上，不唯本，只唯真，只唯实。同样是在开发金沙江审查会上，老部长钱正英在发言中已经表态不赞同开发虎跳峡，但潘家铮发言的时候，还是表达了他对尽早开发虎跳峡的意见。当年，虎跳峡与锦屏到底先上哪一个，曾有过一番争论，几乎成了潘家铮的一块心病。在当年的经济技术条件下，确实存在孰先孰后的问题，进入新世纪之后，无论经济条件还是技术条件都不存在问题，宜尽早开发。

话说回溪洛渡，拱坝优化设计第一次咨询会上，专家都推荐他担任专家组组长。但是他拒绝了。他说，他还未去过工地，不能担任这个组长，也不能主持这个会议，应该请了解工程情况的谭靖夷和张超然两位院士来担任专家组组长并主持优化咨询。他说，这不是谦虚，让一个没有到过工地的人来主持这次会议，严格讲是违反马克思主义原则的，充其量我只能旁听、学习，或敲几下边鼓。

王仁坤对乃师了解如此，至少在业务与技术上有过不少交集。

从潘家铮招收的 10 位博士来看，他更注重学生的实践经验，或者说，更注重培养学生的实践能力。王仁坤在考取他的博士生之后，潘家铮对他的要求也很严格。因为王还承担着非常繁重的设计任务，已经担任成都勘测设计院总工程师，论文进展迟缓，潘家铮告诫他，生产忙碌是你作为总工的职责所在；作为在职博士，论文答辩可以延后，但论文质量必须高标准严要求。

王仁坤的博士论文为《特高拱坝建基面嵌深优化设计分析与评价》，他是带着这一课题读博士的，这一课题就溪洛渡水电站大坝建筑基础面开挖出现的一系列技术问题展开。

与陈进一样，王仁坤至今还完好地保存着他的论文初稿，那里面有导师潘家铮一笔一画的修改意见，包括程序框图、公式推导、内容表述、标点符号的一一修正。王仁坤的论文获得当年清华大学优秀博士论文一等奖。

杜效鹄 2001 年秋天进入清华大学随潘家铮攻读博士学位。虽然他在硕士期间已经有相当的科研经历，做过许多科研课题，他第一次见导师汇报选题就出了一身汗。他和师兄陈军两个准备的都是比较前沿的选题，一为裂隙岩体应力—渗流耦合，一为混凝土断裂连续—非连续数值计算。当时杜效鹄只是想找一些比较前沿和热点的问题进行研究，究竟能不能突破，心里实在没有把握。他汇报完之后，潘家铮问他：应力—渗流耦合，你能在张友天教授他们团队的基础上，有哪些新的突破？

一句话问得杜效鹄不知如何作答。心里没有把握，他怎么能作答？

潘家铮跟他们两个在办公室谈了一个多小时。导师对他的一套比较幼稚和粗糙的构想并没有多指责，相反，对杜效鹄这些构想里发现的闪光点倍加鼓励，认为那些想法既有可能突破既有的理论而有所创新，又可以解决工程实践中的实际问题。导师并不是在那里挑毛病，而是在学生芜杂的思路中发现优点，鼓励你沿着那个思路向前探索，这样的导师实在是难得。杜效鹄也是在导师的鼓励之下，顺利完成博士论文的。

　　潘家铮在清华十年，不可能像其他教授那样在校园里留下太多身影，一旦有空，每年开学的时候，他总要在新学期跟系里同学见个面，做一场学术报告。也许是面对青年学子的缘故，讲的人特别放松，那么深奥的理论游刃有余，应付裕如；也许开讲的潘家铮有着丰富的一线经验，所举的例子都是鲜活的，生动的，感同身受的，有密集的信息量，下面的听众，莫不有座如春风之感。晚年的潘家铮，更多地从哲学层面来思考水利水电的专业问题，他善于赋予深奥的专业知识以哲学的光辉，让人耳目一新，在清华学子那里留下深刻印象也再自然不过。

九问题——讲演风采

　　2006 年秋天，学校开学在即，潘家铮给清华大学土木水利学院院长打电话，希望在新学期跟同学们见个面，就具体专业问题跟大家聊聊天。

　　潘家铮在清华大学有若干次讲演，时间都在两个小时左右，这一次讲演同学们录了音，还放在网上，所以有现场感。可以一窥潘家铮作为一个教授的风采。

　　今天，我们这个会，不是什么学术报告，也不是什么学术讲演，而是一个聊天的会。聊天，四川人叫摆龙门阵，既然是摆龙门阵，就可以天南海北，无所不及。哪怕我讲的话，荒诞怪异，出口伤人，也都是内部交流，不供发表，所以没有什么关系。

　　那么聊点什么好？聊《红楼梦》《金瓶梅》《三国》，相信大家一定喜欢听。比方，有人聊，说《红楼梦》里的秦可卿是康熙皇帝七太子的私生女，也掀起一阵风波，上了电视，还出了书。还有人聊《金瓶梅》，说《金瓶梅》的作者是哪里人？是敝人家乡浙江绍兴人，因为什么呢？因为《金瓶梅》里经常提到一样东西——毡帽，这个东西只有我们家乡绍兴有。这个我也很感兴趣，完全可以跟大家聊一聊。但是，今天把那么多水利水电系教授同学都请来了，来听我聊《金瓶梅》，感觉有些不伦不类，不务正业，忍痛割爱，言归正传，找了个话题，想聊聊《工程设计中一些创新及其他》。

根据录音资料，这个简短的开场白招来下面八次善意而会心的笑声。笑声未噤，他转向主持报告会的土木水利学院院长来了一句：

所以袁院长不要紧张，不是聊《红楼梦》。

下面哄堂大笑。

潘家铮那天要讲的，是工程建设中的创新问题，话题来得很严肃。

进入 21 世纪，创新是一个非常时髦的名词。一个国家，一个民族，如果缺乏创新精神，只能跟在人家后面爬。前几天，有一个记者问我对中国水利水电的看法，评价一下水平怎么样。我跟他讲，现在中国水利水电建设的速度和规模，是两个没有前例，一个是历史上没有这个前例，就是史无前例；还有一个是世界上没有这个前例，全世界没有一个国家是这样的规模，是世无前例。你谈到水平，实践出真知，既然我们有这样子的建设，我们应该是国际先进水平。但是，我们也承认，跟国际上先进水平比，我们还有差距。这些差距在什么地方呢？主要有两个，一个是我们的管理、效率水平不高，另外一个就是缺乏创新的意识。你看一下水工方面，一些大的坝，如水轮机组，全部要进口，我们没有这些东西。这么伟大的水利工程，创新不能与之匹配，值得深思。

前些天，王（光纶）教授跟我讲，现在一些预报手段，愈来愈多，愈来愈可靠，为什么还采用几十年前定下来的标准？你这个三峡大坝敢不敢创新。

还有，前些天，我参加金沙江乌东德水电站坝型坝址的审核，这个坝，覆盖层非常深，有七八十米深的覆盖层，结果搞了两个坝址，一个是上游，就是在覆盖层上建一个土石坝，一个坝址在下游，建一个双曲拱坝，把覆盖层全部挖了。可是没有人考虑就在覆盖层上修一个双曲拱坝，20 世纪我们曾有过在覆盖层上修筑双曲拱坝的例子，当然要比乌东德大坝小得多，是一个小坝，我跟他们讲，乌东德的大坝可以这样建。但是就是没有人提出这个问题。

总而言之，要创新。特别技术上创新，我认为，思想上首先要来解放，不能墨守成规，不能迷信过去，不能迷信规范，更不能迷信权威，过去的规范和权威应该得到尊重，但不能迷信。因为，这些经验，在当时是正确的，先进的，现在同样也是可行的，但并不总是先进的，最优最先进，有可以改进可以提高的空间。多方怀疑而深思，怀疑是创新之母，什么都不怀疑，那还创什么新？

接下来，他讲了九方面的问题，取譬近身，深入浅出。

第一，水坝做到滴水不漏好不好？

他以 80 年代在欧洲考察时见过的一座冰碛土坝为例。那是一座土石坝，材料是冰碛土地，渗漏量特别大，坝前库水位也很低，进入坝内廊道需要穿雨衣马靴才能工作，坝下还流水潺潺。潘家铮坦言，如果这是一座自己设计的坝，心里一定不舒服。而且，这样的坝，在中国工程师看来，一定会给戴上"病坝"的帽子，是塌天的大事。可是，外国专家对他讲，这地方的条件就是如此，防渗工程要视条件做到适可而止。现在的漏水一不影响工程的功能，二不影响安全，不必管他。更重要的，过多投入防渗工程，是非常不经济的，对于渗漏出来影响大坝运行的水，他们做的只是将渗入廊道内的水再抽回去处理。

这样，就存在一个渗水与防渗的辩证关系，如果渗漏水量不影响枢纽的基本功能，比如不影响供水、发电等功能，渗漏过程也不影响大坝安全，比如扬压力、渗透比率、流速等都在允许范围之内，不至于全漏，不至于发生管涌，也不影响运行，那么，我们何妨将工程与渗漏和谐共存？

但是这里有一个先决条件，就是你得证明渗漏水不会影响工程的安全。要证明这一点，就必须对渗流的机理有所掌握，水是从哪里渗透出来的，是通过什么途径下漏的，它的坡降、流速、地质条件、岩层的水质变化，等等，都应该弄清楚，如果你对这些不清楚，那你怎么能保证渗漏水不影响工程安全呢？而且安全是一个变化的概念，今天安全，并不意味着明天安全。所以，有可信的预测，有合理的维修制度，还有完善的监测手段，必要时，有抢险措施。如果没有这些，不能够确定渗漏影响安全，如果这些条件都能够满足，漏水是可行的一种方案。在这种情况下，可以增加投入量，削减渗漏量，甚至可以做到滴水不漏。这就存在一个效益与投入之间的权衡，包括经济上的效益，也包括政治上的效益。这样，采取什么样的方案，就具有相当大的弹性。

滴水不漏，并不是一个最优的方案，它不但意味着更多的投入，而且给防渗体系以过大的压力，不如网开一面，让他渗漏。滴水不漏，就彻底切断对下游两岸的供水，可能会造成生态方面的后果。这样，我们应该放弃对"滴水不漏"迷信，"滴水不漏"不一定是一个好坝。

第二，混凝土坝的开裂问题。

2002年，三峡二期工程左岸大坝出现裂缝，被媒体和一些人炒到骇人听闻的地步，甚至反映到最高当局那里。当时还是三峡工程质量检查专家成员的潘家铮做了必要的解释，结果并没有消弭各种各样的质疑声音。所以潘家铮"不近情理"地要求建设者，能不能争口气，在三期工程，即把右岸大坝建成一座没有裂缝的大坝。结果，右岸大坝几百万方混凝土浇筑下去，检查的结果，右岸大坝没有发现裂缝。

这就引发出关于大坝裂缝的一番哲学思考。第一，通过认真的组织和严格要求，精细化管理之后，有害的裂缝确实应该而且可以防范。但第二个问题，是不是每一座混凝重力坝都要求做到不出现一条裂缝呢？毕竟，各个工程的条件不同，而且大量工程是地方上的工程，它跟三峡工程是不同的，是不是也有必要做到这样精细的管理？重力坝的裂缝，有一些实际上无害，有的甚至可能转化，只要采取措施，可以防止向有害的方面转化。国内有许多地方上做的砌石坝，实际上里面全是裂缝，有些混凝土重力坝的纵缝没有灌好，依然在安全运行。因此对有些混凝土重力坝的设计可以走另外一条路，可以走"以缝止缝"的一条路。什么意思？完全可以保护好上游面，保护好迎水面，同时有意留一些人为的不要处理的裂缝，大大地松弛温度的应力，安全防裂的要求，对一些无害的裂缝，允许它存在，不必处理，这样同样可以满足要求。不出现一条裂缝的混凝土坝无疑是一座第一流的坝，根据客观要求，以最小的投入，最短的工期完成一座安全运行的坝也是一座第一流的坝。所以不能以"有缝无缝"论英雄。

但是潘家铮的这些见解，未必所有人都能够理解，让人怀疑潘某人是受20世纪"左"倾流毒太深，是怀疑一切，破字当头。潘家铮跟同学老师讲，20世纪"左"的风气的环境之下，有所谓"打倒一切，怀疑一切"，"破字当头，立在其中"这种提法，打倒了权威，废除了制度，造成严重后果，以至达到无法无天的地步，至今心有余悸。但他这是不是为"怀疑一切"制造舆论？

其实，20世纪的"左"风对他的伤害太大了，他也绝不会赞成那种近于无知的做法，但潘家铮坚持认为，而且深信，一切事物都在不断变化，不断前进，创新是人间正道。不迷信现在的一切，是不会错，和过去的"左"风不同之处在于，必须经过审慎的思考和艰苦深入的探索研究，有确切的科学根据，才敢去"破"。

比如土石坝的漏水问题，如果对渗透的机制、渗透的流线、流速、坡降都不知道，对岩层的地质情况、建设的条件都不知道，也没有设置监测设施取得可信成果，也不能进行可信的预测，你无论有多少好的想法，也是无效。你要让渗透与工程和谐共存，就要做艰苦的工作，你要证明它可行才行。所以，这些提法跟过去"左"的提法不同的地方，不是"破字当头，立在其中"，不是"先破后立"，而是"先立后破"。

第三，需要100%的强度吗？

谈的是混凝土的强度问题，这里也存在辩证的关系，前文已经提到过。

第四，不要错吃补药。

他举了三个例子来说明工程中"强补"带来的弊端。

有些水工建筑物承受较高应力，或要泄洪排沙，为保安全或延长使用期，就一味提高该部位的混凝土标号，或大量掺加硅粉等，强度是上去了，但发热量过高，"上了火"，表面大量开裂，反而影响整体性，给水流以可乘之机，倒不如在混凝土中加些纤维，表面上铺层抗冲耐磨材料为好。

还有，对大坝的地基，一般都要进行处理，这当然是必要的，但应有的放矢，区别对待。有些工程设计与施工，不论地基基岩质量好坏，承受应力大小，一律进行固结灌浆，连厂房的地基也要全面固结一次。其实，如果地基承受的应力不高，天然地基条件也良好，能承受这些应力，又何必"进补"呢？可能有同志认为，灌一下浆总比不灌好，这也是吃点补药总对身体有好处的想法。要知道，地基基岩内的天然节理是排水通道，不分青红皂白都将它封堵，把渗流水憋在里面，并非好事，也可能会"上火"的。

再如，还有些同志总希望把大坝建在最好的基岩上，将河床和两岸挖了又挖，要求挖到新鲜基岩，有时也是得不偿失的。好好的狭窄的V形峡谷，被挖成宽阔的梯形，如果修建拱坝，跨度大增，水荷载、应力、变形都随之增加，不论对坝体变位、应力和稳定都没有好处。

第五，不能只顾"远虑"而忘记了"近忧"。

人常说，人无远虑，必有近忧。我们总是教导下边，要看得远一点，不能只顾眼前，眼光要放得远一些，不要忘掉长远。具体到工程设计与施工，情况恰恰相反。为什么呢？

首先，他不是说让人们不去思远，而是要人们不要光思远虑，而忘掉近忧，远近要兼顾，有时候对近考虑得更多一些。譬如说，我们去参观水工模型试验的时候，人们总是热心地让参观者看宣泄设计洪水、校核洪水的情况，看水流的常态，看下游的冲刷情况。

潘家铮讲，说句不礼貌的话，其实我对这种情况并不太注意。

当然，大坝必须按千年洪水、万年洪水、最大洪水来设计来校核，但对下游防冲系统来看，又另当别论。如果水文资料可靠，这些千年洪水、万年洪水只是一个幽灵，实际上这个幽灵出现的概率太低了，即便下面有些冲毁，只要不影响大坝的安全，有方便的修复条件，可以少考虑。倒是常年洪水，山中间，坝中间，泄洪消能防冲建筑物，要充分发挥作用，非常安全地运行，不但不会冲毁，最好小修小补都不必要。我们不能过分强调万年洪水，而委屈了常年洪水。当然，能够两边兼顾最好。同样的道理，大坝在遭遇到破坏性地震，最大地震时，尽量坝体不垮就行了，但是，大坝在遇到烈度较低的地震时，不但大坝不能垮，而且最好小的破坏都没有，不要较大的修复。远和近都要辩证地看。

假如有两座拱坝，拱坝 A 和 B，拱坝 A 的抗滑安全系数达到 8，而 B 只有 3。这两座坝，哪一个更安全一些？这好像又是一个傻瓜提的问题，但是仔细想一想，安全系数达到 3 或者达到 8，不太准确地讲，这意义何在？超过 3 或者 8，或者低于 8 或 3 就失稳，在现实世界中，根本不可能发生这种事。如 A 坝的 8，没有多少现实意义，只是一个心理安慰。

有人讲，安全系数达到 8 总是一个好事。为什么它的安全系数能达到 8？主要原因是因为曲线的坡立面延伸很长，这个是由于坝址的地形地质条件决定的，这个坡立面上的凝聚力提供了安全系数的绝大部分，但是拱坝对地基的推力是在建基面上最大，像内部就小些，到比较深的地方就基本上没有什么应力了。变形的分布也是这样。拱坝的地基要发生极大的变形，才能够发挥极大的抗力，还没有到后边能够发生作用，拱坝早已失稳失效。这跟你挤公共汽车一样，车子后面的人挤得死去活来，而车子中间的人却逍遥自在。

第六，关心突变，避免突变。

他列举工程中会出现材料与荷载的突变情况，在具体技术处理上仍然存在一个辩证的关系。为了通俗地解答这一问题，潘家铮举"环肥燕瘦"的典故，有的人为了增肥，不惜暴饮暴食，而为了减肥，使用药物，节食抽脂，结果性命不保。这是渐变与突变的辩证统一。

第七，对儿子要特别从严。

他将工程师对待自己的设计方案像溺爱孩子一样，容不得别人说半个不字。尤其对于推荐的方案，很多工程师对它也像对独生子女一样疼爱和偏心，总要梳妆打扮，潜力尽量挖出，工程量和投入尽量减少，工期尽量提前，对其优点说了又说，强调了再强调，对其缺点或避而不谈，或蜻蜓点水，轻轻带过，对于别的比选对象，或其他单位提出的竞选方案就是后娘面孔了。在许多比选报告或可行性研究中都不难看到这种做法的痕迹。但这也同样是不客观的，有害的，甚至会对工程师本人和设计单位带来不利后果。因为，无论设计做得怎么深化，实施中总会出现变化和意外，你把话讲得那么绝，以后怎么面对事实啊？人家以后还会相信你或你的单位的文件和承诺吗？

对于方案比选，不仅必须一碗水端平，放在公平的基础上公正地衡量，甚至对推荐的方案要更从严一些，对打算放弃的方案多想想它的优点。有同志说得好：对推荐的方案总是要想了再想，挖了再挖，充分说清，在这样的情况下它如仍占优势，就能保证方案选择的正确性了。对于拟放弃的方案，要把它的优点想了再想，探究再挖，充分说清，在这样的情况下它如仍不占优势，则其被淘汰就使人心悦诚服了。

还有一种情况是两个方案都可行，各有优缺点，并无原则上的差别，那么设计人员的责任就是客观地摆明事实，在公平的基础上进行公正的比较，当然可以表示自己的倾向和建议，但不必过于强调，由权力部门或投资者衡量各种因素来做出抉择。

第八，依法、尽职，不一定有利于全局。

在这一节里，潘家铮提出一个与工程技术无关的执法问题。某些单位只从自身利益出发，只从自己权力范围着眼，不顾大局，不问青红皂白，甚至为了制造吸引公众眼球的事件，掀起所谓"风暴"，本来想着尽职尽责，结果变成粗暴执法。最后是老百姓的利益受损，国家利益受损。

第九，和稀泥的解决方案不是最佳方案。

这一节，矛头直指的，是轰动一时的"圆明园防渗"事件。

圆明园是位于北京海淀区的皇家园林遗址。这座有名的园林以水面景观为主。从未听说过当年有干涸的问题，既名"海淀"，想来那时地下水位很高，补水水源也十分充足才能成海成淀啊。英法侵略军烧毁了她的建筑，抢夺了她的珍宝，却掠不走湖光波影。但随着北京人口的无限增长和无节制的用水，地下水位剧降，湖水渗漏干涸，遗址景观无存，也影响国家声誉。圆明园管理处只好向北京市买水灌湖，价高不说，由于水源异常紧缺，每年只能买到一、二百万立方米的水。对这点珍贵的水当然不能再让它迅速漏掉，于是管理处在湖底试铺一层土工膜减少渗漏，就是这么个简单事实。

接着，2005 年 3 月 29 日有位教授向人民日报呼吁，说圆明园这种防渗做法是一场"生态灾难""彻底伤害了圆明园的命脉和灵魂"，这种惊人的提法起了"爆炸性的影响"，轰动全国。

一些报刊媒体闻风而动，这是个难得的题材，正可充分炒作，越说越玄。

环保总局出来，这个小工程并未履行环评手续，圆明园又是个著名地方。于是在 3 月 13 日就严厉叫停，责令提出《环评报告》报批，充分显示其权威性。

原来承担"环评任务"的单位可能嗅出这个小工程的背景复杂，决定对这种吃力不计好的"鸡肋工程"采取婉拒、退出的做法，也深副"明哲保身"之道。

三个月后，一份全面的《环评报告》出笼，它指出：要防止圆明园生态系统退化，发挥遗址公园功能，在水资源又紧缺的情况下，圆明园必须采取补水、节水的综合措施，承认防止过度渗漏是节水措施之一。然后确认土工膜能稳定，无毒无害，对人体健康和环境、水源不构成威胁，铺设防渗膜能部分恢复水生生态和水域景观。最后笔头一转说，土工膜虽可行但非最优，用黏土防渗可以保持一定的渗透水量，对环境更"友好"，于是对原方案大改大削，用黏土代替大部分土工膜。

报告上报后，环保总局还召开"听证会"。对于听证会，主持人宣极其公正、毫无先入之见，善于引导，才能取得好的效果。遗憾的是会上发言不冷静，某种气氛压制了不同意见，未能公平、冷静地交流讨论。也许有所预计，许多理应出席的部门和专家都回避了。

总之，这场"风暴"很快结束了，一切似都美满。"发难者"成功地引发一场风暴，出了名。媒体们热炒一场，既表示他们关心环保大局，也增加了报刊销路。环保总局行使了职权，也体现权威，还开了个办听证会的好头儿。环评单位提出了四平八稳的报告，既不否定原方案，又在实际上否定了它，不辜负这场"风暴"和环保管理部门的委托和信任。可以说是皆大欢喜。唯一有些遗憾的是圆明园管理处吧，既耽搁了工期，还得花钱拆掉已铺设的土工膜，再去购买 15 万立方米的黏土来做更"友好"的防渗层，好在反正由政府埋单。另外吃哑巴亏的就是被挖走 15 万立方米黏土而遭破坏的耕地了，这就更没有人为它说话，更不要说引起"风暴"了。

听证会后，似乎也有一些人对之质疑，当然，环保总局是不会像对待"风暴"那样感兴趣而予以置评的。

刘树坤写过一篇很中肯的文章，发表在《水利水电技术》2006 年 2 期。他这样描述：

最近，笔者去圆明园现场考察，在 2003 年圆明园采用防渗膜的试验工程中，只经过一年半的时间，水生生态系统已经恢复得相当好，不仅生长繁盛，而且莲、萍、水草种类多样，大小鱼儿成群，水鸟、昆虫都可以看到，湖水清澈，与周围因停工而裸露的湖泊形成了鲜明的对比。还怀疑和反对使用防渗膜的朋友不妨到现场去考察一下。

这几句话比什么"风暴"、炒作、"环评报告"、"听证会"更使人信服。

所以，和稀泥、面面俱到、各取所需的解决方案，也许在今天的国情下是可行的，但绝不会是最优的，甚至是不正确的。为了建设和谐社会，我们要讲实话，办实事，反对作秀，反对和稀泥！

这就是潘家铮讲演的九个问题。有些问题是大家感兴趣的工程技术问题，有些问题则是由工程技术问题而衍生出的执法、行政管理问题，针针见血，言犹未尽。信息量如此之大，观点明确而尖锐，如果没有丰赡的实践经验，钻在书斋里的书生是绝对说不出来的。

他的报告不精彩都没有办法。

类似的报告还很多，关于能源战略、关于水资源利用、关于儒学与现代之关系，等等，一方面是老教授潘家铮丰富的实践经验和具有前瞻性的睿智眼光，另一方面，则反映出工程师潘家铮晚年自觉地将其科学技术研究更多地放在哲学层面的深入思考。

七故事

在俗世交往中，即便是老师，久闻声名也罢，授业解惑也罢，钦敬是一回事，崇拜是一回事，学生与导师之间，不能说还是泛泛的师生关系，但终究隔了一层。真正深入的了解，其实也跟普通人之间的交往一样，需要共事，需要交流，这样，对另外一个人的了解可能更丰富一些，用学术的话来讲，叫"全息性"了解。

沈凤生 1988 年毕业留校，1989 年进入黄河水利委员会勘测规划设计研究院，正好小浪底工程开工建设，在施工高峰时兼任设在现场的小浪底工程设计分院的副院长，兼小浪底工程设计副总工程师，之后再任水利部水利水电规划设计总院副院长和总工程师、国务院南水北调办公室总工程师，这样，跟导师潘家铮之间的业务往来就越来越多了。多年交往下来，过去业内关于潘家铮的种种传奇在交往的过程中最后坐实，而且认识了一个与过去印象里完全不同的潘家铮，或者说，是更加完美的导师。他感慨地说：导师就是导师，权威就是权威，这可不是一天两天形成的，潘总能成为今天的潘总，是有道理的。

他讲了六个故事。

故事之一，小浪底孔板消能的故事。

小浪底孔板消能的内容在前面讲过，从略。

需要的说明的是，在工程竣工之后，在潘家铮的鼓励和支持下，参与孔板消能的沈凤生意犹未尽，花三年时间，对小浪底孔板消能泄洪洞的研究过程和技术成果进行整理，写成《多级孔板消能泄洪洞的研究与工程实践》一书，将这一世界性创新消能技术加以全面总结。该研究成果获得水利部"大禹奖"。

故事之二，甘肃九甸峡混凝土面板堆石坝的故事。

2005 年，沈凤生参与九甸峡工程的初步设计报告审查。

九甸峡水利枢纽工程，也是甘肃省引洮供水工程的水源水库，对于甘肃省的重要性不用多说。最初，九甸峡枢纽大坝设计为碾压混凝土重力坝，但研究表明，如将坝型改为混凝土面板堆石坝，不仅可以减少投资，而且工期可提前一年，于是要求在初步设计阶段，将坝型改为混凝土面板堆石坝。

修改设计是一回事，问题在于九甸峡坝址的地质情况很特殊，覆盖层深厚，组成物复杂，地震烈度高，且河谷窄，这样的地质条件下修面板堆石坝，当时并无先例。

九甸峡可不可以建面板堆石坝？当时水规总院院长汪洪和副院长沈凤生很作难。

这时候，他们想到了潘家铮。请潘家铮来主持这个坝型方案的专题讨论会。

当初沈凤生想的是，只要导师潘家铮出面肯定这个事情，他敢拍板，就没有问题。

这样，关于九甸峡的讨论会就召开了。让沈凤生感到意外的是，大家听说是潘总主持这个讨论会，所有邀请的专家都来了，有的甚至是推掉其他活动赶过来的。潘家铮在业内的这种权威性是没说的。

经过多方讨论，潘家铮最后从正反两方面进行分析，他说，九甸峡的地质情况尽管复杂，但是根据已有的经验，建这个坝在技术上没有问题。

倒不是说潘家铮就有先见之明，而是潘家铮善于总结、综合各位专家的意见，进而形成最后结论。在这个基础上，他真是敢拍板，敢承担责任。

故事之三，广西百色水利枢纽消能工的故事。

潘家铮与广西的渊源很深，前面章节已经介绍，亦从略。

1998 年大洪水之后，国家开工了一批重大控制性水利枢纽工程，沈凤生所在的水规总院承担了一批重大工程技术咨询和蓄水安全鉴定工作。

百色水利枢纽就是其中的一个重点水利枢纽工程。该工程的坝型为混凝土重力坝，高度适中，但它的地质条件很特殊，大坝只能建在一条岩脉上面，坝后建筑物基础地质条件甚差。

百色水利枢纽消能方式采用大坝坝顶泄洪，底流消能。五强溪水电站也采用过这种消能方式，但出过问题。

1996 年 7 月，尚未完建的五强溪水电站遭遇历史特大洪水，右消力池部分底板被水流掀起冲走，大洪水掀翻并冲走底板，在基岩上冲出深度超过 30 米的大坑。百色水利枢纽的洪水消能如何吸取五强溪水电站的经验教训？

这样，水利部水规总院再次想到潘家铮。

这是 2003 年 8 月的事情。当时潘家铮已经是 76 岁的老人了，在小湾工程现场咨询时椎间盘突出复发，走路都困难。请他去百色，是一次真正的长途跋涉。从北京到南宁，飞机航程为 3 小时，从南宁到施工现场，还需要坐 4 个小时汽车，对这样一位老人，而且是病人，可想而知是如何辛苦。

而沈凤生他们呢？遇到一般问题是不会轻易惊动潘总的。而潘家铮呢？恰恰是比较难以解决的问题，才对他具有挑战性。

当然问题很好地解决了。

怎么解决的？

潘家铮去了以后，对消力泄洪方案进行了一番研究。他认为底流消能方式在水流旋滚消能的过程中，会产生振动，在底板上形成脉动压力。脉动压力过大，就会导致消力池底板失稳。当年五强溪底板被洪水掀起冲走，脉动压力过大就是祸端。他提出，在消力池四围做防渗帷幕，泄洪时对底板下部进行抽排水，以消除脉动压力，从而保证底板的稳定。

这正是潘家铮早年创新的抽排理论又一次成功应用。百色水利枢纽设计中消力池底板下地质条件差，底流消能振动过大这个难题，就这样被潘家铮举重若轻一下子给解决了。

故事之四，曹娥江大闸的故事。

潘家铮的家乡浙江绍兴，水网密布，河汊纵横，历来水患不断。然而，绍兴地区的治水兴利的历史也同样悠久，早在战国时代就兴建有水利工程，在中国水利建设史上是不可或缺的华彩章节。潘家铮小时候，偎在祖母怀中就听过不少兴修水闸、开凿运河的民间传说，而上古传说中的大禹治水的最后一站，便是绍兴。会稽山下，禹迹处处，大禹陵同兰亭一样是绍兴地区的名胜之一。但绍兴境内最大的河流——曹娥江一直没有得到有效治理。改革开放之后，经规划论证，拟建设河口挡潮闸，解决海水沿江上溯问题，是为曹娥江大闸工程。

大闸建成之后，一方面可使浙东引水工程从曹娥江河段借道输水，另一方面可使滩涂资源得到高效开发利用。

曹娥江大闸是我国目前规模最大的河口挡潮闸。建设河口挡潮闸需要解决的重大技术难题，就是要保证闸下不被泥沙淤积。经过采用物理和数学模型反复验证分析，根据杭州湾水文条件和泥沙运动规律，可以排除闸下淤积的可能。工程终于在 2005 年 12 月正式开工，时任浙江省委书记的习近平同志出席了开工典礼。

家乡有如此规模的大型水利工程建设，潘家铮心里充满喜悦。工程开始建设之后，潘家铮即出任该工程的专家组顾问。2006 年到 2009 年，潘家铮的生命年轮从 79 岁到 82 岁，他以耄耋之年，拖着术后病躯，三次亲临施工现场指导工作，期间，还被家乡科普协会邀请，作过一次近三个小时的学术报告。除了仔细听取设计和施工情况汇报外，还下到基坑认真检查每一块钢筋混凝土底板和闸墩施工质量，对闸下泥沙淤积监测、金属结构防腐、高性能混凝土施工防裂、工程运行调度，乃至工程景观设计方案一一过问，每次都提出系统的意见和建议。白发皤然的潘家铮三次亲临施工现场，每一次发言都是热情洋溢，教诲谆谆，在场的领导和专家无不动容。时任曹娥江大闸专家组组长、原水利部总工程师高安泽还记得，有一次潘总发言后，建设单位一位同志按捺不住激动，上前请求潘总将他的发言稿留给他，作为珍品收藏。

工程告竣，应当地主管部门之邀，潘家铮欣然为曹娥江大闸工程篆书题下"中国第一河口大闸"八字，勒石永立于曹娥江头，遥望东海潮涌潮落。

大闸附近不远，就是他小时候演绎《茉莉缘》的那个小渔村。

故事之五，南水北调丹江口大坝加高工程。

南水北调工程 2002 年 12 月开工建设，2004 年南水北调工程建设委员会决定成立专家委员会，潘家铮担任专家委员会主任。

这个专家委员会主任一点也不比主持三峡工程技术委员会来得轻松。沈凤生讲，潘总在业内以"敢拍板"而著名。三峡工程那么大工程他敢拍板，小浪底孔板消能，世界上就没有过，他也肯定，九甸峡那么复杂的地质地形条件他敢拍板，只要他肯定，工程没问题。但在南水北调工程上，潘家铮却一反常态，不轻易拍胸脯。从另一个角度讲，正反映出潘家铮对工程复杂性的深刻认识。

潘家铮从 2004 年到 2011 年八年时间里，主持召开的南水北调技术咨询会近百次，提出近百份咨询建议，同时开展有 13 项较大规模的专题研究，这些咨询与专题研究，是整个南水北调工程最强有力的技术支撑。

南水北调工程中，有许许多多技术难题，可说是层出不穷。比方丹江口大坝加高、膨胀土渠坡处理、隧洞穿越黄河，等等，都是非常复杂的重大技术难题，常常是在施工过程中，许多不是问题的问题突然冒出来。

南水北调中线工程丹江口水库大坝加高的技术难点同样突出。2006 年 10 月，专家委员会在大坝加高工程现场召开专题技术讨论会，讨论的技术问题就有如下几项：右岸 2 至 6 坝段 143.00 米高程水平裂缝成因分析；右岸 3 至 1 号转弯坝段反向变形问题；门槽埋件水下部分检查与处理问题；右岸 3 至 7 坝段纵向裂缝成因分析及处理方案；新老混凝土结合面问题；溢流坝段闸墩加固处理方案；溢流坝段闸墩与溢流堰结合面处理问题；土石坝加高工程中的反滤料调整问题。

这一次会议，应该是丹江口水库大坝加高工程中一次全面的技术会诊。因为大坝加高 14.6 米之后，库容会增加 100 多亿立方米。潘家铮非常支持并推动了大坝的加高工程实施，但问题就这样簇拥而来。

这一次咨询会因为时间安排关系，潘家铮没有参加，但他对这些问题了如指掌，忧心忡忡，非常牵挂。他给专家委员会秘书长写信，强调"丹江口大坝是在上世纪不正常情况下建设的，质量问题较多，建成后运行已近 40 年"，"这次加高后，成为中线调水的水源工程，将在高水位下长期运行，务必抓住机会，做一次彻底的检查补强，使大坝今后能长期运行，宁可多做一点工作，不要留下遗憾隐患"。

加高之前的丹江口大坝是一座老坝，存在较多的裂缝。潘家铮在后来的会议上，一再要求一定要把裂缝的问题弄清楚，水下的裂缝尤其重要，不要因为在水下检查困难就不采取特别措施，一条也不能放过。在他的严格要求之下，设计、施工和建设部门把整座大坝上上下下都摸查一次。

比起三峡工程和小湾、溪洛渡、向家坝等大型水电站，潘家铮在南水北调工程上面，确实小心谨慎得多。就在工程进行过程中，2008 年，潘家铮查出癌症，入院做第一次化疗，2011 年，再查出癌病转移，再入院。病榻上的潘家铮时刻牵挂着南水北调工程的进展情况，甚至在治疗期间，多次参加工程现场会，指导解决工程难题。

故事之六，南水北调 U 形渡槽。

沈凤生谈到潘家铮在南水北调工程中小心谨慎，还有一件典型事例。事情有关南水北调工程中线沙河渡槽工程。中线工程线路，大部分是沿太行山西侧边缘北进，采用明渠输水，为河渠交叉建筑物，除穿黄工程为地下隧洞之外，大部分是倒虹吸和渡槽。渡槽有两种，一种是矩形渡槽，有单联渡槽，有双联、三联渡槽，矩形渡槽在工程施工上讲，几乎是"满堂红"支撑，现场浇筑，重量大，体量也大。还有一种就是 U 形渡槽，较之矩形渡槽，U 形渡槽的优点显而易见，其重量轻，省材料，而且施工灵活得多，既可以预制吊装，又方便用活动模板制槽机进行灌注。

在沙河渡槽设计论证会之前，设计单位推荐的 U 形渡槽方案是 40 米到 45 米跨度，预制吊装，渡槽内径 8 米。

从水工结构角度来看，45 米这个跨度还是可行的，许多专家也倾向于设计单位推荐的渡槽跨度。但潘家铮最后拍板，不是 40 米，也不是 45 米，而是 30 米。他从水工渡槽吊装的特殊性和大跨度吊装的技术难度仔细做了分析，定下 30 米。不少专家当时闷了一下子，潘总这一次怎么这么谨慎？谨慎得有些保守了。

实际上，30 米跨度其实也不小了，30 米的渡槽，内径 8 米，最薄的壁厚 35 厘米，一个渡槽的重量为 1200 吨。若达到 40 米，重量将增加到 1700 多吨。吊装设备要将这么重的渡槽先要吊起来，再装到可在渡槽上"行走"移动的"小车"上，由"小车"再送到放槽的槽墩附近，然后由重型吊车吊装到位，铺设安装、张拉、灌浆，中间倒来倒去，眼前的吊装设备很难完成。

显然，在审定之前，潘家铮已经经过细致调研，渡槽重量、吊装容量，方方面面都做过调研。

这个细节是潘家铮技术生涯中无数技术细节中的一个非常微小的事件，事情过后，作为学生的沈凤生与其他专家一样，仍然感到特别震撼：老师的功底确实是"过硬"的，过硬的不仅仅是经验，还有一个工程师比天还大的责任感。

故事之七，是潘家铮在清华第一个博士生陈进的故事。

陈进是潘家铮 10 位博士中唯一的上海人，年过不惑，身上还散发着孩童气息，天真，聪明，乐观，导师潘家铮在上海工作过二十多年，自然感到亲切。更为重要的是，陈进在少年时代喜欢历史和文学，甚至做过作家梦，考大学的时候，母亲坚决反对他上文科。母亲在"文化大革命"中间，因为写文章被打成"反革命"，吃尽苦头。尽管大学里读的是工科，陈进身上的人文气息还很浓，这倒与乃师很对脾气。潘家铮很喜欢陈进。

但陈进在完成论文答辩之后，其研究方向来了个 180 度大转弯，转而研究水利工程对环境的影响。事实上，他在水工结构方面的造诣是很深的，潘家铮感到不解，就问他为什么转变研究方向？

他的博士论文《水工钢筋混凝土结构实验和理论》，是一部十分见功力的技术著作，对具体工程实践有相当的指导意义。博士论文做到这种程度，为什么要来一个 180 度大转弯？

陈进对潘家铮坦言：第一，您已经在水利工程方面做出了重大贡献，这个学科已经很成熟，我可能很难再有所突破。第二，2000 年，我参加水利部司局长考试，尽管我进入了复试，但我认为考得一塌糊涂，因为我对水利部的治水新思路根本不了解，自己从事的研究与水利部未来的发展方向也不是很一致。

学生改行，导师是不是惋惜了？不得而知。陈进在论文答辩结束之后，就认真开始学术转型工作，从而促成长江水利委员会长江科学院水资源室的成立，致力于研究水利工程对环境的影响。后来，陈进担任长江科学院副院长，他在水利与环境关系的研究中颇有建树，被汪恕诚部长称为"河流的代言人"。

当然，未必所有的人都理解陈进的这种选择，在长江委也有些议论，因为环境与水利，在传统的水利建设观念里，似乎就是一对天敌，而且，进入 21 世纪之后，世界上许多组织和人士，拿环境保护说事，竭力反对任何水利、水电建设。

今天看来，这个并不矛盾。陈进在美国考察，他发现在美国所有的水资源和水环境专业，一般都是在土木工程系里，美国没有单独的水利学，而且好多当年搞土木工程的学者都已经转到生态与环境方面的研究。他们认为生态环境与土木工程，就是硬币的两面，不可分割。

巧的是，2002 年在清华大学水利水电系成立 50 周年纪念大会上，潘家铮有一个讲话，他建议在水利学科下开设"水害学"。他把人类与水打交道的历史划分为三个阶段，第一个是无能为力和力不从心阶段，面对滔滔洪水或赤地千里的大灾难，只有逃荒或死亡。第二阶段改造自然阶段，修堤筑坝建库、修渠道、开运河、建电厂，发挥防洪、灌溉、供水、通航、发电效益。但是，取得巨大成绩的同时，也有失误，受到大自然的报复，甚至留下不可弥补的遗憾。这样，就应该进入第三阶段：天人合一，人水和谐共处。人类在总结正、反经验的基础上，对水进行更科学、合理的治理和开发利用，做到可持续发展，做到与大自然协调共处。

因此，他建议，在水利学科下搞一个二级学科，水害学，或更全面一些，叫作"人类活动引起的水害学"。开设这一个学科的目的，就是不仅要认识到工程的利，更要认识工程的"弊"。他所讲的弊，指的是工程落成之后引起的弊。大自然经过千百年的磨合，已形成一个平衡系统，修建水利工程，必然扰动这个平衡，在新的平衡状态下，可能出现弊。一定要重视它，认识它，解决它。

他举例如何评价一个工程的利与弊：

（1）必须用动态而不是停滞的观点看问题。有的工程能发挥些近期效益，但从远景看，弊端更大。

（2）必须从全流域而不是从小范围看问题。有的工程从局部看利莫大焉，从全流域看就不可行。必须注意，搞水利是牵一发而动全身，下游工程影响上游，上游工程影响下游，地面牵涉地下，地下牵涉地面，跨流域工程影响面更广。

（3）必须从总体上而不是从局部看问题。建大库调节径流，当然好，但天然洪峰就此消失；大量开发水源可为民造福，但破坏了生态环境，还助长了浪费。[442]

潘家铮的"水害学"观点，早在 2000 年主持中国工程院咨询课题《中国

442 参见潘家铮《不要把水利变成水害》一文，收入《潘家铮院士文选》，中国电力出版社，2003.8，第 227-228 页。

北方地区水资源的合理配置和南水北调工程》中就有所体现。

　　不能说潘家铮这些思想与陈进的研究方向转变有什么因果联系，至少反映出两代科学家和工程师，敏感地看到进步中的社会对水利工程本身提出新的要求。

　　师生同道，不谋而合。

潘家铮传

第二十章

晚　年

半生毁誉因三峡

如果不是三峡工程，潘家铮绝对不会成为一个公众人物，而且越是到晚年，他倒越是"出名"。如果不是因为三峡工程，潘家铮还只是一位在水利、水电行业有巨大影响和成就的权威工程师，只是一位在土木工程学科内卓有建树的科学家，他的名字会进入中国科学史的重要叙述段落，但绝对不会如此引人注目地进入公众视野。如果没有三峡工程，浮世虚名不会惊扰他，这对于一个科学家而言，当是最理想的人生状态。

一个证据是，晚至 1990 年，潘家铮赴福建解决水口水电站技术问题。他不顾外国顾问团的反对，力主采用氧化镁温控技术，为水口水电站赢回了宝贵的工期，这是潘家铮诸多技术传奇之一，业内许多工程师都知道。而且，水口水电站是当时福建省地方重点工程，也就是"省长工程"，省领导也特别着急，问题解决之后，省领导自然高兴。

当时的福建省省长问水利厅的同志，是哪一位高人解决的问题？

回答是潘家铮。

省长问：潘家铮是谁？

听过水利厅同志一番介绍，省长才知道了潘家铮这个专家名字。尽管那时候潘家铮担任着能源部的总工程师。[443]

省长不知道潘家铮，遑论普通百姓？

全是因为三峡工程。或者说，是三峡工程选择了他。对一个工程师而言，这是大际遇，对当时的潘家铮而言，是大际遇，其实也身不由己。

潘家铮曾坦言，刚开始他是反对上三峡的，作为一个工程师，他考虑的侧重点当然还是在水电站这一复杂系统内的可行性，技术、国力、移民诸般，并不掺杂其他东西。他也不擅长这一套。后来思想转变，转而支持三峡工程，这个说起来容易，然而这种转变，对他这样一位有着丰富实践经验的工程师来说，要经过多少缜密思考，这个曲折很容易被人忽略。

1986 年开始主持三峡工程论证，潘家铮在不同场合接受过一些报纸、杂志

443　参见《永远的潘家铮》，中国水利水电出版社，2013.6，第 83 页。

的采访，为三峡工程的上马写过若干文章，但在主上派与反对派双方阵容强大且"势均力敌"的大争论中，潘家铮的声音还不是那么引人注目，尤其是到后来争论掺杂进了其他东西，潘家铮从技术角度谈的一些话就更显得微弱。

尽管此前，他的名字已经荣幸地出现在反对派过激的诅咒之中，他的跪像将与若干人一起，出现在未来的三峡大坝边上。但是，这些诅咒也还局限于争论圈子之内，他的名字还不是广为人知。

1990年开始，《三峡梦》《我与三峡》……诸篇写三峡的文字开始引人注目，特别是1992年3月，潘家铮代表三峡工程论证领导小组向中央领导做汇报发言，之后，第七届全国人大五次会议上，奉命接受人大代表的质询。这之后，潘家铮被"正式"卷入到三峡论争的漩涡之中，他的名字也渐渐进入公众视野。为三峡工程建设关键技术宵旰操劳的潘家铮并不被人关注，更多人注意到的是这个为三峡工程奔走呼号的潘家铮。当然，这与他在三峡工程建设中的重要角色也有关系。

三峡工程正式开工之前，1993年3月，应美国工程界之邀，潘家铮等三人赴美考察，主要是向旅美华人工程师介绍三峡工程。

三峡工程的构想最初由萨凡奇博士在大洋彼岸的美国展开，当初，不仅国人兴奋，美国朝野也是掌声一片；今天，三峡工程首先在美国结了很大的疙瘩，直接影响到三峡工程建设的国际环境，反倒需要潘家铮这个中国工程师前来解扣。

当时，曾是上海勘测设计院的同事、旅美华人工程师顾鹏飞先生得悉潘家铮要来美国，特意为潘家铮一行搜集国外专家关于三峡工程的看法，顾鹏飞搜集到的文章有40多篇，只有哈扎水电公司副总裁、高坝工程师叶昶华和萨凡奇的学生、高坝专家徐修惠两先生是赞成三峡工程的，其余也有客观、中肯的意见，大部分文章都持反对意见。当然，反对的理由，除了一些技术上的质疑之外，还有生态、移民、泥沙的担忧，更多的则是政治理由。

潘家铮能不能解开这个扣？就要看他的理论、技术功力与演讲水平了。

当初，是美国人在说服中国人修三峡大坝，今天反过来，需要中国人来说服美国人，我们为什么要修三峡大坝了。

历史常常充满着这样的吊诡。

在诸多回答三峡工程问题的演讲和文章中，在美国旧金山的这篇讲演显得很特别，推心置腹，苦口婆心，有理有据，据顾鹏飞回忆，这一讲演收到了预期的效果。

这篇讲演并不长，谈了四个问题：中国人为什么要修建三峡工程，中国能修建三峡工程吗？修建三峡工程会有严重后果吗？以及几句题外话。前面三个问题，是在论证时候的老问题，不需要多说，需要多说的，倒是那几句题外话。题外话说得甚是恳切而推心置腹：

看到有人在文章中说，建三峡工程不是人民的意志，是少数领导好大喜功、为自己树碑立传。这是不确切的。

中国过去最有权威的人无疑是毛泽东主席，但正是毛泽东，从 50 年代到他去世，一直不批准搞三峡工程，他要求的是搞清问题、积极准备，到条件成熟时再建。毛泽东以后，最有权威的是邓小平同志。1984 年中国政府已基本上决定要建三峡工程了，但当时有很多人对工程提出各种建议和意见后，正是邓小平建议暂停施工，组织重新论证。这样才有 412 位全国一流专家来重新全面研究，这些专家包括搞泥沙的、通航的、环保的、移民的和财经的，各个领域的都有。经过三年多的反复深入研究，403 位专家得出一致意见：三峡应上，而且应早上，只有 9 位专家有不同意见。这样，中国政府才把它提到人大，并以压倒多数表决通过，有的重复了多少次。请问，这难道是少数领导的好大喜功吗？

女士们、先生们，我是个工程师，不是政治家、演说家。我无意把自己的见解强加给任何人，而只想把自己亲历的事实真相说一说。希望大家理解，中国和美国情况有很大不同，中国现在有百万人民生活在洪水威胁下，随时有倾家荡产和送命的危险。中国的电力非常不足，人均用电量只有美国的 1/20。中国人民要不要活下去，要不要活得比现在好一点？如果是要的，那我相信各位对三峡工程的必要性会有个比较客观的了解。

同时，我也希望问各位一个简单的问题：各位作为献身事业的土木工程师，有几位在一生中能遇到像建坝三峡这样的跨世纪工程？为什么不来取得这个机会呢？因为你们不可能在美国密西西比河上建这样一个坝，即使你们能找到这样一个工程，也有钱、有技术能建它，我仍怀疑你们能否在生态环境和不同社会组织所提出的无数问题前获得通过。所以，我呼吁美国和其他国家的土木工程师来与我们合作，表示出你们的兴趣，并助我们一臂之力。[444]

接着，潘家铮转身全身心投入到三峡工程紧锣密鼓的建设中，一直到2003年，十年间很少接受媒体采访，仅在大坝合龙的1997年接受过一次简短采访，匆匆回答，匆匆离去，他不能多说，一期工程才刚刚结束，大战在即，工程建设需要他这个工程技术总负责人总揽全局，根本无法分身。

2000年，73岁的潘家铮还有一篇影响更广的文章《世纪梦圆与终生遗憾》发表。这是他第一次全面总结三峡工程论证过程和开工建设全过程，文章的最后的落脚点并不在三峡工程，而是建设西南水电群，使西南地区形成世界上最大的能源中心的构想。只是，他将之说成是"终生遗憾"。这篇文章与其说是针对某些质疑与责难，莫若视作一位为水电事业奋斗了整整50年的老工程师个人化的表达。

2003年，三峡工程二期工程结束，156米水位蓄水成功，潘家铮才能腾出身子来为三峡说话。也恰恰在这个时候，三峡工程发生"裂缝风波"，潘家铮站了出来。

业内许多人都将潘家铮此举称为"挺身而出"，包含了许多感慨在里头。如此大的问题，也只有潘家铮这样有说服力的专家站出来说话，才具有辩驳是非、答疑解惑的说服力，才可以消弭风波。

潘家铮在2003年前后发表关于三峡问题的文章和访谈出现了一个密集区间。不算电视台、报纸的短新闻、短消息采访，以及在清华大学等高校和学术机构的学术报告，产生很大影响的有如下四次：

2002年7月，接受中央电视台《大家》栏目采访。

2003年6月，接受中央电视台《面对面》栏目采访。

2003年6月，近万字长文《十年回首话三峡》，此为一个报告稿，以此为题在多个场合介绍三峡工程。

444　参见潘家铮《在旧金山三峡工程报告会上的发言》一文，《潘家铮院士文选》，中国电力出版社，2003.8，第295-296页。

2003 年 8 月，答《神州学人》采访录《三峡工程答疑录》。

2006 年，三峡工程三期工程大坝浇到顶，2008 年，175 米试验性蓄水和国务院 175 米蓄水预验收开始。在这个空档期，潘家铮接受媒体的访谈再现一个小密集区间。

潘家铮答疑解惑，有理有据，有些问题不是说一遍两遍，而是十年八年，达到苦口婆心的地步。从职业角度来讲，他这一个三峡工程的技术总负责人站出来，依稀可以看到新安江工地上那位现场设计总工程师的影子，他站出来，难道不是为设计人员、建设人员创造一个良好的舆论环境和建设环境吗？而从他个人修养的角度来看，则体现着一个知识分子勇于担当的精神。

这些都是让人感动的。

甚至反对派那一方说起来，都说潘家铮这个人厉害。

他也有不客气的时候。三峡大坝出现裂缝，潘家铮评论说：新闻应该讲事实。三峡大坝的裂缝为什么如此引人注意？一是三峡工程太重要了，工程太大了，不仅全国人民关心，全世界也很关心，出点问题，世人瞩目。二是裂缝出现在上游坝面。将来三峡水库要蓄水的，如果裂缝继续发展，高压下的水进入裂缝，会发展成为有害裂缝，这是很不利的。三是整个泄洪坝段差不多每个坝块都有裂缝，位置、宽度和长度都很有规律，这就特别引人注意。四是有个别同志不太了解情况，道听途说，作了夸张的宣传，还有一些网站进行恶意的传播。一些外行，还有一些不了解内幕的人就以为裂缝是大得不得了了。我对现在一些媒体的做法有意见，一是套话太多，报纸上很多文章千篇一律，充满套话，一篇几千字的文章，有价值的信息只有几行字，像注水猪肉，水分太多；二是追求轰动效应、经济效益，如有一些实际是广告性质的内容，写得像新闻一样。[445]

他也有无奈的时候。一期工程还未结束，一位据说是旅居德国的水利工程师发文章揭露：三峡的水面线计算有严重错误，实际水力坡度将达到 42 米，淹没移民的人数至少要 250 万。按照此公的计算，175 米蓄水之后，假设坝前水位为零米，重庆的水位将达到 40 米。也就是说，三峡水库蓄水到 175 米，重庆

445　参见《壁立西江——中国三峡工程的决策建设实录》，张立先著，长江出版社，2004.5，第 373 页。

人就或为鱼鳖。这样一个来自"旅居德国"的水利专家的计算，造成的恐慌就可想而知了。

潘家铮从专业的角度曾做过详细的解释，简言之，水库在蓄水之后，因为回水的原因，会产生一个回水曲线，这就是所谓的水力坡度，但这个坡度不会太大，从坝前到库尾，水力坡度会有，但不至于像别人说得那样玄，至于淹没重庆，那简直是谣言。

但是这个解释又太过专业，来自科学的从容与优雅，与谣言的凶恶和别有用心比起来，简直就是秀才遇到兵，就是卖刀的杨志遇到了"泼皮牛二"。在三峡工程首期蓄水之后，三峡库区将淹没重庆的谣言甚嚣尘上，一些专家学者不得不站出来，跟网络上只见其影、不见其形的"泼皮牛二"式人物论战。中国水力发电工程学会副秘书长张博庭写过数篇文章来驳斥这位旅德专家的谬论，但是网络和舆论已呈一边倒态势。

潘家铮打电话给张博庭：这是一个什么专家，怎么连水库的库容计算都不懂？

这样的谣言纠缠着三峡工程将近 10 年，但潘家铮每一次都要无奈地解释一番，也解释了 10 年，中间还断不了一些人的刁难与质问。但他还必须做出解释。

直到 2010 年 175 米试验性蓄水成功，实测重庆寸滩水文站的水位为 176 米左右，也就是说，水力坡度不过 1 米左右，与初期论证的结论相差无几。蓄水之后，重庆的水位没有涨 40 米，谣言止于事实，自然缩头缩脑不再兴风作浪。

2008 年 1 月 2 日，潘家铮应香港《财经文摘》记者齐介仑之请，就三峡工程问题做了一次访谈。这是潘家铮生前做的关于三峡工程问题比较全面的一个访谈。

齐介仑所提的问题，比内地记者提的问题要相对直接一些，都是关于三峡问题最敏感的一些话题。诸如蓄水之后的滑坡、支流水华污染、珍稀鱼类保护、投入与产出，等等，每一个问题，在海外、在网络上、在公众中间都很热，也是三峡工程被污名化、被妖魔化的重要证据。事实到底如何？情况是不是像传说中的那样严重？潘家铮对公众的误解与传言一一解答和澄清。

这个访谈更像是一次促膝谈心。访谈在发表的时候，记者在文章前面有一段采访手记，记录下这位 81 岁老人接受采访时的情景：

> 这是一个宽大而明亮的办公室，身材不高且步履略显蹒跚的潘家铮头发业已斑白。他一身便装，操一口江南口音的普通话，一副明亮的方框眼镜，双手似乎有些颤抖。
>
> 近两个小时的交流，潘家铮滴水未进。记者几次将茶水送到他手中，都被婉拒。谈媒体，谈得失，谈三峡争议，谈中国水利，潘家铮言辞温婉，字斟句酌，言及利害之处谨慎而机敏。[446]

齐介仑在这一次采访中，抛给潘家铮一个外人看来很难回答的问题：早在三峡大坝上马存争议阶段，便有人指出，长江三峡与黄河三门峡有颇多相似性。对于三峡与三门峡具备类似命运的说法，您怎么看？对于黄万里与李锐的观点，您怎么点评？

其实，这对潘家铮来说，是一个老问题，他也不知道回答了多少次。他在院士科普书系《千秋功罪话水坝》里独辟一节，专门来介绍三门峡的得与失，经验与教训。

三峡工程论证过程中，三峡工程会不会变成"第二个三门峡"？一直是争议的聚焦点。之所以将三门峡工程作为三峡工程的一个参照，就是因为泥沙问题。

今天，三峡成库，泥沙问题到底如何呢？

潘家铮回答说，三门峡跟三峡，名字里确实都有一个"三"，也都有一个"峡"，而且都是修在大江大河上的大坝，除了这些相似之外，我认为没有其他相似的地方。

首先，三门峡是修在黄河上，三峡修在长江上。每年进入黄河的泥沙 16 亿吨，而进入三峡库区的泥沙，每年只有 5 亿吨，现在实际上只有 2 亿吨；黄河每年的流量是几百亿立方米；而通过三峡的长江水流量，每年是 4500 亿立方米，到河口的有 9500 亿立方米。

446　参见齐介仑《论争、隐患及三峡工程得失》一文，《财经文摘》2008 年第 3 期。

另外，三门峡的蓄水能力非常低，最大只能到每秒五六千立方米的流量，而三峡大坝建成以后，蓄水能力非常强，最大流量可达到 3 万立方米每秒。三门峡水库上游有个地方叫作潼关，好像一个喉咙口，这个喉头变得很宽，有二三十公里，很宽的一个大肚子。三峡上游的河道，是比较窄的河道，600 多公里的水库，平均宽度只有两公里，所以我们仍然称为河道，是河道里面的水库，特别是，三门峡修建在 20 世纪 50 年代，那个时候科技水平很低，许多问题都没有考虑清楚。

三峡电站是 20 世纪 90 年代开始建的，科技水平已经不是当年可比的。通过严格的科学论证、风险计算、规划设计，按照科学的原则，三峡水库实现逐步蓄水。每年到了汛期，就把水位降到很低，过汛后再把水位蓄起来。这两个工程可以说没有任何相似之处。[447]

关于黄万里先生，潘家铮早在 2003 年回答《中国青年报》记者提问时就已经表达过。但黄万里先生早在 2001 年就已作古。潘家铮对黄万里先生的评价不变。

先说黄万里。当年国家要修三门峡，他认为不合适，有不同意见。结果对他的意见不但没有采纳，而且对他进行了迫害，政治上的迫害，最后证明他是对的。

周恩来总理讲过："事实证明，他是对的，我们错了。"所以，对于黄万里先生，第一，我们非常敬佩他；第二，对他的这个命运，很同情，这么正直的知识分子，提了意见，反而受迫害。

但是，这并不意味着黄先生讲的每一句话都是对的、都是正确的。黄万里先生反对修建三峡工程，主要是怕三峡工程走三门峡的老路，建起来以后很快就淤积了，影响到上游的重庆，这个后果不堪设想。

现在黄先生已经作古了，我不在这里多说什么，但是我就想说一句：他的许多看法，许多数据，并不符合实际情况。他光是看到三峡跟三门峡有相似的这一面，没有仔细了解我们是怎么设计的，没有特别研究三峡跟三门峡有什么

447　参见齐介仑《论争、隐患及三峡工程得失》一文，《财经文摘》2008 年第 3 期。

不一样的地方，这个他不清楚。

譬如他说三峡水库的泥沙，其中很大一部分要进入水库，水是冲不动的，所以三峡水库很快就会淤积。他的论据、判断，都跟事实完全不相符。我也只能讲到这里为止，因为人已经作古了。[448]

面对具体的技术问题，不管多么敏感多么棘手的问题，潘家铮总能坦然而心平气和地予以回答，让人想起 1993 年他在旧金山对美国工程界的那一次报告，他说他是一个工程师，不是政治家，不是演说家，这话发自肺腑。

但是三峡问题真是太不单纯了，人们习惯于将黄万里视作敢说真话，体现着一个学者独立思考与独立人格的典型，是水利界马寅初、陈寅恪式的悲剧人物[449]，从而对潘家铮等支持三峡工程的专家学者的"学术品格"和"科学品格"一再提出质疑。只是潘家铮的文字鲜少为自己辩解，因为反对派中，黄万里先生也好，陆钦侃先生也好，甚至包括潘家铮的第一个上级徐洽时先生，他们的反对意见，至少还在科学与技术讨论的范畴之内，潘家铮愿意坐下来一一探讨。而其他，则早已经溢出了这个范畴，他不愿意说。

潘家铮以工程师自许，的确，工程师职责范围之外的事情究竟太不擅长了。

与李锐

一个科学家的痛苦与孤独常常在于他在探索未知世界终极确定性之前，但不可否认，作为肉躯的凡人，也少不了世俗的烦恼。

与李锐之间的关系便是其一。或者说，与李锐之间的关系，是潘家铮诸多世俗烦恼中最具典型的一件。不妨一说。

从内心来讲，潘家铮对李锐的才华与人品甚是服膺。对李锐的钦佩与崇敬之情，到晚年也没有改变。潘家铮在他的回忆录里，专门辟一节叙述他跟李锐之间的关系，即《我所知道的李锐》。

他对李锐的溢美之辞多多，且录几条：

448　参见齐介仑《论争、隐患及三峡工程得失》一文，《财经文摘》2008 年第 3 期。

449　参见《追寻黄万里》，赵诚编著，书海出版社，2004 年，代序。

李锐是位延安干部，长得仪表堂堂，有一副好口才，做报告不需要讲稿可以发挥半天，说得你口服心服。他笔底功夫更是了得，下笔千言，倚马可待，起承转合，曲尽其妙。连毛主席也赞其为党内秀才，钦点为"兼职秘书"。他还写得一手好字，喜书识画，能吟诗填词，诗风与朱德、陈毅老帅辈佳作相类：大体合律又不受格律所限，纵横发挥、淋漓尽致。没有他的经历与才气断难写出，我称之为"老干部体"。

李锐思想敏锐、开放，有时"超越时代"，又秉性耿直，披沥直言，也不轻易改变主见……

李锐从延安出来，先随陈云去东北工作，全国解放后回湖南省委任职，旋即调任燃料工业部水电总局局长，从此一头栽了进去，毕生为水电事业呕心沥血。他上任后走遍了山山川川，创建了八大设计院、十多所工程局和科研院所。他组织查勘全国水力资源、开展江河开发规划、促进一大批水电站开工建设。他声嘶力竭呼吁电力要"水主火辅"……李锐的名字和中国的水电事业是铸在一起的，不愧是开辟水电前途的头号元勋。

李锐一生著述丰富，除有关水电开发的论著外，更多党内斗争的实录以及诗词散文。不论其内容是否完全正确，在今后研究党史、水电史时，这是不可或缺的史料。

李锐在家庭生活中也饱受折磨。在那政治挂帅的年头，一个人坠入政治深渊从而引起夫妻离异、家庭破碎倒是常事，但像李锐那样备受炼狱之苦的实少其匹。像他那样饱经政治及家庭双重折磨而仍能坚韧不拔、不易其志的，确实是个豪杰。[450]

450　参见《春梦秋云录——浮生散记》(第二版)，中国水利水电出版社，2000.12，第386页。《春梦秋云录》2000年再版时，经作者修订收入《世纪梦圆与终生遗憾》一文，后附录谈到与李锐之间的交往。

1979 年 2 月，平反之后的李锐被任命为水利电力部副部长、国家能源委员会副主任。此时，潘家铮已经正式调京，担任水利电力部规划总院副总工程师，后任总工程师。李锐在 1982 年离开水电部调任中央组织部副部长。

李锐复出，不说 1959 年前后因为跟李锐沾边受到批判，就是作为一个老部下，潘家铮闻听消息之后当然很高兴。应该讲，潘家铮是李锐复出到水电部之后不多的几个故人之一，两个人有了往来。李锐是行政领导，潘家铮是业务骨干，在工作上来往肯定不少。潘家铮当初写小说，在女儿那里受挫，不服气，径直找李锐向杂志社推荐。可见当年的老上级与老部下之间的关系，说不上往来稠密，至少有许多亲切感在里头。

1980 年，李锐的诗集《龙胆紫集》由湖南文艺出版社出版，在社会上引起很大反响。龙胆紫，就是紫药水，这部诗集里的全部古体诗，是李锐在狱中蘸着紫药水写在书籍的空行里，故名。

《龙胆紫集》出版，李锐赠送潘家铮一册。潘家铮读罢一集龙胆紫，夜不成寐，连写四首绝句寄给作者。

冰雪胸怀铁石肠，寄豪异墨著文章。
平生不揾英雄泪，化作新诗字字香。

雨洗苍松百尺条，残柯脱尽战狂飙。
笑它多少堤边柳，只解临风舞细腰。

誓为苍生献此身，敢探虎穴犯龙鳞。
千磨百劫等闲过，重莅人寰满眼春。

披荆斩棘忆当年，踏遍名山与大川。
恰喜豪情更胜昔，安排河岳换新天。[451]

451　参见《春梦秋云录——浮生散记》（第二版）中国水利水电出版社，2000.12，第 386 页。《春梦秋云录》2000 年再版时，经作者修订收入《世纪梦圆与终生遗憾》一文，后附录谈到与李锐之间的交往。

后来，潘家铮读到李锐的《六十自寿》，此诗凡四首，第一首为：

风云变幻着鞭先，回首沧桑六十年。
东抹西涂饶少壮，南奔北走斩河川。
生涯岂料逢虚席，逆境常因好妄言。
四害一除天下治，余生可望不吟闲。[452]

潘家铮读到"余生可望不吟闲"句，感同身受，非常感慨。遂填《金缕曲》作为读后感寄给李锐。

缚虎擒龙手，是谁教、错金缕玉，神针穿绣。大别烟霞乌苏月，一串骊珠牵就。浑不惧，狂飙卷吼。最是高天寒不测，恨年华虚掷莫须有。三复读，泪痕透。廿年沉狱从头剖，喜归来劫波历尽，壮怀如旧。整顿河山裁新句，笔底风云驰骤。仿佛是、苏辛前后。引吭高歌千万阕，看繁华似锦春光透。公试酌，是耶否？[453]

李锐很赞赏潘家铮的这阕《金缕曲》，读后推荐到《读书》杂志发表。潘家铮还记得，《金缕曲》发表之后，还收到过4元稿费。

这阕词填得甚工，尤其"最是高天寒不测，恨年华虚掷莫须有"句，既是写李锐廿年沉狱之冤情，也可视作作者的自况。后来，中国工程院院士、著名医学家秦伯益在跟潘家铮交流的时候，非常赞赏这两句，认为写尽了在非正常政治环境下，一个科技人员虚掷年华而又无可奈何的苦况。

秦伯益可谓是潘家铮的知音。据中国工程院前秘书长常平讲，两个人相识于中国工程院院士大会上，会议间隙，两人寒暄，秦伯益滔滔背出潘家铮写的诗句，潘家铮大惊。遂成相契。这是闲话。

李锐比潘家铮整整大出 10 岁，年龄上相差很多，经历也完全不一样。当

452　参见《龙胆紫集续编》，湖南文艺出版社，1995.12，198 页。

453　参见《春梦秋云录——浮生散记》(第二版)，中国水利水电出版社，2000.12，第386 页。

年，李锐担任水电总局局长，潘家铮不过是一个刚出校门的小技术员，尽管后来距离拉近，交往也不可能太多，但潘家铮对李锐的钦敬是由衷的，李锐对潘家铮的欣赏也是肯定的。

潘家铮直到 1985 年才入党，入党之后，还满怀喜悦给老领导写过一封信，李锐复笺：你在事业上头角早露，在政治上大器晚成。其言多所勖勉，充满老上级对老下级的关怀与鼓励。尽管那个时候，潘家铮已经 57 岁，还是中国科学院学部委员、水电部总工程师，但在李锐面前，仍然是一个小字辈。

接着就是三峡工程重新论证。从 1957 年开始的三峡论争开始，潘家铮一直是同意李锐反对三峡工程态度的。李锐在 1987 年接受记者采访时曾说：我同意水电部总工程师、三峡工程技术方面负责人潘家铮同志的说法："当年上马的计划脱离国家现实，而且指导思想也不完全正确，大量技术问题都没搞清，甚至还没有认识到，如果那时兴建三峡，恐怕真将成为一场灾难。"[454]

潘家铮在 1986 年接受采访时这样说，一直到 2008 年 1 月接受采访时仍然这样说，从 1950 年代开始，他是长期赞同李锐关于三峡的观点的。

李锐后来谈到当年的论争，还说起潘家铮的这番话，说潘家铮说的是"良心话"。[455]

两个人虽然在一开始都反对上三峡工程，但潘家铮显然更多的是从技术层面考虑，所以潘家铮说，在三峡工程问题上，"我也长期赞同他的观点，只是没有他那么坚决"。不管怎么说，用政治运动的术语来表说，他们两个人的立场是一致的，或者说，是站在同一个立场上的。

接着，是 1986 年三峡工程的重新论证。两个人观点开始慢慢相左，随着论证工作的深入，作为技术主持人，潘家铮的态度逐渐发生改变，变成三峡工程的支持者，成为"主上派"中很具说服力的人物。也用政治运动术语来讲，是完全站在了李锐的对立面。

从此之后，两个人的联系渐稀，除了在业务性质的会议上碰碰面，鲜有往

---

454 参见《论三峡工程的宏观决策》，田方、林发棠等主编，湖南科技出版社，1987.11，第 19 页。

455 参见《我知道的三峡工程上马经过》，李锐口述，丁东、李南央整理，《炎黄春秋》2014 年第 9 期。

来。两个人心里怎么想？不好猜测，至少在潘家铮这里，他体会不到老上级对他的态度是不可能的，潘家铮这样来描述两个的关系，"他可能认为我是个叛徒或投机取媚之辈，不予宥谅，那也没有办法"。[456]

从个人感情和对老上级的一贯尊崇上讲，潘家铮不能不感到某种压力。在反对派或者支持反对派的人群中，对潘家铮颇多非议，这一点，潘家铮不是感觉不到，否则也不会说出那番话来。

回到三峡工程上来，老领导坚持 30 多年的老看法，实在很难说服潘家铮。这样，李锐对潘家铮就颇有微词。而潘家铮对李锐的某些观点则持批评态度，他在文章里这样说：谈到三峡争论，不能不提到李锐同志，他是数十年如一日的反三峡派的骨干和统帅，没有他，三峡之争绝难如此"波澜壮阔"。

反过来讲，三峡之争，主上派如果没有潘家铮这样在科学、技术上深有造诣的科学家的坚持，也绝难如此一波三折，最后柳暗花明。

两个人在三峡问题上意见相左，但是关于三峡问题的争论，潘家铮在文章里还体现了相当的君子之风，提到李锐，尊崇归尊崇，批评归批评，就事论事。

2007 年 3 月 6 日，潘家铮接受《水利水电工程报》记者韩磊采访，接受记者采访有 80 分钟，最后 20 分钟就是"龙门阵"，潘家铮很喜欢跟年轻人摆"龙门阵"。这样就说到两人共同感兴趣的一些人事。说到李锐，潘家铮还是尊崇归尊崇，批评归批评。

韩磊跟李锐也熟悉，常常登门拜访。也常跟李锐聊起一些旧人旧事，说到潘家铮，微词当然是有的，但李锐告诉韩磊：潘家铮在技术上很厉害，确实是个好样的专家。还说：潘家铮文学功底很深，文笔很不错，这在专业技术干部当中是不多见的。

韩磊采访结束后，读到《春梦秋云录》中潘家铮写李锐的那段文字，知道两个人在 20 多年间，彼此对对方都有一个客观、公正的评价。所以他就动念，是不是让两个人在私下里见个面？所谓"度尽劫波兄弟在，相逢一笑泯恩仇"，这是多么善良的愿望。

于是他征询两位老人的意见。

456　参见《春梦秋云录——浮生散记》(第二版)，中国水利水电出版社，2000.12，第388 页。

这还有什么意见？两位老人，李锐已届 90 岁，潘家铮年满 80 岁，都是有着深厚传统文化训练的老人，即便是有分歧，也是在大问题上的分歧，在对待具体人的时候，还是有相当的君子风度。比如李锐谈起老对手林一山，观点对立是一回事，互相还是很欣赏的。

2007 年 9 月 21 日，农历的八月初五，快过中秋节了，潘家铮主动前往李锐的寓所拜访。两位见面，如韩磊预想的那样温暖和儒雅，两位中国的"老水电"坐在一起，说了整整两个小时的话。

当时，鲁迅的公子周海婴先生也在座，潘家铮在李宅居然遇到绍兴老乡，当然惊喜，还跟周拉了一些家常。

潘李相会，分歧实际上难以消弭。

其实两个人哪能不明白，意见尽管相左，赞成三峡工程也好，反对三峡工程也好，不论是否带有成见，或有历史恩怨，也不论用词多么尖刻，毕竟还是从国家利益出发的，这是两个人能够重新坐在一起的基础。其实，在三峡工程已经开始建设后，李锐的态度还是有微妙的变化。[457] 毕竟是对中国水电发展了如指掌的老部长。

2012 年 7 月 13 日，潘家铮去世。这一年 10 月，香港《争鸣》杂志刊登李锐女公子李南央撰写的《我眼中的潘家铮》一文，对潘家铮的"科学品格"提出种种质疑。这篇文章几乎是在第一时间被国内的网友在博客、论坛里转载，不过，题目被冠以"李锐之女李南央谈三峡工程吹鼓手潘家铮院士"。

这些质疑其实还是 80 年代后期围绕三峡争论的一些极端观点，老调重弹，不必多说。80 年代后期，来自反对派一方的极端观点要比这个厉害得多。倒是这篇文章里传达的两个细节耐人寻味。

一是，文章里谈到李锐对女儿讲过，1979 年李锐复出，曾在党支部提出过潘家铮入党的事情。结果支部里所有的人都投了反对票，只有提议者李锐一人赞成。

关于潘家铮入党的事情，钱正英在《春梦秋云录》序言中曾提到过。

潘家铮在 1983 年主持处理龙羊峡水电站地质问题，肯定建库的可能性，

457　参见《壁立西江——中国三峡工程决策建设实录》，张立先著，2010.5，第 27 章，《三峡走来了李锐老人》。

并制定了相应的技术措施。这让已经担任水电部部长的钱正英认识到潘家铮确实是中国第一流的水电专家，而且有着可贵的政治品质。为什么呢？因为在水电界，"摇头容易点头难"，如果对某一措施提出质疑，一般不会冒多大风险，但如果肯定一项措施并付诸实施，就要准备承担一切后果。钱正英讲：对龙羊峡这样事关成败的问题，敢于主持并做出"点头"的结论，是要冒坐牢判刑的风险啊。这不仅要有高度的技术水平，还要有置个人得失于度外的高度为人民负责的精神。

这之后，潘家铮再次要求入党。钱正英在查阅了他的入党申请后，用了8个字，"历尽坎坷，百折不回"，可见其曲折了。钱正英还提到，"'文革'后虽经拨乱反正，但他的入党申请仍被搁置"。直到1985年，由史大桢和娄溥礼介绍，潘家铮才入党。史大桢、娄溥礼分别是水电部的电力总工程师和水利总工程师，两位总工程师做另外一名总工程师的入党介绍人，阵容倒很可观。

李南央提到的这一细节，倒印证了钱正英的说法。

拨乱反正后的中国政治气候还不像后来描述的那样，十一届三中全会一召开便春风骀荡，改革开放畅通无阻，知识分子迎来一个"科学的春天"。事实是，春天到来之后，还要反复经过几次"倒春寒"天气。

李锐从50年代开始就赏识潘家铮，特别关照当年的上海水电勘测设计院尽快解决潘家铮的入党问题，结果潘家铮屡遭批判，没有被划入"李锐反党集团"已属万幸，哪里还敢再提入党？1979年，1980年，虽然拨乱反正，但"左"的阴魂不散，再加上又是李锐提出，入党问题被搁置起来。一位副部长提名一个业务干部入党，遭遇这样尴尬的局面，实际上正是这种"倒春寒"复杂政治气候的反应。拨乱反正刚开始，这还不是潘家铮一个人的遭遇。

还有一个客观情况是，潘家铮刚刚调入水电部才两年时间，许多人难说对他有什么了解，不投票也属正常。当初的年轻人还记得，这个矮小的老头儿，跟人聊天都没有什么"兴奋点"，又没什么嗜好，不抽烟不喝酒，也不看文艺演出和体育比赛，最大的兴趣就是读书。走在路上总是低着头，若有所思，从不主动跟人搭讪，给人一种生分之感。[458]

458　参见《永远的潘家铮》，中国水利水电出版社，2013.6，第245页。

第二个细节则让人吃惊。李文中提到 2007 年 9 月 21 日潘家铮拜会李锐的事情：

2007 年 9 月，我因公出差北京，去看父亲，他笑着递过两页信纸说：看看潘家铮给我写的信。这个人很聪明，1980 年以后就不理我了，前几天突然来看我，知道三峡会有问题了，让我不要再说三道四。我的第一反应就是：要为潘家铮"立此存照"，立即用相机拍下了那封信。现在不妨录两段与读者共享。

"三、关于三峡问题，您反对上三峡，人所共知。恕我袭用您对毛主席之评价方式：在 20 年代反对上三峡有功（且其功至伟）；在 80 年代反对三峡，有些过分，但仍起良好作用；在 21 世纪反对三峡，似可不必，因为副作用……是以在今后三峡争论中您老可否澹出，某些人士通过反水电，任其表现可也，我们当全力应对之，但实不愿牵涉您老。衷心之言，伏求鉴谅。

四、您对国事之殷忧，其心可见诸月月（原文如此——作者注），所提民主、法治、科学三目标，我完全同意。但在实施方式上，根据国情和当前形势，窃以为保持稳定仍为先决条件，当前局面来之不易，如再有大动荡，恐将丧失国家富强、民族振兴之最后机会。"[459]

潘家铮致信李锐，应该是拜访之后。李文如何引述私人信件不必作过度解释，单是引述的两条，至少证明那一次拜会实在是没有消弭两人之间的分歧。令人称奇的是，两位老人，一位 90 岁，一位 80 岁，仍然还是那股劲头，一个强项如昨，一个百折不回，一个寸步不让，一个恳切直谏，读来倒不觉得可笑，反而肃然起敬。

李文用一句话总结李锐与潘家铮之间的关系：道不同，不相谋。

不相谋，道难道真的不同？

潘家铮写道：我们虽然在三峡问题上有些歧见，但想开发西南水电宝库的目标是完全一致的，只可惜我们怕是看不到这一天了。

关于三峡工程的争论，表面上是泾渭分明的主上派与反对派之间的争论。

459　参见李南央《我眼中的潘家铮》，《争鸣》2012 年第 10 期。

其实，许多业内人士，尤其是基层的水电建设者对三峡工程持反对意见的不在少数。李锐的意见在某种程度上也代表了基层工程师的心声，不是没有道理。没有业内人士的反对，三峡工程的争论也不会有那么大的社会反响。

业内人士为什么反对呢？这是明摆着的事情。全国水电行业那么大摊子，三峡工程投资那么大，势必会挤占全国水电大部分资金。这个潘家铮也是担心的，但是后来他了解到三峡资金属于专项资金，他亲耳听李鹏讲的：上，有这笔钱，不上就没这笔钱。领导这样表态，业内很多人都不大相信。事后证明，这种担心也不多余，三峡工程开工建设之后，全国的水电建设速度明显放缓，1995年甚至没有一座水电站上马，这里头，当然与国家对水电决策的偏差有关系，有一段时间，水电甚至被划出清洁能源的范畴。潘家铮当时转任能源部总工程师，面对这种局面，焦急万分，写文章、讲话，到处游说，呼吁赶快改变这种局面。原来准备好上马，已经得到世界银行贷款承诺的龙滩工程，推迟到21世纪才开工。李锐也同样撰文呼吁把水电划入清洁能源范畴。

但是问题反过来讲，从能源战略看，从水电发展的战略看，如果当年不上三峡工程，今天如果再讨论上，已经失去了最佳时期，基本上不可能再建了。

倒是业内了解行业特点和规律的人看得清楚。潘家铮去世之后，许多人写纪念文章，其中张博庭当年也是业内坚决反对上三峡工程的基层工程师之一，他在他的纪念文章中写道：

众所周知，在一场战役中，既需要有运筹帷幄的军师，也需要有敢于猛冲的战将，在我们水电建设的战场上也一样。……潘院士告诫我，要想取得事业上的成功，也需要应用最小势能原理。谦虚谨慎，放低身段，尽量少得罪人。不过，同样是我们水电的老前辈，李锐老部长也经常教导我们，要敢于表达自己的观点，坚持真理。李锐以自己的亲身经历总结道：如果我们的每一个党员，都敢于表达自己的正确观点，恐怕我们党就不会遭到那么多的挫折和失误。

以前，我总觉得我们行业内像李锐、黄万里这样为了真理不计个人得失、敢于直言的人最值得学习和敬佩。但后来我逐渐发现，一个人要修炼到潘家铮院士那样做人的高度往往更难。……我才真正发现，不管对什么人，在原则问题上，潘院士绝不是随风草，而是既能坚持原则，又能照顾到各方面关系和感受的协调高手。

∙∙∙∙∙∙∙∙∙∙∙

今天看来，潘家铮院士不仅是水电专业人士中为数不多的能够超越专业眼光的局限，鼎力支持三峡工程建设的，而且还是充分肯定广大水电专业人员给三峡挑毛病所作出的贡献，并成功地化解了水电从业者之间矛盾的功臣，也正因为如此，他才能在行业中获得如此高度一致的认可。在我们行业内，能有潘院士这样的水电"大家"，与李锐、黄万里这样才华出众的水电前辈相得益彰，真是我们的幸运。[460]

大病与大震

从生理年龄来判断一个人由中年而老年，进而进入晚年的界限，就如同判断四季更替一样容易。科学家也一样，不会例外。例外的是这种界限来得有些猝不及防，一时回不过神来。

1987年，潘家铮60岁，进入老年。作为三峡工程论证小组副组长兼技术总负责人，正在主持三峡工程重新论证，才刚开始做三峡梦。

1997年，潘家铮70岁，三峡工程一期工程结束，他在病榻上观看了大江合龙的全过程。担任中国工程院副院长刚两年。

2007年，潘家铮80岁，还没有完成三峡工程二期工程验收工作。

什么时候进入晚年？似乎遥遥无期。

但很快就来了。2008年。

公历进入新年，旧历却还在去年的年底。1月6日，星期天。

四天前，他与香港《财经文摘》记者齐介仑在办公室有过一次愉快的交流。

还在家里休息的潘家铮秘书李永立接到保姆电话，说潘总被车撞了。李永立一听吓得不轻，马上与司机刘洪驱车到了家里。他们看到，潘家铮右手涂了不少正红花油，手臂上还有挫伤。忙问：是什么车撞的？

原来，周末中午，潘家铮带夫人和保姆到外边的小店吃点东西，过马路，保姆在后边搀着老伴，门前的马路并不宽，他一个人在前头要跨过马路，谁想，

460　参见张博庭《忆潘家铮和他魂牵梦绕的"水电"》一文，《永远的潘家铮》，中国水利水电出版社，2013.6，第137页。

从侧面来了一辆电动车，一下子就把他给撞倒了，人整个摔了一跤。

李永立问：撞人的人呢？

潘家铮说：让走了。

李永立说：怎么可以让人走了呢？撞成这样！

潘家铮说：你不让他走怎么办？你拉住他无非让他出点医药费——他一个民工哪来的钱？咱还有公费医疗，就让他走吧。

李永立问他说：骨折没有啊？拍片子了吗？

潘家铮告诉他，看样子不像骨折，也没拍片子，小擦小伤，不碍事的。

常年在工地上，这样的小摔小跌是常事，他以为还是一次小跌小伤。李永立知道深浅，坚持要到医院拍片检查。一拍片子，右手拇指下掌骨还真骨折了。

就医是在北京医院。医生看过片子之后，说得做手术复位，但是这样大的年纪，手术怕不好，最好让自己复位，反正将来也不提重物，这样也不影响写字看书，也就没有手术。一周之后，正好在医院碰到一位退休的老医生，跟潘家铮很熟，不同意这样保守治疗，重新将开始愈合的骨折处掰开，再行复位。这一次复位，没有任何止痛麻醉措施，潘家铮头上大滴汗珠滚落而下，硬是一声没吭。李永立心疼不已，却又无能为力，只能暗自惊叹潘总的坚强。

这是 1 月 15 日的事情。

已经是 81 岁的人了，经历这样一次复位治疗，遭受的痛苦就可想而知了。

手上的伤还是其次，从此之后，老先生几个月连续腹泻，最多的时候一天要泻二十多次。刚开始看中医，吃中药调整，医生说是肠道的菌群失调，调理之下就会好起来。拖了两个多月，腹泻是减少了，但还没止住。腹泻导致脱水，原来还精神旺健的潘家铮日渐瘦弱，衰老的迹象特别明显。

司机刘洪看着，悄悄对李永立说：老头儿真是老了。

从 1 月 15 日拉开骨折的右手再重新对接，中医调理，休养了一个多月。然后就马不停蹄出现在各种会议上面。工作日志显示，从 3 月 3 日参加中国工程院三峡工程阶段性评估会议，到 5 月初，前前后后共参加了 7 次重大工程审查、验收、研讨会。其中两赴南水北调中线工程工地，参加京石段应急工程临时通水验收。

这样拖着到 2008 年 5 月，潘家铮还一直到国家电网公司来上班。李永立征询医务室大夫，医务室大夫建议让仔细检查一下，他也感到潘家铮这不到半年时间瘦得特别厉害。

也是年轻时候长期在野外工作的经历，身体透支太大，直到晚年，潘家铮才意识到自己平时不注意身体锻炼导致的后果，所以他总劝年轻人要注意平时锻炼。他的博士生杜效鹄因病休学，他专门带话到医院，给自己的学生说：你们年轻人担子重，多注意休息，不要为了干活儿拼了命，活儿是干不完的。

偏偏他拼命，偏偏对自己的身体变化显得粗疏。

老人平时不愿意别人为自己的身体健康弄出太大动静，就像 1997 年那一次，一拖再拖，直到有了性命之虞才住进医院。这一次检查也一样，幸好联系的是系统内的北京电力医院，潘家铮答应彻底检查一下。

2008 年"五·一"假期，在医院做检查，结果不容乐观，确诊是肠癌。

在诊断过程中，还有一个细节。

医生询问患者大小便情况，潘家铮从包里拿出一叠纸，是老式针式打印机 A4 开幅连续打印纸，拉开，密密麻麻，工工整整几大页，是两个多月来的大小便情况数据，就像一份大坝运行的监测数据统计。

医生看到这样的登记，真是吃惊不小。

他当然知道眼前这位长者的身份。扭过头去，想哭。

确诊之后，马上联系北京医院。5 月 12 日那一天，潘家铮由北京电力医院转院前往北京医院途中，四川汶川发生 8.0 级大地震。

潘家铮一到医院病房，急急忙忙让李永立赶快打开电视机，了解四川地震情况。他知道震中汶川映秀镇距离紫坪铺水坝不到百公里之遥。震中的情况在震后几天之内都没有明确，在等待手术的几天之内，他焦急万分，根本不像一个身染沉疴的病人。

5 月 15 日，他让李永立赶快从电网公司了解灾区水利枢纽大坝受损情况。

手术在 5 月 19 日那一天进行。手术当天，全国政协副主席钱正英，还有国家电网办公厅主任一直守候在外面。

手术非常成功，然后需要几个周期的化疗，到正式出院，已经是 2008 年的中秋节了。除去化疗需要住在医院里，潘家铮执意回家，这样，满打满算在医院待的时间，前前后后有五个多月。

连他自己都觉得，自己病的太不是时候了。他牵挂着深处震中的几座大坝。沙牌碾压混凝土拱坝、紫坪铺面板堆石坝等七八座大坝，他都亲自审定并签过字的，怎么能不关心？他是要负责任的。更重要的，那地处震中的大坝，其实与那些在地震灾区的老朋友并没有什么区别，怎么能不担心？

术后身体状况稍稍平稳，钱正英就打电话给秘书李永立，让潘家铮在身体恢复阶段尽可能做一些调研工作。其实，老部长深知潘家铮的脾气，发生这么大的事情，他根本坐不住，与其让他枯坐康复，莫若让他做一些事情，倒有助于身体恢复。

恨铁不成钢，恰恰在这个时候，偏偏在这个时候僵卧病床，他所能做的，也只是阅读资料，分析研究大坝和水电站的损坏情况，为以后修复与续建提出建议。

他的这些建议也恰恰是在这个关键时候，显得至为关键。

5月28日，他的学生、成都院副院长兼总工程师王仁坤从成都赴京来到病房。他是受乃师召唤而来。几天之前，他就接到李永立的电话。电话是潘家铮特意让李永立打过来的，潘家铮说，如果方便，请王仁坤亲自来京一趟，他想知道灾区水电工程的情况。

这是震后的第17天，术后的第9天。眼前是消瘦、虚弱的老师，着一身病号服，跟病前的潘总判若两人，王仁坤一阵心酸。

潘家铮见到王仁坤，他在病榻之上听取王仁坤从灾区一线带来的情况汇报，他听得非常仔细，岷江、涪江、白龙江及其众多的支流在满目疮痍的大地上流过，30多座横卧江上的水坝可安否？

听罢王仁坤的汇报，潘家铮悬着的心渐渐放了下来。

震中涉及的30多座装机容量30万千瓦的水电站大坝主要集中在岷江流域，岷江流域面积13.6万平方公里，干流全长735公里，天然落差3560米。其中，都江堰市以上为上游，都江堰至乐山为中游，乐山以下为下游。岷江上游河段主要支流由北向南依次为黑水河、杂谷脑河、草坡河和渔子溪等，已建大中型水电站有20座，总装机容量3000万千瓦。

超过百米的大坝的电站只有1座，就是位于都江堰的紫坪铺水电站，坝高156米；还有装机容量36万千瓦，位于汶川的沙牌水电站，坝高130米。其余全是坝高仅二三十米的闸坝。

大震之下，水电站有不同程度的受损。输变电架构和送出线路倒塌，导致送电中断；机电设备、仪表、通信、备用电源损坏；有的电站边坡崩塌，交通中断；泄洪设施的闸门和启闭机或结构破坏，导致不能正常启闭泄洪；引水系统的露天部分，如进水口塔架、压水管道也有个别淹埋、损毁；厂房围墙和生活设施倒塌；等等。相反，紫坪铺和沙牌两座百米高坝，并未出现明显破坏，紫坪铺有沉陷、面板脱空损害，坝顶及坝后防护设施有所破坏，但这些破坏并不影响大坝整体安全。

有的水电站在地震中一直维持供电，有些受损严重的水电站也很快修复，恢复对灾区供电，难以修复的一些闸坝，因为泄洪启闭闸受损严重，曾一度危及下游，经解放军官兵日夜抢修，也已经恢复泄洪。

人员伤亡情况也有，但并不严重。

王仁坤汇报完毕，潘家铮让他把资料留下来，他要仔细看一看。王仁坤明显感到此时的老师比刚见到他时精神头要足得多，恢复了在办公室那股劲头。

其实，在王仁坤来之前，中国水电工程顾问集团、水电水利规划总院已经派人将灾区的资料送来不少，潘家铮一再嘱咐，一定要在第一时间，收集第一手资料，抓紧时间到场做充分的调研，分析水工建筑物，尤其是大坝的地震破坏特征和抗震能力，这样才能有针对性地进行应急处理和震后修复。

在化疗中的潘家铮每天不是盯着电视看新闻，就是埋头阅读送来的资料。腕骨骨折还没有好利索，把笔记本架在一个小架子上，弄了一个手写板，一字一字写着输入文字，给即将开展的水电工程震损调查工作提出具体意见。

此时，水电水利规划总院根据国家能源局关于抗震复核工作的意见，成立"汶川地震灾区水电工程震损调查及工程抗震复核工作领导小组"和顾问组、专家组。潘家铮、丁国瑜、陈厚群等 14 位院士和 11 位国家设计大师、专家学者为顾问组成员，还有 3 个震损调查专家组，具体负责现场调查工作。同时，项目业主、水电总院、其他设计研究、中国水利水电科学研究院、清华大学、河海大学、大连理工大学等单位也派专家参与现场调查工作。

这是有史以来中国最大规模的一次震损调查行动，震损调查专家组从 2008 年 7 月即分头进入现场，冒着余震、滑坡和滚石的威胁，深入汶川地震灾区，为期 4

个月，基本完成现场调查工作并提出中间报告，2008 年 12 月完成调查报告。

所有的资料在第一时间要汇总到顾问组进行分析和总结。

2008 年 8 月 19 日，也就是潘家铮接受手术后整整 3 个月，汶川地震过后整整 100 天，他完成了 4 个周期的化疗，坐在国家电网公司的办公室就地震中大坝安全问题接受记者采访。

其时，他的身体还很虚弱，并没有正式上班，每隔两天到单位的医务室打针。若有急事，他才到办公室来一下。不过，接受采访之后不到一个月，他正式上班了。

震后百日，公众对地震中大坝受损、水坝引发地震等问题甚是关心，甚至有舆论直接将汶川地震归罪于紫坪铺大坝，记者提的问题都非常尖锐而敏感，潘家铮一一作答。

从 1986 年开始，就三峡大坝的争论、建设和问题，潘家铮有过许多答记者问。除非国家正规宣传媒体的采访，或者上级安排，潘家铮几乎拒绝了所有的记者采访。一来，是真的没有时间，真的不愿意为制造什么轰动效应而抛头露面。二来，他的话一旦被断章取义，被曲解宣传，危害性更大。但接受过采访，比方 2003 年接受中央电视台《面对面》栏目采访、《东方之子》栏目采访，还有《南方都市报》《科学时报》关于三峡工程与院士问题的采访，以及这一次关于震后大坝受损情况的访谈，都非常精彩，是潘家铮水利思想、管理思想的另外一种表述，从某种程度上，也属于另外一种文体的著作。

这些访谈，有的是现场作答，有的则是精心准备，但无一例外，他就是要将事实的本来面目和科学的声音传达出去，平和、客观、冷静、不卑不亢，再凌厉、再尖锐的问题，他都会平静地予以回答。

"5·12" 大地震，潘家铮将之表述为 "国难"。

汶川大地震是历史上罕见的地震巨灾。伤亡之重、损失之大，震惊世界。非身历其境者很难想象人间竟会发生这样的灾难。在 30 多年时间内，中国连续遭受唐山和汶川两次特大震害，这是国家的不幸，是 "国难"。[461]

461　参见《汶川大地震与水电建设——地震百日潘家铮访谈录》(记者　韩健),《中国电力报》2008 年 8 月 26 日。

这个表述，还将出现在国家组织的水电工程抗震复核工作报告的序言里。

接着，有一个当时在社会上炒作得非常厉害的敏感话题，那就是"5·12"大地震系位于震中的紫坪铺水坝所诱发。潘家铮详细说明水库诱发地震的原理与事例，指出，水库诱发地震，在国际地震界准确表述应当是"触发"地震，尽管水坝可以触发地震，但世界上由水库直接触发的 6 到 6.5 级的地震实例极少，包括中国的新丰江水库触发地震在内，全球仅有 4 例。

记者直接将紫坪铺水库触发地震这一棘手的问题抛给了潘家铮，潘家铮不仅圆满回答了这一问题，让记者感到吃惊的是，接着潘家铮还有一番引申。

记者：但有人认为汶川大地震的发生"不能排除紫坪铺水库的诱发影响"，您是同意？

潘家铮：汶川大地震是由于巨大的地壳活动，在断层带内产生极高的地应力和能量，经过千百年的积累，达到临界状态而最终瞬时爆发释放的一场特大天灾，是人力难以防止阻挡的，这应该是国际、国内地震界的一致看法。紫坪铺水库对它起的影响（如果说有影响的话），实在是太微不足道了。世界上也从未发生过水库能触发 8 级构造地震的前例。即使是最想把紫坪铺和汶川地震拉在一起的人，也只能含糊地讲一句"不能排除"而已。我们应该信任专业地震专家们的意见。我不认为紫坪铺水库与汶川大地震的发生有什么联系。

记者：但是也有"一根稻草压死一头骆驼"的说法啊。

潘家铮：任何比喻都有失当之处。"一根稻草压死一头骆驼"，这是把断层带比做骆驼，把断层带所受地应力和积累的能量比作骆驼所受的负重，而把水库的影响比做稻草。这个比喻认为，骆驼虽然很累，但还能扛住，加上一根稻草就压垮了。应该知道，断层带内承受的应力和积累的能量是在不断增长的，而且增长的速度愈来愈快，不论加不加稻草，这只骆驼是必然要被压垮的。所谓"逃得了初一逃不过十五"，而且越到后来，压垮得越惨。

记者：也有人把大地震比做一枚定时炸弹，水库的修建起了触发作用。

潘家铮：这个比方尤其不妥，定时炸弹不仅所含炸药是一定的，不会不断增加，而且不触发其定时机构是不会爆炸的，这和构造地震的形成和爆发无任何相似之处，否则，紫坪铺大坝要对几十万死伤同胞负责了。绝对不能接受这种荒谬的比喻。

如果一定要打个比方的话，我觉得不如把整个断层带视作一个巨大的高压锅炉，正在不断加热（地壳活动），炉内压力不断增高。锅炉壁上布满大小裂纹（断层）。炉内压力达极限时，最薄弱的一条大裂纹先开裂，高压蒸气喷发而出（主震），然后其他裂纹也陆续裂开，释放能量（余震），直至炉内压力全部消除，复归于平静。

修建水库好比在炉壁外压一点水，如果说这也有影响的话，也只是起了个提前释放的作用。所以退一步讲，即使"不能排除紫坪铺水库对汶川地震的影响"，从总体上看也是减少了主震释放的能量。否则，汶川地震的震级就不是8级，而是8.1级，甚至8.5级了。释放的能量不是1070颗美国投向广岛的原子弹，而是1500颗至6000颗。不仅灾区人民将蒙受更加惨烈的灾难，整个"成都市夷为平地"的可能性也"不能排除"了。[462]

客观地讲，潘家铮在震后百日的这个访谈，对于决策层和公众科学地了解和理解水电工程与自然灾害起到了很好的作用，但是对于水利工程有利于减灾防灾，水坝具有超强抗震能力的解说，公众还一时难以理解。这个访谈发出之后，首先在网上引起一阵反弹，质疑，不解，嘲讽，甚至漫骂都来了。

其实，潘家铮的这个引申还源自于水库触发地震的话题。中国水电专家张博庭曾就此问题提出过自己的观点。加拿大学者嵇少丞研究表明，地震具有"强岩强震，弱岩弱震，软岩不震"的特点，水库诱发地震是蓄水导致的渗流降低了抗拒变形的板块之间的摩擦力，从而让"强岩变弱，弱岩变软"。因此张博庭提出，水库诱发地震可以提前释放地震的能量，有助于减少地震所造成的灾害。70年代，国外曾有过利用高压注水释放地震能量的尝试，这也从一个方面证明了张博庭的论点。[463]

潘家铮与张博庭的研究结果倒未必有什么必然的联系，至少说明潘家铮这

462　参见《汶川大地震与水电建设——地震百日潘家铮访谈录》（记者　韩健），《中国电力报》2008年8月26日。

463　参见张博庭《水电站的地质灾害问题分析》一文，收入《"三江"水能开发与环境保护》，冯建昆、何耀华主编，社会科学文献出版社，2006.2，第396-399页。

一断言其实并不是他一时兴起说的过激之语，而是有着充分的科学依据。

当时一些专家提出，建议对西南地质不稳定地区大型水坝安全性进行重新评估，在评估完成之前，暂停在西南不稳定地区批建大型水坝。

潘家铮回答，停建水坝解决不了问题。他以"5·12"大地震唐家山堰塞湖抢险为例，国家投入巨量的人力物力抢救，动迁下游几十万人；而西南其他河流的情况并不比岷江上游更好，1967年雅砻江唐古栋大滑坡，江岸瞬间崩塌，江水完全阻断，天然坝溃决之时，洪水以几十米高的水头和每秒几十米的高速横扫下游数百公里。如果这些流域发生汶川式的大地震，次生的地质灾害只会比唐古栋滑坡更甚。停建水坝，不仅解决不了问题，而会加重因地震而引发的地质灾害。

潘家铮指出：办法只有一个，抓紧大力开发水电，修建震不垮的能调控水资源和洪水的高坝大库（目前雅砻江上正在修建三百多米高的锦屏大坝），迅速发展流域经济，动迁必要的移民，全面改变流域面貌，全面提高人民素质，这才能为应付突发性灾难提供条件和基础。采取回避政策，停止发展，绝对不是出路。

这些话，不能说石破天惊，至少振聋发聩。

潘家铮对震后灾区水电工程的复核工作倾注了大量心血。2009年5月，在汶川大地震一周年之际，水电水利规划总院完成《汶川地震灾区大中型水电工程（装机容量30兆瓦以上）震损调查与初步分析报告》，上报国家发展与改革委员会和国家能源局。

2009年10月，为让公众更多了解汶川地震中水电工程震损和恢复建设的真实情况，消除社会上对汶川地震中水电工程震损的谬传，准在此报告的基础上，作进一步整理，编辑出版《汶川地震灾区大中型水电工程震损调查与分析》，潘家铮为该书作序。

他高度评价参与复核工作的单位和专家学者：调查组成员不畏艰险、克服困难，冒着余震、滑坡和滚石的威胁，在第一时间赶赴现场，顺利完成了调查工作，取得大量资料。调查组成员不仅是各单位的技术骨干，更有领导亲临现场，是我国有史以来规模最大，参与单位最多的一次水电工程震损调查。调查范围遍及整个震区，代表了各种坝型和开发方式，并多次邀请国内外有关行业专家对震损评价和震害机制进行了分析，提出许多宝贵的意见和建议。经一年的详尽调查和系统整理分析，编成本书出版，这是一份少有而宝贵的历史资料。本书可解群众之疑，释领导之惑。[464]

个人与国家，就这样度过了不平静的两个年头。

5000 米高程

难以想象，2010 年 7 月 22 日至 28 日，83 岁的潘家铮竟然收拾行装有一趟西藏之行，行期一周。

似乎是冥冥中的一个安排，怕是连他本人都没有意识到，这一年，也恰恰是这一个夏天，他从事水电工作正好 60 个年头。

1950 年的夏天，23 岁的潘家铮从浙江大学毕业，来到钱塘江水电勘测处，迈开了从事水电工作的第一步，浙大校园和水电勘测处同在杭城，相隔并没有多远，只十多分钟就到了。当年，他还是一位少不更事的学生。60 年后，潘家铮踏遍江河的脚步，最后留在他心仪已久的雅鲁藏布江边，这时候，他已经是一位耄耋老者。

这对水电工程师潘家铮而言，是一个极富寓意的旅行。

这趟旅行说来相当偶然，缘起于一次玩笑。

大约是 2000 年左右的事情。那一次潘家铮到水电水利规划总院参加一个项目审查会，往常审查会间隙，他喜欢跟大家聊天，大家也喜欢听他摆古论今。那一次聊天中，从水电工程的海拔高程就扯开了，有位同志对潘家铮讲：潘总啊，您看，您已经是水电泰斗一级的人物了，去过很多很多地方，但是，你没有去过海拔 5000 米的地方。

跟他开玩笑的同志的意思是说，你哪里都去过，就是没有去过西藏。

潘家铮当然听出话里的意思，他辩道：你这个话不准确，你们哪，不知道，我去过一个地方，很高的。回来查地图看那个地方的标高，是 4990 多米，我站的那个地方肯定没有 5000 米，但是我的头已经伸到 5000 之上喽。

464　参见《汶川地震灾区大中型水电工程震损调查与分析》，中国水利水电出版社，2009.10。

没有去过西藏，的确是潘家铮的一个遗憾，也是一个水电工程师的遗憾。因为 20 世纪初中国第一批水电工程除了云南之外，还有的建在西藏，而且西藏的雅鲁藏布江也是水能富集的一条大江，屡屡出现在潘家铮西南水电群的大构思里。

中国最远的两个地方，一个是新疆，一个是西藏。早在 90 年代中后期，潘家铮就参加过新疆电网规划和吉林台一级水电站的审定，去过新疆。关于西藏，潘家铮并不陌生，他曾主持过羊卓雍湖抽水蓄能发电站隧洞工程事故的处理，但是却没有亲临。

再一个是台湾，去的稍迟一些。在业内很著名的一篇文章，《关于水利工程的若干哲学思考》，就是 2002 年 9 月赴台湾参加两岸水利工程交流时的讲演。

有时候，每当谈及这个话题，他会不由自主说起来，我这辈子，祖国的地方哪儿都去了，台湾也去了，只没有去过西藏。

显然，这是他一个心愿。但一来工作太忙，西藏的水电开发相对要滞后一些，没有机会到那里去。二来，他年事已高，大家就是有这个心思完成他这一个心愿，可谁能保证他真上到海拔 5000 米的高原身体能受得了？这无异于冒险。

那一次开玩笑，当年担任过他秘书的陈东平也在场。陈东平虽然不知道潘家铮把"脑袋已经伸到 5000 米"的地方具体所在，但他知道，老人上到海拔 4000 米甚至 5000 米应该是没有问题的。他心里默默地记住了潘家铮想到西藏去的这个心愿。

2008 年潘家铮做了肠癌手术之后，陈东平感到这个事情更加紧迫了。毕竟已经是 80 多岁的人，而且看情况身体恢复得很好，如果再不行动，怕以后就更难了。

这样，就有了潘家铮的西藏之行。

此时的陈东平担任华能公司西藏分公司董事长兼总经理。

说起西藏分公司，陈东平还得感谢潘家铮当年的一番挽留。

"改行"失败之后若干年，他调任华能集团公司西藏分公司，就是主持建设雅鲁藏布江上第一座大型水电站——藏木水电站。

藏木水电站位于雅鲁藏布江中游。这座水电站建设，对于开发雅鲁藏布江大拐弯处的富集水资源具有战略意义。这也是潘家铮梦想中的西南水电群棋局构想中重要的一着。这座具有战略意义的水电站在 2010 年已经开始建设。2015 年，第一台机组将并网发电。

陈东平说，如果不是当年潘总的挽留，自己真是要错失这一历史机遇。中关村可能会多一个杰出的 IT 工程师，但是中国却没有第二个藏木水电站。

邀请潘家铮赴西藏，让老人真正站在 5000 米海拔高程，多少有些还愿的意思。

其实，陈东平还有一个私心，是想让潘家铮看看即将开发的雅鲁藏布江大峡谷。这条大江的开发，虽然在整个西南地区水电开发中具有战略意义，但毕竟还不在已经规划的中国 12 大水电基地之列。潘家铮会怎么看？潘家铮有什么意见？陈东平主持的西藏分公司想听听他的意见。

他前去鼓动潘家铮的时候，就说：这样一个水资源最富集的地区，您如果不去一下，您一生的水电生涯是不完整的。

毕竟是大病初愈，而且年事已高，潘家铮还有些犹豫。

陈东平为他安排的行程倒还放心。陈东平将早年随潘家铮出差的地点的海拔高度过了一遍，觉得潘总上到三四千米不会有问题。所以他跟潘家铮说：咱们先去林芝，那个地方的海拔在 2900 到 3000 米的样子，现在您从家里步行去一趟西单，虽然不容易，但也没问题。到林芝也不过如此。如果问题不大，感觉身体还行，咱们再去拉萨。

潘家铮说可以呀。

终于成行。

从踏出校门的第一天起，出差、下工地，一年中，几乎有一多半的时间在外边，江河湖海，山南水北，那里仿佛是潘家铮另外一个家园，在孩子们看来，不外出的父亲倒显得很陌生。这还不是一年，是整整 60 年。

但这一次，女儿潘净突然觉得父亲这一次出差让她们感到特别牵挂，特意从国外赶回来，一定要陪父亲出这一趟"远门"。从另一重意义上讲，她要看一看父亲另外那个家园。

女儿潘净，外加李永立，也好一路照拂老人的身体。

由北京飞成都，华能西藏分公司专门组织了一个简短座谈会。年轻一点的工程师好多都是第一次见到潘家铮，都感到惊喜，中国水电事业创新的领军人物就坐在眼前，年轻人眼睛里的惊喜神情并不意外。

雅鲁藏布江流域的整体规划还在进行中，开发雅鲁藏布江大拐弯富集的水资源才刚刚起步，潘家铮仔细听公司的汇报，然后说：你们现在启动这个事情，是对人类的一大贡献。

再由成都飞林芝。成都勘测设计院派了一位副总工程师，一路走，一路给潘家铮介绍雅鲁藏布江下游规划，潘家铮下车来在江岸公路上边走边看，虽然走得明显慢了，但看得出，他的兴致很高。

走到大拐弯，车子停下，主人安排潘家铮在岸边平台上看一看。这个观光平台在距离江面百米高的地方，是观望大峡谷的最佳地点。

哪里想到，潘家铮在平台上看了一会儿，执意要下到江边看一看，他要在江边看看大峡谷，谁都劝不住。

因为他已经开步了。从 100 多米高的平台下去，平台又窄，女儿搀扶他都没有可能，一行人只能前前后后将他夹在中间。也是在工地上跑了 60 年的腿，还真是长脸，没有看出他有什么艰难，居然不费劲下到了江边。

大江汹涌，巨河奔流，潘家铮在江边回过头来，露出很好一个笑容。

60 年水电生涯，莫说对江河感情，就是一滴水在他的眼里都不是普通的液态物质，而是有感情有性格的事物，是生命之源，是能量，是电，是火，是清洁能源，是关系到国家发展与人类生活的 POWER！是大自然给中国人的无私馈赠。

他没有多说话，也没有弯腰掬水一试凉热。巨流激起白浪，仍然带着喜马拉雅山雪山上的寒意，完完整整流过来，又完完整整流过去。所有的话，都包含在回首一笑中。

从江边回来，陈东平又鼓动潘家铮：潘总，我看你身体还好，要不咱们再冲一下，到拉萨怎么样？

潘家铮说可以啊！

从林芝到拉萨，是乘车上去。拉萨的海拔高度也就 3600 多米，陈东平估计潘总没有问题。另一方面，由林芝前往西藏，要过米拉山口，那里的海拔要超过 5000 米，可以圆潘家铮上到 5000 米之上的那个心愿。

过米拉山口，陈东平把潘家铮扶下车来，让他照个相作为留念。潘家铮下车，站好，毕竟有多年在外奔波的老底子，身体还真没有什么反应。照完相，陈东平对他讲：潘总，这下子，你的脚已经踩在海拔5000米以上了，不再是只有头上到过5000米。

潘家铮微笑。

这趟高原的旅行，倒不像平常出差那样日程安排得很密集，所到之处，水电行业领导、地方政府主管电力的官员，还是要向潘家铮讨教相关问题，在拉萨待了有三四天时间，一周之后才回到北京。

回到家里之后，潘家铮打电话给陈东平，对他的这趟安排非常感谢，也非常满意，如果没有陈东平他们西藏分公司的安排，此生怕难有此次西藏之行。

陈东平因为工作关系，没有陪他回京。他在电话里对潘总讲：这一次圆了您两个梦想，一是去西藏，祖国的每一个地方都走到了；二是完成您登上5000米海拔的愿望。更重要的，是对我们水电事业的支持，雅鲁藏布江畔落下了潘家铮的足迹。

"千年万年"之晒

2010年12月下旬，一个"两院院士：三峡工程是长江上的钢铁长城，万年不垮"的帖子在网上好多家门户网站热传，跟帖不断，恶评如潮，谩骂满屏，且有辩护的声音出现，马上招致一片"板砖"，声音马上被来势汹汹的口水淹没。

接着，某省电视台早间读报栏目，主持人年轻的面庞上明确无误地写着惊诧、鄙夷、嘲讽，主持人讲：某两院院士称，三峡工程是长江上千年万年不倒的钢铁长城——现在的专家，真是"砖家"呀。

矛头所指，正是83岁的两院院士潘家铮。

两院院士、大坝专家说的关于大坝的话题似乎比网民更不靠谱。

网民在那里计算、推理，水泥的寿命、钢筋的寿命，进而大坝最后崩塌的时间，精确到十年左右。三峡大坝哪里是横在长江上一座两公里长的混凝土水工建筑物，分明与垒在院角的一个鸡窝没有什么质的区别。

显然，这已经不是平静地谈论科学问题。大坝话题之外，仍然有许多其他看不见的东西。

潘家铮说过这个话吗？说过。

在网络信息碎片化的今天，断章取义的只言片语，公众依据自己的好恶与情绪将信息重新组合，事物会在很短的时间之内发酵、膨胀，进而脱离开具体语境，成为与事实本身并不相干的一个怪物，这是自媒体时代的一个信息传播特点。

2010年12月17日，《三峡工程阶段性评估·综合卷》首发式在中国工程院举行，参加会议的沈国舫、陆佑楣、潘家铮、高安泽、郑守仁、陈飞，还有中国水利水电出版社社长汤鑫华。

《三峡工程阶段性评估》是中国工程院重大科研咨询项目的成果。其缘起，是2008年2月4日，国务院三峡建设委员会根据时任国务院总理温家宝等国务院领导的指示精神，委托中国工程院实施"三峡工程论证及可行性研究结论的阶段性评估"工作。

2008年，三峡工程即将全线竣工。2003年6月，三峡工程首次蓄水成库，水位达到135米。2006年5月，大坝全线建成，9月实行第二次蓄水，水位达到156米。2009年，三峡工程将全线竣工，向175米蓄水冲击。举世瞩目的三峡工程要面对大自然的"大考"，长达17年的建设工期接近尾声，这一评估，既是对三峡工程17年建设的一个总结，同时也要对三峡工程的防洪、发电、航运等社会、经济效益做出全面评估，而且也要对三峡工程的移民、生态、地质等存在的问题进行全面评价。

所以，中国工程院对此高度重视，由徐匡迪院长挂帅，任项目评估领导组组长，潘云鹤、钱正英、汪啸风、陆佑楣任副组长，全面组织和领导项目评估工作；成立中国工程院原副院长沈国舫院士任组长，潘家铮、罗绍基、高安泽任副组长的评估专家组，负责具体评估工作。37位院士和近300名专家参加评估和咨询工作。分地质与地震、水文与防汛、泥沙、生态与环境、枢纽建筑、航运、电力系统、机电设备、财务与经济、移民等10个课题组。

2008年5月之后，尽管潘家铮因病入院，作为专家组副组长，他这一个三峡工程的见证者、参与者，角色很重要，是其他人不可替代的。

2010年3月20日，《南方都市报》发表《两院院士潘家铮：不能把所有账都算在三峡工程头上》的采访录，将三峡工程全线竣工之后命名为"后三峡工程"，主要是移民、生态、泥沙问题，潘家铮对这些问题一一作答。

潘家铮坦诚地回答记者提问。潘家铮谈到的内容，大部分都出现在 9 月出版的《三峡工程阶段性评估·综合卷》里。

中国工程院这个重大咨询项目之所以引人注目，还有一个重要原因是，评估完成并出版的 2010 年 9 月 4 日，三峡工程开始首次 175 米试验性蓄水，40 多天之后的 10 月 25 日，首次 175 米试验性蓄水成功。

在此之前，2008 年、2009 年，两次试验性蓄水都未达到 175 米的设计高程，最高蓄到 172.8 米。潘家铮在 2010 年蓄水之前回答记者提问时曾讲，尽管试验性蓄水中未能达到 175 米，但一些要观测研究的问题，水差一两米也是可以看出来的。他也希望蓄到 175 米，只是老天爷不来水也没有办法。

首次冲击 175 米试验性蓄水成功，对于三峡工程的意义非常重大，用潘家铮的话讲，是第一次接受大自然的验收，第一次面对大自然这一个严格的"考官"，是对三峡工程能否达到和发挥设计能力的全面检阅。

首先是防洪功能。

2010 年 7 月 20 日，流量为 7 万立方米每秒的特大洪峰抵达三峡，规模超过 1998 年洪水峰值。三峡工程从容应对，洪峰过坝时被拦腰砍掉一半。通过及时拦洪泄洪，反复利用库容，汛期三峡工程 7 次防洪运用累计拦水 266.3 亿立方米，相当于荆江分洪区有效容积的 5 倍，有效减轻了长江中下游的防洪压力。

尽管如此，2010 年的洪峰最大峰值也不过 161 米。三峡工程设计防洪限制水位 145 米，即在汛期特大洪峰到来之前，三峡库区的蓄水位的最高点。145 米到 175 米之间，有 221.5 亿立方米的防洪库容，从理论上讲，三峡工程可一次性拦蓄 221.5 亿立方米的洪水，三峡工程能否达到设计防洪作用？只有将水蓄到 175 米才能见分晓。

再说发电。

2003 年，蓄水 135 米是围堰挡水发电期；2006 年，156 米是初期运行期，工程发电效益分阶段部分实现。蓄水至 175 米后，大坝下游的最低水位为 62 米，三峡工程最大水头将达到 113 米，全年平均水头也将达到 90.1 米。在 175 米水位下，三峡左右岸电站 26 台机组才能在高水头下达到其设计能力，实现最大发电效益。据测算，与 156 米时相比，每年可多发电 100 多亿千瓦时，相当于 6 个半葛洲坝电站和 10 个大亚湾核电站。一年的总发电量，相当于燃煤发电厂消耗 5000 万吨原煤。

三峡水库达到最高蓄水位 175 米，意味着三峡电站有条件实现最大的社会经济效益，一方面可以输送出更充足稳定的电能，更大范围地惠及人民生产生活，另一方面能够更好地发挥节能减排作用，是名副其实的清洁能源。

还有航运。

1986 年开始的重新论证，之所以将设计高程定在 175 米，一个最重要的因素就是要使库区的尾水到达重庆港，在三峡大坝和重庆港之间，形成 600 多公里的可通万吨船队的深水航道。

蓄水之前与蓄水之后的通航能力判若云泥。从 2003 年三峡船闸通航以来，累计过坝货运量突破 3 亿吨。这个数目字是蓄水之前 22 年货运量的总和。

135 米时坝前水位抬高 65 米，三峡段航道行船条件得到一定改善；156 米时航道改善里程达 570 公里，比 135 米时延伸了 140 公里左右；蓄水至 175 米，则使长江航运条件得到根本改善，大坝到重庆 600 多公里的江段拥有 1000 多平方公里的巨大水面，库区航道将有半年时间为深水航道，江水流速减缓一半。上游川江船舶每马力拖载量增加 7 吨至 10 吨，是原来的 10 倍，与中下游达成一致；货船单向年能过能力增加 5000 万吨，是原来的 5 倍。175 米蓄水，将使长江航运成为名副其实的"黄金水道"。

自 9 月 10 日启动蓄水以来 40 多天里，三峡船闸安全运行 1000 多闸次，通过船舶 6000 多艘次，货物通过量 900 万吨。货运量分别比 2008、2009 年同期增长两成以上。

试验性蓄水，还将进行若干次，不仅检验三峡工程是否达到了设计能力，还要在试验性蓄水中，全面检验全线完建之后出现的后续性问题，比如泥沙、滑坡、移民、环境以及对气候的影响，等等。说通俗一点，任何问题，都要过 175 米这道坎，都要经过万古流淌的这条中华巨河的检验。

也就是说，坝前水位达到 175 米的时候，奔腾的长江水暂时收住脚步，不是专门来"唱赞歌"的，还要对这一座人工巨型工程方方面面问个究竟。

媒体宣传定位，说三峡工程迎来"大考"。

但是潘家铮却显得很冷静，他说，这连个中考和小考都算不上。

三峡工程在全线完建之前，再度成为世界关注的焦点。

《三峡阶段性评估·综合卷》首发式，这一个本来由中国工程院和出版单位联合举行的小型会议，得到众多媒体关注也在情理之中。

在这个首发式上，沈国舫、陆佑楣、潘家铮、高安泽、郑守仁等专家，以及时任三峡集团总经理的陈飞就评估内容从不同角度回答了记者提问。潘家铮谈的是三峡工程重新论证和工程建设质量。

新华社 12 月当天连发四条消息报道首发式，分别是：

中国工程院发布《三峡工程阶段性评估·综合卷》；

综合评估"出炉"：中国工程院院士给三峡工程"亮分"；

三峡库区移民安居致富任重道远；

专家呼吁：严格控制三峡地区源头污染；

随后，各大门户网站转载的也基本上是来自新华社的通稿。这些通稿，根据专家、院士从不同角度对三峡工程的评述，结合《评估》结果，简要、客观报道对三峡工程的阶段性评估意见。

"综合评估'出炉'：中国工程院院士给三峡工程'亮分'"的报道，广为各大门户网站转载，题目有不同，内容却一致。

《评估》认为，三峡工程在 1986 年到 1989 年的工作与可行性研究（简称"原论证"）时做出的"建设比不建好，早建比晚建好"的总结论，推荐水库正常蓄水位 175 米，"一级开发，一次建成，分期蓄水，连续移民"的建设方案，经受了实践检验。

根据《评估》，两年来，专家们本着实事求是的科学态度，对三峡工程相关的热点问题进行客观分析。研究认为，三峡不会成为"第二个三门峡"；川渝大旱与暴雨和三峡工程没有必然联系；汶川地震并非三峡水库蓄水触发；库区地质灾害是可以控制的；三峡蓄水后，长江中下游河势总体未发生巨大变化。

《评估》认为，目前亟待关注的问题有三峡水库及其支流的水质和库区的生态环境问题、三峡库区的移民安置和经济社会发展问题、库区地质灾害问题、优化调度及其干支流各水库的联合高度问题等。

《评估》坦承，"原论证"有个别预测指标贴近度不是很高。如航运专题中的规划对长江航运迅速发展估计不足；移民专题中对实物指标与环境容量的预测与实际情况也有较大差距。

"造成上述差别的主要原因，是三峡工程时间跨度大，又处于我国深化改革、扩大开放和经济社会持续高速发展的时期 。'原论证'难以对 20 年后的某些指标做出准确预测。"中国工程院原副院长、项目评估专家组组长沈国舫院士说。

《评估》对三峡库区经济社会发展模式的定位、继续做好移民稳定致富、保护和建设库区生态环境、进一步发挥三峡工程综合效益、妥善安排和做好三峡的后续工作、建设长江水资源统一调度系统等问题提出了具体建议。 [465]

新华社的通稿对《评估》内容的概括基本还是准确的、客观的。

新华社并没有报道潘家铮的答记者问，在新华社通稿之外，中国新闻社独家报道了潘家铮的答记者问。全文如下：

中新社北京 12 月 17 日电（郭金超）　中国工程院原副院长、两院院士潘家铮 17 日在《三峡阶段性评估报告·综合卷》首发式上称，对三峡工程贡献最大的是那些提反对意见的人。

"如果三峡工程需要有人献身，我将毫不犹豫地率先报名……"，作为一名毕生从事水电建设和科研工作的老专家，潘家铮曾作过上述表态。由此可见，这位 83 岁的老人对三峡工程的感情之深。而今天在面对媒体提问如何看待三峡工程提出批评意见的人时，他的回答多少有些令人意外。

潘家铮也承认他并不一开始就这样认为。他说："相反，在三峡工程开始之初，我是最听不进反对意见的，一听到有人说反对意见我就感到恼火"。之所以有了今天感触，他表示，是"通过实践慢慢体会出来的"。

他举例说，三峡工程在 1985 年就已基本决定，那时总方案是蓄水到 150 米，并已基本定案，工程要搞了，但许多人对此提出了反对意见，有些人认为 150 米的水位太低应该提高，有些人甚至认为工程根本就不该上马，所以中央决定把工作停下来，重新进行论证。

465　新华社 2010 年 12 月 17 日电（记者　余晓洁）。

"幸亏有这些反对意见，不然三峡工程如果 150 米就建起来，现在该怎么办呢？防洪起不了什么作用，发电效益也很差，航运也不行，所以说反对意见就很重要"，潘家铮说。

潘家铮同时对社会上一些人有关三峡工程的误解给予澄清，他特别反对称三峡工程为"豆腐渣"工程的说法，并斥之为"谣言"。潘家铮称，三峡工程是"长江上的钢铁长城，千年万年不会垮，质量上非常好"，这说明相关管理非常到位。通过三峡工程，中国科技水平尤其是管理水平有了很大提高。

潘家铮在回答记者提问的时候，其实没有多少新鲜内容，所有的观点都在不同场合表达过，这一次不过是老调重弹，所以新华社没有特别摘出来报道。

这就是"万年不会垮"的来龙去脉。只是，网络上的帖子故意将"千年"隐去，其用意十分明显，无非是吸引点击率。如果不是为了吸引点击率，那就是别有用心的造谣了。

潘家铮的回答，实际上还是他早就回答过的关于三峡大坝枢纽本身的质量问题。毋需多言。关于三峡大坝的寿命问题，早在 1986 年重新论证开始时就有人不断提出，这是一个假问题。一个工程建设还不是什么问题，拆解还是一个问题吗？但又不能不回答。

进入 2000 年之后，世界上又掀起一股"拆坝"风潮，三峡工程成为活靶子，被指为"人类最大的坟墓"。拆坝论者不仅仅反对已建的大坝，而且反对建所有的水坝。而且以美国这样的文明国家拆坝为例，对发展中国家，尤其是中国大规模开发水能资源提出质疑。

潘家铮早在 2004 年为联合国北京水电与可持续发展国际研讨会写的文章里，专门就国际上的"拆坝"风潮与水电开发之间的关系展开论述。[466]

他讲，2004 年 9 月，随着黄河公伯峡水电站首台机组 30 万千瓦机组投产，全国水电容量突破 1 亿千瓦，成为世界上拥有水电容量最多的国家，但开发的水平仍然很低，在全国总发电量和容量中，大约只占 18% 和 24% 的比例。

然而，从宏观上看，今后中国的能源和电源供应形势十分严峻。预测 2010

466　参见《老生常谈集》，潘家铮著，黄河水利出版社，2005.7，108 页。

年全国电力装机容量将达 9 亿千瓦以上，2050 年可达 16 亿千瓦。一次能源主要依赖煤炭，每年仅发电燃煤就需 10 亿吨，面临采掘、运输特别是环境污染等条件的严重制约。可以说，中国在新世纪中面临的能源挑战，是世界各国中独一无二的。如何千方百计减少燃煤量及相应的污染，是关系到我国能否可持续发展的重大问题。在这种形势下，不利用我国得天独厚的水电资源，是难以理解的事情。

尽管有人说，水电的比例总是有限，反正要靠烧煤。要看到 20% 并不是一个小的比例。而且不应忽视水电的再生性质。潘家铮算了一笔账，如果每年 2.48 万亿千瓦时的水电真能全部利用，相当于每年可替代 12.4 亿吨原煤或 6.2 亿吨原油，利用 100 年就是 1240 亿吨原煤或 620 亿吨原油，利用 200 年就是 2480 亿吨原煤或 1240 亿吨原油，远远超过我国目前已精确查明的剩余可采矿藏。何况水电还有提高电能质量、保障电网安全和大量综合利用效益。

但应该看到，开发水电也面临许多制约因素。首先是淹没损失和移民问题，其次是对一些生态环境的负面影响，而这些又都是筑坝建库引起的。所以一段时间之内，关于反坝、拆坝的论点在中国知识界、民众中影响甚巨。

潘家铮一口气列举几篇文章和论著：《水坝惹是非》《反水坝运动在世界》《大坝时代已经结束》《水坝热的冷思考》《修建水坝带来的困惑》，还有一册《沉默的河流》，在介绍到中国的时候，被翻译为《大坝经济学》，该书罗列水坝的种种罪行，水坝、水电被描绘为万恶渊薮，举凡侵犯人权、环境污染、腐败、贫困、浪费等等罪行都归罪于水坝建设。

潘家铮在这篇文章中说，客观一点看问题，就应该既看到建坝和开发水电的贡献，也看到其负面影响。对于后者，具体工程完全不同。总的讲，最大的问题是移民，其次是对一些生态环境的影响。在考虑问题时，还应密切结合中国国情。应该看到，中国今后的能源供应和环境污染问题是十分严峻的，而要开发的主要水电资源集中在西南高山峡谷中，淹没损失及移民数量相对较少，而且当地经济落后，人民贫困，正要借水电开发改变面貌，所以地方政府和人民迫切争取开发。对生态环境的影响也相对不严重，只要认真面对，也是可以解决。

反观美国拆坝。潘家铮列举三峡总公司林初学的调查结果，美国建国以来一直在建坝，如果不论高低大小统统算数，可能超过 200 万座，对坝高、库容等做些限制，也有七八万座。200 年来建了这么多坝，每年一定会有相当数量的坝因各种原因不再使用或干脆废弃。已经拆除的五百多座坝是些什么坝呢？它们的坝高（均方值）不到 5 米，坝长数十米，都是修在支流、小溪上的年代已久、丧失功能的废坝、弃坝，99%以上不是为水电修造的，都是业主因经济、安全原因主动拆除的，根本写不进反坝主义者的功劳簿中。有影响的一座也没有被人为拆除。[467]

对于环境保护者的"拆坝"理论，潘家铮并不一概而论，他讲，反对建坝者的观点并不是全无借鉴之处，相反，许多地方值得我们深思。

一、必须做好统筹规划和认真审查，建那些应该建、必须建、可以建的坝，弊大于利或者重大问题未落实前就不建或缓建，不是越多越好、越高越大越好，不要"大干快上"、草率上马，不要使子孙为我们做出的错误抉择而感到遗憾。

二、必须认真研究弄清建坝的利弊得失，要特别重视保护自然和生态环境的影响，关心利益受损的弱势群众，解决好移民问题，要真正使移民从建坝中脱贫受益。移民工作虽然难度大，只要有妥善规划和充足资金，只要不把资金移作他用，真正用到移民工作上，是可以做好的。我国二滩和水口的移民工作就得到世界银行的肯定。对建坝的负面影响要千方百计减到最低程度。

三、对于已失去功能、接近废弃或因经济、安全原因不宜再运行的小坝、老坝，要有计划地废止、拆除或加固、改建和新建。至于像三峡一类的大坝，属于千年大计，实际上是无法拆、不能拆的。

潘家铮关于建坝与拆坝的这些观点，与其早期的"中国人民不允许江河自由奔流"、"水电是清洁能源"诸多的思考一脉相承。上面这篇文章曾简写后在刊物发表，并被许多网站转载。[468]三峡大坝的寿命远不是一个简单的物理、结构功能的衰减过程，而是一个很复杂的问题。所以说，潘家铮将之总结为"千年大计"。重点不在时间，而在"大计"。

实在要问到具体的寿命，或者使用年限，潘家铮在最初的表达中，要直接

467　参见林初学《美国反坝运动及拆坝情况的考察和思考》一文，《中国三峡建设》2005年第 Z1 期。

468　参见《中国水利》2014 年第 3 期。

得多。他讲：

古人修建水利工程可以利用 2000 年至今，为什么按现代技术修建的工程不能用上2000 年呢？要做好维护工作，使她真正"利垂千秋"，直到她的功能可能被其他措施代替。例如，人们已能呼风唤雨，控制气象，用不到三峡水库调洪了；人们已能从核聚变等措施中获得无限廉价的能量，用不到水力发电这种"落后的能源"；万吨巨轮也已能从水上悬浮行驶和飞过大坝……甚至轮船这种落后交通工具已经淘汰了，三峡的船闸和升船机当然也结束使命。那时，三峡大坝就可以光荣退役。退役后怎么办？或者将它改造为一个超过尼亚加拉的人工大瀑布？这些前景不如让科幻小说家去想象吧。[469]

潘家铮这番三峡大坝"退役"构想还是在 2004 年，如果发表在 2010 年三峡工程全线完建、175 米试验性蓄水之后，不难想象，一定会引起轩然大波。

这还不是潘家铮关于三峡工程寿命问题的最早回答。早在 1993 年，潘家铮受命回答全国人大代表质询时，就有代表提出这个问题。代表问：三峡水库寿命有多久？"蓄清排浑"在三峡工程中能否见效？

在三峡论争过程中，经济学家茅于轼先生提出三峡服役期到了怎么办？老一辈水电专家黄万里则指责"蓄清排浑"根本起不到作用。两个问题其实是里子和面子，不可分割，蓄清排浑调度洪水方案如不奏效，泥沙将淤死库区，也是三峡大坝寿终正寝的一种形式。

潘家铮当年有如是回答：

一座水库是否会很快淤满，取决于很多因素。三峡水库全长 600 多千米，平均宽 1.1 千米，是典型的"河道型水库"，并非一个湖。长江泥沙集中在汛期下来，三峡水库的运行又是"蓄清排浑"方式，汛期库水位降低 30 米，利用坝体的底孔和汛期的巨大流量充分泄洪排沙。凡此因素，决定了三峡水库不仅不会短期淤满，而是可以长期保留。根据大量试验和计算，建库初期，入库泥沙

469　参见《老生常谈集》，潘家铮著，黄河水利出版社，2005.7，第 114 页。

大于出库泥沙，泥沙将淤积在死库容和边滩、支流上。运行数十年至百年后，进入库的泥沙量就平衡，水库不再淤积，此时尚有 85% 的防洪库容和 91.5% 的调节库容可以长期使用。从这个意义上讲，三峡水库的寿命是无穷的。[470]

回答完这个问题的 20 多年之后，在具体建设过程中，情况已经发生了很大变化，比方实测的入库泥沙低于论证时的数据，支流金沙江溪洛度、向家坝等大型水电工程开工，大量泥沙滞留于上游，等等，泥沙情况已经与论证初期大不相同。所以关于三峡工程的寿命问题潘家铮信心更足。

再回到 20 年后的"千年万年"之争，"千年万年不会垮"，后面还有一句"质量非常好"。脱离开具体语境，这句修辞性的表达，被人曲解为物理结构性衰减的描述，进而哂笑不止，有的文章已经咬牙切齿，浑如泼妇骂街，显然是项庄舞剑。

毛泽东当年"高峡出平湖"这一文学性表达被千万人引用，正如潘家铮当年指出的，现实中的三峡库区，是河道型季节调节水库，流水不驻，远没有气蒸云梦、波撼岳阳的平湖气象，你怎么能跟毛泽东当年这份浪漫较真？

这是潘家铮在世之前最后一次被推到三峡工程争论的风口浪尖上。

潘家铮没有辩解。没有一句辩解。

这，就是三峡。

在争论、怀疑、质疑、反对声中建设了 17 年，各种争论、怀疑、质疑、反对还将继续下去。继续多少年不是一个未知数，但时间无疑会很长，五十年，一百年，一切问题在大自然的考官面前，都会水落石出。

470　参见《潘家铮院士文选》，潘家铮著，中国电力出版社，2003.8，第 287 页。

潘家铮传

第二十一章

最后岁月

行走江河 60 年

2008 年 8 月手术之后，潘家铮身体恢复得还算好，2008 年年底开始上班，在办公室里忙公务之外，每一个月的日程安排像往常一样排得很紧密，频繁出席各种会议，会议大都在京城或者近郊，体力能胜任，在会场上，大家都知道潘总刚刚做了大手术，除了脸上有大病初愈的痕迹之外，思维、讲话和以前的区别并不大。

大病之后，他居然还像以前一样出差，真让人感到不可思议。2008 年 11 月 26 日，术后化疗结束，正式出院，半个月之后的 12 月 13 日，他的身影就出现在黄河小浪底的大坝上，这时候，小浪底工程要进行竣工技术预验收，潘家铮主持其事。术后第一次出差，为期整整一周。

接着，2009 年 2 月 23 日，潘家铮由北京前往四川宜宾，再由宜宾沿金沙江而上，与谭靖夷、陆佑楣、张超然、马洪琪、郑守仁 5 位院士和 20 多名专家组成的质量检查专家组，参加向家坝和溪洛渡两大工程第三次质量检查，为期两周。

2009 年至 2010 年，潘家铮出差赴工程工地检查、研讨、验收、考察计 16 次，每一年不多不少，各 8 次，每一次大致一周左右时间。这个频度较之往年当然是稀落了，但若将潘家铮 60 年水电技术生涯出差次数求得一个平均数，这两年的出差频度可能略低于这个数值，可是，要知道，他已经是 80 岁的老人，拖着大病初愈的老迈之躯。

他的秘书李永立受潘总熏陶，也是一个非常细致的人。好记性不如烂笔头，他手边有一个工作日历，哪一天到哪里开什么会，到哪里有一个什么活动，或者，出差，提前在日期下划一条横杠，开会、活动或者来访，时间、地点、会议名称、出差地点、来访人名等都标注出来，一年下来，就是一部工作日志，此种工作日志做法，正是潘家铮在年轻时候的"发明"。

李永立的"工作日志"中显示，2009 年至 2010 年，潘家铮出差记录如次：

2009 年 2 月 23 ~ 3 月 6 日 四川宜宾出差，参加向家坝、溪洛渡工程质量检查。

2009 年 4 月 6~8 日	郑州，小浪底水利枢纽工程竣工验收。
2009 年 4 月 13~18 日	宜昌三峡工地，三峡工程质量检查专家组第 20 次质量检查。
2009 年 6 月 9~10 日	杭州，钱塘江北岸海塘超标准风暴潮研究成果验收。
2009 年 6 月 11~13 日	杭州，白鹤滩工程设计院士特别顾问组会议。
2009 年 8 月 22~26 日	宜昌三峡工地，三峡三期工程正常蓄水（175 米水位）技术预验收。
2009 年 8 月 27~29 日	三峡三期工程正常蓄水（175 米水位）正式验收。
2009 年 10 月 24~27 日	绍兴，曹娥江大闸工程建设专家组第三次会议。
2010 年 3 月 16~20 日	云南昆明，参加小湾水电站 2010 年防洪规划及蓄水方案技术咨询。
2010 年 3 月 23~25 日	南京，参加江苏省沿海滩涂围垦及开发利用规划纲要评估及调研。
2010 年 3 月 29~4 月 4 日	参加浙江沿海考察。
2010 年 4 月 5~10 日	宜昌三峡，三峡工程质量检查。
2010 年 5 月 25~27 日	郑州，南水北调中线穿黄隧洞施工关键技术研究与应用项目成果鉴定。
2010 年 7 月 22~28 日	去西藏雅鲁藏布江大拐弯考察，过米拉山口去拉萨。
2010 年 10 月 9~13 日	宜昌三峡，三峡右岸地下电站下游围堰进水前的验收。
2010 年 11 月 28 日	郑州黄河迎宾馆，河南省重大公益科研项目"堤坝除险加固聚合物注浆技术及装备成果"总结验收。

　　长江、黄河、金沙江、澜沧江、曹娥江、雅鲁藏布江，83 岁的老工程师，双脚沿江河行走，壮心随浪涛飞扬。60 年前，潘家铮误打误撞进入水电行业，从许身于水电事业那一天起，他的脚步就没有停下来，莫非这是一个工程师的

宿命吗？江河若有情，会不会像故人过访一样迎接他？草泽若有意，能不能轻轻拉住他的手，奔走了 60 年，让他停下来歇歇脚？

进入 2011 年，1 月。这一年的新年过后，北京的天气似乎也出奇地好，都是晴天，好天，好多天里天空澄明透彻，隔着林立的楼群，能远远望见西山的山影。潘家铮的身体在这个冬天恢复得更好了，脸色看不见一点病容，大病之后，两腮下陷，现在似乎又饱满了起来。

李永立手头的那份"工作日志"的记录骤然显得很忙，日期下面的"横杠"一个接一个，记录得满满当当。这个月，除了 1 日到 3 日放假，从 4 日至 31 日，仅有 9 天显现出几个空档，其他 18 天里都有会议和活动安排。新年第一个月，也是旧历的年底，2 月 3 日便是传统春节，所以各种活动和会议排得满一些也在情理之中。

李永立感觉到潘总的心情很好，精神足，看不出一点疲惫。

27 日，腊月廿四，这是中国南方的传统小年。北京医院通知，这一天要给一部分部级领导进行例行体验。忙完一上午的事情，下午潘家铮到北京医院。

检查之前，李永立特地跟医生提及潘总的癌病史，建议医生可不可以格外注意一下。检查的时候，医生听见潘家铮的肺部有"锣音"，就建议他再做一个胸部 CT。按部就班做好各项检查，跟医院约好，年后的 2 月 9 日再来做一个空腹项目检查。这个时候，一切还挺正常，谁也没有感到有什么异常。

那几天，潘家铮仅仅是有些轻微的咳嗽，李永立随口问他是不是感冒了，潘家铮回答说没有。李永立也没有放在心上，心里想也许是气管偶尔不适，毕竟是冬天嘛。

28 日，潘家铮还出席中国大坝协会年终总结，发表热情洋溢的讲话。

30 日，参加 200 米级面板堆石坝筑坝关键技术成果鉴定。

就在这一天，会议室外面的李永立接到北京医院打来电话：胸部 CT 结果出来了，在肺部发现三个小结节，根据潘家铮有过结肠癌病史的情况，怀疑是癌病转移。医院让他尽快通知单位和家属，春节之后入院治疗。

鉴定会还在有条不紊地进行，消息被关在门外。倒是潘家铮在会议结束之后，奇怪李永立木呆呆的，还以为他心里有什么事情。这个突如其来的消息，让李永立作难死了，通知单位，单位领导一定会去看望，潘家铮是很敏感的，他能察觉不出来？再过两天就是春节，这个春节怎么过？

李永立与潘敏商量，潘敏也很吃惊，但也很作难。商定春节之后再让老人入院检查确诊。也只能这样。

接着就是春节，初一，初二，初三，初四，李永立几乎是掰着指头数着日子过。潘家铮这个春节过得还好，春节在家里迎来送往，谈兴也浓。初四那一天，中国工程院办公厅领导来访，还让他担任长江口航道治理工程评估的专家组组长。李永立怀揣着不能言说的秘密，心中隐隐作痛。

2月8日，小儿子潘自来由上海赴京，按事先约定，2月9日陪父亲做空腹项目检查。其时，医院已经准备好了入院治疗的一切安排，病房,PET/CT检查时间。空腹检查第二天，人就被送入北京医院,11日赴海军总医院做PET/CT。12日，确诊，癌细胞转移到了肺部。

穆菲定律，怕什么来什么。

潘家铮显然已经意识到什么异常，尽管子女和秘书轻描淡写，说只是肺部有3个小结节，年纪大了，必须仔细检查一下，排除一下其他可能，潘家铮说话明显少了，常常坐在狭小的病床上不说话。

也不是没有经过生死离别，也不是没有住过医院，人老，自然规律，他怎么能不清楚？与其说，突如其来的病变对他心理上有什么冲击，倒莫如说他像退役那一天的运动健将，昔日展现飒爽英姿的绿茵场将变成自己人生的背景。

2月21日，潘家铮浙江大学同学、中国科学院院士胡海昌教授去世。李永立获知消息，没有告诉潘家铮，代拟唁电，代送花圈。

这一对师兄弟感情很深，往来稠密。在此前不久，潘家铮整理《积木山房诗话》，在《趣话》一章里还列有当年他写给胡海昌的一首诗。

吾友海昌颖慧胜余，而不修文辞，所作书不易辨识。一日自京师遗我短函，满纸龙蛇。余戏作一绝复之曰：草草书成急急涂，瑶笺一幅见工夫。龙蛇满纸浑难识，欲向东窗问老儒。令希师闻而大笑。

他若知道自己的师兄去世，他会怎样哀痛，不难想象。

24日，钱正英听到确诊消息来到医院，她先问医生：潘总还有多长时间？

医生答：最多两年。

老部长沉默。

然后问李永立，潘总是否已知道自己的病情？答：还没有告诉潘总。

老部长再沉默。

进病房，跟潘家铮寒暄，两人谈笑风生，说的都是愉快的话题。

钱正英告别出来，在电梯里跟李永立讲：我认识一个老专家，也是癌病转移，他完全知道自己的病情，也不在乎，积极配合医院治疗，已经坚持好多年了。

李永立自然明白钱正英在说什么，她的意思是让病人知道自己的病情，对治疗会好一些。

然而谁都没有说。子女和秘书没有对潘家铮说，潘家铮其实已经明白，也没有对他们说。接着化疗开始，事情再明白不过了。

有一次，潘家铮偷偷把护士落下的药品说明书藏了一份，全是英文，李永立并不懂得，潘家铮跟他聊，说这药是美国进口的，人家美国的药要经过很多试验，有什么副作用、用过之后有什么不良反应、对身体哪一部分会有影响、有伤害，就是比咱们中药说得清楚。

李永立心里一惊，这话好熟悉的。他想起整理潘家铮文章的时候，这些话曾出现过。对了，潘家铮在访谈中曾一再说起到中国产品质量下降的问题，把产品质量下降上升到"国耻"的高度，其中也谈起过中医药。

同时，李永立也松了一口气，潘总已经开始面对现实了。

化疗开始之前，潘家铮吩咐李永立，把办公室里的笔记本电脑拿到病房来，他要写东西。

2011 年 3 月 2 日，潘家铮的办公室搬进了北京医院的病房里。

病中日常

第二次因癌入院，情绪难免受影响。把笔记本电脑搬进病房，病房从此就变成了一间办公室。潘家铮正式开始办公了，只不过，办公桌要简陋一些了，是病房里配的吃饭小桌。李永立拿过笔记本电脑，还带来无线上网卡，手写输入板。

李永立的"工作日志"还在继续。潘家铮的工作有条不紊，如果不着意，那些关于治疗的记录，与被记录者之间的所作所为，好像是完全不相干的两个人。

第一次化疗的第三天，也即 2011 年 3 月 4 日，李永立收到潘家铮为长江水利委员会规划勘测设计院院长钮新强的专著《全衬砌船闸设计》所作序言，让他将序言转发作者。

隔天，3 月 5 日，又收到潘家铮给三峡集团公司领导《关于树立中国三峡集团公司国际形象的建议》。

3 月 11 日，第二次化疗结束第三天，日本东太平洋海域发生里氏 9 级强烈地震，引发海啸，福岛核电站严重受损并发生核泄漏。不日，潘家铮致信三峡集团公司总经理陈飞：核电是不可或缺的清洁能源，三峡集团公司作为以开发清洁能源为主业的大型国企，无论从中国国情出发、从集团公司战略规划出发、或从国际能源平衡或减排前景出发，都应积极参与核电的开发，并希望三峡集团公司能高瞻远瞩，不受外界种种不利因素影响，坚持此总目标不动摇。

5 月 3 日，国家能源局组织专家去国家电网特高压试验基地考察，经过数次化疗，潘家铮的身体非常虚弱，不能前往。这也是中国工程院在 2011 年启动的重大咨询项目，潘家铮参与其中。5 月 1 日，潘家铮给带队考察的国家发改委副主任张国宝写信，期盼特高压设备尽快实现全部国产化，他说：特高压技术的领先突破，将起到引领作用，带动一大批产业升级、科技腾飞。反之，如迟疑拖延，现有优势也会很快消失。

5 月 25 日，致信三峡集团公司陈飞总经理和张超然院士，就向家坝泄洪消能问题提出意见。

向家坝同溪洛渡，是继三峡工程之后的两大特大型电站，两个电站加起来的发电量，相当于三峡工程的总发电量。但向家坝水电站的泄洪消能的设计要求要比溪洛渡，甚至比三峡工程更为严苛。

其一，下游 500 米处就是云南天然气化工厂，如果开闸泄洪，最大泄流量将达到 4.9 万立方米每秒，这个流量如果换算为发电功率，将达到 4000 万千瓦，如此强大的洪流倾泄而下，500 米之外的化工厂根本无法消受；而且，强劲的洪流将对江岸形成巨大的冲刷力量，扰动尾水，又会对地下厂房安全运行构成威胁。其二，大坝的坝基地质条件差，不允许采用投资省、设计和施工相对简单的"挑流"泄洪方式，"挑流"泄洪，对基岩要求甚高，而向家坝的基岩无法达到要求。

向家坝的泄洪消能，让设计者颇费了一番脑筋，比选之后，采用表孔和中孔高低坎"挑流"加巨型消力池的"迭坎底流"泄洪消能方式。高低迭坎挑流泄洪，即让洪水跳过大坝表孔与中孔"高低坎"之后在空中对撞，再进入消力池，将能量消散掉一部分。潘家铮早年主持设计的流溪河水电站就是这种消能方式，只不过，流溪河远不能跟金沙江相比，流溪河工程较之向家坝的庞大体量简直不值一提。挑流之后，再将洪流送入消力池，设计中的消力池进水也有一个"高低坎"，设计巧妙，涉及的计算就相当复杂，施工难度则更大。这样既可以将泄洪产生的巨大能量消除掉，又不至于影响到水富县城和云南天然气化工厂的生产、生活区，保证右岸地下厂房安全运行，可以较好解决泄洪、消能、排沙和保护环境的矛盾。

这种消能方式不仅要增加投资，还涉及许多复杂的技术问题，表孔与中孔设置、消力池设计与施工，综合起来，要解决的技术难题之多，在世界筑坝史上都是空前的。

潘家铮 2009 年前往溪洛渡、向家坝工地，一再嘱咐设计和施工单位，一定要精益求精解决好这个世界级难题。

在医院"办公室"，关于工作，关于工程，潘家铮的思考不曾停歇半步。特高压技术、三峡工程、向家坝消能，还有南水北调"穿黄衬砌方案""湍河渡槽""中线输水能力与冰害防治""高填方渠段防渗"，等等。

除了工程，还有新技术推广。郑州大学教授王复明留学归国，开发出一套利用高聚合物注浆的办法做防渗墙的技术与设备，此项技术对小型土石坝的病险修复十分有效，施工简单方便，效率高，成本低。潘家铮对王复明的这项技术曾给过很高评价，认为这是具有原创性的技术创新成果，力主推广。住院之后，他数度写信给相关领导，希望将此项技术创新尽快应用于小型土石坝修复。他在信中写道：任何新技术的推广都很困难。这里主要因素有二，一是许多设计和管理部门尚未获悉此项技术；二是地方上的施工单位拥有自己的经验和设备，不愿意"肥水外流"。我对这种情况深感焦灼。故冒昧吁请领导及有关司局、总院领导予以协助。潘家铮还推荐王复明申报何梁何利基金奖。

写信，写建议报告，手不释卷阅读相关资料，读书，老迈之躯，更兼病患，但他的脑子没有问题。或者说，他是不想让自己的脑子停下思考。"文化大革命"中，在牛棚，在批斗会上，他早就练就了在逆境中自处的一套本领。

他对自己病不能说不在意，但总的还算达观。

2006 年，潘家铮前往宜昌三峡工地，有记者问他的身体，他还很无奈也很达观说：与其问我哪一个地方有病，倒不如问我哪一个地方没病。

2011 年 9 月，历时十多年，新版《水工设计手册》终于与读者见面，潘家铮担任此套丛书编辑委员会主任。水电水利规划总院总工程师周建平他们带着刚出齐的 1 至 5 卷来看望，潘家铮听说他们刚从西藏回来，有些醉氧，休息一天才过来。潘家铮摆手：要休息，我去过西藏，不过没有这么强烈，打个比方，就好像炭炉上的蜂窝煤，你们年轻，火力旺，需要的氧气多，我老了，有一点点氧气就能将就着起来，所以就没什么反应。

在座的人都哈哈大笑。

他反而更关心年轻人，让他们注意身体。也是 2009 年那一次赴向家坝和溪洛渡质量检查，潘家铮跟记者谈起自己的身体，他说：我最大的缺点就是不锻炼，很糟糕，希望你们不要学我。

第二次住院之后不久，好像是对自己的病习以为常，见怪不怪，有领导来探望，潘家铮会一五一十跟他们介绍自己的病情，很平静，接下来就对工作在一线的后辈们说，活儿是干不完的，一定不要过于劳累，透支身体。

不说住院，即便在平常，潘家铮也没有什么架子，就是普普通通的一个老人家，到老，满头银发，愈显慈祥。与主治医师和护士们朝夕相处，感情非常好，护工都叫他爷爷。护理人员和护工看他工作时间长了，就爷爷长爷爷短督促他下床，到楼道里活动锻炼。潘家铮每天一看到护士上班，就笑眯眯收拾起工作的写字板，到楼道里走路。刚开始每天大致能走上 8000 到 10000 步，后来体力甚弱，几十步也要走的。这样一直坚持到去世前一个月。

他在工作，他在思考，这期间，居然还给一位执著的农民回过一封信。

事情是这样的，河南武陟县有个农民叫牛以巴，这位农民在潘家铮第二次入院的将近半年时间里，一连给潘家铮写了 4 封信，言称自己有一项发明，可以利用水电站的尾水继续发电，而且利用率可以达到90%。

这位农民的发明热情当然可贵，但中学生都明白，水电站发电主要是利用大坝壅水产生的高水头，再通过水轮机转化为电能才可实现，如果尾水可以发电，且利用率在90%以上，何必劳师动众去筑坝？

收到这样莫名其妙的信还真不是个例。在平时，潘家铮经常会收到一些慕"两院院士"之名写来的信，希望支持自己的发明与发现。

1997年6月和10月，也就是三峡工程大江截流前后那一段时间，一位年轻学生两次写信给潘家铮，要求潘家铮支持他搞永动机研究。也是在病中，潘家铮写第一封信给他，苦口婆心劝这位同学不要误入歧途，希望他"在全面深入学习基础上选择你最喜爱的领域和方向，找准课题发挥你的想象力和执著精神，努力攻关，为祖国人民做出有益的贡献，这肯定比你研制永动机要有意义得多"。

第二封信，潘家铮就不客气了，指出他对力学的常识性错误之后，严肃批评这位年轻学生之所以胡思乱想，就是一个"懒"字，"你不愿意做出艰苦努力，从数学、物理的基本知识一步一个脚印地学起，总想一鸣惊人、一步登天"。

这两封信收入《潘家铮院士文选》。

这一次，潘家铮身体虚弱，不能匀出工夫来作答，最初李永立代他回了一封信向他解释，说潘总因病住院，身体虚弱，无力研读他的成果，请他将资料转寄有关部门。这样的"官样"信牍怎么让人买账？发明家的信一封接一封寄来，潘家铮读到第4封信，说：看来还是我自己给他回封信吧。

在回信中，潘家铮彻底否定了他的"发明"。这样细琐的事情，还必须亲自处理。

不独是这样琐碎的事情，还有更大的活动他必须亲自参加。此时，他还担任着国务院三峡工程质量检查专家组组长之职。7月6日，国务院三峡工程办公室和三峡总公司在北京三峡集团总部召开会议，听取三峡工程质量检查专家组对三年来三峡工程175米试验性蓄水评估报告的汇报，这个会，作为组长的他必须参加，从开始的预验收、验收，到全面评估，他都全程参加。

北京医院的住院制度十分严格，病人外出，必须向主治医师请假，医师允准才可以出门。在召开会议之前，他像往常一样精心准备好发言稿，6日那天，按规定向医生请假，脱下病号服，换上平日出席会议和出差穿的那件浅灰色西装。

他在会上的发言让许多人动容。他说：我认为报告质量优良，符合客观实际情况。我病废在医院，未尽到应负责任，深感内疚，趁此机会向所有专家表示敬意和歉意。

他提出，应该调整三峡初步设计，增加调蓄小洪水，为下游防洪分忧。对移民安置工作，他指出：三峡库区环境脆弱，容量有限，不能照搬其他地区的发展模式，切忌急功近利，为争投资草率立项，搞大城镇建设，建高楼大厦、沿江大道，盲目开矿建厂，设立工业园区，吸引大量人口，引进高污染、低产值产业。如果这么做，必然是不可持续，贻害子孙，而三峡工程的一切成就都将被否定！库区发展必须遵循国家意图，调整产业结构，以无污染、高产值产业为主，以开发生态农业、生态工业、人文景观、旅游休闲、商贸服务、土特产加工为主。要控制全库区污染物的排放量，库区的工业不是要求做到"达标排放"，而应"零排放"。现有低层次高污染的企业必须取缔。库区人口要严格控制，尽量鼓励外迁，做到根在库区，发展在外。不应该出一簇簇的"混凝土森林"、吐黑烟的烟囱以及满目疮痍的工矿，应该像瑞士、北欧乡村那样的文明、优美和清洁，甚至建成比他们更美的人间天堂。

之后，国务院三峡建设委员会开会讨论三峡工程的相关问题，潘家铮将自己的这个发言稿转呈给时任国务院副总理的李克强。

除了参加三峡工程 175 米试验性蓄水评估汇报，2011 年，他在化疗间隙，7 月 27 日，参加南水北调专家委员会对穿黄工程穿黄隧洞衬砌设计变更咨询；8 月 10 日，赴清华大学，参加高混凝土坝静力动力破坏机理与安全评价成果鉴定。

从 2 月入院治疗，身体还没有出现大的异常，他经常跟前来探望的人讲，放心，脑子还很清楚。不间断的工作与思考显然有助于减少病患发展带来的苦痛。到年底，他还为第三届潘家铮水电科技基金颁奖写了热情洋溢的讲话稿。

设立该奖项的动议始于 2007 年中国水力发电工程学会第六届理事会换届履新之初，水力发电学会和挂靠单位中国水电工程顾问集团公司酝酿设立该基金，旨在激励为水利水电工程科技创新中取得突出成绩的单位和个人，加快培养水利水电工程创新人才，宣传中国水电的卓越成就和创新成果，助推中国水电科学有序发展。

2007 年 6 月 21 日，42 家单位在京召开"潘家铮水电科技基金"发起人首次会议；2008 年 5 月 6 日，基金发起人召开第二次会议，审议章程和基金实施细则，选举产生基金理事会，决定由潘家铮的母校浙江大学教育基金会和水力发电学会共同管理和运作。2008 年 5 月 18 日，水电行业第一个以科学家命名的行业基金——"潘家铮水电科技基金"经民政部批准正式设立。

潘家铮水电基金开设的第一个奖项即"潘家铮水电奖学金"。自 2009 年起实行一年一届，用于奖励和激励各高等院校和科研院有关水电水利学科专业品学兼优，勇于创新的本科生和研究生。

2009 年，潘家铮做完结肠癌手术后还处于恢复期，消瘦得很厉害，他还是亲临颁奖大会，发表简短而热情的讲话。

2010 年，第二届潘家铮奖学金颁奖，潘家铮正出差在外，未能亲临为同学们颁奖，但他还是给大会发来讲话稿。

这一次，是第三次，他病卧在医院，又逢隆冬，不便出门，他不能亲往。

检视潘家铮的水电技术生涯，他无疑是一位杰出的工程师，尽管有后来担任兼职教授的经历，他一生中倾注了大量心血，给基层技术人员传授水电技术，年轻时编著的《水工结构应力分析丛书》，就是当年辗转在各水电工地现场为技术人员开设讲座的讲稿。他在不同场合和不同文章里，表达过对大学水电专业招生情况的忧虑，写科普著作，则意在唤起青少年对水利水电事业的兴趣。

这样讲，杰出的工程师之外，称他是一位水利水电事业的教育家也毫不过分。也因此，他对这个奖项的热情就不言而喻了。

2012 年春节之后，潘家铮的病情开始恶化。他将李永立叫到身边，让他跟中国水力发电工程学会秘书长、"潘家铮水电科技基金"理事长李菊根联系，个人认捐 20 万元，请他尽快办理。此前，潘家铮接到水力发电学会一个关于"潘家铮水电科技基金"增加募集额度的通知，其中个人捐款募集 50 万元。潘家铮获悉，陆佑楣院士和李菊根秘书长各捐了 10 万元。

这让潘家铮心里很不安，他决定捐 20 万元，剩下 10 万元由他的十位博士生捐齐。他嘱咐李永立，一定给李菊根秘书长说，希望尽快完成个人捐款，不要给会员个人增加负担。

传统的中国人，在过完春节之后才会给一年画上一个句号。2012 年的春节，潘家铮在病床上度过，病情开始变得不稳定，时好时坏。

此时，他最牵念的，是也在病中的老妻许以民。

半世辛劳识老妻

2011 年 2 月，潘家铮查实癌细胞转移，入院即开始化疗，再也没有回过家。他担心一个人待在家里的妻子。

夫人许以民的情况并不比潘家铮好多少。

2008 年 1 月 6 日，潘家铮右手被撞受伤，老伴许以民 4 月中旬在家里摔了一跤，右臂骨折，老两口一前一后病卧医院。

这一对患难老夫妻，让许多人感慨。他的学生沈凤生说到自己的师娘，连说不容易不容易，潘总常年在外头出差，几乎是妻子一个人把五个子女抚养大。潘家铮既承担繁重的工程技术任务，又要做科学研究，一生唯一感到不富裕的，大概就是时间。家里没有一个贤内助，真不可想象。

在潘家铮 1978 年正式调京之前，潘家铮与妻子一直过着分居两地的生活，直到 1980 年代初，许以民提前退休，最小的两个儿子分别考上大学，才由上海来北京与丈夫团聚。

妻子由沪入京，在生活上有诸多的不适应，饮食、气候、风俗，对长期生活在南方的许以民不是考验，简直是挑战，不适应一直到老。所以，在生活上，倒是潘家铮得处处关心和照顾妻子。

实际情况是，北京的生活条件并不比上海强。从 1972 年起，潘家铮一直住在六铺炕水电部单身宿舍，正式调京之后，他分到筒子楼两间单身宿舍。

中国水利水电出版社编审王照瑜先生是他的老邻居。1984 年大学毕业分配到出版社，住的就是筒子楼。他都很奇怪，潘家铮当时担任水利水电建设总局的总工程师，而且在 1980 年就已经当选为中国科学院学部委员，在年轻人眼里，算是高居"要职"的人物，怎么会跟他们这些单身的年轻人住在一起？

住的筒子楼什么样呢？王照瑜回忆：老两口住的两间房，一共才二十多平方米，还不在一个层，一间做卧室，一间兼顾起居、会客、餐厅、书房和办公

"五合一"。厕所和水房还是公用的，烧菜做饭在楼道里操作。要上个厕所、洗个澡自然是很不方便，打热水需要排队到锅炉房去。

王照瑜觉得让潘家铮住这样的房子，总是有些委屈的。其实，80年代初期，不说水电行业，就是高等院校高级知识分子的住房都很成问题，陆佑楣以副部级干部调京，分配的住房也不过二十多平方米。

在上海的房子虽然不算最好的，但绝不算最差。六铺炕这样杂乱嘈杂的环境，大概出乎许以民的想象，尤其是许以民还是一个有洁癖的人，哪里能适应下来？不过，不管怎么，夫妻团聚，总是好事。他们在六铺炕筒子楼里要住上好多年。

1985年，潘家铮被任命为水电部总工程师，直到数年之后，才有了一个单元楼，才有了自己独立的书房。这个住址位于八道湾的一座塔楼里，这是一套三居室单元房。条件改善不少，其实也宽大不到哪里去。潘敏回家，看见父亲窄小的书房，暖气管道还露着，大弟在美国获得硕士学位的相片就挂在写字台对面的暖气管子上。

直到潘家铮卸任能源部总工程师的2000年之后，他才再迁新居，位于北京南城，是一套比较大的房子。

许以民全力支持丈夫的事业。她这一辈子认定丈夫是一个有本事的人，是一个做正经事情的人。她心里只装着丈夫，看丈夫待在书房里时间长，会叫他出来说说话，活动活动。至于工作上的事情，她从来不过问。

有几次，一些部门邀请"两院院士"参加茶话会，夫人们也在被邀请之例，许以民从来不去。她蛮有理的：你们认得的是潘总，又不认识我，我去不是添乱嘛。

直到2007年，老两口在家里，都是许以民自己下厨做饭。潘家铮一般在北京开会，不管多晚，他都要赶回去。他若说回家，夫人才会正正经经认认真真做饭等他回来吃，若不回来，妻子就不做饭，胡乱吃一些剩饭打发了。

潘家铮总是出差，每一次出差，他让留京的司机刘洪师傅到烧鹅店买烧鹅。老太太是南方人，吃不惯北方的面食，最爱吃广东烧鹅。潘家铮很细心，让刘洪不要买一整只，买小半只，够老太太一顿吃，若不然，她会把剩下的放冰箱里，一吃几天。许以民过惯了节俭的日子，什么东西都不舍得扔掉。刚开始店里只卖整只，刘洪只能让师傅切好，送回去半只，剩下的留给自己。后来，他跟店里人熟络了，人一见他来，就说：没见过你这么孝顺的。也就卖给半只了。

　　但难题还在于，老太太轻易不收刘洪送回来的东西，一定要问清楚东西的来路。潘家铮只能嘱咐刘洪：就告诉她是公司食堂里打的。这样，老太太才会收下。

　　潘家铮每一次出差到工地，临行，许以民将潘家铮出差用的换洗衣服、洗漱用具、常备药品等都收拾好，多年成习惯，回来的时候，哪一件衣服穿过用过，会拿出来很快洗过。而潘家铮呢，出差到目的地，用过晚餐回到宾馆的第一件事，就是给家里的妻子打电话，问饮食，问睡眠，问身体。

　　2007 年春节前夕，潘家铮就感觉妻子有些异样。

　　每一年春节前夕，潘家铮要请李永立和刘洪两家人，还有小保姆到附近饭店聚一次。每一回，都是许以民张罗，每一回，老太太都很热情，把两家人都招呼齐了，还要特意为两家的孩子准备一个红包。

　　那一回，两家人，再加老两口和小保姆聚齐，说得好好的，下楼准备出发。走着走着，许以民忽然茫然，问刘洪：咱们这是到哪里啊？快返回去。

　　刘洪说：吃饭去啊。

　　许以民：刚刚吃过饭怎么又吃？

　　几个人同时一怔。

　　老太太是糊涂了。过了春节，刘洪和回国探亲的潘净带许以民到医院去检查，果然，是老年病，失忆，健忘，按照临床标准，已经是二级。检查完，潘家铮问情况，两人没敢说太严重，只说是老年性轻度失忆，健忘。潘家铮恍然：我说她最近的脾气有点怪呢。

　　这种病发展很快。到 2008 年，老太太失忆忘事已是其次，有时候连人都不认识。孙女从上海来看爷爷奶奶，她想半天想不起来。她问女儿潘净：那个小姑娘是谁？怎么老在咱们家里吃饭？

　　潘净每一次都提醒她，是您的孙女，是小毛的女儿。

　　老太太奇怪，小毛生的是儿子，哪来的女儿？

　　提醒一回，算是记住了，可一回头马上又忘了。

　　这时候，潘家铮的子女，在国外的在国外，在上海的在上海，能常在北京的只有大女儿。潘敏还要上班，潘家铮工作又很繁忙，不能天天陪着妻子，再加上频繁出差，把许以民一个人丢在家里他怎么放得下心？单是为做饭一件事，潘家铮就想了好多办法。平时，家里一般性的保洁工作，许以民可以托付给保姆来做，但做饭和洗衣服两件事是绝对不让保姆来沾手的。

潘家铮很耐心，他先让许以民允许小保姆帮摘菜，就是帮着摘菜这一件小事，试了有半个多月才成功，许以民终于放心小保姆摘菜了。接着，就试着让小保姆帮着烧菜，又是一个漫长的适应过程，最后小保姆才完全接管了厨房这一摊子。

接下来是洗衣服。每一次出差，许以民要把潘家铮穿过的衣服洗一次，熨好，叠好，装包，一丝不苟。潘家铮又想了好多办法，许以民怎么也不放心，要亲自洗。有一次，潘家铮出差之后，故意没有穿临行前准备好的衣服，回来许以民打开行李，潘家铮告诉她说：已经在外边干洗店洗过了，放心吧。

老太太拿起闻了闻，说：你看看，他们就是洗不干净嘛。

这一回，潘家铮耐心坐下来跟她说原委，劝妻子放心让保姆干就是。慢慢地，许以民也就"放权"了。

家里有这样一个病人，要比一个身体上有什么病变的病人更难侍候，进入暮年的潘家铮对妻子格外关心，每一次出差到外地，要到超市里挑许以民爱吃的南方特产带回来。每一次他都是亲自去，不让别人代劳。有一次在成都，他的学生王仁坤陪同到超市买东西，挑下一堆，潘家铮一一检视，拿起一件放回去，说：你看看，有食品防腐剂。

2008年1月6日，潘家铮右手骨折，身体接着出现不适，在家里调养。4月17日，许以民不慎摔倒，至右臂骨折。5月8日，潘家铮病检确诊为直肠癌。

两位老人同时入院。这时候，老伴许以民已经严重失忆，无法配合医生治疗，刚刚接好的右臂打着石膏，她觉得难受，让把石膏拆掉。一到晚上趁人不备，自己偷偷跑到水龙头冲掉绑在手臂上的石膏，以致骨折处再次开裂。后来只能靠自行恢复，从此这条右臂使不上劲，抬起来都困难。

更为糟糕的是，2009年，许以民再一次摔跤跌倒，至股骨头骨折。按说，股骨头骨折修复手术是常规性手术，能够很快痊愈。但是她年事已高，根本无法手术，只能自然恢复，从此卧床。

这样，就到了 2011 年。因为潘家铮入院治疗，老伴骨折后长期卧床，子女都是工作在身的人。无奈之计，女儿只能咬咬牙将母亲送到带医疗的养老院。

那是一家位于北京东四环红领巾桥附近的养老院，有医疗和康复功能。更有幸的是，养老院距离女儿的住家不远，每天可以探视。

如何向父亲说，潘敏为难了，作为长女，她太知道父母亲之间的感情了。她怎么对父亲说？不对父亲讲清楚又不行。

其实也瞒了不几天，因为通常潘家铮每周六上午都要请假出院，回家去看望老伴。果不其然，潘敏到医院探望父亲，父亲第一句话问的就是待在家里的母亲。

潘敏不得不如实相告。

不出潘敏所料，潘家铮听后惊愕不已，好长时间没有说话，脸色很难看。

然后，他急着要去探望，医生和护士都不允许，因为还在化疗期间，只能周末和星期天才可以请假出去。潘敏也急忙眼泪涟涟劝父亲，等星期天再去。

潘家铮只能等，妻子现在怎么样？她一个病人啊。

事后，护工发现，在等待星期天看望妻子的前一晚，潘家铮写了厚厚的一叠请假条，事由均为探望病中的老伴，下面的年月日空着。厚厚的一大叠，每一张请假条都写得非常工整。

星期天到了。潘敏前往医院接父亲，刚进入病房，只见父亲早已换下病号服，穿好那身浅灰色西服，端坐在病房的椅子上，单等她到来。

父亲等了多长时间？她不敢问。

潘家铮由女儿带着前往养老院，他看见老妻躺在床上，眼泪哗哗就下来了。潘敏给父亲搬了一只椅子让他坐在床前。

潘家铮坐下来，夫妻执手相看，一句话也不说。潘家铮泪泗滂沱，渐渐变成恸哭。

女儿陪在一旁，泪流满面。

许以民严重失忆，但她却一直认识丈夫的。她摇摇丈夫的手说：家铮啊，我不要紧的，你注意你的身体哦。

一辈子，许以民总是这样来称呼令自己骄傲的丈夫：家铮啊——

"萍踪莫问几时还，巨任加肩岂等闲。壮士耻谈儿女事，英雄定破利名关"。这是潘家铮一生中唯一写给妻子的诗。

那是 1964 年潘家铮随上海 600 多名勘测设计大军开赴锦屏大山时给妻子的赠言，37 岁的潘家铮壮心烈烈，预作"十年不归计"，要把自己的全部智慧献给奔腾咆哮的雅砻江。此刻，他想起这首写给妻子的诗了吗？此时，潘家铮对妻子的情感哪里是能够用言语表达的。但此刻，他一定明白妻子对他的一生事业的意义。

利名关已然破尽，儿女事再谈已迟。潘家铮欠妻子太多。

还是妻子再一次安慰他才止住悲恸：家铮啊，我不要紧的，真的不要紧的。

他将老伴扶下床，坐在轮椅上。他推着妻子走出房间，外面的阳光很好的。他推着妻子走了好长时间。

以后，每隔两个星期，潘家铮准时到养老院去探望妻子，推着妻子在养老院外的绿地上走，花开花落，叶绿叶黄，潘家铮边推着妻子走，一边滔滔不绝对她说话。

要说，几十年两个人在家里说的话加起来，怕也没有那一段时间多，他要把这些话全部补起来。

到 2011 年的年底，潘家铮的病情突然恶化，连日高烧不退，全身泛黄。诊断为急性胆管堵塞，需马上施行手术。术后，医生再不允许请假，潘家铮无奈，这样隔了有两个月的时间没见到老伴，直到身体有所起色，才被批准请假外出。这样，又恢复了每周末前往探视老伴的习惯，只是这样的日子没有持续多长时间，从 3 月到 5 月底，也就是两个多月的时间。2012 年 5 月 26 日，周六，癌病已经扩散到脑部，潘家铮虚弱至极，他最后一次前往探望老伴，然后，又坐车回到他们住的那栋居民楼，下车，只能远远望一眼他跟老伴最后生活十多年的居室，还有那一扇熟悉的窗户。

7 月 13 日，潘家铮溘然长逝。

许以民脑子清醒的时候，会问女儿：你父亲怎么不来了？他身体怎么样啊？

女儿哪里敢告诉他父亲已经不在人世？

许以民，性格里那种精明、强干、担当，到晚年患老年失忆病之后荡然无存。若不然，她怎么面对与丈夫的生离死别？

2013 年 4 月 14 日午夜，妻子许以民病逝。距离丈夫潘家铮离开人世整整9 个月。

梦里家山

是从 2011 年的下半年开始，潘家铮的身体没有什么反复，精神显得要更好一些。这些，体现在他的思维特别清晰，还体现出一种特别东西，李永立跟随他将近 20 年，潘总忽然现出的那种说不清的精神头是他陌生的。

有一天他从单位骑车来给潘家铮送资料，进了病房，护工为潘家铮做例行的腿部按摩。潘家铮呢，悠然坐在椅子上，嘴里哼着曲子。李永立不知道他在哼什么，但从曲子的味道来判断，他嘴里哼的是江南小调无疑。

他知道潘家铮平时没有什么爱好，抽烟、饮酒无缘，就是跟文娱体育沾边的东西，潘家铮一概不感兴趣。当然，他知道潘家铮爱看杂书，闲书。在潘家铮的书柜里，汗牛充栋的专业书籍不必说，更有许多文史方面的书籍，有些书，就是他这个学中文出身的都闻所未闻。

但潘家铮能哼出这样的小调，他怎么也不敢想，潘总会有这一手。

得病之后的潘家铮还在做着一件非常大的事情，他在写自己的回忆录。

不是有《春梦秋云录》吗？怎么还写回忆录？

《春梦秋云录》还有一个副题，叫作《浮生散记》，既是"散记"，当然不能系统地构成一部完整的回忆录。他的构思想来很庞大。

只是，一个"病废在床"的人，完成如此庞大的构思，精力、时间都已经不允许，毕竟是 84 岁的人了。闲暇之时，他一次次手捧着电子输入面板，将自己的思绪一回回送到古老的绍兴城，一点一点回忆自己从祖母、父亲那里听来祖先故事，回忆祖母教会的那些流行于越城地区的歌谣，回忆祖父和父亲，回忆母亲的辛劳，手写笔在电子输入板上挪动，过往如电影镜头一样一帧一帧在脑海中浮现，战火中偷闲阅读，沦陷区的少年行状，九莲寺里学诗乐趣，双山小学的那架凤凰琴，浙江大学困苦求学，哥哥，弟弟，妹妹，还有后来的爱情，等等。

哼着江南小调的潘家铮，这时候进入了一种情境，复又唤回青春的诗情。

李永立还看到，当妹妹潘家英来探视，兄妹俩不说别的，就说过去家里的一些琐琐细细的事情，说的是绍兴话，他也听不完整。有一次，他跟妹妹讲起曾祖父被太平军掳去的事情，妹妹告诉他说外甥女程力真曾见到过曾祖父寄回家里的那封信，他马上让外甥女前来问问究竟，一老一少在那里说说说，少的说得确凿无疑，老的却想不起究竟。

乡关入梦，落纸成文。

李永立当然感到非常陌生的，眼前的潘家铮与他眼里的潘总完全是大相径庭的两个人。

潘家铮在医院里陆陆续续写，他将完成的文稿辑为《积木山房丛稿》，到2012年5月19日，将《积木山房丛稿》最后一卷第六卷交给李永立，让他打印装订。李永立才知潘家铮强支病体，完成了多么浩大的一个工程。此时，癌细胞已经转移至脑部，距离潘家铮去世不到两个月。

《积木山房丛稿》共六册。首册是一部家族史，定名《寒门琐记》。二册是他几十年陆续写成的读诗心得《积木山房诗话》，全书六章，计14万字。《秋魂集》，乃1969年小女儿潘定去世之后，作为父亲的潘家铮和泪写下的悼念诗文，计10万字，收有88首悼亡诗。下来就是祖父的文集残卷整理以及父亲留存的诗词集，定名《吉光片羽集》。还有他一生的诗词总集，有《锦屏诗草》《读报有感》《京华诗草》，诸章，收有一生创作诗词计400多首。

也许是力不能逮，也许是潘家铮根本无意将这些文字出版面世，他的家史和自传性文字都用文言文写成，约得6万字。这些无意出版面世的文字，恰恰是了解科学家和工程师潘家铮成长与生平的重要资料。

越是晚年，潘家铮越是想起家乡，而且家乡的模样越来越清晰，老台门院，粉墙乌瓦，藤萝，坞船，桥埭，还有从天井里迈脚进来的阳光，几乎可以闻见阳光的味道的，还有，双山小学学生们在清晨里的琅琅读书声，从这些自传性文字中，浓烈思乡之情扑面而来。

1964年，母亲去世，他把母亲安葬回绍兴家乡，从那以后就很少回去了。正式调任北京，公务繁忙，根本无法分身，再说，家乡那边已经没有什么亲人在。直到2006年，曹娥江大闸工程聘请他担任专家组组长，他才再一次踏上家乡的土地。出差间隙，曾回乡扫墓，谁能想到，家乡几经变迁，祖父母的坟茔却遍寻不着，潘家铮颇为失落。

这件事情被一位绍兴的企业家记住了，他就是绍兴中厦集团的董事长，名叫杨学夫。杨学夫在潘家铮离开之后，根据潘家铮的描述，遍访乡里老人，终于准确地找到了潘家的祖茔位置。好在祖茔还未被破坏，只是荒败不少。潘家铮得到祖茔找到的消息，高兴异常。

2006 年年底，潘家铮回乡参加曹娥江大闸工程专家组第二次会议，才得以如愿为祖父母和父母亲扫墓，并将祖茔修缮一番。

2011 年 12 月 25 日，潘家铮首度病情恶化，医院已经向国家电网公司总值班室发送病危通知。

发病前两天，潘家铮还给华能集团领导写信，并写了在专家委员会年会上的发言。两天之后，突然高烧不退。发烧的原因很快查清，是因为胆管中结石阻塞，胆汁不能顺畅排出，毒素随之进入血液所致。

12 月 28 日，医院为潘家铮施行取胆石手术。

手术成功，但体能消耗过大，化疗只能停止。直到 2012 年 2 月 16 日，医院专家决定实施放射疗法，抑制癌细胞扩散。

手术之后，潘家铮托李永立帮他完成两件事，一件，就是为水力发电学会"潘家铮水电科技基金"个人捐款 20 万元，另一件，是托李永立跟绍兴一中联系，想捐一笔钱，以父亲潘之赓的名义设立一个奖学金，奖励那些学习好、家庭困难的孩子，为他们解决一点经济负担。

以父亲的名义设立奖学金，早在 1990 年代初即有动议，只是杂七杂八，最终没有落实下来，这成为潘家铮多年来一块心病。

李永立打电话给杨学夫。杨学夫是绍兴市政协委员，他再跟绍兴市政协副主席杨伟波和绍兴一中联系，表达潘家铮捐款的意愿。

事情办得很顺利，3 月 2 日，潘家铮以自己和妹妹潘家英的名义向绍兴一中捐款 40 万元。4 月，绍兴市政协副主席杨伟波和中厦集团董事长杨学夫代表潘家铮出席绍兴市中学设立"潘之赓奖学金"仪式，潘家铮这一夙愿得以完成。

也是在胆囊摘除手术后不久，全国两会召开，潘家铮读到政府工作报告中关于能源战略的部分，对李永立讲，就电力和能源问题，想给中央领导写封信。2012 年 3 月 20 日，潘家铮给李永立发来关于能源问题致时任国务院副总理李克强的信，并嘱咐，将此信转送国家电网公司和中国工程院领导，征求意见。

这封信有洋洋 4000 多字，都是术后的潘家铮在写字板上一字一字录入的。

征求意见稿发出，潘家铮反复修改，十易其稿，4 月 9 日，将信打印出来，通过机要交换寄往国务院。

4 月 18 日，潘家铮忽现昏睡、血压升高、头晕症状。

按照工作日志标志，此日，水电水利规划总院召开关于怒江流域规划的会议，邀请潘家铮参会。关于怒江流域开发，社会上炒得很热，潘家铮对怒江流域的开发的参与并不多，他很想去听一听。这一天正是放疗的最后一天，所以在会前他让李永立代他参加会议，把专家们的意见带回来。

正在会上的李永立接到护工的电话，护工告诉他，爷爷总是睡觉，叫都叫不醒，小李叔叔你快来看看吧。

天色已晚，李永立赶忙收拾东西离开会场赶到医院，他赶到的时候，潘家铮已经醒了过来，头疼减轻。潘家铮还安慰他，没事儿，也许是因为血压高引起的头痛。催他早点回去休息。

谁知道第二天情况更糟，潘家铮昏睡依旧，且伴有呕吐。CT 检查结果，癌病已经肺转至脑。肿瘤压破小血管，导致暂时昏迷。

治疗方案再作调整，肺部放疗再加脑部放疗。放疗之后，潘家铮的身体大受损伤，能够说话，但是手却不能随心而动去写东西了。但是，只要治疗结束，躺着的潘家铮的手里总是抱着写字板不放，总是在那里写东西。护工怕他过于劳累，常常找各种理由拉着他走路，不停跟他说话。潘家铮这个时候对锻炼身体已经采取了应付的态度，让护工拉着在楼道里走路，溜达，溜达完之后，马上又故态如初，抱起写字板再写。

到最后虽然天天捧着写字板，但什么也干不成，手不听使唤。连护工看着也可怜，她红着眼圈告诉李永立和潘敏：现在爷爷总是这样，看着电脑却写不了字，有时连电脑都打不开，手不听使唤，笔总也点不准。

就是在这样的情况下，潘家铮仍然完成了《积木山房丛稿》第六卷，也就是最后一卷的整理。5 月 19 日夜，李永立收到潘家铮发来的邮件。这一封邮件一反常态，没有任何留言，只有一个整理好的附件孤零零地挂在那里。

他想象不出，老人是在什么样的情况下完成这一动作的。整理、存档、挂在邮件上面，然后点击，发出，对已经病入膏肓的人而言，简直如同远涉千山万水。

这是潘家铮一生中发出的最后一封邮件。

此前的 5 月 17 日，中国工程界最高奖项——光华工程科技奖理事会全体通过，授予潘家铮光华工程科技奖终身成就奖。

5 月 19 日之后，他就丢开写字板，不再看电脑，偶尔看看电视，通常是什么都不看。放疗之后，过去梳得一丝不苟的头发全部落光了，但脸色还好。跟女儿和儿子说话，大多数时间是微笑着听他们讲。老秘书李永立来，坐在床边的小凳子上，老少两个相处二十多年，情同父子。潘家铮会拉住李永立的手，面带笑容。就那么拉着，偶尔有一两句对话。

5 月 20 日，李永立和刘洪两个老搭档带潘家铮回了一趟国家电网公司总部，看了看他待了十多年的办公室。潘家铮向来不轻易在脸上显露他的内心世界，这一回也没有任何表示。看完，转身，离开。

5 月 26 日，最后一次看望妻子。

5 月 29 日，潘家铮再和李永立、刘洪前往国家电网公司在密云的绿化基地。这是潘家铮最后一次看一眼水库，看一眼水电站。

6 月 4 日，他还能和从美国回来探望他的小孙子前往潭柘寺。那天的天气不凉，也不热。潘家铮游兴甚高。

6 月 5 日，病情出现反复，持续高烧。

6 月 6 日，肺部肿瘤呈弥漫性扩散。

是日，中国工程院院长周济来医院探望，祝贺潘家铮获得光华工程科技奖终身成就奖。周济院长从病房出来，直接到医生办公室询问潘家铮的病情，医生如实相告。

6 月 13 日，时任国务委员的刘延东专程来医院为潘家铮颁奖。潘家铮脱下病号服，换上西服，戴好领带，庄重端坐。刘延东在病房里宣读授奖词，潘家铮郑重接过奖牌，致谢。然后，合影。他还戴着氧气罩。

晚，原国务委员、中国工程院院长宋健来探望，向潘家铮获奖表示祝贺。

翌日，潘家铮决定将光华工程科技奖全部奖金 40 万元捐赠"潘家铮水电科技基金"。征询女儿潘敏、潘净和秘书李永立意见，全部同意。

6月29日，中国水力发电工程学会秘书长李菊根和副秘书长李新前来探望，同时带来潘家铮向"潘家铮水电科技基金"捐赠40万元协议书。潘家铮颤颤巍巍在协议上写下自己的名字。

7月2日，40万元从工资卡划入浙江大学"潘家铮水电科技基金"账号。

7月5日，不能进食，借助呼吸机才能呼吸。昏睡。

7月9日，病情未改善，但有知觉。

7月10日，钱正英、张基尧前来探望，潘家铮陷入昏迷，仅以目光表示谢意。

7月12日，国家电网公司总经理刘振亚再次前来探望，潘家铮完全昏迷。

7月13日，潘家铮仍昏迷，中午12点01分，心脏停止跳动。

85岁的潘家铮去了。李永立和刘洪两人立即编发短信，告知生前的单位、领导、同事、朋友。

所有收到短信的人都很吃惊。大家知道这个消息之后，几乎所有的人都想到远在千里之外的三峡工程。

天下有巧合的事情，但没有事情会巧合到这样天衣无缝的程度。

潘家铮的心脏停止跳动前的15个小时，2012年7月12日，随着长江2号洪峰的到来，三峡入库流量增至56000立方米每秒，大坝上下游水位落差增至85米左右，具备了全部32台机组满负荷发电的条件。是日晚9时，三峡大坝左、右岸电站厂房26台机组，地下电站6台机组全部满负荷运行，巨大的水轮机飞速运转，首次成功实现2250万千瓦满负荷运行发电，全部机组日均发电量5.4亿千瓦时。

32台机组运行情况良好。15个小时之后，潘家铮转身走了，留给这个世界一个巨大的背影。

潘家铮晚年用心和用力最多，备受责难和赞扬，备受质疑与肯定的这座大坝，以这样一种方式送别他的技术总负责人。

三峡大坝32台水轮机高速旋转，发出巨大的轰鸣声，北京老城六街灯火一盏一盏亮起。那个潘总，要像平时质量检查一样，倾听、查看上15个小时，然后默默离开。

20 多年前，他不是说过这样的话？

如果三峡工程需要有人献身，我将毫不犹豫地率先报名，我愿意将自己的身躯永远铸在大坝之中，让我的灵魂在晨曦暮霭之中，听那水轮发电机的歌唱，迎接那万吨船队的来往，直到千秋万载。[471]

——2014 年 3 月—2015 年 5 月 30 日初稿

——2016 年 1 月 5 日二稿

第二十一章 最后岁月

471　参见《春梦秋云录——浮生散记》(第二版)，潘家铮著，中国水利水电出版社，2000.12，第 368 页。

潘家铮传

附录
潘家铮生平和主要技术活动年表

1927 年 （1 岁）

10 月 19 日，农历丁卯九月廿四日，出生于浙江绍兴，肖兔。名家铨。

祖父潘少华，前清贡生。以教书为业，曾任省立绍兴中学教师；父潘之赓，东南大学教育系毕业，先后任浙江省教育厅职员、绍兴中学和南京师范学校教师。

1932 年 （6 岁）

举家由绍兴迁往杭州。

8 月，入天长小学。

1937 年 （10 岁）

8 月，日军进侵浙江，杭州告急。举家迁回绍兴。

入绍兴县第二小学。

1938 年—1940 年 （11 岁—13 岁）

因战乱四次失学，完成小学学业；再就读于绍兴承天中学，读初一年级。

1941 年—1942 年 （14 岁—15 岁）

1941 年 11 月，随父亲赴嵊县就读临时中学一部，读初二年级。

1942 年 5 月，浙赣会战开始，临时中学解散，失学。与同学一起流亡，半道因病折返。7 月，随父亲回绍兴沦陷区。

1943 年 （16 岁）

在家自修初、高中课程。

其间，与人合作开旧书店，广搜旧籍，开始文学创作练笔。

1944 年 （17 岁）

9 月，随父亲潘之赓赴上虞县舜阳中学，任书记员。

1945 年 （18 岁）

赴绍兴汤浦镇中心小学任小学教员。

9 月，抗战胜利，绍兴复员。

兄长患病。转任漓渚镇中心小学教员。

1946 年 （19 岁）

年初，顶替兄长名字参加"收复区中等学校学生资格甄别审查"，获高中毕业文凭。从此名"家铮"。

7月，参加浙江大学招生考试。初报考中文系，受父责，改考"航空系"。

同月，赴绍兴双山乡中心小学任教员。

11月，被浙江大学航空系录取。

11月14日，赴杭州报到入学。

11月18日，父亲在杭州病逝。

1947年　（20岁）

由航空系转入土木系。

1948年　（21岁）

暑期，赴陈文港实习，初次接触软土滑坡问题。

1949年　（22岁）

下半学期，响应号召赴舟山前线承担修复公路任务，补充学习土力学。

转而承担修复宁波至奉化公路的康岭大桥。在实践过程中，写成第一篇学术论文《桁架变位的几何数解法》。

1950年　（23岁）

春，赴嘉兴承担修复机场工作，任测量组组长。

8月，由浙江大学毕业，由钱令希推荐，任燃料工业部钱塘江水电勘测处技术员。

9月，参加金华县湖海塘水电站设计和施工。其间，参与灵山港、分水江水电站的勘测设计。

1951年　（24岁）

5月，黄坛口水电工程获准上马。参与黄坛口水电站的勘测设计。

10月，黄坛口工程开工建设。

1952年　（25岁）

黄坛口左岸西山坝头因地质资料不足，施工中遇到问题，采用苏联专家建议，主持设计转弯坝段设计、滑坡稳定分析的水文单位线分析及汇流理论等工作。

1953年　（26岁）

7月，黄坛口工程因西山滑波问题和洪水资料不足而被迫停工。

12月，与许以民结婚。

完成多篇技术论文。

1954 年 （27 岁）

1 月，调任北京水力发电建设总局设计处工作，从事黄坛口水电站补充设计工作，担任进水口及厂房组组长。

研究渐变段和地下洞室的分析问题，并随著名结构力学专家蔡方荫先生开展刚构分析研究。

1955 年 （28 岁）

1 月，调上海水力发电设计院（后更名为上海水力发电勘测设计院）。

在设计院举办学习讲座，自费编印讲义，为年轻技术人员讲授结构力学。

5 月，随水电总局局长李锐考察广东流溪河坝址。

1956 年 （29 岁）

承担广东流溪河水电站设计工作，担任水工组组长；同时承担海南东方水电站修复工程设计，任组长。

春，率设计组由上海赴海南，对东方水电站修复工地进行现场勘测设计。

1—6 月，主持完成流溪河水电站初步设计。

1957 年 （30 岁）

8 月，任新安江水电站设计副总工程师。

12 月，开始长驻新安江工地，兼任现场设计组组长，后任设计总工程师。

1958 年 （31 岁）

荣获上海市先进工作者称号。

1959 年 （32 岁）

对忽视施工质量和浮夸风作斗争，被工地内定为"右倾机会主义分子"和"白旗"进行批判。

1960 年 （33 岁）

5 月，新安江水电站基本竣工，返沪，从事黄浦江大闸设计。

1961 年 （34 岁）

从事乌溪江、富春江水电站、长江北口潮汐电站等工程设计，任工程负责人。至 1962 年。

1963 年 （36 岁）

参与混凝土重力坝、水工混凝土及钢筋混凝土设计规范的制订和审定工作。

1964 年　（37 岁）

返新安江水电站做"填平补齐"设计与施工工作。

5 月，母亲去世。

1965 年　（38 岁）

5 月，参加"大三线建设"，任锦屏水电指挥部勘测设计办公室副主任，负责锦屏水电站及磨房沟水电站的规划、设计、科研工作。

1966 年　（39 岁）

2 月，任水电总局工作组成员，赴四川大渡河龚嘴水电站工地，协助成都勘测设计院进行龚嘴水电站的设计工作。

《重力坝的设计与计算》一书正式出版。

6 月，"文化大革命"开始，被单位造反派确定为"第一个揪出来的反动学术权威"，回上海接受批判。

做永安水电站设计与研究工作。

1967 年　（40 岁）

1 月，入"牛棚"劳动改造，不断被批斗。

1968 年　（41 岁）

5 月，小女儿潘定被确诊患白血病。

1969 年　（42 岁）

8 月，小女儿潘定去世。

1970 年　（43 岁）

2 月，解除"牛棚"劳动改造。

5 月，恢复工作，确定回四川锦屏磨房沟水电站参加设计、施工工作。

6 月，赴四川锦屏磨房沟水电站工地。

1971 年　（44 岁）

继续在磨房沟水电站从事设计、施工工作。

12 月 30 日，磨房沟水电站 1 号机组发电。

1972 年　（45 岁）

在磨房沟工地工作期间，奉令回浙江查勘紧水滩、小溪、飞云江水力资源，提出开发规划。

12 月，参加水利电力部乌江渡工作组。

1973 年　（46 岁）

1 月，以水利电力部工作组成员身份研究解决乌江渡工程问题。

受中南勘测设计院之邀，前往长沙讲课。

3 月，借调至水利电力部对外司任工程师。

在借调期间，主要负责审查务援外工程设计（阿尔巴尼亚菲尔泽水电站 、喀麦隆拉格都水电站、刚果布昂札水电站、马里姆巴拉利水利工程等）；参加有关中外会谈。同时协助水利电力部基建司审查国内各水电工程。

4 月，陕西安康水电站复审会议，任水工组组长，根据新发现的地质情况，决定移动坝线。

11 月，解决乌江渡水电站灌浆、地基处理问题。

1974 年　（47 岁）

4 月，参加河南固县水库设计审查。

10 月，参加吉林白山水电站设计审查。

1975 年　（48 岁）

6 月，参加广东枫树坝及泉水工程工程研究。

9 月，参加新安江工程鉴定。

12 月，审定钢筋混凝土设计规范。

本年度，赴阿尔巴尼亚审查菲尔泽水电站设计。研究土坝和库区内布拉瓦大滑坡的稳定问题。提出滑坡问题的"潘家铮最大最小原理"；与孙君实合作，开发用计算机寻优原理分析任意滑坡稳定问题，最后形成"潘家铮—孙君实算法"。

1976 年　（49 岁）

7 月，唐山大地震，赴唐山抗震救灾。

10 月，主持拱坝电子计算机分析会议。

12 月，龙羊峡水电站审查会议，审定其坝址、坝型、规模。

1977 年　（50 岁）

1 月，赴湖南参加凤滩水电站审查会议。

3 月，参加设计规范审查会议。

6 月，参加云南黄泥河规划审查，决策开发鲁布革水电站。参加葛洲坝二江工程审查会议。

11 月，赴湖南参加东江水电站初步审查会议。

12 月，参加凤滩水电站鉴定会议，决策下闸蓄水。参加马迹塘工程研究。参加陈村工程基础处理审定会议。

1978 年　（51 岁）

2 月，葛洲坝工程厂房设计审查会议。

3月，正式调京，任水利电力部规划设计总院任副总工程师，后升任总工程师（该机构名称先后为：水利电力部规划设计院、电力工业部水电建设总局、水利电力部水利水电建设总公司、水利电力部水利水电规划设计院），被授予部科技先进工作者称号。

7月，审查铜街子工程和南桠河工程设计。

8月，审查二滩水电站规划，决策采用一级开发方案，修建我国最高的拱坝（240m）。

1979 年　（52 岁）

2月，赴日本考察高坝抗震技术。

5月，铜街子工程初步设计审查、二滩选坝，选定高拱坝坝址。

7月，与外国专家组考察二滩工程，高坝方案得到外国专家的充分肯定。

8月，研究安康和五强溪工程技术问题。

9月，主持岩滩审查会、龙羊峡截流会。

10月，查勘黄河上游。

12月，二滩工程中间讨论会、查勘四川水电资源。

1980 年　（53 岁）

1月，研究鲁布革工程技术问题。

2月，赴紧水滩工地考察。

3月，出席中国科协大会。

4月，主持彭水工程设计审查会。

6月，主持龙羊峡工程枢纽设计审查会。

7月，葛洲坝工程初验会。

9月，赴法国、西班牙考察大坝工程。

1981 年　（54 岁）

年初开始改写《水工结构应力分析丛书》。

1月，主持大化水电站基础处理会议，明确问题性质，决定采取的措施。

4月，龚嘴工程鉴定会、大峡工程选定坝址和工程总布置会。

专著《水工结构分析文集》出版。

5月，入选为中国科学院学部委员，出席第四次院士大会。

6月，赴龙羊峡作度汛前的检查工作，布置防汛加固工程。

9月，赴龙羊峡参加抗洪抢险。

10月，主持彭水工程设计汇报会、安康工程泄洪消能讨论会。

1982 年　（55 岁）

3月，主持铜街子工程技术研讨会、碧口工程尾工研究。

6月，主持龙羊峡工程基础处理工程审定会。

7月，审查五强溪工程。

10月，审查棉花滩工程初设。

11月，审查大峡水电站初步设计。

1983 年 （56 岁）

1 月，审定天生桥一级工程坝型（确定土石坝型）。

3 月，研究葛洲坝工程大江泥沙问题。

6 月，审查李家峡工程可行性研究。

9 月，审查二滩工程可行性研究。

10 月，赴美国、巴西考察水电工程。

1984 年 （57 岁）

年初，被国家科委授予有突出贡献专家称号。

2 月，剖析石塘工程节约工程量降低造价。修改现行重力坝设计规范问题。

3 月，审定安康地基处理方案、出席三峡工程座谈会。

7 月，审定龙羊峡工程基础处理设计。

9 月，审查李家峡工程初步设计，推荐及早建设。正式提出改进重力坝设计原则和设计规范的意见。

10 月，处理东江大坝裂缝。

1985 年 （58 岁）

1 月，审查上海市防洪设计可行性报告。

5 月，审查龙滩工程可行性报告。

6 月，赴瑞士出席国际大坝会议 15 届全会、考察瑞士水电工程。

9 月，担任河海大学博士生导师。

10 月，任水利水电部总工程师。任此职至 1988 年 4 月。

当选中国水电学会副理事长、中国水利学会副理事长、中国大坝委员会副主席。被任命为国务院学位委员会委员，提出加快实现在职研究生制度。参与三峡工程论证工作，担任领导小组副组长及技术总负责人。

12 月，出席黑山峡工程讨论会。

1986 年 （59 岁）

1 月，审定二滩工程初步设计。

3 月，参加"七五"国家科技攻关会议。

4 月，查勘三峡工程航运问题。

5 月，出席岩滩工程碾压混凝土会议。

7 月，作为中方代表和指导委员会主席赴加拿大出席世界银行三峡会议，确定工作进行计划。

9 月，参加龙羊峡工程验收会议。

10 月，陪同时任国务院总理的李鹏出访埃及，考察阿斯旺水坝。

11 月，赴加拿大主持世界银行三峡会议，审查加拿大提出的概念设计。

1987 年　（60 岁）

1 月，再次被国务院任命为学位委员会会员。

2 月，考察海南水利水电工程。参加三峡工程论证。

7 月，考察东北水电工程。参加世界银行二滩特别咨询会议，任咨询团专家。

8 月，推广设计工作招标。

9 月，主持世界银行三峡工程指导委员会会议。

考察法国水电工程和潮汐电站。

10 月，主持三峡工程船闸问题会议。

12 月，主持水利水电工程电算程序开发会议。主持三峡工程第五次领导小组会议。

专著《重力坝设计》出版。

1988 年　（61 岁）

1 月，赴加拿大主持三峡工程指导委员会会议。

2 月，三峡工程第七次领导小组会议。

4 月，三峡工程第八次领导小组会议。

5 月，主持龙滩坝型选择会议。

6 月，赴美国旧金山出席国际大坝会议 16 届全会、赴加拿大主持世界银行三峡指导委员会会议。

受聘为广州抽水蓄能工程的高级咨询专家。

7 月，广州抽水蓄能工程第一次咨询会议。

8 月，颁发大坝安全监察细则。参与审定乌江规划报告。

9 月，主持广州抽水蓄能电站高级咨询会议，详细分析地质资料，确定高压管道及地下厂房布置。

11 月，查勘万家寨水电站坝址及引黄入晋工程。出席三峡工程会议。

12 月，试行锦屏工程设计招标。出席五强溪工程通航问题会议。

1989 年　（62 岁）

1 月，出席广州抽水蓄能电站中法签字会议。

获中科院荣誉奖章。

3 月，出席三峡论证会议。

4 月，出席二滩特别咨询团会议。

5 月，出席广州抽水蓄能电站第三次咨询会议。

7 月，赴丹麦哥本哈根出席国际大坝会议年会。

8 月，赴龙羊峡参加防汛抢险。

9 月，参加水口水电站截流。

10 月，参加葛洲坝大江工程初验。

11 月，主持水工结构软件鉴定、万家寨工程审查、葛洲坝安全检查。

主持广州抽水蓄能电站第四次咨询会议。

1990年　（63岁）

1月，参加二滩评标。被授予国家设计大师称号。

2月，处理龙羊峡滑坡问题。出席二滩特别咨询组会议。

4月，代表能源部参加中央慰问团慰问青海唐格木地震区。

6月，参加中国科学院学术发展方向研究会。

7月，代表三峡工程论证领导小组向中央汇报三峡论证结论。

8月，主持水口工程现场会。

9月，出席并主持龙滩工程初设审定、软件成果鉴定等会议。

10月，出席中国水力发电工程学会第三次代表大会。研究龙羊峡水库地震问题。

11月，出席小浪底咨询会议，支持采用"多级孔板洞消能方案"。

12月，出席向家坝工程选坝会议。出席"八五"机电攻关研究会议。

1991年　（64岁）

1月，随同邹家华副总理访问法国。

2月，研究"八五"科技攻关项目。向政协全国委员会汇报三峡工程论证情况。会见德国水利代表团。

3月，审查勘测设计新技术、研究十三陵工程。出席广州抽水蓄能电站咨询会。参与"七五"科技攻关验收。

4月，参加岩石力学情报网会议。

5月，研究澜沧江开发问题、五强溪工程和十三陵工程中的问题。出席三峡论证领导小组会议。

6月，赴维也纳参加国际大坝会议17届大会。赴法国考察英法海底隧道工程。

7月，参加国务院三峡工程审查委员会工作会议，形成审查初稿。

8月，研究锦屏工程问题、天荒坪工程、三峡的移民与环保问题、出席二滩工程签字仪式。

9月，参加二滩协调小组会议。研究漫湾工程问题。讨论标准化工作。研究冶勒、莲花、大广坝、隔河岩工程问题。考察小湾工程坝址。

10月，研究审定天生桥工程不良地质段处理。考察隔河岩工地。

自传体散文集《春梦秋云录》由中国水利水电出版社出版。

11月，向人大常委会副委员长陈慕华汇报三峡工程。参加广州抽水蓄能电站第八次高级咨询会议。参加葛洲坝工程会议。

12月，协调十三陵工程争论。当选为中国岩石力学与工程学会理事长。研究五强溪、黑山峡工程问题。主持茅坪溪工程审定会议。

1992年　（65岁）

1月，审定三峡对外交通方案、明渠通航、永久通航三大遗留问题。参加国务院办公会议。出席三峡论证领导小组会议。

2月，向邹家华副总理汇报三峡升船机问题。参加可靠度设计审查会、明确水工设计要向可靠度理论转变。向全国人大代表解释三峡工程。

3 月，出席天荒坪特别咨询组会议。

4 月，出席防汛会议。出席十三陵上库问题会议。主持小湾可行性报告审查会。参加中国科学院学部委员大会。

5 月，主持工程 CAD 开发研究会。

6 月，出席三峡移民工作会议。赴加拿大与美国考察。

7 月，参加自然科学基金评审会。

8 月，参加特殊贡献专家评审。出席清华大学三峡泥沙试验研讨会。

9 月，赴西班牙参加国际大坝会议年会。赴法国考察潮汐发电站。

10 月，参与漫湾工程过水问题研究。考察安排新疆水利水电建设。出席三峡输电规划会议。参加《中国大百科全书（水利卷）》研究会议。当选为中国大坝委员会主席。

11 月，出席国务院学位委员会会议。陪同李鹏总理赴三峡，召开现场工作会议。出访英、法、比、德四国，介绍和宣传三峡工程。

12 月，审定龙滩工程厂房方案问题，决定采用全地下厂房方案。

1993 年　（66 岁）

1 月，出席全国能源工作会议。任清华大学双聘教授。在清华大学讲课。研究"八五"水电规划。

3 月，赴云南研究漫湾、小湾、糯札渡及景洪工程情况。被推荐为全国政协委员会第八届委员。

4 月，参加锦屏岩溶研讨会。出席三峡输变电工程协调会作总结。电力工业部成立，任电力工业部技术顾问。

5 月，出席土石坝防渗墙科研鉴定会。出席小湾工程科研会议。出席三峡工程初步设计审查会。调查研究天生桥二级电站调压井事故。

6 月，出席二滩特别咨询团会议。主持武汉水利电力大学答辩会。

7 月，参与天生桥一级工程决标。向国务院汇报三峡初设审查情况。

8 月，赴长春参加自然科学基金会评审。赴贵阳处理天生桥二级工程事故。
第一部科幻小说集《偷脑的贼》出版。

9 月，在三峡工地工作。

10 月，担任电力工业部科技委副主任。去美国达拉斯参加 ASCE 年会，在会上作三峡工程报告。

11 月，在三峡工地工作。担任中国长江三峡工程开发（简称三峡总公司）总公司技委会主任。研究棉花滩、东庄等工程问题。出席中国科学院技术科学部大会。

1994 年　（67 岁）

1 月，在三峡工地工作，审定钢管方案。

2 月，主持三峡技术设计审查会。参加天生桥工程、三峡泥沙科研会议。

3 月，主持天生桥一级工程围堰会议。赴浙江大学讲学。

4 月，参加三峡厂坝技术设计审查专家组会议。赴成都参加溪洛渡选坝会选定坝址。同时研究沙牌、桐子林工程。

5 月，辞去中国岩石力学与工程学会理事长职务，改任名誉理事长。

6 月，中国工程院成立，当选首批院士，担任中国工程院副院长。出席两院院士大会并作《重大工程中关键力学问题》的报告。参加电力科技工作会议。访问法国，作学术交流活动。

7月，出席电力教育会议，倡议建立电力教育基金。

8月，赴上海主持 CAD 工作会议。

9月，与巴西代表团会商合作方案。赴沪、杭出席华东勘测设计院成立 40 周年会议。

10月，出席中国电机工程学会成立 60 周年大会。赴南非出席国际大坝会议第 18 届大会。

11月，参与制订攀登计划。

12月，陪国务院总理李鹏参加三峡开工典礼、参加全国电力工作会议。

1995 年　（68 岁）

1月，审查三峡工程技术设计。

3月，出席小湾初步设计技术讨论会。

4月，担任国务院学位委员会第三届委员并出席会议。向国务院汇报三峡升船机问题。研究马来西亚工程。率中国工程院院士去广州考察电力工业。

5月，出席中国工程院院士大会。参加广州抽水蓄能电站鉴定会。

6~7月，赴挪威参加国际大坝会议年会。参加广州抽水蓄能电站鉴定会。

8月，研究解决三峡工程大坝稳定及厂坝联合受力问题。

9月，赴南宁研究三峡试验和龙滩 RCC 坝承载力试验。在广西大学作学术讲演。

10月，获何梁何利科技进步奖。出席并主持"八五"科技攻关鉴定会讨论三峡小江大防护方案。

11月，参加国务院三峡建设委员会会议，汇报技术设计审查情况。出席景洪电站预可研审查会。参加南水北调讨论会。

12月，出席小湾水电站初步设计审查会，审定通过初设。查看景洪水电站坝址。

1996 年　（69 岁）

1月，参加羊卓雍湖电站引水隧洞质量事故分析会。参加高坝关键技术研究目标验收。出席三峡厂房工程技术设计审查会议。

2月，出席三峡工程升船机机电专家组第三次会议。

3月，参加三峡工程泥沙课题研究成果鉴定会、水电工程建设质量问题专题座谈会。

4月，参加羊卓雍湖工程有关会议，与三峡办郭树言主任处商谈三峡水轮发电机组设备有关事宜。

5月，参加机电专家组北京地区科研项目验收。

6月，获电力工业部"全国先进科普工作者"称号。出席三峡工程技术委员会厂坝专家组第五次会议，出席中国工程院院士大会。参加电力工业部电网建设公司成立大会。

7月，参加中国工程院中国能源发展战略研讨会。主持中国工程院中国能源可持续发展战略课题的研究。赴河南参加小浪底技术委员会成立大会。

8月，率中国工程院能源矿业学部部分院士考察东北电网和大庆油田。

9月，参加技术委员会对三峡工程泄水及导流建筑物水力学设计专题报告审查。出席中国工程院"能源可持续发展战略"研讨会。

10月，出席参加中国科协召开的反对伪科学座谈会。出席高拱坝学术研讨会。

11月，出席三峡电站压力钢管科研成果讨论会。出席工程院能源可持续发展战略课题研讨会。

12 月，主持三峡大坝全级配混凝土极限拉伸有关参数咨询会。出席中国工程院能源发展战略课题研讨会。评审三峡工程库区小江大防护工程规划研究规划报告。

1997 年　（70 岁）

1 月，参加中国长江三峡工程开发总公司工作会议、三峡水利枢纽基础研究会议。

2 月，参加中国工程院"能源可持续发展战略课题"总报告修改意见讨论会。

3 月，出席全国政协八届五次会议。

4 月，出席黄河断流及对策专家座谈会。参加三峡变动回水区航道及洪水整治专题技术设计审查。到空军司令部作"能源可持续发展战略"报告。出席清华大学水利水电工程系建系 45 周年仪式并讲话，第一次提出开设"水害学"课程，建议系统研究水利工程对环境生态的负面影响。主持新安江水库重要参数论证审查会。

5 月，出席在意大利举行的国际大坝会议第 65 届年会和第 19 届大会（5 月 19 日～6 月 9 日）。

6 月，参加中国工程院"能源可持续发展战略"课题评审。

7 月，与中国长江三峡工程开发总公司讨论三峡工程的几个技术问题。参加三峡大坝混凝土技术研讨会。出席国际科幻大会。

8 月，担任中国工程院科学道德建设委员会主任委员，在主席团会议上作"设立科学道德建设委员会有关文件的说明"。参加三峡工程左岸 1-5 号坝段抗滑稳定专题研讨会。参加水布垭工地爆破碾压试验成果研讨会。

9 月，获中国老教授协会"科教兴国贡献奖"。参加国家科委对"中国能源可持续发展战略课题研究"课题评审。赴宜昌参加三峡工程大江截流前高级专家咨询、三峡工程大江截流前验收领导小组会议。

10 月，出席长江环境保护与经济技术发展研讨会。主持三峡大坝"深孔长管方案设计研究专题审查会"。

31 日，住院，接受胆囊摘除手术。

11 月，在北京医院住院，观看大江截流的全过程，起草"中国工程院院士行为守则"。30 日出院。

1998 年　（71 岁）

1 月，再次住院，接受胆管取石手术。

2 月，主持水电"九五"攻关专题组长工作会议。出席电力科技工作会议。

3 月，参加全国政协九届一次会议。参加江西省东津水电站竣工前安全鉴定会议。

4 月，参加小浪底技术委员会第三次会议。赴香港理工大学访问、讲学。

5 月，参加清江隔河岩水利枢纽泄洪消能工程研究成果鉴定会。参加混凝土构筑物质量研讨会。在中国工程院讨论向国务院汇报中国能源可持续发展战略的建议。参加三峡截流施工成果鉴定会。出席四川联合大学高速水力学国家重点实验室学术委员会第三次会议（成都）。出席国务院学位委员会学科评议组第七次会议。参加三峡通航建筑物及泥沙问题研讨、三峡永久船闸一闸首及上游隔流堤技术设计审查研讨、低热微膨胀混凝土课题研讨。

6 月，参加两院院士大会。到三峡工地参加三峡水利枢纽建筑规划方案设计报告审查。出席国务院学位委员会第十六次会议。研究三峡机组蜗壳打压问题。

7 月，参加清江水布垭高土石坝筑坝技术科研成果鉴定。

8月，出席三峡泥沙课题专家组会议。

9月，参加三峡工程压力钢管伸缩节研究。出席如何发挥三峡工程作用座谈会。

10月，出席国际水力发电会议开幕式。参加三峡电站厂房通风空调专题报告审查。参加清江水电站系统控制成果鉴定会。听取成都勘测设计院汇报溪洛渡工程前期工作成果。到三峡工地检查上下游围堰。

11月，赴小湾水电站工地出席云南小湾水电站设计咨询会议。参加三峡右岸电站24～26号机组段厂房型式及提前施工方案专题研究报告审查会。参加溪洛渡向家坝两电站比选咨询会。参加中国工程院"中国水资源可持续利用战略研究"课题组会议（任课题组副组长），主持该课题中"重大工程布局"子课题的研究。参加小浪底枢纽进出水口高边坡施工期稳定研究和加固技术成果鉴定。

12月，参加中国工程院"中国水资源可持续利用战略研究"课题组会议。

1999年　（72岁）

1月，出席水资源可持续利用课题组会议。出席水利部长江防汛工作会议。

2月，出席国务院基础设施建设工程质量工作会议。接受中央电视台《中国报导》专访"谈三峡工程质量问题"。出席国家电力公司"三峡送出电量市场分析"会议。

3月，出席关于煤层气利用的中联煤高级专家咨询会。出席黄河水利委员会防洪减灾情况汇报会。参加三峡右岸地下厂房技术审查。参加三峡工程质量评价。

6月，参加国家计划委员会三峡电量分配方案咨询。向全国政协汇报三峡工程质量问题。出席龙滩工程有关会议。参加自然科学基金会对三峡枢纽关键技术问题基础研究成果验收。出席三峡泥沙专家组会议。

7月，参加三峡工程八个单项技术设计审查成果汇报。出席能源企业发展战略研讨会。出席国家科学技术部"国家十五科技计划框架"咨询座谈会。出席中国科协反对伪科学座谈会。

8月，出席南水北调会议。

9月，赴新疆参加吉林台水电站项目咨询。赴小浪底水电站出差。出席中国科协首届学术年会。

10月，参加新疆吉林台一级水电站可行性研究重编概算审查会。出席21世纪水电开发国际会议。

11月，出席中国科学院建院50周年纪念大会。出席科学家爷爷与青少年代表见面座谈会。出席小湾水电站技术咨询会议。出席南水北调工程相关会议。出席中澳煤层利气用技术研讨会。出席三峡工程质量检查专家组成立召开第一次会议。

12月，参加三峡工程质量检查专家组对三峡工程第一次质量检查。参加小湾水电站区域地质构造稳定及水库触发地震问题研讨。

2000年　（73岁）

1月，赴深圳参加中国工程院青年科技论坛。出席中国工程院水资源课题组会议。出席南水北调工程有关会议。

2月，出席水布垭泄洪消能工程布置研讨会。

3月，出任国务院学位委员会第四届学科评议组成员。

4月，参加三峡工程质量检查专家组对三峡工程第二次检查。

5月，出席中国工程院中国水资源可持续利用课题综合组会议。出席"中国能源研究报告会"香山会议。出席中国工程院"西北水资源课题"工作组成立会议。出席小湾高拱坝关键技术研究成果汇报会。

6月，赴小浪底水电站工地出差。

7月，出席中国工程院"中国可持续发展水资源战略研究"课题组向国务院汇报会。

8月，出席三峡泥沙专家会议。为上海勘测设计院作《面向二十一世纪的中国水》学术报告。听取华东勘测设计院关于桐柏抽水蓄能电站设计工作汇报。出席中国工程院西北水资源课题综合组会议。

9月，出席桐柏抽水蓄能电站世行特别咨询团第一次会议。出席在北京举行的第20届国际大坝会议。出席南水北调西线规划专家咨询会。出席水利部关于南水北调工程向国务院汇报的准备会。出席云南红水河五里冲水库防渗处理科技成果鉴定会。出席中国工程院管理学部成立大会。

10月，出席水布垭泄洪消能成果审查会。出席国际工程技术大会。出席"九五"国家重点科技攻关"高坝工程技术研究"项目所属子课题成果验收会议。

11月，出席无神论协会会议。出席反邪教协会成立大会，任副理事长。赴广西，出席岩滩250吨级垂直升船机新技术研究及应用项目技术鉴定会。赴上海，主持长江口深水航道治理一期工程实施效果鉴定综合论证会。

12月，参加三峡工程质量检查专家组对三峡工程第三次质量检查。参加"九五"攻关（高坝）课题成果评审。听取南水北调西线规划汇报。

2001年 （74岁）

1月，《千秋功罪话水坝》获首届《Newton-科学世界》杯"十大科普好书奖"。

2月，参加南水北调西线工程规划专题评审会。参加中国长江三峡总公司工作会议。参加南水北调工程科研项目立项研讨。

3月，参加南水北调西线规划报告编写大纲评审。出席南水北调北方农业用水问题研讨会。讨论金沙江溪洛渡向家坝工程对长江珍稀鱼类国家自然保护区的影响及替代方案研究工作大纲。

4月，赴三峡工地进行第四次工程质量检查。参加"黄河黑山峡河段开发方案咨询报告"咨询会。讨论三峡工程分期蓄水问题。参加工程院"清江技术创新院士行"活动（湖北清江）。赴洛阳参加小浪底技术委员会第五次会议。参加中国工程院西北水资源课题组开会。

5月，参加长江口深水航道治理二三期工程可行性评估。出席南水北调西线工程规划纲要及一期工程规划审查会。赴河海大学作《水利建设的成就、问题和展望》学术报告。参加江苏宜兴抽水蓄能电站世界银行特别咨询团会议（任团长）。

《偷脑的贼》获第四届"全国优秀科普作品奖"一等奖。

6月，参加龙滩工程导流方案优化研究。参加锦屏二级电站引水隧洞专题研究审查（杭州）。

7月，出席国务院利用外资工作会议。出席反邪教协会会议。参加南水北调中线可调水量研讨会。

8月，参加南水北调工程生态环境规划报告审查。

9月，随中国工程院西北水资源可持续利用研究课题组到新疆北部考察。评估小湾水电站可研报告。

10月，随中国工程院西北水资源可持续利用研究课题组考察渭河。出席国务院三峡对三峡二期工程阶段审查工作大纲的审查会议。参加中国水利学会成立70周年庆祝大会。

11月，参加三峡工程第五次质量检查。赴香港理工大学访问，作《中国对大坝及水库若干问题的研究》的报告。

12 月，参加三峡工程泥沙原型观测规划审查会议。主持中国工程院重大工程项目管理模式研究座谈会。主持桐柏抽水蓄能特别咨询团会议。出席西北水资源课题及两科联盟等会议。

2002 年 （75 岁）

1 月，参加三峡第八个单项工程技术设计审查。出席西北水资源重大工程布局工作组会。参加三峡工程泥沙专家组谈渭河潼关泥沙淤积治理问题。

2 月，在三峡工地参加三峡二期大坝上游面混凝土裂缝成因分析及处理措施咨询。

3 月，出席金沙江一期工程对保护区影响及替代方案研究报告咨询评审会议。参加黄河黑山峡河段开发方案研究咨询。研讨龙滩大坝按 400m 蓄水位一次建成问题。

4 月，参加三峡工程第六次质量检查。出席关于"中国近代科技回顾与展望专题研讨"的国际科技会议。参加三峡二期工程上游围堰破堰前的验收。参加 750kV 输电网建设研讨会。

5 月，所主持的课题"高拱坝应力控制标准研究"获国家电力公司"中国电力科学技术奖"一等奖。

6 月，小湾水电工程专家委员会成立并任专家委员会主任。出席大柳树灌区规划座谈会。参加金沙江溪洛渡、向家坝水电站立项建设论证。参加三峡二期下游围堰进水前验收。

7 月，参加宜兴抽水蓄能电站世行特别咨询团第二次咨询。听取潼关淤积治理汇报。参加三峡二期工程验收。赴长沙参加波纹管科研成果鉴定。

8 月，参加长江、黄河两流域防洪规划成果讨论会。赴宜昌出席三峡升船机方案经比选。出席中国工程院水资源课题组会议。

9 月，赴台湾访问，作《水利建设中的哲学问题》报告。参加小湾电站泄洪洞优化设计报告审查会议。赴上海参加上海水资与可持续利用对策院士咨询。

10 月，参加三峡二期工程和截流前的验收（枢纽验收组）。参加三峡工程部分成果鉴定。随南水北调办公室向全国政协作南水北调规划汇报。

11 月，参加三峡工程第七次质量检查。出席三峡明渠截流仪式。赴云南小湾水电站工地参加坝肩抗力体加固和枢纽区渗流设计咨询会。出席中国工程院石油、天然气资源可持续发展战略研究课题会议。

12 月，迁居于清芷园。

出席南水北调对河势变化的影响分析座谈会。

2003 年 （76 岁）

1 月，出席长江水利委员会贯彻实施《水法》暨长江治理开发战略研讨会。出席三峡通航建筑物改建为冲沙洞专题汇报会。出席中国工程院西北水资源重大工程而已课题组研讨会。出席三峡总公司工作会议。听取百色水利枢纽施工图阶段主坝坝基工程地质汇报。

2 月，出席三峡工程垂直升船机主体部分方案比选审查会。出席中国工程院西北水资重大课题组工作组会议。

3 月，出席华东电力设计院成立 50 周年院庆。参加二滩大坝水力学及流激振动原型观测成果鉴定。出席中国工程院西北水资源课题组全体会议。

4 月，参加三峡工程第八次质量检查。观看清华大学重庆城区泥沙试验模型。出席《大百科全书》第二版编委会全体会议，出任编委会委员。

5 月，参加三峡二期工程蓄水及船闸航前验收。出任三峡工程枢纽工程验收组副组长、验收专家组组长。接受中央电视台《面对面》栏目采访。

6 月，出席国务院新闻办公室中外记者招待会，就三峡工程有关问题答记者问。参加中国工程院能源发展战略"十一五"咨询项目研讨会。

7 月，出席长江防洪建设重大工程座谈会。参加三峡工程左岸首批机组启动技术预验收。参加小浪底高度规程及拦沙初期调度规程咨询。出席三峡工程防止裂缝研讨会。出度三峡工程二期工程质量检查专家组总结会。二期工程质量检查专家组工作结束。《世纪圆梦——中国三峡工程》一文获第三届江苏省优秀科普作品一等奖。

8 月，赴广西参加百色水利枢纽消力池技术咨询。出席中国科学院、中国工程院两院院士大会。参加溪洛渡工程可行性研究报告审查。

9 月，出席华能集团专家委员会成立大会，出任专家委员会主任。出席第五届全国优秀科普作品颁奖大会。《千秋功罪话水坝》获一等奖。出席浙江省绍兴市科技大会，作《新世纪的中国能源和水利问题——兼论绍兴的发展》学术报告。

10 月，赴广州，出席"东改工程"工程建设与评审会。出席渭河流域治理规划专家座谈会。

11 月，赴河南省济源市，参加小浪底大坝渗水问题咨询。出任昆明勘测设计院小湾水电站设计顾问组组长。赴云南小湾电站工地，参加小湾水电站坝基建基面处理咨询。赴成都，参加锦屏一级水电站可研报告审查。

12 月，参加三峡工程第九次质量检查。参加《工程建设标准强制性条文（水利工程部分）》审查。参加小湾拱坝抗震措施研究成果验收。出席《多级孔板消能泄洪洞研究与工程实践》成果鉴定会。

2004 年 　（77 岁）

1 月，出席 RCC 高坝安全监测技术研究及在江垭水电工程中应用成果鉴定会。

2 月，被聘为国务院南水北调建设委员会专家委员会主任。参加三峡二期与三期工程质量检查专家组交接会，出任三峡三期工程质量检查专家组组长。赴福州，出席国家电网公司工作会议。参加"十一五"能源发展战略课题研讨。出席浙江省抽水蓄能电站布局规划报告评审会。参加浙江桐柏抽水蓄能行咨询团第三次咨询。出席天荒坪抽水蓄能电站上水库运行安全分析会。出席三峡泥沙问题研究和分期蓄水研讨会。出席黄河下游治理高层专家研讨会。

3 月，赴成都，参加溪洛渡坝型调整专家咨询。参加浙江仙居抽水蓄能电站可行性研究审查。出席小湾水电站大坝应力释放缝研讨会。参加上海太浦河斜轴泵成果鉴定。

4 月，参加三峡工程质量检查专家组对三峡工程第三次质量检查。主持小江济谓方案研讨会，任专家组组长。参加三峡明港截流施工关键技术及三峡船闸关键技术成果鉴定会。赴云南小湾水电站工地，参加小湾水电站坝肩抗力体及二号山梁堆积体加固专题研讨。参加宜兴抽水蓄能电站世界银行特别咨询团咨询。

5 月，随钱正英赴浙江与省领导就电力及水资源问题交流座谈。赴韩国，出席国际大坝委员会第 72 届执委会，获"国际大坝委员会荣誉奖"。

6 月，获 2004 年度光华技术进步奖。获国家电网公司杰出贡献奖。

参加三峡工程提前蓄水至 156 米方案审议。

7 月，参加三峡工程二期工程船闸通航给验收。

8 月，参加黄河公伯峡面板挤压墙施工技术成果鉴定会。赴大连理工大学看望钱令希先生，并做《水利建设中的哲学思考》学术报告。

9 月,赴安徽芜湖参加响水涧抽水蓄能工程建设复核报告审查。出席小湾水电站设计顾问组会议。出席黄河公伯峡电站一号机组投产及中国水电装机容量超过 1 亿千瓦庆典。

10 月,参加紫坪铺蓄水前安全鉴定。参加溪洛渡坝型调整咨询。

11 月,参加三峡工程质量检查专家委员会第十一次质量检查。参加上海水电勘测设计院 50 年院庆。参加向家坝(枢纽部分)可行性研究报告审查。出席怒江下游规划环境影响评价报告审查会。出席中国工程院东北水资源课题立项及东北水资源综合会议,负责主持其中重大工程布局子课题研究。

12 月,出席东北水资源重大工程布局组会议。出席黄河水沙调控体系建设专家研讨会。

2005 年　(78 岁)

1 月,与三峡质量检查组专家研究导流底孔封堵方案。出席甘肃省政府黄河黑山峡河段开发恳谈会。接受中央电视台《大家》栏目访谈。

3 月,考察龙滩水电站工地。

4 月,参加三峡工程质量检查专家组第十二次质量检查。出席水利工程使用年限标准讨论会。出席中国工程院东北水资源课题组会议。出席小湾水电站设计顾问组会议。

5 月,出席国务院三峡工程建设委员会办公室关于开县消落区生态治理及水位调节坝工程讨论会。出席三峡工程二期部分工程验收。出席在湖南张家界举办的电力发展论坛。

6 月,出席混凝土拱坝设计规范审查会。参加小江济渭入黄研究阶段成果专家咨询。参加小湾拱坝抗震措施咨询。参加九甸峡水利工程坝型比选专题报告审查。

7 月,参与矿产资源战略研究。随中国工程院东北水资源课题组赴黑龙江考察。

8 月,参加水利工程生态影响论坛。与三峡质量检查专家组研究导流底孔封堵方案。与中国咨询公司中领导和专家一起听取长江口治理二期工程成果介绍。

9 月,出席中国工程院东北水资源课题综合组会议。参加中国工程院特高压电网专题咨询。参加南水北调从小浪底引起入京研究报告咨询。出席小浪底水电站建设管理局科技工作会议,作《认识河流、开发河流,与河浪和谐相处》报告。出席河南省科技工作会议。在河南大学作《孔子、儒家和中国科技发展》学术报告。出席小湾水电站设计顾问组第七次会议。

10 月,参加长江口深水航道治理三期工程评估。参加宜兴抽水蓄能电站世界银行特别咨询团咨询。出席国务院发展研究中心举办的水电开发研讨会。

11 月,审查南水北调工程总体可行性研究报告。

12 月,参加三峡工程质量检查专家组第十三次质量检查。听取三峡工程蓄水后泥沙观测分析与长江中下游防洪成果汇报。审查长江流域综合规划思路报告。审查锦屏二级可行性研究报告。参加水口水电站升船机验收。审查三峡三期工程验收大纲。

2006 年　(79 岁)

1 月,参加小浪底水利枢纽渗控工程安全鉴定大纲审查会。参加水利百科全书首发式及水利出版社建社 50 周年。参加大岗山水电站混凝土拱坝抗震设计专题研究。出席中国工程院管理学部院士会议。出席南水北调专家委员会会议。出席大坝委员会工作会议。

2 月,出席中国工程院东北水资源咨询课题重大工程组课题组会议。出席三峡工程质量检查专家组会议,研究补充升船机专家事。出席国家电网公司纪检监察工作会议。出席三峡三期工程验收专家组会议。出席龙滩工程按 375 米或 400 米一次建成研讨会。出席三峡泥沙专家组工作会议。出席乌东德正常蓄水位专题研究报告评审会议。

3月，出席三峡重庆库区消落区治理会议。出席四川雅砻江锦屏二级水电站项目申请报告评估会。

4月，参加三峡工程质量检查。出席小湾水电站设计顾问组第八次会议。参加三峡工程三期工程质量检查组第一次全体工作会议。出席南水北调中线一期穿黄工程专家座谈会。

5月，出席长江口深水航道治理工程盛大技术科技成果鉴定会。出席白鹤滩水电站项目特别顾问组聘请仪式，任顾问组组长。参加三峡三期基坑进水前验收专家组预验收。参加白鹤滩水电站可行性研究报告审查。

6月，出席中国科学院、中国工程院两院院士大会。三峡工程三期围堰爆破，基坑进水，未去工地，在京看电视观看爆破实况。出席曹娥江大闸枢纽工程建设专家组成立及第一次会议。出席中国工程院水资源环境保护课题报告会。听取清华大学土体解耦 K—G 模型理论与堆石料现场压缩试验参数分析方法及工程应用汇报。

7月，参加新疆吉林台一级水电站大坝渗水专家咨询。参加小湾水电站工程质量检查。参加丹江口水库大坝加高工程关键技术研究成果鉴定。

8月，参加三峡水利枢纽 156~175 米蓄水实施方案咨询。出席三峡工程枢纽工程蓄水（156米水位）技术预验收专家组会议，研究预验收工作安排。出席三峡工程升船机设计工作例会。出席中国工程院北方主要产煤区水资源课题调研报告专家评审会。出席吉林台一级水电站大坝渗流分析专题咨询会。参加三峡工程三期工程枢纽工程蓄水（156 米水位）技术预验收。

9月，参加三峡三期工程枢纽工程蓄水（156 米水位）验收。参加西部水电开发课题评审。出席关于小浪底水利枢纽工程会议。

10月，出席国电集团公司水电工程建设专家组成立大会。出席国家电网公司系统主要负责人会议。出席"红水河流域综合开发对环境影响的调查研究"咨询课题启动会议。出席第一届水力发电技术国际会议。

11月，三峡集团公司组织召开"潘家铮从事水电事业 55 周年座谈会"。出席特高压输电技术国际会议。出席积极推进抽水蓄能发展高层论坛暨 2006 年抽水蓄能专委会年会。

12月，参加三峡工程质量检查。参加南水北调中线工程（河北—北京段）质量检查。出席潘家铮院士科幻小说集首发及研讨会。出席小湾水电站设计顾问组第九次会议。出席白鹤滩水电站项目特别顾问组会议。出席清华大学水沙科学重点实验室专家委员会会议。出席曹娥江大闸枢纽工程建设专家组第二次会议。出席三峡右岸电站国产机组质量工作会议。

2007 年　（80 岁）

1月，出席溪洛渡水电站高拱坝结构安全度评价研讨会。参加南线船闸一、二闸首完建单项工程及三期下游基坑进水前验收。出席红水河课题工作组会议。出席南水北调专家委员会工作总结会。出席第二届太湖流域高级论坛。锦屏二级工程开工，致信祝贺。

2月，出席乌东德水电站坝型比选会议。出席浙江省社会经济发展汇报会。

3月，参加能源基地建设及电力中长期发展规划研究课题成果评审。参加浙江仙居抽水蓄能工程必要性项目建议报告咨询。水力发电工程学会、中国水电工程顾问集团公司联系合发布倡议，设立"潘家铮水电科技基金"。水电顾问集团公司与 7 大设计院共同为潘家铮水电科技基金捐资 800 万元。席《中国电力》创刊 50 周年纪念座谈会。在清华大学主作《水工漫谈》学术报告。参加南水北调工程调水规模咨询。

4月，参加昧高土石坝应力变形分析理论和应用研究成果鉴定。出席中国工程院东北水资源课题"抚顺矿区地质灾害及对策。参加 250 米高心墙坝坝料特性及结构优化研究技术成果鉴定。接受腾讯网采访并录制节目，谈南水北调问题。参加小湾工程质量检查。出席国电集团专家组会议，咨询大渡河工程建设中的问题。

5 月，参加宜兴工程世界银行特别咨询团专家咨询。参加三峡工程北线船闸验收。参加南水北调工程渠道超高专题咨询。参加钱塘江海塘加固工程研讨。参加丰满大坝全面治理方案可行性研究专家咨询。

6 月，上海出差。在浙江大学作学术报告。听取华东水电勘测设计院锦屏工程进展情况汇报；参加钱塘江海塘抗遇强风暴潮工作大纲咨询。出席抚顺地质灾害治理专家座谈会。

7 月，出席三峡工程升船机总体设计报告审查会。参加南水北调大型渡槽结构优化与动力分析项目研究成果专家评审。出席三峡工程升船机概算审查会。

8 月，参加大渡河双江口水电站可行性研究报告坝址选择专题审查。出席关于就国务院三峡办委托中国工程院对三峡工程进行后评估座谈会。参加白鹤滩水电站可研报告坝址选择专题报告审查。出席华东院白鹤滩项目院士特别顾问组咨询会。

9 月，出席新疆水资源配置课题第二次会议。出席黄河水沙调控体系建设专项规划任务书审查会。出席中国工程院新疆水资源课题组与自治区领导座谈会。在清华大学作《漫谈高拱坝的分析和优化》学术报告。参加向家坝水电站抗滑稳定研究。出席中国工程院"三峡可研论证后评估"第一次会议。

10 月，听水利部领导介绍伊犁河额尔齐斯河规划介绍。在国家发改委能源局作《论水电的开发与争议》学术报告。

11 月，参加三峡三期枢纽工程右岸电站首批机组启动技术预验收。参加超高面板坝本构模型和变形反馈分析方法研究与实践成果鉴定。参加南水北调中线一期穿黄工程盾构施工技术咨询。参加黄河中游古贤水利枢纽工程项目建议书工程规划专题报告技术讨论会。参加三峡水库优化高度专题咨询。出席国务院新闻办关于三峡工程专题中外记者新闻发布会。

12 月，听取额尔齐斯河东水西引规划情况介绍。参加南水北调河北、北京段质量检查。听取水电规划总院领导介绍金沙江上游水电资源开发规划介绍。参加溪洛渡水电站大坝混凝土温控防裂专题审查。出席新疆水资源战略研究课题项目分课题汇报讨论会。听取三峡工程分期蓄水研究泥沙专家组汇报。出席新疆水资源课题重大工程课题组会议。出席清华大学水力学国家重点实验室会议。

2008 年 （81 岁）

1 月，参加美国中亚利桑那调水工程运行经验及渠道自动化技术交流。出席中国工程院三峡工程后评估课题预备会。

3 月，出席南水北调工程低扬程水泵选型关键技术及应用研究成果鉴定会。出席引额供水工程布尔津河西水东引一期工程项目建议书审查会。出席大连理工大学 ECC 高防裂混凝土技术成果鉴定会。出席中国工程院三峡工程后评估领导小组会。参加双江口工程可研阶段搞震设计专题报告审查。

4 月，参加南水北调中线京石段应急供水工程第一批项目临时通水前验收。参加小浪底水库拦沙运用调度规程审查。参加紫坪铺水利枢纽运行高度专题研究审查。参加南水北调中线工程京石段应急供水工程第二批项目临时通水前验收。

5 月，确诊患结肠癌，入院治疗。"潘家铮水电科技基金"设立仪式在北京饭店举行。

6 月，通过从电网公司、水电总院、成勘院、水电学会、水利部、水利学会等处收集到的材料，写出了关于岷江上游水电工程在汶川大地震中的受损情况的汇报材料。

7 月，向医院请假，参加中国工程院参加三峡工程论证阶段性评估项目中期研讨会。

9 月，向医院请假，出席长江三峡水利枢纽 2008 年汛期试验性蓄水 175 米方案专家综合论证会。

10 月，向医院请假，参加三峡水库优化调度方案研究项目任务书审查。参加小湾水电站拱坝坝体裂缝咨询。

11 月，向医院请假，出席中国工程院三峡工程论证后评估项目专家组会。出席国务院南水北调办公室从小浪底引水供北京应急方案技术研讨会。

月底，第六次化疗结束，出院。

12 月，参加新疆水资源重大工程研究报告初稿专家咨询。出席三峡工程论证后评估专家组会。参加黄河水沙调控体系建设规划阶段成果专家咨询。参加小浪底水库竣工技术预验收。

2009 年　（82 岁）

1 月，出席新疆水资课题报告讨论会。参加北疆调水项目建议书审查会。听取中国工程院新疆水资源项目成果汇报。

2 月，出席中国工程院新疆水资源项目会议。参加向家坝、溪洛渡工程质量检查。

3 月，参加藤峡水利枢纽可研审查。出席国务院南水北调专家委员会工作会议。参加南北调中线一期工程沙河渡槽 U 型槽施工方案技术咨询。出席水利部汶川地震灾区水电工程震损调查与初步分析报告咨询会。

4 月，参加古贤水利枢纽工程项目建议书坝型比选报告咨询。参加小浪底水利枢纽工程竣工验收。参加三峡工程质量检查专家组第 20 次质量检查。参加三峡水库优化高度方案咨询。

5 月，出席宜兴抽水蓄能电站工程特咨团第六次会议。出席小湾水电工程设计顾问组第十次会议。出席中国工程院三峡工程论证后评估综合报告讨论修改会。参加向家坝抗滑稳定咨询。参加大藤峡水利枢纽项目建议书复审。

6 月，出席中国大坝协会成立仪式。参加钱塘江北岸海塘超标准风暴潮研究成果验收。出席白鹤滩工程设计院士特别顾问组会议。参加三峡工程 2008 年试验性蓄水情况评价。出席三峡工程 2008 年试验性蓄水总结专题会议。出席小湾水电站第二阶段蓄水（1125 米）水位验收委员会专家组会议。

7 月，参加中国工程院"新疆塔城、阿勒泰、伊犁三地区经济社会发展及重点水利工程建设情况"课题会议。向国务院作三峡论证后评估结论汇报。参加古贤水利枢纽项目建议书审查。参加小湾水电站大坝裂缝对拱坝整体安全性影响专题报告审查。参加小湾电站防震抗震研究设计专题报告审查。参加中国水利水电科学研究院泥沙中心成立 25 周年纪念会。参加丰满水电站大坝全面治理方案论证。

8 月，参加金沙江干流综合规划审查。参加三峡工程 2009 年试验性蓄水方案咨询。出席《中国水电 60 年》出版座谈会。出席南水北调工程专家委员会调研会议。参加三峡三期工程正常蓄水（175 米水位）技术预验收。参加三峡三期工程正常蓄水（175 米水位）正式验收。

9 月，出席金沙江虎跳峡河段开发方案研究论证专家研讨会。参加向家坝水电站泄洪消能专题审查。参加清华大学三峡优化调度（以生态为目标）课题。出席国家发改委组织的"俄罗斯萨彦——舒申斯克水电站事故初步分析座谈会"。

10 月，出席曹娥江大闸工程建设专家组第三次会议。

11 月，出席穿黄隧洞抗震安全技术研究成果专家评审会。出席长江流域综合规划预审会。

12 月，出席南水北调工程结构抗震设计研讨会建设委员会会议。参加南水北调抗震设计审查。出席三峡质量检查专家组会议。赴河海大学出席首届"潘家铮水电奖学金"颁奖典礼。参加南水北调东线泵及泵站工程关键技术咨询。参加《堆石混凝土与胶凝砂砾石筑坝新技术导则》编制工作大纲审查。参加黄河流域规划预审会。参加钱塘江北岸海塘应对超标准风暴潮科研成果鉴定。参加中国工程院商议承担浙江沿海岛屿综合开发咨询课题研究。

2010 年 （83 岁）

1 月，参加中国工程院浙江沿海岛屿开发课题研究事。参加中国工程院"浙江沿海及海岛综合开发战略研究"项目讨论。

2 月，参加浙江沿海及海岛综合开发研究项目课题组与浙江省领导座谈交流。出席 2010 年度大坝协会工作会议。参加长江流域及辽河流域规划审查。出席三峡质量检查专家组会议。

3 月，参加小湾水电站 2010 年防洪规划及蓄水方案技术咨询。出席中国水利水电科学研究院院士论坛，作《水电要为减排做更大贡献》报告。参加江苏省沿海滩涂围垦及开发利用规划纲要评估及调研。

4 月，参加三峡工程质量检查。听取浙江沿海及岛屿开发课题组关于浙江核电发展等问题汇报。水力发电科学技术奖励委员会决定设立水力发电科学技术奖，同时设立潘家铮奖（个人奖）。出席中科院地球物理研究所西南水电工程高陡边坡稳定控制技术成果鉴定会。

5 月，出席三峡工程 2010 年度汛和试验性蓄水方案咨询会。参加乌东德水电站预可研报告审查、深埋长隧洞关键技术研究及应用成果鉴定会、雅鲁藏布江下流水电资源考察与基础地质研究成果汇报会。参加南水北调中线穿黄隧洞施工关键技术研究与应用项目成果鉴定。参加中国工程院"浙江沿海及岛屿综合开发"课题研究大纲审查。参加黄河流域综合规划专家审查。被评为全国科普先进工作者。

6 月，参加海河流域综合规划专家审查。参加南水北调工程技术咨询，"非饱和土渗流与变形耦合弹性三维有限元分析及在南水北调东线大屯平原水库工程中的应用研究"。听取南水北调中线水利学参数系统辨识关键技术研究成果汇报。参加松花江流域综合规划审查。参加怒江流域规划审查。参加溪洛渡拱坝接缝灌浆与温控防裂专题咨询。

7 月，出席陈厚群院士水利水电工程抗震研究成果鉴定会。出席纪念水电 100 周年座谈会。参加鄱阳湖区综合规划报告审查。赴西藏雅鲁藏布江大拐弯考察，过米拉山口前往拉萨。出席国务院三峡办三峡 2010 年试验性蓄水 175 米水位专家论证会。出席三峡集团公司《三峡工程 100 问》重编专家咨询会。

8 月，参加辽宁水资源规划审查。出席珠江流域规划预审会。听取红水河综合利用课题研究成果汇报。参加黄河滩区利用咨询。

9 月，出席辽西北供水项目建议书咨询会。参加三峡试验性蓄水专题研讨会。参加丹江口大坝加高工程溢流坝面延期加高设计变更咨询。参加南水北调中线总干渠膨胀土试验段工程试验研究成果咨询。

10 月，参加三峡右岸地下电站下游围堰进水前的验收。参加南水北调中线膨胀土处理方式咨询。出席水电学会成立 30 周年座谈会。

11 月，听取浙江沿海及岛屿综合开发课题研究阶段成果汇报。听取南水北调工程"极端冰害条件和防冰措施研究"汇报。出席三峡工程验收委员会第三次会议。出席中国工程院新疆水资源课题发布会。听取南水北调专家委员会对南水北调中线质量检查情况汇报。审定《水

潘家铮传
PANJIAZHENG ZHUAN

工技术手册》。参加 2010 年度水力发电科技奖获奖项目审查。听取南水北调工程"膨胀土渠段处理方案优化设计"研究成果汇报。参加河南省重大公益科研项目"堤坝除险加固高聚物注浆技术及装备成果"总结验收。出席三峡建设委员会会议。出席"复杂条件下大型抽水蓄能电站建设综合性技术"("库盆防渗技术研究""引水隧洞衬砌结构形式选择研究""厂房振动控制标准及减振措施研究")成果鉴定会。

12 月，参加松花江流域综合规划专家审查。参加浙江沿海及岛屿综合开发课题综合报告讨论。参加辽西北调水工程评估。参加南水北调专家委员会讨论南水北调质量检查总结稿修改。参加汉江干流综合规划报告审查。参加乌东德水电站可研阶段坝线选择及枢纽布置方案专题报告咨询。出席中国工程院三峡工程论证可行性研究阶段性评估项目结题会。出席电力科技奖评审委员会会议。参加南水北调工程关键技术研究与应用第二批课题验收("大流量预应力渡槽设计和施工技术研究"等)。

2011 年　　(84 岁)

1 月，听取鄱阳湖水利枢纽工程介绍。出席南水北调专家委员会年终工作会议。参加三峡三期工程地下电站验收大纲审查。参加国家能源局组织召开向家坝泄洪消能方案专家咨询。参加溪洛渡大坝混凝土温控方案技术咨询。

发现癌肿转移。

2 月，入院治疗。

3 月，为钮新强新著《全衬砌船闸》作序。致信三峡集团公司领导，关于三峡集团公司国际形象的思考。

4 月，向医院请假，参加水电规划总院关于红水河课题的结题汇报。就中国核电发展问题致信三峡集团公司领导。

5 月，就中国特高压电网建设带动相关技术、产业发展致信国家发改委张国宝副主任。交通部召开长江口深水航道治理工程建设总结表彰大会，被授予"杰出人物"奖。就向家坝水电泄洪消能工程施工质量致信三峡集团公司陈飞总经理和张超然院士。

6 月，就三峡有关问题致信三峡集团公司领导。

7 月，向医院请假，出席三峡工程试验性蓄水综合评价会议。就三峡试验性蓄水致信李克强副总理。向医院请假，参加南水北调专家委员会对穿黄工程穿黄隧洞衬砌设计变更咨询。

8 月，向医院请假，参加高混凝土坝静力动力破坏机理与安全评价成果鉴定。

9 月，向医院请假，出席《水工技术手册》首发式并讲话。

12 月，为 12 月 17 日召开的"潘家铮水电科技基金第三届奖学金"颁奖仪式写发言稿。致信华能集团公司领导，为华能集团的发展提出建议。

做胆管取石手术。

2012 年　　(85 岁)

2 月，开始放疗。

3 月，捐款 40 万元给绍兴一中，设立"潘之赓奖学金"。拟好就国家能源问题的一些建议给李克强副总理的信。拟好在南水北调中线工程冰期输水能力与冰害防治技术研究专家咨询会上的发言。

4 月，向"潘家铮水电科技基金"捐款 20 万元。

确诊癌肿转到脑部。

5 月，整理好《积木山房诗话》最后一卷文稿（卷六）。

6 月，获 2012 年度光华科技奖成就奖。

7 月，向"潘家铮水电科技基金"再次捐款 40 万元。

13 日，12：01 与世长辞。

后　　记

2013年，接到《潘家铮传》的写作任务，正好是潘家铮先生去世一周年。在此之前，我只是听到过潘家铮院士的名字，通过电视，也知道传主与三峡工程的关系，但是对潘家铮院士的成就与贡献，以及他的人生经历一无所知。从开始采访到开笔写作，直到最后完成80万字的书稿，不安与愧怍一直相伴左右。

潘家铮院士是一个有着巨大成就和杰出贡献的科学家、工程师，他一生的科学技术生涯，贯穿了中国水电事业发展的全过程。将他一生的科学技术贡献全面地呈现出来，让更多的读者，尤其是青少年读者，了解一位科学家、工程师成长的历程，进而了解科学、热爱科学、献身科学；传递科学的声音，让更多的人了解、理解科学技术，提高民族的科学素养，无疑是这部传记的主要任务。

作为文科出身的写作者，因固有的知识与学养，面对如此艰巨的任务，无疑是盲人摸象。好在，在采访和写作过程中，得到许许多多朋友的热情帮助与鼓励，有了他们提供的大量有启示性的线索和典型的工程案例，得以按图索骥，深入肌理。朱伯芳院士从大坝技术理论与中国大坝科技发展的角度，谈老朋友潘家铮的杰出贡献；陈祖煜院士仔细讲解证明潘家铮最大最小原理的数理力学思路；陈厚群院士温厚地谈起他与潘总的技术交流；曹征齐先生不厌其烦为我介绍小浪底工程的施工过程；郏凤山先生两度促膝长谈，历数潘家铮院士的工程传奇；张博庭先生谈笑风生说到三峡工程的争论；沈凤生、陈进、王仁坤则在百忙中接受采访，历数恩师的科学思想与科学家的胸怀，提供了大量可供参考的资料；陈东平先生则列举了许多生动的事例来说明潘家铮先生作为一个中国知识分子的家国情怀与科学人格。还有，李菊根先生为采访和搜集资料提供了许多指导、帮助和支持，等等。这里，我向他们表示深深感谢。

举凡有巨大而持久影响的科学家，其科学成就和成果都是由许许多多生动的细节构成的，潘家铮也一样。在梳理潘家铮院士人生经历和科学技术活动的过程中，潘家铮的长女潘敏女士、潘家铮先生的妹妹潘家英女士和他的外甥女陈力真功不可没。潘敏大姐作为家中的长女，为传记写作提供了生动而丰富的细节，在关键时刻不断打气鼓励，使写作数度绝处逢生。还有与潘家铮先生朝夕相处、情同父子的两位同志要特别提到，一位是潘家铮院士的老秘书李永立，他兢兢业业，老沉持重，长达四万多字的《潘家铮生平和主要技术活动年表》即是李永立先生一点一滴整理并记录下来的。如果没有这份年表，《潘家铮传》能够准确地叙述下来，是一件不可思议的事情。另一位，是跟随潘家铮院士多年的老司机刘洪先生。他虽然不是专业科技人员，但对潘家铮院士和潘家铮院士家庭的情况了如指掌，许多丰富的细节均出自他的叙述。

我想说的是，众人提供的帮助，一方面说明潘家铮院士的人格魅力和他在行业内外的影响力，更重要的是，如果没有众多人士的参与，这部传记的科学氛围将无法营造，所起的作用将大打折扣。从这个意义上讲，这部传记，绝不是一个人写就的作品，是众多人士共同参与共同努力的结果，才为读者刻画出作为科学家和工程师的潘家铮。在整理资料的过程中，不止一次出现过这样的幻象：当我从一堆资料里抬起头，恍然潘总就笑眯眯地坐在写字台的另一端，捧一本书，不时看我抄抄写写。

潘家铮院士的人生阅历丰富，他的一生，浓缩了一代科学家的成长过程。他经历过日寇铁蹄下的艰难求学，少年时期即外出谋生做小学教员，再以初二学历考取浙江大学；刚入大学，即遭家庭变故，十八岁即担起了家庭重担。他受过左倾盛行年代的凌辱与伤害，有过岁月蹉跎的困惑与迷茫。晚年因三峡工程，屡屡被人误解和曲解。他是一位科学家、工程师，还是儿子、丈夫和父亲，有着世俗的烦恼与幸福，体会过人世间的人情冷暖。他还是一位内心世界特别丰富的诗人，是一位想象力奇瑰的科幻作家。不论是逆境还是顺境，他都没有放弃对科学的追求和技术的钻研，体现出中国知识分子高贵的科学精神和责任担当。

潘家铮院士不仅是一个杰出的科学家与工程师，还是一位才华横溢的诗人和多产的科幻作家。潘家铮院士出身于绍兴一个书香浓厚的平民之家，少年时期即受过非常严格的家学训练，有着深厚的传统文化功底，诗歌创作一生不辍。作者受中国电力出版社委托，承担《潘家铮全集》十六卷《思考·感想·杂谈》和十八卷《积木山房丛稿》的编辑整理工作。经过历次政治运动的洗礼，潘家铮院士仍然留下 800 余首古诗词作品，还有 13 万字的《积木山房诗话》，其中不乏优美隽永的精品力作。

除此之外，潘家铮院士还有 80 万字的科幻小说，在青少年中广有影响。在整理、研读这些作品的过程中，作者得到科幻作品研究专家吴岩教授的点拨，也得到过科幻作家刘慈欣先生的帮助，这些作品让我们领略到另外一个潘家铮的风采。

传记写作对任何一位作者而言，都是一项具有挑战性的工程。要求作者对传主的生平有足够多的了解，要求作者与传主形成神交互动的关系、对传主的人生观和科学观有充分的理解，对作者的史学、文学素养有极为苛刻的要求，一切都要靠材料与事实说话，不能有虚构与所谓的"合理想象"。在写作过程中，作者产生过很多次的怀疑，甚至有放弃的念头。在这中间，与老同事、老朋友、著名纪实文学报告文学作家赵瑜先生多次交流，得到他的极大鼓励与指导，使得作品整体的叙述质量更接近一部标准的文学作品。作品完成之后，首先得到中国著名文学编辑萧立军先生的首肯与赞誉，才使作者对这部 80 万言的传记有了些许信心。

中国电力出版社总编辑刘广峰对《潘家铮传》倾注了大量心血，从组织写作进程到成稿审核都一丝不苟，杨伟国副主任事无巨细，参与了采访、构思筹划、素材组织的全过程，使本书的结构、叙述更为严谨和清晰。

一切都交给读者评判，希望读者喜欢并得到一些启示。

作者

2016 年 7 月 8 日